Fünfundsiebzig Jahre in der
Alten und Neuen Welt

Crosscurrents:
Writings of German Political Emigrés in Nineteenth-Century America

Edited by Patricia A. Herminghouse
in collaboration with Carol Poore

Section I – Memoirs
Volume 2

PETER LANG
New York · Berne · Frankfurt am Main

Heinrich Börnstein

Fünfundsiebzig Jahre in der Alten und Neuen Welt

Memoiren eines Unbedeutenden
[1881]
Band 1

Herausgegeben und mit einer Einleitung
in englischer Sprache
von
PATRICIA A. HERMINGHOUSE

PETER LANG
New York · Berne · Frankfurt am Main

Library of Congress Cataloging in Publication Data

Börnstein, Heinrich, 1805–1892.
Fünfundsiebzig Jahre in der Alten und Neuen Welt.

(Crosscurrents, Writings of German Political Emigrés in Nineteenth-Century America. Section I, Memoirs; v. 2)
Reprint. Originally published: Leipzig: O. Wigand, 1881.
1. Börnstein, Heinrich, 1805–1892 – Biography.
2. Authors, German – 19th century – Biography.
I. Herminghouse, Patricia. II. Title. III. Title: 75 Jahre in der Alten und Neuen Welt. IV. Series.
PT1823.B2Z47   1986   909'.0431081   85-18240
ISBN 0-8204-0043-2

CIP-Kurztitelaufnahme der Deutschen Bibliothek

Börnstein, Heinrich:
Fünfundsiebzig Jahre in der Alten und Neuen Welt: Memoiren e. Unbedeutenden (1881) / Heinrich Börnstein. Hrsg. u. mit e. Einl. in engl. Sprache von Patricia A. Herminghouse. – New York; Berne; Frankfurt am Main: Lang, 1986.
(Crosscurrents: Writings of German Political Emigrés in Nineteenth-Century America: Sect. 1, Memoirs; Vol. 2)
ISBN 0-8204-0043-2

NE: Crosscurrents: Writings of German Political Emigrés in Nineteenth-Century America / 01
Bd. 1 (1986)

The editors and the publisher wish to express their thanks to the Stadtbibliothek Schaffhausen (Switzerland) for the loan of the original edition 1881 (Sig. VF 116) for this reprint. The reproduction is to scale 1:1.

ISSN 0741-2096

© Peter Lang Publishing, Inc., New York 1986

All rights reserved.
Reprint or reproduction, even partially, in all forms
such as microfilm, xerography, microfiche, microcard, offset prohibited.

Printed by Weihert-Druck GmbH, Darmstadt

Introduction

The lively and well-written memoirs of Heinrich Börnstein (1805–1892) reflect his colorful career as journalist, soldier, actor, impressario, and diplomat. Despite the modesty which the subtitle suggests, these "Memoirs of an Unimportant Man" read more like an adventure tale than a self-effacing review of the major events of the three quarters of a century in which he was involved. In a letter to Hermann Raster, editor of the *Illinois Staatszeitung* in which portions of the memoirs first appeared serially, Börnstein describes them as "a handful of sand in the mortar of human history". They do indeed represent a goldmine of cultural history, one of the best sources of information on German radicalism in exile, both in the Old and the New World. Nevertheless, Börnstein's memoirs must be read with a measure of skepticism, for there are many details he prefers to ignore or gloss over. Although one can generally accept his assertion that he has not fabricated any of his story, the alert reader will glimpse some of the basis for Börnstein's mixed reputation among his contemporaries in his account.

Following a strictly chronological principle, Börnstein dedicates the first volume of his memoirs to life in the Old World. Born in Hamburg, he was forced to spend his formative years in his father's native Galicia in Austrian Poland, a refugee of the Napoleonic occupation of Germany in 1813. Here the young Heinrich completed his education, spent five unhappy years in military service in the attempt to become a career officer, then dabbled in the study of medicine before becoming engaged as an actor and theater manager throughout the Habsburg empire. Börnstein's life-long interest in theater seems to have been a legacy from his father, who was forced to give up his own career as an actor in order to marry the daughter of a Hannover naval officer. Börnstein himself also married an actress and even when he was later engaged in other business, military, or journalistic enterprises, there was always a theatrical flavor to his undertakings — indeed a certain theatricality informs his autobiographical writing. Both volumes of the memoirs offer fascinating accounts of theater life in the Austrian empire and among the German population of St. Louis. The sections dealing with his theater experiences in Austria and Paris (Volume I) and, to a lesser extent, after his re-migration to Austria in 1869 (Volume II) are particularly rich in details.

Since many of Börnstein's later detractors — who by far exceeded his admirerers — tended to attribute his shrewd entrepreneurship to his "Jewish character," the gross anti-Semitism of Börnstein's own comments on Galicia, with its large Jewish and Polish populations, both shocks and surprises the reader. Börnstein himself remains strangely silent on the history of his father's family before the enlightened era of Joseph II, when they apparently emigrated to the Austrian province from Rheinland-Pfalz. Though himself no adherent of any religious creed, Börnstein clearly prefers to emphasize his religious heritage from his Protestant mother than that of his Austrian father, who agreed to raise young Heinrich in the faith of his mother. Since Börnstein's father was at least nominally Catholic, Austrian law, however, mandated that the boy receive Catholic instruction in school, a factor which no doubt contributed to intense anti-Catholic sentiments throughout his life. Displaced to the primitive conditions of Galicia from the bourgeois refinement of his native Hamburg, Börnstein may have attempted to enhance his self-esteem by engaging in denigration of Poles and East European Jews. In his fascinating account of his later life and activities in the turbulent Paris of the 1840s, with its immense colony of German-speaking political émigrés, many of them Jewish, there is no trace of anti-Semitism; indeed his literary idol became Heinrich Heine and his important Paris journal, *Vorwärts!*, owed its establishment to the generosity of the Jewish composer Giacomo Meyerbeer.

Political considerations, particularly the effect of Metternich's censorship on his theatrical and journalistic enterprises in Austria, led Börnstein to settle in Paris in 1842. There he quickly established himself as theater correspondent for the *Augsburger Allgemeine Zeitung*, set up a "translation factory," where he cranked out translations of French theater pieces for German consumption, opened a German news agency, and secured himself a position as Paris correspondent for the *Deutsche Schnellpost* of New York. As director of the German and Italian opera in Paris, he was also in a position to obtain financial support from the composer Meyerbeer for another venture, the establishment of the first German-language newspaper in Paris, a bi-weekly entitled *Vorwärts! Pariser Signale aus Kunst, Wissenschaft, Theater, Musik und geselligem Leben*, which began to appear in January, 1844. Conceived primarily as a vehicle to promote his activities as producer and translator, Börnstein's cultural journal soon faced competition from a new publication emanating from the more radical German faction in Paris: the *Deutsch-Französische Jahrbücher*, edited by Karl Marx and Arnold Ruge, with the capable assistance of Karl Bernays. *Vorwärts!* mounted a vehement campaign against the radicals, against the poet Heinrich Heine, and against the Young German movement until after the quick demise of the *Jahrbücher* Bernays somehow managed to join *Vorwärts!* and open its pages to the radicals who only a few months earlier had been denounced in the paper. By the end of the year, the editorship of *Vorwärts!* was prosecuted for its overtly political content, Bernays jailed, and other associates, except Heine and Börnstein, ordered to leave Paris. After Bernays' release, he and Börnstein continued to work in Paris until 1848. Pessimistic about the future of Europe after the election of Louis Napoleon and his own involvement in organizing the revolutionary German Democratic League in Paris, Börnstein and Bernays decided to seek a better life in the New World.

The second volume details Börnstein's adventuresome life in the New World, from his voyage across the Atlantic through his journey up the Mississippi from New Orleans to St. Louis in 1849. Börnstein initially settled in a small Illinois town, practicing medicine until he was invited to St. Louis to edit the respected *Anzeiger des Westens* in 1850. He soon bought out its publisher and set to work with Bernays to provide formidable competition to the German-language press of St. Louis. Börnstein drew heavily on his experience in Paris where, in addition to his own journalistic activities, Börnstein had been a keen observer of the French publishing scene, most particularly the *Journal de Debáts* and *Le Constitutionnel*, which increased their circulations dramatically in the years between 1842 and 1845 with the serialization of Eugène Sue's novels, *Les Mystères de Paris* and *Le Juif Errant*. The political and economic power inherent in a large — and growing — circulation was readily evident to him, as was the ease with which the techniques, figures, and motifs of Sue's novel could be adapted and transplanted to other urban settings. The model of Eugène Sue was furthermore particularly congenial to Börnstein's life-long antipathy toward the Catholic church and so he lost no time in cranking out his own *Mysteries of St. Louis* (*Die Geheimnisse von St. Louis*, 1851). Replete with well-researched details from recent and current St. Louis history as well as all the trappings of the popular penny-thriller, the novel was an immediate success and helped him to build the *Anzeiger* into the largest of the approximately twenty German-language daily newspapers in the United States in the early 1850's.

The popularity of his paper also enabled him to develop strong political alliances with the leaders of the liberal, anti-slavery faction of the Democratic party in Missouri as well as a strong base of support among the pro-labor, anti-clerical element of the German population in St. Louis. This group ultimately allied itself with the Republican party which emerged in the mid-1850's, giving Börnstein and other German leaders considerable influence in regional and national politics. Börnstein's work with the Arbeiterbund and with the anti-Catholic, anti-Jesuit "Verein freier Männer", which he helped to organize, also gave him a power base among the workers and freethinkers of the city. In addition to his political and journalistic activities, Börnstein was active in the cultural and business community, having established a German reading room, an adult evening school, and schools for boys as well as girls, the latter being a major breakthrough in the German community of St. Louis. In addition, he owned a beer hall, acquired a brewery to keep it supplied, ran the well-known Germania Hotel, and was director of a local savings bank. With theater blood still running in his veins, Börnstein established the Philodramatische Gesellschaft of St. Louis in 1853, for which he wrote his famous satire, *Deutsche Einwanderer und deutsche Gesellschaft*, and acted in their productions. In 1859 he founded the first German-speaking professional theater in St. Louis, having leased an opera house for this purpose.

Börnstein also contributed a famous polemic to the annals of German-American history: the legendary feud of the "Greys" and the "Greens", between the older, more established generation of 1830s German immigrants and the younger, more radical and nationalistic generation of '48ers, to which Börnstein belonged, although he did not share their chimeric clinging to hopes for a resurgence of the revolution. Börnstein's primary target was "der graue Gustav," Gustav Körner, the respected leader of the large colony of so-called "Latin farmers," university-educated German emigrees of the 1830s who settled in the rich Illinois farmlands across the river from St. Louis. To Börnstein's accusations that he and his generation had abandoned their cultural heritage and corrupted the German language in their adaptation to American ways, Körner replied with equally sharp polemics against the pretensions and charlatanism of the "Greens." By the mid-1850's, however, the threat of nativism and concern over the question of slavery and national unity outweighed these generational differences and Greys and Greens alike were able to work together in establishing the young Republican party and, ultimately, in organizing regiments of volunteers to meet the threats to the Union, which both sides cherished above their differences. Börnstein's memoirs render a detailed and fascinating account of the eventful decade between 1850 and 1860, one which captures the rough-and-tumble flavor of the politics of that era as well as the sense of urgency which began to dominate local and national politics in connection with the sectional question.

With the outbreak of the Civil War, Börnstein, like so many leaders of the German-American community, organized and led a volunteer regiment and was active in the takeover of the rebel Camp Jackson in St. Louis, with its huge stockpile of weapons which were to be used against the Union. Involved in other military encounters in the state, Börnstein served briefly as acting military governor of Missouri and military commander at the state capitol, Jefferson City. Since volunteers served for only three months, Börnstein was soon in a strong position to press his request for assignment as U.S. consul to Bremen. Recognizing the debt he owed him from the election campaign, Lincoln readily agreed, although Börnstein was recalled to St. Louis again in connection with the election campaign of 1862, where he was needed to reestablish editorial support for the Blair campaign. After the election, he returned to Europe, playing with his son Karl a very active role in maintaining European support for the Union until his appointment ended in 1866. Disinclined to return to the turbulence of St. Louis, where his other son Siegmund had sold the *Anzeiger* without his consent, Börnstein returned to his native Austria and his first love, the theater, holding several directorships, including the famous Theater in der Josephstadt in Vienna. In addition, he established one of the first photographic studios in that city and, ever the journalist, continued his contacts with the German-language press of the

United States, especially the *Illinois Staatszeitung*, for which these memoirs were originally written. Active to the end of his life, Börstein died in Vienna on September 10, 1892.

Patricia Herminghouse
University of Rochester

Fünfundsiebzig Jahre

in der

Alten und Neuen Welt.

Memoiren eines Unbedeutenden.

Von

Heinrich Börnstein.

Erster Band.

Leipzig
Verlag von Otto Wigand.
1881.

Aus Tropfen besteht das Meer und aus einzelnen Individuen die Menschheit, — aber die Tropfen höhlen allmälig den härtesten Stein und die einzelnen Individuen machen und bilden im Laufe der Zeiten die Culturgeschichte des Menschengeschlechts.

Seinem lieben und bewährten Freunde

Carl von Bukovics
Director des Wiener Stadttheaters

gleich geachtet und geliebt als Künstler wie als Mensch

widmet dieses Buch

als Freundesgabe und zur Erinnerung an zusammen
verlebte schöne Zeiten

der Verfasser.

Inhalt des ersten Bandes.

	Seite
Statt einer Vorrede	1
Offener Brief an Herrn Hermann Raster	2
Aus der Kinderzeit	5
Schreckenszeit und Auswanderung	15
Abreise und Reise	22
Polnische Wirthschaft	32
Der Ernst des Lebens beginnt	39
Die religiöse Frage	48
Das erste Gebet	56
Auf dem Gymnasium	66
Lehrlingsjahre	72
Auf der Universität	76
Nach Italien	79
Soldatenleben	81
Ein Duell und seine Folgen	91
Lustiges Jünglingsleben	101
Enttäuschungen	111
Einundzwanzig Jahre alt und hungrig	123
In der Journalistik	131
Von der Scylla in die Charybdis	142
Ueber den Rubicon	152
Theaterleben	164
Die Entführung	175
Heirath und Hochzeitsreise	186
Die erste Direktion	197
Eine Kunstreise	207
Endlich stabil	218
Allein und selbstständig	227
Das Ende der Linzer Direktion	233
Eine Episode	241
Nach dem Süden	261
Die Krisis in Triest	267
Durch Italien nach Deutschland	278

		Seite
Durch Deutschland nach Paris	. . . .	287
Die deutsche Oper in Paris	. . . .	296
Das Rettungswerk	. . . .	302
Die Lösung der Aufgabe	. . . .	309
Eine neue Heimath	. . . .	317
Die große Uebersetzungsfabrik	. . . . . .	324
Eine deutsche Zeitung in Paris	. . . .	332
Die Gründung des deutschen Unterstützungs-Vereins	. . .	339
Des „Vorwärts" Glück und Ende	. . . . . .	347
Erlebnisse und Bekanntschaften	. . . . . .	355
Das Wiener Kinder-Ballet	. . . .	365
Idyllisches Landleben	. . . .	372
Heinrich Heine	. . . .	382
Die Februar-Revolution	. . . .	393
Die Pariser deutsche Legion	. . . .	402
Unter der Republik	. . . .	411
Die Maitage	. . . .	419
Die Junischlacht	. . . .	425
Unter Cavaignac's Regierung	. . . .	435
Allein zurückgeblieben	. . . .	443

Statt einer Vorrede.

Ich begann in meinem siebzigsten Lebensjahre, dem Wunsche bewährter und treuer Freunde nachgebend, die Aufzeichnung meiner Erinnerungen, — dann blieb das angefangene Werk, nach Vollendung der ersten Hälfte, zwei Jahre lang liegen, und es bedurfte erneuten Drängens von Freundesseite, um mich zur Fortsetzung zu bewegen. So wurden denn diese Aufzeichnungen in den Jahren 1879 und 1880 beendet, und erschienen bruchstückweise in dem vielgelesenen „Westen", dem Sonntagsblatte der „Illinois Staatszeitung" in Chicago. Die freundliche Aufnahme, die sie fanden, ermuthigt mich, sie nun als ein Ganzes in Buchform erscheinen zu lassen; ob ich damit recht gethan, überlasse ich dem wohlwollenden Urtheile der Kritik und des Publikums. Die Beweggründe, die mich zu dieser, vielleicht zu anspruchsvollen, Veröffentlichung bestimmten, enthält der nachfolgende

Offene Brief

an

Herrn Hermann Raster

Redakteur der „Illinois Staatszeitung" in Chicago (V.=St. v. Amerika).

Werther Freund und Redakteur! Sie waren jüngst so freund=
lich, mich aufzumuntern, ich sollte Ihnen Erinnerungen aus meinem
bunten Leben hie und da zur Veröffentlichung senden und ich habe
über diese Ihre Einladung reiflich nachgedacht. Es läßt sich manches
für und manches gegen solche Mittheilungen sagen und ich habe
beide Seiten der Frage gründlich erwogen. Allerdings habe ich in
müßigen Stunden Aufzeichnungen aus meinem viel bewegten Leben
niedergeschrieben, aber da ich mich als eine viel zu unbedeutende
Persönlichkeit in dem großen Menschheitsgetriebe betrachte, so habe
ich es nicht für schicklich erachtet, das Lesepublikum mit ein paar
Bänden Memoiren zu belästigen, die ja doch nur Alltägliches ent=
halten können, und so schlummern diese Aufzeichnungen schon seit
einigen Jahren ruhig in einer Lade meines Schreibpultes. Viel=
leicht habe ich aber doch Unrecht mit dieser Zurückhaltung und Ihre
Einladung ließ mich die Frage noch einmal reiflich erwägen.
Solche private Aufzeichnungen eines Einzelnen sind im Grunde
doch mehr oder minder werthvolle Beiträge zur Kulturgeschichte, und
Gustav Freytag hat in seinen „Bildern aus der Deutschen Ver=
gangenheit" in überraschender Weise gezeigt, welch' ein großes
Interesse individuelle Aufzeichnungen aus vergangenen Zeiten,
Familien=Chroniken von einfachen bürgerlichen Personen, Berichte
über Ereignisse von Zeitgenossen, sowohl für den Geschichtsforscher
als für die nachfolgenden Generationen im Allgemeinen bieten
können. Die Geschichte arbeitet nur in großen Zügen; sie giebt
uns die Bilder der Kaiser und Könige, der großen Staatsmänner
und Feldherrn, sie schildert die Haupt= und Staatsaktionen, aber
sie bekümmert sich wenig um das bürgerliche Leben, um das Leben
und Treiben der Einzelnen, aus denen doch wieder jene großen
Massen zusammengesetzt sind, die man das Volk nennt, und
welche doch eigentlich die Kulturgeschichte machen, indem sie sich den
Anregungen der Herrscher und Führer ihrer Zeit willig anschließen
oder ihnen mehr oder minder widerstreben. In jeder Geschichts=

epoche haben sich diese Erscheinungen in den Massen kundgegeben, aber nur wenig ist von ihnen für die Nachwelt aufbewahrt worden, besonders aus jenen dunkeln Zeiten vor Erfindung der Buch=druckerkunst.

Allerdings waren solche Mittheilungen für die lebenden Zeit=genossen von geringerem Interesse; denn diese kannten ja ohnehin die Richtung, den Geist und das Streben ihrer Zeit; aber für nachfolgende Generationen boten sie schon viel mehr des Interessanten und gaben reichen Stoff zu belehrenden Vergleichen des Einst mit dem Jetzt. Vielleicht war dieser Grund der vorwiegendste unter jenen, welche mich bestimmten, diese Aufzeichnungen ruhig liegen zu lassen, da ihre Veröffentlichung den Zeitgenossen nur wenig Neues und noch weniger Interessantes bieten konnte, und ihr ge=ringer Werth vielleicht erst nach Jahren durch lange Ablagerung, wie man vom Weine zu sagen pflegt, bei dem Kultur=Historiker einige Berücksichtigung finden dürfte. Natürlich werden Sie und die Leser die Frage aufwerfen, warum ich denn eigentlich diese Auf=zeichnungen niedergeschrieben habe, wenn ich sie nicht zur Ver=öffentlichung bestimmte. Ich antworte darauf ganz aufrichtig: ich schrieb sie als ein Vermächtniß für meine Kinder und Enkel, theils auch zu meinem eigenen Vergnügen; denn im Schreiben lebte ich noch einmal jene vergangenen Zeiten, heitere wie ernste, im Geiste durch. Nun ist es allerdings möglich, daß vielleicht auch Andere an diesen Mittheilungen Vergnügen, an manchem Erlebnisse, weil dem ihrigen ähnlich, sogar einiges Interesse finden, weil sie an vergangene Zeiten erinnern, die sie selbst miterlebt, und dies ist wohl auch der Grund, warum Memoiren und Selbstbiogra=phien, an denen Deutschland, besonders aber Frankreich und England, einen so reichen Literaturzweig besitzen, ein so vielfaches Interesse hervorrufen. Als ich mich mit der Absicht trug, diese Aufzeich=nungen niederzuschreiben, befragte ich den auf diesem Gebiete viel bewanderten Friedrich Kapp um seine Ansicht darüber und er munterte mich dazu auf, und schrieb mir u. A. wörtlich: „Sie haben vollkommen recht, wenn Sie Ihre Memoiren schreiben; — wer denkend und handelnd gelebt hat, hat nicht nur das Recht, sondern auch die Pflicht, seinen Beitrag zur Kultur=Geschichte zu liefern."

Und nichts Anderes sollen diese Aufzeichnungen vorstellen; — eine Hand voll Sand zum Mörtel, mit dem der große Bau der Geschichte der Menschheit seit Jahrtausenden schon aufgerichtet wird, dessen älteste Fundamente aus der Stein- und Pfahlbauzeit man erst jetzt wieder aufzudecken anfängt. Mit den **großen Ereignissen** beschäftigt sich die sogenannte Weltgeschichte; die Ereignisse eines **Einzellebens** sind an und für sich **nichts**, — aber in ihrer Summe liefern sie die **Kulturgeschichte**. — Diese aber zeigt uns, was unsere Vorgänger gethan und unterlassen haben, und wir lernen daraus, was wir zu thun und zu lassen haben. In dieser Hinsicht können auch die Aufzeichnungen eines einzelnen unbedeutenden Menschen von einigem Nutzen sein, — und dies war wohl auch einer der Gründe, die mich zum Niederschreiben dieser Erinnerungen bewegten.

Der Leser möge übrigens versichert sein, daß er hier nicht **Wahrheit und Dichtung** findet; was ich niederschrieb, ist **Selbsterlebtes** und Selbstgesehenes; — ich mag manches verschwiegen haben, wo es sich nicht um mich, sondern um **Andere** handelte, — aber hinzugedichtet habe ich nichts; — wenn ich historische Vorgänge erwähne, an denen ich aktiv oder passiv theilnahm, so habe ich weder den Glauben noch die Absicht, Neues und Unbekanntes zu bringen; — ich erwähne die Ereignisse nur der Vollständigkeit halber.

So bin ich denn zu dem Entschlusse gekommen, Ihnen einige Bruchstücke aus diesen Aufzeichnungen zur Veröffentlichung mitzutheilen, und es wird sich ja bald zeigen, ob sie für Ihre Leser einiges Interesse haben. Sollte dies der Fall sein, so kann ich ja von Zeit zu Zeit damit fortfahren — im entgegengesetzten Falle aber brauchen Sie mir nur ein leises: „Stop!" zuzuflüstern, und die Aufzeichnungen versinken wieder in die dunkle Lade meines Schreibtisches. — Und nun zur Sache!

Herzlich grüßend

Ihr alter Freund

Heinrich Börnstein.

Wien, am 15. März 1879.

Aus der Kinderzeit.
(1805—1813.)

Es sind nun fünfundsiebzig Jahre, seit ich das Licht der Welt erblickte, und dieser erste Theil meiner Erinnerungen gehört somit einer längst vergangenen, ja halb vergessenen Zeit an, — einer Zeit, in der die Ueberlieferungen und Nachklänge des achtzehnten Jahrhunderts sich noch fühlbar und sichtbar machten. Ich wurde in der freien Reichs- und Hansestadt Hamburg am 4. November 1805 geboren, also in einer Zeit, wo das alte Hamburg noch in seiner vollen Urwüchsigkeit bestand, von den Veränderungen, welche die große Revolution von 1789 in ganz Europa hervorgerufen hatte, noch wenig berührt worden war, und wo die seit dem amerikanischen Unabhängigkeitskriege zum Welthandelsplatze gewordene Hansestadt an der Elbe ihre alten Einrichtungen, Sitten und Gebräuche noch ziemlich unversehrt in alterthümlich hergebrachter Weise erhalten hatte. Napoleon Bonaparte hatte, indem er sich die französische Kaiserkrone aufsetzte, gerade damals die große Revolution vorläufig geschlossen, und erst ein Jahr nach meiner Geburt änderten sich diese patriarchalischen Zustände nach und nach, als Marschall Mortier mit einem französischen Armee-Corps Hamburg besetzte, es dann zwei Jahre später von den Franzosen wieder geräumt wurde, um 1810 als „Departement der Elbe" im großen französischen Kaiserreiche gänzlich einverleibt zu werden. Aber trotz der gewaltthätigen Reformarbeiten der Herren Franzosen, die immer noch den ursprünglichen revolutionären Charakter trugen, gingen die Veränderungen und Umwandlungen in Hamburgs bürgerlichem Leben nur sehr langsam vor sich, und viel länger als in mancher anderen deutschen Stadt fand man dort noch Nachklänge aus dem vorigen Jahrhundert; — in meiner Knabenzeit gingen noch viele alte Herren mit ihren Zöpfchen herum, gewisse Amts- und Respektspersonen trugen noch solide Haarbeutel, bei feierlichen Gelegenheiten erschienen Bürgermeister und Senatoren noch mit Talaren und Perrücken angethan und ein höchst komisches Corps waren die „reitenden Diener", eine Art von Stadtgensdarmen, die — wenn ich mich recht erinnere — in Kniehosen, Strümpfen und Schuhen mit Schnallen und alterthümlichen Röcken hoch zu Rosse saßen und lange spanische Galanterie-Degen trugen. Auch die

Kleidung der Bürger zeigte noch den Uebergang von der Zopf= und Puderzeit in das moderne revolutionäre Kostüm. Es gab noch unbeschreibliche Fräcke und Staatskleider aus alter Zeit, und dazwischen bewegten sich halb englische, halb französisch=revolu= tionäre Trachten.

Lebhaft erinnere ich mich des gewöhnlichen Anzugs meines Vaters, der so ziemlich der der übrigen wohlhabenden Bürgerklasse war; — taubengraue enganliegende Beinkleider, die in bis über die Waden heraufgehenden Stiefeln steckten, welche wieder mit breiten Stulpen von gelbem lackirten Leder geschmückt waren; — eine weiße, bis über den Nabel reichende, Weste mit Klappen, welche die Aus= sicht auf sein sorgfältig gefältetes und mit einer Brillantnadel ge= schmücktes Jabot bot, ein zimmetbrauner, ziemlich langer Gehrock mit blanken Knöpfen und einem bis an die Ellbogen reichenden Mantelkragen, weiße, ebenfalls gefältete Manschetten, und eine schwere goldne Uhrkette mit verschiedenen Petschaften vervollstän= digten den Anzug jener Zeit; die Haare waren schlicht zurück= gestrichen und bildeten am Nacken eine schützende Wulst, und auf ihnen wurde ein niedriger Hut mit breitem Bande und blanker Schnalle getragen, von nicht halber Höhe und viel breiterem Rande als unsere jetzigen unschönen Cylinderhüte. Diese Tracht war jedenfalls kleidsamer als unsere jetzige, und wenn ich sie hie und da wieder auf der Bühne sah, weckte sie jedesmal freundliche Erinnerungen.

Auch sonst hatte Hamburg's Bevölkerung noch ziemlich un= verfälscht die alten Sitten und Gebräuche beibehalten, Alles trug einen gewissen soliden „deftigen" Charakter, und die Hamburger Küche und die Hamburger Gastereien hatten schon damals eine gewisse europäische Berühmtheit. Wir Kinder gingen nach der da= maligen Abhärtungstheorie selbst im strengsten Winter mit bloßem Halse, und bis an die Achselhöhlen bloßen Armen in leichten Kleidern. Alle diese Ueberbleibsel der alten Zeit wurden von den französischen Gewaltmännern, die Hamburg regierten, nach und nach hinweggekehrt und verschwanden im Laufe der Zeit; — für mich aber sind sie immer eine freundliche Erinnerung aus der Kinderzeit geblieben, die ich fast schmerzlich vermißte, als ich fünfzig Jahre später Hamburg wieder besuchte.

Ich wurde also wie gesagt, am 4. November 1805 geboren, als das zweite Kind, aber der erste Sohn — eine ältere Schwester war bald nach ihrer Geburt gestorben, — meiner Eltern Franz

Sigmund Börnstein und seiner Frau Ilse Sophie geborene Hesse, Tochter eines hannoverschen Schiffskapitäns. Mein Vater war erst Lehrer gewesen, dann von einem unwiderstehlichen Drange zur Bühne erfaßt, wurde er 1792 Schauspieler und bekleidete in Schwerin, Hannover, Altona, Hamburg, u. s. f. das Fach der Intrigants und Charakterrollen. Er war ein begabter Darsteller aus der guten alten deutschen dramatischen Schule von Fleck und Iffland, und in späteren Jahren haben mir seine ehemaligen Kollegen, die große Sophie Schröder und der unvergeßliche Charakter-Darsteller Costenoble, Hofschauspieler in Wien, nicht genug von seinen bedeutenden Leistungen und seinem Darstellungstalente erzählen können. In Hannover lernte er meine Mutter kennen, verliebte sich in sie, und hielt um ihre Hand bei ihren Eltern an, allein die beschränkten Begriffe der damaligen Zeit ließen eine Ehe mit einem dem Satan verfallenen Schauspieler nicht zu, und so brachte er mit bitterem Schmerze seiner Liebe das größte Opfer, und entsagte der Bühne, auf der er es gewiß zu einer bedeutenden Höhe gebracht hätte, um sich einem bürgerlichen Berufe zu widmen; — er fing in Hamburg ein Geschäft an, heirathete nun im Jahre 1802 meine Mutter, wurde nach und nach wohlhabend und beeideter Waarensensal an der Hamburger Börse, und meine Kinderjahre fallen in die Zeit eines wohlhabenden, angenehmen und sorgenfreien Familienlebens.

Obwohl der Vater katholisch und die Mutter protestantisch war, beschloß der Vater doch der Mutter zu Liebe, die eine eifrige Protestantin war, seine Kinder protestantisch erziehen zu lassen, und so wurde ich am 3. Dezember 1805 von dem Pastor Tönnies von der Michaelis-Kirche als **Georg Christian Heinrich** getauft; — meine Taufpathen waren Georg Hesse, der Bruder meiner Mutter, Heinrich Funk, Direktor der Assekuranz-Compagnie, und David Christian Mettlerkamp, später in den Befreiungskriegen Anführer der Hanseatischen Truppen, der als General in schwedischen Diensten starb. Am 7. April 1808 wurde mir ein Bruder geboren, Arnold Bernhard Karl, mit dem ich, so lange er lebte, in innigster Verbindung und Zusammengehörigkeit blieb, bis ihn im Mai 1849 in St. Louis die Cholera im besten Mannesalter hinwegraffte; — von da an blieb die Ehe meines Vaters kinderlos.

Zum Theil dunkle, zum Theil klare Erinnerungen tauchen aus meiner Jugendzeit in meinem Gedächtnisse auf; — und sonderbar! während mir wichtige Angelegenheiten nur dunkel und nur in ihren Hauptumrissen erinnerlich sind, treten mir unbedeutende Vorgänge mit allen kleinen Einzelnheiten in klare Erinnerung. So erinnere ich mich lebhaft unseres freundlichen Familienkreises, des öfteren Besuches bei uns von Mitgliedern des Hamburger Stadttheaters, des Bassisten Mentschel, des Schauspielers Gloy, ja ich erinnere mich lebhaft an die Persönlichkeit des großen Dramaturgen, dramatischen Schriftstellers und Direktors der Hamburger Bühne, Ludwig Schröder, zu dessen Besuche mich einmal der Vater mitnahm. Bei einem Besuche in Hamburg in viel späterer Zeit, im Jahre 1863, fand ich das Haus, in dem wir zuletzt gewohnt hatten, augenblicklich wieder, und konnte die ganze innere Einrichtung desselben mir sogleich lebhaft ins Gedächtniß zurückrufen. Als siebenjähriger Knabe erinnere ich mich die Oper „Sargino" von Paer im Hamburger Stadttheater gesehen zu haben, und ich könnte heute noch jede Dekoration, jedes Kostüm, ja jede Kleinigkeit der Aufführung getreu aufzeichnen. Ich erhielt eine kaufmännische Erziehung; Lesen, Schreiben, Rechnen, später fremde Sprachen, Geographie u. s. w. wurden mir in einem Erziehungsinstitute, das ich täglich besuchte, gelehrt. Französisch lernte ich zu Hause von einem alten Italiener, Signor Rasatti, mehr aber wohl noch von der häufig wiederkehrenden französischen Einquartierung.

Klarer wird meine Erinnerung vom Jahre 1811 an, wo wir ein Haus auf der kleinen Dreh-Bahn gemiethet hatten, in welchem meine Mutter als Nebengeschäft eine Leihbibliothek etablirt hatte. Hier erhielt mein aufgeregter Geist die erste Nahrung und Uz, Hagedorn, Gellert waren meine Lieblingslekture, dann kam Schiller, der alle anderen verdrängte; — Goethe lernte ich erst später im reiferen Alter gründlich kennen und verehren; — als achtjähriger Knabe hatte ich schon beinahe unsere ganze Leihbibliothek verschlungen und daß hiebei vieler Schund und manches Schädliche mit unterlief, wird man gewiß gerne glauben. So erinnere ich mich lebhaft des grellen und nachtheiligen Eindruckes, den Spieß's „Biographien der Selbstmörder" und „ditto der Wahnsinnigen", Eckartshausen's „Wanderungen durch die Gemächer des Jammers und die Höhlen des Elends" und andere ähnliche Bücher auf den achtjährigen Knaben machten. Deklamationen jener Gedichte, die mir besonders wohlgefielen, besonders Schiller'sche Balladen, die ich in unserm Familienkreise begeistert vortrug, waren meine Lieblingsbeschäftigung und Erholung und brachten mir schmeichelhaftes Lob, besonders von den befreundeten Schauspielern, die unser Haus besuchten, und so ward in dem Knaben schon die Neigung zur Bühne geweckt und gefördert.

Die französische Besitznahme Hamburg's im Jahre 1810 und die bald darauf beginnenden Vorbereitungen und Rüstungen zu Napoleon's Feldzuge gegen Rußland brachten ein bewegtes militärisches Leben nach Hamburg; — Truppendurchmärsche französischer und verbündeter Regimenter und Corps, Musterungen und Paraden derselben durch französische Marschälle, worunter Davoust, Saint=Cyr, Lauriston u. A., folgten sich in buntem Wechsel und machten dem Knaben viel zu schaffen; — in unserm Hause hatten wir fast immer Einquartierung, — gewöhnlich einen Offizier und einige Mannschaften und ich erinnere mich lebhaft eines französischen Gensdarmerie=Wachtmeisters und eines kolossalen Tambour=Majors. Besonders Letzterer beschäftigte sich viel und freundschaftlich mit uns Kindern, er erzählte oft, er habe auch „deux jolis garçons comme ça", sie seien aber bei der Mutter im südlichen Frankreich zurückgeblieben in einem Dorfe bei Pau, und er freue sich, wenn die jetzige Campagne und damit auch seine Dienstzeit zu Ende sei, sie wieder zu sehen. So lernten wir Knaben französisch, spielten mit dem Säbel des Tambour= Majors, ritten auf seinen Beinen und ließen uns von ihm von seinen Schlachten und seinen „jolis garçons là-bas" erzählen. Armer Tambour=Major! ob er sie wohl je wiedergesehen hat! auch er zog, wie alle seine Kameraden, in den Feldzug nach Ruß= land und wie wenige von ihnen sind zurückgekehrt.

Auch spanisch fing ich auf diese Weise zu lernen an; denn eine Zeit lang hatten wir auch Spanier als Einquartierung, Ueberbleibsel von dem spanischen Hilfs=Corps des Marquis Romana, die sich nicht mit ihm auf der Insel Fünen hatten heimlich einschiffen können, um von den Engländern nach Spanien zurückgebracht zu werden, und dort mit ihnen gegen ihre früheren Kriegskameraden, die Franzosen, zu kämpfen und diese Zurück= gebliebenen mußten nun gegen ihren Willen in der französischen Armee weiter dienen. Es waren gar kuriose Leute, diese Spanier, mit ihren olivengelben Gesichtern und kohlschwarzen Haaren. Sie fluchten den ganzen Tag Caracho! und Carambo! und im Aermel ihrer Uniformen trugen sie Stiletmesser, von denen sie bei Streitig= keiten und Raufereien freigebigen Gebrauch machten. Zu einer einzigen Mahlzeit verbrauchten sie mehr Knoblauch, als ganz

Hamburg sonst in einem Jahre verbraucht hatte und wenn die Spanier in der Küche ihre Mahlzeit bereitet und verzehrt hatten, pflegte die Mutter jedesmal das ganze Haus auszuräuchern. Dieser gemischte Parfüm von Knoblauchdunst und Wachholder=beerenrauch ist mir in lebhafter Erinnerung geblieben und ich bin später im südlichen Italien manchmal lebhaft daran erinnert worden.

So kam das verhängnißvolle Jahr 1813 heran. Mein Vater hatte indessen unter dem französischen Gouvernement eine Anstellung als Inspecteur de la bourse erhalten. Im März 1813 begannen die einzelnen Erhebungen, die kühnen Züge patriotischer Freiwilligen=Corps, die ersten Vorspiele der Befreiungs=kriege, und so rückte denn auch plötzlich der kühne und abenteuerliche russische General Tettenborn mit seinem aus Kosaken und Baschkiren bestehenden Streifcorps in Hamburg ein, welches die schwache französische Garnison einige Tage vorher verlassen hatte. Grenzenlos war der Jubel, womit die Hamburger ihre vermeintlichen Befreier vom französischen Joche begrüßten. Jeder gemeine Kosake wurde als Held verehrt, geliebkost und fürstlich bewirthet, die französischen Adler und Inschriften an den öffentlichen Gebäuden wurden zertrümmert und vernichtet, die verhaßten Douanen wurden geplündert und in Brand gesteckt, vorzüglich aber wendete sich die Wuth des Pöbels gegen die unter der französischen Herrschaft angestellten Hamburger und rohe Beschimpfungen, Mißhandlungen, Demolirungen ihrer Häuser, Plünderung ihres Eigenthums durch denselben gesinnungslosen Pöbel, der noch vor wenigen Monaten an Napoleons Geburtstage die Fenster illuminirt und Vive l'empereur geschrieen hatte, waren das Loos dieser meist ausgezeichneten Bürger, die wie z. B. der Maire Abendroth, stets zum Besten der Stadt Vermittler zwischen dieser und den französischen Behörden gewesen waren. Auch meinen Vater traf ein solches Loos, als er, sich keiner Schuld bewußt, dem Einzuge der Russen zusah. „Siehst Du den französischen Hund?" — rief einer jener gemeinen Kerle, wie sie jede Hafenstadt zu Tausenden besitzt, die bald Eckensteher, bald Schiffleute und Auslader, bald Makler niedrigster Sorte, sich überall umhertreiben und für ein paar Mark zu Allem bereit sind; — „Schlag' ihn todt!" — schrie ein anderer solcher Kamerad und eine volle Weinflasche flog zerschmetternd an meines Vaters Haupt. Betäubt und blutend stürzte er zu Boden, die

Bessergesinnten drängten sich schutzbringend um ihn, dem frechen Uebermuthe ward von besonnenen Bürgern Einhalt gethan und mein Vater wurde bewußtlos und blutbedeckt in die zunächstliegende Wohnung meines Onkels Georg Hesse (am Venusberge) getragen, wo Aerzte und die tödtlich erschrockene Mutter sammt den Kindern sich auch bald einfanden und letztere während des ganzen sechswöchentlichen Krankenlagers das Haus des Onkels nicht mehr verließen.

Tettenborn erließ sogleich einen Aufruf zur Bewaffnung der Bürger Hamburgs, zweitausend Freiwillige meldeten sich sogleich als hanseatische Truppen zum Felddienste und 7000 zur Bildung einer Bürgergarde; — mein Onkel war bei den Hanseaten und nun begann in dem patriotisch gesinnten Hamburg, das alle seine Kräfte gegen den Unterdrücker seines Handels aufbot, ein hoch bewegtes militärisches Leben mit fortwährendem Exerciren, Wachebeziehen, Patrouilliren, Recognoscirungen u. s. w.; — es waren mit Tettenborn's Kosakenpulks über 10,000 Mann unter den Waffen, — das militärische Treiben äußerte seine aufregende Wirkung bis in die Familienkreise und der zum Lebensbewußtsein sich entfaltende achtjährige Knabe erhielt seine ersten Eindrücke des Außenlebens unter wilden Kosaken, Baschkiren, verwundeten Hanseaten, gefangenen Franzosen, der Errichtung von Schanzen und Befestigungen, nächtlichen Alarms und später folgenden Bombardements, kurz unter dem tobenden und gährenden Treiben eines vielbewegten Militär- und Lagerlebens.

Unvergeßlich ist mir aus dieser Zeit eine mich persönlich betreffende Episode der russischen Okkupation Hamburgs geblieben. Wir Jungen waren gewohnt, wenn siegreiche Bulletins von der großen Armee, wichtige Nachrichten, wie von des Kaisers Vermählung, der Geburt des Königs von Rom u. s. w. durch feierlich einreitende Couriere öffentlich dem Volke verkündigt wurden, mit den dahintrabenden Couriere mitzulaufen und unser Vive l'empereur mitzuschreien; — ohne etwas dabei zu denken, war es die der Jugend so eigene Lust, sich in unbändigen Aeußerungen Luft zu machen, — die Bedeutung der Worte war uns ganz gleichgültig, ebenso wie der Inhalt der Nachricht; wir waren zufrieden, wenn wir nur mitlaufen und recht schreien konnten. Streng und häuslich erzogen, durfte ich nur selten und verstohlen an solchen Straßenjungen-Streichen theilnehmen und wie es stets die Lust nach Verbotenem zu thun pflegt, steigerte sich gerade dadurch mein Vergnügen daran.

So war es bei dem Einzuge der Russen, — mit andern gleich gesinnten Jungen lief ich neben dem Zuge der Kosaken, und weil Alles schrie und jubelte, wollte ich auch das Meinige thun, und indem ich einen langbärtigen Kosaken freundlichst anlachte, schrie ich aus Leibeskräften das langgewohnte „Vive l'empereur!" Kaum war jedoch der verhängnißvolle Ruf meinen Lippen entschlüpft, als der Kosake ein grimmiges Gesicht machte, mit einem „Jebionomat" seinen Kantschu herüberlangte und diesen mit meinem Rücken in so unsanfte Berührung brachte, daß ich ganz verdutzt und betäubt dastand. — „Dummer Junge, Hurrah mußt Du rufen," sagte ein ehrlicher Karrenschieber, indem er mich mit einem derben Faustschlage aus meiner Betäubung weckte, — „Hurrah, denn mit dem Empereur ist es nun vorbei." — „Hurrah!" schrie ich nun wie besessen und lief, meinen Buckel reibend und immer wieder Hurrah rufend, mit dem Zuge bis zu demselben Kosaken, der mich nun, ob der ihm so schnell gelungenen patriotischen Bekehrung vergnügt anlächelte.

Aber mit dem Empereur war es noch nicht vorbei und von allen Seiten zogen die französischen Schaaren sich um Hamburg unheildrohend zusammen. Auf den Elbe-Inseln bei Hamburg schlugen sich Hanseaten und Franzosen, und mein Onkel kam eines Morgens pulvergeschwärzt und mit einer leichten Streifwunde nach Hause. Sie hatten ihrer vierzig Freiwillige den Franzosen das vor Wilhelmsburg liegende Wachtschiff durch einen kühnen Handstreich genommen, — ein Ereigniß, das in Hamburg und natürlich auch in unserm Hause freudige Erregung hervorrief. Aber die Franzosen nahmen bald ihre Revanche; — in der Nacht des zwanzigsten Mai weckten uns die ersten französischen Bomben, die in die Stadt flogen, und von nun an begann allnächtlich das Bombardement Hamburgs. Obwohl ein Kind damals, werde ich diese Schreckensnächte nie vergessen; das Donnern der Feuerschlünde, das Pfeifen und Sausen der Bomben, das Auffallen und Zerspringen auf dem Steinpflaster, die Angst der Mutter und der Tante, das Wehklagen der aus den der Schußlinie mehr ausgesetzten Wohnungen zu uns sich flüchtenden Nachbarn, die ängstliche Erwartung nach jeder Entladung bildeten ein Schrecken und Grausen erregendes Nachtstück, und erst gegen Morgen, wo das Bombardement zeitweise aufhörte, konnte man zu etwas Ruhe und Schlaf kommen.

Der Ernst der Lage entwickelte sich immer schärfer, die künstlich gesteigerte Begeisterung sank immer tiefer, die Bevölkerung wurde immer ängstlicher, die ärgsten Schreier immer kleinlauter, als plötzlich ein Hoffnungsstrahl die Zagenden neu belebte. Am 21. Mai rückten ganz unerwartet schwedische Truppen, 12 Bataillone stark, unter General Döbeln in Hamburg ein; sie marschirten an unserer Wohnung vorbei und ich erinnere mich noch sehr gut auf ihre blauen und gelben Uniformen, ihre Armbinden und den Jubel, womit sie als Retter in der Noth vom Volke begrüßt wurden, als sie über den Kamp hinunter marschirten. Allein die Freude war von kurzer Dauer; denn schon am 25. Mai verließen die Schweden Hamburg wieder, ebenso unerwartet, wie sie gekommen waren. Der ehemalige französische Marschall Bernadotte, nun Kronprinz von Schweden, hatte seine Truppen augenblicklich wieder aus Hamburg abgerufen, als er von General Döbeln's Einmarsch Kunde erhielt. Tettenborn hatte sich um Hilfe an den in der Nähe stehenden Döbeln gewendet und dem schwedischen General erschien es nur natürlich, daß es die Pflicht eines verbündeten Armeecorps sei, die bedrohte Stadt zu schützen und so marschirte er auf eigene Faust in Hamburg ein. Bernadotte aber kümmerte sich wenig um Hamburgs Schicksal, ihm lag vor Allem daran, Dänemark mit den Alliirten zu entzweien, es in die Allianz mit Frankreich zu treiben, um dann nach Niederwerfung Napoleons Norwegen von Dänemark loszureißen und es Schweden einzuverleiben; — er rief also Döbeln augenblicklich zurück, dieser glaubte an ein Mißverständniß und blieb trotzdem in Hamburg. Eine Deputation der Stadt und der erste Adjutant Tettenborn's begaben sich zu Bernadotte und stellten ihm die Lage Hamburgs vor, — Alles war vergebens, — am 25. Mai kam der peremptorische Marschbefehl und das unglückliche Hamburg wurde schutzlos seinem Schicksale und der Rache der Franzosen überlassen, — General Döbeln aber wurde vor ein Kriegsgericht gestellt und infam cassirt. Dieses Urtheil rief eine solch allgemeine Erbitterung hervor, daß der alte König Karl XIII. das Urtheil in einjährige Festungshaft umwandeln mußte.

Aber das höchste Entsetzen bemächtigte sich der Hamburger, als sich am Morgen des 30. Mai mit Blitzesschnelle die Unglücksnachricht in der Stadt verbreitete, Tettenborn sei in der Nacht vom 29. mit seinen Kosaken und Baschkiren heimlich verduftet und habe die Stadt ihrem Schicksale überlassen. Fluchend und tobend kamen die Bürgergardisten vom Appell nach Hause, wo ihnen die sofortige Auflösung der Bürgergarde angekündigt worden war und noch sehe ich meinen Onkel vor mir, todtenblaß, zähneknirschend sein Gewehr zerbrechen und in den Hausbrunnen niedersenken, seine sonstige Rüstung auf dem Boden verbergen, — ich höre ihn noch während dieser verzweiflungsvollen Arbeit bald den Russen, bald den Franzosen fluchen.

Noch am selben Tage kamen vorläufig dänische Truppen als Avantgarde der Franzosen von Altona nach Hamburg und am 31. Mai hielt der schreckliche Davoust selbst seinen Einzug in die angsterfüllte Stadt. Auch diese Erinnerung ist mir lebhaft geblieben und ich sehe noch heute das Quarré rothröckiger dänischer Kavalleristen mit schußfertig ausgelegten Karabinern, in dessen Mitte Marschall Davoust mit finsterer, unheilverkündender Miene ritt, gefolgt von seinem ganzen Generalstabe; — so zog er an uns vorüber, eine unheimliche Erscheinung und erst nach einer Weile rückten einige französische Regimenter ein. Dumpfes Schweigen und bange Erwartung herrschten in der schuldbewußten Stadt und die Ruhe vor einem Gewitter ging der furchtbaren Entladung französischer Rache voran. Das französische Hauptcorps, welches die erste Nacht außerhalb der Stadt auf den Feldern bivouakirt hatte, rückte erst am 1. Juni in Hamburg ein und nun begann eine Reihe der härtesten Maßregeln einer gewaltthätigen Reaktion. Haussuchungen, Verhaftungen, Proscriptionen, standrechtliche Hinrichtungen achtbarer Bürger und eine der Stadt auferlegte Contribution von 48 Millionen Francs folgten sich rasch. Wie immer zeigte sich auch hier die Gesinnungslosigkeit des süßen Pöbels und viele der ärgsten patriotischen Schreier zur Zeit der russischen Occupation wurden jetzt die Angeber ihrer Mitbürger bei den französischen Behörden; — so auch jener Mensch, der meinen Vater verwundet hatte und dessen Name mir leider entfallen ist, — bald nach dem Einzuge der Franzosen wirkte er als französischer Mouchard.

Bei allem dem Elende folgten sich doch oft die komischesten und barokesten Scenen plötzlicher Sinnesänderung und unglaublicher Uebergänge. So wurde in einem Nachbarhause, das ich häufig besuchte, die Gipsbüste des Kaisers Alexander, noch mit Lorbeeren von der letzten russisch=patriotischen Illumination geschmückt, in aller Eile im Keller in einer Sandkiste vergraben und aus demselben Verstecke wurde ebenso schnell die Büste des Kaisers Napoleon hervorgeholt, säuberlich gereinigt und mit den=

selben Lorbeeren geschmückt zwischen vier Lichtern vor das Fenster
gestellt, als Hamburg von den Franzosen gezwungen wurde, frei=
willig zu illuminiren, bis 1814 wieder Napoleons Büste den
Kaiser Alexander in der Sandkiste ablöste.

Meinen Vater traf bei der Ausschreibung der Contribution
und deren Eintheilung auf die einzelnen Bürger ein Betrag von
8000 Francs, von dem die erste Rate auch sogleich bezahlt werden
mußte; — sein Geschäft war in's Stocken gerathen, der Erwerb
versiegte und zu allem diesem traf uns noch ein anderer harter
Schlag. Mein Vater hatte, als die Russen unter Tettenborn
einrückten, sein Silberzeug, den Schmuck der Mutter und gegen
zehntausend Mark meist in Goldstücken vergraben und hiezu in
unserem Wohnhause auf der Dreh=Bahn die Marmorfliesen in
der Speisekammer zu ebener Erde ausgehoben, Nachts in dem
Boden darunter ein tiefes Loch gegraben und hier alles versenkt
und sorgfältig wieder zugedeckt. Die Verwundung und das Kranken=
lager des Vaters ließ uns sechs Wochen außer unserer Wohnung
beim Onkel zubringen und wer schildert den Schreck der Eltern,
als sie nach ihrer Wohnung zurückkehrend, nachgruben und suchten
und in dem Verstecke Nichts mehr fanden. Niemand außer uns
hatte damals zur Zeit des Vergrabens des kleinen Schatzes in
unserem Hause gewohnt als ein einzelner Miether, Namens Sievers,
ein Flötenvirtuose und nie haben wir den Räuber unseres Eigen=
thums oder den Zusammenhang der Entwendung entdecken können.

Schreckenszeit und Auswanderung.
(1813.)

Als am 18. März 1813 der kühne Parteigänger Baron
Tettenborn sich durch einen Handstreich Hamburg's bemächtigt hatte
und die schwache französische Besatzung schon auf die Nachricht
seiner Annäherung hin aus der Stadt abgezogen war, als nun
der erst sechsunddreißigjährige General triumphirend mit seinen
Kosakenpulks in Hamburg einzog und von der Bevölkerung mit
Jubel und Enthusiasmus begrüßt, als Retter und Befreier vom
französischen Joche freudigst empfangen wurde, da ahnten wohl

weder Tettenborn noch die Tausende und Tausende, die ihn jubelnd begrüßten, welches Unheil, welche schreckliche Folgen, welchen Ruin dieser abenteuerliche Zug der unglücklichen Handelsstadt bringen würde. Tettenborn war durchaus kein General, kein Heerführer im strategischen Sinne des Worts, er war nur ein kühner und waghalsiger Parteigänger, dem es mehr um gewagte Handstreiche und glänzende, aber ephemere Waffenthaten zu thun war, als um einen wohldurchdachten Operationsplan mit ruhiger, kalter Berechnung seiner Kräfte und mit Berücksichtigung aller Vorbereitungen im Falle eines Mißerfolges.

So hatte er denn mit Tschernitschew durch einen kühnen Handstreich Berlin genommen und war nun mit seinen Schaaren irregulärer Kavallerie gegen Hamburg aufgebrochen, hatte erst einen Streifzug nach Mecklenburg gemacht und war plötzlich in Ludwigslust erschienen, wo er den Herzog von Mecklenburg zwang, sich für die Alliirten und gegen Napoleon zu erklären; — er hatte nun auf seinem Marsche nach Hamburg das schwache französische Corps des Generals Morand, das sich ihm entgegenstellte, auseinandergesprengt und am 18. März wie gesagt Hamburg ohne Widerstand oder sonstige Schwierigkeiten erreicht. Hätte er sich damit begnügt, seine Streit- und Angriffsmittel in Hamburg zu verstärken und nur seinen Streifzug fortzusetzen, um überall in Norddeutschland die Franzosen zu alarmiren und zu bedrängen, so hätte er viel vernünftiger gehandelt und nicht so viel Unheil über die Stadt gebracht. Aber es fiel ihm plötzlich ein, Hamburg gegen die Franzosen zu behaupten, die allerdings damals nur wenig Truppen in diesem Theile Norddeutschlands hatten; — ein unmögliches Unternehmen, dessen Unausführbarkeit jeder strategisch gebildete Heerführer vollkommen begriffen hätte.

Tettenborn hatte nur Kavallerie mit sich und diese bestand aus irregulären Kosaken und Baschkiren; allerdings stellte ihm Hamburg an zehntausend Mann Freiwillige und Bürgergarden, aber diese mußten erst abgerichtet, einexercirt, feuergewohnt gemacht werden und dazu bedurfte es vor Allem einiger Zeit, — außerdem aber war fast gar keine Artillerie vorhanden und schlimmer als das, es fehlte an hinreichenden Munitionsvorräthen selbst für die Feuerwaffen der Infanterie, während die Franzosen in Eile von allen Seiten gegen Hamburg heranrückten, vorzüglich stark an Artillerie waren und endlich schwere Belagerungsgeschütze herbeischafften und auf der dänischen Seite ihre Positions-Batterien

gegen Hamburg errichteten. So war denn Tettenborn in Ham=
burg auf die Defensive beschränkt, er konnte wegen Mangels an
Artillerie nicht angriffsweise gegen die Franzosen vorgehen und
Alles was gethan werden konnte, beschränkte sich auf Befestigung
der Stadt und auf einzelne gelungene oder mißlungene Handstreiche.
Gerade zehn Wochen hatte die Tettenborn'sche Herrlichkeit in Ham=
burg gedauert, dann waren alle Streit= und Vertheidigungsmittel
erschöpft und in der Nacht vom 29. auf den 30. Mai zog
Tettenborn ganz heimlich mit seinen Kosaken und den Hamburger
Freiwilligen von Hamburg ab, marschirte nach dem Mecklen=
burgischen, um sich Walmoden anzuschließen und überließ die
unglückliche Stadt wehr= und hülflos der Rache der Franzosen,
ohne sich je mehr um sie zu kümmern oder ihr Hülfe zu bringen.

Im französischen Lager wurde Tettenborn spöttisch „tête
bornée" (beschränkter Kopf) titulirt und bis in seine alten Tage
blieb ihm die Bezeichnung „l'étourdi". Ich habe den Mann,
der so viel Unheil über meine Vaterstadt gebracht hat, später
zu Anfang der Vierziger Jahre in Wien wiedergesehen; — er
hatte nach dem Pariser Frieden die von Napoleon eingezogenen
Güter seiner Familie im Großherzogthum Baden wieder erhalten,
1818 den russischen Dienst verlassen und war nach Baden zurück=
gekehrt, wo er zum General=Lieutenant und Gesandten am Wiener
Hofe ernannt wurde. Tettenborn hing mit allen Fasern seines
Herzens an Wien und am Wiener Leben, er hatte in der öst=
reichischen Armee früher sechzehn Jahre lang unter Erzherzog
Karl gedient und fühlte sich nur in Wien heimisch, wo er denn
auch seinen bleibenden Wohnsitz nahm, 26 Jahre lang lebte und
1854 auch starb. Hier begegnete ich ihm als 63jährigem Greise,
aber noch immer rüstigen Lebemann, großem Verehrer der Oper
und des Ballets, noch voll jugendlicher Passionen und Neigungen,
dabei aber in sehr intimen Freundschaftsverhältnissen mit Gentz,
Hormayer und Varnhagen von Ense, welch' letzterer auch Tetten=
born's kühne Streif= und Abenteuerzüge in einem Werkchen ver=
herrlicht hat.

Mit Tettenborn's Abmarsche und mit dem Wiedereinrücken
der Franzosen begann jetzt für Hamburg eine Schreckenszeit, wie
sie bei gleicher Härte und langer Dauer wohl schwerlich eine
andere Stadt erduldet hat. Hamburg war eine französische Stadt
gewesen, gehörte zum Kaiserreiche und hatte sich im wilden Aufruhr
gegen die Franzosen erhoben. Das war die französische Ansicht

der Sachlage und für dieses Verbrechen des Hochverraths sollte Hamburg strenge gezüchtigt werden, und so sandte denn Napoleon zwei seiner grausamsten Gewalthaber zur Bestrafung der unglücklichen Stadt; — Davoust, wie ihn selbst sein College Marschall Marmont, nannte: „ein Mameluke" im vollen Sinne des Wortes, und Vandamme, einen rohen Soldaten, wild, grausam und übermüthig. Vandamme hatte erst einige Monate vorher in der 32. Militär=Division, die das nordwestliche Deutschland bildete, den Belagerungszustand erklärt, vier Kriegsgerichte als Schreckenstribunale eingesetzt, das Dorf Blexen plündern und niederbrennen lassen, wobei zugleich neunzehn der wohlhabendsten Bauern füsilirt wurden; — er hatte in Oldenburg die Minister Fink und Berger, ohne ihnen eine Vertheidigung zu erlauben, standrechtlich hinrichten, in Brinkum fünf Einwohner erschießen und weil in Lilienthal ein versprengter Kosake auf einen französischen Posten geschossen hatte, das Dorf plündern und niederbrennen und die unglücklichen Bewohner durch die Soldaten von den rauchenden Trümmern forttreiben lassen. Bei Bremerlehe ließ er 150 Bauern von seiner Kavallerie niederhauen und achtzig andere wurden standrechtlich erschossen.

In die Hände dieser grausamen Gewalthaber legte Napoleon das Schicksal der unglücklichen Stadt Hamburg und in der Befürchtung, daß selbst diese rauhen Kriegsmänner vielleicht noch zu milde und nachsichtig sein könnten, schickte er ihnen die gemessensten Instruktionen. Es mag vielleicht in der jetzigen Zeit, wo die Franzosen und ihnen befreundete Geister so viel von der Barbarei und Grausamkeit der deutschen Heerführer und der deutschen Truppen im Kriege von 1870—71 zu fabeln wissen, — ganz angemessen sein, einige Stellen aus dieser Instruktion, wie sie später im „Memorial topografique et militaire" (1826) und im „Preußischen Militär=Wochenblatte" (1828, Seite 3960) veröffentlicht wurde, hier wörtlich anzuführen:

„Sie werden," ließ Napoleon dem Marschall schreiben, „sogleich nach Wiederbesetzung der Stadt alle Hamburger Unterthanen verhaften lassen, welche unter dem Titel „Senatoren" diese Stellen angenommen haben"; — (unter Tettenborn war die alte Hamburgische Verfassung mit vier Bürgermeistern und vierundzwanzig Senatoren wieder hergestellt worden) — „Sie lassen sie vor eine Militär=Commission stellen und die fünf Schuldigsten davon erschießen. Sie schicken dann die übrigen unter guter Bedeckung nach Frankreich, um sie in ein Staatsgefängniß zu sperren; — ihre Häuser und Güter stellen Sie unter Sequester und erklären sie für confiszirt. Sie lassen die Stadt entwaffnen, alle Offiziere der hanseatischen Legion füsiliren und alle andere, die in der Legion gedient haben, schicken Sie nach Frankreich zur Zwangsarbeit auf den Galeeren. Sobald Sie mit Ihren Truppen Schwerin besetzt haben, bemächtigen Sie sich des Herzogs und seiner Familie und schicken sie nach Frankreich in ein Staatsgefängniß. .... Sie stellen eine Liste der Rebellen auf und bezeichnen darin die tausend fünfhundert reichsten Individuen der 32. Militär-Division, die sich am schlechtesten benommen haben; — diese lassen Sie verhaften und ihre Güter mit Beschlag belegen.... Vergessen Sie vornehmlich alle die Hamburger Häuser nicht, die sich übel benommen haben und deren Gesinnungen schlecht sind; — Sie werden Hamburg und Lübeck mit einer Kriegssteuer von 50 Millionen belegen.... man muß das Eigenthum wechseln, sonst wird man dieses Landes nie sicher sein.... Alle diese Maßregeln sind streng zu vollziehen, der Kaiser erlaubt Ihnen nicht, auch nur eine davon zu modifiziren." —

Mit unerbittlicher Strenge wurden diese grausamen Befehle ausgeführt; — der Verhaftung der Senatoren, der Confiskation ihrer Güter, der standrechtlichen Hinrichtungen unschuldiger Bürger, der Wegschleppung der angesehensten Einwohner als Geißeln nach einer französischen Festung, der Plünderung der Hamburger Bank, in welcher achtehalb Millionen Mark Banko von Davoust mit Beschlag belegt wurden und vielen anderen Grausamkeiten und Bedrückungen folgte die Krönung der napoleonischen Maßregeln. Die friedliche Handelsstadt sollte in eine starke Festung umgewandelt werden und die ganze Bevölkerung mußte an den Schanzarbeiten theilnehmen. Mit Schaufeln, Hauen und Schubkarren, welche die Stadt stellen mußte, wurden die Bürger von französischen Polizei-Commissären und Gendarmen zur verhaßten Schanzarbeit getrieben, welche sie unter den Drohungen und Mißhandlungen roher Aufseher verrichten mußten.

Auch mein armer Vater, kaum erst vom Krankenbette erstanden, mußte mehrere Tage hinaus und Erde karren. Schmutzbedeckt, halb verzweifelt kam er gebrochen an Leib und Seele Abends nach Hause und nur das Zeugniß eines bei uns einquartierten französischen Militärarztes, der wirkliches Mitleiden mit ihm empfand, schützte ihn endlich vor ferneren Mißhandlungen dieser Art. Nebenbei aber hatten wir zwanzig Mann Einquartierung im Hause, die zwar auf unsere Kosten gut lebten, die aber doch im Ganzen gutmüthige Jungen waren, denen das grenzenlose Elend der Bürger selbst zu Herzen ging. Es war eine ganz andere Einquartierung als die früheren, meist junge bartlose Bürschchen, die Neuconscribirten der jüngsten Altersklassen, nur hie und da war noch ein alter Soldat. Die Veteranen der großen Armee waren auf den Schnee- und Eisfeldern Rußlands auf dem Rückzuge von Moskau größtentheils zu Grunde gegangen und an ihre Stelle war junger Nachwuchs getreten, den man mit schonungsloser Härte zusammengetrieben und unter die Waffen gestellt hatte.

Die Franzosen spotteten damals viel über die hanseatischen Freiwilligen, meist auch junge Burschen von 16—20 Jahren, die sich aber wie Männer schlugen, und nannten sie spöttisch: l'infanterie-enfanterie; aber ihre eigenen Truppen bestanden jetzt ebenfalls aus bartlosen Jungen, die noch dazu der ewigen Kriege müde waren und Heimweh nach Muttern hatten; — sie waren gegen uns Kinder noch viel freundlicher als ihre Vorgänger, und im beständigen Verkehr mit ihnen vervollkommnete ich meine französischen Sprachkenntnisse.

Diese entsetzlichen Zustände und die Aussicht, daß ihnen noch bösere Tage der Noth und Gefahr folgen würden, da Napoleon damals noch immer im Besitze seiner vollen Macht war, bewegten meinen Vater zu dem Entschlusse, Hamburg zu verlassen und sich auf friedlicheren Gebieten eine neue Heimath zu suchen. Mein Vater hatte noch zahlreiche Verwandte in dem östreichischen Theile Polens, in Galizien, mit denen er immer in freundschaftlichem Verkehr gestanden war, und diese luden ihn ein, zu ihnen zu kommen. Allein es war damals sehr schwer, von den französischen Behörden die Erlaubniß zu erhalten, Hamburg zu verlassen, da zuerst sämmtliche Raten der Contribution von 48 Millionen Francs eingetrieben sein sollten, wofür jeder Bürger persönlich gleichsam als Pfand und Geißel betrachtet wurde. Zwei Aerzte, darunter der berühmte Dr. Chauffepié stellten meinem Vater ein Zeugniß aus, daß er seiner geschwächten Gesundheit halber ein böhmisches Bad besuchen müsse; — allein die französische Behörde machte Einwendungen; — er solle nach Pyrmont oder Spaa gehen, hieß es, — Bad sei Bad, — auf ein wiederholtes ärztliches

Gutachten wurde endlich ein Reisepaß, für einige Monate gültig, nach Eger in Böhmen bewilligt, aber der Paß lautete nur für den Vater und seine Frau, wir Kinder sollten als Pfand für die Rückkehr bei Verwandten zurückbleiben. Die Elternliebe aber überwand jedes Hinderniß und trotzte jeder Gefahr.

Unsere Hamburger Bekannten und Freunde riethen uns eifrigst von diesem Schritte ab; — wir gingen, sagten sie, ja mitten in den Kriegsschauplatz hinein; der jetzige Waffenstillstand laufe schon am 20. Juli ab; außerdem seien die Straßen durch Marodeure und Deserteure unsicher und überall großer Mangel an Kommunikationsmitteln. Mein Vater aber blieb unerschütterlich bei seinem Entschlusse und er hatte vollkommen Recht, als er die Drangsale, die noch kommen sollten, nicht unterschätzte.

Ein ganzes Jahr dauerte die französische Schreckenszeit in Hamburg, — am 31. Mai 1813 war Davoust in Hamburg als Rächer eingerückt und erst am 31. Mai 1814 nach Napoleons Sturze und dem Pariser Frieden verließ er die Stadt und zwar erst auf ausdrücklichen Befehl König Ludwigs XVIII. Jetzt aber rückten erst die Russen unter Benningsen und Walmoden in die schwergeprüfte Stadt, blieben bis zum Ende des Jahres und die russische Besatzung und Einquartierung, die Lasten, die dadurch den Bürgern erwuchsen, waren kaum minder schlimm als die der unheilvollen Franzosen-Zeit.

Als Davoust endlich abzog, hatte er Stadt und Bürger fast an den Bettelstab gebracht; eine Menge Häuser in der Stadt waren der Befestigungsarbeiten wegen niedergerissen, die Landsitze, Alleen und Gärten in der ganzen Umgebung waren rasirt und 30,000 Einwohner der ärmeren Klassen waren, damit es im Winter in der von den Russen eingeschlossenen Stadt an Lebensmitteln nicht fehlen sollte, aus der Stadt hinaus ins Elend getrieben worden, wobei Frauen und Kinder auf den schneebedeckten Feldern erfroren und verhungerten. Die Zurückbleibenden aber wurden mit dem ganzen gewaltthätigen Apparate französischer Polizeispionage und persönlicher Verfolgungen, wobei blutige Exekutionen natürlich nicht fehlten, sowie mit allen anderen Annehmlichkeiten napoleonischer Schreckensherrschaft bis auf den Tod gequält.

Den einen der Henker Hamburgs, Vandamme, ereilte die Nemesis; er verließ Hamburg einige Monate nach der französischen Wiederbesetzung und zog mit einem Truppencorps zu Napoleon nach Sachsen. Er drang in Böhmen ein, mußte aber nach der

verlorenen Schlacht von Kulm sich mit 10,000 Mann und
81 Kanonen den Siegern ergeben und als er dann trotz der
Kapitulation und des gegebenen Ehrenwortes seine Person in
Sicherheit zu bringen suchte und entfloh, wurde er von den Ko=
saken eingeholt, tüchtig mit ihren Kantschus verarbeitet und vor
den Großfürsten Constantin von Rußland gebracht, der ihn
„Räuberhauptmann" — „chef des brigands" — „Ehrloser"
titulirte, ihm die Epauletten abriß und ihm zwei tüchtige Ohrfeigen
gab. Dann wurde er nach Sibirien transportirt und als er nach
dem Frieden nach Frankreich zurückkehrte, wurde er auf Befehl
des Königs aller seiner Würden verlustig erklärt. Er starb in
dunkler Zurückgezogenheit, verfolgt von der allgemeinen Verach=
tung, — die strenge aber gerechte Strafe seiner wilden Grau=
samkeiten.

Marschall Davoust dagegen, der zehnmal schuldiger war als
Vandamme, kam unter den Bourbons noch zu großen Ehren.
Er wurde 1819 zum Pair von Frankreich erhoben, behielt seinen
napoleonischen Titel als Prinz von Eckmühl und bezog seine Staats=
dotation von 100,000 Francs Jahresrenten bis an seinen im
Jahre 1823 erfolgten Tod. Es war jedenfalls ein komisches
Schauspiel, wenn Davoust mit seinem Collegen Marschall Soult
bei der Frohnleichnamsprozession mit einer dicken Wachskerze und
mit entblößtem Haupte hinter dem Könige und den Prinzen ein=
herzog und auch sein Leichenbegängniß wurde mit großem mili=
tärischen und kirchlichen Pompe abgehalten. Er hatte ja eben
nur Deutsche mißhandelt und gepeinigt, was in den Augen
der Bourbons und der Franzosen überhaupt kein Verbrechen,
sondern vielmehr ein Verdienst war. Erinnerten sie sich doch
dabei an die glorreichen Zeiten Ludwig's XIV. und die Raub=
und Brandzüge Turenne's und Melac's in der unglücklichen Pfalz.

Abreise und Reise.
(1813.)

Vor mir liegt, indem ich diese Erinnerungen niederschreibe,
der alte vergilbte, schon in morsche Stücke zerfallende Reisepaß,
den mein Vater nach langem Drängen und Ringen und unzähligen

Bedenklichkeiten und Quälereien endlich der französischen Zwing=
herrschaft glücklich entlockt hatte. Er ist ausgestellt von der „Police
generale de l'Empire" wie es darin heißt „auf die Bürgschaft
zweier verantwortlicher Bürger; —" der Paß lautete für „Le
Sieur F. S. Börnstein, marchand, avec son epouse," — von
uns Kindern war, wie gesagt, in dem Passe keine Rede, — wir
sollten zurückbleiben.

Am 23. Juni erhielt mein Vater endlich den Paß und nun
erst konnte er im Ernste Anstalten zur Abreise machen. Da mein
Vater blos erst die erste Rate seines Antheils an der Kontribution
erlegt hatte, auch der Paß nur auf sechs Monate lautete, so konnte
er, um Aufsehen und Argwohn zu vermeiden, von unserem Mobiliare
nichts verkaufen, auch waren Käufer damals schwer aufzutreiben,
da jeder lieber das leicht tragbare Baargeld, als schwer wegzu=
bringende Gegenstände für sich behielt; — so blieb denn die
ganze schöne, meist aus massivem Mahagoni bestehende Einrichtung
des ganzen Hauses nebst Uhren, Bildern, Büchern und vielen
anderen Dingen zurück, um, wie uns Verwandte schrieben, später
französischen und noch später russischen Bivouaks als Brennholz
zu Lagerfeuern zu dienen.

In dem Winter von 1813—1814 waren noch mehr fran=
zösische Truppen als Verstärkung nach Hamburg gekommen, sie
mußten wegen Mangels an geeigneten Räumen auf den Straßen
kampiren und da wurde denn aus den leerstehenden Häusern
Alles was nicht niet= und nagelfest war, Thüren und Läden, Pia=
nos und Kommodenkästen, Schränke und Stühle auf die Straße
geschleppt, in Stücke zerschlagen und damit ein lustiges Lager=
feuer unterhalten, um das die Soldaten bivouakirten, — was
die Franzosen auf diese Art vom Privateigenthum nicht vernichtet
hatten, das hatten später die Russen, die unter Benningsen ein=
rückten, verbrannt und verschleppt und in unserm Hause war, wie
der Onkel später schrieb, nichts als die nackten Wände geblieben.

Man berechnete damals den Verlust der Stadt Hamburg
von 1806—1814 auf 140 Millionen Mark Banko, für welche
dann im Friedensschlusse der Stadt von Frankreich eine Ent=
schädigung (?) mit einer Rente von 500,000 Francs geleistet
wurde. Hatte die Stadt selbst so große Verluste erlitten, so
hatten wir, unscheinbare Privatleute, die wir waren, zwei Drittel
unseres Vermögens eingebüßt und vor uns lag die Aussicht auf
eine weite und sehr kostspielige Reise von der Nordsee bis nach

Polen, oder vielmehr eine gefährliche Flucht mitten durch Schlacht=
felder und Aufstellungen sich bekriegender Armeen.

Vierzehn Tage vergingen noch mit der Vorbereitung und
Ausrüstung zu dieser Reise, die unter den damaligen Verhältnissen
keine unbedeutende Aufgabe war. Am 8. Juli konnten wir end=
lich abreisen, — am 20. Juli lief der Waffenstillstand ab und
wir mußten uns daher beeilen, um noch vor Ablauf dieser Frist auf
sicheren neutralen Boden zu gelangen. Ein alter Elb=Schiffer, mit
dem mein Vater durch lange Jahre in geschäftlichen Beziehungen
gestanden war, übernahm es, uns auf der Elbe nach Harburg zu
bringen; seine Jölle lag im innern Hafen, am Abend vorher
wurde unser Gepäck an Bord gebracht und am Morgen des 8. Juli,
knapp vor Tagesanbruch, folgten wir selbst.

Wir zwei Knaben, ich und mein Bruder, begleiteten an=
scheinend die Eltern bis zum Hafen; kaum aber waren wir dort
und alles zur Abfahrt in Ordnung, als uns der alte Schiffer
in seine geräumige Schifferkiste verschwinden ließ, den Deckel
rasch zumachte, sich darauf setzte und das Steuerruder in die Hand
nahm, während seine drei Söhne mit den Rudern tüchtig eingriffen.
In der Kiste war etwas Bettzeug, rückwärts war ein großes
Luftloch ausgeschnitten, und wir Jungen, noch vor Tagesanbruch
aus den Betten gerissen und daher noch ganz schlaftrunken,
schliefen auch augenblicklich in der Kiste ein. Erst nach einer
langen Weile, nach ängstlichem Bangen der Eltern und erst als
wir Hamburg und das französische Wachtschiff auf der Elbe —
wo wir angerufen wurden, beilegen und den Paß vorzeigen mußten,
— als wir die nächste drohende Gefahr weit — weit hinter
uns hatten, wurden wir Kinder von der ängstlich besorgten Mutter
aus der Kiste hervorgeholt, und mit einem unendlichen Vergnügen,
das ich noch heute nachfühle, genossen die überraschten, nun ganz
frisch und munter gewordenen Knaben das ihnen so neue Ver=
gnügen einer langen — langen Wasserfahrt, bei der Bäume und
Häuser, Dörfer und Menschen im hellsten Sonnenscheine langsam
an uns vorüberzogen, und als dann die sorgsame Mutter den
sorgfältig vorbereiteten Imbiß auspackte und wir nun mit durch
die Wasserluft geschärftem Appetite tüchtig frühstückten, da waren
wir glücklich und heiter und die Erinnerung an diese schöne, für
uns Kinder wenigstens ganz sorgenlose Wasserfahrt ist in meinem
ganzen langen Leben wie ein heller freundlicher Punkt in meinem
Gedächtnisse geblieben.

Die Fahrt stromaufwärts ging ziemlich langsam vor sich und erst zu Mittag langten wir in Harburg an, wo der am Hafen postirte Gensdarm unsern Paß sorgfältig prüfte und seine Bedenken wegen der darin nicht verzeichneten Kinder aussprach; — der Vater aber versicherte ihn, die Kinder hätten nur die Eltern begleitet und führen mit dem Schiffer wieder nach Hamburg zurück. Wir Kinder mußten also im Boote bleiben und mein Vater eilte nun in die Stadt, um einen ihm sehr befreundeten französischen Beamten Namens Dumoulin aufzusuchen und sich seine Verwendung zu erbitten; — Mr. Dumoulin war auch bereitwillig und einflußreich genug, um den in der Stadt stationirten Auditeur au Conseil d'Etât et Commissaire special de la haute police, Chevalier de Pompignan zu bewegen, auf dem Visum des Passes neben „avec son epouse" auch noch „et ses deux enfants" hinzuzufügen. Triumphirend und freudig den Paß hoch in der Luft schwenkend kam mein Vater wieder zum Boote geeilt, der Gensdarm prüfte den vermehrten und verbesserten Paß, seine amtlichen Bedenken schwanden und wir durften endlich das Boot verlassen.

Damit war vorläufig die Gefahr beseitigt. In Braunschweig und Celle, über welche Orte zu reisen die Marschroute des Passes genau vorschrieb, waren nur untergeordnete Polizei-Commissäre, die gegen ein Visum eines Auditeur au Conseil d'Etât nichts mehr einwenden durften. Wirklich visirten auch in Braunschweig und Celle nur Schreiber „pour monsieur le Commissaire de police", den Paß und damit waren die französischen Visas erledigt; — von da aus kamen wir bald auf deutsches Gebiet.

Damals gab es ja noch keine Eisenbahnen, ja selbst die Postkutschen, Diligencen und Hauderer fuhren in diesen Kriegszeiten gar nicht oder doch nur höchst unregelmäßig; — die meisten zogen es vor, ruhig zu Hause zu bleiben und sich nicht der Gefahr auszusetzen, sich irgendwo von den damals allgewaltigen Militär-Commandanten unterwegs die Pferde ausspannen und diese im Requisitionswege zu Militärzwecken fortführen zu sehen. Man konnte daher nur von Stadt zu Stadt weiter gelangen und das auch nur dann, wenn die Luft in der Nähe militärfrei war. Mein Vater mußte demgemäß seinen Reiseplan einrichten; er kaufte daher in Harburg einen großen gedeckten Stuhlwagen (char-à-bancs), ein Fuhrzeug, ähnlich den ehemaligen Wiener Zeisel-Wagen besserer Art. Auf den zwei vorderen Bänken saßen Vater, Mutter und wir zwei Knaben, die anderen zwei Bänke wurden ausgehängt und der ganze hintere Raum des Wagens mit unserem ziemlich beträchtlichen Gepäck angefüllt. Da keine Miethpferde zu haben waren, so mußten wir von Station zu Station Postpferde bis Braunschweig nehmen, was mein Vater trotz der sich auf jeder Station wiederholenden Schwierigkeiten und den beträchtlichen Geldopfern doch gerne that, um nur so rasch als möglich aus dem Bereiche des Davoust'schen Armeecorps zu gelangen. Am 9. Juli waren wir bereits in Celle, am 10. in Braunschweig, am 11. in Halberstadt, am 14. in Erfurt, wo das erste **deutsche** Paß-Visum unserem Passe einverleibt ward. In Braunschweig hatten wir bereits für längere Zeit Miethpferde erhalten und brauchten uns nicht mehr der theueren Postpferde zu bedienen. Für uns Knaben war diese Reise im schönsten Sommerwetter durch die reizenden Gegenden des Harzes eine unerschöpfliche Quelle täglich neuen Vergnügens, da uns jeder Tag, jede Stunde anregende Bilder brachten. Die ledernen Seitenwände unseres Stuhlwagens waren hinauf geschnallt, wir hatten frische Luft und freie Aussicht nach allen Seiten und stets neue und wechselnde Landschaften, Naturschönheiten und Städtebilder boten sich den erstaunten Augen der Jungen, die Wirthshäuser, in denen wir einkehrten, waren einfach, aber gut und billig, kurz die ganze Reise machte einen erheiternden Eindruck und ließ selbst die guten Eltern, wenigstens für den gegenwärtigen Augenblick, die Leiden der jüngsten Vergangenheit vergessen und mit einiger Hoffnung und Zuversicht in die noch sehr ungewisse Zukunft schauen. Selbst meine Mutter, der die Trennung von Hamburg, von ihrem Hause und von allen häuslichen durch tausend Erinnerungen lieb gewordenen Schätzen sehr hart angekommen war, und die in den ersten Tagen viel geweint hatte, wurde nach und nach ruhiger und heiterer.

Von Erfurt ging es über Weimar nach Jena und hier erinnere ich mich eines Vorfalls, der einen tiefen Eindruck auf mein Kindesgemüth machte und mir noch heute lebhaft im Geiste vorschwebt. — Bei Jena kamen wir an einen steilen Berg, — der Schneckenberg heiße er, sagte uns der Fuhrmann, — über den die Straße führte. An diesem Berge mußten wir, um die Pferde zu schonen, alle aussteigen und den Weg bergan zu Fuße machen.

Auf der Höhe angekommen lag vor uns der Schauplatz der unglücklichen Schlacht bei Jena. Ein Mann, der sich hier gewöhnlich aufhielt, um den Reisenden gegen ein kleines Trinkgeld als Führer und Cicerone zu dienen, näherte sich auch uns und erklärte uns, wo die Preußen unter Hohenlohe und Rüchel gestanden, wie Napoleon in der Nacht, während Hohenlohe ruhig schlief, eben diesen Schneckenberg und die ganze Hochebene mit Kanonen besetzen ließ und wie am Morgen, nachdem der dichte Nebel sich verzogen hatte, die Marschälle Augeran, Lefèvre und Lannes mit 80,000 Mann Franzosen von allen Seiten über die 50,000 Mann Preußen herfielen und sie trotz der tapfersten Gegenwehr schlugen und in wilde Flucht trieben. Mein Vater, der stille und innerlich doch tief bewegt zugehört hatte und dem Thränen in den Augen standen, nahm mich bei der Hand und sagte mir mit bebender Stimme: „Heinrich, merke dir diese Stelle wohl; hier ist Deutschland vernichtet worden, hier sank die Monarchie Friedrichs des Großen und mit ihr unsere einzige Hoffnung in französische Knechtschaft. Vielleicht erlebst du noch einmal den Tag der Auferstehung und der Befreiung vom Fremdenjoche!" —

Ich habe diesen Tag der Auferstehung zweimal erlebt, — 1814 und 1870.

Wir reisten von hier aus in sehr kleinen Tagmärschen uns immer mehr der Elbe und der böhmischen Grenze nähernd. Wir hielten oft in ganz unbedeutenden Städten, wo mein Vater jedesmal gleich nach der Ankunft fortging, und diesen oder jenen fremden Mann aufsuchte, mit dem er dann eine längere Unterredung hatte. Ich durfte ihn zwar auf diesen Gängen begleiten, hörte aber nie etwas von den Gesprächen, die da geführt wurden, da ich dann immer im Garten oder in einem anderen Zimmer abseits gehalten wurde. Erst später, als ich erwachsen war, löste sich dieses Räthsel; — mein Vater bekleidete nicht nur eine hervorragende Stelle im Freimaurerbunde, sondern er war auch Mitglied eines der vielen Zweigvereine des Tugenbundes, wie sie unabhängig vom Hauptbunde in Königsberg, zu Ende des Jahres 1812 überall in Deutschland entstanden waren und er stand ebenfalls in intimen Beziehungen zu Friedrich Perthes, David Christian Mettlerkamp, Ludwig von Heß und anderen Männern der deutschen Erhebung. In dieser doppelten Eigenschaft hatte er zahlreiche Vertrauensmissionen übernommen, durch deren Erfüllung unsere Reise beträchtlich verlangsamt ward.

Eines Morgens, als wir uns bereits langsam der böhmisch-sächsischen Grenze näherten, hielt unser Fuhrmann plötzlich den Wagen an; denn französische Cavallerie mit Bärenmützen und mit ihnen Gendarmen kamen in vollem Galopp auf der Heerstraße uns entgegen und befahlen dem Fuhrmann, auf die Seite zu fahren und dort zu halten. Es fehlte nicht viel und unser Wagen wäre durch das rohe Einschreiten eines Gendarmen umgestürzt; denn durch das gewaltsame Zurückdrängen der Pferde war ein Hinterrad des Wagens schon im Chaussée-Graben und in dieser halb hängenden Stellung mußten wir verbleiben. Hinter dieser platzmachenden Avantgarde kamen nun von Cavallerie-Abtheilungen begleitet vier Wagen, die eine ungeheure Staubwolke aufwirbelten. Auf der Stelle, wo wir hielten, ging die Heerstraße bergan, und die Wagen mußten nun ihren Galopp zu einem kurzen Trabe mäßigen. Plötzlich wurde mein Vater, der aufrechtstehend nach den Wagen hingeblickt hatte, todtenbleich und fast keuchend rief er mir und der Mutter zu: „Das ist der Kaiser Napoleon! Seht ihn an Kinder, seht ihn an!"

Er war es. Im ersten Wagen saß er mit dem marmornen Imperatorengesicht der Julier, im leichten Kampagne-Ueberrocke, darunter die historische grüne Jäger-Uniform; neben ihm saß ein General und in den folgenden Wagen waren ebenfalls Generale und Adjutanten. Wir grüßten im Wagen stehend ehrerbietigst, aber er dankte nicht, — ernst und finster sah er drein, bis die aufwirbelnden Staubwolken ihn unseren Blicken entzogen. Ja es war der Kaiser Napoleon, der um sich den Friedensunterhandlungen und dem Drängen des vermittelnden, damals noch neutralen Oestreichs, zu entziehen, Dresden verlassen hatte, und nun die französischen Aufstellungen und Kantonirungen hinter der Elbe besichtigte. So hatte ich denn auch den großen Napoleon gesehen und der Eindruck blieb unauslöschlich in meinem Gedächtnisse.

Aber am 20. Juli ging der Waffenstillstand schon zu Ende, und wir mußten uns beeilen, den neutralen Boden Oestreichs zu erreichen, wo wir uns erst in Sicherheit dünken durften. Endlich kamen wir bei Schönbach, der damaligen Grenz- und Eintrittsstation, auf östreichisches Gebiet; mein Vater, der jetzt erst frei aufathmete, umarmte die Mutter und uns Kinder und wünschte uns Glück und Segen in der neuen Heimath, in die er jetzt nach so langer Abwesenheit zurückgekehrt war und die er seit dem Ende des vorigen Jahrhunderts nicht mehr wieder gesehen hatte.

Am Abende desselben Tages gelangten wir nach Karlsbad, wo wir die erste längere Raststation machen und uns von den Strapazen und Aufregungen der Reise etwas erholen wollten.

In Karlsbad herrschte damals ein viel bewegtes aufregendes Leben; der Badeort war überfüllt und nur mit großer Mühe und nach langem Suchen konnten wir ein paar Zimmer finden. Vater und Mutter tranken Morgens, von uns Kindern begleitet, den Brunnen, der Nachmittag war Spaziergängen und Ausflügen in die reizende Umgebung Karlsbads gewidmet. Für mich, der ich in der flachen Marsch=Ebene Hamburgs aufgewachsen war, hatten diese bewaldeten Berge und steilen Felsen, diese schäumenden Gebirgswässer und dunkelen Schluchten einen außerordentlichen Reiz. Der brausende und kochende Sprudel, die zahlreiche, bunte Gesellschaft am Brunnen und auf der Promenade, die vielen Uniformen von Generalen und Offizieren aus allen Ländern, die merkwürdigen Versteinerungen der Sprudelquelle, die Blumen und Moose, welche kleine Mädchen den Badegästen anboten, das Frühstück im Freien vor den Kaffeewirthschaften, das bewegte Leben an der Table d'hôte, alles das und noch vieles Andere waren für mich neue und anregende Dinge, deren Anschauung mein guter Vater mit den meinem Alter zugänglichen Belehrungen zu verbinden verstand und so haftet die schöne Erinnerung an Karlsbad noch heute nach siebenundsechzig seitdem verflossenen Jahren lebhaft in meinem Gedächtnisse und obwohl ich Karlsbad seitdem nicht wieder gesehen, so glaube ich doch, daß ich, wenn ich wieder hinkäme, mich augenblicklich zurecht finden würde.

Lebhaft erinnere ich mich besonders einer nur nothdürftig gefaßten Sauerbrunnquelle, ziemlich weit von der Stadt im dichten Walde, zu der fröhliche Gesellschaften gerne hinauszogen, sich um die Quelle lagerten und mit mitgebrachtem Oestreicher Weine und Zucker dort heitere quasi-Champagner=Partien improvisirten. Es war wohl diese unscheinbare Quelle, die jetzt als Gieshübler Sauerbrunn Weltberühmtheit erlangt hat und ihren jetzigen Besitzer, Herrn Heinrich Mattoni, zum reichen Mann machte. Jetzt steht dort, wo wir im Schatten des Waldes auf schwellendem Moose lagerten und Alles, selbst die Trinkgefäße, mitbringen mußten, ein prachtvolles mit allen Bequemlichkeiten ausgestattetes Curhaus und viele Hunderte von Badegästen pilgern alljährlich dahin, um sich an der erfrischenden Quelle Heilung ihrer Leiden, Stärkung zu neuer Arbeit zu holen.

Aber wichtiger und bedeutender als alle diese doch nur flüchtigen Eindrücke wirkte auf mich eine Begegnung, welche die mit dem Kaiser Napoleon in späteren Tagen und in der zurückschauenden Erinnerung des Mannesalters weitaus überragte und die ich noch heute als ein großes mir gewordenes Glück betrachte. — Ich ging eines Morgens mit den Eltern auf der Curpromenade auf und ab und ergötzte mich an dem bunten Gewühle der dicht gedrängt promenirenden Curgäste, als plötzlich Alles auf beiden Seiten achtungsvoll zurückweicht und sich im Gedränge rasch eine freie Gasse bildet, in deren Mitte wir einen ältlichen Herrn von imposanter Gestalt, und mit einem Zeus-Kopfe in Gespräch mit einem Offiziere in ordenbedeckter fremder Uniform langsam und würdevoll daher kommen sehen. Alles grüßt ehrerbietigst und der Jupiter olympicus dankt freundlich, doch mit majestätischer Huld. Mein Vater aber faßt mich bei der Hand und flüstert mir zu: "Heinrich paß auf! das ist Goethe, der große Goethe, Deutschlands höchster Stolz! Merk dir ihn wohl. Solch' einen Mann siehst du nie mehr!" — Ich will mich vordrängen um besser zu sehen, trete dabei der Mutter so derb auf den Fuß, daß sie einen halb erstickten, aber doch ziemlich lauten Schrei ausstößt, Goethe blickt dadurch auf unsere Seite herüber, — begreift vielleicht, was geschehen, — lächelt, — und die Erscheinung ist verschwunden. Und so habe ich nicht nur den ersten Napoleon, sondern auch den großen Goethe gesehen und da ich meinen eigenen besonderen Heroen-Kultus habe und es für mich nur drei große und bedeutende Männer in diesem unseren. neunzehnten Jahrhunderte giebt: Napoleon, — Goethe — und Bismarck — so hoffe ich auch noch den letzteren persönlich zu sehen, ehe meine Augen sich schließen — auf immer.

Das waren nun freilich schöne Tage und doppelt schön im Gegensatz zu den Erlebnissen der letzten Zeit. Aber die Zeit drängte, wir hatten noch einen weiten Weg vor uns und auch Rücksicht auf unsere Geldmittel zu nehmen. Mein Vater dachte nun daher vor Allem an das Nöthigste, nämlich die Erlaubniß zu erlangen, in Oestreich weiter reisen zu dürfen, da der Paß nur bis Eger lautete. Bade- und Polizei-Commissär war damals in Karlsbad, welches als doppelt neutraler Boden betrachtet wurde und wo kranke französische Offiziere sich neben halb invaliden russischen, preußischen und östreichischen Offizieren bewegten, — Bade-Commissär war also ein junger Beamter der Prager Polizei-direktion, Adalbert Graff, ein liebenswürdiger und gebildeter Mann, mit dem ich später im Leben unter anderen Verhältnissen wieder zusammentreffen sollte.

Commissär Graff schlug meinem Vater sein Ansuchen, ihm den Paß nach Stanislau in Galizien zu visiren, entschieden ab; — Oestreich und Frankreich seien befreundete Mächte, der französische Paß laute nur für Eger und nicht weiter und er könne, wolle er nicht gegen seine Instruktionen und seine Dienstpflicht handeln, den Paß auch nur bis nach Eger visiren. Vergeblich war alles Bitten und Beschwören, Commissär Graff blieb unerbittlich bei seiner Weigerung. — „Nun," sagte mein Vater, „dann bleibt mir nichts anderes übrig, Herr Commissär, als mich morgen Früh auf die Curpromenade zu stellen und — zu betteln." — „Wie so?" fragte der erstaunte Commissär. — „Je nun," sagte mein Vater, „auf der Promenade ist eine große Tafel, auf welcher steht: Das Betteln und Fechten ist hier verboten. Der Dawiderhandelnde wird mit Arrest bestraft und unnachsichtlich mittels Schub in seine Heimath befördert. — Sie sehen nun, Herr Commissär, aus meinem Passe, daß ich aus Leipnik in Mähren gebürtig bin; wenn ich bettle, so müssen Sie mich dorthin in meine Heimath abschieben lassen, und dort wird mir meine Heimathsbehörde schon einen Paß nach Stanislau geben." — Der Commissär lachte herzlich und sagte: „Nun, wissen Sie was, ich will mein Aeußerstes thun und Ihren Fall in Prag vorlegen, bis die Entscheidung kömmt, müssen Sie sich schon gedulden."

In Prag war indessen der Friedenscongreß zusammengetreten, dessen Verhandlungen Napoleon unter allerlei Vorwänden herumzog, um Zeit zu gewinnen und seine Rüstungen zu vervollständigen. Schon am 15. Juni hatte Oestreich ganz im Stillen den Vertrag von Reichenbach unterzeichnet und am 27. Juni seinen Beitritt zur Coalition gegen Napoleon versprochen, wenn die östreichische Vermittlung fruchtlos bleiben sollte. Am Tage darauf hatte Metternich seine letzte Audienz bei Napoleon gehabt, die in heftiger und erregter Weise schloß, — der Krieg schien also unvermeidlich und in Prag wußte man ganz genau, daß es mit der Freundschaft zwischen Oestreich und Frankreich so ziemlich am Ende sei. — Schon zwei Tage nach der Unterredung, der ich oben erwähnte, ließ Commissär Graff meinen Vater rufen und theilte ihm mit, die Weiterreise in Oestreich sei in Prag genehmigt worden und so visirte er ihm sogleich seinen Paß nach Stanislau.

Leichten Herzens verließen wir nun Karlsbad und kamen nach Prag, gerade als Canlincourt endlich mit Instructionen zu Friedensunterhandlungen dort — aber schon zu spät — eingetroffen war. Von Prag über Brünn, Olmütz, Weißkirchen und Teschen erreichten wir endlich die galizische Grenze bei Biala und gingen nun über Bochnia, Tarnow, Rzeszow nach Przemysl. Es war damals ein merkwürdiges Reisen in Oestreich, — in jeder Kreisstadt mußte der Paß im Kreisamte visirt werden, und er wurde dann nur bis zur nächsten Kreisstadt instradirt mit dem Bemerken: „Wo sich bei dem dortigen löblichen k. k. Kreis-Amte zu melden ist." — Erst von Przemysl an hörten diese Quälereien auf, als wir die Straße nach Lemberg verlassend über Sambor abbogen und über Drohobitsch und Stry nach Stanislau gelangten, welches wir endlich glücklich Anfangs September erreichten, als Oestreich schon lange den Krieg gegen Napoleon erklärt hatte, die Schlachten bei Großbeeren, an der Katzbach, bei Dresden, Kulm und Nollendorf geschlagen waren und sich eben bei Leipzig der letzte Akt der großen napoleonischen Tragödie vorbereitete. — So waren wir denn endlich in Sicherheit und wenn auch mit schmerzlichem Rückblick auf das Verlorene sahen wir doch mit Hoffnung und Zuversicht in die nächste Zukunft.

Polnische Wirthschaft.
(1814.)

So waren wir denn in Polen, oder wie man in Oestreich zu sagen pflegt, im Königreich Galizien, obwohl das eigentliche Königreich Galizien mit Corunna als Hauptstadt eine Provinz Spaniens ist. Wie Oestreichisch-Polen zu der Benennung Galizien kam, und wie dadurch die Möglichkeit einer Verwechslung zwischen einem Lande des äußersten Westens Europas und einem östlichen Lande zu Stande gebracht wurde, ist eine lehrreiche Geschichte; denn sie zeigt, wie im Laufe der Zeit Städte- und Völkernamen verhunzt und travestirt werden, um künftigen Geschichtsforschern alle erdenklichen Schwierigkeiten zu bereiten.

Oestreichs Antheil bei den Theilungen Polens bestand aus den einst zu Roth-Rußland gehörigen Fürstenthümern Halicz und Wladimir und den Herzogthümern Oswiecin und Zator, denen später, 1846, noch die freie Stadt Krakau nebst Gebiet hinzugefügt wurde. Nun war damals die herrschende Sprache noch die lateinische, die neuen Besitzungen wurden in ihren Benennungen von den östreichischen Hof-Diplomaten latinisirt und ohne vieles Bedenken nannte man Halicz nun Galicia und Wladimir Lodomeria, — diese Benennungen wurden nun wieder in's Deutsche übersetzt, aus Oswiecin wurde Auschwitz gemacht, und im offiziellen Titel des östreichischen Kaisers hieß es: König von Galizien und Lodomerien, Herzog von Auschwitz und Zator. Den größten Theil von Galizien mußte Oestreich im Frieden von 1809 an das von Napoleon geschaffene Großherzogthum Warschau und die reichen Salzbergwerke von Wieliczka an Rußland abtreten, erhielt aber durch den Wiener Congreß alle diese seine polnischen Provinzen wieder zurück.

Somit war das ganze Land, das man Oestreichisch-Polen oder kurzweg Galizien nennt, erst unter russischer, dann unter ungarischer und zuletzt unter polnischer Herrschaft gewesen, und man kann sich leicht denken, welche Zustände diese Herrschaft fremder, in der Kultur weit zurückgebliebener Völker, die durch acht Jahrhunderte gedauert hatte, in diesen verwahrlosten Ländern zur Folge gehabt hatte. Unter einer Gesammtbevölkerung von fünftehalb Millionen befand sich eine halbe Million Juden und wer den verwahrlosten physischen und moralischen Zustand der polnischen Juden von damals kennt, wird leicht begreifen, wohin dieses Verhältniß, in welchem auf je vier Bewohner ein Jude kam, das Land geführt hat.

Außerdem aber war die Bevölkerung in Polen und Klein-Russen, zwei sich feindlich gegenüberstehende Nationalitäten, getheilt, und der Kampf zwischen den eigentlichen Polen und Ruthenen oder Klein-Russen dauert noch bis auf den heutigen Tag mit ungeschwächter Heftigkeit fort. Die Ruthenen sind Anhänger Rußlands und Todfeinde der Polen und die Polen sind Todfeinde Rußlands und der diesem befreundeten Ruthenen. Die polnischen Juden aber beuten in schlauer Weise beide Nationalitäten aus und sind mit schuld an dem gänzlichen Ruine dieses so fruchtbaren und gesegneten und doch so verwahrlosten und armen Landes.

Es herrschen noch jetzt ganz abnorme Zustände in Galizien, vor sechsundsechzig Jahren aber, in der Zeit, als wir hinkamen, waren diese Zustände noch viel scheußlicher.

So waren wir also denn in Polen oder Galizien und zwar in der Kreisstadt Stanislau angelangt und mein Onkel Jakob Rittner und seine Frau, die Schwester meines Vaters, empfingen uns auf das Herzlichste mit altpolnischer Gastfreundschaft und brachten uns in ihrem Hause unter. Onkel Rittner hatte während der großen napoleonischen Kriege bedeutende Lieferungen für die Armee übernommen, außerdem glücklich in Grundeigenthum spekulirt und vorzüglich viele von jenen alten Gebäuden und Anwesen gekauft und wieder mit Nutzen verkauft, welche unter Kaiser Joseph II. von den vielen aufgehobenen Klöstern und Kirchen dem Staate als Eigenthum anheimgefallen waren und welche dann unter Kaiser Franz, wenn der Staat zu den vielen Kriegen Geld brauchte, von Zeit zu Zeit an den Meistbietenden versteigert wurden. Auf diese Art war er ein sehr wohlhabender Mann geworden und so fanden wir ihn jetzt in dem alten befestigten Königsschlosse in Stanislau, welches er kürzlich gekauft hatte und nun innerhalb der alten Wälle und Mauern dort neue Häuser erbauen ließ. Gegenwärtig ist, wie ich glaube, dort das kaiserliche Militär-Hospital.

Ein großes Haus, in dem der Onkel und wir wohnten, war längst fertig, ein anderes und viel größeres im Bau begriffen und dieser Bau, der täglich vor unseren Augen weiter schritt, war für uns Kinder eine unerschöpfliche Quelle von Belustigung und Befriedigung unserer Schaulust, — auch wurde hier in Versuchen zur Verständigung mit den Arbeitern von uns der Anfangsgrund zur polnischen Sprachkenntniß erworben. Anderen anregenden und belehrenden Stoff boten die Besuche bei unserem Cousin, Oberlieutenant Prechlick, bei dem nicht nur ein großer an edelm Obste überreicher Garten — für uns Kinder ein Paradies — beim Hause war, sondern wo es auch, da der Cousin Rekrutirungs- oder wie es offiziell hieß, Conscriptionsoffizier des Bezirkes war, bei dem Untersuchen, Messen, Einkleiden und vorläufigen Excerciren der Rekruten täglich etwas Neues zu sehen gab. Hier sah ich auch zum erstenmale als neunjähriger Knabe die historischen fünfundzwanzig Stockprügel einem heulenden und schreienden Rekruten aufmessen und das häßliche Schauspiel machte auf den Knaben solch einen widerwärtigen Eindruck, daß ich den tyrannischen Cousin-Oberlieutenant nicht mehr leiden konnte.

Aber im Ganzen waren wir Kinder denn doch im höchsten Grade vergnügt und zufrieden mit unserem neuen Aufenthalte, der uns jedenfalls mehr bot, als das stille einförmige Leben auf der kleinen Drehbahn in Hamburg, wo wir nur wenig auf die Straße gekommen waren. Hier lagen wir den ganzen Tag in den alten Befestigungen herum, guckten mit Schaudern in die geheimnißvollen Kasematten oder durch vergitterte Löcher in noch mysteriösere unterirdische Gänge. Alle Tage machte ich hier neue romantische Entdeckungen, meine Phantasie bevölkerte diese alten Festungswerke mit den Sagen der Vorzeit, die ich eifrigst nachlas und Abends, wenn wir wieder im Zimmer saßen, erzählte ich der Mutter die grauenhaftesten Ritter- und Räubergeschichten, die sich meine Knabenphantasie in dieser romantischen Umgebung täglich neu zu componiren wußte; — die sogenannte Lust am Fabuliren, diese charakteristische Eigenthümlichkeit der Schriftsteller und Journalisten, ist mir wohl dort zuerst angeflogen.

Auch der Vater mit seiner praktischen Lebensphilosophie aus der guten alten Schule Immanuel Kant's, dem der kategorische Imperativ des Pflichtgefühls das höchste Lebensgesetz war, schickte sich in die neue Lage mit Zufriedenheit und arbeitete an Plänen und Entwürfen, um bald zu einer nutzbringenden Thätigkeit zu gelangen; — nur meine Mutter fühlte sich in der polnischen Wirthschaft, die sie umgab, höchst unglücklich. Sie, eine gebildete Norddeutsche von feiner bürgerlicher Erziehung, die im Elternhause zu Hannover und später im eigenen Hause in Hamburg auf die strengste, fast holländische Sauberkeit und Nettigkeit gehalten, die stets ängstlich darauf gesehen hatte, daß die schneeweißen Gardinen schön aufgesteckt, die Fußböden glänzend rein, die Mahagoni-Möbel allwöchentlich blendend blank gebohnt wurden, — sie sah sich jetzt auf einmal in all dem unsäglichen Schmutz und in allen den mehr oder minder barbarischen Zuständen, in welchen ganz Galizien von den adeligen Schlössern und Palästen bis hinab zu den Bauernhütten damals noch steckte und theilweise noch heute steckt; — wahrhaft entsetzliche Zustände für jeden an Reinlichkeit und Ordnung gewohnten Menschen. Von Pflasterung, Straßenbeleuchtung, Wasserleitung und ähnlichen Annehmlichkeiten der Civilisation war in den Städten Galiziens mit alleiniger Ausnahme der Hauptstadt Lemberg, noch keine Spur zu finden, die Straßen wurden nie gekehrt und gereinigt, noch viel weniger wurde das Innere der Häuser einer gründlichen Reinigung unterzogen, Alles starrte von Schmutz und selbst in den adeligen Schlössern und Palästen wimmelte es von Ungeziefer aller Art, namentlich waren Läuse — Kopf- und Gewandläuse — ein niemals fehlender Bestandtheil des häuslichen Inventariums selbst in den reichsten Wohnungen. War die Herrschaft ausgefahren, so legte sich der faule polnische Diener in seinem schmutzigen Schafpelze auf Sophas und Ruhebetten und hinterließ jedesmal einige der auf ihm lebenden Parasiten als vielversprechende Ansiedlung auf den nobeln Möbeln; — der jüdische „Faktor", ein Factotum, das man in jeder Familie fand und das Alles besorgte, von dem Zubringen der Dienstleute und den Einkäufen für Küche und Keller an bis zu Geldbeschaffungen, Häuser- und Güterverkäufen hinauf, — dieser jüdische Faktor, der täglich vorsprach, brachte auch jedesmal seinen reichen Vorrath an auf ihm lebenden Mitbewohnern mit und ließ freigebig einen Theil davon zurück, die Herrschaft selbst nahm bei ihren Besuchen, ja in ihrem eigenen Wagen, in welchem sonst der Kutscher gewöhnlich sein Mittagsschläfchen hielt, neues Ungeziefer in ihre Zimmer und so war ganz Galizien in Schmutz und Ungeziefer versunken. Wer wissen will, wie es im ersten Viertel dieses Jahrhunderts in dieser Hinsicht in Galizien ausgesehen hat, der kann sich darüber aus Franz Kratter's „Briefen über Galizien" belehren, — einem leider jetzt selten gewordenen Buche voll lebenswahrer Schilderungen des auch als dramatischer Schriftsteller rühmlichst bekannten Verfassers, welches noch unter den letzten Regungen der josephinischen Preßfreiheit gedruckt, dann aber unter Kaiser Franz streng verboten wurde und dem Verfasser schwere Verfolgungen zuzog.

Schon der erste Eintritt in Polen hatte meine arme Mutter furchtbar erschreckt; — in ganz Galizien gab es damals keine Hotels oder Einkehrgasthöfe im modernen Sinne des Wortes, selbst in der Hauptstadt Lemberg existirten nur zwei sogenannte Hotels, das „Hôtel de Russie" und „Hôtel de l'Europe", die aber trotz dieser vielversprechenden Benennungen zwar einige möblirte Zimmer, aber keine Betten darin, sondern nur Bettstellen mit einem Strohsacke hatten; — dafür aber wimmelten diese von aller Welt benutzten und niemals gereinigten Strohsäcke, sowie was sonst noch von den Möbeln geeignete Schlupfwinkel bot, von massenhaftem Ungeziefer

aller Arten, von denen selbst der reinlichste Reisende trotz aller
Vorsicht noch immer ganze Colonien in seiner Wäsche und in
seinen Effekten mit sich fortnahm.

Die Reisenden waren auf diese polnische Herbergsart vorbereitet und eingerichtet, — die gewöhnlichen Leute legten sich angezogen auf den Strohsack und deckten sich mit ihrem Pelze zu;
— die Reisenden der besseren und wohlhabenden Klasse führten
ihre Betten mit sich, — sobald sie von ihrem Zimmer Besitz genommen hatten, brachten ihre Diener den am Wagen hinten angeschnallten riesigen ledernen Bettsack — Tlumak genannt — herauf,
dieser wurde aufgeschnallt, das darin befindliche vollständige Bettzeug über den Strohsack gebreitet, und ebenso bei der Abreise
wieder eingepackt und mitgenommen. Außerhalb Lembergs aber
in allen anderen Städten und Ortschaften gab es nur jüdische
Wirthshäuser (Karczma), — große und lange ebenerdige Gebäude,
in deren Vordertheil sich ein paar Schenkzimmer und die Wohnstube des Wirthes befanden, der in dem engen Raume der letzteren mit zehn bis zwölf Familiengliedern neben, über und unter
einander schlief; — der übrige, weitaus größere Raum des Gebäudes bestand aus Stallungen und Wagenschuppen. Zu beiden
Seiten desselben standen die Pferde an den Krippen, und in dem
freien Raume in der Mitte gepackte Frachtwagen, Landkutschen,
leichte Britschkas und anderes Fuhrwerk. Diese ganze Wagenburg
mußte unter Dach und unter Schloß und Riegel gehalten werden;
denn wenn ein Wagen wegen Mangel an Raum auf der Straße
blieb, so waren über Nacht, wenn nicht die Koffer, so doch alle
Riemen, Schnallen und was sonst leicht entwendbar war, abgeschnitten und fortgetragen, ja es kam manchmal vor, daß von
einem Wagen zwei oder mehr Räder gestohlen wurden.

Kamen nun Reisende, die übernachten mußten, in eine solche
Karczma, so servirte ihnen der Wirth in dem Schenkzimmer ein
Souper, welches aus räthselhaften und unbeschreiblichen Gerichten
bestand, und sich weder durch Schmackhaftigkeit, noch durch Reinlichkeit besonders auszeichnete, — daher denn auch anständige
Reisende nicht nur ihr Bettzeug, sondern gewöhnlich auch kalte
Küche und einige Flaschen Wein mit sich führten.

Von Gastzimmern war natürlich keine Rede, — die Reisenden
mußten in dem Schenkzimmer sitzen bleiben, bis die Polizeistunde
schlug, und die einheimischen Gäste sich aus dem Lokal entfernten.
Dann brachte der Hausknecht große Bündel Stroh, die auf dem

aus festgestampftem Lehm bestehenden Fußboden ausgebreitet wurden, der Bettsack wurde hereingebracht, und das Bett nun auf der Erde und auf dem Stroh improvisirt.

Als meine Mutter in dem ersten Nachtlager in Galizien in Wadowice diese ursprünglichen Zustände der Gastwirthschaft kennen lernte, fuhr sie erschreckt zurück und wollte um keinen Preis von solch' einem Bivouak Gebrauch machen, — lieber wollte sie die Nacht in unserem Wagen sitzend verbringen. Nach vielem Zureden des Vaters, und nachdem sie auch andere anständige Reisende mit Frau und Kindern auf der Erde campiren sah, fügte sie sich in das Unvermeidliche, aber doch nur unter stillen Thränen und in halber Verzweiflung. In Stanislau fanden wir zwar bei den Verwandten anständige Zimmer und Betten, aber der Schmutz der Dienerschaft, das unaussprechliche Aeußere der polnischen Bauern und Juden, die niemals in ihrem Leben von Waschwasser und Seife Gebrauch machten, die ungepflasterten Straßen, in denen man bei Regenwetter buchstäblich im Kothe versank, die fremde Sprache, von der sie kein Wort verstand, die rohen und halb barbarischen Sitten und Gewohnheiten der unteren Klassen, — alles dies, mit dem Rückblicke auf das frühere schöne häusliche Leben in Norddeutschland, machten auf meine arme Mutter einen furchtbar herabstimmenden Eindruck; — sie kränkte und härmte sich im Stillen, und recht froh ist sie ihres Lebens nicht mehr geworden, obwohl mein Vater mit sorgsamer Liebe Alles aufbot, um ihr durch unaufhörliche kleine Aufmerksamkeiten das Verlorene einigermaßen zu ersetzen, und ihr die ungewohnte Lage zu verschönern.

Ich erinnere mich heute lebhaft eines tragi-komischen Auftrittes, als ein polnischer Bauer meiner Mutter seinen Respect beweisen wollte, und sie in höchstem Schrecken darin ein Attentat auf Ehre und Leben sah. In Polen wie in allen slavischen Ländern herrscht noch immer in dem Gruße und in dem Benehmen der unteren Klassen gegen Höherstehende eine sklavische Unterwürfigkeit und knechtische Demuth. Der gewöhnliche Gruß des Untergebenen seinem Vorgesetzten gegenüber heißt: „Padam do nog" — auf Deutsch: „Ich falle Ihnen zu Füßen!" — dabei fallen Bauern und ihre Weiber, Arbeiter, Knechte u. s. f. wirklich auf die Kniee und küssen den Stiefel des Herrn oder den Saum des Kleides der Frau; — selbst bei den besseren Klassen gilt dieses Padam do nog! noch als Gruß, hat aber in Wirklichkeit nicht viel mehr zu bedeuten, als das wienerische: „Ich küß die Hand, Euer Gnaden!" — Aber es wird noch immer gegrüßt: Padam do nog! — Ich falle Ihnen zu Füßen, und dabei machen Untergebene noch immer eine Pantomime, als wollten sie den Fuß des Herrn mit ihrer Hand aufheben, und an ihre Lippen führen. Nun hatte ein polnischer Bauer der Mutter Aepfel gebracht, und als sie ihn dann bezahlte, brach er dankend in das landesübliche Padam do nog! aus, und zugleich machte er sich verbeugend einen kühnen Griff nach dem rechten Fuße meiner Mutter. Die auf den Tod erschrockene Frau sprang zurück und stieß einen fürchterlichen Schrei aus, wir Kinder stürzten entsetzt herbei, der Vater kam aus dem anderen Zimmer herbeigeeilt, und bald klärte sich das Mißverständniß unter dem herzlichen Gelächter der polnischen Verwandten zur allgemeinen Zufriedenheit auf — die Mutter beruhigte sich nun zwar, aber sie blieb mißtrauisch und hielt sich später vor jedem Eingeborenen in vorsichtiger Entfernung.

So verlebten wir den Winter in Stanislau, und zum Frühjahre, als die Alliirten in Frankreich eingedrungen waren, Paris eingenommen, und Napoleon nach Elba verbannt hatten, übersiedelten wir nach Lemberg, wohin auch Onkel Rittner zog. Hier beginnt nun für mich ein neuer Lebensabschnitt, — bis hierher hatte der Gang der politischen Ereignisse bestimmend auf den willenlosen Knaben gewirkt, und ihn von den Gestaden der Nordsee nach dem fernen Polen verpflanzt; — nun begann in dem unwirthlichen Lande die innere Entwickelung des Knaben zum Jünglinge.

Der Ernst des Lebens beginnt.
(1815—1817.)

In Lemberg, der Hauptstadt Galiziens, war es denn doch bedeutend schöner als in Stanislau; gepflasterte Straßen, Beleuchtung mit Oellampen, recht hübsche öffentliche Brunnen, große, mitunter schöne Häuser, wenigstens in der inneren Stadt, die aber immer kleiner und niedriger wurden, je weiter sich die Straßen in die Vorstädte hinaus dehnten, bis sie zuletzt zu Lehmhütten mit

Strohdächern und Blockhütten zusammenschrumpften, einige alte prächtige Paläste des polnischen Adels und ein theilweiser Anstrich von europäischer Civilisation, boten in dieser noch halb=asiatischen Stadt meiner guten Mutter doch ein etwas erfreulicheres Bild dar, und als wir unsere Wohnung in einem Hause in der Arme= niergasse, das dem Onkel Rittner gehörte, und in welchem auch er wohnte, bezogen hatten, als mein Vater anständige Möbel ge= kauft, die Mutter ihre Gardinen aufgesteckt, ihre kleinen Nippes und sonstige Andenken an Hamburg aufgestellt, und das neue Daheim so wohnlich und comfortable als möglich gemacht hatte, beruhigte sie sich auch nach und nach, und befreundete sich allmälig mit dem, was doch nicht mehr zu ändern war; — aber ein stilles Heimweh nach Hamburg blieb doch immer in ihr haften, und ganz überwunden hat sie es nie mehr.

Als einen bezeichnenden Zug des damaligen Civilisations= standes in der polnischen Hauptstadt will ich hier doch erwähnen, daß, als meine Mutter ihre weißen Gardinen aufgesteckt hatte, sowohl die Verwandten als alle Nachbarn herbeikamen, um diese neue Zimmerverschönerung anzustaunen, und neugierig fragten, wozu denn eigentlich diese weißen Vorhänge dienen sollten; außer in den wenigen altadeligen Palästen, die noch alte schwere, theil= weise verblichene Seiden= und Damastgardinen besaßen, waren in keiner Privatwohnung Fenstervorhänge zu finden, sie waren ein unbekannter Luxus, und erregten darum nicht geringeres Erstaunen und stille Verwunderung, als der erste Weihnachtsbaum mit Lich= tern, vergoldeten Nüssen, Papierguirlanden, Zuckerwerk u. s. w. behangen, den meine Mutter nach alter deutsch=heimathlicher Sitte am nächsten Weihnachtsfeste uns Kindern aufgestellt hatte; — Alles kam herbei, staunte, bewunderte und fragte, was denn das eigentlich bedeute, und wozu es gut sei; — denn die polnische Weihnachts= feier war eine ganz andere, und hauptsächlich auf eine große Schmauserei berechnet.

So erinnere ich mich, daß in allen polnischen Häusern am Weihnachtsabende der Speisetisch erst dick mit Heu belegt wurde, zur Erinnerung an die Krippe des Heilands, und erst über das Heu wurde das Tischtuch gebreitet. Dann kamen auf diese Tafel Fische in allen möglichen Zubereitungen, und die nationale Weih= nachtsspeise, welche „Kutja" hieß, und aus einem Breie bestand, der aus Weizenkörnern, Mohn, Milch und Honig zusammengekocht ward. Wenn die „Kutja" auf den Tisch kam, pflegte der Haus=

herr einen großen Löffel davon herauszuschöpfen, und den Inhalt gegen den Plafond zu schleudern, — blieb der Brei oben hängen, so wurde dies als ein günstiges Vorzeichen für das kommende Jahr betrachtet, fiel er aber wieder herunter, so bedeutete das nichts Gutes für die nächste Zukunft. Gewöhnlich aber blieb der Breiklumpen schon wegen seiner klebrigen Consistenz hängen, und wurde nun ebenso sorgfältig conservirt, wie an alten Bauern=Häusern die glückbringenden Schwalbennester; — man kann sich daher leicht denken, wie die Plafonds aussahen, und erst wenn es gar zu arg wurde, wurden die alten vertrockneten Klumpen ab= gekratzt, und Zimmer und Plafond geweißigt. Ueberhaupt waren geweißigte Wände damals noch die allgemeine Regel, und nur hie und da versuchte man es in einzelnen Häusern durch einen sogenannten Zimmermaler dem Kalkanstrich etwas Farbe zuzusetzen, und dann mit der Schablone primitive Muster darauf hinstreichen zu lassen, — Tapeten aber waren damals noch in Polen eine unbekannte Größe und in Privatwohnungen nirgends zu finden.

Es war überhaupt Alles noch sehr primitiv und ungeleckt, Feuer wurde noch mit Stahl und Stein und der Zunderbüchse entzündet, und Nachts wurden die Zimmer mit Talg=Kerzen be= leuchtet, wobei die Lichtputze ein unentbehrliches Möbel bildete; — Wachskerzen wurden nur in den Kirchen und in den Palästen der höchsten Aristokratie gebraucht, Stearinkerzen kannte man noch nicht, und die heutzutage so allgemein gewordenen argantischen und an= deren Zimmerlampen waren noch nicht bis nach Polen gedrungen. Und doch stand der größte Theil Galiziens auf eben solchem Petroleumboden wie unser Pennsylvanien, und heutzutage quillt aus hunderten von Petroleumbrunnen dort das billigste Beleuchtungs= material empor, reiche Lager von Erdwachs werden ausgebeutet, und mit Leichtigkeit könnte jetzt von Galizien allein das Beleuch= tungsmaterial für die ganze Monarchie gewonnen werden, wenn die Ausbeutung rationeller durchgeführt würde, und wenn die Regie= rung für diese großartige Industrie mehr thäte.

Nicht ohne Rührung denke ich zurück an Lemberg, an diese meine zweite Vaterstadt, in der ich meine Knaben= und ersten Jüng= lingsjahre verlebte; — Lemberg liegt in einem Kessel von mäßigen und fruchtbaren Höhen, die es fast im Kreise umgeben, und die aus einer nach allen Seiten hin sich erstreckenden weiten Ebene emporragen, als wären sie der einstmalige Krater eines urweltlichen Vulkans; — aus diesem Höhenkranze ragt auffallend der soge=

nannte Sandberg hervor, ein fast ganz aus Sand bestehender Bergkegel, auf dessen Spitze einige Mauertrümmer die Stelle der einstigen Löwenburg andeuteten. Von dieser Löwenburg hat denn auch Lemberg seinen Namen, der eigentlich eine Zusammenziehung von Löwenberg ist, in den ältesten Urkunden heißt die Stadt schon Leopolis, und polnisch hieß sie Lwow, was ungefähr „Löwing" bedeuten möchte. Nun hat es aber wohl in Polen nie Löwen gegeben, sondern die Löwenburg wie die Stadt wurde von Leo oder Lew, Fürsten von Halicz, im Jahre 1259 gegründet, nachdem die frühere Hauptstadt des Landes, Halicz, von einfallenden Tartarenhorden niedergebrannt und verwüstet worden war.

Für uns Jungen hatte dieser Sandberg — wahrscheinlich eine ehemalige Sandbank in einem hier befindlichen Binnenmeere der Diluvial=Periode — eine besondere Anziehungskraft, — wir wurden nicht müde, im Schweiße unseres Angesichtes hinaufzuklettern, und oben der weiten Aussicht uns zu erfreuen, und dann in dem knietiefen Sande springend und stolpernd hinabzulaufen, wie dies noch heute Reisende beim Abstiege vom Krater des Vesuvs in den hohen Aschenlagen zu thun pflegen. Jetzt, wo ich dieses schreibe, ist der ehemalige Sandberg durch die vereinten Anstrengungen der Stadt und der Regierung mit fruchtbarer Gartenerde belegt worden, man hat dann auf ihm Terrassen, Alleen, schattige Ruheplätze angelegt, die ihn in eine elegante Promenade umgeschaffen haben, und er heißt nun dem Kaiser zu Ehren „Franz=Joseph=Berg".

Lemberg hatte damals eine Bevölkerung von ungefähr 50,000 Einw., wovon über die Hälfte, also über 25,000 Juden waren. Diese armen Juden, in deren Händen sich übrigens aller Handel und Wandel befand, führten eine traurige Existenz; sie durften nur in einigen wenigen Straßen wohnen, wo sie zusammengepfercht in den alten schmutzigen Häusern, ihrer oft zehn bis zwölf in einem kleinen Zimmer zusammengedrängt waren, die Lagerstätten zwei= und dreifach über einander aufgeschlagen, wie die Schiffskojen; sie durften weder öffentliche Gärten, noch die Promenaden betreten, im Theater war ihnen nur die letzte Gallerie eingeräumt, und auf den Straßen wurden sie von der Gassenjugend und häufig auch von dem gebildeteren Theil der Bevölkerung geneckt, verhöhnt, geschimpft, angespieen und mißhandelt. Gegen einen Juden war Alles erlaubt, es gab für sie weder Rechte, noch Schutz, und dabei waren sie die höchsten Steuerzahler.

Ein raffinirter Renegat, seines Namens Jakob Koffler, selbst Jude aber getauft, hatte der immer geldbedürftigen östreichischen Regierung einen Steuer- und Finanzplan ausgearbeitet, der hauptsächlich darauf berechnet war, aus den religiösen Gebräuchen und Vorurtheilen der Juden möglichst Geld zu schlagen; — so mußten sie für jedes Licht, das sie am Sabbath anzündeten, einen hohen Steuersatz zahlen, ebenso für jede Beschneidung, Trauung, für jedes Begräbniß, kurz für jeden ihrer religiösen Gebräuche; sie wurden förmlich ausgepreßt und ausgesogen. Für diese traurige und gedrückte Existenz entschädigten sich die Juden damit, daß sie die Christen und deren Leidenschaften und Gelüste möglichst ausbeuteten, deren geschäftliche Indolenz und Unkenntniß möglichst benutzten, um Geld zu machen, und da in jedem Hause, ja in jeder Familie ein Hausjude, der sogenannte „Faktor", das Factotum für Alles war, der Alles zu besorgen hatte, von Wucher-Darlehen an bis zu Einkäufen und Besorgung von Dienstboten, da sie ferner das Schankgewerbe fast ausschließlich in Händen hatten, überall fest zusammenhielten und gegenseitig sich unterstützten, und durch ihre mäßige und sparsame Lebensweise jede Concurrenz überflügeln konnten, so war die natürliche Folge, daß die verachteten und mißhandelten Juden in Polen nach und nach immer wohlhabender wurden, und ihre Herren und Unterdrücker, die Christen, immer ärmer, und heutzutage, wo alle diese Beschränkungen aufgehoben sind, genießen die Söhne und Enkel die Früchte jenes Reichthums, den ihre Väter unter den schmählichsten Entbehrungen und Verfolgungen erworben haben.

In der jetzt auf 82,000 Einwohner gestiegenen Bevölkerung bilden die Juden noch immer den wichtigsten Bestandtheil, der größte Theil der Industrie, der ganze Commissions- und Speditions-Handel ist in ihren Händen, und durch das feste Zusammenhalten aller Stammesgenossen sind sie auch zu bedeutendem politischen Einflusse gelangt und selbst die ultra-nationalen Polen müssen ihnen auf jedem Wahlzettel eine gewisse Anzahl von Kandidaten zugestehen, die auch jedesmal sicher gewählt werden und die im östreichischen Parlamente auch die eigentlichen Vertreter der Intelligenz des Königreiches Galizien sind.

Lemberg war damals eine wesentlich **deutsche** Stadt, die Germanisirungs-Bestrebungen der östreichischen Regierung von Maria Theresia und Joseph II. an, die auch unter Kaiser Franz sorgfältig fortgesetzt wurden, obwohl er in allem Uebrigen die

josephinischen Ideen haßte, hatten ihre Früchte getragen; Lemberg
war eine wesentlich deutsche Stadt, wenn auch mit jüdischem und
polnischem Anstriche, aller Unterricht wurde in deutscher Sprache
ertheilt, deutsch war die Gerichtssprache, wo sie nicht, wie in den
höheren Instanzen, lateinisch war, im Theater wurde fünfmal in
der Woche deutsch und nur zweimal polnisch gespielt, deutsch war
überhaupt die Umgangssprache, man hörte an öffentlichen Orten
nur deutsch sprechen und nur hie und da ausnahmsweise von den
Bauern und den untersten Klassen polnisch; — jetzt hat sich das
Alles ganz nach dem Nationalitätenprinzipe des Mr. Louis Napo=
leon's und der in letzter Zeit von oben begünstigten Autonomie
der einzelnen Provinzen in's gerade Gegentheil verkehrt. Das
Polnische ist die Gerichts= und Umgangssprache, alles Deutsche
ist verpönt, es giebt kein deutsches Theater mehr in Lemberg, nur
ein polnisches National=Theater, und die Deutschen sind jetzt
dort die Paria's der Gesellschaft und nehmen ungefähr dieselbe
gedrückte Stellung ein, in welcher sich früher die Juden befanden.

In dieser damals deutschen Stadt fand sich denn auch die
Mutter allmälig zurecht, wir Knaben aber waren seelenvergnügt
und zufrieden, wie man es in diesem glücklichen Alter gewöhnlich
ist, wir tummelten uns in dem schönen öffentlichen Garten der
ehemaligen Patres Jesuiten und in anderen derartigen Gärten und
Vergnügungsplätzen, an denen Lemberg damals reich war, fleißig
herum, machten mit den Eltern öfters Ausflüge in die ländlich
schönen Umgebungen der Stadt und da ich in Cousin Julius
Rittner einen gleichaltrigen Spielkameraden gefunden hatte, auch
sonst im Rittner'schen Hause ein lebhaftes geselliges Leben herrschte
und viel Musik getrieben wurde, so blieb dem aufgeweckten, für
alle Eindrücke höchst empfänglichen Knaben nichts zu wünschen übrig.

Aber der Ernst des Lebens sollte nun an mich herantreten;
— in Stanislau und in der ersten Zeit in Lemberg waren Spielen
und Spazierengehen die einzige Beschäftigung des Knaben gewesen,
der bei diesem Müßiggang ziemlich verwilderte. Nun sollte der
seit Hamburg unterbrochene Unterricht, den die Mutter nur hie
und da fortzusetzen versucht hatte, wieder ernstlich aufgenommen
werden, ich sollte also die Schule wieder besuchen und zwar die
k. k. Normal=Hauptschule, die damals für eine Muster=Anstalt
dieser Art galt. Nachdem mich der Vater den Lehrern vorgeführt
und diese eine Prüfung meiner bisher erworbenen Kenntnisse vor=
genommen hatten, wurde mir der Besuch der unteren Vorbereitungs=

klassen als nicht mehr nöthig nachgesehen, und ich kam gleich in
die zweite Klasse. Ich erinnere mich noch lächelnd des großen
Aufsehens, das unser erstes Erscheinen in der Schule machte; —
schon unsere Kleidung, nach der Hamburger Abhärtungsmode, mit
bloßem Halse, halb entblößter Brust und kurzen Aermeln, die kaum
über die Achselhöhlen reichten, erregte unter den übrigen Schülern
großes Staunen und einige Heiterkeit, die sich aber zum Ausbruche
eines stürmischen Gelächters steigerte, als ich zum ersten Male
laut las und nun mit norddeutscher Betonung den Buchstaben R
scharf ratschend, dagegen das „st", das in Oestreich immer wie
scht ausgesprochen wird, lispelnd und zischelnd aussprach. Die
stürmische Heiterkeit der Jungen über diese nie gehörte norddeutsche
Betonung konnte durch den Lehrer gar nicht beschwichtigt werden
und erreichte den höchsten Grad, als der Lehrer mein Lesen den
anderen als Vorbild und Muster guter deutscher Aussprache empfahl; — kurz, ich und mein Bruder hatten damals von den
lachlustigen Jungen viel auszustehen und wir wurden als affektirte Gecken verhöhnt und verspottet nach Herzenslust.

Jedoch das Alles verlor sich im Lauf der Zeit und zwar
nicht indem sich unsere Umgebung, sondern indem wir selbst uns
änderten; — schon in dem ersten polnischen Winter, der herankam, und bei einer Kälte von zeitweise 25 Gr. R. unter Null
ging es mit der Hamburger Abhärtungsmethode nicht länger und
wir kamen bald wie die andern Jungen in Pelzmützen und in
warmen mit Schafpelz gefütterten Jacken in die Schule. Auch
unsere norddeutsche Sprachweise gewöhnten wir uns allmählig ab
und nahmen ebenso nach und nach die sprachlichen Untugenden
der bequemen maulfaulen östreichischen Redeweise an, und so stellte
sich allmählich die Harmonie zwischen uns und der übrigen Schul-
jugend wieder her.

Meine Lehrer waren höchst achtungswerthe Männer aus der
guten alten pädagogischen Schule von Pestalozzi, Basedow und
Genossen, ächte und rechte deutsche Schulmänner, die es mit ihrem
Berufe sehr ernst nahmen und der Jugend den Unterricht mit
Lust und Liebe ertheilten. Die drei Hauptlehrer Ferdinand Kramer,
Michael Haselmayer und Alois Weiß, stehen mir noch immer lebhaft
vor Augen; — es waren drei stattliche, höchst wohlbeleibte ältliche Herren, welche die Behauptung wahr zu machen schienen, daß
der beständige Aufenthalt in den, mit den lebensfrischen Aus-
strömungen der jugendlichen Körper gefüllten, Schulstuben ein vor-

treffliches Mittel für immerwährendes Wohlbefinden und für Ver=
längerung des Lebens sein solle. Meine drei Lehrer waren lebende
Beweise für die Richtigkeit dieser Behauptung; denn jeder von
ihnen strotzte von Kraft und blühender Gesundheit und sie hatten
alle drei ein so beträchtlich vorspringendes rundes Bäuchlein, daß
dieses ihrem weiteren Fortkommen buchstäblich im Wege stand.

Als nämlich Kaiser Franz Galizien besuchend nach Lemberg
kam, und zur Erhöhung seiner Popularität mannigfache Gunstbe=
zeugungen, Beförderungen, Gehaltserhöhungen u. s. w. ertheilte,
beschlossen die drei Lehrer, eine Audienz bei Sr. Majestät zu
nehmen, und den Kaiser um eine Verbesserung ihrer allerdings
sehr beschränkten Lage, also um eine Gehaltserhöhung zu bitten.
Als sie nun zur Ausführung ihres Vorhabens schritten und im
schwarzen Fracke mit untadelhafter weißer Weste und Halsbinde
und ditto Handschuhen zusammen kamen, musterten sie sich gegen=
seitig, ob auch Alles für den feierlichen Besuch in Ordnung sei
und da war allerdings manches nicht in Ordnung; — der noch
in schlankeren Zeiten angemessene Frack ließ sich nicht mehr zu=
knöpfen, die viel zu kurz gewordene Weste rutschte immer nach
Oben und die „Unaussprechlichen" drohten von dem Drucke der
darin eingezwängten runden Bäuche schmählich zu zerplatzen. Das
Resultat dieser gegenseitigen Musterung war, daß alle drei Lehrer
schmunzelten, dann unwillkürlich in ein lautes Gelächter ausbrachen
und der joviale Haselmayer am Lachkrampf halb erstickend aus=
rief: „Meine Herren Kollegen, wenn der Kaiser uns und unsere
Bäuche anschaut und wir ihm sagen, daß es uns schlecht geht und
wir daher eine Gehaltsverbesserung haben möchten, so muß er uns
geradezu in's Gesicht lachen. Lassen wir das lieber bleiben!"
Und so geschah es auch. Die braven Männer gingen nicht zur
Audienz, zogen sichtlich erleichtert die engen schwarzen Fräcke wieder
aus und blieben, was sie immer gewesen, in ihren alten Schul=
röcken, die guten ehrlichen, bescheidenen Lehrer der Jugend.

Freilich konnte man auch damals in Lemberg mit Wenigem
leben; die allergewöhnlichsten Lebensbedürfnisse waren höchst wohl=
feil, ebenso wohlfeil, wenn nicht noch wohlfeiler, als sie damals
im Westen Amerika's gewesen sein mögen, — das Pfund Fleisch
kostete fünf Kreuzer Einlösungsscheine, also ungefähr e i n e n amerika=
nischer Cent. Ebenso wohlfeil waren Mehl, Milch, Butter, Eier,
Schmalz u. s. w., eine Klafter Holz konnte man im Walde um
12—15 Kreuzer kaufen, nur mußte man sich dann solches selbst

schlagen, kleinmachen und nach Hause fahren lassen, was je nach der größeren oder minderen Entfernung der Waldung von einer Stadt und je nach dem Zustande der Wege und Heerstraßen immer ziemlich hoch kam. Waren so alle gewöhnlichen Lebensbedürfnisse billig, so waren dagegen Spezerei= und Kolonialwaaren, Weine und fremde Liqueure, Mode= und Luxus=Artikel hoch im Preise, theils durch die theure Fracht per Achse nach Polen, theils der hohen Schutzzölle wegen. Aber im großen Ganzen lebte sich es doch billig in Lemberg und in ganz Galizien überhaupt und es gab zahlreiche Beamte mit Familien, die keinen größeren Jahres= gehalt als 4, 5 bis 600 Gulden Einlösungsscheine hatten und dabei auskommen mußten und auch wirklich auskamen.

Eine angenehme kindliche Erinnerung aus jener Zeit ist mir auch die damals durch meine Eltern, wenn auch unbeabsichtigt, entstandene Gründung eines für Lemberg ganz neuen Vergnügungs= ortes und einer neuen Industrie. Auf einem seiner einsamen Spaziergänge kam mein Vater einmal in ein freundliches hübsches Thal zwischen dem Jablonowsky'schen Garten und dem sogenannten Eisenbrünndl, in welchem einzelne Bauernhütten in der Mitte von Obstpflanzungen standen. Durstig und ermüdet sprach mein Vater in einer dieser Hütten ein und bat um ein Glas Milch, — Milch war genug vorhanden, aber ein Glas war zu jener Zeit in einem polnischen Bauernhause nicht zu finden, man brachte ihm also treffliche Milch in einem Topfe und wollte nicht einmal Bezahlung für eine solche Kleinigkeit annehmen. Der Vater versprach, wieder zu kommen, und wenige Tage darauf führte er uns und die Mutter hinaus; — wir fanden vortreffliche Milch, süße und saure, die wir aber mit hölzernen Löffeln aus irdenen Schüsseln essen mußten, auch prachtvolle frische Butter, aber nur grobes Kleien= brod; dem ungeachtet wiederholten sich unsere Besuche, wir brachten später Löffel und Gläser und eßbares Brod mit, und nach und nach bildete sich so eine ziemlich primitive Milchwirthschaft heraus. Es wurden Pflöcke in den Boden geschlagen, und Bretter darauf genagelt, zu höchst ursprünglichen Tischen und Bänken, wir luden nun Verwandte und befreundete Familien zum Mitgehen ein, der Kreis der Besucher erweiterte sich von Tag zu Tage, und als meine Mutter der Bäuerin die Kunst des Kaffeekochens gelehrt, und Schalen von Steingut und zinnerne Theelöffel hingestiftet hatte, kam die Kaffee= und Milchwirthschaft in immer größern Aufschwung, und wurde endlich zu einem höchst populären Ziele ländlicher Aus=

flüge. Der Vater gab diesem seinem Lieblingsplätzchen, meiner Mutter zu Ehren, den Namen „Sofiouwka", „Sofienheim", den es im Jahre 1837, als ich Lemberg noch einmal besuchte, noch immer trug, und ich fand die Kaffee- und Milchwirthschaft in höchster Blüthe, als einen der beliebtesten Vergnügungsorte für Familien, obwohl sich seitdem, durch das Beispiel aufgemuntert, zahlreiche Milchwirthschaften in den schönen Umgebungen Lembergs etablirt hatten.

Um das Bild dieser meiner Knaben- und Schulerinnerungen vollständig zu machen, muß ich auch noch meiner beiden anderen Lehrer an der Normal-Hauptschule erwähnen, um ihnen allen den Zoll meiner Dankbarkeit, wenn auch sehr spät, abzustatten; — lebhaft erinnere ich mich noch heute des kleinen, zierlichen und immer eleganten Lehrers Bobownik und des langen, hageren Lehrers der Rechenkunst und Mathematik, der auch seinem Lehrfach entsprechend Kubick hieß, und der uns Jungen in die Geheimnisse der zusammengesetzten Regel de tri einweihte. Die oberste Aufsicht über die Schulen überhaupt hatte der Domherr und Scholastikus Florian Minasiewicz, ein persönlicher Freund meines Vaters, und ein sehr liebenswürdiger, fein gebildeter und äußerst toleranter Priester. Aber auch diese seine humane und tolerante Gesinnung konnte unter den in Oestreich bestehenden Verhältnissen von ihm nicht immer durchgeführt werden, und ich selbst sollte ihm darin zum Steine des Anstoßes werden, wie ich nun erzählen will.

Die religiöse Frage.
(1815—1817.)

Es sollte mir beschieden sein, daß schon im frühesten Alter an den kaum den Kinderschuhen entwachsenen Knaben die religiöse Frage mit vollstem Ernste herantrat, und ihre gewöhnliche Wirksamkeit übte, die, in dem kindlichen Gemüthe Zweifel und Bedenken hervorzurufen. Ich war, wie bereits erwähnt, in Hamburg protestantisch getauft und erzogen worden, und meine Mutter, die eine glaubenseifrige Protestantin war, hatte mich auch, sobald wir in Lemberg waren, alle Sonntage mit in die dortige evangelische Kirche genommen. Nach österreichischen Gesetzen war die evangelische Kirche eigentlich keine Kirche, sondern nur ein gnädigst geduldetes Bethaus, welches keinen Eingang von der Straße, keinen Thurm und keine Glocken haben durfte. Der Vater war zwar katholisch, aber er war mit der Mutter übereingekommen, daß wir Kinder protestantisch bleiben sollten, wie er denn überhaupt in religiöser Hinsicht zwar innerlich fromm, aber doch höchst aufgeklärt und duldsam war, und mit meiner Mutter trotz der Verschiedenheit der beiderseitigen Confessionen in der glücklichsten, niemals getrübten Ehe lebte.

Als ich die Schule zu besuchen anfing, hatte mir meine Mutter eingeschärft, sobald der Religionsunterricht durch den katholischen Katecheten beginne, gleich anderen protestantischen Knaben die Schulstube zu verlassen, und dafür die Religions-Unterrichtsstunden bei dem evangelischen Superintendenten und Pastor Dr. Frommann zu besuchen. Als daher der Katechet Zmidgrodzky zum ersten Mal in die Klasse trat, schnallte ich meine Bücher zusammen, und wollte die Schulstube verlassen. — „Halt, mein Junge! wo willst du hin?" — fragte der Katechet. Wie mich die Mutter belehrt hatte, so antwortete ich auch zuversichtlich: „Ich bin Protestant und gehe zu unserem Pastor." — „Bleibe nur da," entgegnete Ehrwürden Zmidgrodzky, „dein Vater ist Katholik, und folglich mußt auch du in der allein seligmachenden katholischen Religion erzogen werden." — Da half kein Protestiren, ich mußte bleiben, und der Religionsunterricht begann.

Als ich, nach Hause gekommen, den Vorgang der Mutter erzählte, brach die glaubenseifrige Frau in bittere Thränen aus und rief jammernd: „Das hat mir in diesem Unglückslande noch gefehlt!" und sich leidenschaftlich zu meinem Vater wendend, fügte sie hinzu: „Laß uns von hier fortgehen, meine Kinder sollen nicht katholisch, nicht päpstlich werden." — Gerührt durch die Thränen seiner Frau ging mein Vater sogleich zum Domscholastikus Minasiewicz, seinem alten Freunde, und trug ihm den Fall vor, ihn zugleich dringend um sein Einschreiten bittend.

„Ja mein lieber Freund," sagte kopfschüttelnd der würdige Herr — „ich begreife den Schmerz Ihrer lieben Frau, aber dagegen wird nicht Viel zu machen sein; — es existirt eben hier in Oestreich ein Gesetz, welches anordnet, daß bei Ehen zwischen einem Katholiken und einer Protestantin die **Söhne** nach dem Vater **katholisch** erzogen werden **müssen**, die Töchter da=

gegen protestantisch bleiben dürfen. Uebrigens werde ich den Fall der höheren Behörde vorlegen, vielleicht läßt sich, da Ihre Kinder im Auslande geboren und bis jetzt erzogen worden sind, eine mildere Auffassung durchsetzen." —

Ich mußte also vorläufig wenigstens den katholischen Religionsunterricht mitmachen und es begann nun über diesen Fall eine endlose schriftliche Verhandlung mit Eingaben, Belegen, Gutachten, Bescheiden, Berufungen u. s. w., welche einige Monate dauerte und beim erzbischöflichen Consistorium wie im Landes-Gubernium in unerquicklichster Weise durchgeführt wurde, aber das endgültige Resultat war und blieb, daß der geistliche Referent in der Regierung seine Ansicht durchsetzte und die Schlußentscheidung lautete, daß, da mein Vater östreichischer Unterthan sei, diese Eigenschaft nie verloren habe und nach zeitweiliger Abwesenheit wieder in sein Vaterland zurückgekehrt sei, er sich nun den allgemeinen Staatsgesetzen fügen und **seine Söhne im katholischen Glauben aufziehen müsse**. Auf den Knaben machte dieser Streitfall, der Monate lang in unserem häuslichen Kreise verhandelt wurde, einen ganz eigenthümlichen Eindruck, — er fing an, sich als eine wichtige Person zu betrachten, um deren Besitz sich zwei mächtige Kirchen stritten und die Fragen dämmerten in ihm auf: Was denn eigentlich Religion sei, warum es mehrere Religionen gebe, wo doch nur Eine die wahre sein könne, welche die richtige sei und wie die Menschen über eine Sache entscheiden könnten, deren Entscheidung doch nur der Gottheit allein zustehe; — diese und andere ähnliche Fragen blieben aber unbeantwortet, nicht nur damals, sondern auch in viel späterer Zeit.

Nun trat aber noch eine neue Verschärfung der Streitfrage hinzu, indem das erzbischöfliche Consistorium auf den Bericht und Vorschlag des geistlichen Referenten eine weitere Verfügung dieser Entscheidung hinzusetzte: „Der Katechet und der Stadtpfarrer wurden dadurch strengstens angewiesen, darauf zu sehen, daß, wenn man auch die protestantische Wassertaufe als eine **Nothtaufe** zu betrachten geneigt sei, wie eine solche ja auch jede Hebamme in articulo mortis bei einem sterbenden Neugeborenen zu verrichten berechtigt sei, — doch noch die **katholische Ceremonientaufe** mit dem heiligen Oele, dem Chrysam u. s. w. bei den beiden Knaben nachzutragen sei." So sollte ich denn noch einmal getauft werden, meine Mitschüler machten sich bereits über das große Taufkind weidlich lustig und ich selbst sah nicht ohne Aufregung dem großen Ereignisse entgegen, aber zum großen Troste meiner Mutter kam es niemals dazu. Wie denn in Oesterreich immer sehr Vieles befohlen, dekretirt und angeordnet wird, ohne daß man sich allzu ängstlich um die Ausführung dieser Befehle, Dekrete und Anordnungen kümmert, — höchstens mit Ausnahme von Steuerangelegenheiten — so war es damals in dieser Hinsicht noch viel gemüthlicher als jetzt. Der Katechet hatte mir in der Schule zur großen Belustigung aller Mitschüler, der Stadtpfarrer zu Hause meinen Eltern verkündet, daß beide Knaben sich zur Ceremonientaufe vorzubereiten hätten und daß die nöthigen Taufpathen besorgt werden müßten, — der Tag der heiligen Handlung werde später bekannt gegeben werden u. s. w. Dabei blieb es denn auch, es vergingen Wochen, Monate, und es kam keine fernere Mittheilung, — der Stadtpfarrer wurde auf einen anderen, einträglicheren Posten versetzt, der Katechet vergaß die Angelegenheit oder kümmerte sich nicht weiter darum, kurz die Sache schlief ein und von der Ceremonientaufe war niemals wieder die Rede. So hatte denn die katholische Kirche zwangsweise zwei neue Seelen gewonnen, aber ich zweifle stark daran, daß sie dabei auf ihre Kosten (für das viele Papier und die endlosen Schreibereien in dieser Angelegenheit) gekommen ist.

So blieb ich denn nach der Ansicht der Mutter eigentlich ein Protestant, der gezwungen den katholischen Religionsunterricht mitmachen und dem katholischen Gottesdienste beiwohnen mußte. Mir selbst wurde die Sache, nachdem einmal die erste Aufregung vor und kurz nach der endlichen Entscheidung vorüber war, immer gleichgiltiger, ja ich betheiligte mich sogar mit Interesse an dem katholischen Religionsunterrichte und besonders amüsirte mich in der Schule die biblische Geschichte, die der Katechet in einem auf kindliche Gemüther berechneten Auszuge ziemlich lebhaft und dramatisch vortrug; — zu Hause aber las ich in der lutherischen Bibel der Mutter dieselben Geschichten ausführlicher, so daß ich beim Examiniren immer vielmehr zu erzählen wußte, als alle anderen Schüler, die sich an das Lehrbuch der Schule hielten.

Alle Tage wurden wir vor dem Beginne der Schulstunden zur Messe in die ehemalige Jesuitenkirche geführt und alle Sonntage ging ich mit der Mutter in die evangelische Kirche und hörte die protestantische Predigt des als trefflicher Redner bekannten Pastors Frommann mit großem Interesse an, ja ich ging so weit,

Nachmittags meiner Mutter die Predigt aus dem Stegreife zu wiederholen, wobei mir mein vorzügliches Gedächtniß und ein angeborenes Talent zur Deklamation vortreffliche Dienste leisteten und ich zugleich der Mutter dadurch große Freude und Genugthuung gewährte.

Es dürfte vielleicht hier am Platze sein, die Entwicklung des religiösen Gefühles in dem zum Bewußtsein und Nachdenken erwachenden Knaben etwas ausführlicher zu bezeichnen. Ich vermisse gerade in den meisten Lebensbeschreibungen die Schilderung dieser Entwicklung im Kindesalter, und doch ist dieses Einpflanzen der religiösen Keime in dem jugendlichen Geiste von unberechenbarem Einflusse auf die ganze künftige Entwicklung des Menschen. Wie früh, wie allem anderen Wissen und Lernen vorgreifend, nimmt die sogenannte Religion Besitz von der Seele des Kindes. Die religiöse Lehre, die ihm aufgedrungene Belehrung über das, was es **glauben soll**, füllt alle Gedanken des Kindes, beschäftigt seine Einbildung vollauf, sie pfropft ihm den Kopf voll mit einer Menge von Geschichten, übernatürlichen Anschauungen, Glaubensartikeln, Gebeten, ceremoniösen Gebräuchen und Handlungen und so viel anderem schwer lastendem Ballast, die der Mensch dann durch's ganze Leben schleppt und nur der gebildeten Minderzahl gelingt es vielleicht, sich nach und nach davon zu befreien und sich zu höheren und humaneren Anschauungen aufzuschwingen. — Millionen und Millionen aber schleppen diese schwere Kette durch ihr ganzes Leben mit sich fort und ihr hemmender Einfluß macht sich dann immer und überall fühlbar, von der Wiege bis zum Grabe.

Das religiöse Gefühl ist dem Menschen durchaus nicht **angeboren**; es wird ihm, wie so viele sogenannte Tugenden und guten Eigenschaften, **anerzogen**. Die Urmenschen kannten wahrscheinlich keine Religion, sondern sie hatten nur Furcht und Angst vor den wilden Naturgewalten, die sich in Stürmen und Gewittern, in Wolkenbrüchen und Ueberschwemmungen, in Wind- und Wasserhosen, in Erdbeben und Vulkanen ihnen in schreckenerregender Weise kundgaben und ihre arglosen und unerfahrenen Gemüther in Angst und Besorgniß versetzten. Die **Furcht** vor diesem entsetzlichen Walten übermenschlicher Kräfte war also das erste und vorherrschende Gefühl dieser Naturmenschen, während die schönen Erscheinungen und Segnungen des Daseins ihnen als etwas Gewöhnliches, Alltägliches, Selbstverständliches erschienen.

Aus dieser Angst und Furcht aber entsprang das Bedürfniß nach Hilfe und Schutz, und jenen finsteren Naturgewalten gegenüber, die der Mensch sich als böse, feindliche Geister vorstellte, bildete er sich andere gütige und schützende Geister, die ihn gegen die verheerende Wirkung der bösen Geister schirmen und vertheidigen sollten und deren Hilfe anzurufen er sich nach und nach gewöhnte. Dazu kam nun, daß die klügeren Köpfe ebensowohl diese Angst und Furcht vor den bösen Gewalten, wie die Hoffnung und das Vertrauen auf eine schützende höhere Macht dazu benützten, um ihre Mitmenschen zu lenken und zu beherrschen und so entstand die Priesterkaste, welche diesen Bedürfnissen bestimmte Formen gab, böse und gute Gottheiten aufstellte und sich selbst für allein befähigt erklärte, durch ihre Vermittlung das von den bösen Mächten drohende Unheil abzuwenden und den Schutz und die Hilfe der guten herbeizuführen. Jeder Gott und alle Gottheiten, welche die Menschen seit den undenklichsten Urzeiten anbeteten oder fürchteten, sind von den Menschen selbst geschaffen worden und stets nach menschlichem Vorbilde, ausgestattet mit menschlichen Eigenschaften, Tugenden, Leidenschaften und Schwächen.

Das religiöse Gefühl wird daher, wie gesagt, nicht dem Menschen angeboren, sondern durch Lehre und Beispiel anerzogen. Es ließe sich überhaupt leicht nachweisen, daß alle sogenannten menschlichen Tugenden und Eigenschaften ebensowenig dem Menschen angeboren sind, sondern ihm anerzogen werden. Es giebt nur eine angeborene Tugend des Menschen, die er mit auf die Welt bringt und die ihn nie mehr im Leben verläßt, und diese angeborene Tugend heißt der Egoismus, die Sorge um das eigene Selbst, jenes ängstliche Streben, welches sich schon in dem wenige Stunden alten Kinde zeigt und das, mehr oder weniger durch die Rücksicht auf die Mitmenschen und die bestehenden gesellschaftlichen Satzungen beschränkt oder unterdrückt, dennoch einzig und allein es ist, das der Menschheit die Kraft und Fähigkeit verleiht, jenes Ringen durchzuführen, welches Darwin so bezeichnend und wahr den „Kampf um's Dasein" genannt hat. Aus der einzigen angeborenen menschlichen Tugend des Egoismus, welche die spätere Erziehung mehr zu mäßigen und zu beschränken als zu entwickeln bemüht ist, stammen alle Tugenden, alle guten Eigenschaften, alle großen Thaten der Menschheit, aber auch zugleich alle ihre bösen Leidenschaften, ihre Laster und ihre Verbrechen. Immer und überall wird der einzelne

Mensch, mehr oder minder durch Erziehung und Gesetze beschränkt, doch vor Allem dem Egoismus huldigen, nach egoistischen Trieben handeln und nie aufhören, sich selbst als Mittelpunkt der Schöpfung zu betrachten, wenn er auch bemüht ist, diese selbstsüchtige Anschauung vor Anderen zu verhüllen.

Aus diesem Egoismus ist wohl auch das religiöse Gefühl entsprungen, — das eigene Selbst sucht in seinem Kampfe um's Dasein Hilfe und Schutz bei höheren, übermenschlichen Mächten. Was bedeutet eigentlich das Wort Religion? Jedenfalls heutzutage nicht mehr das was einst damit gemeint ward. Es ist jedenfalls bemerkenswerth, daß nur die lateinische Sprache das Wort „Religion" besitzt und die romanischen Sprachen, die französische, italienische, spanische u. s. w. erbten es unverändert von ihr, während alle anderen Sprachen kein Wort dafür haben, keinen vollständigen Ausdruck, ja selbst die eifrigsten Sprachenreiniger vermögen keine Uebersetzung desselben zu bieten. Das lateinische Wort „Religion" stammt unstreitig von dem Zeitworte ligo = binden, religo = wiederbinden, und scheint ursprünglich die Bedeutung eines Eides oder eines Gelübdes gehabt zu haben, wodurch sich der zum Bewußtsein herangereifte Mensch zu irgend einer Anschauung und Pflichterfüllung verband, ähnlich jener Verpflichtung, welche die Katholiken bei der Firmung, die Protestanten in der Konfirmation auf sich nehmen, die religio der Römer war also das Eintreten in ein erneuertes Bündniß mit den höheren Mächten und dem entsprechend haben auch christliche Theologen die Glaubenslehre des neuen Testamentes „den neuen Bund" genannt. Religion bezeichnet nach jetzigem Sprachgebrauche Scheu und Ehrgefühl vor der Gottheit, die Beziehung des menschlichen Bewußtseins auf das Göttliche, also den Gottesglauben.

Dieser Glaube an die Gottheit war in früheren Zeiten den Menschen Trost und Bedürfniß; je mehr aber die Civilisation vorschritt, je mehr die Naturwissenschaften alle Erscheinungen als aus natürlichen Gründen und Gesetzen herrührend, aufhellten und beleuchteten, je mehr schrumpfte der positive Glaube zusammen und an seine Stelle trat das Wissen. Glauben heißt etwas für wahr annehmen, was man nicht begreifen kann, — Wissen heißt etwas aus natürlichen Gründen begreifen und es daher als wahr anerkennen; — je mehr das Wissen sich entwickelt, je mehr wird der Glaube beschränkt und die Zeit ist nicht mehr ferne, wo die sogenannten dogmatischen Religionen einer höheren geläuterten Weltanschauung Platz machen werden, welche in allen Vorgängen nur das Walten einer mächtigen Urkraft sieht, die unser Verstand und unsere Fähigkeiten niemals vollständig zu begreifen und zu ermessen im Stande sind, von der wir aber bestimmt das Eine wissen, daß auch diese mächtige Urkraft nur nach bestimmten und unabänderlichen Naturgesetzen wirken und schaffen kann. Wenn diese Weltanschauung, die jetzt erst im Besitze einer kleineren Anzahl von Menschen ist, einst allgemein und das Eigenthum der ganzen Menschheit sein wird, dann hören auch die positiven Religionen und alle religiösen Dogmas auf und die Beziehungen der Menschen zu dem Uebernatürlichen verschwinden. Die Gesetze der Moral und der Humanität werden allein bestimmend sein und das einzige Sittengesetz, auf der Basis des angeborenen Egoismus begründet, wird lauten: „Was Du nicht willst, das Dir geschehe, das thue auch Anderen nicht!" oder wie das schöne Gebot des Christenthums es ausdrückt: „Liebe Deinen Nächsten, wie Dich selbst!"

Gegenwärtig sind wir erst im Entwicklungs- und Uebergangsstadium zu dieser neuen Weltanschauung und haben noch immer in Allem was wir thun, mit den alten Ueberlieferungen und Satzungen zu rechnen; und so halte ich es für nicht ganz nutzlos, wenn ich auch dem religiösen Entwicklungsgange meines Lebens einige Aufmerksamkeit zuwende; — vielleicht regt dies bei manchen Lesern Rückblicke und Betrachtungen auf den eigenen Entwicklungsgang an und hat somit einiges Interesse. Was mich selbst betrifft, so waren diese Aufzeichnungen ursprünglich als ein Vermächtniß für meine Kinder und Enkel bestimmt und da wir immer nur aus den Beispielen unserer Vorgänger lernen, was wir thun oder lassen sollen, so hielt ich es nicht für unpassend, ja sogar für nützlich, meinen religiösen Entwicklungsgang etwas ausführlicher zu zeichnen und dadurch Fingerzeige zu geben über die künftige Richtung in dieser Frage. Sollten dem größeren Lesepublikum diese Auseinandersetzungen auch kein besonderes Interesse bieten, so mag ich sie doch nicht unterdrücken; — wen diese Dinge nicht interessiren, der mag sie getrost überschlagen, aber ich hoffe — ja ich bin gewiß, daß sich ein kleiner Kreis finden wird, den diese Frage zum Nachdenken anregt und zum weitern Vorschreiten auffordert; und das ist's, was ich vorzüglich im Auge habe.

Ich werde daher im Verlaufe der Erzählung meiner Lebens-

Schicksale von Zeit zu Zeit den jeweiligen Standpunkt meines religiösen Entwicklungsganges bezeichnen und somit mir selbst wie den Lesern zu versinnlichen suchen, wie es kam, daß ein fromm und religiös erzogener Knabe, der sogar in den ersten Jünglingsjahren beinahe bigott und fanatisch geworden wäre, nach und nach immer mehr von den alten Banden und Fesseln abstreifte und zu immer freisinnigeren Anschauungen gelangte, bis er endlich im reifen Mannesalter all den hemmenden anerzogenen Ballast, nicht ohne innere Kämpfe, abgeworfen hatte und nun sich zu jener Zukunftsreligion bekennt, deren ich oben als das künftige Ziel der ganzen Menschheit erwähnte, und der nun im hohen Greisenalter stehend, mit Friede und Genugthuung auf sein Leben zurückblickt, und dem täglich sich mehr ihm nähernden Tode, der Auflösung in die ursprünglichen Elemente, der Rückkehr in's Nichts, mit vollständiger Gemüthsruhe entgegensieht. Fern liegt mir dabei der Gedanke, Proselyten für meine Anschauung werben zu wollen, ich lasse gerne wie der alte Fritz „Jeden nach seiner Façon selig werden"; ich will Niemanden bekehren, aber ebensowenig will ich auch meine innigste Ueberzeugung verschweigen und verheimlichen, ja diese vielmehr mit Stolz und Befriedigung laut verkünden; mögen Andere thun und glauben, was und wie sie wollen.

Das erste Gebet.
(1815—1817.)

Meine Mutter war sehr fromm, ohne darum gerade bigott zu sein und mit drei Jahren schon lehrte sie mich beten, das heißt mechanisch und gedankenlos das Vaterunser nachlallen. Als ich vom Kinde zum Knaben wurde, da machte ich mir zu dem Vaterunser, welches zur mechanischen Gewohnheit geworden war, noch ein Nacht- und Nachgebet, das ungefähr lautete: „Lieber Gott! ich danke Dir, daß Du mich heute hast leben lassen, — laß meine Eltern nicht sterben, beschütze uns vor Hungers-, Feuers- und Wassersnoth, und ich danke Dir, lieber Gott, daß Du mich hast kein Frauenzimmer werden lassen!"

Dieses selbsterfundene Gebet, das in meinem Kopfe nicht

auf einmal, sondern nach und nach und stückweise entstand, habe ich wirklich so und zwar bis in mein vierzehntes Jahr gebetet. Es blieb sich aber nicht immer gleich und irgend ein in mein Kinderleben hereinbrechendes besonderes Ereigniß, die Erzählung irgend einer Begebenheit, die besonderen Eindruck auf mich machte, fügten dem Gebete einen neuen, darauf Bezug habenden Satz hinzu; — manche Zusätze entstanden geringfügiger Ursachen halber, nur vorübergehend, wie ich so z. B. eine ganze Woche lang um schönes Wetter betete, wenn am nächsten Sonntag ein Ausflug auf's Land gemacht werden sollte; — oder wenn ich meine Schulaufgabe nicht gemacht hatte, betete ich in wahrer Herzensangst: „Lieber Gott! mache daß mein Lehrer morgen nicht böse wird und mich bestraft."

Der Hauptinhalt des Gebetes aber, — denn das mechanisch abgehaspelte Vaterunser war für mich kein Gebet, sondern nur eine Pflichterfüllung, — blieb immer so, wie ich ihn oben angegeben habe. Der Tod eines lieben Schulkameraden, mit dem ich am Tage vorher noch fröhlich gespielt hatte, und den ich am nächsten Morgen blaß und kalt unter Blumen und Lichtern im Sarge liegen sah, hatte den ersten Satz des Gebetes entstehen machen; — eine Feuersbrunst in der Nähe unserer Wohnung, eine Ueberschwemmung, bei der die austretende Elbe zur Fluthzeit in die niederen Stadttheile drang, wobei viele Menschen Nachts von der Springfluth überrascht, in ihren Kellerwohnungen ertranken, die Berichte über eine Hungersnoth im Riesengebirge, die uns Onkel Hesse aus der Zeitung vorlas und der Anblick der alle Sonntage an unserem Hause vorüberziehenden Waisenkinder, die mir die Mutter als: „allein in der Welt ohne Vater und Mutter, ohne Liebe, Hilfe und Schutz," — erklärte, alle diese Eindrücke prägten sich in dem oben erwähnten Gebete aus. Aber auch der Schlußsatz des Gebetes, der viel später entstand, hatte seinen guten Grund und seine besondere Entstehungsgeschichte.

Ich hatte in Lemberg eine entfernte Cousine, — wenigstens nannten wir sie so — ein hübsches schlankes blondes Mädchen, sie hieß Anna und hatte mich kleinen Knaben unendlich gerne. Stundenlang konnte ich bei ihr sitzen, spielte mit ihr und ließ mich von ihr küssen und herzen. Endlich heirathete Cousine Anna einen jungen Kaufmann und der Hochzeitstag strahlt noch immer wie ein heller Stern durch die dämmernde Erinnerung der Knabenzeit. Man zog uns Knaben unsere Sonntagskleider an, gab uns

Blumensträuße in die Hand, wir fuhren in Kutschen in die
Kirche, Abends war große Tafel, — Kuchen, Torten, Obst, Eis,
Lichter, Blumen, — man tanzte, sang, lachte und scherzte, —
endlich wurde die Braut zu Bette gebracht und — ich lief ins
Vorzimmer, meine Freude war aus, ich setzte mich in einen dunkeln
Winkel und weinte bitterlich. Warum ich weinte — ich weiß es
jetzt nicht mehr; — meine Mutter erzählte mir später, ich hätte da=
mals gesagt, ich weine, weil mich Cousine Anna nicht wie ge=
wöhnlich vor dem Schlafengehen geküßt hätte. Allein ich glaube,
die oft ziemlich derben Scherze der Hochzeitsgäste, die Gespräche
der Dienstboten, ja die Liebkosungen, die sich Braut und Bräuti=
gam schon früher, meine Anwesenheit nicht beachtend, erlaubten,
hatten in dem damals schon zwölfjährigen Knaben die ersten dunkeln
und verworrenen Begriffe oder auch nur Ahnungen von geschlecht=
lichen Verhältnissen, von Eifersucht, von — was weiß ich —
erweckt.

  — „Warum heirathet denn Cousine Anna?" — fragte ich
dumm=naiv die kleine Emilie Titz, auch eine Cousine von 11
Jahren. — „Damit sie Frau und Mutter wird und Kinder be=
kömmt," — vertraute mir altklug Emilie. Ich schlief die ganze
Nacht nicht; — heirathen — Mutter werden — Kinder bekom=
men — das ging mir Alles im Kopf herum; — meine Neu=
gierde war gereizt, ich wollte mehr wissen. Ich las in der Bibel
nach, ich fand darin die Geburt Abels und Kains, Jakobs und
Esaus; — das Geborenwerden des Menschen ward mir zum Räthsel,
das ich nicht begriff, das mich Tag und Nacht quälte. Eines
Abends saß ich bei der Mutter auf dem Sofa, sie strickte und
las ihren Lafontaine, ich hatte indessen lange hin= und hergedacht
und gegrübelt, — der Vater war ausgegangen — plötzlich platzte
ich ganz unbefangen mit der Frage heraus: „Mutter, kann ich
auch Kinder bekommen?" — Die Mutter sah mich mit großen
erstaunten Augen an und wußte nicht, was sie mir antworten
sollte; endlich sagte sie: „Dummer Junge!" und ging hinaus in
die Küche, wo ich hören konnte, wie sie sich herzlich auslachte.
Ich hatte also etwas Dummes gefragt, — das hatte ich nun
weg. — Erwachsene darüber zu befragen, traute ich mich nun
nicht mehr; — ich wendete mich also an die kleine Emilie, die
mir in diesem Punkte viel klüger erschien als ich: „Höre Milchen,"
sagte ich, „kann ich auch Kinder bekommen?" — „Nein," sagte
sie mit ihrem gewöhnlichen altklugen Wesen, „nur wir Frauen

können Kinder bekommen, aber sei still, es schickt sich nicht von so etwas zu sprechen."

Damit war ich nicht viel weiter, aber zweierlei hatte ich doch erfahren, — nur Frauen können Kinder bekommen, — und — es schicke sich nicht, davon zu sprechen — denn in Emiliens Worte setzte ich unbedingtes Vertrauen. Mein Cousin Julius, den ich nun zu Rathe zog, meinte, unser gemeinschaftlicher Vetter, der Doktor Titz, Emiliens Vater, habe in seiner Bibliothek ein Buch mit vielen Bildern, wo alles Das darin stünde. Er habe einmal hineingeguckt, sei aber dabei vom Doktor überrascht und mit ein paar Ohrfeigen weggejagt worden. Ich hatte keine Ruh und Rast mehr. Der Gedanke: wie werden wir Menschen geboren? quälte mich unaufhörlich. In einem Buche sollte es also stehen, ich hatte doch schon viele Bücher gelesen, aber in keinem Etwas darüber gefunden. Mir fielen Spieß' „Biographien der Selbstmörder" ein, man kann sich also selbst das Leben nehmen, aber man kann es nicht sich selbst geben. Dieser Widerspruch machte mir auf's Neue zu schaffen.

Eines Tages war ich mit Julius bei Dr. Titz, wir spielten mit seinen Kindern in einem Zimmer, in dem ein großer Bücherschrank stand. Der Doktor und seine Frau waren ausgegangen und Julius unseres Gesprächs sich erinnernd, zeigte mir durch die Glasthüre des Schrankes das verhängnißvolle Buch, das ihm die Ohrfeigen eingetragen hatte. Ich konnte die Augen nicht mehr von dem Schranke abwenden, der Schlüssel steckte, ich schickte Julius und die anderen Kinder in den Hof, ich würde gleich nachkommen; — sowie ich allein war, machte ich den Schrank auf, nahm das bezeichnete Buch heraus, schob die anderen Bücher etwas auseinander, damit man die Lücke nicht bemerke und versteckte nun meinen Raub in einer dunkeln Holzkammer unter der Haustreppe. Aber mit den Anderen weiter zu spielen, dazu hatte ich jetzt weder Ruhe noch Sinn; — sowie es dunkelte, holte ich mein Buch aus dem Verstecke und lief damit nach Hause. Auch hier versteckte ich es gleich und nahm es endlich, als Alles schlafen ging, glücklich unbemerkt mit zu Bette.

Ich schlief allein in einer Kammer, deren Fenster auf den Hof ging. Ungeduld und Neugierde verzehrten mich und ich durfte kein Licht anzünden, ohne Aufmerksamkeit zu erregen; — da, während ich, das geheimnißvolle Buch vor mir, aufrecht im Bette saß, trat plötzlich der Vollmond aus den Wolken und warf seinen hellen Schein durch das Fenster auf mein Bett. Ich schlug das Buch rasch auf, — es waren Bilder darin, — schreckliche Bilder! Menschengestalten mit aufgeschnittenem Leibe, Kinder mit großen Köpfen in den verschiedensten Stellungen, Zangen und andere rätselhafte Werkzeuge, — mir standen die Haare zu Berge. Zitternd fing ich an zu lesen, ohne irgend etwas zu verstehen; — es war ein Lehrbuch der Geburtshilfe, — die vielen lateinischen und griechischen Citate, die mir ganz unverständlichen wissenschaftlichen Ausdrücke, meine gänzliche Unerfahrenheit, alles Dies ließ mich nicht viel klüger werden, als ich vorher gewesen. So viel brachte ich heraus, das Kind entstehe in der Mutter; das Wie? ward mir nicht klar und ich ließ es getrost von Gott darin erschaffen, was aber das Geborenwerden betrifft, so kam ich durch die verwünschten Bilder zu der verrückten Ansicht: „der Leib werde aufgeschnitten und das Kind herausgenommen". Höchst aufgeregt und verwirrt, matt und müde von der Anstrengung im Mondeslichte zu lesen, schwanden mir endlich die Sinne, betäubt fiel ich auf mein Kopfpolster zurück und entschlief, um das fürchterlichste und wahnsinnigste Zeug zu träumen. Als ich am andern Morgen erwachte, schwebte mir Alles wie ein wüster Traum vor, aber das neben mir im Bette liegende Buch überzeugte mich von der Wirklichkeit. Um keinen Preis der Welt hätte ich das schreckliche Buch noch einmal geöffnet; — ich eilte in die Schule, sprach unter einem Vorwande beim Doktor Titz vor und als ich mich unbemerkt sah, warf ich das Buch, das ich unter meine Schulbücher gesteckt hatte, unter den Schrank und entfloh.

Monate waren darüber verflossen, ich hatte halb und halb auch die schrecklichen Bilder vergessen, wenigstens hatte ich gar keine Lust, von den Geheimnissen des Geborenwerdens mehr zu erfahren; — da bemerkte ich zu meinem Schrecken, daß Cousine Anna, die mit uns in einem Hause wohnte, auffallend an Umfang zunahm; — sie werde bald ein Kind bekommen, hörte ich die Dienstboten unter einander schwatzen; — ich hatte vom Apfel der Erkenntniß gegessen, zu fragen traute ich mich nicht mehr; aber mit unendlicher Wehmuth betrachtete ich die Cousine und wenn ich mich dann an die entsetzlichen Bilder erinnerte, fing ich bitterlich zu weinen an, ohne daß man mit Fragen und Liebkosungen aus mir eine andere Antwort herausgebracht hätte als die: „Ich weiß schon, warum ich weine!"

Eines Tages war große Aufregung in unserem Hause, —

der Doktor kam — nach ihm eine alte widerwärtige Frau mit
einem Päckchen unter dem Arme, — in der Küche wurde Thee
gekocht, uns Kinder brachte man früh zu Bette. Anna's Schlaf=
zimmer war unter dem meinigen, ich war kaum eingeschlafen, da
weckte mich ein durchdringender Schrei, — es war der Cousine
Stimme — ein Wimmern und Stöhnen, dann auf Augenblicke
Todtenstille, dann wieder neue und immer schauerlichere Klagelaute.
In kaltem Schweiß gebadet sprang ich aus dem Bett: „Jetzt
wird sie aufgeschnitten!" — war mein erster Gedanke, ich
fiel mitten im Zimmer auf die Kniee und betete in unsäglicher
Herzensangst. Es war Winter, das Zimmer ungeheizt, ich im
Hemde; — ich schlotterte vor Entsetzen und Frost, meine Zähne
schlugen klappernd auf einander, es war eine schreckliche Nacht.
Wie lange ich die Qualen erduldet, weiß ich nicht; man fand
mich am Morgen kalt und starr am Fußboden liegend.

Als ich zu mir kam, lag ich im Bette, der Doktor saß neben
demselben, die Mutter mit rothgeweinten Augen reichte mir eine
Tasse Thee. „Was macht Cousine Anna?" — schrie ich voll
Angst. Man gab mir keine Antwort, der Doktor examinirte
mich, konnte aber nur unzusammenhängende Worte aus mir heraus=
bringen. Er verschrieb etwas und empfahl Ruhe und Diät.
Als ich wieder einschlief, ließ man mich allein, — aber ich schlief
nicht, die schrecklichen Eindrücke dieser Nacht schwirrten wüst im
Kopfe herum. Niemand kam — Todtenstille im ganzen Hause; —
ich hielt es nicht länger aus, — ich kroch aus dem Bette, kleidete
mich mühsam an und schleppte mich die Treppe hinab. Unten
auf der letzten Stufe saß unsere alte Magd und weinte. Die
Thüre des unteren Zimmers war offen, ich sah hinein —
auf einem weiß überdeckten Gerüste in der Mitte des Zimmers
lag Cousine Anna blaß, starr — todt — ein kleines Kind
in ihren Armen. Zwei alte Frauen ordneten die Leiche; —
Arme Frau! man hat ihr das Kind mit der Zange nehmen
müssen und doch keine Rettung! — sagte die Eine; — es war
das Letzte, was ich hörte, ich stürzte ohnmächtig zu Boden. Die
Eltern eilten herbei, man hob mich auf, trug mich in mein Bett;
— drei Wochen lang lag ich im hitzigen Fieber, nur langsam
trat eine Wendung zum Bessern ein und noch länger dauerte es,
bis Kräfte und Gesundheit zurückkehrten. Aber die Eindrücke des
Geschehenen auf das Gemüth des Knaben waren bleibende und
tiefe und unter ihrer Einwirkung entstand jener Schlußsatz meines

erften Gebetes: „Ich danke Dir, lieber Gott, daß Du mich hast kein Frauenzimmer werden lassen!" — den ich stets mit großer Inbrunst betete.

Wie gesagt, bis in mein vierzehntes Jahr ging dieses naive Kindergebet fort; dann wurde mir zum Geburtstage Eckartshausens Gebetbuch: „Gott ist die reinste Liebe" zum Geschenke gemacht und die schwungvollen höchst pathetischen Gebete darin, — die man damals — ob mit Recht oder Unrecht — als das Werk eines Krypto=Jesuiten bezeichnete — verdrängten bald das alte naive Kindergebet, und ich lernte fast das ganze Gebetbuch aus= wendig.

Aber mit den fremden nur angeeigneten Gebeten nahm auch die alte kindliche und herzinnige Frömmigkeit ab, — immer mechanischer und gedankenloser wurden die Gebete herabgelesen und als der Reiz der Neuheit geschwunden war, wurden mir auch die „schönen Gebete" gleichgiltig, ich konnte bei den künstlich geschraubten und exaltirten Worten mir nichts mehr denken und zu meinem alten Kindergebete konnte ich den Weg nicht mehr zurückfinden. Sehr viel später traten an die Stelle von Eckarts= hausen dann Zschokkes: „Stunden der Andacht", — doch das gehört nicht in die Erzählung meines Kinderlebens.

Aber allmälig machte sich noch ein anderer Einfluß geltend und eine bedeutsame Wandlung vollzog sich nach und nach in dem Knaben; — der mysteriöse Einfluß des katholischen Gottes= dienstes mit seinem reichen Aufwande an Priestern in gold= und silbergestickten Meßgewändern, seinen Bildern, Kirchenfahnen, Lichtern und Weihrauchwolken, mit seinen musikalischen Hochämtern und allen seinen anderen sinnlichen Beigaben wirkte immer mehr auf meine jugendliche Einbildungskraft, ich wurde durch diese mysteriösen Ceremonien immer mehr angezogen und in dem Grade, wie diese Anziehungskraft wuchs, verblaßte allmälig das Interesse an den rationellen Predigten des Pastors Frommann und immer lang= weiliger und öder erschien mir das kahle protestantische Bethaus mit seinen weißgetünchten Wänden und darauf als einzigen Schmuck die schwarzen Tafeln mit den Nummern der zu singenden Lieder.

Nun war allerdings Lemberg die geeignetste Stadt, um Em= pfänglichkeit für den Pomp der katholischen Kirche zu erwecken; denn in dieser Hinsicht war die Hauptstadt Galiziens reicher bedacht, als irgend eine andere Stadt. Lemberg nämlich war ausnahms= weise der Sitz dreier Erzbisthümer und es residirten dorten

ein römisch-katholischer Erzbischof, ein griechisch-unirter Erzbischof
und ein armenischer Erzbischof, jeder mit seiner prachtvollen Kathe=
drale, seinem ganzen Kapitel von Domherren und dem ganzen
übrigen geistlichen Generalstabe. Diese drei Erzbischöfe suchten
einander an Glanz, Pracht und Feierlichkeit der kirchlichen Feste
zu überbieten und an hohen Feiertagen nahm das Glockengeläute
der zwanzig Kirchen Lembergs gar kein Ende, die Mönche aus
zehn Klöstern paradirten bei den verschiedenen Hochämtern, Militair
rückte als Spalier aus, Kanonen wurden an hohen Festtagen
abgefeuert, kurz, das religiöse Schaugepränge war in den Händen
der drei Erzbischöfe fast ausschließlich concentrirt, während die
Protestanten nur ihr unscheinbares Bethaus in einer entfernten
Vorstadt hatten und die so zahlreichen Juden sich in ihren schmutzigen
und schwarzgeräucherten Synagogen erbärmlich zusammenpferchen
mußten; dabei machten die orthodoxen Juden noch alle halb
verrückten Formen ihres fanatischen Gottesdienstes mit Schreien,
Heulen, Singen, Springen, Wiegen und Beugen, in der Art
etwa wie die amerikanischen Shakers durch und boten eher das
Bild eines Irrenhauses vollgepfropft mit Verrückten als das eines
Gottesdienstes gläubiger Seelen.

So wurde ich denn wie so viele jugendliche Gemüther von
dem Glanze und der Pracht des katholischen Cultus immer mehr
angezogen und zuletzt kaufte ich mir ein Meßbüchlein, lernte die
ganze katholische Messe, soweit es den Ministranten betraf, aus=
wendig und als ich endlich von dem Katecheten die Erlaubniß
erhielt, im rothen Chorrocke und dem weißen Hemde darüber,
ihm bei der Schulmesse zu ministriren und wie Schillers frommer
Knecht, der Fridolin, das Knie zu beugen rechts und links, das
Glöcklein zu läuten bei den feierlichen Momenten der Messe und
das Rauchfaß zu schwingen bei der Adoration, da betrachtete ich
mich als ein höheres Wesen, als einen angehenden Ausfluß der
Gottheit und blickte mit Stolz auf meine Mitschüler herab.

Als ich nun aber gar an einem Oster=Sonntage in der
katholischen Kathedral=Kirche den Erzbischof Grafen Ankwicz das
Hochamt mit vollster Entfaltung kirchlicher Pracht halten sah, war
ich vollständig begeistert. Erzbischof Graf Ankwicz — eine persona
gratissima am österreichischen Hofe, — seinen Vater hatten die
polnischen Insurgenten als Landesverräther aufgehängt — war
ein stattlich schöner Herr von imposantem Aeußern mit einem
hocharistokratischen Kopfe von römischer Profilbildung. Nun noch

dazu mit den schweren goldbrokatenen Pontifikalgewändern angethan, an den Füßen weiß atlassene Schuhe mit goldgestickten Kreuzen und Verzierungen darauf, auf dem schönen Kopfe, dessen schon ergraute Haare zierlich in Locken gebrannt und frisirt waren, die goldene Mitra, das Gesicht stark weiß und roth geschminkt, an den Fingern der feinen wohlgeformten Hand die aus echtem feinen Spitzengewebe hervortrat, glänzende und funkelnde Brillantringe, — wie er so dastand am Hochaltare, umgeben von allen den vielen Domherrn, ebenfalls in prachtvollen Ornaten und einer kleinen Armee von Prälaten, Priestern und Klerikern, wie sich Alles vor ihm beugte und neigte, war er für mich Knaben die höchste Er=
scheinung, die ich auf Erden noch gesehen hatte und von da an konnte ich mir den lieben Gott nur unter dem Bilde des Erz=
bischofes Ankwicz denken. So müsse er aussehen, dachte ich mir, vermuthlich noch schöner, noch prächtiger, mit einer noch zahlreicheren Umgebung von Heiligen, Erzvätern, Erz=Engeln, Cherubim und Seraphim, — aber er könne doch nur so aussehen und nicht anders.

Erzbischof Ankwicz hielt überhaupt viel auf äußeren Pomp und auf theatralische Schaustellung; — zu einem solchen Hoch=
amte fuhr er von seinem Palais zur Kathedrale im großen ganz vergoldeten Gallawagen mit Spiegelscheiben von sechs reich roth= und goldgeschirrten Schimmeln gezogen. Kutscher und Bediente in reichen Galla=Livreen — vor dem Wagen ritt der jüngste Domherr, Kanonikus Bem, der Bruder des späteren Revolutions=
generals, ein mächtiges silbernes Kreuz wie eine Standarte tragend; die erzbischöflichen Hausofficianten und Kammerdiener schritten zu beiden Seiten des Wagens einher, der durch ein von Bürgergarden gebildetes Spalier fuhr, wobei die Bürgersoldaten, wenn der Erzbischof nach rechts und links den Segen ertheilte, zum Gebete niederknieten und die Tschakos abnahmen, während das übrige Volk sich demüthig zur Erde warf.

Dieser mittelalterliche Aufzug, — in der reichgeschmückten Kirche die unzähligen Lichter, die unaufhörlich qualmenden Weih=
rauchwolken, das Geläute aller Glocken, das zahlreich anwesende Publikum in eleganten Beamten= und Militäruniformen, der be=
zaubernde Flor der reichgeschmückten und schönen polnischen Damen, dieses ganze meine Sinne fesselnde Schauspiel ward noch erhöht und gesteigert, als nun die brausenden Akkorde der Orgel ertönten, ein wohlbesetztes Orchester einfiel und die von ausgezeichneten

Sängern ausgeführte große Krönungsmesse von Cherubini, von dem jungen Mozart, von dem in Lemberg wohnenden Sohne des Compositeurs des „Don Juan" dirigirt, durch die weiten Wölbungen der Kathedrale ertönte. Halb aufgeregt, halb betäubt, eilte ich, alle diese mächtigen Eindrücke im Gemüthe verarbeitend, nach Hause und überraschte beim Eintritt meine Mutter mit der begeisterten Deklamation von Mortimer's

> „Als ich den Papst dann sah in seiner Pracht
> Das Hochamt halten und die Völker segnen, —
> O was ist Goldes, was Juwelenpracht
> Womit der Erde Könige sich schmücken — —
> Nur er ist mit dem Göttlichen umgeben" —
> u. s. w. u. s. w.

und erzählte nun mit sprudelnder Hast all' das Herrliche, das ich gesehen, so daß die erschrockene Mutter die Hände über den Kopf zusammenschlug, der Vater aber, der mich ruhig gewähren ließ, lächelnd zu der Mutter sagte: „Du wirst sehen, Sophie, unser Heinrich wird entweder ein Prediger oder ein Schauspieler!" — Der gute Vater hatte ganz richtig prophezeit: — zum Prediger fühlte ich keinen Beruf in mir, aber Schauspieler bin ich geworden und als solcher ja auch eine Art von Prediger des Volkes, — wie ja der alte Fritz schon sagte: ein guter Komödiant kann einem Pfarrer noch etwas lehren.

Das waren die religiösen Eindrücke meiner ersten Knabenzeit, die ziemlich lange vorgehalten haben, dann aber im thätigen Leben immer mehr verblaßten, bis endlich im Mannesalter als Frucht gründlichen Denkens, belehrender Lektüre und des Umgangs mit gebildeten vorurtheilsfreien Männern ganz andere befriedigendere Anschauungen und Ueberzeugungen an die Stelle der religiösen Träume und Phantasien der Kinderjahre traten und sich fest und treu bewährt haben als Führer im Lebenskampfe, als verläßlicher Stab und sichere Stütze im Greisenalter.

Auf dem Gymnasium.
(1815—1820.)

Die Normalschule hatte ich bereits in dem Alter von zehn Jahren absolvirt; bei der letzten Prüfung erhielt ich die „erste Fortgangsklasse mit Vorzug" und wurde mit dem zweiten Prämium betheilt; — ich würde das erste Prämium erhalten haben, der Katechet, der an mir ein besonderes Wohlgefallen fand, hatte auch darauf angetragen; doch ich hatte in allen Gegenständen „sehr gut" und nur im Schönschreiben ein einfaches „gut". Der Schreiblehrer Ferdinand Kramer war aber zugleich der Senior der Lehrer und als solcher Direktor der Schule, und an seiner Opposition scheiterte mein erstes Prämium.

So trat ich denn in das Gymnasium, das damals sechs Klassen hatte, in welchen mehrere Professoren die verschiedenen Unterrichtsgegenstände vortrugen, indem sie von Stunde zu Stunde wechselten. Sie sind mir noch alle wohlerinnerlich. Es waren meistens Landeskinder, die Herren Professoren Milski, Studzinski, Piwocki, Piaseczinski, dann ein Kroat Namens Ducillovicz, und nur ein einziger Deutscher, der alte biedere Professor Tobias Wohlfeil. Aus den Gymnasial-Lehrjahren ist nur wenig in meiner Erinnerung haften geblieben, viel weniger als aus meinen Kinder- und ersten Schuljahren. Wir lernten lateinisch, später auch griechisch, Naturgeschichte und auch Weltgeschichte — aber was für eine! — Geographie und Mathematik aber vor Allem Religion — viel Religion.

Nachdem ich ungefähr ein Jahr auf dem Gymnasium gewesen, fiel es der hohen Hof-Studienkommission plötzlich ein, den ganzen Lehrplan zu verändern, um, vermuthlich aus ökonomischen Rücksichten, die Zahl der Lehrer zu verringern. Bis jetzt war für jedes Fach ein eigener Lehrer angewiesen, der je nach dem Stundenplane abwechselnd in den verschiedenen Klassen in seinem speziellen Fache Unterricht ertheilte. So wechselten jede Stunde die Professoren und die Zwischenzeit, während der eine Professor ging und bis der andere kam, war für uns Schüler eine liebgewordene Erholung und wurde mit allerlei Allotrias auf das Ergötzlichste ausgefüllt.

Das sollte nach dem neuen Lehrplan Alles anders werden, jeder Professor sollte nur in einer Klasse und zwar in allen

Unterrichtsgegenständen lehren, so die Schüler seiner Klasse immer in eine höhere Klasse begleitend, immer ihr Lehrer bleibend, bis sie das Gymnasium absolvirt hatten und der Professor nun wieder mit Neueintretenden in der Parva begann. — Dieses neue System hatte allerdings das Gute, daß weniger Professoren nöthig waren, und daß jeder Professor, bei dieser aufsteigenden Begleitung, die Schüler und ihre Fähigkeiten, Vorzüge und Fehler genauer kennen und entsprechender zu behandeln lernte; — aber auf der anderen Seite setzte der neue Lehrplan auch voraus, daß jeder Professor ein Polyhistor und in allen Fächern gründlich bewandert sei. Dies aber war durchaus nicht der Fall. So war z. B. unser Professor Ducillovicz bis jetzt blos Professor der Mathematik und als solcher ein tüchtiger Fachmann; nun sollte er aber auch Lateinisch und Geographie, Natur= und Weltgeschichte vortragen, von welchen Fächern er nur eine schwache Ahnung hatte, und gar das Griechische war ihm ein böhmisches Dorf. So ging es auch allen anderen Lehrern, bei jedem von ihnen happerte es in einem oder in mehreren Fächern, aber die hohe Hof=Studien= Kommission hatte in ihrer unergründlichen Weisheit es einmal so beschlossen und befohlen und „der Bien muß" hieß es damals in Oestreich.

Es wurde also schlecht und recht drauf losgelehrt, aber mehr schlecht als recht, und die armen Professoren, die bis jetzt das spezielle ihnen geläufige Fach vorgetragen hatten, mußten nun, um in anderen Fächern auch nur nothdürftig bestehen zu können, viel stärker büffeln, als wir Studenten, und sich zu jeder Lehr= stunde gehörig vorbereiten. Trotzdem geschah es einem oder dem andern Professor, daß er auf Ludwig XI. Ludwig XII. folgen ließ und nicht Karl den VIII., oder daß er mit dem Beweise des pythagoräischen Lehrsatzes durchaus nicht fertig werden konnte, und wenn er sich recht „verheddert" hatte, immer wieder von Vorne anfangen mußte. Nur der alte Tobias Wohlfeil machte eine rühmliche Ausnahme, da er, als tüchtiger und in Deutschland gebildeter Schulmann, in allen Fächern zu Hause war.

Wir Jungen aber hatten die Schwächen unserer Professoren schnell weg, wußten ganz genau, in welchem Fache der Eine oder Andere nicht fest war, und suchten sie dann im kecken Ueber= muthe auf's Eis zu locken. So erinnere ich mich, daß wir, als Professor Piwocki, der nur Philolog war und bisher nur lateinische Grammatik und Syntax gelehrt hatte, uns nun Naturgeschichte und besonders Botanik und Mineralogie vortragen mußte — den wackern aber höchst einseitig gebildeten Mann auf das schändlichste mystifizirten. Wir brachten ihm Mineralien oder getrocknete Pflanzen aus unserem Herbarium, gaben an, daß wir sie auf unseren naturhistorischen Excursionen gefunden und baten ihn nun, dieselben, wie es früher der spezielle Professor der Naturgeschichte gethan, zu benennen und zu klassifiziren, damit wir sie mit richtigen Etiquetten unseren Sammlungen einverleiben könnten. — Das war eine harte Nuß für den armen Professor. Er guckte verdutzt die Steine und die Pflanzen an, stotterte einige nichtssagende Redensarten und half sich endlich damit aus der Noth, daß er erklärte, jetzt während der Unterrichtsstunde sei dazu keine Zeit, er werde aber die Gegenstände mit nach Hause nehmen und sie uns morgen ordentlich etiquettirt wiederbringen. Natürlich begriffen wir schnell, daß er in der Verlegenheit seinen Collegen, den früheren Professor der Naturgeschichte, consultiren und sich von diesem die richtigen Bezeichnungen geben lassen würde. Nun ging das Gaudium erst los; am nächsten Morgen brachten sämmtliche Schüler zur naturgeschichtlichen Lehrstunde, und zwar jeder eine beträchtliche Menge von Steinen, darunter auch Chaussée- und Kieselsteine, und von aufs Geradewohl abgerissenen Feldblumen und Wiesenkräutern. Der immer verlegener werdende Professor versprach abermals, die Sachen nach Hause zu nehmen und dort zu klassifiziren, und mit schadenfrohem Jubel sahen wir nach Beendigung der Schulzeit den armen Professor, alle Taschen vollgepropft mit Steinen, in beiden Händen ungeheure Büschel der Pflanzen tragend, mühsam nach Hause schleichen.

Aber der naturhistorische Kollege mußte diesmal, wo wir's zu bunt getrieben hatten, den armen Professor über die Mystifikation aufgeklärt haben, denn als wir am andern Tage das schnöde Spiel wiederholten, ja noch viel mehr Steine und Unkraut brachten, da riß ihm die Geduld und als der keckste meiner Kommilitonen sich gar unterfing, dem Professor einen Haufen album graecum (Hunde-Excremente) vorzulegen und ihn zu fragen, was das für ein Mineral sei, — da gab er dem Frechen ein Paar tüchtige Ohrfeigen, warf uns alle Steine und Pflanzen an die Köpfe und erklärte uns, das sei nicht seines Amtes, und wenn wir mehr wissen wollten, so sollten wir bei dem Professor der Naturgeschichte Privatstunden nehmen.

In diese Zeit fällt auch der Besuch des Kaisers Franz

in Galizien. Er blieb ungefähr acht Tage, hielt eine Revue über die Garnison, ließ sich im deutschen und im polnischen Theater sehen, besichtigte alle öffentlichen Anstalten, ertheilte eine große Anzahl von Audienzen, nahm alle Bittgesuche mit der stereotypen Redensart an: „So, gehns jetzt mit Gott, Wir werden's schon machen", worauf dann die Gesuche durch die Adjutanten den zuständigen Behörden zur geschäftsmäßigen Behandlung überbracht wurden. Auch einem großen Feste mit Illumination und Feuerwerk, im Jesuitengarten veranstaltet, wohnte der Kaiser in **polnischer Ulanenuniform** bei, in der er eine wunderliche Figur machte. Da ihm natürlich nichts geschenkt wurde und er **Alles** besichtigen mußte, so besuchte er auch unser Gymnasium. Der Besuch des Kaisers wurde erst vierundzwanzig Stunden vorher angesagt; — in größter Eile wurde nun Alles gescheuert, geputzt, Fenster, Bänke und Tische abgewaschen, — der Domscholastikus, der Präfekt, sämmtliche Professoren schärften uns Jungen ein, sauber gewaschen und gekämmt und in unseren Sonntagskleidern zu erscheinen, und mit banger Aufregung sah Alles dem hohen Besuche entgegen. Außerdem wurde auch beschlossen, daß der Kaiser in einer der vier Grammatikal-Klassen mit einer deutschen Rede und in den Humanioren mit einer lateinischen begrüßt werden solle. Da ich als kleiner Deklamator schon hinlänglich bekannt war, so wurde mir der Vortrag der deutschen Rede zugetheilt. Mein Vater entwarf eine solche, sie wurde von den hohen Schulbehörden gelesen und approbirt, und es wurde nur die Besorgniß ausgesprochen, ob ich über Nacht die einen Bogen starke Rede auch würde auswendig lernen können. Mein Vater verbürgte sich für mich und bei meinem schon erwähnten glücklichen Gedächtnisse war die Aufgabe für mich auch keine schwere.

Der große Tag brach heran, wir waren Alle festlich gekleidet auf unseren Plätzen. Präfekt und Professoren im schwarzen Frack und mit weißer Halsbinde, der Scholastikus im vollen Domherrn-Ornate, — von Unterricht war heute keine Rede. Alles harrte mit Spannung des großen Augenblickes und mir besonders schien die Zeit des Wartens zur Ewigkeit zu werden. Endlich tönten von der Straße dumpfes Wagenrollen und Vivatrufen herauf, auf den Gängen der Schule wurde es lebendig, man hörte nahende Schritte, — Säbelrasseln, — endlich wurden beide Flügel der Thür aufgerissen, — und herein trat der Kaiser mit seinem Gefolge, geführt von dem Scholastikus und dem Präfekten.

Jetzt gab mir der letztere einen Wink, ich trat zwischen den Bänken heraus vor den Kaiser und begann, anfangs mit beschleunigtem Athem und ziemlichem Herzklopfen: „Euere Majestät! Allergnädigster Kaiser und Herr!" — Der Kaiser sah mich Knirps etwas erstaunt an und machte ein Gesicht, als ob er innerlich sagte: Herr, laß diesen Kelch an mir vorüber gehen! — Ich aber ließ mich dadurch nicht irre machen, sprach immer lauter und kräftiger, immer lebhafter und begeisterter, so daß der Kaiser aufmerksam zuhörte und nach dem Schlusse meiner Rede, die mit einem „Gott erhalte unsern guten Kaiser Franz!" schloß, welches von der ganzen Klasse und von allen Anwesenden jubelnd wiederholt wurde, — klopfte mir der Kaiser freundlich lächelnd auf die Wangen und sagte in seiner gewinnenden volksthümlichen Manier: „Recht brav, mein Sohn! — recht gut, sei nur recht fleißig und lerne brav und nachher werden wir's schon machen!" — Und zum Fortgehen gewendet, hörte ich ihn noch den Domherrn fragen: „Hat der Bub das Alles auswendig gelernt? — Das ist ja ein Mordkerl!" — Die Professoren und meine Kameraden umringten und lobten mich und für zwei Tage war ich im ganzen Gymnasium das Weltwunder, der kleine Student, „der mit dem Kaiser geredet hat!"

Sonst wüßte ich in meiner Erinnerung an die Gymnasialzeit kein hervorragendes Ereigniß zu finden, nur meines Katecheten will ich zur Ergänzung des vorigen Kapitels noch Erwähnung thun. — Der Katechet des Gymnasiums, der den Religionsunterricht in allen Klassen ertheilte, war Doktor der Theologie Broniewski. Er hatte ein sehr einnehmendes Aeußeres und einen gefälligen Vortrag. Er hatte jenen feinen geistlichen Schliff, wie dieser den höheren Mitgliedern des Jesuitenordens und den französischen Abbés eigen ist. In den Unterrichtsstunden war er mit Leib und Seele bei der Sache und wußte Geist und Gemüth seiner Schüler für sich und sein Fach zu gewinnen; — außerdem aber lud er die begabteren Schüler der höheren Klassen zu sich in die Wohnung zu unentgeltlichen Privat=Religionsstunden ein.

In diesen Conventikeln, zu denen er nur fünf bis sechs der Fähigsten nahm, übte er uns in der Debatte und Discussion. Er machte den Advocatus diaboli, bestritt die wichtigsten Glaubenssätze, leugnete das Dasein Gottes, des Teufels, die Unsterblichkeit der Seele, künftige Belohnung und Bestrafung u. s. f. u. s. f., wobei er die schärfsten Argumente der Encyklopädisten und Natur=

philosophen in's Feld führte, und wir ihm nun opponiren und mit
Argumenten der Philosophie, des gesunden Menschenverstandes,
auch mit Anwendung von Bibeltexten alles das beweisen mußten,
was er negirt hatte. So übte er uns in der Dialektik, erweiterte
unser theologisches Wissen, und ich persönlich danke diesen Debatte-
Uebungen die Rede- und Schlagfertigkeit, die mir später im
öffentlichen Leben oft und vielmals trefflich zu Statten gekommen sind.

Aber durch diese spitzfindigen Debatten verschwand auch der
letzte Rest der kindlichen innigen Frömmigkeit, der mir noch seit
der Bekanntschaft mit Eckartshausen geblieben war; — er kehrte
nie wieder. Ich hatte als Kind geglaubt, jetzt wo es zu den
Beweisen dessen, was ich vormals geglaubt hatte, kam, fing
ich an instinktmäßig zu begreifen, daß auch die Religion, wie sie
sich in kirchlicher Form geltend macht, nur Menschenwerk sei, und
daß die Beweise der Glaubenswahrheiten sich nicht allzu stichhaltig
erwiesen. Auch waren mir zu viele von den Negationen und
Argumenten, die der Katechet in der Debatte vorbrachte, haften
geblieben und ich verarbeitete sie fortwährend in meinem Innern.
Katechet Broniewski war indessen mit mir außerordentlich zufrieden;
in der Doctrina religionis bekam ich durch alle sechs Jahre
immer „primam eminenter", — und je mehr die ursprüngliche
Frömmigkeit schwand, desto mehr nahm ich in der Fähigkeit zu,
dialektisch die Glaubensartikel zu vertheidigen. Broniewski sprach
wiederholt mit meinem Vater, drückte seine volle Befriedigung
über meine Fortschritte aus und meinte, der Vater solle mich dem
geistlichen Stande widmen. Nach Beendigung der Gymnasial-
klassen sollte ich sogleich in's Seminarium treten, wo Broniewski
ebenfalls eine Lehrkanzel inne hatte, er wolle sich meiner kräftig
annehmen, und wäre gewiß, ich würde im geistlichen Stande eine
glänzende Carrière machen.

Mein Vater war nicht abgeneigt, auf diese Idee einzugehen,
aber meine Mutter protestirte entschieden dagegen, ich selbst fühlte
keinen Beruf zum geistlichen Stande und so unterblieb die Ausführung zu meinem Heile und wahrscheinlich auch zum Heile vieler
Anderer; — denn ich hätte wohl, wie so viele, gelehrt, was
ich selbst nicht geglaubt hätte.

Lehrlingsjahre.
(1820.)

Ich hatte nun das Gymnasium absolvirt, war ein ziemlich fester Lateiner, hatte aber im Griechischen, das mir äußerst widerwärtig war, keine besonderen Fortschritte gemacht. In den übrigen Wissenszweigen, besonders in Geschichte und Geographie war ich, ex propria diligentia, ziemlich fest und in der Religionswissenschaft, wie gesagt, "primus inter pares". Ich schrieb eine ziemlich gute Prosa und hatte mich auch unter Anleitung meines Vaters in Beschreibungen, Reden und anderen Aufsätzen fleißig geübt. Auch die ersten Gedichte hatte ich als 14jähriger Knabe schon gemacht; — den Mond, die Sonne und den Frühling angesungen und endlich auch ein größeres Gedicht produzirt: Die Schlacht bei Leipzig, welches sich, so viel mir davon erinnerlich, stark an die Schiller'sche "Schlacht" anlehnte. So wurde denn mit den wilden Dichtungen lustig fortgefahren, bis ich schon ein ganzes dickes Heft zusammen hatte.

Eines Tages fiel es meinem Vater, der mein erwachendes Dichtertalent viel zu nachsichtig beurtheilte, ein, diese Gedichte dem Superintendenten Frommann vorzulegen und ihn, als klassisch gebildeten Mann, um seine Meinung darüber zu befragen. Sein Ausspruch lautete: "Ihr Sohn hat einiges poetisches Talent, auch eine ziemlich reiche Phantasie und mitunter auch einige hübsche Gedanken, aber, lieber Freund, das Alles macht noch keinen Dichter. Vor Allem fehlt es ihm an jeglichem Verständniß der Form, er hat von Prosodie und Rhythmus keinen Begriff, er zählt die Silben und reimt die Zeilen auf einander, aber von einem Versmaße hat er keinen Begriff. Lassen Sie ihn vor Allem mit der correkten Form bekannt werden, dann wollen wir sehen, was er leisten wird."

Da hatten wir's. Ich hatte Rhetorik und Poesie studirt, allerdings bei einem Professor, der weder Rhetor noch Poet war, und der nicht im Stande gewesen wäre, auch nur einen Vers von zwei Zeilen aus Eigenem zu schaffen, er hatte uns lateinische Prosodie und Metrik aus dem Lehrbuche vorgetragen, wir hatten den Kopf vollgepropft mit den Versmaßen des Molossus, Tribrachys, Anapaestos, Proceleusmaticus, Chorjambus, Creticus

u. s. w., aber was ein langer oder kurzer Fuß war, das wußte
Keiner von uns genau; von deutscher Prosodie aber war nie die
Rede und diese daher für uns ein unbekanntes Land.

In dieser Noth wurde meinem Vater ein junger Beamter
empfohlen, Namens Strobel, der unter dem Dichternamen
„Solbert" recht hübsche Sachen in Versen und Prosa geschrieben
hatte, und der, da er als Praktikant beim Gubernium keinen Ge=
halt bezog, sich durch Ertheilen von Privatlectionen ein kleines
Einkommen verschaffte. Strobel war ein vielseitig gebildeter
Mann, Doktor der Philosophie, dabei ein sehr liebenswürdiger
Charakter. Mit Lust und Liebe nahm er sich meines Unterrichtes
an, widmete mir täglich eine Stunde und führte mich mit sicherer
Hand nicht nur in die eleusischen Geheimnisse der deutschen Pro=
sodie ein, sondern lehrte mich auch, den Geist und das Wesen der
Dichtkunst begreifen. Ich habe viel von ihm gelernt und bin dem
wackern Manne für den veredelnden Einfluß, den er auf meinen
Bildungsgang übte, den herzlichsten Dank schuldig. Immer mehr
vervollkommnete ich mich in der Handhabung der Form und machte
fleißig Gedichte, die bei meinen Eltern und Verwandten reichlichen
Beifall fanden.

Damals war man überhaupt noch poetisch gestimmt; die
Dichtungen von Schiller und Goethe waren Gemeingut der
Nation und in Jedermanns Munde. Körner's Kriegslieder
wurden von Alt und Jung gesungen. Keine Nummer einer Zeit=
schrift erschien, ohne ein oder mehrere Gedichte, — in den Damen=
Almanachen waren Gedichte eine stehende und gern gelesene Rubrik,
und es fiel damals noch keinem Redacteur ein, sich, wie dies
jetzt üblich ist, alle Einsendungen von Gedichten zu
verbitten.

Von meinen damaligen Schulkameraden sind mir nur wenige
im Gedächtnis geblieben, auf die ich später, als meine Universi=
täts=Genossen, noch kommen werde; — den meisten Umgang hatte
ich damals mit den beiden Brüdern Leon und Johann Herz.
Sie waren Söhne eines sehr wohlhabenden Lieferanten, der eines
der schönsten Häuser am Krakauerplatze besaß; — zu ihnen kam
ich oft und lernte dort außer ihrer liebenswürdigen Schwester,
auch noch den jungen hochbegabten Moriz Rappaport, Sohn
eines der bedeutendsten Aerzte Lembergs kennen, mit dem ich, ob=
wohl er mir im Gymnasium schon um zwei Klassen voraus war,
innige Freundschaft schloß. Moriz Rappaport war ein bedeuten=

des dichterisches Talent und hatte schon einige Stücke in Versen geschrieben. In mir spukte auch die poetische und dramatische Produktionslust, Leon Herz war, als Schüler des berühmten Lipinsky, ein vorzüglicher Violinspieler, seine Schwester eine treffliche Klavierspielerin, und so bildete sich bald unter uns jungen Leuten ein kleiner Kreis künstlerischer Thätigkeit, in welchem wir uns unsere Produktionen vorlasen, sie kritisirten, Musik machten und auf einem extemporirten Haustheater Stücke aufführten, wobei wir uns zuletzt glücklich bis zur Aufführung von Schillers „Fiesko" verstiegen, der denn auch buchstäblich mit einem allgemeinem Durchfalle endigte.

Die Bühne bestand nämlich aus losen, auf einige Zimmermannsböcke gelegten Brettern; die Dekorationen und das Portal hatten wir selbst mit einer ungeheuren Verschwendung von Farben gemalt, die nöthigsten Costüme hatte ich von dem jetzigen Kapellmeister Adolph Müller sen., der damals an der Lemberger Bühne Liebhaber und Natur-Burschen spielte, ausgeborgt. Wir und eine Anzahl dazu angeworbener Studiengenossen verarbeiteten „Fiesko" nach unseren besten Kräften; als aber am Schlusse Leon-Verrina zu Moriz-Fiesko ingrimmig sagte: „Nun wenn der Mantel fällt, muß auch der Herzog nach", — und Fiesko in's Meer stürzte, kippte unter seiner Wucht einer der Zimmermannsböcke um, mit Gekrach und Gepolter stürzte das ganze Podium zusammen und die Dekorationen und Coulissen fielen auf die ängstlich hereinstürzenden Verschworenen und bedeckten uns mit einem ungeheuren Trümmerhaufen. Das befreundete und verwandte Publikum beklatschte stürmisch diesen Knall-Effekt, als aber eine der papiernen Coulissen sich an einer herabgestürzten Lampe entzündete und Rauch und Flamme emporstiegen, ertönte ein allgemeiner Entsetzensschrei und Alles drängte sich der einzigen Ausgangsthüre zu; — durch diese aber kamen nun Kutscher, Bedienter und Koch in der Familie Herz, — die von der Thüre aus ebenfalls zugesehen hatten, — schnell gefaßt mit vollen Wasser-Eimern herein und leerten sie über die Brandstätte und über uns Unglückliche, die wir noch immer unter den Trümmern zappelten, aus. Das kleine Schadenfeuer wurde schnell gelöscht, aber die ausgeborgten Costümes waren durch Feuer und Wasser gründlich ruinirt und mußten bezahlt werden; — Herr Herz Vater aber verbat sich energisch alle ferneren theatralischen Aufführungen in seinem Hause.

Meine drei Jugendfreunde sind längst todt; — Moriz Rappaport studirte in Wien Medizin und stürzte sich wegen einer unglücklichen Liebe zu einer schönen, aber verheiratheten Frau in die Donau; — Leon Herz ward ein bedeutender Violinvirtuose, machte große Kunstreisen, lebte lange in Paris, war dann in Wien eine Autorität als Recensent der Opern und Conzerte und starb, ich glaube 1870. Johann Herz, der als Knabe schon weder poetisches noch musikalisches Talent gezeigt, dagegen aber viel Geschäftssinn und praktische Thätigkeit entwickelt hatte, arbeitete sich, nachdem sein Vater durch verfehlte Spekulationen sein ganzes Vermögen verloren hatte, aus einer ganz untergeordneten Stellung hinauf, bis zum Direktor der „Galizischen Karl-Ludwigs-Bahn", wurde ein sehr vermöglicher Mann, und vom Kaiser Franz Joseph mit dem Prädikat: Ritter von Rodenau, in den Adelstand erhoben. Das Ende seines Lebens war minder glücklich. Unordnungen und Unregelmäßigkeiten in der Verwaltung der Karl-Ludwig-Bahn führten zu einer amtlichen Untersuchung, während welcher er von seiner Stellung suspendirt wurde. Er nahm sich dies so zu Herzen, daß er geistesverwirrt wurde, nichts mehr essen wollte und sich buchstäblich zu Tode hungerte. Seine Wittwe bezahlte ohne Widerrede die beträchtliche Summe, die das Aerar als Ersatz forderte und das strafgerichtliche Verfahren wurde eingestellt. Er starb im Dezember 1873, nachdem ich ihn noch zwei Jahre vorher gesprochen hatte, als ich Direktor des k. k. Josephstädter Theaters war und er bei einem beliebt gewordenen Zugstücke Abends in einer Loge erschien und mir eine Karte auf die Bühne sandte, mit dem Wunsche mich zu sprechen. Auf der Karte stand: „Le Chevalier de Rodenau" — ein Name, „so fremd meinem Ohr, wie meinem Gedächtniß". — Sobald ich abkommen konnte, ging ich aber doch hinauf. Im Hintergrund der Loge saß ein ältlicher Herr, vorn an der Brüstung eine Dame, seine Frau. Es war mein alter Schulkamerad Johann Herz, der sich meiner und unserer Jugend erinnert hatte. Wir plauderten lange von der Vergangenheit und als ich ihm zu seiner glänzenden Carrière Glück wünschte, sagte er tief seufzend: „Beneiden Sie mich nicht, lieber Börnstein! ich bin nicht glücklich". — Er hatte wahr gesprochen; — bei seinem einfachen Begräbniß fiel mir das „nemo ante mortem beatus" lebhaft ein. — Als ich mich in der Loge verabschiedete, lud er mich ein, ihn zu besuchen, unsere alte Bekanntschaft zu erneuern. Aber da ich ge-

wohnt bin, meine Freunde nicht mehr zu kennen, wenn sie reich oder große Herren geworden sind, um ihnen die Mühe zu er=
sparen, mich dann nicht mehr kennen zu wollen, so ging ich nicht hin und so sah ich ihn nicht mehr — als bei seinem Begräb=
nisse im Sarge!

Auf der Universität.
(1821.)

Was ist von einem österreichischen Universitätsleben, wie es damals war, viel zu erzählen? Man wurde immatriculirt, be=
suchte Collegien, besuchte sie auch nicht und spielte lieber Billard in einem Kaffeehaus; man durfte mit einem Stocke in den Hör=
saal kommen, einige von der Natur besonders Begünstigte ließen sich kleine Schnurrbärte wachsen, man schrieb die Vorträge der Professoren in Hefte ab, gelehrt wurde viel, gelernt sehr wenig. Von den Professoren der Lemberger Universität war nur Einer eine hervorragende Erscheinung, Dr. Maus, einst Erzieher des Kronprinzen Ferdinand, dann aber, wegen seiner freisinnigen Aeußerungen in Ungnade gefallen, von seinem Posten entfernt und in's polnische Exil geschickt. — Mit dem Religionsunterricht war es hier, mit Ausnahme für Jene, welche Theologen werden wollten, vorbei. Für mich hatten selbst die früheren theologischen Debatten ihren Reiz verloren, ich wurde gleichgültig und nach und nach ein gemüthlicher Gewohnheits=Christ, wie es deren ja Millionen giebt. Nur in der Bibel las ich noch von Zeit zu Zeit gerne; — sie kam mir wie ein großes Heldengedicht vor, ungefähr wie Wieland's „Oberon" und besonders die Kämpfe der Mackabäer las ich mit stets erneutem Interesse immer und immer wieder.

Das Studententhum der Lemberger Universität war also, wie erwähnt, ein wahres Philisterthum; von Cerevis=Kappen, Schlägern, Kanonenstiefeln, bunten Bändern war keine Rede. Commerse waren verboten, Paukereien kriminalisch verpönt. Zu unserer Schande gestehe ich, daß die Gediegensten von uns nicht einmal regelrecht einen Salamander zu reiben verstanden. Als ich auf die Universität kam, hatte die Ermordung Kotzebue's durch Sand eine ungeheure Aufregung hervorgerufen und in Folge der hierauf gefaßten Carlsbader Beschlüsse wurde auch in Oesterreich die ohnehin strenge Aufsicht über die Universitätsjugend auf das Peinlichste verschärft. Unsere ganze Studentenfreiheit bestand darin, daß wir Bier- und Kaffeehäuser besuchen und Abends in's Theater gehen durften — was uns im Gymnasium verboten gewesen war, aber dennoch verstohlen geschah.

Ich erinnere mich noch lebhaft des ungeheuren und aufregenden Eindrucks, den die Nachricht von der Ermordung Kotzebue's damals überall machte. Wir waren doch weit hinten in Polen, die östreichischen Studenten die zahmsten Geschöpfe auf der Erde. In ganz Oestreich gab es keine Spur von einer Burschenschaft oder Landsmannschaft, und doch wie furchtbar ergriff die Nachricht von Sand's That alle gebildeten Menschen! — Ich erinnere mich noch wie heute, ich war gerade bei Rappaport's, als der alte Doktor todtenblaß hereinstürzte und die Kunde: „Kotzebue ist von einem Studenten ermordet worden!" vor Aufregung kaum herauskeuchen konnte. Wir waren Alle entsetzt. Moriz' Schwester, die hochgebildete Sophie, war einer Ohnmacht nah! Wem man auf der Straße begegnete, die erste Frage war: „Wissen Sie schon? Kotzebue ist ermordet!" Das war weit hinten in Polen. — Nun mag man sich leicht denken, wie hochgehend die Wogen der Aufregung in Deutschland überfluthen mußten. In Oesterreich bekümmerte sich um den Politiker Kotzebue kein Mensch. Von Tausenden kaum Einer kannte vielleicht seine Berichte an den russischen Staatsrath Stourdza, oder sein „Literarisches Wochenblatt", aber als Theaterdichter war er höchst populär, und seine Stücke beherrschten das Repertoire aller Bühnen. Im deutschen Theater wurde eine Todtenfeier veranstaltet, zu der ich das Gedicht lieferte. Es soll sehr schön und rührend gewesen sein, sagte man mir später. Ich selbst habe auch nicht mehr die leiseste Erinnerung daran.

Nach und nach, etwa von meinem vierzehnten Jahre an, gewann ich immer mehr Interesse am Theater, und die dramatischen Vorstellungen traten in Phantasie und Gemüth allmälig an die Stelle der mich früher interessirenden Schaustellungen des katholischen Kultus. Ich wurde ein leidenschaftlicher Theaterbesucher. Schon als Junge war ich ein freundschaftliches Verhältniß zu dem Billeteur der Sperrsitze getreten und durch kleine

Trinkgelder von meinem Taschengelde, Geschenke von einem Fläsch=
chen Liqueur oder einem Päckchen Tabak, hatte ich mir von ihm
die Begünstigung erkauft, Abends am Eingange der Sperrsitze
stehen zu dürfen und von dort die Vorstellung mitanzusehen, ein
Privilegium, dessen ich mich Jahre lang ungestört erfreute. Außer=
dem war meine Mutter ein fleißiger Gast im Theater, regel=
mäßig abonnirt, und so begleitete ich sie denn nach dem Ende
der Vorstellung nach Hause, über das Gesehene plaudernd, und
von ihr, die das Hamburger Stadttheater in seiner höchsten Blüthe
unter dem großen Schröder gekannt hatte, lernte ich, mir ein
Urtheil über Stücke und Darsteller bilden.

Lemberg hatte damals zwei Theater, ein deutsches und ein
polnisches; beide spielten in demselben Hause, das polnische zwei
Mal, das deutsche fünfmal in der Woche. Jetzt ist das anders;
— das polnische Theater ist alleinherrschend und die deutsche
Bühne ist verdrängt oder doch nur hie und da aus Gnaden ge=
duldet. Das polnische Theater stand unter der Leitung des als
Schriftsteller und Darsteller rühmlichst bekannten Kaminski;
der Charakter=Darsteller Nowakowski, sowie Frau Kaminska
waren Künstler ersten Ranges.

Das deutsche Theater stand unter der Leitung der Herren
Bulla und Kratter. Bulla war ein alter, tüchtiger Schau=
spieler, Kratter Doctor der Philosophie, Verfasser der damals sehr
beliebten Stücke: „Das Mädchen von Marienburg", „Menzikow
und Natalie", — „Der Friede am Pruth", — „Eginhart und
Emma" — „Der Vize=Kanzler", u. a. m.

Die Gesellschaft war eine ganz vorzügliche; erster Held und
Liebhaber war Moriz Rott, später königl. Hofschauspieler in
Berlin, ein mit den schönsten Mitteln und großem Talente aus=
gestatteter Mann. Er hatte Philosophie studirt, mußte jedoch
seine Studien unterbrechen und nach dem Willen seines Vaters in
dessen Comptoir arbeiten. Mehrere Jahre hielt er diese ihm nicht
zusagende Beschäftigung aus, dann überwand die Neigung zum
Theater alle Hindernisse, Rott ging seinem Vater aus Prag
durch, kam nach Wien, hatte nur eine Rolle studirt: den Carl
Moor, spielte 1817 denselben im Josephstädter Theater mit einer
einzigen Probe und zeigte hier als Anfänger schon sein eminentes
Talent. Von Wien trieb er sich in Kaschau, Eperies und anderen
ungarischen Städten bei wandernden Truppen herum und war
nun in sein erstes stabiles Engagement in Lemberg getreten, wo

er, das Fach vollständig ausfüllend, mehrere Jahre blieb. —
Erste Liebhaberin war Emilie Neumann, später am k. k.
Theater an der Wien und dann als Frau Lucas kais.
Hofschauspielerin.

Rott und Emilie Neumann waren fleißige und gern gesehene
Gäste in meinem elterlichen Hause. Ich bin später im Leben
mit ihnen wieder zusammengetroffen und sie haben sich mir stets
als aufrichtige und treue Freunde bewährt. Als Komiker wirkte
Karl La Roche, jetzt der Nestor des Wiener Hofburgtheaters,
der in der Oper auch Buffo=Partien sang. Seine Frau war
eine vorzügliche Altistin, der erste Tancred, als Rossini's Opern
aufkamen. — Ein sehr guter Tenorist Namens Weiß und eine
brillante Coloratursängerin, Albina Bianchi, schweben mir
noch immer lebhaft vor Augen. Als Student verschmähte ich
es natürlich, mich in die Sperrsitze einzuschmuggeln, war aber
im Parterre fast täglich ein regelmäßiger Besucher, und mit meiner
Theaterlust stieg auch die Begierde, Stücke zu schreiben und sie
aufgeführt zu sehen. Viele Entwürfe zu Stücken, theilweise aus=
gearbeitet, einige vollendet, habe ich später bei reiferer Prüfung
verbrannt.

Jetzt erwachte in mir aber auch, wie wohl meistens bei
jungen Leuten meines Alters, das Streben hinaus in die Welt
zu ziehen, um andere Städte, andere Länder zu sehen. Diese
erwachende Wanderlust, verbunden mit der Lust am Theater, ver=
leideten mir immer mehr die trockenen und langweiligen Studien
und immer stärker wurde in mir das Sehnen nach einer Ver=
änderung, gleichviel nach welcher! —

Nach Italien.
(1821.)

Da brach im Frühjahr 1821 der von den Carbonari ge=
schürte Aufstand in Italien aus; österreichische Truppen mar=
schirten zur Unterdrückung desselben nach dem Süden, drangen in
die Halbinsel ein und überwältigten nach einigen Gefechten die
schlecht geführten Insurgenten. Italien wurde nun, nach Her=

stellung der Ruhe, von österreichischen Armeecorps bleibend besetzt. Immer neue Regimenter rückten hinab und zwei Cadetten von dem Infanterie=Regimente Mariassy, mit denen ich gut befreundet war, versicherten mich, die Aufstände würden bald wieder ausbrechen, der Krieg fortdauern und die Garnisonen in Galizien, die am leichtesten zu entbehren seien, würden die ersten sein, die Marschbefehl erhielten.

Auf diese höchst unverbürgten Mittheilungen baute der leichtsinnige Jüngling seinen Lebensplan auf. Nach Italien wollte ich, nach Italien mußte ich, das war jetzt mein einziger Gedanke, meine fixe Idee, die meine Phantasie mit allem Zauber jugendlicher Romantik ausschmückte. Ich eröffnete meinen Eltern mein Vorhaben, ich wollte meine Studien auf einige Zeit unterbrechen, als Cadet in ein Regiment treten und mit diesem nach dem schönen Italien marschiren. Vergebens suchten meine Eltern mir dieses thörichte Vorhaben auszureden, besonders meine Mutter bat, beschwor mich, weinte, — vergebens! ich hatte mich einmal in die Idee verrannt und ließ nicht nach. Nur auf ein paar Jahre, sagte ich, wollte ich meine Studien unterbrechen, ich sei ja noch jung und könne das Versäumte leicht nachholen; — nur ein paar Jahre wollte ich Welt und Menschen sehen, dann würde ich zurückkehren und fleißig weiter studiren.

Meine Beharrlichkeit oder vielmehr mein Starrsinn errang endlich den Sieg. Die Eltern gaben allmälig nach, die Sache wurde wenigstens ruhig unter uns besprochen und da mein Vater schon seit einiger Zeit meine geringe Lust zum Studiren, meine Beschäftigung mit anderen Dingen, mit Mißvergnügen beobachtet hatte, so mochte er wohl denken, daß ein paar Jahre, unter militärischer Disciplin mir als eine ganz gute Schulung für's Leben dienen dürften, und so gab er zuletzt seine Einwilligung.

Nachdem er die nöthigen Erkundigungen eingezogen, führte er mich zum Oberstlieutenant Storr, der in Lemberg das dritte Bataillon des Infanterie=Regimentes Graf Nugent=Laval commandirte; dieser nahm mich nach ärztlicher Untersuchung an, und so trat ich am 11. Dezember 1821 als ex propriis Cadet in das Regiment und schwur den Fahneneid. Bei dieser Gelegenheit hatte der Conscriptions=Offizier Lieutenant Billeta, ganz unbekümmert um meinen Taufschein, als meinen Geburtsort Lemberg und nicht Hamburg eingeschrieben und so wurde ich als Inländer mit der damals üblichen Capitulation von vierzehn-

jähriger Dienstzeit assentirt, während Ausländer, die in die öster=
reichische Armee traten, das Privilegium einer nur sechsjährigen
Dienstzeit genossen. Mir war das damals ganz gleichgültig, wenn
ich nur meine fixe Idee durchführen konnte. Später hinkte die
Reue nach und als mein Vater hierauf recurrirte, wurde wieder
unendlich viel Papier verschrieben und nach vielen Monaten kam
endlich, „ex cancellaria bellica" der Bescheid: der Geburtsort
werde im Nationale des Compagnie-Grundbuches rectifizirt werden,
bei der 14jährigen Dienstzeit aber müsse es bleiben, da mein
Vater im Jahre 1817 das Bürgerrecht in Lemberg erhalten habe
und ich also, obwohl im Auslande geboren, doch nur als In=
länder zu betrachten sei. Damals aber dachte ich weder an die
14jährige Dienstzeit noch an die Strapazen und Unannehmlich=
keiten des Militärstandes; — mein einziger Wunsch war, nur
bald in der Uniform herumstolziren zu können und nach Italien
zu kommen; denn nach Italien wollte ich und mußte ich.

Das Regiment Nugent war aus Galizien zum Marsche
nach Italien beordert worden, jedoch, da der Aufstand bereits
unterdrückt war, vorläufig in Olmütz stehen geblieben, in welcher
Festung der Regimentsstab und zwei Bataillone lagen. Oberst=
lieutenant Storr gab mir meine Marschroute und in wenigen
Tagen war ich, begleitet von dem Segen und den besten Wünschen
meiner Eltern, auf dem Wege nach Olmütz; — nach Olmütz
wohl — aber noch lange nicht — nach Italien.

Soldatenleben.
(1821—1826.)

Ich komme jetzt zu dem unerquicklichsten Abschnitte meiner
Jugendjahre, zu fünf, fast zwecklos vertrödelten, ohne Nutzen ver=
lotterten Jahren militärischer Dienstzeit in langweiligen Friedens=
garnisonen. Aber auch dies gehörte zur Lebensschule, die ich durch=
zumachen hatte und es mag sein, daß für meinen unruhigen, immer
in's Ferne strebenden Sinn die militärische Ordnung und Disciplin
ein heilsames Correktiv war. Was ich sonst in meiner militärischen
Laufbahn lernte, war mir erst vierzig Jahre später von einigem
Nutzen.

Ich fuhr mit dem Postwagen (Diligence) von Lemberg nach Olmütz, aber von einer Diligence (die das Wörterbuch der französischen Akademie mit „Raschheit und Schleunigkeit" erklärt) war bei dieser damaligen Postbeförderung nichts zu spüren. Wir fuhren von Lemberg nach Olmütz volle sieben Tage, während derselbe Weg jetzt mit der Eisenbahn in der Zeit von 15 Stunden zurückgelegt wird. Es war auch kein Wunder; die schwerfällige alte Postkutsche, hinten mit einer kettenverschnürten Valise voll Frachtgut belastet, humpelte langsam einher, auf jeder Station wurde zum An- und Ausspannen der Pferde und zum Abgeben und Empfangen der Frachtstücke eine, oft auch mehrere Stunden, angehalten, Pferdemangel und Wagenreparaturen nahmen auch Zeit weg, die verschiedenen Mahlzeiten wurden vom Condukteur mit Muße und Bequemlichkeit verzehrt und so fuhren wir, wie gesagt, sieben volle Tage von Lemberg nach Olmütz.

In Olmütz angekommen, meldete ich mich gehorsamst auf der Regimentsadjutantur, wo mir mitgetheilt wurde, daß ich zur 3. Compagnie eingetheilt sei und daß mein Vater mir außer einem Equipirungs-Beitrage von 60 Gulden C.-M. zu einer Extra-Montur eine monatliche Zulage von 5 fl. C.-M. angewiesen hatte, die ich alle Monat, gegen Quittung, auf der Adjutantur beheben könne. Damit wurde ich in die Kaserne geschickt, die sich in dem von Kaiser Joseph aufgehobenen Jesuitenkloster befand.

Ehe ich meine militärischen Erfahrungen und Erlebnisse erzähle, mögen hier einige Worte über das Regiment und meine Vorgesetzten gesagt sein. Das 30. Infanterie-Regiment, Graf Nugent, war ein galizisches Regiment, sein Werbbezirk war in Lemberg und Umgebung, und die Mannschaft bestand durchgängig aus Stock-Polaken, meistens Bauersöhne und kleine Handwerker. Den Kern der Mannschaft bildeten alte Soldaten, die noch die Kriege gegen Napoleon mitgemacht hatten, rauhe Kriegsgurgeln, deren vierzehnjährige Dienstzeit nun nach und nach zu Ende ging. Das Regiment war seit dem Frieden von 1815 in Galizien in Cantonirungen, kompagnieweise zerstreut in Dörfern gelegen, der frühere Oberst war ein alter indifferenter Mann gewesen, der alle fünf gerade sein ließ und so war das Regiment furchtbar verwildert, ohne Ordnung und Disciplin. Als dieser Zustand denn doch zu arg geworden, wurde der alte Oberst pensionirt und das Regiment erhielt einen neuen Obersten, wurde mit diesem in die Festung Olmütz geschickt mit dem gemessenen Befehle, das Regiment wieder in Zucht und Ordnung zu bringen; — von einem Marsche nach Italien war gar nicht die Rede gewesen.

Der neue Oberst Pidoll von Quintenbach, war, was die Engländer einen „disciplinarian", die Franzosen „un martinet" nennen, ein strammer, strenger, pedantischer Commandant, der weder seinen Offizieren, noch der Mannschaft auch nur das Geringste nachsah. Als ich zum Regimente kam, hatte er dasselbe bereits wirklich „in Zucht und Ordnung" gebracht, jährlich hatten wir im Regimente mindestens vier Hinrichtungen, wöchentlich zweimal regelmäßig liefen im Kasernenhofe arme Teufel von Deserteuren Spießruthen durch dreihundert Mann, und alle Tage klatschten aus dem Hofe herauf die scharfen Töne der Stockstreiche, von 25 bis 100, die wieder an andere arme Teufel wegen Trunkenheit, Unsauberkeit, Ausbleiben über Zapfenstreich u. d. m. verabreicht wurden. Es herrschte unter Oberst Pidoll eine Prügelwuth im Regimente, von der man sich heutzutage keinen Begriff mehr machen kann, aber es hieß: „mit den Polaken kann man nicht anders fertig werden" und bei den geringsten Anlässen ertönte es daher: „Bank heraus! Fünfundzwanzig Stockstreiche!"

Der Inhaber des Regimentes, Graf Nugent, den der Papst zum römischen Fürsten erhoben hatte, war General-Capitän im Dienste des Königs von Neapel, nahm erst während des Aufstandes im Jahre 1820 dort seine Entlassung und kehrte wieder als Feldmarschall-Lieutenant in die österreichische Armee zurück, in der er schon früher gedient hatte. Um sein Regiment kümmerte er sich gar nicht, oder doch nur insoweit, daß er, wenn irgend eine Bakanz eintrat, durch Einschub fremder Protektionskinder, meistens Ausländer, diese mit der leer gewordenen Stelle beglückte. Unter den alten Offizieren des Regimentes befanden sich ergraute Unterlieutenants, die schon 24 Jahre dienten, während wir einen, vom Inhaber geschickten, jungen Hauptmann bekamen, der 27 Jahre alt war und erst vier Jahre diente; dazu waren diese eingeschobenen Ausländer meistens weder der polnischen noch der deutschen Sprache mächtig, und konnten sich gar nicht, oder doch nur schwer mit der Mannschaft verständigen. Um nur ein Beispiel anzuführen, so war in meiner Compagnie der Oberlieutenant Castrobardo ein Neapolitaner, der Lieutenant Mac Rea ein Schotte und der Fähnrich Graf Favancourt ein Franzose und alle drei konnten nur etwas Deutsch radebrechen und verstanden kein Wort Polnisch.

Der Commandant des ersten Bataillons, zu dem ich gehörte, war der Major Müntzer von Marienborn, ein tüchtiger Soldat und gegen Offiziere und Mannschaft, wie gegen das Bürgerthum, ein freundlicher und wohlwollender Mann. Ich komme nun zu meinem unmittelbaren Vorgesetzten, dem Hauptmann der 3. Compagnie, Warowich, einem Croaten, der 1784 mit 12 Jahren, als Trommler in die Armee gekommen und nach und nach im Laufe der langen Jahre durch das Recht der „Ancienneität" es bis zum Hauptmann gebracht hatte. Er war ein finsterer, grausamer und rachsüchtiger Mann, ein rechter Gamaschenknopf, der noch alle Erinnerungen des Zopfregimentes mit sich herum trug, und dabei ein Todfeind aller Bildung. Er wußte nichts, als die Mannschaft zu maßregeln, zu quälen, und mit den härtesten Strafen zu belegen. Als ich beim Compagnie-Rapporte ihm vorschriftsmäßig vom Feldwebel vorgeführt und angemeldet wurde, fuhr er mich in seiner gewöhnlichen Manier an: „Schickt man mir schon wieder so einen dummen Jungen, so ein Lemberger Früchtl? Hab' ich nicht schon drei solche Taugenichtse in der Compagnie? — Hören Sie mich, Cadet," fuhr er mich drohend an, — „nehmen Sie sich zusammen, das rath ich Ihnen. Ich werde Ihnen auf's Zeug schauen, und wenn Sie sich das Geringste zu schulden kommen lassen, so soll Sie ein heiliges Kreuzdonnerwetter in den Erdboden verschlagen. Jetzt rechtsum! Marsch!" — Ich salutirte und ging, ganz betäubt von dem Empfange, meiner Wege. Und der Mann hat Wort gehalten. Er hat mich während der zwei Jahre, die ich in seiner Compagnie zubrachte, auf's Blut gequält und als er gar entdeckte, daß ich Stücke schreibe und Gedichte mache, da verfolgte mich sein Haß aufs Aeußerste.

Daß er das entdeckte, kam so: Ich saß eines Tages im Feldwebelzimmer und sollte den Regimentsbefehl vom Tage in's Befehlsbuch eintragen; — da fiel mir eine poetische Idee ein, und ich legte einen Bogen Papier auf das aufgeschlagene Befehlsbuch und schrieb schnell einige Strophen nieder. In diesem Augenblicke trat der Hauptmann in das Zimmer, ich hatte kaum Zeit, das Befehlsbuch zuzuschlagen und mich salutirend in Positur zu stellen. „Was haben Sie hier zu thun?" schnauzte er mich an; „den Regimentsbefehl einzutragen, gehorsamst zu melden, Herr Hauptmann". — Er ergriff das Befehlsbuch, schlug es auf, es war noch keine Zeile vom Befehl eingetragen, aber er erblickte meine Verse. Nun gerieth er in eine grenzenlose Wuth.

„Ich werde Sie lehren, Sie verdammter Gelbschnabel, statt der dienstlichen Arbeiten Verse zu machen" — und dabei schlug er mir das Befehlsbuch einige Male um die Ohren und diktirte mir acht Tage Kasernenarrest. Bei der nächsten Visite der Compagniezimmer untersuchte er mein Bett, meinen Tornister, ein kleines Kofferchen neben meinem Bette auf das Genaueste, denn er hatte es auf mich abgesehen und suchte jetzt nur nach Vorwänden, mich bestrafen zu können. In meinem Koffer lagen oben auf zwei meiner dramatischen Manuscripte. Wie ein Tiger stürzte er darauf los, las den Titel und fluchte und wetterte nun: „über die vermaledeiten, literarischen Schweinereien, die sich für keinen ordentlichen Soldaten paßten und die er mir schon aus dem Kopfe treiben werde!" — Dann gab er die Manuscripte dem Koch der Menage und befahl ihm, sie augenblicklich in dem Kochherde der Compagnie zu verbrennen, was auch sogleich geschah. So ist die Nachwelt um zwei wunderschöne Trauerspiele gekommen, während dem Verfasser zwölf Stunden Krummschließen und 14 Tage Kasernenarrest diktirt wurden. So ging es fort und mein Strafextrakt wuchs zu bedeutender Länge an. Meine Illusionen waren grausam zerstört; — dies war also der glänzende Militärstand, das waren die Freuden des Soldatenlebens, das war mein projectirter Marsch nach Italien.

Meine Kameraden, die anderen Kadetten bei der Compagnie, Kuciejewsky, Hanold und Schritter, trösteten mich, so gut sie es konnten. Es sei ihnen Anfangs auch so ergangen, aber nach und nach seien sie's doch gewöhnt und auch der Hauptmann sei nach und nach milder gegen sie geworden, und da ich ja doch nichts ändern konnte, so beschloß ich, ruhig auszuharren, und mir allmählich durch Ordnung, Fleiß und Sauberkeit den Hauptmann geneigter zu machen; konnte aber, so viel Mühe ich mir auch gab, ihn durchaus nicht milde gegen mich stimmen.

Die ganze Lage, wie sie sich mir nun klar darstellte, war eine jammervolle, denn man war ohne Hülfe der Willkür eines rohen Vorgesetzten preisgegeben. Auch alles Uebrige ließ sich nicht besser an. Ich wurde in's Compagnie-Magazin geführt und erhielt eine Commiß-Uniform, in der ich zweimal Platz gehabt hätte und ein Paar grobe Commißschuhe, in denen ich hätte schlafen können. Meine beim Regimentsschneider bestellte Extramontur sollte ich erst in 14 Tagen bekommen und da der Hauptmann auf der augenblicklichen Einkleidung bestand, so mußten die Compagnie-

Schneider und Schuster, miserable Pfuscher, die das Metier durch Stockprügel gelernt hatten, die Commißkleider anpassen und einnähen, und als ich sie angezogen hatte, sah ich wie eine Vogelscheuche aus. Das Cadettenleben war überhaupt kein lustiges. Wir bekamen wie die andere Mannschaft täglich fünf Kr. C.=M. Löhnung und einen halben Laib Commißbrot, welches wir sogleich an Landwirthe verkauften, die es zur Stallfütterung verwendeten. Mit diesen fünf Kreuzern und unseren bescheidenen Zulagen konnten wir keine großen Sprünge machen, und die meisten von uns waren gezwungen, in der Compagniemenage oder bei einer spekulativen Feldwebelsfrau, die eine spartanische Mittagskost gab, zu essen. Unsere Vorrechte als Cadetten bestanden darin, daß wir eine doppelte Seidenborte um den Tschako und außer Dienst auch Extramontur tragen durften, daß wir mit „Sie" und nicht wie die Mannschaft mit „Er" angeredet wurden, daß wir nicht mit Leibesstrafen belegt werden konnten, außer nach kriegsrechtlicher Degradation, und daß wir unsere Arreststrafen nicht im Regimentsstockhause, sondern beim Profoß absaßen.

Da das Feldwebelszimmer schon ganz besetzt war, so wurde ich in das Compagniezimmer des ersten Zuges gelegt und erhielt als Schlafkameraden („Schlof" — wie unsere Polaken sagten) und als Exerziermeister den Gemeinen Schmidtauer, einen höchst originellen Menschen. Wie staunte ich, als ich aus dem Compagnie=Grundbuch sah, daß mein Schlafkamerad von altem Adel sei und eigentlich Friedrich Schmidtauer von Niederwalsee hieß. Er erzählte mir später seine ganze Lebensgeschichte. Der jüngere Sohn einer hochadeligen und begüterten Familie war er zu Anfang dieses Jahrhunderts einer der flottesten Cavaliere Wien's gewesen, hatte viel Geld verputzt, ungeheure Schulden und andere dumme Streiche gemacht, so daß seine Verwandtschaft, um ihn los zu werden, ihn endlich als Gemeinen in's Militär steckte. Da war er desertirt, eingebracht und bestraft worden, wieder und wieder desertirt, hatte laut seines Strafextraktes, nach und nach, über achthundert Stockprügel bekommen, war vier= bis fünf mal Spießruthen gelaufen und hatte endlich im Strafwege seine Capitulation verloren und mußte lebenslänglich dienen. Jetzt war er ein gebrochener Mann, der nicht mehr an's Desertiren dachte, obwohl ein Zeugniß des Regiments=Arztes ihn zu ferneren körperlichen Strafen für ungeeignet erklärt hatte, was den prügellustigen Hauptmann Warowich nicht wenig verdroß.

Wir hatten auch noch einen anderen herabgekommenen Aristokraten in der Compagnie, einen Grafen Mionczinski, der wegen politischer Umtriebe strafsweise unter's Militär gesteckt wurde und den der Hauptmann Warowich sich ebenfalls zum Stichblatt auserkoren hatte.

Ich lernte von Schmidtauer schnell und leicht exerziren, der ältliche Mann gewann mich jungen Burschen lieb, putzte mir Gewehr und Montur und half mir, wo er nur konnte. Ich plauderte gerne mit ihm, er hatte viele Feldzüge mitgemacht, Vieles in der Welt gesehen, und auch sonst traten noch immer Ueberbleibsel der früheren Bildung und feiner Manieren hervor, die an den ehemaligen Cavalier erinnerten, der aber durch die entehrenden Strafen und durch das Branntweintrinken verwildert war.

Mit meinen Cameraden und mit den Offizieren der Compagnie stand ich auf sehr gutem Fuße, ja die Letzteren waren sogar sehr freundlich mir gesinnt, da ich ihnen in der Compagnieschule und beim Exerziren bereitwilligst half. Wir hatten nämlich eine Regimentsschule und Compagnieschulen, — in der Regimentsschule wurde vom Major Müntzer Taktik, Waffenlehre und Strategie für sämmtliche Offiziere und Cadetten vorgetragen, wobei ich zur Charakteristik der damaligen Intelligenz in der Armee nur bemerken will, daß in der Strategie der Feldzug des Erzherzogs Carl vom Jahre 1796 zu Grunde gelegt wurde, während man die staunenswerthen strategischen Manöver Napoleons von 1799—1815 gänzlich ignorirte, durch die erst die moderne Kriegskunst geschaffen wurde.

Mit großem Eifer studirte ich die taktischen Bewegungen des Exerzirreglements, war bald so fest darin, daß ich, wenn ich in der Regimentsschule bei den Prüfungen aufgerufen wurde, mit den auf einen Tisch aufgestellten Markir-Hölzern eines Bataillons oder Regimentes herum manövrirte, als wäre ich ein alter erprobter Stabsoffizier. Major Müntzer gewann mich deshalb auch sehr lieb, und noch eine gute Folge war, daß ich unseren Compagnie-Offizieren aushelfen und mir so ihre Zuneigung gewinnen konnte. Die Herren Offiziere verstanden nämlich, wie bereits bemerkt, sehr wenig deutsch und daher auch nicht die Commando's des Obersten, wenn im ganzen Regiment manöverirt wurde. Ich stand gewöhnlich als Charge hinter der Front, neben dem Lieutenant und konnte von hier aus den Offizieren die Commandos f r a n z ö s i s c h souffliren und gleich darauf der Mannschaft polnisch zuflüstern, was sie zu thun hatten. So kamen wir immer gut durch und ich wurde das Herzblatt der Offiziere, um so mehr, als ich ihnen auch in der Compagnieschule aushelfen konnte. In der Compagnieschule mußten nämlich die Offiziere abwechselnd der Mannschaft den Unterricht über Dienstreglement, Kriegsartikel, Handgriffe, Patrouillen-Dienst, Namen sämmtlicher Vorgesetzten u. s. w. ertheilen.

Nun denke man sich eine solche Compagnieschule, in der sich lauter polnische Bauernburschen befanden, von denen unter hundert höchstens drei lesen und schreiben konnten, und erst nach mehrjähriger Dienstzeit rechts von links, pravo von lewo, unterscheiden lernten. Dieser analphabetischen Mannschaft gegenüber standen unsere Offiziere, die kaum gebrochen deutsch und kein Wort polnisch sprachen, und so wurde ich denn von ihnen bereitwilligst zum Dolmetscher ernannt, der das verbindende Glied zwischen ihnen und der Mannschaft bildete, und nach und nach kam es so weit, daß ich die Schule allein hielt und die Offiziere zum Fenster hinaus auf die Straße sahen oder auf- und abgingen.

So wäre meine Lage nach und nach ganz erträglich geworden, wenn mich der Hauptmann nicht unerbittlich mit seinem Hasse verfolgt hätte. Als aber Major Müntzer zum Oberstlieutenant avancirt, zum 3. Bataillon nach Lemberg abging, die Quälereien unerträglich wurden und überhaupt jede Aussicht auf einen Krieg, auf Auszeichnung und Beförderung verschwunden war, da überwand ich die bis dahin mich hindernde falsche Scham, meinen Eltern einzugestehen, daß ich einen entsetzlich dummen Streich gemacht hatte, als ich zum Militär ging, und ich setzte mich hin und schrieb an meinen Vater einen be- und wehmüthigen Brief, worin ich mein „pater peccavi" sagte und ihn beschwor, Alles aufzubieten, damit ich wenigstens zum 3. Bataillon nach Lemberg versetzt würde. Er wendete sich an den Oberstlieutenant Müntzer, mit dem er bereits bekannt und befreundet war, schrieb an den Obersten, daß er alt sei und seinen Sohn noch einmal zu sehen wünsche, und eines schönen Tages stand im Regimentsbefehl: daß der Cadet Heinrich Börnstein zum Corporal befördert und zur 14. Compagnie in Lemberg versetzt sei.

So groß meine Freude über die Erlösung war, so entsetzlich war die Wuth des Hauptmanns, der sich sein Opfer entschlüpfen sah. Als ich mich ihm beim Compagnie-Rapporte vorstellte, um ihm für die Beförderung zu danken und seine Befehle wegen

meines Abganges von der Compagnie einzuholen, überhäufte er
mich mit schäumendem Munde mit allen möglichen Ehrentiteln,
prophezeite mir „Rad und Galgen" und hieß mich, zu allen
Teufeln mich zu scheeren.

Mein Vater hatte mir Reisegeld geschickt, um mit dem Post=
wagen nach Lemberg fahren zu können, aber einen solchen Luxus
duldete der grimmige Hauptmann nicht. Er ließ mich durch
einen Corporal in das Garnisons=Transporthaus abliefern, damit
ich dem nächsten Transporte nach Galizien beigegeben werde.
Das war allerdings seine letzte Strafe, aber es war eine sehr
harte. Die Wenigsten wissen wohl, was ein solches Transport=
haus damals für ein entsetzlicher Aufenthalt war; das Transport=
haus in den Kasematten des innern Festungswalles untergebracht;
— in dumpfen, kellerähnlichen Gewölben, in welche durch ver=
gitterte Schießscharten nur ein schwaches Licht hereindämmerte, auf
einem mehrere Zoll hoch mit Schmutz bedeckten Fußboden standen
ebenso schmutzige Commißbetten und hier mußte die von den
verschiedenen Truppenkörpern der Garnison zur Beförderung über=
gebene Mannschaft so lange bleiben, bis eine genügende Anzahl
von Köpfen für den Transport nach einem bestimmten Orte bei=
sammen war, was Wochen und Monate lang dauerte. Ein
feuchter Dunst, durch den Geruch von Knoblauch, Fußschweiß und
Wanzen gewürzt, herrschte in diesen Kasematten, man konnte kaum
Athem holen, und saß daher lieber den ganzen Tag auf der Bank
vor dem Thore; aber bei der Nacht mußte man doch hinein,
und zu schlafen war keine Möglichkeit; denn die Betten und der
ganze Raum wimmelte von Ungeziefer aller Art. In diesen
entsetzlichen Löchern mußte ich **elf Tage und Nächte zu=
bringen**, und bei der Erinnerung an diese Höllenqualen graut
mir noch heute.

Endlich kam der Tag der Erlösung; 80 Mann zum Trans=
port nach Galizien waren beisammen und Lieutenant **Wurzinger**
wurde zum Commandanten des Transportes bestimmt. Am
23. April 1823 marschirten wir von Olmütz ab und der Lieutenant,
der ein gutmüthiger Mann war, gerne gut aß und trank und
sich nicht viel plagen mochte, machte mich sogleich zu seinem
Adlatus, setzte sich auf den Vorspannwagen, der unser Gepäck
führte, und überließ mir die Sorge, die 80 Mann, unter denen
abgestrafte Deserteure und andere unverbesserliche Subjekte waren,
in Zucht und Ordnung zu erhalten, was für einen achtzehnjährigen

jungen Menschen, wenn er auch mit dem Corporalstab versehen war, keine leichte Aufgabe war. Zur Charakteristik der damaligen Zustände und um zu zeigen, wie verschwenderisch man damals mit Menschen, Geld und Zeit wirthschaftete, will ich nun erwähnen, daß wir zu diesem Marsche von 73 Meilen **einundvierzig volle Tage** brauchten und erst am 3. Juni in Lemberg ankamen. Gewöhnlich wurde drei Tage lang marschirt, etwa drei Meilen per Tag, und am vierten wurde Rasttag gehalten; vor Tarnow aber blieb der Transport in dem Dorfe Lisia-Gura 14 Tage lang liegen, da wir einen kleinen Transport aus den ungarischen Bergstädten dort erwarten sollten, behufs Anschlusses.

Lieutenant Wurzinger blieb natürlich in Tarnow und unterhielt sich mit den dortigen Cavallerie-Offizieren auf das Vortrefflichste, während ich als extemporirter Platzcommandant von Lisia-Gura schwere Noth und Sorgen hatte, um die achtzig verwegenen Kerle meines Commandos in Zucht und Ordnung zu halten und Excesse gegen die Bauern zu verhindern. So hielt ich denn dreimal des Tages Appell, visitirte jeden Abend die Quartiere, schickte einige Rebellen in's Stockhaus nach Tarnow, wo sie bis zum Abmarsch im unfreiwilligen Quartier verblieben, und als die vierzehn Tage abgelaufen und wir uns in Tarnow wieder an Lieutenant Wurzinger zum Weitermarsche anschlossen, war Alles so ziemlich gut abgelaufen und nur ein einziger Mann war desertirt!

Wir kamen also endlich glücklich in Lemberg an, lieferten unseren Transport im Sammelhause ab, und ich stürzte voll Freude zu meinen Eltern, die durch das lange Ausbleiben schon in Angst und Sorgen versetzt waren. Das war ein freudiges, ein glückliches Wiedersehen! — Der „verlorene Sohn" war heimgekehrt, „das fetteste Kalb wurde geschlachtet", aber vor Allem untersuchte meine Mutter den Zustand meiner Garderobe und meiner Wäsche, und da ich durch den langen Marsch ganz abgerissen war, und nichts mehr hatte, als was ich an mir trug, so war das Resultat dieser Untersuchung, daß ich mich splitternackt ausziehen mußte, in reine Wäsche und den Schlafrock meines Vaters hineinschlüpfte, während Hemd und Unterkleider in der Küche sogleich **verbrannt** und die Montur in den Waschkessel gesteckt und **ausgekocht** wurde, um all' das schmarotzende Ungeziefer, das ich aus dem Transporthause und aus den polnischen Bauernhütten mitgebracht hatte, gründlich zu vertilgen. War ich

doch in Lisia-Gura in einer Bauernstube einquartiert gewesen, wo
außer mir der Bauer, seine Frau, fünf Kinder und eine Kuh
waren, welche Kuh Nachts das Stroh meines Lagers mir unter
dem Kopf wegfraß. Und da hatte ich noch das beste Quartier
im ganzen Dorfe erhalten.

Nach den Entbehrungen des Marsches, nachdem ich 14 Tage
lang fast nur von Buchweizengrütze (kasza) und saurer Milch
gelebt hatte, war ich außerordentlich glücklich, wieder am reinlich
gedeckten Tisch bei meinen Eltern und meinem Bruder zu sitzen
und mir meine Lieblingsspeisen schmecken zu lassen. Schneider
und Schuster wurden geholt, eine neue Montur schleunigst bestellt,
Wäsche gekauft; — denn ich mußte mich ja beim Bataillons-
Commando baldigst melden, und glücklich und zufrieden schlief
ich im elterlichen Hause und träumte nur noch vom bösen Hauptmann Warowich.

Ein Duell und seine Folgen.

So war ich denn wieder zu Hause; denn wenn ich auch in
der Caserne schlief und den Dienst that, so verbrachte ich doch
jeden freien Augenblick bei meinen theuren Eltern, deren langent-
behrtes freundliches und friedliches Familienleben ich nun doppelt
zu schätzen wußte. Oberst-Lieutenant Müntzer empfing mich bei
der Meldung sehr freundlich, wie er denn überhaupt zwar ein
tüchtiger und strenger Soldat, aber dabei doch ein humaner und
wohlwollender Mann war. Mein neuer Hauptmann bei der
14. Compagnie war ein Herr von Bülow, ein Preuße, ein kleines,
freundliches gutmüthiges Männchen, der sich gewaltig zusammen-
nehmen mußte, wenn er einmal ausnahmsweise streng sein und
strafen sollte. Wenn aber bei irgend einem unverbesserlichen
Subjekte eine Portion Stockprügel unumgänglich nothwendig war,
dann übergab Hauptmann Bülow gewöhnlich unter irgend einem
Vorwande das Compagnie-Commando an den Oberlieutenant und
ließ dann 24 oder 48 Stunden sich nicht bei uns sehen, bis die
Exekution vorüber war. — Das einzige Dichten und Trachten
des guten Hauptmanns war, es bis zum Major zu bringen, um
sich dann pensioniren zu lassen.

Im Herbste marschirte das Bataillon nach Janow, zur Contraction, wo wir, mit anderen Truppen, Brigade- und Divisions-Manöver hielten, und nach der Rückkehr nach Lemberg wurde ich im Dezember zur Conscription commandirt und meinem alten Bekannten, dem Lieutenant Wurzinger als sein Sekretär beigegeben. Die Conscription ist in Oesterreich die Grundlage, auf der die Rekrutirung für die Armee vorgenommen wird. Das ganze Land ist in Conscriptions-Bezirke eingetheilt; — in jedem Bezirke wird von einem hierzu commandirten „Conscriptions-Offizier" von Ortschaft zu Ortschaft eine Revision alljährlich vorgenommen, um die militärtaugliche Mannschaft vom 19. bis zum 29. Jahr immer in Evidenz zu halten.

Da in Oestreich noch der Wahlspruch galt: Immer langsam voran! — was man jedoch im Regierungs-Programm mit: Sorgfältige Erhaltung alles Bestehenden! übersetzte, — so arbeiteten wir nach einem Werb- und Conscriptions-System noch vom Jahre 1781 herrührend, das nur 1804 ein klein wenig aufgefrischt worden war.

Lieutenant Wurzinger und ich hatten einen Theil des Zolkiewer Kreises zu revidiren, und zu Weihnachten gingen wir dahin ab. Nun begann ein lustiges fröhliches Reiseleben, das zwar auch seine Arbeit, aber mit meinem gemüthlichen Vorgesetzten und der zuvorkommenden Aufnahme, die wir überall fanden, auch viel Angenehmes hatte. Von Herrschaft zu Herrschaft fuhren wir mit der Equipage des Gutsbesitzers, wohnten bei diesem auf seinem Schlosse, wurden mit der in Polen üblichen Gastfreundschaft auf's Beste bewirthet, es wurden uns zu Ehren große Treibjagden abgehalten, kleine Bälle arrangirt, kurz es war ein sehr vergnügtes Leben. Unsere Arbeit bestand darin, daß an einem bestimmten Morgen die verschiedenen Familienväter eines Dorfes der Herrschaft im Schlosse erschienen, und wir nun, während der Mandatar (ungefähr Amtmann) seine Herrschaft vertrat, die Conscriptionsbogen des vorigen Jahres durchgingen, und auf dem Bogen jeder Familie die vorgenommenen Veränderungen, Geburts- und Sterbefälle, Zuwachs oder Abgang eintrugen, und daraus dann das Facit in andere Evidenztabellen mit einigen fünfzig Rubriken übertrugen.

Nun ist nicht anzunehmen, daß der gastfreundliche Empfang, der uns überall zu Theil wurde, seinen Grund in einem besonderen Vergnügen der Herrschaft über unsere Amtshandlung hatte,

im Gegentheil, die Conscription wurde von Hoch und Nieder als
eine Landplage betrachtet. Allein der Conscriptions-Offizier war
ein gewaltiger Mann, hatte gleichsam das Wohl und Wehe aller
Herrschaftsunterthanen in seiner Hand, konnte manche Unregel=
mäßigkeit übersehen, manchen Militärpflichtigen durchschlüpfen lassen.
So suchte man denn ihn überall in der besten Laune zu er=
halten, oder nach dem alten Sprichworte: Man zündete dem
Teufel zwei Kerzen an, während man dem lieben Gotte nur eine
anzündete.

Solch' eine polnische Herrschaft hatte gewöhnlich 10 bis 12
junge Bauernbursche, außer den Bauernmädchen, zur Bedienung
im Schlosse. Sie waren mit unsäglicher Mühe und vielen Prügeln
endlich zu Kammerdienern, Kutschern, Jägern und Lakaien dressirt
worden, und die Herrschaft wollte nun diese nicht gerne in den
Soldatenrock gesteckt sehen. Ebenso verhielt es sich mit den Söhnen
der Mandatare, Verwalter und anderen herrschaftlichen Beamten,
und mit den Söhnen reicher Bauern und bemittelter jüdischer
Pächter und Wirthe. Alle diese jungen Burschen suchte man vom
Militärdienste unter irgend einem Vorwand loszuschmuggeln.

In Oestreich war damals eine Menge Kategorien vom
Militärdienste befreit, wie die ganze katholische und griechische
Geistlichkeit, alle Mönche und Novizen, Kleriker und Seminaristen,
während bei den Protestanten und anderen Sekten nur die wirk=
lichen Pastoren militärfrei waren. Militärfrei waren ferner: der
ganze Adel, die k. k. Beamten, inclusive die Praktikanten, die
Doktoren der Rechte und der Medizin, dann die unter die sehr
elastische Rubrik „Honoratioren" eingeschlossenen Personen,
endlich Hausbesitzer, Gewerbsinhaber, Künstler, Häusler, Gärtner,
Studenten mit guten Zeugnissen, und sogar die Schauspieler
waren militärfrei; endlich noch einige Söhne oder junge Leute,
die einen alten Großvater oder eine Großmutter zu ernähren
hatten. Alle diese Befreiungen datirten noch vom Jahre 1781
und waren vom Kaiser Joseph eingeführt, — so daß die Armee
eigentlich nur aus armen Bauernjungen, Handwerksburschen, Hei=
mathslosen und noch anderem vagirenden Volke sich rekrutirte.
Wer nur die Mittel dazu hatte, suchte sich schon bei der Con=
scription freizumachen, oder, wenn er doch genommen wurde, kaufte
er sich einen Stellvertreter.

Aus dem Vorgehenden läßt sich die große Bedeutung des
allmächtigen Conscriptions-Offiziers entnehmen, und so war es

kein Wunder, daß wir überall fürstlich bewirthet, und mit größter
Zuvorkommenheit aufgenommen wurden, daß nach Beendigung des
Werkes auf einer Herrschaft der Offizier gewöhnlich vor der Ab=
reise auf seinem Zimmer ein Röllchen Kremnitzer Dukaten fand,
und auch seinem Sekretär für die viele Mühe, die er gehabt,
dankend eine Anzahl Marien=Theresien=Thaler in die Hand ge=
drückt wurden. Daher war die Entsendung auf Conscription eine
Begünstigung, mit der gewöhnlich Subaltern=Offiziere, die sonst
brav und tüchtig, aber in bedrängten pekuniären Umständen waren,
erfreut wurden.

In diese Kategorie gehörte Lieutenant Wurzinger, der im
Feldzuge von 1813 zum Lieutenant befördert, nun schon zehn Jahre
in dieser Charge, ohne Aussicht auf baldiges Avancement, und
noch dazu verheirathet war. Unsere Rundfahrt dauerte über zwei
Monate und dehnte sich bis Rawa an der russisch=polnischen Grenze
aus, wo im Jahre 1698 Peter der Große die Zusammenkunft
mit August II. von Polen hatte, und das Bündniß gegen Karl XII.
von Schweden geschlossen wurde. Als ich bei Belzec, jenseits der
Grenze, einige Kosaken patrouilliren sah, fielen mir meine Kindheit
und die Russen in Hamburg wieder lebhaft ein.

Das Jahr 1824 brachte mir einen herben Verlust. Meine
gute Mutter sollte sich des wiedergewonnenen Sohnes nicht lange
erfreuen. Ich war gerade commandirt, nach Jaroslau abzugehen,
um dort die neuen Monturen für das Bataillon abzufassen, als
mir mein Vater die Nachricht in die Kaserne schickte, daß meine
Mutter erkrankt sei. Ich sollte am nächsten Tage abgehen, und
eilte daher rasch nach Hause, um Abschied zu nehmen. Meine
Mutter lag blaß im Bette, lächelte, als sie mich sah, trotz ihrer
Schmerzen, und legte mir segnend die Hand auf das Haupt.
Obwohl unser Arzt noch keine ernsten Befürchtungen ausgesprochen
hatte, so ward mir doch ängstlich, und ich eilte am andern Morgen,
als die Nachricht kam, sie sei schlimmer geworden, zum Bataillons=
Rapporte und bat den Oberstlieutenant, einen Kameraden, der sich
gerne dazu erboten hatte, statt meiner nach Jaroslau zu schicken.
Meine Bitte ward bewilligt, aber ich mußte statt des abgehenden
Kameraden die Kaserneninspektion übernehmen. So war ich durch
den Dienst gefesselt, konnte nicht mehr an das Krankenbett meiner
Mutter, und als ich am Morgen die Inspektion meinem Nach=
folger übergeben hatte, und nun rasch nach Hause wollte, brachte
mir ein Zettel meines Vaters schon die Nachricht, daß meine

Mutter todt sei. Ich konnte nur noch den armen, schwergebeugten Vater mit kindlicher Liebe trösten, die Entseelte zum letzten Mal sehen, und vom Schmerz übermannt, umarmten wir uns unter heißen Thränen. Mein Vater hat diesen Verlust nie ganz überwunden. Von da an lebte und arbeitete er nur noch aus Pflichtgefühl, aber Freude am Leben hatte er keine mehr, und seine einzige Hoffnung blieb noch, daß ich, auf den er viel hielt, und den er zärtlich liebte, ihm einst Ehre und Freude machen würde.

Ich muß hier einer psychologischen oder vielleicht auch pathologischen Erscheinung erwähnen, die ich mir noch heute nicht genügend erklären kann. — Es fand das Begräbniß meiner guten Mutter statt. Hinter dem Sarge schritten mein Vater, ich und mein Bruder, neben uns Superintendent Frommann und Oberstlieutenant Müntzer. So gelangten wir auf den Friedhof, der damals, in der concordatlosen Zeit, für alle Confessionen ein gemeinschaftlicher war. Am offenen Grabe hielt noch der Pastor eine kurze ergreifende Rede, während der ich auf das Tiefste erschüttert, bitterlich weinte. Der Sarg wurde in das Grab hinabgelassen, und jeder der Umstehenden warf, wie dort üblich, eine Hand voll Erde hinab. Auch Oberstlieutenant Müntzer bückt sich, nimmt mit seinen weißen Glacehandschuhen vorsichtig ein kleines Stückchen Erde und wirft es hinab, wobei ihm das Unglück geschieht, daß sein goldbordirter Hut in's Grab fällt. Hinter mir sagt à tempo einer meiner Kameraden: „Na, der hat's ihm geben" — und ich breche darüber in ein helles Lachen aus. Alles sieht mich entsetzt an, aber ich lache fort, wanke und wäre in die Gruft gestürzt, wenn man mich nicht aufgefangen und fortgeführt hätte. Aber ich lache ununterbrochen fort, zwei Tage und zwei Nächte dauert dieser Lachkrampf mit nur kurzen Unterbrechungen fort, bis ich endlich, nachdem mir die Aerzte narkotische Mittel gegeben hatten, erst in Betäubung, dann in einen tiefen Schlaf falle, der 24 Stunden anhält, und beim Erwachen kann ich mich der letzten Vorfälle, des Todes und Begräbnisses meiner Mutter, meines unsinnigen Benehmens u. s. w. durchaus nicht erinnern, und es dauert wohl über eine Woche, bis ich mich an Geist und Körper wieder erholt hatte.

Ich komme jetzt zu dem Ereignisse, welches das Ende meiner militärischen Laufbahn herbeiführte. Unser Regiment war vor Kurzem von Olmütz nach Galizien zurückmarschirt, und lag nun in Cantonirungen in und um Stry, einer kleinen Stadt von

8000 Einwohnern an einem Nebenflusse des Dniesters. Zum Winter wurden sämmtliche Cadetten des Regimentes nach Stry beordert, wo für sie beim Stabe eine Cadettenschule gehalten werden sollte. Wir kamen also von allen 18 Compagnien in Stry zusammen, über sechszig junge, muntere Burschen, die vor Lebenslust und Uebermuth nicht wußten, was sie Alles anfangen sollten. Da keine Kaserne da war, wurden wir in dem Städtchen einquartiert, hatten weder Dienst noch Exerziren, sondern täglich nur einige Stunden Schule, in der von Dilettanten=Lehrern, jungen Offizieren aus der Neustädter Akademie, wenig gelehrt und von uns noch weniger gelernt wurde, so daß wir den größten Theil des Tages zur freien Disposition hatten. So war's denn natürlich, daß uns, um nur die Langeweile in dem kleinen polnischen Städtchen uns zu vertreiben, alle möglichen dummen Streiche einfielen, und diese auch mit Lust und Liebe ausgeführt wurden.

Dabei zeigte sich Darwins „Trieb der Nachahmung" im vollsten Glanze. Viele von unseren Offizieren hatten schöne Hunde, die unsere höchste Bewunderung erregten, folglich mußten wir auch Hunde haben. Alle möglichen Köter wurden aufgetrieben, und jeder von uns hielt sich ein paar Hunde, die er mit dem ärarischen Kommißbrod fütterte. Wenn wir in Gesellschaften von 10—12 Cadetten Spaziergänge machten, so liefen wenigstens zwanzig bis dreißig Köter mit, bis der Skandal und die Klagen zu arg und durch einen strengen Regimentsbefehl uns die Hunde verboten wurden. Bis das aber geschah, hatte ich außer einem großen Vorstehhunde noch ein prächtiges zur Hetzjagd dressirtes Windspiel. So wie es einen Hasen aufstöberte, setzte das Wind=spiel ihm in großen Sprüngen nach, erhaschte ihn beim Nacken, schüttelte ihn in der Luft, bis er todt war, und legte das Wild dann zu meinen Füßen nieder. Die Felder um Stry aber wimmelten von Hasen, und so brachten wir alle Tage eine Beute, oft ein halbes Dutzend Hasen nach Haus, die wir unter unseren Militärmänteln hereinschwärzten, und dann bei unserem Traiteur braten ließen. Ich und meine Freunde verzehrten nur die Rücken, das Fell schenkten wir dem Traiteur nebst den Läufen und dem sonstigen Abfalle, die er dann als „Hasenragout" unseren Offizieren für theures Geld vorsetzte.

Aber wie gesagt, die Herrlichkeit nahm ein schnelles Ende. Nun kamen im Regimente ein paar Offiziers=Duelle vor, die Aufsehen machten und von denen viel gesprochen wurde. Der

Nachahmungstrieb regte sich auch hier in uns, die Offiziere duel=
lirten, folglich mußten auch wir Cadetten duelliren; — und richtig
fanden auch bald einige Cadettenduelle, mit nicht sehr gefährlichem
Ausgange — „bis aufs erste Blut" — statt. Auch ich wurde
ein Opfer dieser Duellepidemie.

Wir waren beim Feldmessen und dem topographischen Auf=
nehmen mit dem Meßtische, als ein sehr guter Freund von mir,
Cadet Krawczikiewicz mir die Meßkette zuwarf, die mir zufällig
an den Kopf flog, worauf ich ihm in der ersten Aufwallung einen
„dummen Kerl" zurief. Zu einer anderen Zeit wäre so etwas
unter guten Freunden unbeachtet vorübergegangen, jetzt aber unter
der Aufregung der Duellomanie wurde es für „Tusch" erklärt,
für den Satisfaktion gegeben werden müsse.

Eine Stunde nach dem Einrücken schon erschien in meinem
Quartier Cadet Braig mit einem Kameraden, und sie erklärten
mir, sie kämen als die Zeugen des Cadetten Krawczikiewicz, und
ich hätte entweder Abbitte zu leisten oder mich zu schlagen. Die
Abbitte wurde von mir entschieden verweigert, und nachdem ich
meinen Zimmerkameraden Kucziejewsky ersucht, mir als Sekundant
zu dienen, wurde das Duell auf denselben Nachmittag 4 Uhr in
einem Wäldchen bei der Stadt mit Säbeln und „auf's erste Blut"
durch die Sekundanten festgesetzt.

Cadet Braig hatte zwar auf Pistolen und zehn Schritt
Distanz bestanden, aber er wurde von den anderen Zeugen über=
stimmt. Dieser Braig war nämlich mein Todfeind und ein eigen=
thümlicher Mensch, den ich mit einigen Zeilen schildern muß.
Als ich nach Lemberg zurückkehrte, hatte ich bei der 14. Compagnie
ihn als Zimmer=Kameraden und wir waren sehr bald gute Freunde
geworden. Er war der Sohn eines reichen Kaufmannes in Triest,
war in der Ingenieur=Akademie erzogen, aber von dort wegen
Subordinations=Vergehen und anderer Fehler entfernt, und auf
Wunsch seines Vaters als Cadet zu unserem Regimente abgegeben
worden. Mit seinem Vater und seiner ganzen Familie zerfallen,
unzufrieden mit dem ihm aufgezwungenen Militärstande, war er
ein ebenso verschlossener und mißtrauischer, als leidenschaftlicher und
gewaltthätiger Charakter. Er sprach französisch, italienisch, englisch
mit gleicher Vollkommenheit und war in der englischen und fran=
zösischen Literatur gründlich bewandert. Er hatte sich mir in
Lemberg auf's freundschaftlichste angeschlossen, wir hatten fünf
Monate in der besten Kameradschaft gelebt; in Stry aber, schon

nach wenigen Wochen, entfremdete er sich mir gänzlich, und wurde bald mein unversöhnlicher Feind, ohne daß ich mir heute noch die Ursache erklären könnte; — höchstens möchte ich annehmen, daß die bekannte Frage: „Ou est la femme?" etwas damit zu thun hatte. Bei allem seinem vielen Wissen war er äußerlich eine plumpe, ungeschlachte Erscheinung, mit verlegenen, unbeholfenen Manieren, und als ich ihn vierzehn Jahre später in Triest wiedersah, bot er mir auch in bürgerlicher Kleidung, — in weiten Pumphosen, einem langen, auf ihm schlotternden Rocke, ohne Halstuch, mit langen Haaren und einem kleinen Hütchen darauf, mit schleppenden Schritten langsam dahinschlürfend, — eine barocke Erscheinung dar. Er hatte seinen Vater beerbt, that nichts, lebte von seinen Renten und war ein ausgesprochener Sonderling. Unsere Freundschaft zu erneuern (1840) hatten weder er noch ich Lust.

Um vier Uhr trafen wir uns mit unseren Sekundanten in einer Lichtung des Wäldchen. Auf formelle Kleinigkeiten, wie z. B. daß mein Commißsäbel stumpf, und um acht Zoll kürzer als der haarscharf geschliffene Säbel meines Gegners war, darauf wurde mit dem Leichtsinn der Jugend von meinen Sekundanten nicht geachtet. Trotzdem wir schon den 13. Mai 1825 schrieben, war es ein rauher, kalter Tag, und als wir während der Präliminarien der Sekundanten die Oberkörper bis auf die Hüften entblößten, fror es mich ganz gewaltig. Aber endlich gingen wir los, und das Kältegefühl war schnell überwunden. Im ersten Gange war ich so glücklich, meinen Gegner zu entwaffnen, und Krawczikiewicz erklärte sich befriedigt und wollte mir die Hand reichen, als Sekundant Braig dagegen protestirte, an die Bedingung „bis auf's erste Blut" erinnerte und darauf drang, daß der Kampf fortgeführt werde, welcher Ansicht sich auch die Mehrheit der Zeugen anschloß. Wir gingen also noch einmal los, und nach einem kurzen Gange hatte ich einen tüchtigen Hieb im rechten Arme, ober dem Ellbogen=Gelenke. — Ich hatte in der Hitze des Gefechtes nichts davon gespürt, aber die Sekundanten intervenirten rasch, und nun erst fühlte ich, wie mir das warme Blut an der Seite herabrieselte. Die klaffende Wunde wurde nun mit einem Taschentuche flüchtig verbunden, die Gegner umarmten und versöhnten sich, und wir zogen wieder zur Stadt zurück, wo wir uns in ein jüdisches Kaffeehaus begaben, um dort, wie es unser Comment des Ehrenpunktes erheischte, Punsch zu trinken, was für das beginnende Wundfieber gewiß eine absonderliche Behandlung war.

Erst mit Tagesanbruch, als die Kameraden nach der durchschwärmten Nacht benebelt nach Hause schwankten, machte auch ich mich, vom heftigen Wundfieber geschüttelt, auf den Weg zum Regimentsspital.

Ich fand im Inspektionszimmer den Oberarzt H r o z e k, der meine Wunde sogleich aufband, ansah und bedenklich mit dem Kopfe schüttelte. Als er nun aber mit der Sonde darin herumfuhr und dann mit einer kleinen Zange ein paar Knochensplitter herausholte, da wurde mir schwarz vor den Augen, ich wankte und wäre unfehlbar bewußtlos zu Boden gestürzt, wenn mich nicht der kräftige Arzt mit beiden Händen gepackt, auf einen Stuhl gesetzt und mir ein Glas Wasser in's Gesicht gegossen hätte. So kam ich schnell wieder zu mir und auf seine Frage: „Wo haben Sie sich denn diese böse Geschichte geholt?" — wollte ich ihm treuherzig die ganze famose Duellgeschichte erzählen, als er, mir schnell in's Wort fallend, sagte: „Nun ich kann mir's denken, Sie werden wohl bei einem Bauern in eine Sense gefallen sein, nicht wahr?" — setzte er hinzu, indem er verständnißinnig mit den Augen zwinkerte. Ich begriff den Wink; — von einem Duell hätte er ja die dienstliche Anzeige machen müssen und so bestätigte ich mit einem: „Ja wohl!" — seine Vermuthung. Er verband mir die Wunde nun regelrecht, gab mir Charpie, Salbe und Heftpflaster mit, nebst den nöthigen Instruktionen, wie ich die Wunde zu reinigen und zu verbinden habe; ich könne in meinem Quartier bleiben, meinte er, und er werde mich jeden Tag besuchen.

Ich wurde also als „marode" gemeldet, die Verwundung durch eine Sense war offiziell, obwohl das Duell, wie alle früheren, im Regimente ein öffentliches Geheimniß war. Der Oberst sah uns in dieser Hinsicht durch die Finger. So blieb ich denn in meinem Zimmer, wo mir mein guter Kucziejewsky und andere Freunde Gesellschaft leisteten. Die Wunde heilte rasch und gut und ich befand mich bis auf den Zimmerarrest und die entsetzliche Langeweile vollkommen wohl. Aber länger als elf Tage konnte ich das Zimmersitzen doch nicht aushalten; am zwölften Morgen zog ich mit der von meinem Hauswirthe geborgten Jagdflinte hinaus, um frische Luft zu schöpfen und in Feldern und Wäldern herumzustreifen. Die Bewegung in freier Luft erquickte mich und so war ich endlich in das Dorf Nieznchow gekommen, wo ich im Wirthshause einen Imbiß nahm und meinen alten S ch m i d t a u e r von der dritten Compagnie fand.

Der Alte war ganz glücklich, mich wieder zu sehen, er erzählte mir, daß Hauptmann Warowich noch immer die Compagnie beglücke und noch mehr prügeln lasse als früher, — nur lasse er jetzt die Stockprügel nicht mehr zählen, sondern er rauche während der Execution seine lange Pfeife und lasse fortprügeln bis sie ausgeraucht sei, denn er behaupte: seine Pfeife brenne gerade so lange Zeit, als zu 25 Stockprügeln nöthig sei. So ist er denn auch einige Jahre später bei seiner Lieblingsbeschäftigung, während er einer Execution beiwohnend, seine Pfeife rauchte, vom Schlag getroffen worden und todt hingefallen.

In einer Stunde nahm ich von Schmidtauer Abschied und kehrte zur Stadt zurück. Aber wie groß war mein Schrecken, als ich aus dem Dorfe heraustretend, von Weitem auf der Landstraße den Hauptmann Warowich daherkommen sah, der vermuthlich die Quartiere eines in Nieznchow liegenden Zuges seiner Compagnie visitiren kam. Ich, krankgemeldet, und von ihm hier so weit von der Stadt und noch dazu mit einem Jagdgewehr betroffen zu werden, dazu seine Animosität gegen mich, das Alles fuhr mir blitzschnell durch den Kopf und schnell gefaßt lief ich von der Landstraße über eine sumpfige Wiese in ein nahes Wäldchen und entzog mich so glücklich seinen Blicken. Aber in dem Wäldchen war es noch viel sumpfiger und ich sank fast bis an die Knie in den Morast; — heraus traute ich mich nicht; denn ich sah den entsetzlichen Hauptmann noch immer in dem Dorfe hin- und hergehen, und mußte warten, bis die Luft wieder rein sei. — Erst als es zu dunkeln anfing, machte ich mich aus dem sumpfigen Untergrunde los, und schlich, durch und durch naß und erkältet, nach Hause, wo ich erst Nachts ankam.

In der Nacht ergriff mich ein heftiges Fieber mit Irrereden, der verwundete Arm schwoll zur dreifachen Dicke an und der in der Früh herbeigeholte Oberarzt schimpfte und fluchte über meine Dummheit und ließ mich sogleich in's Spital transportiren. Hier lag ich vom 26. Mai bis 31. Juli und in den ersten sechs Wochen wurde mein Zustand immer bedenklicher; der furchtbar aufgeschwollene Arm lag, wie todt, neben mir, die Wunde wollte nicht heilen und nahm ein häßliches Ansehen an und ich war so hilflos, daß mich die Krankenwärter wie ein Kind aufheben, umlegen und füttern mußten.

Endlich erklärte mir eines Tages der Regimentsarzt, Dr. Lackner: es zeigten sich bereits an meinem Arme Zeichen von Mortifikation,

und ich hätte Zeit, mir es über Nacht zu überlegen, ob ich mir
morgen früh den Arm abnehmen lassen oder sterben wolle. Es
ist natürlich, daß bei einem jungen Menschen von meinem Charakter
eine solche Ankündigung eine ungeheure Aufregung hervorrufen
mußte: — ich kämpfte in meinem Innern einen entsetzlichen Kampf,
aber als es Abend wurde, war mein Entschluß gefaßt und ich
hatte mich entschieden, lieber zu sterben als eine solche Operation
zu riskiren und dann doch lebenslang als Krüppel herumzugehen.
Das lange Liegen, meine Hilflosigkeit und die ausgestandenen
Leiden hatten mich mit dem Gedanken des Todes schon langsam
befreundet. Erleichtert schlief ich ein. In der Nacht trat plötzlich
ein starker, aber wohlthuender Schweiß ein und als ich am Morgen
erwachte, hatte der Arm seine natürliche Dicke wieder und die
Geschwulst hatte sich an die rechte Seite des Körpers, von der
Achselhöhle bis zur Hüfte, gezogen. Als der Regimentsarzt am
andern Morgen zur Operation kam und die Aenderung erblickte,
wünschte er mir herzlich Glück zu der wunderbaren Rettung und
verbürgte mir jetzt meine Genesung.

Dieselbe stellte sich denn, wenn auch langsam, ein, und am
31. Juli konnte ich aus dem Spitale entlassen werden und wurde,
da die Wunde zwar geheilt, aber der Arm steif und starr ge=
blieben war, so daß ich ihn durchaus nicht biegen konnte, mit
Urlaub auf unbestimmte Zeit entlassen, und ohne Aufschub kehrte
ich nach Lemberg zu meinem Vater zurück.

Lustiges Jünglingsleben.
(1826.)

So hatte ich denn Abschied genommen von den wackeren Kame=
raden meiner Militärjahre, — und wir ahnten Keiner, daß es
ein Abschied für's Leben sei. — Wackere, muntere Jungen! wo
seid ihr Alle hingekommen? Verschollen — vergessen — gestorben
— mitunter auch verdorben. Ich habe keinen von ihnen im
Leben wiedergesehen. — Wenn ich jetzt den östreichischen Militär=
schematismus durchblättere, so finde ich in der viele Tausende von
Namen enthaltenden Armee=Liste nur noch einen einzigen Freund
aus jener Zeit, meinen lieben guten Schul=, Compagnie= und

Zimmerkameraden Constantin von Kuciejewski, der als Oberst im Ruhestand in Gratz-Pensionopolis lebt.

Ich war nun wieder in Lemberg und mein Erstes war, meine unterbrochenen Studien und meine literarischen Versuche wieder aufzunehmen und fortzusetzen, die ich so thöricht und leichtsinnig unterbrochen hatte. Was ich in der verlorenen Zeit beim Militär gelernt hatte, war sehr wenig und die literarische Produktion hatte nach dem Sturzbade, das mir vom Hauptmann von Warowich in Olmütz applizirt worden war, fast ganz geruht. Nur einmal, als im Jahre 1825 das hundertjährige Bestehen unseres Regimentes gefeiert werden sollte, nahm ich die Feder zur Hand und schrieb ein Festspiel: „Die Stiftungsfeier". Allein bei der zerstreuten Dislokation des Regiments kam es zu keiner offiziellen Feier, und so machten wir Cadetten uns ein Privatvergnügen, luden das Offizierscorps und die städtischen Honoratioren ein und führten vor diesem Publikum auf einer improvisirten Bühne in einem Tanzsaale mein Festspiel auf, wobei ich Direktor, Regisseur und Hauptschauspieler war. Es war in Jamben geschrieben und enthielt keine Frauenzimmer-Rolle — das ist aber auch Alles, was mir noch davon erinnerlich ist.

Jetzt, da ich ins väterliche Haus zurückgekehrt und frei und unabhängig war, erwachte in mir wieder der Trieb zum Schaffen und ich schrieb manches in Versen und Prosa, was in der belletristischen Lemberger Zeitschrift „Mnemosyne" freundliche Aufnahme fand. Die „Mnemosyne" wurde von Dr. Alexander Zawadzki redigirt, einem wissenschaftlich gebildeten Mann und tüchtigen Naturforscher, dem ich manche nachhaltige Belehrung und freundliche Anleitung zu danken hatte. Auch Pläne zu dramatischen Arbeiten wurden entworfen, ein französisches Melodrama übersetzt und eine Menge von Sonetten und Canzonen produzirt.

In diese Zeit fällt auch mein erstes Auftreten als Verfasser eines selbstständigen Opus, eines großen Festgedichtes, dem commandirenden General Grafen Carl Hennequin von Fresnel und Curel gewidmet. Graf Fresnel, ein französischer Emigrant aus der Armee des Prinzen von Condé, hatte es in Oesterreich zu der hohen Würde eines Generals der Cavallerie und Landes-Commandirenden gebracht; — schon hoch betagt hatte er eine junge Dame geheirathet und das Officierscorps der in Galizien stationirten Regimenter hatte beschlossen, dem General zu seinem Namensfeste (4. November) eine besondere Ueberraschung zu bereiten. Zu diesem Zwecke wurde der tüchtige Maler Engerth beauftragt, den General in Lebensgröße und ganzer Figur in dem bedeutendsten Momente seines Lebens, als er nämlich in der Schlacht von Hanau nach Marschall Wrede's Verwundung das Ober-Commando übernommen hatte, zu malen. Das Bild war sehr gut ausgeführt, der General, sehr gut getroffen, im Vordergrunde, — hinten die Gegend bei Hanau und österreichische Husaren, die durch die Kinzig schwimmen, um die Franzosen in der Flanke anzugreifen.

Ich hatte das Bild in Engerth's Atelier entstehen und fertig werden gesehen und der Maler forderte mich auf, es durch ein Festgedicht zu illustriren, was ich mir nicht zweimal sagen ließ. Ich schrieb ein großes Gedicht von circa zehn Druckseiten, das die Beschreibung der Schlacht und eine begeisterte Widmung an den Helden des Tages enthielt, ließ es bei Piller drucken und am festlichen Tage überreichte ich ein Pracht-Exemplar auf Velin mit Goldschnitt dem Landeskommandirenden, der darüber sehr erfreut war und mir dankte.

Aber ich hatte da eine böse Geschichte angerichtet; — das große Bild, auf das sich mein Gedicht bezog, wurde dem General nicht überreicht. Jemand — ein Hochgestellter — hatte die Einsammlung der Gelder von allen Regimentern und Corps, die Bezahlung des Malers u. s. w. übernommen und am festgesetzten Tage mangelte das Geld. Der Maler, der ein ganzes Jahr an dem Bilde gearbeitet und selbst mehrere Hundert Gulden für den colossalen Gold-Rahmen mit dem Wappen der Grafen von Fresnel ausgelegt hatte, weigerte sich das Bild ohne Bezahlung herzugeben; — es entstand ein Anfangs geheim gehaltener, dann offenkundiger Stadt-Skandal und ich — die unschuldige Ursache desselben — sollte das Bad ausgießen. Auf einmal wurde ich vor die Militärbehörde geladen und verhört: — eine Untersuchung gegen mich war eingeleitet, weil ich noch der Armee angehörig, ohne vorhergegangene Bewilligung meiner Vorgesetzten etwas im Drucke veröffentlicht hatte. Die Sache nahm schon eine bedenkliche Wendung, als die junge Gräfin Fresnel, wie eine gütige Fee, einschritt; — der Maler erhielt sein Geld, der General sein Bild, der Jemand wurde bald darauf pensionirt und mir eröffnete der Generalcommando-Adjutant Major Bradatsch, daß auf Befehl des Landeskommandirenden die Untersuchung gegen mich niedergeschlagen sei. So kam der junge Dichter mit einem blauen Auge davon, —

aber schon früh lernte er die Wahrheit des alten Spruches kennen: „Habent sua fata libelli".

Aber mein Arm machte mir viel zu schaffen; denn er war und blieb im Ellbogengelenke steif. Die Wunde wollte nie ganz heilen und so war ich gezwungen, mein Papier auf eine Mappe auf den Knieen aufzulegen und so, mit ausgestrecktem Arm, mühsam zu schreiben, während ich mich indessen bemühte, mit der linken Hand schreiben zu lernen. Nun befiel mich auch noch eine rheumatische Entzündung auf dem rechten Auge, während der ich vierzehn Tage beschäftigungslos im dunkeln Zimmer zubringen mußte, und welche vom k. k. Landes-Augenarzte Dr. v. Slawikowski falsch, mit reichlichen Blutentziehungen, nach dem damals grassirenden Broussais'schen System behandelt, mit einer bleibenden Trübung der Pupille durch eine Nubecula endete.

So wurde ich für den Militairdienst doppelt untauglich, und mein Vater that die geeigneten Schritte, um meine Entlassung aus dem Armee-Verbande zu erwirken; — ich wurde endlich zur Superarbitrirung vorgeführt und vom Stabsarzte Dr. Steinbüchel als Real-Invalide anerkannt, erhielt aber erst fünf Monate später meinen Abschied, in welchem mir bestätigt wurde, „daß ich im Regiment treu, redlich und rechtschaffen brav gedient und unter Bestätigung untadelhaft guter Aufführung, als mich der Real-Invalidität nähernd gegen Renunzirung auf alle Militär-Benefizien, Invaliden-Versorgung, Gratiale u. s. f. mit Abschied entlassen sei." — Wie glücklich fühlte sich der 21jährige Invalide, als er das erlösende Papier endlich in Händen hatte, das ihn wieder zu einem freien Mann machte und ihm den Weg zu einem neuen, schöneren Leben erschloß.

Eines Tages im November 1825, als ich noch den Abschied nicht hatte, besuchte der hochgeachtete Doktor und Professor Babel von Fronsberg meinen Vater, um mit ihm eine Geschäftsangelegenheit zu besprechen und sah mich höchst unbehülflich auf meinen Knieen schreiben. Er erkundigte sich nach der Ursache, untersuchte meinen Arm, verordnete täglich zweimal stundenlange warme Bäder und versprach in acht Tagen wieder zu kommen. Trotz der Bäder aber blieb der Arm steif, hatte ein unnatürliches Aussehen und die Haut saß trocken, gespannt, ohne Wärme und Empfindung auf dem noch immer entzündeten Gliede.

Endlich kam der Doktor nach zehn Tagen wieder, als ich mich schon von ihm vergessen glaubte, untersuchte den Arm, be=

tastete ihn sorgfältig, — plötzlich faßte der colossale Mann —
von Gestalt ein Riese — mit seinen beiden kräftigen Händen
meinen Arm, — ein starker Ruck und eine drehende Bewegung, —
ich stieß einen furchtbaren Schrei aus, aber der Arm war gebogen,
die alte trockene Oberhaut war zersprungen, unter ihren Resten
blickte eine neue dunkelrothe Haut hervor und — was das Beste
war — der Arm **blieb** beweglich und nach wenigen Wochen
war unter Dr. Babels Behandlung die Wunde zugeheilt und der
Arm, bis auf einige Muskelschwäche, ganz gesund. Jetzt war
auch meine letzte Sorge verschwunden, und mit neu erwachter
Lust und Kraft stürzte ich mich in das langentbehrte lustige Jüng=
lingsleben.

Die alten Studiengenossen hatte ich **alle** wieder gefunden, —
die frühere Freundschaft wurde erneuert, wir studirten und arbeiteten
gemeinschaftlich, aber auch gemeinschaftlich trieben wir alle möglichen
Allotria und machten alle dummen Streiche, an denen junge Leute
ein so besonderes Vergnügen finden. Neckereien, Mystifikationen,
burleske Verkleidungen, tolle Streiche wechselten mit Deklamationen,
Musik=Produktionen und Dilettanten=Aufführungen ab; — auch
das Tanzenlernen und die Tanzübungen spielten eine große Rolle.

In Lemberg gab es damals Leute, die zur Winterszeit mit
einer großen Laterna magica und einer Drehorgel nebst Tambourin
und Triangel in den Straßen herumzogen, gewöhnlich in die
Häuser, wo sich Kinder befanden, gerufen wurden und dort gegen
eine mäßige Entlohnung auf einer weißen Zimmerwand ihre
dissolving views produzirten, und diese mit Explikationen, Musik
und Gesang begleiteten. Man nannte diese Belustigung: „**die
schöne Katharinka**" und sie war wahrscheinlich von Italienern
oder Savoyarden in Polen importirt worden. Uns jungen Burschen
kam der sublime Gedanke, eine solche Katharinkias zu extemporiren
und die ganze Stadt zu mystifiziren. Wir mietheten rasch von
den Katharinka=Leuten die Laterna magica, Drehorgel und sonstige
Accessorien gegen eine den nächtlichen Verdienst dieser Braven
doppelt und dreifach übersteigende Geldsumme, ich verfaßte eine
Explikation der Bilder im Styl der Guckkasten=Erklärungen, wir
übten mit bedeutend verstärktem Orchester eine herzbrechende Musik=
begleitung ein und als Alles bereit war, verkleideten wir uns in
grotesker Weise und zogen nun durch die Stadt. Nacht war es
ohnehin und wir durch Perrücken, Schminke und schlechte Kleider
unkenntlich; — und nun begann der Spaß; — kaum hatten

wir unsere Drehorgel und den Ruf „Katharinka!" ein paar mal ertönen lassen, als wir auch schon in ein sehr anständiges Haus hineingerufen wurden, um im Familienkreise unsere Produktionen den Kindern des Hauses vorzuführen. Wir blieben zwar dem Geiste unserer Rollen getreu, aber die Explikationen waren so voll von guten und faulen Witzen, Anspielungen auf Stadt-Geschichten und sonstigen „Schlagern", die Musik und der Gesang waren so grotesk und urkomisch, daß die Zuschauer sich vor Lachen wälzten und immerfort Dacapo's verlangten. Als wir aber endlich fertig waren und abziehen wollten und der Hausherr uns eine Anzahl Silberzwanziger in die Hand drückte, da trat ich vor die Hausfrau und die Töchter des Hauses und dankte ihnen für die freundliche Aufnahme in einer zierlichen Rede in französischer Sprache, — ein Anderer setzte sich an den offenen Flügel und spielte gewandt die Lieblings-Cavatine aus der neuesten Rossini'schen Oper und dann stimmten wir Alle, den als Vokal-Quartett arrangirten Chor: „O Isis und Osiris!" von Mozart an.

Jetzt freilich erkannte unser Publikum, daß es mystifizirt worden war, aber der Spaß war in so anständiger und unschuldiger Weise durchgeführt worden und hatte so trefflich amusirt, daß man uns nun als „seines Gleichen" behandelte, mit Aufmerksamkeiten und Erfrischungen überhäufte und uns einlud, am Souper theilzunehmen, was wir jedoch dankend ablehnten; denn wir hätten noch mehrere Bestellungen und das Geschäft gehe vor dem Vergnügen. Wir wiederholten die lustige Comödie mit gleichem Erfolge noch in anderen Häusern, und trieben das so einige Abende, bis plötzlich die neue Katharinkias zum allgemeinen Stadtgespräch, die Polizei aufmerksam geworden war und wir eines Abends angehalten, aufs Polizeibureau geführt wurden und uns dort, nach Aufzeichnung unserer Namen, nebst einem strengen Verweis, das scharfe Verbot ertheilt ward, uns nie mehr „bei solchen Dummheiten" ertappen zu lassen. Sonst hatte übrigens die lustige Geschichte keine weiteren Folgen!

O meine theuren Jugendgenossen! Friedrich Taigner, Ottomar Victorini, Alois Fuchs, Ignatz Spausta, Janowicz, Krzyzanowski und ihr Anderen! wenn ihr noch lebt und Einem oder dem Andern diese Zeilen zu Gesicht kommen sollten, — wenn ihr auch mittlerweile würdige Familienväter, in Ehren ergraute Beamte, Advokaten und Aerzte und überhaupt gesetzte Philister geworden seid, — so werdet ihr doch mit vergnügtem Lächeln an die fröhliche Jugend

zurückdenken und euch mit freundlichem Wohlgefallen auch unserer
heiteren und lustigen Burschenzeit erinnern!

Der 25. Februar 1826 ward für mich zu einem roth an=
gestrichenen, großen Tage; denn es wurde im Lemberger deutschen
Theater zum ersten Mal ein von mir verfaßtes Stück: „Sanelza
oder die unglückliche Aehnlichkeit" gegeben, in welchem der Justiz=
mord des unglücklichen Jean Lesurques dramatisch verarbeitet war.
— Eine Schauspielerin, Frau Frasel, hatte sich das Stück zu
ihrer Benefiz-Vorstellung erbeten, wahrscheinlich in der Hoffnung,
mit dem Werke eines eingeborenen Verfassers ein volles Haus
zu erzielen. Am Tage der Aufführung ging ich trotz der bitteren
Kälte den ganzen Tag voll Stolz und Selbstbewußtsein in den
Straßen umher und blieb an jeder Ecke stehen, um den Theater=
zettel zu lesen und immer wieder zu lesen. Und wenn ich dann
darauf meinen Namen mit großen Buchstaben gedruckt sah, so
hob sich meine Brust in freudiger Erregung und ich kam mir
als ein sehr bedeutendes Wesen vor. Die Erwartung der Bene=
fiziantin erfüllte sich, das Haus war gut besetzt, meine Freunde
und Schulgenossen applaudirten mit einem Enthusiasmus und
einer Ausdauer, die einer besseren Sache würdig gewesen wären,
— ich wurde am Schlusse gerufen, mein Vater umarmte mich
freudigst — die Verwandten gratulirten und der jugendliche Autor
schlief diese Nacht entzückt und selig auf seinen Lorbeeren.

Das waren schöne Tage! — aber auch die schönsten Tage
nehmen ein Ende und so war es bei mir der Fall. Alle diese
Zerstreuungen und Vergnügungen waren an sich recht heiter und
belustigend, aber sie zogen mich immer mehr von den Berufsstudien
ab. Ein ziemlich großer, wenn auch ungeordneter Schatz von
Wissen war gewonnen, aber mir fehlte die wesentliche Grund=
bedingung ernster Wissenschaft: Beharrlichkeit! — Fast ein
Jahr war ich nun wieder zu Hause, hatte Allerlei studirt, aber
noch viel mehr Dilettantenwesen getrieben, war der tonangebende
Geist unter meinen Collegen, hatte meine Arbeiten gedruckt und
aufgeführt gesehen, — aber das Alles konnte mir keine Zukunft
begründen. Mein erfahrener Vater, der schon seit einiger Zeit
diese Zersplitterung meiner Thatkraft, dieses unaufhörliche Herum=
springen von einer Beschäftigung zur anderen und dabei die Ver=
nachlässigung meiner ernsten Studien mit Mißfallen beobachtet hatte,
sprach eines Tages in eindringlicher Weise darüber mit mir.
Er stellte mir vor, daß ich in dieser Weise fortlebend, ohne Rich=

tung, ohne Ziel, meine Kräfte zersplitternd, geistig zu Grunde gehen mußte. Er drang darauf, daß ich mich aus den Lemberger Verhältnissen losreißen, meine Jugendfreunde verlassen, in einer anderen Stadt unter fremder Umgebung mich der ernsten Arbeit widmen müsse, wolle ich nicht ein unnützer Mensch werden. Es sei die höchste Zeit, daß ich mein künftiges Loos gründe; er wolle mir dabei nach Kräften helfen, auch weder einen Beruf noch eine Richtung vorschreiben.

Ich fand, daß mein Vater Recht hatte, daß ich schon zu viel Zeit nutzlos verlottert hatte, und nach einer längeren freund=schaftlichen Unterredung zwischen uns, erklärte ich mich entschlossen, ohne Zeitverlust nach Wien zu gehen, dort mich mit Ernst dem Studium der Medizin zu widmen und durch Fleiß und Ausdauer mein künftiges Loos zu gründen! Mein Vater war hocherfreut, sicherte mir zu, daß er die Reisegelegenheit bis Wien bezahlen und mir außerdem hundert Gulden mitgeben werde. „Auf Mehr rechne für's erste Jahr nicht," schloß er, „suche Dir durch litera=rische Arbeiten, durch Lektionengeben selbst etwas zu verdienen. Ich mußte mit fünf Gulden hinaus in die Welt und hungern und entbehren, arbeiten und ringen. Von mir erhältst Du nur dann eine Unterstützung, wenn Du selbst etwas verdient hast, und meine Beiträge werden sich nach dem von Dir Verdienten richten."

Diese Unterredung fand am 2. Mai statt, als ich meinem Vater gerade zu seinem Namensfeste gratulirt hatte, — wir trafen nun Beide unsere Vorbereitungen und als diese beendet waren, verließ ich am 26. Mai Lemberg. Beim Scheiden gab mir mein Vater eine Reihe von Lebensregeln als seinen letzten Wunsch und guten Rath mit. Noch immer besitze ich dieses theure An=gedenken an den unvergeßlichen Mann und lese es noch oft mit stiller Rührung, seiner unendlichen Liebe für mich gedenkend.

Als ein Denkzeichen der Erinnerung mögen diese väterlichen Lehren hier folgen; — vielleicht sind sie anderen Jünglingen, die hinaus gehen in die Welt, eine heilsame Ermahnung, — sonst aber zeigt ihr Inhalt, außer seiner großen Liebe für mich, auch noch den Ton und die Stimmung der damaligen Zeit, wo alle „guten Staatsbürger" und treuen Unterthanen so dachten und — so denken mußten. So hat dieses Schriftstück auch eine kulturhistorische Bedeutung und trägt das Gepräge einer längst hinter uns liegenden Zeit.

Die Abschiedsworte meines Vaters lauteten:
„Mein geliebter Sohn!

Du verläßt nun Deinen Vater, den Du wahrscheinlich in diesem Leben nie wiedersehen wirst. Nimm also von Deinem sterbenden Vater den väterlichen Segen mit hinaus in Deinen ferneren Lebenslauf. Gott segne, Gott erhalte Dich, und lenke stets Dein Herz zum Guten und Nützlichen. Ich erkläre Dich hiermit als volljährig. Jeden Stand, jedes Gewerbe kannst Du nach eigener Willkür ergreifen, ohne vorher meine väterliche Einwilligung einholen zu dürfen, weil ich überzeugt bin, daß Dein Herz unverdorben ist, und Du nie etwas thun oder unternehmen wirst, was Dir nachtheilig, oder mir unangenehm wäre. Hier einige Wünsche für Deinen Vater, und einige Lebensregeln für Dich, mein Sohn, die Dir sehr nützlich sein werden.

1) Vergesse nicht in dem Gewühle der großen Welt Deinen Vater, und schreibe ihm wenigstens alle Monate einen Brief, damit ich — Du weißt, wie sehr ich Dich liebe, jeden Monat ein Freudenfest feiere.

2) Liebe Deinen einzigen Bruder Karl, und so Dir Gott helfen wird und Du es im Stande bist, so stehe ihm bei und unterstütze ihn; Du weißt: der arme Junge ist das nicht, was Du bist.

3) Von jedem Gespräche über Politik und Staatsverfassung halte Dich zurück; selbst unter vertrauten Freunden beobachte ein Stillschweigen von diesen Gegenständen. Bedenke, daß die Ordnung und Verfassung eines jeden Staates so heilsam für das Zeitliche der Menschheit ist, wie die Religion für das ewige Heil. Nur Schwach- und Schwindelköpfe maßen sich in ihrer Beschränktheit an, Alles besser zu wissen, Alles besser machen zu können und auch wohl gar zu wollen. Selbst im Scherze erlaube Dir nicht einen lauten Ausdruck darüber, und wenn Dir je hierin etwas unzweckmäßig, oder gar zweckwidrig scheint, so glaube, daß Mangel an gründlicher Einsicht Deinerseits diese schiefe Ansicht darbietet.

4) Lebe mäßig, mein Sohn, denn in der Mäßigkeit liegt der wahre Genuß des Lebens. Wer ein Glas Wein trinkt, genießt weit mehr als der Schlemmer, der in der Völlerei Genuß sucht und dadurch sich zum Vieh herabwürdigt, seine Gesundheit zerstört und die Verachtung aller Gesitteten sich zuzieht. — Auch bedenke, daß — nach der Behauptung der bewährtesten Aerzte — von hundert Begrabenen 99 sind, die durch unvor-

sichtige oder unmäßige Geschlechtsgenüsse die Grundursache des Todes sich zugezogen haben. Wer die Mäßigkeit zum Wanderstabe durch's Leben wählt, der hält sich in diesem aufrecht, bis in's hohe Greisenalter.

5) Sei redlich gegen Dich selbst, so wirst Du es gegen Andere gewiß auch sein, und wo Du Deinen Nebenmenschen dienlich und nützlich sein kannst, so sehe Dich verpflichtet dazu und leiste Beistand.

6) Bewahre Dein Gemüth vor Zorn und Uebereilung. Ersterer ist verderblich für Dich und Andere und führt oft schreckliche Folgen herbei, und letztere bereut man immer zum eigenen Nachtheil.

7) Deine Kleider und Habseligkeiten müssen Dir ein unantastbares Heiligthum sein. — Lieber darben, lieber einen Menschen, zu dem Du Vertrauen fühlst, um eine Unterstützung ansprechen, als von Deinen Kleidern auch nur das Kleinste zu veräußern; — denn wie Du hierin den Anfang machst, steht auch das Ende dicht vor Dir, und kannst Du dann nicht anständig erscheinen, so bist Du verloren.

8) Die Reinlichkeit Deines Körpers sei Dir heilig, nicht nur, daß Du dadurch Deine Gesundheit erhältst, sondern Du ziehst auch die Aufmerksamkeit auf Dich, da man von äußerer Ordnung auf ein edles inneres Gemüth schließt. Der unordentliche, unreinliche Mensch wird gewöhnlich für lüderlich anerkannt.

9) Erweitere Deine Kenntnisse so oft und so viel Du kannst; denn diese sind unser wahrer Reichthum. Lese fleißig französische Werke, damit Du eine Fertigkeit in dieser Sprache erhältst, und das Latein, diese allgemein geehrte und Gelehrten = Sprache, laß in Dir nicht aussterben.

10) Wenn je etwas von Dir in Druck erscheinen soll, so lasse es auch jedesmal zu Deinem Vater gelangen. Ich werde dies als eine Belohnung ansehen, für alle Mühseligkeiten, die ich von Deiner Geburt bis jetzt für Dich verwendet, und für alle Wohlthaten, die ich Dir so vielfältig erwiesen. Auch wirst Du täglich — sowie bis jetzt, in meinem Gebet eingeschlossen sein und sollte nach meinem Hinscheiden einiger Nachlaß bleiben, so sei versichert, daß Du gegen Deinen jüngeren Bruder nicht im Nachtheile stehen wirst und sollst

Willst Du das Andenken Deines Vaters ehren, so lese diese meine Abschiedsworte wenigstens in jedem Monat einmal. Glaube

mir, dieses wird Dir Trost, Hoffnung, Beruhigung und für die
Folge Aufmunterung zum Guten gewähren. Lebe wohl, mein
Sohn! — **Sei gut!** So wie Du heute von mir, habe ich vor
länger als 45 Jahren Abschied von meinem Vater genommen
und bin ohne Stütze und Hülfe hinausgegangen in das große
Getreibe der Welt und Menschen. Ich habe meinen guten Vater
nie wieder gesehen, auch Du wirst aller Wahrscheinlichkeit nach
Deinen Vater in diesem Leben nicht wiedersehen; aber sei brav
und gut, sei ein redlicher Mensch und Gott wird, wie er Deinem
Vater beigestanden, auch Dir helfen und beistehen. Amen! Es
werde wahr!!

Nimm den Abschiedskuß von Deinem Dich innig und herzlich
liebenden Vater.

Sigmund Börnstein mpp."

Geschrieben im Mai 1826.

Enttäuschungen.
(1826.)

So trat ich denn meine Reise mit diesen so gut und ehrlich
gemeinten Ermahnungen, mit den wärmsten Segenswünschen meines
Vaters, und was mich selbst betrifft, mit den besten Vorsätzen an.
Aber wie der Italiener sagt: „Auch die Hölle ist mit guten Vorsätzen gepflastert", — so sollte ich bald an mir die Erfahrung
machen, daß die weisesten Lehren und die festesten Vorsätze einen
jungen heißblütigen Menschen nicht vor dummen Streichen be-
schützen können. Diesesmal fuhr ich mit dem Landkutscher (Hauderer) und der übereilte sich nicht. Langsam und bedächtig schlich
die schwerfällige Landkutsche mit vier Passagieren im Innern und
einem halben neben dem Kutscher auf dem Bocke, auf dem Hinter-
gestelle ein hochaufgethürmtes Gebirge von Koffern und Kisten,
über die staubige Landstraße fort. Vor Tagesanbruch wurde ausgefahren, zu Mittag zwei Stunden gefüttert und Abends um sechs
Uhr wieder zum Nachtlager eingekehrt und so des Tages nie mehr
als acht Meilen zurückgelegt, oft auch weniger.

So waren wir denn glücklich vom 26. Mai bis 8. Juni

unterwegs, also volle vierzehn Tage, von denen wir zwei Tage in Brünn liegen blieben, weil die bisherigen Mitreisenden dort geblieben waren und der Kutscher sich nun um andere Reisende bis Wien umsehen mußte. Diese zwei in Langeweile und Müßiggang verlebten Tage wurden mir zu Unglückstagen. Mein Vermögen, mit dem ich in die Welt hinausging und das in hundert Gulden Einlösungsschein bestand, hatte ich sorgsam auf der Brust in der Brieftasche verwahrt; — aber in Brünn gerieth ich in lustige Gesellschaft von mir befreundeten Cadetten anderer Regimenter, es wurde geplaudert und pokulirt und zuletzt eine kleine Bank aufgelegt, Makao und Halber=Zwölf, in der ich nach wechselndem Glücke zuletzt dreißig Gulden sitzen ließ. Des Vormittags schon hatte ich mir von der unwiderstehlichen Beredtsamkeit eines Brünner Kaufmannes eine silberbeschlagene Meerschaumpfeife für zehn Gulden anhängen lassen, gegessen und getrunken hatte ich auch in diesen vierzehn Tagen und so kam ich mit einem Reste von **dreißig Gulden in Wien** an.

Der Wagen hielt vor dem bescheidenen Gasthofe „Zum goldenen Löwen" in der Taborstraße, die Reisenden sprangen heraus, Hausknecht und Kutscher packten die Koffer ab, und der Oberkellner, Locken und Cravatte richtend, trat an mich und fragte: „Befehlen Euer Gnaden ein Zimmer?" — „Nein", antwortete ich ängstlich und hastig, — „ich wohne hier bei Verwandten, lassen Sie meinen Koffer nur stehen, bis ich ihn abhole." — „So" — sagte der Oberkellner, drehte sich auf dem Absatze herum und ging pfeifend seiner Wege; ich aber stand da auf der Straße in der großen Stadt mutterseelen allein, ohne Freunde, ohne Bekannte. Mein ganzes Geld, dreißig Gulden, meine Hoffnungen, einige mitgebrachte Theaterstücke, ein Packet Sonette und Canzonen und ein halbes Dutzend Novellen, lauter Arbeiten meiner Feder, die hier in Wien mein Glück begründen sollten, nebst einigen Empfehlungsbriefen, die mir mein Vater mitgegeben. Allerdings wenig genug, um eine Existenz darauf zu gründen, aber ich war 21 Jahre alt, hatte einen glücklichen Lebenshumor, einen fröhlichen, sorglosen, leichten Sinn und die tiefinnerste Ueberzeugung: **ich könne Geld verdienen, so viel ich brauche**. — Glückliche Jugend! — Schöne Tage! — Fröhliche Hoffnungen!

Aber mit meinen paar Gulden mußte ich nun höchst sparsam umgehen, das begriff ich. Ich machte mich also gleich auf den Weg, um mir irgendwo ein bescheidenes Kämmerchen zu

miethen und so durchwanderte ich die Leopoldstadt. Ich fand auch
genug Zettel an den Thüren hängen, auf denen geschrieben stand:
„Ein Gapinedd für eunen solüten löthigen Hörrn zu verlasen
oder Ein seun mobelirter Zümmer mit sebaröten Aingank und
Bedünnung is hür zu sermütten" — aber diese Orthographie
schreckte mich ab; denn unwillkührlich hatte ich von meiner Jugend
an mit einer unorthographischen Schrift auch den Begriff eines
ungebildeten, unordentlichen, unreinlichen Menschen verbunden.
Endlich kam ich in ein Gäßchen, wo an einem Hause ein Zettel
hing, mit den Worten: „Hier ist ein kleines Cabinet für einen
Studenten zu vermiethen." Das paßte. Ich ging hinauf, besah
das Cabinet, war glücklich einen Winkel zu finden, wo ich mich
ruhig hinsetzen konnte, und als ich erfuhr, daß das reinliche
Zimmerchen mit Bedienung monatlich nur fünf Gulden kostete,
miethete ich es auf der Stelle, holte meinen Koffer aus der
Löwengrube und installirte mich.

Meine Zimmervermiether waren ein altes gutmüthiges Ehe=
paar, — Philemon und Baucis, — er Consistorial=Protokollist
in der erzbischöflichen Kanzlei, und sie seine treue, arbeitsame
Gattin. Der Mann hieß Börr, und die Wohnung war im
Haidgaßl, das in die jetzige Sperlgasse ausmündete. Die guten
Leute hatten ein Zimmer und ein Cabinet und einen dunkeln
Winkel, der für eine Küche galt. Das Zimmer benutzten sie als
Wohn=, Schlaf=, Speisezimmer und Empfangssalon, das Cabinet
wurde mir feierlich übertragen. Der Consistorial=Protokollist hatte
seit 14 Jahren vierhundert Gulden Einlösungs=Schein,
Jahresgehalt, — früher hatte er zwölf Jahre lang als Diurnist
in derselben erzbischöflichen Kanzlei täglich dreißig Kreuzer er=
halten und trotz seiner Pünktlichkeit und seines Fleißes war keine
Aussicht vorhanden, daß er je in seinem Leben mehr bekommen
würde als jetzt, und darum trug wohl Frau Börr alle Sonnabend
sechs Kreuzer in die Zahlenlotterie und wartete auf ein Terno —
der nie kam. Aber trotz der beschränkten Einkünfte waren die ehr=
lichen genügsamen Leute zufrieden und behalfen sich so gut es ging.

Allerdings war damals in Wien auch billig zu leben; in
den alten patriarchalischen Wirthshäusern bekam man noch einen
guten Wein, die Maß um 24 Kreuzer Schein und um 15
Kreuzer Schein bekam man ein „Rostbratel mit Erdäpfeln", ein
fast pfundschweres Rippenstück von einem ungarischen Mast=Ochsen,
das auf allen Seiten über den Rand des großen Tellers hinaus=

ragte und auf welchem sich ein Himalaya=Gebirge von „Erd=
äpfelschmarren" aufthürmte, der fast bis unter die Nase des
Hungrigen reichte. Das gehört jetzt zu den „überwundenen Stand=
punkten", zu den „Sagen der Vorzeit".

Nachdem ich mich am selben Tage und Abende in Wien
müdegelaufen, den Stephansthurm und andere Merkwürdigkeiten
bewundert und überall Umschau gehalten hatte, setzte ich mich in
mein trauliches Zimmerchen, entwarf meinen Lebensplan und schrieb
bis in die halbe Nacht hinein Briefe an Theaterdirektionen, Re=
daktionen und Verleger. Am andern Morgen ging das große
Werk los. Ich schickte mein Trauerspiel an die Direktion des
Hofburgtheaters, die Dramen und Melodramen an die Theater
an der Wien und in der Josephstadt, die Novellen an den Ver=
lagsbuchhändler Heubner und das Schock Sonette an Bäuerle mit
dem Bemerken, daß ich ihm in den nächsten Tagen mit einem
Empfehlungsbriefe meines Vaters meine Aufwartung machen werde.
Nachdem ich so meine Geistesarbeiten gehörig vertheilt, und meiner
Meinung nach, den sichern Grund für meine künftige Carrière
gelegt, stürzte ich mich wieder in das lebhafte und geschäftige
Treiben der Kaiserstadt, und konnte gar nicht müde werden, die
neuen und immer wechselnden Bilder zu bewundern.

Wien war damals mit einer kleineren Bevölkerung dennoch
viel lebhafter, als es jetzt das erweiterte und verschönerte Wien
ist. In dem kleinen Raum innerhalb der Stadtwälle — Basteien
wie man sie nannte, in den engen und krummen Gassen der in=
neren Stadt war das ganze Leben und Treiben zusammengedrängt.
Vor den Thoren dehnte sich das weite Glacis aus, das nur an
wenigen Punkten belebt war; hinter diesem erst fingen die ver=
schiedenen Vorstädte — „Gründe" genannt an, die auch zusam=
mengedrängt waren und von denen nach den jetzigen Vororten
weite staubige Wege durch unbebaute Gegenden führten. So war
das Straßenleben weit mehr concentrirt und bot daher auch ein
viel bewegteres und geschäftigeres Bild dar, während jetzt die
nahezu eine Million ausmachende Bevölkerung sich auf dem un=
geheuer ausgedehnten Raume verliert und zerstreut und nur noch
bei besonderen Gelegenheiten — Praterfahrten, Volksfesten ꝛc. —
sich das frühere Gewoge und Gedränge in den Straßen des alten
Wiens sporadisch zeigt.

So war ich denn während des ganzen Tages herumgestrichen
und es war Abend, die Kaufläden und ihre Auslagen prangten

im hellen Lampenschimmer, ein lustiges Menschengewoge trieb sich
in geschäftiger Hast durch die beleuchteten Straßen, hunderte von
Equipagen und Fiakern tobten rasselnd durch das Gedränge, aus
den vollen Bierhäusern tönten Zitherklänge oder Strauß'sche
Walzer, Versucherinnen mit trippelndem Gange und coquett=züchtiger
Haltung strichen an den Häusern hin, während die hechtgrau= und
grünen Polizeisoldaten mit Stock und Säbel bewaffnet, hier zu=
sammengefahrene Wagen auseinander brachten, dort einen Taschen=
dieb arretirten, da einen Streit schlichteten, indem sie beide streitende
Theile auf die nächste Wachstube führten und mitunter auch einem
leidenschaftlichen Tabakraucher die Pfeife confiscirten, indem die
Errungenschaft, auf der Straße rauchen zu dürfen, damals noch
nicht gewonnen war.

 Ich ging gerade über den Haarmarkt und auf dem kleinen
Platze, in den vier Straßen einmünden, herrschte eine entsetzliche
Verwirrung, Equipagen, Fiaker, Bierwagen hatten sich hier in
einander verfahren, keines von den vielen Fuhrwerken konnte
weiter, mit jeder Minute wuchs in den angrenzenden Straßen
die Zahl der zufahrenden und gehemmten Wagen, die Masse
der weder rückwärts noch vorwärts könnenden Fußgänger wurde
immer dichter, Flüche und Schimpfworte erschollen von allen Seiten
und vergeblich versuchten die Polizeiposten in diesem chaotischen
Gewühle Ordnung zu machen und Ruhe zu erhalten. — Jetzt
wurde etwas Luft, die ganze Masse kam wieder in Bewegung, —
in diesem Augenblicke ertönte neben mir der gellende Schrei einer
Frauenstimme, — ich blickte um, einem dicht neben mir haltenden
Wagen war das rechte Hinterrad zertrümmert worden, er stürzte
mit der darin sitzenden Dame, die ängstlich die Hände rang. Ich
riß die Wagenthür auf, die Dame heraus und in demselben Moment
stürzte der Wagen krachend auf die andere Seite. Die Gerettete,
eine ziemlich starke Dame von ungefähr fünfundzwanzig Jahren,
war halb ohnmächtig. Ich führte sie rasch in den Thorweg des
Gasthauses „Zum Apollo", wo damals der später so populäre
Daum, der Liebling der Wiener, eine unscheinbare Weinstube
hatte, brachte ihr ein Glas Wasser und bald kehrten Bewußtsein
und Fassung zurück. — „Ah mon Dieu!" — lispelte die Dame
— „Vous m'avez sauvé la vie! Mille graces! Mais, juste
Dieu! ou est mon père? — Il sautait de la voiture et je
ne l'ai plus vu." — Ein wohlbeleibter Graukopf, mit einem
rothen Bändchen im Knopfloch des Rockes, drängte sich in diesem

Augenblick durch die Umstehenden. „Elise! ma pauvre Elise!"
— rief er die Dame erblickend — „ah! que j'avais peur." —
„Voilà mon ange gardien — mon sauveur!" — sagte die Dame,
der alte Herr umarmte mich und rief mit französischer Lebhaftigkeit:
„Mille fois merci, Monsieur! j'acquitterai ma dette! Nous
nous reverrons! Voilà ma carte!" — Er drückte mir seine
Karte in die Hand, die ich mechanisch einsteckte, nahm seine Tochter
unter den Arm und mit einem „A revoir, Monsieur!" verließen
mich beide, ich aber, mein Abenteuer überdenkend, trieb gedankenlos
mit der Menge über den Stephansplatz, Graben und Kohlmarkt.
Ein dichtes Menschengewühl drängte sich vor einem großen Gebäude,
Equipagen auf Equipagen fuhren vor und ich stand vor dem un=
scheinbaren Eingang in das Burgtheater und las den Zettel:
„Die Jungfrau von Orleans, — Madame Stich
vom königlichen Hoftheater in Berlin als Gast." —

„Das muß ich sehen", jubelte ich, trat an die Kasse, forderte
ein Parterre=Billet, gab mit einem Seufzer über meine Voreiligkeit
den geforderten Gulden hin und schwelgte nun drei Stunden lang
in den mir in solcher Vollkommenheit noch nie gebotenen Genüssen.
Wer das Hofburg=Theater in Wien mit seinem Künstlerkreise, mit
einem Koch, — Anschütz, — Löwe, — Korn, — Krüger, —
Costenoble, — Fichtner, — mit der herrlichen Sophie Schröder,
der anderen Sophie, Sophie Müller, — unter Schreyvogel's
trefflicher Leitung, damals gekannt hat, wird sich meine Ueber=
raschung denken, wird den Eindruck bemessen können, den eine
solche vollendete Darstellung auf mich, der ich bisher nur die
Lemberger Provinzbühne kannte, machen mußte.

Das Theater war zu Ende; — ich zog träumend und
aufgeregt mit dem Menschenstrom heimwärts, als mich Musiktöne
anlockten, ich aufblickte und mich wieder vor der Weinhandlung
„Zum Apollo" am Haarmarkt befand. Jetzt erst fiel mir mein
Abenteuer mit der Dame wieder ein, und mein sanguinisches
Temperament schwelgte in kühnen Hoffnungen. Vielleicht dachte
ich mir, indem ich in Daum's Weinstube trat, war das ein reicher
Cavalier, vielleicht der französische Gesandte und mein Glück ist
gemacht, mein Wiener Aufenthalt fängt glänzend an. In dieser
gehobenen Stimmung ließ ich mir zu essen und zu trinken geben,
träumte, vom Weine erwärmt, die wunderbarsten Zukunfts=
Abenteuer, während um mich herum das regste Wirthshausleben
wogte und Daum's große Spieluhr zum einundzwanzigsten Male

die „Don Juan"-Ouverture heraborgelte. Aber nach und nach ward es leerer, und auch ich mußte an den Heimweg denken, meine Zeche betrug zwei Gulden, die ich mit einem reuigen Seufzer bezahlte; ich ließ mir von einem mitleidigen Grundwächter meine Wohnung, die ich nicht finden konnte, zeigen und entschlief endlich, dort angelangt, um von französischen Gräfinnen und der Jungfrau von Orleans, von einer Anstellung als Legations-Sekretär oder als Hoftheater-Dichter zu träumen.

Als die Sonne am andern Morgen in mein Zimmerchen schien und ich erwachte, kam die Reue; drei Gulden hatte ich von meinem Capitale ausgegeben, und dazu entdeckte ich mit Schrecken einen Riß in meinem blauen Gehrocke, den ich vermuthlich bei dem Wagen-Abenteuer davongetragen hatte. Ich bat meine Hauswirthe, den Rock ausbessern zu lassen, zog meine schwarze Galakleidung an und ging, meine Empfehlungsbriefe abzugeben und Verdienst, Anstellung oder doch wenigstens das tägliche Brot zu suchen. Von Sophie Schröder und dem alten Costenoble wurde ich als der Sohn eines Freundes aus früheren Zeiten auf das Freundlichste empfangen, eingeladen, meine Besuche zu wiederholen und Freibillets in's Burgtheater wurden mir offerirt; — ich kam dann zu einem Kaufmann, dem mein Vater einst einen wichtigen Dienst geleistet; er las den Brief und bot mir nicht einmal einen Stuhl an. Ein anderer alter Freund meines Vaters plauderte mit mir zwei Stunden lang über mit ihm verlebte schöne Zeiten in Lemberg und entließ mich endlich mit der Höflichkeitsformel: „Besuchen Sie mich bald wieder!" — was so viel heißen will als: lassen Sie sich ja nicht mehr sehen. — So lief ich denn drei Tage in dem großen Wien herum, studirte das Intelligenzblatt der „Wiener Zeitung", bewarb mich um jeden darin ausgeschriebenen Posten fruchtlos, lebte auf das Spärlichste und war deshalb desperat, als mir der Schneiderjunge den ausgebesserten Gehrock brachte, nebst einer Rechnung in der es hieß: „einen Riß ausgebessert, drei Knopflöcher umnäht, drei Knöpfe angenäht, nebst Seide und Zubehör, macht einen Gulden und vierzig Kreuzer." Aber noch immer hielt mich die Hoffnung auf die Erträgnisse meiner schriftstellerischen Arbeiten aufrecht. Die Stücke müssen angenommen, die Novellen gedruckt werden, denn sie waren nach meiner Meinung vortrefflich und von den Honoraren würde ich schon eine geraume Weile leben können, — so tröstete ich mich, aber auch hier sollte die bittere Enttäuschung bald folgen.

Ich ging zum Buchhändler, um mich nach dem Schicksale meiner Novellen zu erkundigen; er empfing mich sehr freundlich, lobte meine Arbeiten, hob die blühende Sprache und die interessanten Situationen darinnen hervor, schnitt aber meine beabsichtigte Frage: Wie viel er mir für diese gelungenen Novellen an Honorar bewilligen wolle? — durch die Schlußerklärung ab, daß er sich in jüngster Zeit leider in manchen Verlust bringenden Verlag eingelassen habe und sich nur dann zum Verlage meines Buches entschließen könne, wenn ich die sämmtlichen Druckkosten mit 500 Gulden in Vorhinein bei ihm deponiren wolle. — In beispielloser Verwirrung stotterte ich ein „Ich will's mir überlegen!" heraus und stürzte beschämt und zerknirscht fort, beinahe die Scheibe der Glasthüre einrennend, während mir das Gelächter der Commis auf die Straße nachschallte. Als ich nach Hause kam, lag ein Packet auf dem Tisch; es war mein Trauerspiel, nebst einem artigen Schreiben der Hoftheater-Direktion: „daß man bedaure, von dem anbei rückfolgenden Stücke, das zwar Talent, aber eine große Unbekanntschaft mit den Anforderungen der Bühne verrathe, **keinen Gebrauch machen zu können!**"

Jetzt fing es an, in mir zu dämmern und ich begann zu begreifen, daß in der wirklichen Welt nicht Alles so sei, wie sich's mein jugendlicher Kopf gedacht hatte und daß zum Schriftsteller noch etwas mehr gehöre, als sich selbst dafür zu halten. — Ich schrieb ein artiges Billet an die Direktion des **Theaters a. d. Wien**, bat sie, mir ihre Entscheidung über die eingereichten vier Stücke mitzutheilen. Mein Hauswirth, den eine leise Sorge um seinen Miethzins zu beschleichen schien, übernahm die Besorgung des Briefes. Nach einer von mir in Angst und Zagen verbrachten Stunde kam er mit einem versiegelten Schreiben wieder; — ich sah ihn prüfend an, er hatte keine Manuscripte, folglich waren sie angenommen, folglich durfte ich auf das Honorar rechnen. Doch ich sollte bald eines Besseren belehrt werden; — als ich mit zitternden Händen den Brief erbrach, las ich darin, daß die Direktion in meinen Stücken allerdings Talent finde, daß sie aber einer Umarbeitung durch eine bühnengewandtere Hand bedürften und daß die Direktion daher bedauere, mir kein größeres Honorar bieten zu können als für **alle vier Stücke zusammen** den Betrag von **fünfundzwanzig Gulden**, worüber ich mich gefälligst erklären wolle.

Zorn und Wuth, Enttäuschung und Beschämung ergriffen

mich, ich schrieb racheschnaubend einen Brief, worin ich bat, meine
Stücke augenblicklich zurückzuschicken, indem mir der Greisler
mehr dafür geben würde. Mein Miethherr, dem ich diese
kecke Antwort vorgelesen, sagte kopfschüttelnd: „Aber was fallt
denn Ihnen ein. Der Greisler giebt Ihnen für die vier Stücke
nicht sechs Groschen. Nehmen's die fünfundzwanzig Gulden.
Etwas ist besser als Nichts, und wer weiß, ob Ihre Komediebüchel
mehr werth san." — Aber ich bestand auf meinem erhitzten Kopfe
und der Miethherr brummte noch ein: „Sö san halt a Narr!"
und machte sich auf den Weg. Nach abermals einer Stunde
lagen auch meine vier Melodramen wieder auf dem Tisch, um
dem zurückgekommenen Trauerspiel und den heimgebrachten Novellen
Gesellschaft zu leisten. Als letzten Versuch schrieb ich noch an
Bäuerle, und die Antwort lautete, ich möchte ihn am nächsten
Morgen besuchen.

Ich verlebte einen traurigen bitteren Abend, eine jener
unheilsvollen Stunden, in denen der müdegehetzte Mensch brütend
und stumm dasitzt, seinen Gedanken ihren Lauf läßt, und immer
trauriger und finsterer wird, immer banger und schwerer athmet,
bis er endlich an die goldenen Kinderjahre, die theure Heimath
und alle die milden, versöhnenden Erinnerungen des lieben elter=
lichen Hauses zurückdenkt und nun heiße Thränen aus seinen
brennenden Augen rollen und er laut weinend den Kopf in die
Kissen seines Bettes drückt, bis ihn ein wohlthätiger Schlaf von
seinen Qualen befreit.

Wer eine solche Lage nicht selbst erlebte, wer nicht, wie der
Dichter sagt: „sein Brot mit Thränen aß" — der wird mich
nicht verstehen; wer aber solche Augenblicke selbst hatte, wer in
seinem bewegten Leben ringen und darben, streben und hungern
mußte, der wird meinen Zustand begreifen. — Am andern
Morgen eilte ich zu Bäuerle; der stets artige Welt= und Lebe=
mann empfing mich mit zuvorkommender Freundlichkeit, fragte
mich nach dem Befinden meines Vaters, der seit Jahren sein
Lemberger Correspondent war, über meine Pläne, Hoffnungen
und Ideen, denen er ein leichtes Achselzucken entgegensetzte, lächelte,
als ich ihm meine fehlgeschlagenen Versuche mittheilte, und sagte
endlich auf meine Frage nach dem Schicksale meiner Sonette:
„Mein lieber junger Freund, die kann ich nicht brauchen. Dichter
hab' ich genug, aber Gedichte lesen nur die Wenigsten. Wenn
ich mir meine Pränumeranten vertreiben will, so darf ich nur

recht viel Gedichte bringen. Glauben Sie mir, wir haben kein
Publikum für so etwas; ich spreche aus Erfahrung." —

Ein langgezogenes „So — so" — war meine Antwort,
— ich zitterte vor Scham und Zorn, aber ich bezwang mich und
sagte wehmüthig: „Wollen Sie mir sie nicht zurückgeben, Herr von
Bäuerle?" — „Herzlich gerne", sagte Bäuerle, froh, die poetischen
Pränumerantenvertreiber los zu werden und begann zu suchen;
— allein vergebens, weder auf, noch unter dem Schreibtische,
weder auf den Repositorien, noch im Papierkorbe fand sich von
ihnen eine Spur. — „Sie müssen doch da sein", — sagte der
emsig Suchende. — „Aber wo?" — fragte ich. Da öffnete
sich die Thüre, der kleine Adolph, der hoffnungsvolle Redaktions=
sprößling, trat mit einem papiernen Drachen herein und sagte:
„Papa! gieb mir einen Spagat" (Bindfaden). Ein Blick auf
den Drachen vollendete meine Verzweiflung, — er bestand aus
meinen Sonetten, die kreuz und quer verschnitten und verbogen
darauf geleimt waren. Das war der Todesstreich, — im Innersten
ergrimmt, zerschmettert, vernichtet, wartete ich nicht das Ende der
Untersuchung ab, die mit dem kleinen Sonettenvertilger angestellt
wurde, der in des Vaters Abwesenheit in das Redaktionszimmer
gekommen war und sich dort die ersten besten Papiere zu seinem
Drachen genommen hatte. Ich riß ihm das Corpus delicti aus
der Hand, stürzte zur Thüre hinaus und erreichte mitsammt dem
Drachen meine Wohnung unter dem Jubel der mich begleitenden
Gassenjungen, wo angelangt, ich nun den feierlichen Schwur that,
nie mehr einen Fuß über Bäuerle's Schwelle setzen zu wollen.

Nach mehreren Stunden stummen Brütens blickte ich um
mich, — da waren wir, in dem kleinen Zimmerchen, wieder Alle
zusammen. Ich, mein Trauerspiel, meine Melodramen und No=
vellen und die aufgeleimten Sonette. Meine Hoffnungen waren
zertrümmert, ich faßte ruhig einen Entschluß; ich nahm phlegmatisch
den Drachen, zertrümmerte ihn mit einigen Fußtritten, erfaßte
meine Manuscripte, trug Alles in die Küche, und warf Stücke,
Novellen und Sonette in's Heerdfeuer, wo sie die verzehrende
Flamme schnell erfaßte, während ich hell auflachte....

„Um Gotteswillen! wollen's denn's Haus anzünden? Was
treiben's denn?" — mit diesem Schreckensruf stürzte Frau Börr
aus dem Zimmer in die Küche, wo ihr die hellen Flammen ent=
gegenschlugen. — „Ich räume auf," gab ich lakonisch zur Ant=
wort, die gute Frau brummte aber etwas von „Narrentattl",

„Confusionsrath" u. dgl., und als sie gesehen hatte, was aus der papiernen Asche geworden und keine Gefahr mehr da war, ließ sie mich stehen und ging. Jetzt setzte ich mich an meinen Schreibtisch, und schrieb einen herzlichen Brief an meinen Vater, bekannte ihm reumüthig die Verschwendung des ausgegebenen Geldes und bat ihn, mir nur dies eine Mal noch aus der Noth zu helfen, — es solle gewiß das letzte Mal sein. Zehn bis zwölf Tage, das wußte ich, brauchten Brief und Antwort, so lange mußte ich mich eben durchschlagen.

Ich machte neue Versuche, irgendwo ein Plätzchen für mich zu finden, lief herum, bot mich als Copist, Souffleur, als Lotterie=schreiber an — Alles vergebens. Ich wollte Lektionen im Fran=zösischen geben und offerirte mich, aber in den Bürgerklassen herrschte damals noch kein Bedürfniß nach fremden Sprachen, die Leutchen sprachen, wie sich ein Wiener Witz ausdrückte, nur: „deutsch, dumm und dalket", — und die höheren Klassen hatten ihre französischen maitres, gouvernantes und professeurs des langues, da kam ich nicht an. Endlich aber zeigte sich doch einige Hoffnung. Unsere Hausmeisterin kam herauf und fragte mich, ob es wahr sei, daß ich französische Lektionen gebe. „Ja wohl," rief ich freudig, da vertraute sie mir, sie wolle ihre Tochter, die Resi, zu einem „feinen Stubenmadel" ausbilden, dieselbe könne schon nähen, sticken und frisiren, habe auch schon einmal ange=fangen, französisch zu lernen, ob ich die Lektionen fortsetzen wolle. — Natürlich bejahte ich; aber viel könne sie nicht zahlen, meinte sie, sie seien arme Hausmeisterleut', höchstens zwanzig Kreuzer für die Stunde wolle sie darauf verwenden. Mein Stolz war ge=brochen, ich nahm bereitwilligst an, zwanzig Kreuzer waren in meiner Lage ein beachtenswerthes Kapital.

Die Hausmeister=Resi war ein hübsches, üppig entwickeltes Mädchen von 17 Jahren, mit großen schwarzen Augen, und eben solchem Haare, sie war lustig, lebensfroh, sang und tänzelte den ganzen Tag herum, aber zum Lernen schien sie keine große Lust zu haben. Schon in der ersten Lektion fragte sie mich, statt sich um die Deklination zu kümmern, um meine Herkunft, um meine Pläne und Absichten in Wien, ob ich gerne auf's Land ginge und schon im Prater und in Schönbrunn gewesen sei. Am andern Morgen kam sie auf mein Zimmer, fragte mich um Einiges, was sie gestern nicht verstanden haben wollte, und blieb dann zwei Stunden bei mir sitzen, um lustig und munter fortzuplaudern.

Bei der dritten Lektion, die ich ihr Abends gab, meinte sie, im Zimmer sei es unausstehlich heiß, wir sollten doch lieber auf der Straße im Mondschein auf= und abgehen, da könnte ich ihr ja ebenso gut das Französische erklären. So wandelten wir denn zwei Stunden auf der Straße auf und ab und plauderten, aber nicht von der französischen Grammatik. Ich gestehe, daß das Geplauder des munteren lebhaften Mädchens, eines echten Wiener Naturkindes, mir wohlthat und meinen Mißmuth wenigstens für den Augenblick zerstreute.

Aber am nächsten Morgen trat die gute Frau Börr mit ernster Miene in mein Zimmer und hub an: „Ich bitt Ihnen, nehmens Ihnen mit der Resi in Acht. Das is ein kokettes Mad'l, die mit an Jedem anbandelt. Sie kriegen nur an Verdruß; denn sie hat ja schon an Schatz, einen Korporalen von Deutschmeister (das vierte Infanterieregiment: Hoch= und Deutschmeister, das sich aus Wiener Kindern rekrutirt), der jetzt nur auf a paar Wochen nach Stockerau kommandirt ist. Sie! der versteht keinen Spaß. Wann Ihna der mit da Resi dawischt, so draht er Ihna 's Gnack um."

Die Warnung der guten Frau ging mir zu Herzen; ich sah ein, daß ich da wieder auf einem falschen Wege sei, erklärte Resi's Mutter, daß ich eine bedeutende literarische Arbeit über= nommen habe, und daher die Lektionen nicht fortsetzen könne. Die Alte protestirte, die Tochter gab mir gute Worte, als aber Alles nichts half, und ich fest blieb, mußte ich von Resi spitzige Redens= arten wie: „Maulmacher", „faule Ausreden" u. s. f. anhören, und so verlor ich auch meine einzige Lektion. Als ich aber zwei Wochen später den Korporal mit der Resi spazieren gehen sah, — einen baumstarken Grenadier von 5' 9" und mit herkulischem Gliederbau — da wurde mir die besorgte Warnung meiner Mieths= frau erst recht klar, und ich sah ein, wie klug und vernünftig es gewesen war, daß der **französische Meister** dem **Deutsch= meister** das Feld geräumt hatte.

Einundzwanzig Jahre alt und hungrig.
(1826.)

Es kamen nun immer schlimmere Tage, die wenigen Gulden gingen zu Ende, von Lemberg kam kein Brief und immer trüber und trauriger wurden die Aussichten; ich hatte mich bis jetzt auf's Aeußerste eingeschränkt, zu Mittag aß ich in einem kleinen Bierhaus in der Leopoldstadt eine halbe Portion „Fleisch mit Zuspeis" (Gemüse) und zum Frühstück und Abendessen ein Stück trockenes Brot. Meiner guten Hausfrau, die mir schon oft eine Tasse von ihrem Kaffee angetragen hatte, sagte ich freilich aus Stolz, ich frühstücke im Kaffeehause, und Abends machte ich ihr vor, daß ich in's Bierhaus ginge, um zu soupiren, aber in Wahrheit war mein Kaffeehaus der öffentliche Brunnen an der Carmeliterkirche und mein Bierhaus die breite Straße der Jäger= zeile, wo ich auf= und abwandelte, ein Stück Brot verzehrte und hier und da ein Glas Wasser dazu trank.

Noch immer setzte ich meine Versuche fort, etwas Geld zu verdienen: so erinnere ich mich, endlich von einem Theateragenten ein Stück zum Herausschreiben der Rollen bekommen zu haben, ich schrieb Tag und Nacht, und als ich die siebenundzwanzig Rollen, die über vierzig Bogen ausmachten, ablieferte, erhielt ich als Bezahlung einen Gulden und dreißig Kreuzer Einlösungs= schein, ungefähr etwas mehr, als mich das viele Papier dazu gekostet hatte. In dieser Zeit tapezirte ich auch dem Wirthe „zum goldenen Einhorn" sein Gastzimmer in origineller Weise, nämlich: statt mit Tapeten mit lauter Bildern in quodlibetartiger Manier. Das Ding sah recht hübsch aus, brachte dem Wirth auch vielen Zulauf von neugierigen Gästen, aber ich fand meine Rechnung nicht dabei. Ich hatte nämlich das Ganze mit Material und Arbeit für einen festen Preis zu liefern übernommen, aber mich bei meinem Ueberschlag zu meinem Schaden verrechnet. Ich hatte zwar in dem großen Bildergeschäfte von Trentsenski eine ungeheure Masse von defekten, beschädigten oder sonst nicht gang= baren Kupferstichen, Lithographien u. dgl. um einen Spottpreis gekauft, auch die Bordüren zum Einfassen sehr billig bekommen, — aber die großen Wände der Zimmer brauchten viel mehr Bilder und Bordüren, als ich berechnet hatte; ich mußte immer=

fort nachholen, und als ich nach vierzehntägiger Arbeit fertig war, blieben mir nach Bezahlung der Auslagen und Abrechnung des Wenigen, das ich während dieser Zeit bei dem Wirthe verzehrt hatte, gerade noch drei Gulden.

So kam denn endlich der Abend, wo ich nur noch einen, den letzten Silberzwanziger besaß. Manchmal dachte ich wohl an die Karte des Franzosen, hatte sie auch in meinem Rocke gesucht, aber sie war verschwunden, wahrscheinlich beim Ausbessern des Rockes verloren gegangen. — So kam der 19. August heran; ich hatte, um meine letzten Zwanziger nicht zu rasch zu erschöpfen, schon seit sieben Tagen dem Bischen warmer Mittagskost entsagt, war Mittags und Abends hinausgewandert in den Prater, hatte mir bei einem Greisler am Ende der Jägerzeile ein sogenanntes Groschenbrod gekauft und mich damit in das abgelegenste Waldes= dunkel, den sogenannten „wilden Prater", vertieft, um es dort zu verzehren. Im Nobelprater, wo die glänzenden Equipagen auf= und abrollten, hatte ich nichts zu thun; — in den Wurstel= Prater wagte ich mich nicht; denn ich hatte kein Geld, und die Kellner fragten sogleich: „Was schaffen Euer Gnaden?"

So saß ich denn auch an diesem Tage unter einem Baum und verzehrte mein „Groschenlaib'l". Ein anständig gekleideter Mann von ungefähr vierzig Jahren, in schlichter Kleidung und mit langen, auf den Rockkragen herabfallenden Haaren ging in der Waldgruppe spazieren, schien die Gegend zu betrachten, be= obachtete aber vielmehr mit verstohlenen Blicken meine Person. Endlich trat er zu mir, grüßte artig und mit den Worten: „Sie frühstücken ziemlich spät! Ist's erlaubt, mich neben Ihnen nieder= zulassen?" — setzte er sich zu mir in's Gras. Sein freundliches, gutmüthiges Aussehen, seine angenehme Art zu plaudern, das milde Wohlwollen, das aus seinen Reden und Zügen sprach, gewannen ihm mein Herz, und mit der Offenheit der Jugend erzählte ich ihm meine Leidensgeschichte der letzten drei Monate. Er hörte mir aufmerksam zu, fragte mich viel über meine Kennt= nisse, Fähigkeiten und bisherigen Leistungen, dann sagte er plötzlich aufstehend: „Ich danke Ihnen für die angenehme Unterhaltung, aber ich fange jetzt auch an, hungrig zu werden, und muß mich um ein Mittagsessen umsehen. Würden Sie nicht so freundlich sein, mir noch dabei ein Bischen Gesellschaft zu leisten?" — Natürlich folgte ich ihm mit stiller Freude, denn der freundliche, gutmüthige Mann hatte mir außerordentlich gefallen, und es war mir ein Bedürfniß, mich endlich einmal gegen eine fühlende Seele aussprechen zu können. Er führte mich in das Gasthaus „Zum Eisvogel", bestellte zwei Couverts, und bald stand ein einfaches, aber schmackhaftes Essen und eine Flasche alten Oestreicher Weines auf dem Tische, und er lud mich mit der größten Liebenswürdigkeit ein, ihm bei seinem sonst so einsamen Mittagsmahle Gesellschaft zu leisten und ihm zu Gefallen recht herzhaft zuzugreifen. Ich ließ mir das nicht zweimal sagen, nicht nur i h m, sondern auch m i r zu Gefallen aß ich mit dem kräftigen Appetit der Jugend.

Noch zittert in mir jene stille Wonne, jenes behagliche Gefühl nach, welches ich empfand, als ich endlich wieder herzlich freund= liche Worte vernahm, einen gedeckten Tisch mit warmem Essen und einen Menschen vor mir sah, dessen gutmüthige Blicke und Reden mir sagten: „Nun laß es dir gut schmecken!" — Zwei heiße Thränen rollten aus meinen Augen in den ersten Löffel warmer Suppe, den ich nach so langer Entbehrung mit zitternder Hand zum Munde führte, und als er mich verwundert nach der Ursache meiner Erregung fragte, drückte ich ihm stumm, unfähig eines Wortes, und gerührt die Hand. Er aber suchte mich durch leichtes Plaudern und freundliche Scherze über die Bewegung hinwegzuführen, ich wurde immer ruhiger und heiterer, — und als er sah, daß ich meine Fassung wieder gewonnen und mich gesättigt und gestärkt hatte, schenkte er Wein ein, stieß mit mir an und sagte freundlich lächelnd: „Mein lieber junger Freund, jetzt wollen wir auch von Geschäften sprechen und ich will Ihnen einen Vorschlag machen. Ich gebe eine Zeitschrift heraus — nichts Bedeutendes — es ist nur eine Monatsschrift, aber ich kann Ihnen dabei Beschäftigung geben und werde Sie nach meinen schwachen Kräften dafür honoriren. Jetzt muß ich leider fort, aber hier ist meine Karte, besuchen Sie mich morgen früh um sieben Uhr und da wollen wir das Weitere besprechen." — Ich dankte ihm mit überwallendem Herzen und versprach pünktlich zu kommen. Er zahlte, wir gingen, und am Ausgange des Praters nahm er herzlichen Abschied von mir.

Dieser Mann, mein erster Freund und Wohlthäter in Wien, war Carl Eduard Rainold, ein wahrhafter Menschenfreund und einer der edelsten Charaktere, dabei bescheiden und anspruchslos, und die vielen Wohlthaten, die er ausübte, möglichst verbergend. Er hat mir es später erzählt, daß er mich beobachtet und aus meiner Einsamkeit und meinem kärglichen Mittagsmahl auf meine traurige Lage geschlossen habe. Auch über sein Vorleben theilte er mir später, bei näherer Bekanntschaft, Manches mit. Er war in Preußisch-Schlesien, in Gnadenberg, einer Herrenhuter-Colonie, geboren, hatte als Volontär in der preußischen Armee gedient, die Schlacht bei Jena mitgemacht, dann als Handlungsreisender Italien, die Schweiz, Frankreich und fast ganz Deutschland durchzogen und war endlich nach Wien gekommen, wo er als Ober-Fourier in die österreichische Armee trat, die Feldzüge von 1809—1812 mitmachte, dann Rechnungsführer bei einem Feldspitale wurde und nach Beendigung des Krieges mit der alliirten Armee aus Frankreich zurückkehrend, seine Entlassung nahm und sich in Prag ansässig machte. Hier gab er zuerst eine Zeitschrift „Hyllos" heraus und gegenwärtig (1826) veröffentlichte er eine Monatsschrift: „Erinnerungen", mit Kupfern, Karten und Plänen. Was er mir aber nicht erzählte, war seine Wohlthätigkeit, sein Hang, allen Leidenden zu helfen, alle Thränen zu trocknen. Jeden Ueberschuß seiner literarischen Leistungen vertheilte er an Arme und Nothleidende, und ich entdeckte nur hie und da die von ihm versteckt ausgeübten guten Werke. Wie vielen armen Studenten hatte er nicht die Mittel verschafft, ihre Studien fortsetzen zu können, wie viele Thränen der Wittwen und Waisen hatte er nicht getrocknet! Nur hatte er die Eigenheit, nie etwas zu schenken! Er gab nie ein Almosen, — was er gab, mußte durch irgend eine Arbeit verdient sein; — so erinnere ich mich, daß er einer armen Beamten-Wittwe mit zwei Kindern selbst Unterricht im Koloriren von Bildern gab, und als sie dies konnte, ihr immer reichliche Beschäftigung theils selbst gab, theils von Kunsthandlungen verschaffte und ihre Arbeit immer höchst anständig bezahlte. Dieser edle Mann, den so Wenige ganz kannten, den nur die Armen und Nothleidenden hoch zu schätzen wußten, und dessen Andenken ich hoch verehre, starb im Jahre 1835, nicht ganz 45 Jahre alt. Ehre seinem Andenken! —

In der gehobensten Stimmung hatte ich den Mann verlassen; — nach Hause in's enge Zimmer konnte ich nicht, meine Aufregung war zu groß. Ich lief innerlich jubelnd unter den Bäumen des Praters herum. Wohin ich ging, war mir ganz gleichgültig, ich wollte nur ungestört in meinen glücklichen Träumereien schwelgen, und so trat ich denn plötzlich, ohne Richtung herumwandelnd, aus den Bäumen heraus auf einen großen freien Platz mit einem hohen Gerüste und einer Tribüne — es war der Feuerwerks-

platz, der klassische Boden von Stuwers pyrotechnischer Be=
rühmtheit, der durch die neuesten Praterverschönerungen nun auch
verschwunden ist. Eine Menge Arbeiter waren beschäftigt, Pfähle
einzurammen, eine Barrière zu ziehen, große Fässer im Halbkreise
aufzustellen, während ein alter Herr mit grauen Haaren in einer
Blouse, mit wunderbarer Behendigkeit und unermüdlicher Ge=
schäftigkeit unter ihnen her= und hinsprang und lebhaft gestikulirend
hier erklärte und demonstrirte, dort commandirte und selbst Hand
anlegte. Ich trat neugierig näher, der Graukopf erblickte mich
und ich stand vor dem Vater meiner damals geretteten Dame.

Es war Mr. le Professeur et Aëronaute Garnerin aus
Paris, dessen weltberühmte Tochter Mlle. Elise G. in einigen
Tagen ihre erste Luftfahrt in Wien machen und dabei sich aus
einer Höhe von viertausend Fuß mit einem Fallschirme herabsenken
wollte.

„Vous souperez avec nous, vous me ferez le plaisir.
Elise nous attend!" — rief der hocherfreute Franzose nach den
ersten Begrüßungen, und nachdem er seine letzten Anordnungen
getroffen, vertauschte er die Blouse wieder mit seinem Rocke, nahm
mich unter den Arm und ich mußte ihn zu seiner Tochter be=
gleiten. Wir stiegen in einen Fiaker und fuhren in den Gasthof
„zum wilden Mann", wo er sein Absteige=Quartier genommen
hatte. Mlle. Elise empfing mich mit gewinnender Freundlichkeit
und ich mußte mich zu ihnen setzen und plaudern, wobei mir mein
Französisch sehr gut zu statten kam.

Die Familie Garnerin war eine berühmte Aeronauten=Familie,
und der alte Garnerin sowie seine beiden Söhne hatten in den fran=
zösischen Revolutionskriegen durch ihre Recognoscirungs=Ballons
sich verdient gemacht. Der jüngere der Söhne war es, der jetzt
Wien besuchte und seine Tochter Elise sollte die Luftfahrt
machen. Elise G. war damals 35 Jahre alt, nicht schön, aber
liebenswürdig — wie eine Französin immer ist, wenn sie es sein
will, — und die Herzlichkeit und Ungezwungenheit der beiden
Leute machte einen wohlthuenden Eindruck auf mich, so daß meine
schon durch das Zusammentreffen mit meinem neuen Freunde
Rainold hoch gesteigerte Stimmung immer heiterer ward, — und
als wir nun bei einem guten Souper saßen, der alte Garnerin
Champagner bringen ließ und wir anstießen: „Auf das Wohl
Aller, die uns theuer sind", — da ging mir das Herz über,
ich dachte des Vaters, der Heimath und der glücklichen Jugendjahre

und meine Freudenthränen mischten sich mit dem schäumenden Weine. Spät erst verließ ich die guten Menschen, nachdem ich ihnen versprochen hatte, sie am andern Tage im Redoutensaale zu besuchen, wo der Ballon sammt Fallschirm und anderen Apparaten zur Besichtigung des Publikums ausgestellt war, — und zum ersten Mal in Wien hoffnungsvoll und getröstet, kehrte ich in mein Kämmerchen zurück und entschlief mit dem Gedanken: das war heute ein schöner Tag! —

Als ich am andern Morgen zu Rainold kam, bot mir dieser an, als Redakteur der „Erinnerungen" bei ihm einzutreten, indem er selbst mit dem Technischen vollauf zu thun habe. Da ein großer Theil der Monatsschrift aus Erzählungen und Compilationen bestehe, so würde ich nicht außerordentlich viel zu thun haben, doch hätte ich die Aufsätze über Aktualitäten, Tagesereignisse und eine Monatsschau zu liefern, könne daher auch noch für andere Blätter und für die Bühne arbeiten, wogegen er nichts einzuwenden habe. Als Gehalt bestimmte er mir fünfzig Gulden monatlich, auch konnte ich in Wien bleiben, da das Blatt seit Kurzem nicht mehr in Prag, sondern in Wien gedruckt wurde. Natürlich schlug ich mit beiden Händen ein und am 1. September trat ich als Redakteur in die Journalistik ein, in der ich bis jetzt nur als Dilettant gewirkt hatte. So kann ich wohl sagen, daß ich zu den ältesten lebenden Journalisten gehöre und am 1. September 1876 feierte ich das fünfzigste Jubeljahr meiner journalistischen Thätigkeit.

Als ich Rainold von meiner Bekanntschaft mit den Garnerins erzählte, rief er: „Das müssen Sie benützen! setzen Sie sich hin, schreiben Sie eine kurze Geschichte der Luftschifffahrt, die Lebensgeschichte der Garnerins und die Beschreibung von Ballon, Fallschirm ꝛc. ꝛc.; ich lasse es Ihnen drucken, lasse den Ballon und die Apparate zeichnen und in Kupfer stechen. Das giebt eine kleine Broschüre und die verkaufen Sie im Prater bei der Auffahrt, und Sie werden sehen, Sie machen ein gutes Geschäft." Das leuchtete mir ein. Ich lief in die Hofbibliothek, nahm Gehler's physikalisches Lexikon und andere Werke zu Hülfe, ließ mir von Herrn Garnerin biographische Notizen geben und schnell war die Broschüre fertig, die ich über Nacht abschrieb und eine Copie in die Druckerei und die andere in das k. k. Censur- und Bücher-Revisionsamt trug, um das „Imprimatur" zu erhalten.

Dort wurde ich an den Herrn Censor Sartory gewiesen,

dem ich ehrfurchtsvoll mein Manuscript übergab und ihn unter=
thänigst bat, es baldigst zu erledigen, da die Luftfahrt schon in
acht Tagen stattfinden sollte. Er schnauzte mich an, daß er sich
nichts vorschreiben lasse und daß das Manuscript wie alle anderen
den „amtlichen Gang" gehen müsse. Der „amtliche Gang" war
aber damals in Oestreich ein sehr langweiliger; bei dem geringsten
Anstande schickte das Censur= und Bücher=Revisionsamt das
Manuscript mit seinen Bemerkungen oder Anträgen an die k. k.
Polizei= und Hof=Censur=Stelle, und wann es von dort zurück=
kommen würde, das wußten die Götter — und vielleicht auch
die nicht. Ich nahm mir ein Herz und bat den strengen Herrn
Censor nochmals um seine „gnädigste Protektion", indem meine
Existenz davon abhänge, daß die Broschüre zur rechten Zeit er=
scheinen könne. Er schien etwas milder zu werden, hieß mich in
drei Tagen wieder kommen, und fragte mich beim Abschied hin=
geworfen: „Was sind Sie denn eigentlich?" — Mit
kühnem Selbstbewußtsein antwortete ich: „Belletrist". — „Da
hätten Sie auch etwas Gescheidteres werden können", meinte er;
— „und ich studire jetzt Medizin", — fügte ich hinzu. — „Das
wird jedenfalls gescheidter sein, wenn's was Ordentliches lernen",
brummte er, mit einer Handbewegung mich verabschiedend und ich
zog ab.

Nach Verlauf von drei Tagen erhielt ich das „Imprimatur",
die Flugschrift war mittlerweile gedruckt, der nette Kupferstich
fertig und am Morgen der Luftfahrt lieferte der Buchbinder die
letzten Hundert von den zweitausend Exemplaren, die ich hatte
drucken lassen, an mich ab. Schon seit acht Tagen hatten große
Anschlagzettel den neugierigen Wienern die Luftfahrt angekündigt,
der Tag der Produktion war ein heiterer schöner Sommertag.
Tausende von Menschen wogten dem Prater zu, Equipagen, Fiaker
und Stellwagen rollten die Jägerzeile hinab und auf dem großen
Feuerwerksplatze wogte eine zahllose Menschenmenge. In der
Mitte der Tribüne saßen in der Hofloge: Der Kaiser, die Kaiserin
und die Erzherzöge, und rechts und links breitete sich die Elite
der Wiener Gesellschaft in glänzenden Uniformen und brillanten
Toiletten aus.

Die Füllung dauerte nahezu zwei Stunden, während deren
eine Militärmusik spielte, und diese zwei Stunden benutzten meine
zahlreichen Colporteure, um meine Broschüre (für sechs Kreuzer)
überall im Gedränge auszubieten. Sie fand einen reißenden

Abgang, da das Lesen dem Publikum während der langweiligen Füllung doch einige Zerstreuung gewährte.

Endlich aber donnerten Stuwer's Böller, der Ballon stieg unter allgemeinem Jubel pfeilschnell empor — in der Gondel saß Fräulein Elise und grüßte herab mit dem Schwenken von Fähnchen. Als sie in der Höhe von mehr als dreitausend Fuß angelangt war, löste sie plötzlich die Gondel mit dem Fallschirm von dem Ballon und stürzte unter dem Angstgeschrei aller Damen mit Blitzesschnelle hinab, bis sich der Fallschirm ganz entfaltet und nun mit der Gondel in immer größer werdenden Spiralkreisen majestätisch herabschwebte. Unter dem abermaligen Krachen der Böller und dem enthusiastischen Applaus des Publikums, kam sie ganz nahe dem Feuerwerksplatz, vor dem Gasthause „Zur Vermählung" wohlbehalten auf die Erde, worüber die Wiener den Witz machten: Fräulein Garnerin sei vor der Vermählung niedergekommen. — Als ich am Abend mit meinen Colporteuren abrechnete, fand es sich, daß alle zweitausend Exemplare verkauft waren und mir blieben nach Abzug der Provision für die Verkäufer und der von Rainold mir sehr niedrig berechneten Druckkosten, baare hundert Gulden.

Ich schlief die ganze Nacht nicht, ich lag im Bette bei brennendem Lichte und starrte vergnügt meinen Reichthum an. Am nächsten Morgen flog ich zu Rainold, der mir gratulirte und den Satz und das Bild meiner Broschüre gleich seinen „Erinnerungen" einverleibt hatte, von da eilte ich zu Garnerins, die bereits Vorbereitungen zur Abreise trafen, Abschied nahmen und mir ein elegantes Andenken verehrten, das ich lange bewahrt habe. Dann aber setzte ich mich zu Hause hin, schrieb einen freudigen Brief an meinen Vater, meldete ihm die Vorfälle der letzten Tage und die ersten selbst verdienten hundert Gulden, sowie meine Anstellung als Redakteur und konnte einen Brief von Rainold beilegen, worin dieser meinem guten Vater Alles, was sein Sohn geschrieben hatte, bestätigte. Jetzt beschloß ich auch energisch meine Studien zu betreiben; — bis jetzt hatten mir die Mittel hiezu gefehlt, — und ich eilte nun in das Universitätsgebäude, um mich immatriculiren zu lassen. Dort wurde mir aber bedeutet, daß das nur zu Anfang des neuen Schuljahres geschehen könne, daß ich aber mittlerweile immerhin, nach eingeholter Erlaubniß der Professoren, die Collegien besuchen könne, was ich auch fleißig that.

Vierzehn Tage später kam ein Brief meines Vaters, in jeder Zeile Zufriedenheit und Genugthuung athmend und am Schlusse schrieb er: „und nun halte ich auch Wort. Du hast, mein lieber Sohn, 100 Gulden verdient und so kannst Du nun einen Wechsel für 100 Gulden auf mich ziehen, der pünktlich honorirt werden wird. Doch übereile Dich nicht, brauchst Du das Geld nicht nöthig, so lasse es lieber bei mir stehen, denn es ist nicht gut, wenn ein junger einzeln stehender Mensch so viel baares Geld bei sich hat." —

Ich habe die hundert Gulden nie auf ihn gezogen, — so lange er noch lebte, habe ich nie mehr Geld von ihm gebraucht. Aber der 19. August, der Tag, an dem ich den edlen Rainold und die guten Garnerins kennen lernte, ist mir ein hoher Feiertag geworden und noch immer denke ich mit Vergnügen an jene Zeit und meinen ersten wirklichen Erfolg im Leben zurück.

In der Journalistik.
(1826—1827.)

Ich arbeitete nun fleißig für Rainold, schrieb mehrere Theaterstücke, von denen mir nur „Oger, der Däne", der „Geisterkönig auf Reisen" und „Antonio Solario" erinnerlich sind, machte mit dem guten Rainold zahlreiche Ausflüge in die reizenden Umgebungen Wiens und lernte durch meinen Chef mehrere interessante Persönlichkeiten kennen, unter ihnen Alois Hoffmann, der die „Allgemeine Wiener Handelszeitung" herausgab, ein „Künstler-Lexikon" redigirte und mir für Beides sogleich literarische Arbeiten übertrug, ferner den witzigen und geistreichen Kachler, der in seiner unscheinbaren Samenhandlung in der Naglergasse eines der größten Geschäfte in diesem Genre betrieb und der Erste war, der fremde Sämereien, Pflanzen u. dgl. aus fernen Welttheilen nach Wien kommen ließ, und dadurch unter seinen Kunden den kaiserlichen Hof und die ganze Aristokratie zählte. Auch als Schriftsteller hatte er Vielfaches geleistet, so z. B. seine 1811 publizirten „Entdeckungen im Gebiete der Rechenkunst", die großes Aufsehen erregten, ferner eine Anzahl dramatischer Produktionen und endlich eine botanische Encyclopädie, die ihm von englischen und französischen wissenschaftlichen Gesellschaften für Botanik und Horticultur Ehrendiplome eintrug. In den Wiener Journalen schrieb er unter dem Namen „Relchak" und seine scharfe Feder war gefürchtet. Auch von diesem wackern Manne habe ich außerordentlich viel gelernt, und oft lange Stunden in dem Hinterstübchen seines Ladens mit ihm plaudernd zugebracht.

Ich wurde nun immer bekannter und so kam ich denn auch mit Joseph Ritter von Seyfried zusammen, der zu gleicher Zeit die Stelle eines Kanzlei-Direktors im Hofoperntheater bekleidete, an zweihundert italienische und französische Operntexte dabei übersetzt hatte, außerdem noch die Zeitschriften „Der Sammler" und „Der Wanderer" redigirte, zeitweise auch in der „Wiener Zeitung" aushalf und einen Kalender herausgab. Der dicke, gemüthliche und vielbeschäftigte Mann, Bruder des tüchtigen Compositeurs Ignaz von Seyfried, konnte junge strebsame Leute, die mit der Feder umzugehen wußten, gut brauchen; er zahlte nicht viel, aber gerne und pünktlich. Im Herbste übertrug er mir die Recensionen über das Theater an der Wien, welches seit 1. Oktober Direktor Carl gepachtet hatte, der nun im Verein mit den Hensler'schen Erben die verbundenen Theater an der Wien und in der Josephstadt dirigirte. Man mag sich den Stolz und das Selbstbewußtsein denken, mit welchem ich meine neue kritische Würde antrat. In der Erinnerung ist mir weder von meinen Recensionen, noch von den zahlreichen Aufsätzen, die ich für den „Wanderer" schrieb, irgend etwas geblieben; nur das weiß ich noch, daß damals der Sohn des östreichischen Generals Schall von Falkenhorst, der gegen den Willen seiner Eltern zum Theater gegangen war, die ersten Helden spielte, daß ich ihn fürchterlich durchhechelte und er dann überall drohte, er werde mich, falls er mich träfe, todtschießen. Uebrigens war er trotzdem ein gebildeter Mensch, hatte auch Talent, das sich erst später ausbildete und wir begegneten uns noch oft im Bühnenleben, wo er den Namen Forst führte und lachten oft über die Zeit, wo wir, er in der Kunst, ich in der Kritik, unsere Flegeljahre durchgemacht hatten.

Auch mit Joseph Schick wurde ich bekannt, damals Beamter der Hofkriegsbuchhaltung und angehender dramatischer Dichter, der später eine außerordentliche Fruchtbarkeit im Possenfache entwickelte, und nachdem Raimund, Bäuerle und Meisl nichts mehr für die Bühne schrieben, das Leopoldstädter und das Josephstädter Theater fast ausschließlich mit seinen Stücken beherrschte.

So mehrte sich der Kreis meiner Bekannten, — bei Bäuerle war ich nicht wieder gewesen, obschon er mich bereits mehrere Male durch Dritte hatte einladen lassen, ihn doch zu besuchen. Endlich kam eines Tages ein Brief von ihm, in dem es hieß:

„Mein lieber junger Freund! Ich weiß, daß Sie mich wegen des Verlustes Ihrer Gedichte tödtlich hassen müssen, allein ich denke, die Zeit hat auch diese Wunde jetzt geheilt und mit Vergnügen sehe ich, daß Sie sich praktischeren Arbeiten in die Arme geworfen haben. Ich wiederhole Ihnen hier, nicht als Theaterdichter, sondern als Mensch, daß ich Ihr wahrer Freund bin, schon Ihres verehrten Vaters wegen. Besuchen Sie mich einmal, vorläufig lege ich Ihnen hier das permanente Freibillet bei, welches ich als Dichter des Leopoldstädter Theaters habe; — benutzen Sie es fleißig, lernen Sie unser Volk und seine Bühne kennen, und ich denke, wir werden noch näher mit einander bekannt werden. Ihr aufrichtiger
Adolf Bäuerle."

Ich hatte das Leopoldstädter Theater noch nicht gesehen, — als es Abend wurde, eilte ich hin. Das kleine, niedrige, nur schwach beleuchtete Volkstheater der Leopoldstadt war in jener Zeit nicht bloß vom sogenannten Volke besucht, die hohe und höchste Aristokratie, die schönen Geister, die besten Köpfe und alle ächten Lebemänner füllten seine Räume, sich einem behaglichen Genusse, einer wohlthuenden frohen Laune überlassend. Kaiser Franz, die Erzherzoge, besonders Erzherzog Franz Carl, besuchten dieses Theater fleißig und lachten von ganzem Herzen über die harmlosen Späße, an denen sich die guten Wiener erlustigten. An diesem Abend wurde Bäuerle's „**Gisperl und Fisperl**", mit Musik von Drechsler, gegeben. Ich bin nicht im Stande, den lebhaften Eindruck zu schildern, den die Vorstellung, in der Witz auf Witz, Spaß auf Spaß, eine komische Situation auf die andere folgte, auf mich machte. Ich weiß nur, daß ich zuerst lächelte, dann herzlich lachte und endlich von Laune und Humor der Darsteller hingerissen, mit dem jubelnden Publikum stürmisch applaudirte. Die begabte Ennöckl (später Bäuerle's zweite Frau), der durch und durch komische **Ignaz Schuster**, die liebenswürdige Krones, dieser personifizirte Humor, diese reizende „**Grazie der Trivialität**", wie sie **Straube** einmal nannte, der dumm-komische **Laudner**, der außer der Bühne zugleich bürgerlicher Schullehrer war, und nun der drastisch=komische Korntheuer mit seinem kolossalen Oberleibe und seinen kurzen Beinen, seinen zwölf Zoll breiten und doppelt so langen Händen und dem großen Kopf dazu, die Gärber, die Jäger u. a. m; — Rainoldi's, des Balletmeisters Tänze und Gruppirungen, die hübsche Musik, Alles das machte auf mich einen unbeschreiblichen Eindruck, ich war entzückt, begeistert, so etwas hatte ich noch nie gesehen; — jetzt erst wußte ich, was ein Volkstheater sei.

Das Leopoldstädter Theater, in seiner damaligen Gestalt, war eine Kunstanstalt ureigenster Art, die ihres Gleichen nirgends hatte und die wohl auch nie mehr wiederkehren wird. Es war eine echte Volksbühne, ein offener Markt des Scherzes und der Satyre, wo die Gebrechen und Schwächen aller Klassen mit derbem Humor gegeißelt wurden, wo das Volk praktisch lernte, was es im praktischen Leben brauchte und wo manche sonst verpönte Wahrheit gesagt werden durfte, da die sonst so strenge Wiener Censur in diesem Theater ausnehmend nachsichtig und tolerant war. Jeder Fremde, der nach Wien kam, ging zuerst in's Leopoldstädter Theater, — zum „Kasperl", wie das Volk noch immer sagte, wiewohl der alte lustige Kasperl schon längst abgeschafft, gestorben und begraben war.

Dem größten Hypochonder dem trübsten Melancholiker rieth sein Arzt: „Gehen Sie in's Leopoldstädter Theater, heute spielt die Krones!"

„Kinder! Sonntag geh'n wir Alle in die Leopoldstadt, der Raimund spielt im „Diamant", — sagte der Meister in der Werkstätte und die Gesellen arbeiteten noch einmal so eifrig.

„Wo gehst Du heute Abend hin?" fragte ein eleganter „Gschwuf" den Andern auf der gewöhnlichen Mittagspromenade auf der Bastei. — „Wie kannst Du noch fragen? — in b' Leopoldstadt geh' ich, heute spielt die herzige Krones die „Mariandl". Ich könnts essen, so oft ich sie seh'." —

So war das Leopoldstädter Theater in Jedermanns Munde der Sammelplatz aller Freunde der Heiterkeit und des Frohsinns, eine für Jeden, der sie damals kannte, unvergleichliche echte Volksbühne.

Als ein Stern der ersten Größe glänzte damals in seiner vollen Kraft Ferdinand Raimund als Regisseur, Schauspieler und Dichter dieses Theaters gleich vorzüglich; beim Publikum nicht nur beliebt, nein, er wurde vergöttert, angebetet und wehe dem! der es gewagt hätte, in einem Kaffee= oder Wirthshause über

Raimund nachtheilige Bemerkungen zu machen; — ohne Federlesens hätten ihn hundert Arme ergriffen und ganz gemüthlich zur Thür hinausgeworfen.

 War ich doch selber einmal Zeuge, wie an einem Sonntage in Bäuerle's „Glück in Wien" ein riesiger, dicker Bierbrauer mitten im Parterre auf die Bank stieg und nach dem allgemeinen anhaltenden Applause, mit dem Raimund's Erscheinen auf der Bühne jedesmal begleitet wurde, seinen Hut schwenkend, mit lauter Stimme ausrief: „Unser lieber Herr Raimund soll leben! — Hoch!" — „Vivat! Hoch!" fielen donnernd Parterre und Galerie ein, während die Gebildeteren über diese unberufene, aber herzlich gemeinte Ovation tüchtig lachten und mit applaudirten. Denn dieser Ruf ging aus dem innersten Gemüthe des Volkes hervor, Tausende fühlten, was Jener aussprach, und wenn Raimund in seinem schlichten grauen Rocke durch die Straßen ging, grüßte ihn Alles, Jung und Alt, Hoch und Nieder in der ganzen Leopoldstadt mit liebevoller Achtung. Und diese kindliche Pietät für den Volksdichter und Volksschauspieler hat sich bewährt bis zu seinem Tode, ist ihm lange geblieben, nachdem er längst in der kühlen Erde Ruhe gefunden, und noch in den letzten Jahren habe ich manchen alten Stammgast des Leopoldstädter Theaters, noch jetzt, nach so langer Zeit, mit aufrichtiger Wehmuth Raimund's und seines traurigen Endes erwähnen hören.

 Bäuerle, Meisl, Gleich und Raimund waren als Dichter die Stützpfeiler dieses Theaters und viele ihrer Stücke haben über hundert Vorstellungen erlebt. Und auch Dich grüße ich noch im Geiste, alter ehrwürdiger Wenzel Müller! dessen liebliche Melodien von der „Teufelsmühle" an bis in die neue Zeit europäisches Gemeingut geworden sind, und der Du seit 1835 im Friedhofe des freundlichen Baden Deine letzte Ruhestätte gefunden hast, aus der Dich keine Kündigung eines polnischen Direktors mehr vertreiben kann. Ich sehe Dich noch immer mit Deinem freundlichen, schneeweißen Kopfe Punkt 7 Uhr durch die Pulte der Musiker zu Deinem erhöhten Kapellmeistersitze vordringen, ich höre, wie Dich die Gallerie mit einem freundlichen Ah! begrüßt, denn „jetzt wird's gleich losgehn" — sagt der Baumhauer Franzl zu Hobelfellners „Sali", — ich sehe Dich die Partitur öffnen, Dein Stäbchen ergreifen und der Strom Deiner gemüthlichen Volksmelodien lullt die Zuhörer in bunte Träume von Feenmärchen und phantastischen Abenteuern ein.

Es waren schöne Stunden, die ich dort verlebte, heitere Erinnerungen an jene Genüsse treten noch oft freundlich vor meinen Geist und nächst den goldenen Zeiten meiner Knabenjahre hänge ich an keinem Denksteine auf dem weiten Felde der Vergangenheit mit soviel Liebe als an dir, du mein freundliches, lustiges Theater in der Leopoldstadt! — Ich sah es nach Jahren wieder; — der polnische Banquier Steinkeller hatte das Theater gekauft und dirigirte es, mit seinen großen Hunden und der Hetzpeitsche auf die Probe kommend. Die Krones, die Steinkeller aus der Leopoldstadt vertrieben hatte, starb schon 1830, Raimund hatte sich in einem Anfalle von Hypochondrie im Jahre 1836 erschossen, Korntheuer, den Steinkeller ebenfalls verjagt hatte, wurde kränklich, konnte bald nicht mehr spielen und lebte in den mißlichsten Umständen von den Unterstützungen seiner Kunstgenossen, bis ihn 1836 der Tod erlöste. Die geistreiche Ennöckl hatte sich, nachdem sie Bäuerle geheirathet hatte, von der Bühne zurückgezogen, Wenzel Müller war 1835 gestorben und so waren sie nach und nach Alle dahingegangen, und die meisten von ihnen, die doch den Wienern so viele vergnügte Abende bereitet, starben mit Dürftigkeit und Entbehrungen aller Art kämpfend. Die Wiener haben sich gegen ihre einstigen Lieblinge nicht besonders dankbar gezeigt. So starben die späteren beliebten und talentvollen Komiker der Leopoldstadt, Eduard Weiß im städtischen Versorgungshause als Pfründner und J. Lang in ärmlichen Umständen, indem er in den letzten Jahren nur durch die Unterstützung einiger Freunde sein Leben gefristet hatte. Einige Jahre vegetirte das Leopoldstädter Volks-Theater noch unter Marinelli; es war immer schlechter geworden, das Publikum kam nicht mehr und so mußte Marinelli sein Theater und Privilegium verkaufen. Direktor Carl kaufte es, riß es nieder und baute sein „Carltheater" und damit verschwand die Leopoldstädter Volksbühne aus dem Wiener Leben. —

Am andern Morgen ging ich zu Bäuerle, um ihm für seine Aufmerksamkeit meinen Dank abzustatten, er empfing mich mit herzlichem Lachen, ich lachte ebenfalls und bald waren wir gute Freunde. In seiner treuherzigen und liebenswürdigen Manier bot er mir an, jetzt, wo ich Wien besser kennen gelernt, für ihn zu arbeiten und vom 1. September an als Mitredakteur in sein Blatt einzutreten. Saphir war von ihm ab- und nach Berlin gegangen und er hatte nun Mangel an Mitarbeitern, er bot mir fünfzig Gulden Monatsgehalt und meinte, meine Arbeiten für

Rainold könne ich darum auch fortsetzen. Wir wurden schnell handelseinig und ich sah mich auf dem höchsten Gipfel meiner Wünsche angelangt.

Ein kleines Bild des damaligen Wiener Zeitungswesens dürfte, als ein Beitrag zur Kulturgeschichte, hier am Platze sein. Es erschienen nur zwei tägliche Zeitungen in Wien: die „k. k. Wiener Zeitung" und der „österreichische Beobachter". — Nur die „Wiener Zeitung" einzig und allein hatte das ausschließliche Privilegium, Anzeigen und Inserate aufnehmen und veröffentlichen zu dürfen, allen anderen Blättern war dies strenge verboten. Die „Theater-Zeitung", der „Sammler" u. a. erschienen nur dreimal in der Woche auf einem halben Bogen Papier. Ein eigentliches Redactions-Bureau gab es bei den nicht täglich erscheinenden Zeitungen — nicht. Bäuerle z. B. wohnte in dem Hause neben dem Leopoldstädter Theater in der Weintraubengasse, wo jetzt die Wohnung des Carl-Theater-Direktors ist, oder doch unter Ascher war. Aus einem kleinen Vorzimmer kam man in ein größeres und in diesem standen zwei Schreibtische, an deren einem Bäuerle selbst saß, an dem anderen der fleißige C. J. Metzger, der als „Mädchen für Alles" angestellt war und unermüdlich arbeitete. Die anderen Mitarbeiter kamen und gingen, holten sich ihr Pensum und ihre Instruktionen, schrieben aber ihre Aufsätze zu Hause und lieferten sie dann ab. Ludwig Halirsch war Referent des Burgtheaters, F. A. Kanne, tüchtiger Musiker, besorgte die Recensionen über das Kärntherthor-Theater; ich und C. Straube theilten uns in die Referate über die Vorstadttheater. Jg. Seidl lieferte Gedichte; W. Schnitzler kleine Aufsätze ꝛc. ꝛc. Dabei wurde ganz gemüthlich und bequem redigirt; kamen wir nicht heute, so kamen wir morgen. Und die jetzige Generation, welche an die „affenartige Geschwindigkeit" der heutigen Journalistik, an Blitz-Depeschen, Eisenbahnschnelligkeit und Referate über Alles binnen der nächsten zwölf Stunden so gewöhnt ist, wie an ihren Frühstückskaffee, kann gar nicht mehr begreifen, wie ledern und schläfrig es damals mit dem Zeitungswesen bestellt war. Ich will nur Ein Beispiel anführen. Am 26. März 1827 starb der große Beethoven, am 29. fand sein feierliches Leichenbegängniß statt. Ueber beide doch hervorragende Vorfälle brachte die „Theaterzeitung" in den nächsten zehn Tagen keine Silbe; am 5. April erschien in der „Theaterzeitung" ein Gedicht von mir auf Beethoven's Tod, und wieder fünf Tage später, am 10.

April, erschien endlich die Beschreibung von Beethoven's Leichen=
begängniß, nebst mehreren den Heimgegangenen verherrlichenden
Gedichten und Aufsätzen. Die Rede aber, die **Gillparzer**
geschrieben und **Anschütz** am offenen Grabe gesprochen hatte, wurde
erst **dritthalb Monate später**, am 9. Juni, veröffentlicht,
da sie die Censur so lange zurückgehalten hatte.

Diese C e n s u r war überhaupt Bäuerle's und aller Zeitungs=
menschen schwerste Noth. Jeder Aufsatz mußte erst beim Censur=
und Bücher=Revisionsamte eingereicht werden. Von dieser wurde
er wieder an die oberste Polizei= und Censur=Hofstelle zur end=
gültigen Entscheidung befördert und kam dann auf dem nämlichen
Wege wieder in's Censur=Amt, wo ihn der Redakteur nach vielem
Laufen abholen und entweder sich über das „Imprimatur" freuen,
oder über das „Damnatur" ärgern, oder über das „Admittitur
omissis omittendis", wobei ganze Seiten gestrichen waren, be=
denklich den Kopf schütteln konnte. Das war aber noch nicht
Alles; nun mußte erst, wenn das ganze Blatt fertig war, ein
Bürstenabzug gemacht und zur Censur= und Polizeihofstelle ge=
tragen werden, von wo er meist nach Mitternacht zurückkam und
dann nicht selten wieder halbe Spalten von bereits censurirten
Artikeln durchgestrichen waren. Für solche Fälle standen in der
Druckerei stets einige Spalten Füllstoff bereit, die schon die zweite
Feuerprobe des Bürstenabzuges passirt hatten und von denen nun
das erste beste in den leeren Raum gestellt wurde. So wurde
damals redigirt und censurirt, und es war daher kein Wunder,
wenn die Journale den Ereignissen um 10 bis 14 Tage nach=
hinkten.

Bäuerle war nun noch „persona gratissima" bei den Be=
hörden und wurde möglichst begünstigt; — den andern Blättern
ging es noch viel schlimmer; und es ließen sich ganze Bände
mit Censur=Anekdoten und charakteristischen Zügen dieser Misère
anfüllen. Sonst war das journalistische Leben ein sehr angenehmes,
die sogenannten „Revolver=Journale" kannte man noch nicht, ein
Journalist — und es gab deren ja nur wenige — war überall
gern gesehen und geachtet, wenn er auch nicht wie jetzt zu Hof=
festen und öffentlichen Akten herbeigezogen wurde.

Mit Bäuerle selbst war sehr gut auszukommen. Er war
ein liebenswürdiger, herzensguter Mann, mit immer heiterem
Humor und zuvorkommender Freundlichkeit. Wo er Jemanden
gefällig oder nützlich sein konnte, war er gerne dazu bereit; sein

Redaktionspersonal behandelte er wie ein Vater seine Kinder und ich habe ihn immer nur meinen „Vice=Vater" genannt. Er war mir ein treuer Freund und Rathgeber und ich bin mit ihm, so lange er lebte, von Deutschland und Paris, ja selbst von Amerika aus, in freundschaftlichem Briefwechsel gestanden. Auch diesen um Wien und die Wiener so hochverdienten Mann hat die Undank=
barkeit des Publikums in bedrängten Umständen, fern von seiner Heimath, untergehen lassen.

Damals aber blickte er noch froh in's Leben und war immer fröhlich und guter Dinge. So patriotisch gesinnt er war, so viele „Gott erhalte Franz den Kaiser"=Artikel und Bücher er auch herausgegeben hatte, so hatte er doch ein scharfes Auge für die Schwächen und Gebrechen der damaligen Regierungs= und Ver=
waltungszustände, und im vertrauten Gespräche geißelte er sie mit unerbittlicher Kritik und satyrischen Bemerkungen. Als wir erst vertrauter geworden waren, — munterte er mich eines Tages auf, für auswärtige Journale, „draußen im Reich", wie man Deutschland nannte, — Wiener Correspondenzen zu liefern. Ich erschrak, denn so etwas war in jener Zeit gleichbedeutend mit der Aufforderung zum Diebstahle oder Einbruche; das Schreiben für auswärtige Blätter oder die Veröffentlichung von Werken östreichischer Schrift=
steller im Auslande, ohne vorher dazu die östreichische Censur=
Bewilligung eingeholt zu haben, war bei schweren Strafen ver=
boten; — Correspondenten auswärtiger Blätter wurden unter Sedlnitzky's eiserner Herrschaft unnachsichtlich verfolgt und wie Criminalverbrecher bestraft. — Bäuerle lachte über meinen Schreck, meinte die Sache sei nicht so gefährlich, wenn man es nur klug anstellte, — den Stoff wolle er mir schon liefern; Wiener Corre=
spondenzen seien selten und daher viel gesucht und gut bezahlt. Ich ging endlich auf den Vorschlag ein und er vermittelte durch Buchhändler=Gelegenheit die Beförderung meiner Offerten an Saphir's „Berliner Schnellpost" und an die „Blätter für lite=
rarische Unterhaltung" von Brockhaus. Von beiden Zeitschriften wurde mein Antrag angenommen, und auch diese Antwort kam durch Buchhändler=Gelegenheit. Da jedoch Correspondenzen nicht auf dem langweiligen Wege der Buchhändler=Gelegenheit geschickt werden konnten — denn die Bücherballen wurden noch mit Fracht=
wagen befördert, — das Briefgeheimniß aber in jenen Tagen nicht unverletzlich war, so erhielt ich von der betreffenden Re=
daktion die Adresse eines Schuhmachermeisters und eines Strumpf=

fabrikanten in Leipzig und ähnliche Adressen in Berlin, an die ich meine Correspondenzen, per Einlage, abzusenden hatte, — und selbst diese unverfänglichen Adressen wurden alle zwei Monate gewechselt, um nicht die Aufmerksamkeit und das Mißtrauen der Behörde zu erwecken.

Ich correspondirte also lustig drauf los für Berlin und Leipzig, verarbeitete mit kecker Jugendfrische den pikanten Stoff, den Bäuerle mir reichlich lieferte, meine Correspondenzen wurden beifällig aufgenommen und ich hatte bald das Vergnügen, meine Arbeiten bei Bäuerle lesen zu können, da er als Redakteur die sonst streng verbotenen ausländischen Journale erga schedam beziehen durfte. Der Stoff, den mir Bäuerle dazu lieferte, hatte nichts Politisches, viel weniger Unpatriotisches. Es war der höhere Klatsch der besseren Wiener Gesellschaft, Anekdoten vom Hofe, pikante Abenteuer in aristokratischen Kreisen, Stadterzählungen, Chronique scandaleuse und Coulissengeschichten, lauter Dinge, die für die Wiener Journale verbotene Früchte waren.

Ich war im schönsten Zuge, als ein Zwischenfall meinem Correspondenzlerwesen ein plötzliches Ende machte. Eines Tages besuchte mich nämlich ein Bekannter, ein junger Ungar, Ladislaus von Fesztetics, der die Theater und Redaktionsbureaux unsicher machte und auch schon einige Trauerspiele verbrochen hatte, die in Pest sogar gedruckt worden waren. Uebrigens war er ein guter Junge und ein noch besserer Gesellschafter und ich sah ihn gern. — Wir plauderten und er sagte plötzlich: „Ich bin eigentlich gekommen, um Sie zu warnen, — man ist oben wieder einmal wüthend über die Correspondenten in auswärtigen Blättern, und es wird eine große Treibjagd angestellt werden, Haussuchungen u. dgl. Auch Sie können Besuche erhalten, also wenn Sie nicht ganz sauber sind, so sind Sie jetzt vorbereitet und werden wohl wissen, was Sie zu thun haben! Lassen Sie sich's gesagt sein und verlieren Sie ja keine Zeit!" — Damit ging er, ich aber von einer unendlichen Angst ergriffen, musterte schnell meine Papiere, verbrannte Alles, selbst die Wäschezettel, band meine Zeugnisse und sonstigen Dokumente nebst den Briefen meines Vaters in ein Paket und trug dasselbe zu Bäuerle, mit der Bitte, es mir aufzubewahren, — und auch er war über die Mittheilung sehr erstaunt und rieth mir zur größten Vorsicht.

Zwei Nächte später kam auch richtig der gefürchtete polizeiliche Besuch. Ein Polizeikommissär mit zwei Vertrauten hielt strenge Haussuchung in meinem Zimmer, visitirte alle Möbel, jeden Winkel, ja sogar den Strohsack in meinem Bette nach Papieren, fand aber glücklicherweise Nichts, was ihm nicht genehm schien, worauf er sich fluchend und brummend entfernte. Mein alter Miethherr, eben aus dem Bette gesprungen, leuchtete den unwillkommenen Besuchern, nur mit Hemd und Unterhose bekleidet, hinunter, dann kam er blaß und fröstelnd in mein Zimmer und erklärte mir in ungewöhnlicher Aufregung: „solche Zimmerherren könne er nicht brauchen, zu denen bei der Nacht die Polizei komme"; „da könnte man ja in's schrecklichste Gerede kommen, als wenn wir unehrliche Leute wären", — meinte die unterdessen ebenfalls im tiefsten Negligé ins Zimmer gekommene Frau Börr; die Hausmeisterin, die mir ohnehin wegen der Lektionen spinnefeind war, kam, die Hände über den Kopf zusammenschlagend und mit lautem: Jesus, Maria, Joseph, der Spetakel! herauf und sagte: „Das müsse sie dem Hausherrn anzeigen, das könne in einem ordentlichen Hause nicht geduldet werden und der Herr Börr werde auf Jacobi ausziehen müssen!" Ganz erschreckt erklärten mir nun meine Miethleute: ich müßte mich um ein anderes Quartier umsehen und in vierzehn Tagen ausziehen, oder lieber gleich, dann wollten sie mir auch den schuldigen Zins schenken. Dabei blieb's auch. Und so hatte ich mein stilles, freundliches Zimmer verloren und obendrein meine Correspondenzverbindungen; denn nach dieser Haussuchung konnte ich begreifen, daß man mir nun scharf aufpassen würde, und daß ich ein zweites Mal nicht wieder so glücklich gewarnt werden könnte. Ich schrieb also keine Zeile mehr für das Ausland, nicht einmal einen Absagebrief, verzichtete lieber auf das bereits verdiente Honorar und habe es auch später nie in Anspruch genommen.

Heutzutage mag man meine Angst nicht mehr begreifen können, aber damals war sie gerechtfertigt. Wie mancher mißliebige Journalist oder Correspondent verschwand damals in den Kerkern des Spielberges oder in den Casematten von Munkacs für immer, denn der gute Kaiser Franz war auf seine Autorität als Kaiser sehr eifersüchtig und ließ Leute, welche gegen die von Gott eingesetzte Heiligkeit der Krone in Wort oder That frevelten, in den tiefsten Kerkerlöchern des Spielberges, mit den schwersten Ketten belastet, erbarmungslos bei lebendigem Leibe verfaulen — wie Silvio Pellico, Maroncelli und andere edle italienische Jünglinge.

Guai a chi la tocca, hieß die Devise seiner eisernen Krone. — O es war eine äußerlich stille und fröhliche — aber innerlich eine böse, heillose Zeit.

Von der Scylla in die Charybdis.
(1826—1827.)

Der allzeit gefällige und dienstbereite Bäuerle lachte, als ich ihm mein Malheur erzählte und verschaffte mir gleich ein anderes hübsches Zimmer in der Nähe seiner Wohnung, indem er mich bei einem seiner Bekannten in der Jägerzeile, bei Herrn M. Bihr, einlogirte, dessen Sohn, wenn ich mich recht erinnere, später Bäuerle's Tochter heirathete. Die Tage fröhlicher frischer Geistesarbeit und leichten Lebensgenusses dauerten fort. Ich schrieb unter meinem Namen, unter dem Pseudonym „Walter vom Berge", — und auch ohne zu unterzeichnen, eine Menge von Aufsätzen, Rezensionen und dergleichen, manchen Tag fast das ganze Blatt allein.

In diese erste Zeit meines Wirkens bei Bäuerle fällt der schon erwähnte Tod Beethoven's. Es war am 26. März, als ich in meinem Zimmer saß, mit einer Arbeit beschäftigt; — obschon es erst drei Uhr Nachmittags war, wurde es auf einmal so finster, daß ich nicht weiter schreiben konnte, — ein heftiger Sturm mit grellen Blitzen und furchtbaren Donnerschlägen brach los, Hagel und Schnee stürzten in Massen herab und fast zwei volle Stunden dauerte dieses schreckliche Unwetter, bis eine hohe Schneedecke sich über die ganze Stadt gebreitet hatte und nun die sich zum Untergange neigende Sonne aus den zerrissenen Wolken hervorbrach. Während dieses Gewitters starb Beethoven; der wilde Kampf der aufgeregten Elemente war seine charakteristische Todtenfeier.

Eine Stunde später kam Metzger eiligst und brachte die Kunde: Beethoven sei soeben gestorben und Bäuerle wünsche, daß ich sogleich in's Schwarzspanierhaus gehe, die nöthigen biographischen Daten sammle und Tag und Anordnung des Leichenbegängnisses in Erfahrung bringe. Ich eilte sogleich hin und betrat das Sterbezimmer, wo ich einige Freunde des Verstorbenen, darunter

Schindler, Seyfried, und den Musikalienhändler Has=
linger fand. Ich hatte Beethoven im Herbst vorher noch lebend
gesehen und zwar bei einem Ausfluge nach Heiligenstadt, wo mir
Rainold ihn zeigte und wir ihn achtungsvoll grüßten. Jetzt sah
ich ihn auf seinem Sterbebette, noch so, wie er entschlafen war,
mit den ernsten, finsteren Zügen von marmorner Blässe und dem
buschigen Haupthaar, das kraus und wirr um die hohe Stirne hing.

Das Begräbniß fand am 29. statt. Ueber 15,000 Menschen,
alle Schauspieler, Sänger, Compositeure, Kunsthändler, alle Schrift=
steller und Dichter Wiens waren in dem langen, unabsehbaren Zuge,
der von dem Bruder des Verstorbenen und den beiden großen
Künstlern Anschütz und Lablache geführt wurde. So ging dieser
Trauerzug, der von Straße zu Straße immer mehr anschwoll,
bis auf den Friedhof in Währing, wo Beethoven in die Gruft
gesenkt wurde. Anschütz wollte nun die von Grillparzer verfaßte
Grabrede sprechen, aber die Geistlichkeit und der Polizei=Commissär
thaten Einsprache, und so konnte Anschütz erst die Rede draußen
vor dem Kirchhofe, auf einem Hügel am Eingangsthore stehend,
halten, während dichte Menschenmassen ihn umflutheten und mit
entblößtem Haupte andächtig seinen Worten lauschten. Unter dem
tiefen Eindrucke dieser Rede, aus der Grillparzer's ganzer ge=
waltiger Geist hervorleuchtete, entfernte sich nun die unabsehbare
Menschenmenge in feierlicher Stille.

Es war eine erhabene Todtenfeier, des großen Mannes
würdig. Der Todtenzettel, der damals (nicht von der Familie)
von den Freunden und Verehrern Beethovens ausgegeben wurde
und den ich noch als eine theure Erinnerung bewahre, lautete:

„Einladung zu Ludwig van Beethovens Leichen=
begängniß, welches am 29. März um drei Uhr Nachmittag
stattfinden wird. Man versammelt sich in der Wohnung des Ver=
storbenen, im Schwarzspanierhause Nr. 200, am Glacis vor dem
Schottenthor. Der Zug begiebt sich von da nach der Dreifaltigkeits=
kirche bei den k. k. Minoriten in der Alsergasse. — Die musikalische
Welt erlitt den unersetzlichen Verlust des berühmten Tondichters am
26. März 1827, gegen sechs Uhr. Beethoven starb an den Folgen
der Wassersucht, im 56. Jahre seines Alters, nach empfangenen
heil. Sakramenten. Der Tag der Exequien wird nachträglich bekannt
gemacht; von L. van Beethovens Verehrern und Freunden." —

Bei dem Begräbnisse lernte ich den Schriftsteller Johann
Schön kennen, einen poetisch begabten, wissenschaftlich gebildeten

jungen Mann. Wir verabredeten eine Reihe von Aufsätzen zu
Ehren Beethovens zu schreiben, er übernahm den poetischen, ich
den prosaischen Theil, und Bäuerle, der in der Theaterzeitung
selbst nicht den nöthigen Raum hatte, veröffentlichte unsere Todten=
feier in einer besonderen Beilage seines Blattes, aus welcher sie
später in mehrere biographische Werke über Beethoven überging.
Ich pflegte mit Schön fleißigen Umgang, bis er als Professor
der Geschichte nach Petersburg ging, — wo er, wie ich später
hörte, eine wohlverdiente Stellung einnahm.

Der Frühling war indeß herangebrochen, und mit ihm er=
wachte das fröhliche Wiener Leben im Freien. Die Prater=
fahrt am 1. Mai war höchst glänzend und gab mir viel zu
schauen, die herrschaftlichen Läufer der hohen Aristokratie hielten
unter dem Andrange von halb Wien ihren Preiswettlauf in der
großen Allee, und die damals zwar nicht so zahlreichen, aber da=
für großen und eleganten Wirthshaus=Gärten Wiens waren Abends
von Gästen überfüllt.

Den ersten Rang unter diesen Belustigungsorten der Wiener
nahm der „Sperl" ein, wo sich auch Abends fast sämmtliche
Mitglieder des Leopoldstädter Theaters, nebst Dichtern, Schrift=
stellern und Musikern einstellten. Damals war im „Sperl" noch
nicht jene verlotterte Wirthschaft, jene „Ob Schön= ob Regen"=
Lüderlichkeit, die sich bis vor Kurzem zur Schande der Residenz
dort frech und zudringlich breit machte. Damals war der „Sperl"
ein anständiger und eleganter Garten mit offenen Sommer=Salons,
wo der alte — damals noch junge — Strauß spielte, wo die
Herren Scherzer einen vortrefflichen Keller und eine ausgezeichnete
Wiener Küche führten, — und wo sich die feinste Gesellschaft
Wiens Abends hin begab, um dort zu soupiren.

Die Mitglieder der Leopoldstädter Theaters hatten ihren be=
sonderen großen Tisch, an dem auch ich mich oft mit Bäuerle ein=
fand. Hier ging es in dem heiteren Wien am heitersten zu;
Witz und Humor herrschten an der frohen Tafelrunde, die Krones
war die personifizirte Lustigkeit, Bäuerle unerschöpflich an Anek=
doten, Schnurren und Späßen, Korntheuer parodirte und per=
sifflirte die ganze Welt, und die ersten Cavaliere, die gebildetsten
Männer bewarben sich um die Ehre, an diesem Künstlertische
Platz nehmen zu dürfen.

Weh' aber dem Unberufenen, der mit kecker Zudringlichkeit
sich in diesen Kreis drängen wollte, ohne eingeführt oder ein=

geladen zu sein. Ein Witzfeuer von Bonmots und Anspielungen wurde von allen Seiten auf den Fremdling gerichtet, man ließ ihn nach Herzenslust „aufsitzen", mystifizirte ihn mit unmöglichen Geschichten und der trocken-komische Korntheuer „frozzelte" auf echt Wienerisch den Eindringling so gründlich, bis diesem ein Licht aufging, er sich empfahl und beschämt unter dem heimlichen Gelächter der ganzen Gesellschaft abzog.

So waren die Abende der Fröhlichkeit, die Tage der ernsten Arbeit gewidmet, — ich arbeitete fleißig für Bäuerle und Rainold, besuchte ernstlich meine Collegien und studirte, was ich um so leichter konnte, da ich keine festen Bureaustunden hatte. In dieser Zeit trat ich auch in Beziehungen zu der *„Wiener Zeitschrift für Mode und Literatur"*, in deren Eigenthümer, J. Schickh, ich einen höchst anständigen und gebildeten Mann kennen lernte. Die „Wiener Zeitschrift" war damals die Aristokratin in der Wiener Journalistik, sie wurde auf Velinpapier gedruckt, lieferte prächtige Modebilder und eine Auswahl von gediegenen Aufsätzen. Ich schrieb Mehreres für Schickh, der auch sehr anständige Honorare zahlte, und ich war nicht wenig erstaunt, als er mir für die erste Arbeit von kaum zwei Seiten ein Honorar von 25 Gulden Conventions-Münze auf den Tisch legte, während man damals froh war, für das Doppelte einen ganzen Monat hindurch zu arbeiten. Dies ist nun alles Anders geworden; — Schriftsteller und Journalisten werden anständig bezahlt, und der Sperl-Garten und das Leopoldstädter Theater sind verschwunden. Sie leben nur noch in der Erinnerung einiger Weniger, die vergleichend finden, daß sich der frühere, anständige Sperlgarten zu dem jetzigen Sperl und anderen öffentlichen Etablissements, Orpheums, Vauxhalls, Walhallas u. s. f. ungefähr so verhält, wie die treuherzige und natürliche Leopoldstädter Volksbühne zu den Tricot-Paraden, Nuditäten, Zoten und Zweideutigkeiten und dem Blödsinn der jetzt sogenannten Volkstheater.

Mit dem Besuchen der Theater als Rezensent, mit dem Umgange mit Schauspielern, mit der täglichen Beschäftigung mit der Bühne, erwachte in mir auch aufs Neue die alte Theaterlust, der ich schon von der Knabenzeit als Dilettant gefröhnt hatte; der Drang zum Theater zu gehen, selbst Schauspieler zu werden, regte sich unwillkürlich in mir; — er lag eben im Blute — war ja doch mein Vater auch Schauspieler gewesen. Aber gerade die Rücksicht für den guten Mann und die durch einen solchen

Schritt bedingte abermalige Unterbrechung meiner Studien hielten mich davon zurück.

Aber näher treten sollte ich dem Theater doch. Direktor Carl hatte eingesehen, daß er mit seiner schlechten Gesellschaft in Wien kein Glück machen könne. Er reorganisirte daher sein Institut und suchte von auswärts bedeutende Darsteller und bessere Kräfte zu gewinnen. Es gelang ihm und in kurzer Zeit hatte er ein vorzügliches Ensemble von durchaus tüchtigen Darstellern beisammen, unter ihnen Moriz Rott, Emilie Neumann, Wilhelm Kunst, Arthur Basson, Bossard, die Damen Brede, Zeiner, Pann u. a. So fand ich Rott und die Neumann wieder und suchte sie oft Abends an dem Sammelplatze der Schauspieler des Theaters a. d. Wien, im Wirthshausgarten zum „Wasen" in der Dreihufeisengasse, auf. Der „Wasen" aber war in jener Zeit nicht das „Loch", wie er jetzt die wohlverdiente Bezeichnung trägt, sondern ein eleganter Garten mit Salons, in welchem sich die beste Gesellschaft der Laimgrube-, Windmühl-, Magdalena- und Gumpendorfer-„Gründe" allabendlich einfand und wo am Schauspielertische ebenfalls eine heitere Fröhlichkeit herrschte. Auch der „Wasen"-Garten ist längst verschwunden und sein Terrain mit Häusern und Häuschen bebaut; nur das Vorderhaus steht noch und ist jetzt das sogenannte „Loch", wo sich zur Osterzeit die vazirenden Provinzschauspieler einfinden, um sich andere Engagements zu suchen.

Rott und die Neumann mußten mich bei Direktor Carl warm empfohlen haben, möglich auch, daß ihm mein energisches Wirken als Rezensent seines Theaters unbequem war, — genug, ich erhielt Anfangs August einen Brief von ihm, worin er mich einlud, ihn zu besuchen. Zur bestimmten Stunde ging ich zu ihm, — Carl empfing mich mit dem ganzen Aufwand seiner gewöhnlichen Liebenswürdigkeit, sagte mir ein paar Dutzend übertriebener Complimente über meine kritischen Leistungen und fragte mich endlich, ob ich nicht Lust hätte, als Theatersekretär bei ihm einzutreten, wozu mich, wie er behauptete, meine eminenten dramaturgischen Kenntnisse (von denen ich bisher selbst nichts gewußt hatte) außerordentlich befähigten. Mit seiner unwiderstehlichen Suada setzte er mir alle brillanten Vortheile dieser einflußreichen Stellung auseinander, in welcher ich praktischen Einfluß auf die Bühne gewinnen, meine eigenen dramatischen Produktionen zur Aufführung bringen und eine bedeutende Stellung in der Theater-

welt erstreben könne. Als ich jedoch fragte, welche Emolumente
mit dieser glänzenden Stellung verbunden seien, meinte er: für
den Anfang könne er mir allerdings nur einen Jahresgehalt von
600 fl. anbieten, — aber mit der Zeit und dem Gedeihen seines
Institutes würde er alles Mögliche zur Verbesserung meiner Stellung
thun, vorläufig brauchten wir ja nur mit diesem Gehalt für d r e i
J a h r e abzuschließen, — auch werde er mich durchaus nicht hin=
dern, meine journalistischen Beschäftigungen fortzusetzen. Ich erbat
mir einige Tage Bedenkzeit und ging.

So sehr mich auch der Antrag verlockte, weil er mich dem
Theater näher brachte, so hatte ich doch Bedenken; zudem be=
zweifelte ich, daß ich für die Theaterzeitung würde fortarbeiten
können, da ich doch nicht gut als Angestellter eines Theaters über
dieses oder andere Kunstinstitute Rezensionen schreiben konnte, ohne
in eine schiefe Stellung zu gerathen. Aber Rott, die Neumann
und andere hervorragende Mitglieder, mit denen ich indeß bekannt
geworden war, redeten mir zu, anzunehmen, meinten, ich könnte
auf diesem Platze viel Gutes wirken, meine unbändige Theaterlust
that auch das ihrige, und so nahm ich den Antrag an und trat
am 15. August als Sekretär der vereinigten Theater an der
Wien und in der Josephstadt in Carls Engagement.

Bäuerle machte mir bittere Vorwürfe, als er es erfuhr, —
meinte, nun würde er mich ganz verlieren, ich würde in der neuen
Beschäftigung weder Zeit noch Lust haben, für ihn zu arbeiten;
ich entgegnete, ich sei gerne dazu bereit, nur möge er mich der
Theaterreferate entheben; kurz, das Resultat war, daß es doch
nicht ging und daß wir nach dem Versuche von einigen Wochen
durch freundschaftliche Uebereinkunft unsere Verbindung auflösten.
Mein Nachfolger bei Bäuerle war H e i n r i c h A d a m i, mein
theuerster Freund in jener Zeit, ein sehr talentvoller junger Mann,
den ich selbst bei Bäuerle eingeführt hatte, der dann s e c h z e h n
Jahre bei der „Theaterzeitung" blieb, und der, als ich aus
Amerika zurückkehrte und mich freute, ihn wieder zu sehen, im
Jahre 1861 als Landesgerichtsrath eben gestorben war. Für
Rainold's Wochenschrift arbeitete ich noch fort, und mit dem
Studiren ging es wegen der jetzt eintretenden Ferien ganz glatt,
und später — tröstete ich mich — mußte ich eben die versäumten
Collegien durch doppelten Privatfleiß ersetzen.

Als ich in Direktor Carl's Engagement trat, theilte mir
mein Vater mit, daß mein Bruder Carl, ohne durch meine Er=

fahrungen gewitzigt zu sein, in die Armee getreten und beim
britten Artillerie-Regiment in Olmütz sei. Er wurde ein tüch=
tiger Mathematiker, avancirte bald zum Bombardier, dann zum
Feuerwerker, und ließ sich später, weil der Geschützdienst seine
Brust zu sehr anstrengte, als Feldwebel zum Infanterie-Regimente
Mazuchelli transferiren und kam 1834, als er aus der Armee
trat, zu mir, um bis zu seinem Tode mein treuer Lebensgefährte
zu bleiben.

Direktor Carl war schon ein Jahr vorher von seinem
kleinen Theater in München auf einem Flosse mit seiner ganzen
Gesellschaft nach Wien herabgeschwommen, hatte in dem damals
bankerotten und leerstehenden Theater an der Wien eine
Reihe von Gastvorstellungen gegeben und, trotz seiner mittel=
mäßigen Schauspieler, und des schlechten Repertoirs volle Häuser
gemacht, bloß durch sein großes Regie-Talent, sein ausgezeichnetes
Arrangement und seine eigenen Leistungen als Darsteller. Jetzt
hatte er das Theater an der Wien auf die Dauer gepachtet und
es mit dem Theater in der Josephsstadt, das den Hensler'schen
Erben gehörte, vereinigt. Er hatte wie gesagt, jetzt nach und
nach seine Gesellschaft vorzüglich organisirt und führte damals
das Theater in würdiger und künstlerischer Weise. Seine Auf=
führung des „Wallenstein" mit Herrn Rott als „Friedland" und
Kunst als „Max" konnte mit der Darstellung im Burgtheater
rivalisiren. Auffenberg's „König Richard in Palästina" war in
Hinsicht auf Ausstaffirung, Regie, Zusammenspiel und meister=
haftes Arrangement eine wahrhafte Mustervorstellung, und wenn
am Schlusse, bei der Zusammenkunft Sultan Saladins mit
Richard und den anderen Fürsten des Kreuzzuges, eine Schaar
Tempelritter auf stolzen Pferden hereinritt, nun eine zweite Schaar
berittener Mameluken im Galopp auf die Bühne sprengte, da=
zwischen sich ein ganzes Ballet, als Saladins Odalisken, tanzend
zwischen den Pferden bewegte, französische, englische und deutsche
Fußvölker mit fliegenden Bannern anrückten, und endlich alle
Fürsten in Silberrüstungen auf ihren Streitrossen einzogen und
nun das Gottesgericht begann, da gab es ein Bild so reich und
imposant, wie man es damals wenigstens noch nicht in Wien
gesehen hatte. Carl war ein Direktor besonders in seiner da=
maligen jüngeren Zeit, bei dem man viel lernen konnte, und alle
meine Kenntnisse als Regisseur und Direktor verdanke ich ihm.
Er war der vortrefflichste Regisseur und Arrangeur, den die deutsche

Bühne aufzuweisen hatte, und dabei von einer unermüdlichen Thätigkeit und eisernen Ausdauer. Ich erinnere mich, daß er den **ersten Akt** des Schauspieles „**Das Pfefferrösel**", der das Leben und Treiben auf der Frankfurter Messe darstellt, durch **zwanzig Tage von neun Uhr Vormittags bis zwei Uhr Nachmittags** probirte, bis derselbe so ging, wie er es sich gedacht hatte.

Mißvergnügte Schauspieler und unzufriedene Theaterdichter haben, nebst seinen Schwächen und Gebrechen, dazu beigetragen, Carls Charakter, als Mensch wie als Direktor, zu verzerren und ihn zu einem Ungeheuer, zu einem Scheusal zu stempeln; — dem war aber nicht so. Direktor Carl (angeblich von Bern=brunn) soll von reichen israelitischen Eltern in Wien abstammen, diente eine Zeitlang in der bairischen Armee und wurde endlich, trotz seines ungünstigen Organs und eines Sprachfehlers durch Anstoßen der Zunge, Schauspieler und machte als solcher wenig Glück. Erst als er seine sehr gebildete Frau, Margarethe Lang, kg. baierische Hofschauspielerin, eine sehr begabte und allgemein geachtete Künstlerin, heirathete und unter ihrer Anleitung lernte, hob er sich etwas, konnte aber, da er immer erste Helden spielen wollte, nicht durchgreifen. Endlich wurde er Direktor des Isarthor=Theaters in München, einer kleinen Volksbühne mit niedrigen Eintrittspreisen und geringen Einnahmen, die die größte Spar=samkeit zur unbedingten Nothwendigkeit machten. Diese ökonomischen Gewohnheiten, die bei ihm bis zur Knauserei ausgeartet waren, brachte er nun auch an das Theater an der Wien mit, wo man durch die frühere Liberalität des Grafen Pálfy ziemlich verwöhnt war, und er machte sich so, indem er so manchen alten Unfug und Unterschleif abschaffte, viele Feinde. — Er war eben ein strikter **Geschäftsmann**, hatte die allgemeine kaufmännische Regel: so billig als möglich zu kaufen, so theuer als möglich zu **verkaufen**, — stets vor Augen, — in Geldsachen kannte er keine Gemüthlichkeit und als Direktor bestand er, wie Shylock **auf seinem Schein".** Es war außerordentlich schwierig und bedurfte der größten Vorsicht und Behutsamkeit, mit ihm einen Contrakt abzuschließen; — hatte er aber einmal einen solchen abgeschlossen, so erfüllte er ihn auch pünktlich, verlangte aber, daß die andere Partei ebenso pünktlich **ihre** Verpflichtungen erfülle. Im Umgange war er liebenswürdig, mit seinen Mit=gliedern stets sehr artig und selbst gegen das Dienstpersonal niemals roh und grob. Vieles was man ihm nacherzählte und zur Last legte, ging nicht von ihm, sondern von seiner vertrauten Umgebung in den späteren Jahren seiner Direktion aus. — Und diese Sparsamkeit fand ihre berechtigte Anerkennung, — denn während Graf Pálfy in diesem Theater ein fürstliches Ver= mögen zusetzte und durchbrachte, wurde Carl, der mit Nichts angefangen hatte, zum Millionär. — Seine Schwächen dagegen, besonders seine Don=Juan=Streiche, seine stets wechselnden Liaisons und überhaupt sein stark sinnliches Temperament, haben ihn zu einer Menge von thörichten Handlungen verleitet, die er oft bereute, aber immer wieder auf's Neue beging.

Ich kam mit ihm sehr gut aus; — meine Arbeit war, die neu eingereichten Stücke zu lesen und die mir als brauchbar erscheinenden mit einem kritischen Gutachten ihm nun zur Prüfung vorzulegen, — die geschäftliche Correspondenz zu führen und ihm bei den Vorbereitungen zur Mise-en-scéne eines neuen Stückes (was er ein Stück zu „Faden schlagen" nannte) mit dem Eintragen der verschiedenen Rubriken: Dekorationen — Garderobe — Requisiten — Musik — Stellung der handelnden Personen — Statisterei u. s. f. zur Seite zu stehen, durch welch' sorgsame Ana= lysirung der Scenirung eines Stückes ich außerordentlich viel lernte. Abends mußte ich meistens im Josephstädter Theater sein, während er an der Wien beschäftigt war, und dort an seiner Stelle die Oberaufsicht führen.

Im Josephstädter Theater dominirten vorzüglich Pantomime und Ballet, unter der Leitung des geschickten Balletmeisters Occioni; die Pantomime, die einzige in Wien, hatte vorzügliche Mimiker, ein zahlreiches, jugendlich schönes Balletcorps, in Roller einen ausgezeichneten Maschinisten. Und auf die Ausstattung wurde viel verwendet. — Die kleine Muzarelli, das schönste und liebenswürdigste Kind von acht Jahren, errang hier alle Abende als „Amor" in der „Zauberrose" die größten Triumphe. Als ich sie nach Jahren als stattliche Dame und als die Gattin des beliebten Hofschauspielers Beckmann wiedersah, konnte ich gar nicht begreifen, daß Frau Beckmann dasselbe herzige Kind von damals sei.

Für einen jungen zweiundzwanzigjährigen Menschen war der allabendliche intime Verkehr mit den hübschen Balletmädchen eine gefährliche Atmosphäre, und es dauerte auch gar nicht lange, „so

lag ich in Amor's süßen Ketten", wie man zu Gleim's und
Hagedorn's Zeiten zu sagen pflegte; — unter den Figuran=
tinen war ein hübsches junges Mädchen, ehrlicher, aber armer
Leute Kind, die erst seit Kurzem, um auch zur Erhaltung des
elterlichen Hausstandes beizutragen, zum Ballet gekommen war.
Sie hieß Anna Berger, der Vater war ein Seidenweber, der
für die Fabrikanten im Schottenfelde arbeitete; — das unver=
dorbene muntere Mädchen gefiel mir, wie ich ihr und so machte
ich mit ihr die „süße Jugendeselei der ersten Liebe" durch, —
aber Alles in Ehren.

Ich war damals ein so bescheidener Liebhaber, daß ich
zufrieden war, wenn ich Anna Abends nach dem Theater bis an
ihr Hausthor begleiten konnte, glücklich, wenn ich eine Stunde
bei ihr sitzen und mit ihr plaudern konnte, und überselig, wenn
ich die Erlaubniß erhielt, Anna am Sonntag Nachmittag abholen
und mit ihr, per Stellwagen, auf's Land, nach Schönbrunn oder
Hietzing, nach Mödling und in die Brühl fahren und sie Abends
wieder wohlbehalten zu ihren Eltern zurückbringen durfte. „O
daß sie ewig grünen bliebe!" — bei mir grünte sie nicht nur,
sie blühte und wollte in Frucht treiben, kurz ich wollte meine
Anna absolut heirathen; aber die Herren Eltern widersetzten sich
auf beiden Seiten; — mein Vater meinte, ich sei zu jung, und
Annas Eltern erklärten, ich hätte nicht Einkommen genug, um
Frau und Kinder zu ernähren, — was allerdings der Wirklichkeit
entsprach. Als ich im Jahre 1828 Wien verließ, schwuren wir
uns ewige Treue, schrieben uns nach der Trennung alle Tage
zärtliche Briefe; dann alle Wochen; dann nur alle Monate und
— endlich gar nicht mehr. Als ich vier Jahre darauf, schon
verheirathet, wieder nach Wien kam, hörte ich, Anna habe ein
Verhältniß mit einem reichen griechischen Kaufmanne, schon zwei
Kinder von ihm, es gehe ihr gut, und — was ihr Ehre mache
— sie habe ihre Eltern bei sich und erhalte sie.

Zufällig habe ich sie noch einmal im Jahre 1831 gesehen;
— ich hatte einen Besuch in einem Hause auf der Wieden ab=
zustatten; ich steige die Treppe zum ersten Stock hinauf, da
kommt von dem oberen Stockwerke eine junge hübsche Dame
lachend und singend die Stufen herabgesprungen. Ich blicke sie
an, es ist meine „gewesene" Anna, — auch sie erkennt mich,
wird brennend roth, faßt sich aber schnell und singt, indem sie
ihren Weg fortsetzt, ein damals beliebtes Lied:

Fahre hin, Du Flattersinn!
Denk' jetzt nicht mehr d'ran.
Wenn ich einmal Wittwe bin,
Frag' Dich wieder an! —

und verschwindet in einem Zimmer des Erdgeschosses.

Ich habe sie nie wiedergesehen; wenige Monate darauf, in den ersten Tagen des Septembers 1831, brach zum ersten Male die verheerende Cholera in Wien aus — und die arme Anna wurde eines ihrer ersten Opfer.

Ueber den Rubicon.
(1827.)

In das Jahr 1827, als ich noch bei Bäuerle war, fiel die traurige Geschichte, die der armen Therese Krones den Todesstoß gab. Ein polnischer Kavalier, Graf Jaroszinski, der mit der Krones in intimen Beziehungen stand, hatte seinen ehemaligen Erzieher und Lehrer, den Abbé Blank, einen würdigen, allgemein geachteten Greis, in dessen eigener Wohnung ermordet und beraubt. Nach der That hatte er die Leiche in dem Zimmer verschlossen und rasch die entwendeten Werthpapiere in verschiedenen Wechselstuben verkauft. Dieser Umstand führte auf die Spur des Mörders und als Graf Jaroszinski einige Tage später in seiner eleganten Wohnung im Trattner-Hof mit den Schauspielerinnen Krones und Jäger und einigen Freunden bei einem heitern Diner saß, wurde er von der Polizei verhaftet und in das Criminal-Gefängniß gebracht.

Der Mord des geachteten Abbé, der Professor der Mathematik an der Theresianischen Ritter-Akademie war, hatte in Wien ungeheures Aufsehen hervorgerufen. Man sprach von nichts Anderem, der Kaiser selbst hatte den Behörden größte Energie und Strenge aufgetragen, und als nun der Thäter bekannt wurde und er sich als der bevorzugten Aristokratie angehörig enthüllte, — da stieg die Erbitterung der Bevölkerung auf das Höchste, und ein Theil dieses Zorngefühls übertrug sich auch auf die arme Krones. Abgewiesene Anbeter, mißgünstige Colleginnen, persönliche Feinde hetzten und schürten und bald war die öffentliche Meinung gegen die Krones so aufgeregt, daß bei ihrem Auftreten eine unliebsame Demonstration zu befürchten war. Sie selbst, sonst so heiter und lebenslustig, war ganz zerschmettert und wollte um keinen Preis mehr auf die Bühne; — vergebens sprachen Bäuerle, Raimund, Korntheuer ihr Muth ein, sie verzweifelte. Es war das „Mädchen in der Feenwelt" und sie hatte nur die eine Scene als „Jugend". Ich stand neben ihr, hinter den Coulissen, ehe sie auftrat, — sie zitterte so heftig, daß die Zähne klappernd auf einander schlugen. Ich sprach ihr Muth ein, sie murmelte nur immer in sich hinein: „Das ist mein Tod! das ist mein Tod!" — Endlich mußte sie hinaus; es war ein fürchterlicher Moment; — sie war gewöhnt, bei ihrem Auftreten stets mit jubelndem Beifall begrüßt zu werden, — dieses Mal empfing sie eine Todtenstille. Sie blieb erschrocken am Eingange stehen und konnte kein Wort ihrer Rolle herausbringen. Raimund eilte ihr entgegen, ergriff sie bei der Hand, flüsterte ihr schnell zu: „Madl, hab' Courage!" und sie vorführend extemporirte er laut: „Komm nur, meine liebe Jugend, fürchte Dich nicht, hier sind lauter gute Leut', die Dir nichts thun werden!" Das Publikum blieb eisig kalt und still, kein Laut ließ sich im ganzen Theater hören. Sie spielte zitternd ihre Rolle, sang ihr Duett mit versagendem Athem und als es aus war, brach ein allgemeines Zischen aus, in das sich einige gellende Pfiffe mischten, — sie wankte ab und stürzte in der Coulisse ohnmächtig zusammen; kaum, daß wir Umstehenden sie noch auffangen konnten. Man mußte sie im heftigsten Fieber nach Hause tragen, und mehrere Tage lag sie in Delirien. Als sie besser wurde, erklärte sie, die Bühne nicht mehr betreten zu können, und die Direktion selbst sah ein, daß es besser sei, wenn sie einige Zeit nicht auftrete.

Aber der Criminalprozeß Jaroszinski dauerte, bei der damaligen schwerfälligen Prozedur, volle sechs Monate, und während dieser Zeit blieb die Aufregung des Publikums immer dieselbe. Jaroszinski leugnete nämlich hartnäckig und obgleich eine Menge von Beweisen gegen ihn sprachen, konnte nach österreichischen Gesetzen kein Todesurtheil über ihn gefällt werden, wenn er sein Verbrechen nicht selbst gestand. Dieses aber von ihm zu erpressen, schien ganz unmöglich; er blieb hartnäckig beim absoluten Leugnen.

Obwohl nun die Anwendung der Tortur schon seit Maria Theresias Zeiten abgeschafft war, so fand sich doch im österreichischen Gesetzbuch ein Paragraph, wonach Angeklagte, die den Untersuchungsrichter zu belügen suchten, dafür mit körperlicher Züchtigung zu belegen seien. Schnell wurde Jaroszinski einer absichtlichen Lüge über einen Nebenpunkt aus seinem Vorleben überführt und der Richter diktirte ihm zehn Stockprügel. Er hielt sie standhaft aus, als er aber am andern Tage wieder in's Verhör geführt wurde, als man ihm eine zweite Lüge nachwies und der Richter die Bank und den Polizeikorporal hereinkommen ließ, da brach sein Muth und er bat, man möge ihn mit Schlägen verschonen, er wolle Alles gestehen; und er gestand Alles: wie er dem alten Abbé mit einem großen Küchenmesser sieben Hiebwunden in den Kopf, zwei Stiche in die Brust und fünf Stiche in den Unterleib beigebracht und die Staatspapiere im Gesammtbetrage von sechstausend Gulden geraubt habe.

Jetzt nahm die Criminal-Prozedur einen rascheren Verlauf, das Urtheil zum Tode an dem Galgen wurde ausgesprochen und dem Kaiser zur Bestätigung vorgelegt, der es auch sogleich unterschrieb. Am 27. August wurde Jaroszinski auf eine erhöhte Bühne vor dem Criminalgerichtsgebäude auf dem Hohen Markt gestellt und ihm dort in Gegenwart einer dicht zusammengepreßten Volksmenge das Todesurtheil vorgelesen und der Stab gebrochen. Dann wurde er — wie es damals noch gebräuchlich war — drei Tage lang „ausgesetzt"; dieses „Aussetzen" bestand darin, daß der zum Tod verurtheilte Verbrecher die letzten drei Tage in einer Zelle des Kriminalgerichtes zubrachte, wo ein weißgedeckter Tisch mit zwei brennenden Lichtern und einem Kruzifix stand, vor dem er saß, von Kerkermeistern und Polizeisoldaten bewacht.

Das Publikum wurde durch diese drei Tage zugelassen, um den Todeskandidaten zu sehen und sich an seinen Qualen zu erbauen. Die Leute kamen bei der einen Thür hinein, gingen längs einer Barrière die sie vom Gefangenen trennte, ihn angaffend vorüber und zur anderen Thüre hinaus. Die Mitleidigen legten auf eine bereitstehende Schüssel Geldstücke zu Seelenmessen — wie der fromme Aberglaube sagte, — und so haben über 60,000 Menschen in diesen Tagen Jaroszinski beschaut. Auch jeder letzte Wunsch, der mit der Gefängnißordnung und der Sicherheit verträglich war, wurde in diesen drei

letzten Tagen dem Delinquenten gewährt. Er konnte essen und
trinken, was er wünschte, lesen, rauchen, mit seinen Anverwandten
oder Freunden sprechen. So war die Sitte damals, und gut=
müthige Leute schickten dem zum Tode Verurtheilten Blumen,
Leckerbissen u. d. m.

Geistlichen Beistand hatte Jaroszinski, trotz alles Zuredens,
entschieden zurückgewiesen und für die letzte Nacht bat er sich
aus, daß ihm, um über diese qualvollen Stunden rasch hinweg
zu kommen, und da er ja doch nicht schlafen könne, eine **Whist=
Partie** erlaubt werde. — Die Erlaubniß ward ertheilt und
nachdem das Publikum sich entfernt hatte, begab sich ein Criminal=
rath mit zweien seiner Freunde, die er dazu eingeladen hatte, in
die Zelle des Gefangenen, und nachdem Jaroszinski gut soupirt
hatte, begann die **Whistpartie**. Die drei Mitspieler waren
weit aufgeregter und ergriffener als Jaroszinski selber, der mit
großer Kaltblütigkeit und Aufmerksamkeit spielte, sich über einen
gewonnenen Groß=Schlemm freute, von Zeit zu Zeit ein Glas
Wein trank und dabei rauchte.

Als der Morgen anbrach, hörte das Spiel auf, die Herren
nahmen von ihm Abschied und der Geistliche trat ein, um ihn
auf dem letzten Gange zu geleiten; Jaroszinski aber bat den
geistlichen Herrn zwar sehr höflich, jedoch entschieden, ihn in
Ruhe zu lassen, er bedürfe keines Beistandes und keiner Begleitung.
In seiner eleganten Salonkleidung wurde er auf einem offenen
Wagen zum Richtplatze geführt, der sich bei der „**Spinnerin
am Kreuz**" außerhalb der Matzleinsdorfer=Linie befand. Er
behielt auf dem ganzen langen Wege seine Ruhe, und lächelte
nur verächtlich, wenn er allenthalben die dicht gedrängte Volks=
masse sah, — denn ganz Wien war auf den Beinen. Unter
dem Galgen angelangt, wurde ihm nochmals das Todesurtheil
vorgelesen, — bei den ersten Worten: „Im Namen Seiner k. k.
Majestät" — machte er eine cynische, unehrerbietige Aeußerung
und als das Urtheil verlesen war, richtete er eine viel cynischere
Einladung an das gesammte Publikum, — jetzt ergriff ihn
der Scharfrichter und in zwei Minuten hing sein Leichnam am
Galgen. —

Als sich die Aufregung des Publikums etwas gelegt hatte,
wurde der Versuch gemacht, die **Krones** wieder auftreten zu
lassen, und zwar in einem ganz kleinen Röllchen, in einem
einaktigen Stückchen von F. Straube, „Der erste Versuch"

betitelt. Es wurde zwar nicht mehr gezischt und gepfiffen, aber das Publikum verhielt sich seinem ehemaligen Liebling gegenüber kalt und stumm. Es wurde eine längere Pause gemacht, aber erst nach mehreren Monaten und nachdem alle Nachfolgerinnen vor leeren Häusern, ohne Beifall gespielt hatten, gelang es bei einer freudigen Gelegenheit das Publikum mit seiner Lieblings= schauspielerin zu versöhnen und von da an feierte Therese Krones wieder ihre größten Triumphe.

Aber diese schreckliche Zeit hatte ihre Lebenskraft gebrochen. Der rohe Eigenthümer des Leopoldstädter Theaters Steinkeller vertrieb sie durch seine Brutalität von dieser Bühne, wie später Raimund, Korntheuer, Schuster u. A., — sie kam nun zum Direktor Carl in das Theater an der Wien hinüber, gab dort eine Reihe ihrer schönsten Rollen vor gedrängt vollen Häusern und mit dem größten Beifalle, aber die unheilvolle Krankheit entwickelte sich immer mehr, ihr heiterer Sinn war verschwunden, bald mußte sie der Bühne entsagen, und nach einem langen und schmerzlichen Krankenlager starb sie im Jahre 1830, tief betrauert vom Publikum, aber am meisten von einem Manne. Es war dies ein schon etwas ältlicher Kaufmann, Namens Rohrer; er hatte die Krones von dem kleinen Theater in Oedenburg nach Wien und zum Auftreten gebracht, er protegirte sie in ihren ersten Anfängen, blieb, trotz ihrer Liebeleien und Verirrungen, immer ihr treuer Freund und als sie hilflos, schwer erkrankt dalag, da war er der Einzige, der sie mit treuer Sorgfalt pflegte, für alle ihre Bedürfnisse sorgte, die ersten Aerzte herbeiholte, es an Nichts fehlen ließ, und als Alles vergebens, als sie gestorben war, ihr ein höchst anständiges Leichenbegängniß besorgte.

Aber bei dem Wiener Publikum ist das Andenken der Krones so populär geworden, wie das Raimunds. Lange, sehr lange sprach man noch von ihr, noch jetzt erklären alte Stammgäste des Leopoldstädter Theaters, daß von allen Schauspielerinnen in diesem Fache keine — selbst nicht die geniale Gallmeyer, — je die Krones auch nur annähernd erreicht habe, — und im Volks= gedächtnisse lebt Therese Krones fort, durch einen dreibändigen Roman dieses Namens von A. Bäuerle und ein noch immer gerne gesehenes dramatisches Lebensbild: „Therese Krones" von Hafner.

Im Jahre 1827 war auch der nachher so beliebte Komiker Wenzel Scholz von Graz in Carl's Engagement gekommen. —

Carl beachtete ihn kaum und ließ ihn nur im Josephstädter Theater, meist in kleinen Stücken vor dem Ballete, auftreten. Zu dieser Zeit hatte im Kärnthnerthor-Theater die Oper: „Die weiße Frau" von Boieldieu außerordentliches Glück gemacht und Carl Meisl, der immer gleich mit Parodien bei der Hand war, schrieb auch eine Parodie der „weißen Frau" unter dem Titel: „Die schwarze Frau", zu welcher Adolph Müller, bisher nur Schauspieler, eine reizende Musik schrieb. In diesem Stücke war auch eine Episode, eine unbedeutende Nebenrolle, der „Rathsdiener Klapperl", welchen der Komiker Platzer — ein natürlicher Sohn Korntheuers, wie man sagte, — spielen sollte. Vor der letzten Probe erkrankte Platzer und in der Verlegenheit wurde Scholz dringend gebeten, die kleine Rolle doch zu übernehmen und so die Aufführung zu ermöglichen. Scholz machte sich diese Nebenrolle zurecht, arbeitete sie ganz um und erhob sie zur Hauptrolle, sodaß die „schwarze Frau" mehr als hundert Mal bei überfüllten Häusern gegeben, und von da an Scholz zum erklärten Liebling der Wiener wurde.

Er hieß eigentlich nicht Wenzel Scholz, sondern stammte aus einer Junker-Familie in Preußen; doch hatte sein Vater, der verarmt war, als er nach Oestreich auswanderte, den Adel abgelegt und den Namen Scholz angenommen.

Scholz war ein vorzüglicher Komiker, der ohne alle Uebertreibung, ohne Capriolen und Lazzis, bloß durch seinen trockenen Humor, seine eiserne Ruhe und sein komisches Aeußere eine ungeheure Wirkung hervorbrachte. Nur Ernsthaftes konnte er nicht vorbringen, und wenn er nur zwei Worte ernsthaft sprach, wurde er ausgelacht. Direktor Carl aber, der keine Rollenfächer anerkannte, bestand darauf, daß seine Schauspieler Alles spielen müßten. Lange wehrte sich Scholz gegen jede solche Zumuthung, als aber an einem Sonntage Schillers „Wilhelm Tell" gegeben wurde und das Personal zur Besetzung der vielen Rollen nicht ausreichte, gab Carl die Rollen der beiden Wächter bei Geßler's Hute, die den Tell verhaften, an Scholz und Hopp; vielleicht auch in der Hoffnung, daß er, wenn der beliebte Scholz an einem Sonntage auf dem Zettel stehe, dadurch ein paar hundert Gulden mehr einnehmen werde. Vergebens bat, flehte, beschwor Scholz, ihn damit zu verschonen. Carl blieb fest, stellte dem immer geldbedürftigen Komiker dann für den nächsten Morgen einen Vorschuß in Aussicht und strich ihm endlich die Rolle so zu=

sammen, daß Hopp alle Reden von den beiden Wächtern zu sagen hatte, und Scholz nur die eine Rede blieb: „er hat dem Hut nicht Reverenz erwiesen." —

Der Abend der Vorstellung kam heran, Scholz schminkte sich das Gesicht wie zum „Klapperl", nun klebte er sich einen ungeheuren schwarzen Schnurrbart auf und sah urkomisch aus. Er war erst im letzten Augenblicke in die Garderobe gekommen, warf sich schnell in Wamms und Puffhosen des Trabanten, nahm eine ungeheure Hellebarde und ging nun auf die Bühne, um sich bei Geßlers Hut auf der Stange, als Wache aufzustellen. Kunst spielte den „Tell"; — die Scene mit seinem Knaben ging ruhig vorüber, als aber „Tell" abgeht und nun die Wächter ihn verhaften, platzt Scholz mit seiner Rede: „er hot dem Hut nit Reverenz erwiesen," in derbster östreichischer Mundart heraus, ohne auf sein Schlagwort zu warten. Das Publikum lächelt, aber Scholz wiederholt ergrimmt: „er hot dem Hut nit Reverenz erwiesen" — und wiederholt diese Rede noch ein Dutzendmal, sie immer komischer betonend und alle Darsteller in ihren Reden unterbrechend; das Publikum lacht, die Schauspieler können kaum mehr das Lachen unterdrücken, Choristen und Statisten lachen bereits herzlich, das Publikum wiehert nun vor Lachen, jetzt brechen auch die Darsteller auf der Bühne los, von einem ernsten Weiterspielen ist keine Rede mehr; — die Heiterkeit übertönt Alles, die große Scene des Apfelschusses geht verloren und in dem allgemeinen Wirrwarr muß der Vorhang fallen, während Scholz noch immer schreit: „er hot dem Hut nit Reverenz erwiesen!" — Kunst, auf's Aeußerste erbittert und aufgebracht, daß ihm seine beste Scene verdorben, will Scholz mit der Armbrust erschlagen und stürzt dem Komiker nach, — dieser flüchtet sich unter die Versenkungen und durch eine Hinterthür zum Theater hinaus und läuft geschminkt und im Trabanten-Kostüm nach Hause; — seit diesem Abend bekam Scholz nie mehr eine ernste Rolle.

Im Jahre 1827 setzte Carl wieder eine seiner großartig arrangirten Spektakelkomödien in die Scene: „Die Höhle Soncha". Dann kam ein neues Stück von Raimund: „Moisasurs Zauberfluch", — welches Raimund, bei den veränderten Verhältnissen, nicht mehr im Leopoldstädter Theater aufführen lassen wollte, und in welchem Direktor Carl die Rolle gab, die Raimund für sich selbst geschrieben hatte. Auch dieses Stück gefiel außerordentlich, aber schon nach einigen Aufführungen kam Rai=

mund, bleich, verstört, in heftigster Aufregung zu Carl gestürzt, und theilte ihm zornbebend mit, im Leopoldstädter Theater werde in aller Heimlichkeit eine Parodie seines Stückes von Meisl vorbereitet — das sei eine Schändlichkeit, — das werde er nicht dulden, — er werde sich nicht in seinem eigenen Theater verhöhnen lassen. Direktor Carl hörte ihn ruhig an, beschwichtigte ihn so gut er konnte, meinte, daß sich gegen so etwas nicht viel machen lasse, und entließ ihn mit dem Troste, er (Carl) werde nachdenken, wie man dem Leopoldstädter Theater diese Spekulation vereiteln könne.

So wie Raimund fort war, rief mich Carl in sein Cabinet, theilte mir die Sachlage mit und fragte mich, ob ich mich getraue, in einigen Tagen eine Parodie des Moisasurs zu schreiben, die binnen einer Woche einstudirt und im Josephstädter Theater aufgeführt werden könne, um so, wenn das Stück denn doch schon einmal parodirt werden solle, dies lieber selbst zu thun und dem Leopoldstädter Theater zuvorzukommen. Mit dem Leichtsinne der Jugend sagte ich „ja!" und holte mir Freund Adami als Mitarbeiter. Wir besprachen den Plan, verständigten uns über alle Einzelheiten, allein da wir bei Tag weder Zeit noch Ruhe hatten, mußten wir des Nachts arbeiten. In den zwei Nächten vom 19. und 20. Oktober schrieben ich und Adami auch wirklich die dreiaktige Parodie: „**Monsieur Asurs sauberer Fluch**".

Wir saßen beide in der Theaterkanzlei, auf dem Tische eine ungeheure Kaffeemaschine, in welcher der Theaterdiener Sedlmayer fortwährend den schlafvertreibenden Mokka=Trank braute. Im Nebenzimmer saßen ein halbes Dutzend Copisten, die, so schnell wir eine Scene fertig hatten, sie dreimal abschrieben, zu den drei Büchern, welche die Censur, der Souffleur und der Regisseur haben mußten, während die anderen Copisten sogleich die Rollen für die Schauspieler abschrieben. Im anstoßenden Bureau war der Kapellmeister Adolph Müller, der, so wie eine Musiknummer von uns geschrieben war, — sie componirte und jedesmal die noch nasse Partitur den musikalischen Copisten in einem dritten Zimmer hinwarf, welche ihrerseits wieder Gesangs=, Chor= und Orchester=Stimmen auszogen.

Direktor Carl trug selbst das Stück in die Censur, um eine beschleunigte Censur zu erbitten, Jachimowitsch malte in fünf Tagen zwei neue Dekorationen, die Garderobe wurde von einer

Anzahl Schneider schnell zusammengenäht, Vor- und Nachmittags wurden Proben gehalten und am achten Tage fand die erste Aufführung statt, als das Leopoldstädter Theater noch nicht die erste Probe seiner Parodie gehalten hatte.

Der Prolog, der den Refrain variirte,

„Gutes läßt sich parodiren,
Schlechtes parodirt sich selbst", —

der viele schmeichelhafte Anspielungen auf Raimund enthielt und den Madame Kneisel sprach, gefiel außerordentlich, auch der ganze erste Akt wurde viel belacht und applaudirt, im zweiten fiel die Stimmung ab und im dritten verhielt sich das Publikum ablehnend. Die Ursache dieses Mißerfolges war eine dreifache; — erstens hatten wir Raimund zu parodiren gewagt, was vor uns noch Niemand gethan hatte und was bei der unbegrenzten Verehrung, die Raimund in Wien genoß, von vielen Leuten als eine Blasphemie angesehen wurde; — zweitens war die Comödie zu lang; denn eine Parodie sollte immer in einem Akt condensirt sein; einen Akt hindurch lacht das Publikum über die Verdrehungen und Uebertreibungen und geht auf den Spaß ein; aber drei Akte sind zu viel, und an diesen Klippen zu großer Breite und Ausführlichkeit scheitern die meisten Parodien; endlich drittens hatten wir des Guten zu viel gethan, scharfen Pfeffer auf beißenden Paprika gestreut und die Outrirung des Ganzen übertrieben.

Trotzdem wurde das Stück sechsmal gegeben; aber als wir bei der zweiten Vorstellung nun unsere Namen als Verfasser auf den Zettel setzten, da meinte ein malitiöser Kritiker im „Sammler": „es sei doch eine noble Selbstverleugnung von uns jungen Dichtern, daß wir unsere Namen auf den Zettel setzten", — vermuthlich in der schönen Absicht, damit nicht Unschuldige in ungerechten Verdacht kämen. — Neun Tage darauf (4. November) wurde mein Künstlerdrama in Jamben „Antonio Solario", in welchem, wie in den meisten Künstlerdramen, nach Müllner's treffender Bemerkung, ein „Pinsel" die Hauptrolle spielt, aufgeführt, welches sehr gefiel und mir so eine kleine Genugthuung brachte.

In diesem bewegten Leben und Treiben ging das Jahr 1827 zu Ende, aber auch meine anfängliche Behaglichkeit und Zufriedenheit in der neuen Stellung hatte schon bedeutend abgenommen. Es hatten sich nach und nach mehrere Umstände herausgestellt, die mir die Sekretärstelle zu verleiden anfingen. Mit meinem

Bureau-Genossen, dem Oekonomie-Controllor Stael harmonirte ich
schlecht, er war ein mißgünstiger pedantischer Bureaukrat und ich
war ihm bei Direktor Carl im Wege, daher beständige kleine
Reibungen; — dann hatte sich meine alte Theaterlust und der
Drang, Schauspieler zu werden, bedeutend gesteigert und Direktor
Carl hatte mir meine Bitte, mich auch als Darsteller zu verwenden, hartnäckig abgeschlagen. Endlich hatte Carl es schon
einige Male versucht, mich als Leporello für seine Don-Juan-
Abenteuer zu gebrauchen; ich aber hatte mich bei allen solchen
verblümten Aufträgen entsetzlich dumm gestellt, ihn niemals verstehen wollen. Das pikirte ihn, er wurde kühler und spitziger
gegen mich, ich war damals ebenfalls ziemlich vorlaut, und so
kamen wir einige Male scharf aneinander. Genug ich verlor die
Lust und trachtete fortzukommen, um endlich Schauspieler zu werden.

Kurz vor Ostern 1828 kam der Direktor des Lemberger
Theaters, Czabon, um neue Engagements abzuschließen, nach
Wien und brachte mir einen Empfehlungsbrief meines Vaters mit
der Bitte, dem Direktor Czabon in Allem während seines Wiener
Aufenthaltes an die Hand zu gehen. Ich lief viel mit ihm herum,
orientirte ihn bestens und half ihm, seine Acquisitionen rasch zu
machen und mit ihnen vortheilhaft abzuschließen. Das schien ihm
zu gefallen, denn er machte mir die Offerte: als sein Sekretär
und zugleich als Schauspieler bei ihm in's Engagement zu
treten, wofür er mir eine höchst anständige Gage nebst Benefiz
anbot. Nach kurzem Besinnen willigte ich ein und schloß mit ihm
ab und somit war der Rubicon vom Manne der Feder zum
Schauspieler überschritten.

Ich eilte zu Carl, setzte ihm die Sache auseinander und bat
ihn, mir meine Entlassung zu gewähren, da ein Sekretär, der
mit Unlust arbeite und lieber Comödie spielen wolle, ihm doch
von keinem Nutzen sein könne. Er hörte mich ruhig an, rieth
mir ab, Schauspieler zu werden, meinte, in der Stellung bei
ihm könne ich eine viel bessere Carrière machen, und als ich dennoch in ihn drang, sagte er: „Sie haben, als ich Ihnen die
Stelle antrug, sich damals einige Tage Bedenkzeit ausgebeten,
jetzt, wo es sich um Ihre Entlassung handelt, lassen Sie mir
auch einige Tage Bedenkzeit." — Dabei blieb es.

Beim Weggehen begegnete mir ein Schauspieler aus Salzburg, Joseph Franz, der mich schon seit Wochen gequält hatte,
mich für ihn bei Direktor Carl zu verwenden, damit dieser ihn

für Nebenrollen engagire. In meinem Unmuth erzählte ich ihm, daß ich abzugehen wünsche, daß Carl mich nicht fortlassen wolle; Franz bat mich, doch i h n für den Platz vorzuschlagen, er sei in Salzburg auch Theatersekretär gewesen u. s. w. Am anderen Tage sagte ich Carl, ich hätte einen vortrefflichen Ersatz für meine Person; Carl ließ ihn kommen, sah sich den Mann an und engagirte ihn noch viel billiger als mich, nur mit dem Unterschiede, daß Franz eine zähe Natur und einen besseren Magen hatte als ich, und als Sekretär bei Direktor Carl blieb bis zu dessen Tod, wo er denn auch mit einem Legat bedacht wurde. Carl's Mitglieder aber waren niemals gut auf den Sekretär Franz zu sprechen, und wenn sie in der entsprechenden Stimmung waren, citirten sie fleißig die Stelle aus Schiller's „Räuber": „F r a n z heißt die Canaille!"

Ich schrieb nun unverweilt meinem Vater, daß ich als Schauspieler nach Lemberg zurückkomme und mich freue, ihn bald wieder umarmen zu können. Es war dem alten Mann wohl nicht ganz recht, daß ich schon wieder umsattle, aber er hatte mir freie Wahl des Berufes zugesichert und auch der Gedanke war ihm tröstend, daß er seine alten Tage nun in meiner Gesellschaft verleben könne; und so antwortete er denn umgehend, daß ich herzlich willkommen sei, und dem Brief selbst schloß er eine Anzahl von guten Lehren für den angehenden Schauspieler bei, die er aus seiner eigenen, reichen Erfahrung geschöpft hatte.

Auch diese mögen hier folgen als ein ehrendes Gedenkzeichen des wackeren Mannes, dessen Andenken ich so hoch verehre. — Vielleicht kann auch mancher junge Schauspieler, der sie liest, daraus heilsame Belehrung schöpfen, wenn überhaupt unsere jungen Leute heut zu Tage noch etwas lernen wollen, indem sie ja ohnehin schon Alles besser wissen, als die Alten.

Hier sind die lehrreichen Worte meines guten Vaters:
Mein Sohn!

Wenn Du dich der dramatischen Kunst widmen willst, so nehme diese wenigen Lehren an, die ich aus eigener Erfahrung Dir mittheile:

In der Kunst zu leben ist ein Hochgefühl sondergleichen. — Wenn Du die Kunst liebst und aus Liebe zu dieser sie übst, so hast Du Dein Herz dem Irdischen größtentheils entzogen. Die Kunst wird Dich würdigen, aber auch Du mußt die Kunst würdigen, durch Deinen moralischen Lebenswandel. Ohne diesen wird

der Künstler nur angestaunt, aber nicht geachtet; mit diesem wird
er doppelt hoch geschätzt. Was Du für wahr im Innersten an=
erkennest, glaube, bis Du eines Besseren durch Gründe überzeugt
wirst, dann aber lasse den Wahn fallen und nehme Belehrungen an.

So wenig wir in der Natur Grenzen kennen, ebensowenig
hat die Kunst — die Nachahmerin der Natur — Grenzen.
Immerwährendes Studium in dieser Kunst ist unerläßlich, wenn
man es einigermaßen zur Vollkommenheit bringen soll. Laß Dich
von keiner Beifallsbezeigung täuschen, sondern prüfe immer Dich
selbst, Deine Leistungen und Deine Fähigkeiten.

Befleißige Dich immer, auch im gewöhnlichen Leben, der
reinen richtigen Sprache, mit gehöriger Diktion, aber ohne Ziererei;
dies ist ein großer mannigfacher Vortheil für den Schauspieler,
wird aber leider von Vielen vernachlässigt.

Das ungebundene Leben eines Künstlers verleitet oft zu einem
lockern, leichtsinnigen, wohl gar ausschweifenden Lebenswandel;
dadurch verliert er aber auch an Gesundheit, Fähigkeit und alle
Achtung, die er erworben und verdient hat.

Habe keine nahe verbindende Bekanntschaft mit Schauspiele=
rinnen. Tausend Unannehmlichkeiten, unzählige Verdrießlichkeiten,
ja gar Dein Unglück wendest Du dadurch von Dir ab. Sei
freundlich und gefällig gegen Deine Kunstgenossen und Du führst
ein ruhiges Leben. Glückliche, zufriedene Ehen sind eine große
Seltenheit in der Republik der Schauspielerwelt; lege Dir keine
schmerzlich drückende Fesseln an, die Dir täglich lastender werden.
Das Beispiel zu Deiner Warnung wirst Du bei jeder Bühne
finden; beherzige es und erhalte Dich Dir selbst, so kannst Du
der Kunst immer mit unbefangenem freien Geiste leben.

Bist Du einst ausgebildet, so trachte Dein Unterkommen bei
einem Theater zu finden, wo eine Pensionsanstalt fundirt ist;
wenn auch in einem minder bedeutenden Fache und mit mäßiger
Gage; Du sicherst dadurch Deinen Lebensunterhalt im schwächlichen
Alter.

Deine eigene innere Ueberzeugung muß Dich bestimmen, in
welchem Fache Du geeignet bist, Vorzügliches zu leisten, ohne
Rücksicht Deiner Jugend und falschen Eigendünkels. Jedenfalls
mache Versuche in Deiner Jugend im Fache der älteren Charak=
tere, und mein bischen Menschenkenntniß müßte mich sehr getäuscht
haben, wenn Dir diese nicht vorzüglich gelingen sollten. Die
Kunst und die Achtung der Menschen müssen Dir Güter sein,

die Du zu erreichen und zu erhalten Dich bestreben mußt und Du wirst glücklich sein.

Nimm anfänglich Engagements bei einem mindergroßen Theater, Du kannst Dich da leichter in Versuchen größerer Art üben und ausbilden. Wo es Dir wohlgeht, bleibe; das öftere Wechseln und Herumziehen macht leere Taschen und ist dem Rufe des Schauspielers sehr nachtheilig. Es ist ein großer Vorzug, sich eine **geraume Zeit bei einem Publikum** in der Gunst zu erhalten, und worauf die Theaterunternehmer ihr Augenmerk besonders richten.

Mit Deiner Feder sei sehr vorsichtig, und über Schaubühnen, wo Du ein Mitglied bist, schreibe nie; denn wenn Du dies noch so vorsichtig, noch so geheim thust, es wird entdeckt und Du wirst unversöhnlich angefeindet; aber die Aufmerksamkeit anderer Bühnen und deren Unternehmer auf Dich zu leiten, kannst Du durch Deine Feder einigen Vorschub geben, aber mit gehöriger Bescheidenheit.

Alles Uebrige in dem wechselvollen Leben des Menschen, besonders aber des Schauspielers, überlasse ich Deinem Verstande, Deiner Einsicht und übergebe Dich dem Schutze der Vorsehung. Dich noch einmal in diesem Leben zu sehen, ist und wird immer sein der sehnlichste Wunsch Deines Vaters.

Theaterleben.
(1828—1829.)

So nahm ich denn wieder Abschied von dem schönen Wien, nach welchem ich mich so sehr gesehnt, und kehrte wieder nach Lemberg zurück, das ich so gerne verlassen. — Die letzten Tage vergingen mit Abschiednehmen und Reisevorbereitungen — meine jungen Literatur- und Journalgenossen Benedikt von Püchler, H. Adami, E. M. Oettinger, Duller u. s. f., u. s. f., gaben mir ihre besten Wünsche, die älteren Mitglieder der Bühne an der Wien gute Lehren für meine künftige Laufbahn, die jüngeren, Rohn, Hessen, Moltke, Gämmerler, C. Fischer, Schmidt, Grüße und Empfehlungen an Collegen in der Provinz mit auf den Weg, — ich nahm herzlich Abschied von meinen journalistischen Pflegevätern Bäuerle und Rainold und versprach mit ihnen in Verbindung zu bleiben und auch die gute Krones sagte mir beim Abschied, ich würde sie wohl nicht wiedersehen und schrieb mir ein Stammbuchblatt, das ich noch heute, als theures Andenken, bewahre.

Direktor Czabon hatte mich, da er vorher abreisen mußte, zu seinem Vertreter und Reisemarschall gemacht, mir die Vorschüsse für die neu engagirten Mitglieder zur Auszahlung überlassen und mir die Sorge übertragen, die ganze dramatische Karavane sicher und wohlbehalten zu ihm nach Lemberg zu bringen. Und es war in der That eine Karavane, denn vier vollgepfropfte Landkutschen (Hauderer) konnten die neu engagirten Mitglieder und das Gepäck kaum fassen. Am 10. April fuhr der Zug vom schwarzen Adler in der Leopoldstadt ab und dieselbe langweilige und ermüdende Reise begann, die ich schon einmal durchgemacht und auch beschrieben habe; nur ging es diesmal doch etwas besser, da ich mit den Kutschern Contrakte, mit Reugeld für jeden Tag Verspätung abgeschlossen hatte, — und so waren wir nur **eilf Tage** unterwegs.

Eine ganze Landkutsche hatte die erste Sängerin, Frl. **Elise Schnidt**, in Beschlag genommen; denn mit ihr reisten ihre Mutter, drei Schwestern und ein Bruder, — der Vater, ein tüchtiger Gewerbsmann, blieb bei seinem Geschäft in Wien zurück. Elise Schnidt, eine Schülerin des Wiener Conservatoriums, hatte eine wunderschöne Stimme, ausgebildete Coloratur und gute Methode, aber den Sprachfehler des Lispelns, wegen dessen sie auch in Wien nicht zum Auftreten gekommen war. Außerdem sprach sie ein Lerchenfelder-Deutsch, über das der selige Adelung in Verzweiflung gerathen wäre. Allein in der Provinz nahm man es damals nicht so genau, denn die Auswahl war eine sehr beschränkte, um so beschränkter, da Niemand gerne nach dem hundert und eine Meile entfernten Lemberg ging, von wo im Falle des Mißlingens der Rückweg nicht so leicht war. Die Familie Schnidt war übrigens in ihrem Leben niemals über Hernals hinausgekommen und diese eilftägige Reise daher für sie ein ungeheures Wagniß. Alle Augenblicke waren die guten Schnidt's in heller Verzweiflung; — als sie in Galizien die bärtigen polnischen Bauern und die Juden mit ihren langen Kaftans und Ringellocken sahen, als der ganze Schmutz und das Elend polnischer Juden-Wirthshäuser sich vor ihnen aufthaten, da wollten sie durchaus umkehren und ich hatte das Außerordentlichste aufzubieten, um sie mit Güte, List und sanfter Gewalt glücklich nach Lemberg zu bringen. Ferner war da die zweite Sängerin, Fräulein Crisnitz, ebenfalls mit ihrer Mutter, bei Denen man niemals recht wußte, ob die Mutter die Tochter oder die Tochter die Mutter sei; der Tenorist Tröls, der seine sehr delikate Tenorstimme auf der ganzen Reise in Baumwolle eingewickelt hatte und wenigstens zwölf wollene Tücher um den Hals geschlungen trug, ferner seine Frau, die beiden Brüder Glöggl, Herr Wimmer, der Balletmeister und Tänzer Klas, und auch er, mein lieber guter Jugendfreund, — dramatischer Anfänger wie ich, — Louis Grois, dem man noch immer den ehemaligen Seminaristen ansah.

So kamen wir endlich, nach Mühseligkeiten und Abenteuern aller Art, am 21. April in Lemberg an, Czabon zählte die Häupter seiner Lieben und „sieh! es fehlt' kein theures Haupt". —

Die Debuts begannen; — Grois trat schon am 29. April als Sarastro auf, die Schnidt sang die Königin der Nacht. Beide gefielen außerordentlich; selbst Tröls (Tamino) hatte seinen Tenor unbeschädigt nach Lemberg gebracht. Wer den alten biedern Grois im Carltheater als Veteranen gekannt hat, der kann sich schwerlich einen Begriff machen, welch' ein blühender, schöner Mann der junge Grois damals war; hoch gewachsen, mit krausgelocktem, dunklem Haare, imposanter Gestalt und einnehmendem Aeußern, gefiel er besonders den Frauen außerordentlich; — und obwohl er noch unbeholfen war und ihm nur mühsam zwei stereotype Armbewegungen einstudirt werden konnten, so wirkten doch seine umfang- und klangreiche Stimme und sein tiefes „Doch" außerordentlich. Niemals aber hätte man damals ahnen können, daß in Grois eine bedeutende vis comica schlummere und er einst als beliebter Komiker der Wiener Volksbühne glänzen würde.

Mein erstes Auftreten fand am 30. April 1828 statt. Ich hatte dazu den „Jakob" in Holbeins „Verräther" und den Schauspieler „Carl" in Korntheuers „Lustspiel im Zimmer" gewählt. Mit dieser Wahl zeigte ich meine gänzliche Unbekanntschaft mit den realen Bühnenverhältnissen, denn ich hatte nicht die mindeste Anlage zum Liebhaber und die zweite Rolle war eine siebenfache Verkleidungs- und Dialektrolle, die der bühnengewandte Korntheuer für sich selbst geschrieben hatte, — also gewiß keine Aufgabe für einen jungen Menschen, der zum ersten Mal die

Bühne betrat. — So ging denn auch das erste Stück ziemlich spurlos vorüber, in der zweiten Rolle aber ging es doch besser, als man annehmen durfte. Ich hatte Korntheuer in dieser Rolle gesehen, hatte überhaupt mehr Anlage zu chargirten Charakteren als zu Liebhabern; — Garderobier und Friseur gingen mir bei den vielen Umkleidungen bestens an die Hand, der verschiedenen Dialekte war ich Herr, und so gelang es mir, mit dem Taschenspielerstückchen, rasch nach einander einen Berliner Renommisten, — Wiener Fiaker, — italienischen Spazzo Camino, — schwäbischen Einwanderer, — latinisirenden Gelehrten, — böhmischen Schneider, — französischen Tanzmeister und ungarischen Husaren dem Publikum vorzuführen — in überraschender Weise, — ich wurde nach jeder der scharf contrastirenden Scenen lebhaft applaudirt und am Schlusse stürmisch gerufen, wo ich dann in wohlgesetzter Rede meinen Dank für die freundliche Aufnahme in meiner zweiten Vaterstadt aussprach.

Mein Debut war somit gelungen, — mein Vater, der an diesem Abend mehr Angst ausgestanden, als ich und sich gar nicht in's Theater hineingewagt hatte, erfuhr erst am Ende von Freunden den glücklichen Erfolg und kam hocherfreut nach Hause, um mir Glück zu wünschen. Aber dem jungen Debutanten hatte der leicht errungene Erfolg den Kopf verdreht; — ich hielt mich schon für einen großen Künstler und befähigt Alles zu spielen; — die Enttäuschung und die Strafe für diesen Uebermuth sollten bald folgen. — Das Personal der Lemberger Bühne war damals ein vorzüglich gutes. Es zählte unter seinen Mitgliedern Eduard Neufeld, erst kürzlich vom Hofburg-Theater gekommen, Joseph Palmer vom Theater a. d. Wien, seine Frau Josephine, geborene Demmer*), — das erste gefeierte „Aschenbrödel" des Hofoperntheaters, — den alten Schauspieler Friedrich Recke, einem Veteran, der noch mit Fleck und Iffland gespielt, den Liebhaber Klauer, die Liebhaberinnen Kaiser, Rosenberg u. a. m.; — Czabon selbst, früher Tenorist, noch immer ein gründlicher und sachverständiger Musiker, seine Frau, eine Künstlerin aus der guten alten Schule, deren „Oberförsterin" in den „Jägern" und „Frau Feldern" in „Hermann und Dorothea" mir noch immer unvergeßlich sind. — Komiker war Eduard Weisz, später der Liebling der Wiener; seine Frau, die dann

---

*) Später als Mad. Scutta im Leopoldstädter Theater.

in den 40er Jahren mit ihrem Kinderballet Europa und Amerika bereiste, war erste Tänzerin; — der zweite Komiker war Eduard Demini, ein zweiter Korntheuer, dessen hübsche Stieftöchter ebenfalls sehr talentvoll waren u. m. a., von denen ich nur noch den späteren Balletmeister Opfermann erwähne. Rechnet man hiezu das Ergänzungspersonal, das ich hingebracht hatte, so war die Gesellschaft gewiß eine gute und vollzählige.

Moriz Rott, mit welchem Czabon durch meine Vermittlung ein Gastspiel auf sechzehn Rollen abgeschlossen hatte, kam nun im Mai nach Lemberg und spielte während der sogenannten Contrakt-Zeit mit außerordentlichem Erfolge. — Die Rollenfächer waren alle besetzt und so bekam ich im Anfange äußerst wenig zu thun. Ich aber wollte spielen — viel spielen, — große Rollen spielen, — Alles spielen. Der Teufel der Spielwuth war in mich gefahren und ließ mir keine Ruhe; — für nächsten Sonntag war Körners „Hedwig" angesetzt, Rott spielte den „Förster Rudolph" als Gast; — ich, der ich glaubte, weil ich dreiundzwanzig Jahre alt sei, könne und müsse jugendliche Liebhaber spielen, bat und beschwor meinen Freund Klauer mir die ihm zugetheilte Rolle des „Grafen Julius" abzutreten und er that es mit größtem Vergnügen. Ich konnte den „Julius" auswendig, die Direktion hatte nach meinem glücklichen Debut keine Einwendungen, nur Rott schüttelte bedenklich mit dem Kopfe. — Es ist dieser schmachtläppige Julius, der nie weiß was er will, schon ohnehin eine gefährliche Rolle, — aber noch gefährlicher wurde sie mir durch den ungeheuren Contrast zwischen dem kolossalen kräftigen Rott mit seinem klangvollen Organ und meiner unbedeutenden Erscheinung, mit meiner damals noch schmächtigen und unscheinbaren Gestalt, den noch unausgebildeten Stimmmitteln und der Anfängern immer anhaftenden Unbeholfenheit in Gang und Bewegung.

Nun hatte ich mich auch etwas erkältet, beim Memoriren der Rolle und bei den Proben in den Affektscenen mich überschrieen und als der Abend der Vorstellung herankam, war ich heiser. Vergebens hatte ich den ganzen Tag ungeheure Mengen von Gerstenschleim und Eidotter mit Zucker in mich hinein gegossen, um mein rauh gewordenes Organ wieder geschmeidig zu machen, — am Abende kam noch das Lampenfieber dazu, Rotts gewaltige Darstellung steigerte meine Befangenheit und ich spielte die Rolle unter aller Kritik; — als aber im vorletzten Akte „Julius" dem

Förster Rudolph drohend entgegengetreten und ihm erklären soll, daß „nur über seine Leiche der Weg zu Hedwig führe", — schlug mir, der ich bis dahin stockheiser geworden war, die Stimme mit einem kreischenden Quitscher über und eine allgemeine Heiterkeit säuselte durch das volle Haus.

Nach „Julius'" Abgang blickt „Rudolph" ihm verächtlich nach und nach einer stummen Pause bricht er in ein gellendes Hohngelächter aus. Dieses Gelächter Rott's war das Signal für das schon heiter gestimmte Publikum. Ein allgemeines brüllendes Bravo! und ein stürmischer Applaus folgten darauf und ich, dem ohnehin von der Angst, der Anstrengung, dem vielen und süßen schleimigen Zeug, das ich getrunken, todtenübel war, hörte dieses vernichtende Urtheil des Publikums und war zerschmettert. In den Scenen des letzten Aktes konnte ich kein Wort mehr hervorbringen, die Kehle war mir zugeschnürt, ich agirte nur pantomimisch und die allernothwendigsten Reden sprachen die anderen Mitspielenden für mich. Der Vorhang fiel und während Rott ein halbes Dutzend mal hervorgerufen wurde, kleidete ich mich schnell um und stürzte beschämt und verzweifelt nach Hause, wo ich unter heißen Thränen eine schlaflose und schreckliche Nacht verbrachte. Aber ich war durch dieses heilsame Fiasko von meiner Spielwuth curirt; ich sah jetzt ein, daß man nicht als Schauspieler aus den Wolken falle, sondern daß man nur nach und nach, durch ernstes Studium, durch Fleiß und Beharrlichkeit und durch langsames Vorschreiten von kleineren Aufgaben zu größeren, das gesteckte Ziel erreichen könne.

Ich meldete mich krank, — ich war es wirklich, geistig und körperlich; — acht Tage lang ließ ich mich nicht auf der Straße oder unter meinen Collegen sehen; endlich schwand die Heiserkeit, der alte Recke hielt mir eine ernste Predigt über meine Vermessenheit und sprach mir dabei gleichzeitig Muth ein, wenn ich nur, wie es sich gehöre „von Pike auf", dienen wolle.

In der nächsten Woche spielte Rott den „Jaromir", in der „Ahnfrau", ich hatte den „Soldaten" und die Erzählung gelang mir, ich wurde lebhaft applaudirt. Drei Tage später in „Gustav Wasa" spielte ich den Hauptmann „Bernt von Melen" und wurde ebenfalls für den Vortrag der Erzählung mit Beifall belohnt. Das gab mir wieder Muth und als ich nun Recke's Rath befolgend, bescheiden mich mit kleinen Röllchen begnügte, gewann ich Routine und Sicherheit, ging nach und nach in das mir zusagende

Fach der Intriguants und Charakterrollen über und war so glücklich, nie wieder einen Durchfall zu erleben.

Ueber mein ferneres Engagement in Lemberg kann ich leicht hinweggehen; ich spielte viel, sang im Chore mit, machte sogar einmal, einer Benefiziantin zu Liebe, den Affen Joko in dem gleichnamigen Ballet, worüber ich mich noch heute schäme, und schrieb vier Stücke, theils zu Benefizvorstellungen für mich, theils für Andere. Es waren zwei Dramen: „Der Tempel des Todes" und „Alvini", eine Posse „Dziedzilia, die Fee aus Polen" und ein lokales Stück: „Der Einsturz des Thurmes", da im Jahre vorher der Lemberger Rathhausthurm eingestürzt war. Von diesen Stücken habe ich nichts mehr im Gedächtnisse behalten als den Titel und weiß nur noch, daß ich mit dem ersten und dritten zwei sehr gute Benefiz-Einnahmen machte. Im Laufe meines Engagements war mein Vater von Lemberg nach Ofen übergesiedelt, und ich bewohnte nun mit Klauer und Grois ein gemeinschaftliches Zimmer, das lange der Schauplatz unserer immer guten Laune und unserer lustigen Jugendstreiche war.

Ich könnte hier von Lemberg abbrechen, wäre die dort im Engagement verlebte Zeit für mich nicht dadurch bedeutungsvoll geworden, daß ich in ihr meine künftige Lebensgefährtin kennen lernte. Der Schauspieler Eduard Demini, der von Pest gekommen war, hatte dort die Witwe des beliebten Schauspielers und Sängers Steltzer geheirathet, der jung gestorben war, und wie man sich damals erzählte, aus Neid oder Eifersucht vergiftet worden sein sollte. Aus dieser ersten Ehe mit Steltzer hatte Demini drei Kinder mit der Witwe übernommen, Amalia, spätere Frau Neufeld, Marie, meine Frau, und Carl, später Direktor in Temesvár; — aus der zweiten Ehe entsprossen Alexander, der ein geschickter Maler wurde, aber so wie seine Schwester Leonore früh starb, Friederike, die später Nonne wurde, und Pauline, die jetzt verheirathet in Paris lebt.

Es waren also sieben Kinder da und als rechte Theaterkinder auch Alle auf der Bühne verwendbar und verwendet. Die ältesten Töchter, Amalie und Marie, die auf dem Theaterzettel „Demini" hießen, waren 15 und 14 Jahre alt, beide treffliche Tänzerinnen aus des französischen Balletmeisters Beauval Schule und spielten und sangen ebenfalls, dabei waren sie früh entwickelt, wie es Ungarinnen gewöhnlich sind, und sehr hübsche Mädchen. Ich wurde mit den Eltern bekannt, kam in's Haus und die Mutter ersuchte mich, den Mädchen Unterricht im Französischen zu geben, was ich auch bereitwilligst that. Aus dem Umgange des jugendlichen Lehrers mit den noch jüngeren Schülerinnen entwickelte sich eine freundliche Vertraulichkeit, die endlich bei Marien und mir zu gegenseitiger, aufrichtiger Neigung wurde. — Als aus der Neigung Liebe und der Wunsch beständiger Vereinigung hervorgegangen war, sprach ich mit den Eltern und diese stellten mir ihre Einwilligung in Aussicht, nur seien wir beide und besonders ihre Tochter noch zu jung, und so sollten wir denn noch ein Weilchen warten und uns besser kennen lernen. So war denn Marie meine erklärte Braut und ich schrieb meinem Vater nach Ofen, ich hoffte ihn nun bald zu besuchen und ihm eine liebe Schwiegertochter mitzubringen. Mein Vater antwortete, er sei zwar nach wie vor gegen das zu frühe Heirathen eines jungen Schauspielers, allein er habe gegen das brave Mädchen, das er persönlich kannte, keine Einwendung, und am 4. November 1829 sei ich ja großjährig, und wenn ich dann noch so dächte, so werde er mit Freuden seinen Segen geben.

Wir waren bereits im Frühling 1829 und die Sehnsucht, meine Marie ganz und für immer zu besitzen, war immer heftiger geworden, ich dachte Tag und Nacht auf Mittel und Wege, um dieses mein höchstes Lebensziel zu erreichen. Der Zufall und die Verkettung der Umstände halfen mir. Die beiden hübschen und talentvollen Mädchen wurden in Lemberg nicht nach Verdienst beschäftigt; — wie das gewöhnlich geschieht, ließen die älteren Damen, die mit den Regisseuren verheirathet oder sonst liirt waren, den jüngeren keine, oder doch nur unbedeutende Rollen zukommen. Ich, der immer mehr begriff, daß in der Provinz weder Berühmtheit noch Geld zu gewinnen war, und der aus Erfahrung wußte, welches Glück junge und talentvolle Darstellerinnen in der Residenz machen konnten, redete der Mutter zu, mit ihren Töchtern nach Wien zu gehen, und um sie für diesen Plan zu gewinnen, schilderte ich ihr die Wiener Aussichten in den glühendsten Farben. Frau Demini, der es ohnehin nicht in Lemberg gefiel, ging auf den Vorschlag ein, und da die Direktion ohnehin in den Sommermonaten Einschränkungen vornahm, so wurde unser Gesuch um Entlassung am 1. Juli 1829 bewilligt und am 7. traten wir die Reise nach Wien an.

Außer mir, Frau Demini und den beiden ältesten Töchtern reisten noch der 12jährige Carl Steltzer und die sechsjährige

Pauline Demini mit; wir mußten also eine ganze Landkutsche nehmen, — das kostete viel Geld, — Zehrung und Nachtlager für so viele Personen waren auch nicht umsonst, und da wir keine Rentiers waren, so mußten wir unsere Reise als „Kunst=reise" behandeln und unterwegs Vorstellungen geben. So reisten wir denn vierzig Tage von Lemberg bis Wien, improvisirten in Tarnow, wo reicher Adel war und ein Cavallerie=Regiment lag, drei dramatische Abendunterhaltungen, aus komischen Scenen, Gesängen und Tänzen bestehend, ich und die beiden Mädchen trugen die Last des ganzen Abends, der kleine Carl soufflirte, so gut er konnte, und die noch kleinere Pauline, ein reizendes Kind, tanzte ebenfalls und machte Furore. Die Mama aber saß an der Cassa und nahm das Geld ein, was jedenfalls die Haupt=sache war. Graf Adam Potocki, ein junger, liebenswürdiger Kavalier, hatte uns unter seine Protektion genommen, und da in Tarnow dramatische Produktionen eine Seltenheit waren, so machten wir gute Einnahmen. Von dort gingen wir nach K r a = k a u, wo wir den polnischen Theaterdirektor K a m i n s k i von Lemberg trafen, von ihm als alte Bekannte begrüßt und sogleich zu Gastrollen zugelassen wurden.

Auch das Erträgniß dieser Gastrollen war ein anständiges, und so kamen wir endlich guten Muthes am 15. August in Wien an, wo die Familie Demini im Gasthofe „Zum goldenen Kreuz" neben dem Theater an der Wien einkehrte, während ich mein früheres Monatszimmer im Fokanedi=Haus leer fand und wieder bezog.

Direktor Carl, an den wir uns sogleich um Engagements wendeten, ließ die beiden Mädchen auf einer Probe singen und tanzen, und sehr befriedigt durch ihre Leistungen, engagirte er sie sogleich; — mein Engagement hatte er immer unter Ausflüchten hinausgeschoben. Als er aber den dreijährigen Contract mit den beiden Mädchen von diesen und der Mutter unterschrieben, in der Tasche hatte, änderte er den Ton und erklärte mir, ich könne mir auf ein Engagement bei ihm durchaus keine Rechnung machen, ich hätte ihn ohne alle Ursache verlassen, und jetzt würde er mich unter keiner Bedingung nehmen. Ich wendete mich an das Josephstädter Theater, wo bereits eine andere Direktion war, spielte einmal den „Carl" im „Lustspiel im Zimmer" als Gast und fand, trotzdem man in Wien die Rolle von Korntheuer gesehen hatte, vielen Beifall, — aber bei den bereits zerrütteten

Verhältnissen dieses Theaters kein Engagement. Ich ging zu Ferdinand Raimund; er empfing mich freundlich und herzlich, sagte mir, da der Schauspieler Ludolf abgehen werde, so würde allerdings eine Vakanz eintreten, aber als Freund könne er mir nicht rathen, bei den jetzigen, unglücklichen Verhältnissen des Leopoldstädter Theaters unter Steinkellers Thrannei in ein Engagement zu treten. Er wollte wissen, wie es mir als Schauspieler ergangen wäre, ich mußte ihm als Probe meiner Fähigkeiten in seinem Zimmer die Scene des „Narren" aus der „Gefesselte Phantasie" vorspielen; er war zufrieden und sicherte mir sogleich Gastrollen auf dem Leopoldstädter Theater zu, dessen artistischer Direktor er noch war. Aber diese Gastrollen waren kein Engagement, außer dem Bischen Beifall und Honorar ergaben sie für mich kein Resultat.

Direktor Carl hatte indessen sein großes Quodlibet der „Unzusammenhängende Zusammenhang", das über hundert Aufführungen erlebte, in die Scene gebracht und beide Mädchen waren darin beschäftigt; Amalie spielte und sang einige komische Scenen, meine Marie spielte und tanzte mit Direktor Carl die beliebte Scene aus „Tanzmeister Pauxl"; und er fing nun an, nach seiner Art Amalien den Hof zu machen und sie mit seinen auffallenden Aufmerksamkeiten zu überhäufen; aber das gute Mädchen war durch mich vorsorglich gewarnt und wies ihn kurz und bündig ab. Natürlich fiel sein Zorn nun desto heftiger auf mich, den er als Urheber dieser Abweisung errieth, und nun steckte er sich hinter die Mutter. — Er ließ Frau Demini zu sich kommen, sprach mit ihr über einige glänzende Rollen, die er für die Töchter schreiben lasse, stellte ihr goldene Berge in Aussicht und bemerkte endlich so nebenbei: es sei nur schade, daß sich so ein junger, engagementloser Mensch wie ich, an die Töchter angehängt habe, was nicht nur ihrem guten Rufe, sondern auch ihrer künstlerischen Carrière nachtheilig werden dürfte, und gab schließlich der guten Frau den Rath, sich so bald und so gründlich als möglich von mir loszumachen.

Das wirkte, und von diesem Augenblicke an war Frau Demini gegen mich kalt und abstoßend, und als ich nicht darauf achtete, ersuchte sie mich sehr entschieden, meine Besuche und den Umgang mit ihren Töchtern für immer abzubrechen. Vergebens hielt ich ihr vor, daß Marie seit fast einem Jahre meine Braut sei, daß sie selbst und der Stiefvater ihre Einwilligung gegeben;

sie entgegnete, die Verhältnisse hätten sich geändert und sie nehme ihr Wort zurück. Umsonst bat, flehte und weinte meine Marie, die aufgeregte Mutter blieb hart und unerbittlich und wies mir für immer die Thür.

Das waren bittere, traurige Tage beiderseitiger Verzweiflung, — aber wir blieben fest und unerschütterlich bei unserm Entschlusse, uns unverbrüchlich treu zu bleiben und nicht von einander zu lassen. In meiner Erbitterung und Desperation war ich zu jedem Schritte fähig; — ich entwarf einen Plan, **Marie zu entführen**, sie nach Ofen zu meinem Vater zu bringen und unter dessen Schutz zu stellen, bis ich sie, die ja eine Ungarin war, nach den ungarischen Landesgesetzen auch ohne Zustimmung ihrer Mutter, durch Einwilligung des Vormundes, heirathen könnte. Aber um diesen Plan ausführen zu können, mußte ich mit Marie ungestört sprechen können und sie wurde von Mutter und Geschwistern argwöhnisch bewacht.

Mein alter Freund Gämmerler half mir aus der Noth, indem er den Vermittler machte, Briefe hin und her bestellte und, als das Vorhaben zur Ausführung reifte, mich bei einer Probe auf die Bühne schmuggelte, wo ich mich unter die Statisten mischte und bald Gelegenheit fand, mit meiner Marie in einem dunkeln, abgelegenen Winkel des Theaters sprechen und Alles verabreden zu können. Sie sollte in diesen Tagen, was sie von ihren Kleidern und Wäsche mitnehmen wollte, verstohlen bei Seite bringen und mir durch Gämmerler in kleinen Packeten zuschicken. Dann sollte sie am 8. September um 5 Uhr früh sich von Hause fortschleichen und der Schwester, wenn sie frage, nur sagen, sie gehe in die Kirche zur Beichte, dann aber sollte sie rasch zum Burgthor eilen, wo ich mit einem Fiaker warten würde, der uns in die Leopoldstadt zu unserer Fahrgelegenheit bringen sollte, — und von dort wollten wir zu meinem Vater nach Ofen fahren. So war Alles beschlossen und mit ängstlichem Bangen durchwachten wir die letzte Nacht vor der Ausführung unserer Flucht.

Die Entführung.
(1829.)

Ich hatte alle Vorbereitungen zur Reise getroffen und meinem Vater geschrieben, ich würde Montags von Wien abreisen und zwei Tage darauf mit meiner Braut bei ihm sein, — aber es sollte Alles ganz anders werden, als ich es geplant hatte. — Da der Name meines guten Vaters nun bald aus diesen Blättern verschwindet, so habe ich noch einiges über ihn und seine Uebersiedlung nach Ofen nachzutragen. Mein Vater erhielt auf Ansuchen und auf das Zeugniß von fünf der ersten Großhändler und Kaufleute Lembergs im Jahre 1817 das Bürgerrecht daselbst und errichtete nun eine Fabrik französischer Liqueure, so wie von Kölnischem Wasser und Parfümerien, welche Artikel bisher von Wien und Paris und durch die Fracht nach Polen viel theurer bezogen worden waren. Im Jahre 1825 wurde mein Vater von der Landesstelle zum Ehrenbeisitzer des Criminalgerichts ernannt, da damals jeder Criminalverhandlung zwei Bürger als Schöffen beiwohnen mußten. — Da meinem Vater keine bedeutenden Kapitalien zu Gebote standen, so kam seine Fabrik nicht zu großem Aufschwunge, sondern blieb immer innerhalb der bescheidenen Grenzen des Kleingewerbes. Er selbst hatte diese Fabrikation bei einem früheren Aufenthalte im südlichen Frankreich gründlich erlernt und hätte wohl Compagnons zur Ausdehnung des Geschäftes gefunden, zugleich aber auch diesen die damals noch seltenen Geheimnisse, Verfahrungsarten und Recepte seiner Kunst mittheilen müssen, wodurch er sich ganz in fremde Hände gegeben hätte. Er zog es vor, ruhig in der bisherigen bescheidenen Ausdehnung des Geschäftes, das ihn anständig ernährte, fortzuarbeiten und abzuwarten, bis mein Bruder herangewachsen sein würde, um diesem dann das ganze Geschäft zu übertragen. Allein nachdem ich das väterliche Haus verlassen hatte, und mein Bruder auch bald zum Militär ging und mir nachfolgte, die Mutter todt und der Vater nun ganz allein war, hatte er keine Lust mehr an der Fortführung und suchte es zu verkaufen.

Da kam ihm von einer befreundeten Familie in Ofen ein zusagender Antrag. Ein früherer k. k. Hauptmann von Frommann lebte jetzt im Ruhestande in Ofen, hatte dort ein schönes Haus mit Garten und Weinbergen und war überhaupt ein ver=

mögender Mann. Dieser, der meinen Vater lieb gewonnen hatte, machte ihm den Antrag, die Fabrik nach Ofen zu verlegen, selbe durch seinen (Frommann's) Eintritt als Compagnon zu vergrößern und außerdem im Kreise der befreundeten Familie, als ein theurer Verwandter, ruhig und behaglich zu leben.

Meinem Vater, der sich sehr vereinsamt fühlte, sagte dieser Vorschlag zu und die Uebersiedlung nach Ofen erfolgte im Herbst 1828. Er fand dort bei der liebenswürdigen und herzlichen Familie die freundlichste Aufnahme, das Geschäft erweiterte sich und mein Vater war, wie ich aus seinen Briefen entnehmen konnte, sehr zufrieden und verlebte heiter und sorgenfrei seine letzten Tage. Zu ihm also wollte ich nun gehen, um mich seines Rathes und Beistandes zu erfreuen.

Am 8. September Morgens war ich mit dem Fiaker, lange vor fünf Uhr schon, an dem verabredeten Platze, es schlug fünf, — ein Viertel, — Halb, — meine Marie kam nicht. Endlich flog sie athemlos daher; sie hatte nicht früher abkommen können. Rasch fuhren wir in die Leopoldstadt, wo der Landkutscher schon ungeduldig harrte und ein mitreisender Ungar über die Verspätung fürchterlich fluchte. Mein Koffer war schon am Abend vorher aufgepackt und so fuhren wir denn ab, über die Landstraße und Simmering, auf der Preßburgerstraße. Heutzutage muß der Gedanke einer Entführung mittelst eines schleichenden Landkutschers geradezu komisch erscheinen; — aber Eisenbahnen gab es damals noch nicht und die einzige Beförderung mittelst Extrapost war nur auf Grund eines dazu berechtigenden Regierungspasses zu erlangen. Einen solchen hatte ich nicht, — hätte ich ihn aber auch besessen, so fehlten mir doch als engagementlosem Schauspieler die Geldmittel, um die theuren Extrapost-Pferde sammt Chaise nebst Trinkgeldern bezahlen zu können. Auch nahm ich in jugendlicher Sorglosigkeit die Sache leicht, dachte an keine Verfolgung und rechnete darauf, daß wir Abends bereits jenseits der ungarischen Grenze und somit in Sicherheit sein würden.

Aber wir hatten die Rechnung ohne den Wirth gemacht; zwischen Schwechat und Fischamend kam ein Fiaker im scharfen Trabe hinter unsere dahinwackelnde Landkutsche herangefahren, fuhr uns vor, ein aus dem Fiaker hervorgestreckter Kopf sah in unsern Wagen, der Fiaker hielt, sich vor uns quer auf der Straße aufstellend, und ein donnerndes „Halt!" brachte unsere Kutsche schnell zum Stehen. Aus dem Fiaker sprangen zwei Männer, der eine war der Oekonomie-Controlleur Stael, der andere ein Vertrauter der Wiener Polizei-Direktion, der den messingenen kaiserlichen Adler sich an die Brust steckte und sich unserem Kutscher legitimirte. Wir waren überrascht, auch etwas erschrocken, nahmen aber die Sache nicht ernstlich. Stael und der Vertraute kamen an unseren Wagen, sagten, sie seien von Direktor Carl beauftragt sein ihm durchgegangenes Mitglied, meine Braut, zurückzubringen, da er selbe bei der heutigen und den ferneren Vorstellungen des „Quodlibets" nicht entbehren könne, — mir sagte der Vertraute, ich sollte keinen Widerstand leisten, da er sonst mit uns fahren und im nächsten Orte polizeiliche Hilfe requiriren würde, — das Klügste sei daher, umzukehren und jedes Aufsehen zu vermeiden. Ich sah augenblicklich ein, daß jeder Versuch des Widerstandes ein vergeblicher sein würde, und ergab mich in mein Schicksal, mein Koffer wurde von der Landkutsche auf den Fiaker übergepackt und während der mitreisende Ungar über die abermalige Verspätung noch mörderischer fluchte, fuhren wir gebeugt und trostlos nach Wien zurück.

Stael, dem die Expedition eine ganz besondere Genugthuung und Freude zu bereiten schien, sowie der Vertraute, waren unterwegs sehr heiter, suchten uns aufzumuntern und meinten, Direktor Carl würde die Sache mit Freundlichkeit und Nachsicht beilegen. Aber in Wien angekommen entdeckte ich zu meinem Schrecken nur zu bald, daß wir nicht zu Direktor Carl, sondern in die innere Stadt, auf den Petersplatz zur Polizei-Direktion führen. Der Wagen fuhr in das Thor des düsteren Gebäudes hinein und wie ich ausstieg, nahmen mich zwei Polizeisoldaten als Gefangenen in Beschlag und führten mich hinauf in das Bureau des kaiserl. Rathes und Oberkommissärs Rother, wo ich im Vorzimmer, neben anderen Arrestanten, auf einer Bank Platz nehmen mußte. Marie erklärte, sich nicht von mir trennen zu wollen und man ließ sie vorläufig gewähren. — Nach einer Weile wurde ich hineingerufen und Oberkommissär Rother empfing mich mit strenger Miene und schweren Vorwürfen. Die Mutter hatte Mariens Entfernung sehr bald bemerkt, aus ihren fehlenden Sachen geschlossen, daß sie mit mir geflohen sei, war sogleich zum Direktor Carl geeilt, um diesem Anzeige zu machen, der Direktor fuhr mit ihr sogleich auf die Polizei-Direktion, ein Verhaftsbefehl wurde erlassen, Stael und ein Vertrauter machten sich auf den Weg in

einem der Wiener Schnellfahrer und hatten uns bei der lang=
weiligen Fahrart des Landkutschers schnell eingeholt und zurück=
gebracht. Ein paar Stunden später hätten wir die ungarische
Grenze schon überschritten gehabt und dann wäre das Zurück=
bringen schon schwieriger gewesen, denn meine Braut war eine
Ungarin und die ungarischen Behörden kümmerten sich blutwenig
um die Requisitionen der österreichischen Polizei.

Ich war noch immer guten Muthes, nahm die Sache leicht
und dachte mir, ich würde mit einem derben Verweise davon
kommen, schon fest entschlossen, den Versuch bald und auf klügere
Art zu wiederholen. Als aber der Ober=Commissär mich heftig
anfuhr, das Strafgesetzbuch vom Tische nahm und mir den
Paragraph vorlas, wonach die Entführung einer **Minder=
jährigen mit fünf bis zehn Jahren schweren Kerkers**
bestraft werde, da schrak ich zusammen; denn jetzt erst begriff ich
den furchtbaren Ernst der Situation, in die ich mich gebracht
hatte. Ober=Commissär Rother kündigte mir an, daß ich bis zu
meiner Ablieferung an das Criminalgericht in das Polizei=Ge=
fangenhaus gebracht werden würde, und ich daher von meiner
Braut kurzen Abschied nehmen könne, da ich sie wohl nicht mehr
sehen würde. Maria stürzte weinend in meine Arme, bat, flehte,
beschwor, aber es war Alles vergebens, die indessen herbeigeholte
Mutter mußte mit Staels Hilfe ihre verzweifelnde Tochter nach
Hause bringen und ich wurde von zwei Vertrauten nach dem
Gefangenhaus in der **Sterngasse** geführt.

Vernichtet und gebrochen langte ich dort an, wurde in ein
Zimmer geführt, wo der Ober=Gefangenwärter ein Protokoll über
meine Ablieferung aufnahm, dann mußte ich Geld, Uhr, Papiere,
ja sogar meine Augengläser und die Hosenträger abliefern (letzteres
angeblich, um Selbstmordversuche zu verhindern) und nun brachte
man mich in eine Zelle im obersten Stockwerk, deren dichtvergittertes
Fenster von außen durch einen Verschlag von jeder Aussicht auf
die Straße abgesperrt war, so daß nur von ganz oben ein kleines
Stückchen blauen Himmels hereinschaute. In der Zelle befanden
sich bereits auf einer hölzernen Pritsche sieben zerlumpte Kerle,
Tabakschwärzer von der ungarischen Grenze, die ebenfalls erst
kürzlich eingebracht worden waren, für mich stand in einer Ecke
ein einfaches Bett, auf das ich mich weinend warf; — das
übrige Mobiliar der Zelle bestand aus einem hölzernen Tische,
einer Bank und einem großen Kübel mit Deckel, in welchen alle

acht Gefangenen ihre Nothdurft verrichteten und der dann jeden
Tag der Reihe nach von einem anderen Gefangenen hinaus=
getragen und in die Latrine entleert werden mußte, welche ekel=
hafte Arbeit übrigens von mir nicht gefordert wurde. Man kann
sich nun die ungesunde, dunstige und stinkende Atmosphäre denken,
die in dieser festverschlossenen Zelle durch acht Menschen und ihre
Verrichtungen sich entwickeln mußte.

Es war ein entsetzlicher Aufenthalt, und ich der Verzweif=
lung nahe. In den ersten vierundzwanzig Stunden, die ich in
einem schrecklichen Zustande zubrachte, ließ sich kein Mensch bei
uns sehen, als der Gefangenwärter, der einen Krug Wasser,
Commißbrot und zu Mittag in einem großen Topfe einen ekel=
haften Brei brachte, über den meine Mitgefangenen gierig her=
fielen. Ich natürlich dachte weder an Essen, noch an Trinken
und wies selbst die Bemerkung des Gefangenwärters, ich könne
mir für mein abgenommenes Geld eine bessere Kost holen lassen,
ablehnend zurück. Während meines ganzen Aufenthaltes dort
habe ich nur ein Paar Stückchen Commißbrot gegessen, mir war
ja durchaus nicht esserlich zu Muthe.

Die armen Teufel von Schwärzern benahmen sich übrigens
ganz anständig, achteten, theils aus Gutmüthigkeit, theils aus
natürlichem Instinkte mein Unglück und meinen Schmerz, ja sie
suchten sogar durch kleine Dienstleistungen mir meine Lage zu
erleichtern. Bald lernte ich auch kennen, wie die Gefangenen der
verschiedenen Zellen durch Reiben und Klopfen an den Scheide=
wänden mit einander correspondirten, und so wurde auch meine
Ankunft den Nachbarn rechts und links gemeldet, und andere
Botschaften kamen von dort zurück, was mir Alles erst später
deutlich wurde.

Nach einer in Verzweiflung schlaflos durchwachten Nacht
wurde ich am anderen Morgen über viele Gänge und Stiegen
zum Verhör geführt; — in einer unbesetzten Zelle erwartete mich
ein junger Polizei=Commissär mit seinem Schreiber, er hieß
Jurian und war ein freundlicher, mir aufrichtige Theilnahme
bezeigender Mann. So leitete er denn auch mein Verhör in der
schonendsten Weise, stellte keine verfänglichen Fragen, sondern
sagte mir, ich solle den Hergang selbst zu Protokoll geben. Ich
erklärte nun, daß ich an keine Entführung gedacht, mit meiner
Braut nur meinen Vater habe besuchen und wieder zurückkehren
wollen. Er lächelte, nahm aber Alles ruhig auf.

Am anderen Morgen wurde ich wieder in's Verhör geführt und mir bedeutet, die Zeugenaussagen der Mutter, des Direktors Carl, des Herrn Stael lieferten vollständige Inzichten einer beabsichtigten Entführung, und ich sollte lieber, um meine Strafbarkeit zu mildern, Alles ruhig gestehen. Ich blieb bei meiner Aussage und wurde wieder in meinen Kerker zurückgeführt; meine Bitte, an meinen Vater, meine Braut, an Bäuerle schreiben zu dürfen, wurde mir kurzweg abgeschlagen. So vergingen vier schreckliche Tage, und ich hatte bereits jede Hoffnung auf eine glückliche Wendung aufgegeben, als die Entscheidung erfolgte.

Am 11. September Mittags ließ mich Commissär Jurian in das Verhörzimmer holen; — der Gefangenwärter bedeutete mir, ich solle alle meine Kleider mitnehmen, ich würde nicht wieder zurückkommen; ich wußte, was das heißen sollte; — ich sollte nun ins Kriminal-Gefängniß abgeliefert werden. Unten empfing mich Commissär Jurian mit den Worten: „Sie können sich freuen, Ihre Angelegenheit hat besser geendigt, als Sie und wir gefürchtet hatten. Sie sind frei; danken Sie für dieses Glück Ihrer lieben Braut auf das Herzlichste; denn das gute Mädchen hat Sie von einem schrecklichen Schicksal gerettet!" — Wie früher der Schmerz, so ergriff mich jetzt Freude und Ueberraschung auf's Heftigste, ich war keines Wortes mächtig, heiße Thränen perlten aus meinen Augen, ich konnte dem Commissär nur stumm die Hand drücken, er verstand meine Gefühle, schüttelte mir die Hand, wünschte mir nochmals Glück und hieß mich, diesen peinlichen Aufenthalt so schnell als möglich verlassen. Ich ließ mir dies nicht zweimal sagen, empfing im Bureau mein Geld und meine Effekten zurück und stürzte auf die Straße hinaus mit einem Gefühle, wie es ein Ertrinkender empfinden muß, der von den Wellen emporgehoben wieder an die Oberfläche kömmt und dort von kräftigen Händen ergriffen und gerettet wird.

Erst jetzt erfuhr ich Alles. Der gewichtigste Zeuge, von dessen Aussage Alles abhing, war meine Braut; gab sie zu, daß ich sie entführt hatte, so war ich dem Strafgesetze unrettbar verfallen; aber das kluge und resolute Mädchen hatte das begriffen und bei ihrem Verhöre, das erst am dritten Tage, nachdem sie sich von dem Schrecken erholt hatte, vorgenommen wurde, hatte sie mit der größten Bestimmtheit zu Protokoll erklärt: nicht ich habe sie, sondern sie habe mich entführt; ein Fall, den das Strafgesetz nicht vorgesehen hat, und dabei blieb sie, trotz

aller Kreuz= und Querfragen. Dem Obercommissar Rother, so=
wie dem verhörenden Commissär Jurian mußte dies kluge und
resolute Benehmen meiner Braut gefallen haben, denn sie ließen
die Mutter kommen, redeten ihr zu, doch einen jungen Menschen
nicht für das ganze Leben unglücklich zu machen, sondern schon
um des guten Rufes ihrer Tochter willen die unangenehme Ge=
schichte in humaner Weise durch ihre Einwilligung zur Heirath
gütlich auszugleichen. Nach einigem Zögern willigte die Mutter
ein, widerrief ihre Klage, und da nach der Aussage meiner Braut
ohnehin kein Thatbestand mehr vorhanden war, so wurde die
Sache niedergeschlagen und ich mit dem Bedeuten entlassen, mich
bei der Mutter meiner Braut dafür zu bedanken.

Natürlich eilte ich sogleich hin, wo ich nun das Vorher=
erzählte erfuhr, fand die Mutter freundlich gesinnt, und nach
längerer Besprechung erneuerte sie ihre Einwilligung zu unserer
Heirath, sobald ich ein sicheres Engagement gefunden hätte. Hoch
erfreut und herzlich dankend verließ ich die gute Frau und eilte
nun in meine frühere Wohnung im Fokanedi=Hause, wo ich noch
einige Kleinigkeiten zurückgelassen hatte — um meinem Vater so=
gleich zu schreiben und seinen Beistand zu erbitten. — Mein
Koffer stand schon bei meiner Schwiegermutter.

Als ich bei der Hausmeisterin eintrat, um den Schlüssel zu
holen, empfing mich diese mit einem „Jesus, Maria und Joseph!
Sein Ew. Gnaden wieder da? Ich hab' schon 'glaubt, Ihnen ist
ein Unglück geschehen. Da in der Schublade liegen zwei Briefe
für Euer Gnaden, die der Briefträger schon lange gebracht hat.
Gerade heut' hab' ich sie ihm zurückgeben wollen, weil ich 'glaubt
hab', Euer Gnaden kommen nimmer wieder. . . ."

Sie nahm die Briefe aus der Schublade und gab sie mir,
einer war schwarz gesiegelt. Von einer bangen Ahnung ergriffen,
eilte ich in mein Zimmer und erbrach die Briefe; — sie brachten
mir eine niederschmetternde Kunde; beide waren vom Hauptmann
Frommann aus Ofen; der erste meldete mir, daß mein Vater
erkrankt sei und mich zu sehen wünsche, daß jedoch der Arzt
keine ernsten Befürchtungen ausspreche; der zweite Brief, der zwei
Tage jünger war, zeigte mir den am fünften September erfolgten
Tod meines Vaters an. Am Schlusse seines Briefes schrieb
mir Frommann: „Sanft und freundlich, wie er gelebt hat, ist
der gute Mann entschlummert und Sie waren sein einziger
Gedanke bis zum letzten Augenblicke. Trost bin ich, lieber Heinrich,

nicht im Stande zu geben, denn ich bedarf dessen, bei Gott! ebenso nöthig, da der Verstorbene von mir, meiner Frau und meinen Kindern als Vater, Freund und Bruder unaussprechlich geliebt und geehrt wurde." — Zugleich lud mich Frommann ein, sobald als möglich nach Ofen zu kommen, um, gleichzeitig mit meinem Bruder, die Verlassenschaft des Vaters zu ordnen.

Das war ein harter Schlag, der mich nach den aufregenden Erlebnissen der letzten Tage schwer darniederdrückte. Jetzt erst fühlte ich ganz, welch' unersetzlichen Verlust ich erlitten und wie sehr ich den theuren Mann geliebt hatte. Ich blieb den ganzen Tag in Trauer und Schwermuth in meinem Zimmer eingeschlossen und erst am Abend konnte ich mich soweit ermannen, um nach Beendigung der Vorstellung zu meiner Braut zu gehen und ihr und der Familie das traurige Ereigniß mitzutheilen. Ich fand die lebhafteste Theilnahme, es wurde beschlossen, daß ich am andern Tage nach Ofen abreisen sollte, um dort Alles zu ordnen; — und so geschah es. — Ich wurde in Ofen von dem würdigen Frommann mit herzlicher Liebe und Theilnahme empfangen, und die ersten Tage waren ausschließlich der wehmüthigen Erinnerung an den Heimgegangenen geweiht. Oft noch im Leben habe ich es gefühlt, wie mir durch seinen Tod der treueste Freund, der beste Rathgeber verloren ging, mit unendlicher Liebe und Verehrung habe ich sein Andenken noch heute in meinem Herzen bewahrt, und wenn es mir in meinem spätern vielbewegten Leben gut ging, wenn glückliche, frohe Tage eintraten, dann war immer mein erster Gedanke: „O daß der gute Vater noch lebte und das Alles mit mir theilen könnte!" — Mögen darum einige Stellen aus dem Briefe, den ich damals von Ofen an meine Braut schrieb und den meine gute Frau mit anderen Andenken jener fernen Zeit treulich bewahrt hat, hier einen Platz finden, um als letzter Nachruf dem würdigen Manne in diesen Blättern einen Denkstein zu errichten. Ich schrieb an meine Braut:

„Ich wohne in dem Zimmer, wo mein guter Vater die letzte vergnügte, sorgenfreie Zeit seines Lebens zubrachte. Ich schlafe in dem Bette, auf dem er, mich segnend, entschlummerte; in jedem kleinen Schriftstücke von seiner Hand, aus jedem Zuge, der mir von ihm erzählt wird, erkenne ich seine unbegrenzte Liebe zu mir. O! wie sehr, wie unaussprechlich hat mich mein Vater geliebt. Frommanns erzählten mir: Zu jeder Stunde des Tages, beim Mittagessen, wie bei jeder Beschäftigung habe er

an mich gedacht, von mir gesprochen, und sein letztes Wort war
sein Segen für mich! Die ganze Zeit seiner kurzen und schmerz=
losen Krankheit dachte er an mich, sprach von mir, und wünschte
mich zu sehen; — zwei Tage vor seinem Tode rief er Frau
Frommann, bat sie, ihm die unterste Schublade aus seinem
Kasten zu geben, nahm ein kleines silbernes Etui mit einer Haar=
locke von der Mutter, die sie ihm noch als Mädchen gegeben,
betrachtete sie lange mit stiller Wehmuth, küßte das theure An=
denken und behielt es bei sich im Bette; — als er starb, hatte
er es in der starren, kalten Hand. Er hatte dreiundzwanzig
glückliche Jahre mit ihr verlebt; während dieser Zeit, wie er
mir oft erzählte, hatten sie einander nie ein böses Wort gesagt,
und nach ihrem Tode, bis zu seiner letzten Stunde, sprach er
nur mit der größten Liebe und Hochachtung von ihr, seiner
S o p h i e, — seinem H a u s s e g e n, wie er die Mutter immer
nannte. — Er nahm nun alle Sachen von Werth aus der Schub=
lade, wickelte sie mit zitternder Hand sorgfältig ein, legte Alles
in eine Serviette, band sie zu und ließ das Packet durch einen
im Hause wohnenden Beamten versiegeln, dann übergab er es
Herrn Frommann zur Ablieferung an mich und meinen Bruder.
— „So" — sagte er — „jetzt habe ich Alles besorgt, jetzt bin
ich auf Erden fertig."

„Er wurde etwas besser, aber Freitag verschlimmerte sich
sein Zustand und plötzlich fiel er in Agonie. — Man glaubte
ihn schon todt und Frommann's Kinder, die ihn wie ihren Vater
liebten und den ganzen Tag von seinem Krankenlager nicht weg=
zubringen waren, fingen laut zu weinen und zu wehklagen an,
— da schlug er plötzlich die Augen wieder auf und sagte mit
sanfter Stimme: „Wozu das Klagen? — mir ist sehr wohl! —
nur stille! nur stille! recht stille!" — — Er blieb den ganzen
Tag schwach, aber ohne Schmerzen und Todeskampf; er sprach
von mir und wünschte nur, mich noch einmal zu sehen. Es war,
als ob er nicht sterben könne ohne eine Nachricht von mir. —
Um sechs Uhr Abends kam mein Brief an, Frommann ging
sogleich zu ihm und zeigte ihm denselben, — sein schon mattes
Auge glänzte vor Freude auf, — Frommann sagte ihm, ich
hätte geschrieben, daß ich in Wien gastirt und gefallen habe und
daß ich nun mit meiner Braut zu ihm käme, um seinen väter=
lichen Segen zu erbitten; — „das ist schön!" sagte er mit innigem
Seelenvergnügen; — ach, es war die letzte Freude, die ich ihm

bereiten konnte! — Als ihm Frommann dann weiter mittheilte, ich würde Montag von Wien abreisen, äußerte sich seine Freude lebhaft, — dann fragte er nach einer kleinen Weile: „Welchen Tag haben wir heute?" — auf die Antwort, daß es Freitag sei, machte er eine Bewegung mit der Hand, als wenn er sagen wollte: „Dann sehe ich ihn nicht mehr." — Er hinterließ seinen Segen für uns, dann lag er ruhig und zufrieden da, — seine irdischen Wünsche waren erfüllt. Frau Frommann hörte, wie er leise betete, dann schlief er ein, um drei Uhr Morgens holte er einen tiefen Athemzug und — war todt; — er war schmerzlos ausgelöscht.

„Sein Leichenbegängniß war sehr feierlich, — die ganze Nachbarschaft, die den ruhigen, freundlichen alten Mann kennen und achten gelernt hatte, viele Kaufleute, Bürger und Künstler gingen mit, Regisseur Hölzel und die vorzüglichsten Mitglieder des Ofner Theaters schritten neben dem Sarge ihres einstigen Collegen mit Fackeln, während Direktor Grimm vom Pester, Direktor Laddey vom Ofner Theater mit dem ganzen übrigen Personale hinter dem Sarge folgten; — sie hatten ihn Alle gekannt und hochgeschätzt.

„Es thut mir wohl, mit welcher Achtung und Liebe hier Alles von ihm spricht. Friede seiner Asche! Auf seinem Grabhügel habe ich bittere Thränen geweint und für Dich, wie für mich, meine Theure, seinen väterlichen Segen erfleht!"

So weit mein damals geschriebener Brief.

Eine Thatsache will ich noch anführen, ohne mich auf eine Erklärung einzulassen: In dem Nachlasse meines Vaters fand ich auch eine Brieftasche, die ihm noch meine Mutter gestickt hatte. In dieser Brieftasche fand ich, außer einigen kleinen Andenken an die Verstorbene, einen Zettel, auf dem mein Vater mit seiner festen charakteristischen Handschrift geschrieben hatte: „Am 1. Januar 1829 hatte ich eine Vision, die mir ankündigte, daß ich noch in diesem Jahre sterben werde." Er starb am 5. September 1829.

Mein Bruder erhielt keinen Urlaub bewilligt, weil gerade die Zeit der großen Manöver war, und so mußte ich die Verlassenschaft allein ordnen. Sie war eine bescheidene, denn in den letzten Jahren in Lemberg hatte der gute Vater durch schlechte Menschen Verluste erlitten; — nachdem ich Alles geordnet und verwerthet hatte, kamen auf jeden von uns beiden Söhnen

200 Stück Dukaten, welche ich für meinen Bruder bei Herrn Frommann zurückließ, damit dieser sie ihm bis zu seiner Groß=
jährigkeit bewahre und verzinse, und nachdem ich für ein Gastspiel im Ofner Theater abgeschlossen hatte, kehrte ich nach Wien zurück, wo ich am 4. Oktober eintraf.

Die Mutter machte nun, wo ich im Besitze eines kleinen Vermögens war, keine Schwierigkeiten und ich eilte zu dem Pfarrer von Mariahilf, um das Aufgebot zu bestellen. Als aber der Hochwürdige aus dem Taufschein meiner Frau ersah, daß sie im Dezember erst **fünfzehn** Jahre alt sei, erklärte er mir, das gehe nicht, das sei ein canonisches Hinderniß, wozu Dispens vom Papste nöthig sei; ich müsse mich zuerst an das bischöfliche Ordinariat wenden, welches entscheiden werde, ob die Dispens vom Erzbischof ertheilt werden könne oder von Rom eingeholt werden müsse. Sei, wie er glaube, der päpstliche Dispens nöthig, dann müsse ich erst bei der Landesregierung um die Er=
laubniß zur Einholung der geistlichen Dispens einkommen, dann werde die Landesstelle Bericht nach Hof erstatten, damit der Kaiser die Erlaubniß gebe, mich an den Papst wenden zu dürfen. Sei diese Erlaubniß ertheilt, dann gehe das Ganze durch das erzbischöfliche Ordinariat nach Rom und komme von dort wieder an den Erzbischof zurück, der den Bescheid der Landesregierung übermittle, worauf dann auch diese den bürgerlichen Dispens ertheile.

Ich fragte ihn, wie lange dies dauern könne, er meinte, wenn ich nicht einflußreiche Freunde in Rom habe, etwa **zwei bis drei Jahre**. Der Pfarrer von der Laimgrube gab mir denselben Bescheid. Ich verzweifelte, da begegnete mir ein ungarischer Freund, Weszter Imre, der mir, als ich ihm mein Leid klagte, antwortete: „Ober main lieber Freund! Wos plogen Sie sich mit schwobische, langwailige Gesetze. — Ihr Braut ist Ungarin (magyar gyermek); Geh'ns Sie mit ihr nach Ungarn, wonn Sie drai Wochen in ainer Pfarre wohnen, muß Sie jedes Pforrer copuliren; — noch unserm ungarischen Tripartitum Verböczianum konn jede Ungarin mit 14 Johren hairaten. Isten utsek! Igyvan!"

Das leuchtete mir ein und ich bat nun meine künftige Schwiegermutter, mit mir und Marie nach Ofen zu reisen und dort drei Wochen zu bleiben, bis wir getraut seien, natürlich auf meine Kosten. Aber die gute Mama war, wahrscheinlich durch

fremde Einflüsterungen, wieder wankelmüthig geworden, lamentirte
mir vor, daß sie außer der Gage der Tochter, die sie nun ver=
liere, auch durch die Reise noch andere Verluste erlitten habe,
sie habe 100 Dukaten von Lemberg mitgenommen, jetzt habe sie
nur noch 55, also 45 Dukaten verloren, ob ich ihr diese nicht als
guter Sohn ersetzen wolle. Um auch noch dieses letzte Hinderniß
zu überwinden, willigte ich ein und verpflichtete mich, ihr am
Morgen des Hochzeitstages die 45 Dukaten auszuzahlen, und so
reisten wir denn am 20. Oktober 1829 nach Ofen ab, wozu
Direktor Carl mit sauer=süßer Miene die Entlassung gab, weil
er wohl wußte, daß er sie, sobald sie nun einmal eine verheirathete
Frau war, doch nicht länger halten konnte.

So hatte ich denn, nach einer uralten orientalischen Sitte,
mir meine Frau gekauft, — um fünfundvierzig Du=
katen — und heute wäre mir sie um Hunderttausend
nicht feil, — obwohl ich sie schon so lange habe und sie alt
geworden ist — mit mir — meine liebe, gute, treue Lebens=
gefährtin.

Heirath und Hochzeitsreise.
(1829—1830.)

Das letzte Hinderniß war somit gehoben; wir langten in
Ofen an, nahmen eine kleine Wohnung in der Raitzenstadt und
ich begab mich sogleich zu dem Pfarrer von Mariablut, gewöhnlich
Christina=Pfarre genannt, um Aufgebot und Trauung zu besprechen.
Mein ungarischer Freund hatte Recht gehabt, hier gab es keine
canonischen Hindernisse, hier verlangte man keinen Dispens,
meine Frau war eine Ungarin und das Tripartitum Verböczianum
sicherte die Rechte eines ungarischen Mädchens. Ich wurde als
Ausländer, nämlich von Hamburg, betrachtet, mein protestantischer
Taufschein galt dem guten Pfarrer für einen katholischen, majorenn
wurde ich auch in wenigen Tagen und so sicherte mir der hoch=
würdige Herr die Trauung nach dreiwöchentlichem Aufenthalte
im Pfarrbezirke und nach dreimaligem Aufgebote mit Bestimmt=
heit zu.

Am 24. Oktober begann ich mein Gastspiel auf der Ofener Bühne, die damals noch unter den Provinztheatern einen höchst anständigen Rang einnahm und schon wegen der Concurrenz des am jenseitigen Donauufer liegenden Pester Theaters Gutes leisten mußte. Direktor Labdey und seine Frau, geborene Wein= landt, die Schauspieler Hölzel, Nötzl, Werle mit ihren sehr talentvollen Frauen waren Schauspieler, wie man sie heut= zutage bei den wenigsten Provinzbühnen und bei den Wiener Vorstadttheatern gar nicht mehr findet. Der Ruf meiner aben= teuerlichen Entführung mit deren glücklichem Ausgange war schon nach Ofen gedrungen und sicherte mir bei meinen Collegen die freundschaftlichste Aufnahme, wie denn der abenteuerliche Charakter des Bühnenvölkchens immer das Außergewöhnliche und Roman= tische liebt; — daß ich obendrein dem geriebenen Direktor Carl ein beliebtes Mitglied aus den contractlichen Zähnen gerissen, erhöhte mein Ansehen unter den Collegen nicht wenig.

Mein Gastspiel hatte einen sehr glücklichen Erfolg, — der junge Anfänger, der noch vor achtzehn Monaten als „Graf Julius" aus= gelacht und verhöhnt worden war, hatte sich durch Fleiß, Eifer, Studium und gute Vorbilder hinaufgearbeitet, — das ihm zu= sagende Fach erwählt, — und so errang ich nun als „Franz Moor", — „Hofmarschall Kalb", — „Graf von der Mulde" im „Kind der Liebe", — sowie in den komischen Partien des „Staberl", „Klapperl", „Pauzel" u. s. w. außerordentlichen Beifall und erzielte in meiner Benefiz=Vorstellung, die am Vor= abende meiner Hochzeit stattfand, eine sehr beträchtliche Einnahme.

Am 12. November 1829 wurde ich von dem hochwürdigen Jacobus Majsch, „Parochus Budensis ad St. Mariam de San= guine" mit meiner geliebten Marie getraut; — unsere Beistände waren: der frühere Stadthauptmann und jetzige Senator Johann Boraroß, Vormund meiner Braut und Joseph Balasy, Familien=Fiskal. Ich hatte die Trauung in aller Stille angeordnet, nicht einmal meine Collegen beim Theater wußten davon; — das junge Paar speiste in einem Restaurant, ging dann spazieren, besuchte das Theater, wo es die Gratulationen der Freunde und Bekannten nebst freundlichen Vorwürfen der Collegen, die Trauung verheimlicht zu haben, in Empfang nahm und sich nun nach seiner Wohnung in der Raitzenstadt begab, die die Mutter uns eingeräumt hatte, um selbst bei Verwandten zu schlafen.

Aber zu Hause angekommen, konnten wir nicht in unsere

Wohnung; der Schlüssel wurde gewöhnlich auf einen bestimmten Platz gelegt, wo ihn Jedes von uns finden konnte; auf diesem Platze aber war er nicht, da die Mutter, wie wir meinten, zufällig einen andern Versteck für den Schlüssel gewählt hatte. Wir suchten vergeblich in allen Ecken und Winkeln; allein wir konnten ihn nicht finden; — einen Schlosser herbeizuholen, war um 11 Uhr Nachts nicht mehr möglich und so blieb uns nichts anderes übrig, als ein Hotel aufzusuchen und dort ein Zimmer zu nehmen. — In Ofen war keine Aussicht, etwas zu finden, und so wanderten wir über die Schiffbrücke nach Pest. Allein, war es der Umstand, daß es Mitternacht war, als wir dort anlangten und die Kellner das blutjunge Paar, ohne Gepäck und zu Fuß ankommend, mit Mißtrauen betrachteten, oder war es wirklich so, wie die Kellner sagten, daß der beginnende Leopoldi=Markt Schuld war, daß alle Zimmer von Marktleuten besetzt waren, genug! wir konnten trotz Geld und guter Worte, keine Unterkunft finden, und so blieb uns nichts übrig, als uns in ein Kaffeehaus zu setzen und dort so lange zu bleiben, bis auch dieses geschlossen wurde, und dann in den Straßen von Pest spazieren zu gehen, bis der Tag anbrach. — So war meine Hochzeitsnacht ebenso abenteuerlich, wie mein ganzes bisheriges Leben.

Auch am anderen Morgen, als wir nach Hause kamen, fand sich der Schlüssel nicht, und erst später stellte es sich heraus, daß ihn die Mutter in der Zerstreuung in die Tasche gesteckt und mitgenommen hatte.

Auf Direktor Laddey's Wunsch traten wir noch zweimal als junges Ehepaar auf der Ofener Bühne auf, und während dieser Zeit suchte ich das, beim Stadtgericht deponirte kleine Erb=theil meiner Frau zu beheben. Als ihr Vater Steltzer damals so plötzlich gestorben war, hatte sich eine allgemeine Theilnahme beim Publikum kundgegeben, Benefiz=Vorstellungen und Concerte waren für die Hinterbliebenen arrangirt worden und hatten ein Reinerträgniß von dreitausend Gulden geliefert, die für die drei Kinder bis zu ihrer Großjährigkeit bei der Stadt deponirt wurden, und von denen die Mutter jährlich die Zinsen als Erziehungs=beitrag bezog. Aber um dieses kleine Kapital jetzt flüssig zu machen, hatte ich mit den größten Schwierigkeiten zu kämpfen; — überhaupt war die Verwaltung von Pupillengeldern damals nicht die stärkste Seite der städtischen Verwaltungen in Ungarn; man erklärte mir, daß zur Erhebung eine Menge zeitraubende

Formalitäten, vor Allem aber eine sechsmonatliche Kündigung
des auf Hypotheken ausgeliehenen Kapitals erforderlich sei, und
da ich fortwollte, so bot sich mir ein Fiskal (Advokat) an, mir
die Forderung abzukaufen, und schließlich mußte ich froh sein,
als ich von ihm für die Tausend Gulden Erbtheil meiner Frau,
sechshundert Gulden ausbezahlt erhielt.

So waren wir denn endlich **frei und selbstständig**,
waren vollständig ausstaffirt und hatten einen kleinen Nothpfennig,
auf dem wirklich der Eltern Segen geruht haben muß, denn
dieses Geld brachte uns nicht nur über den schwierigen Anfang,
sondern ist uns auch niemals ganz ausgegangen. — Die nächste
Frage war nun: **Wohin?** Laddey in Ofen engagirte Niemand
mehr, da seine Direktionsführung mit Ostern zu Ende ging und
der Theaterpacht neu ausgeschrieben war; — auf die flüchtige
Bemerkung des Musikers und Agenten Frey, der mir rieth, doch
nach Temesvar zu gehen, wo wir mit offenen Armen aufgenommen
werden würden, entschloß ich mich mit dem leichten Sinn der
Jugend und im Vertrauen auf unser bischen Geld und Talent,
zu dieser **Reise in's Ungewisse**.

Schon am 15. November war ein anhaltender Schneefall
eingetreten; es war der furchtbar strenge Winter von 1829 auf
1830, der sich so ankündigte, — ein so grimmig kalter Winter,
wie ich ihn seitdem nicht wieder erlebt habe. Ich fand bald
einen walachischen Fuhrmann, der uns um ein Billiges nach
Temesvar führen wollte. Von Pest nach Temesvar führte damals
nicht nur keine Eisenbahn, sondern auch keine Chaussee; man
fuhr eben über die unabsehbare flache Haide der Pußta; —
jeder Wagen, wo er wollte, wobei sich der Kutscher nur nach der
Sonne und den Gestirnen die Richtung suchte.

Unser walachischer Kutscher hatte Produkte aus dem Banat
nach Pest gebracht, und daher nur einen großen, mit einem Lein=
wanddache überspannten Frachtwagen, vor den zehn Pferde,
sämmtlich mit Glocken behängt, gespannt waren. In dem Hinter=
theil des Wagens hatte er Frachtgüter geladen, die größere vordere
Hälfte gehörte uns. Wir packten unsere completen Betten hinein,
um darauf bei Tage Sitze, bei der Nacht Schlafstellen zu haben,
und da man mir schon gesagt hatte, daß man auf dieser Reise
weder Unterkunft, noch Lebensmittel finde, so verproviantirten wir
uns in Pest vollständig mit Kaffee und Chokolade, Schinken,
Käse, Brot und andern Nothwendigkeiten.

Am 16. November fuhren wir ab; es wurde eine Reise, wie ich sie nie wieder, selbst in den wildesten Gegenden Amerika's, durchgemacht habe. Eine unabsehbare Schneedecke ruhte auf der endlosen Pußta, auf der sich nur hie und da in meilenweiten Abständen einzelne Csardas, oder die lange Stange eines Zieh= brunnens zeigte; — die Kälte war bitterlich und ohne die zwei großen Reisepelze, die ich von meinem Vater geerbt hatte, wären wir vermuthlich erfroren. Wie mein zartes, junges Weibchen diese furchtbaren Strapazen überstanden hat, ist mir noch heute unbegreiflich; — die Liebe und der frohe Jugendmuth erhielten uns bei guter Laune. — Mittags und Nachts hielt der Fuhr= mann mitten in der Pußta, spannte eine große Leinwand auf in den Boden gesteckte Pflöcke, schüttete das Futter auf die Lein= wand, koppelte seine Pferde rings herum zusammen, und ließ sie fressen, während er sich, aus Besorgniß vor Pferdedieben, mitten unter den Thieren, unter die gespannte Leinwand, wie unter ein Zelt, in den Schnee legte und, in seinen großen Schafpelz eingewickelt, schlief. Zu diesen Ruhezeiten arrangirten auch wir unsere Diners und Soupers, natürlich von kalter Küche, und kochten uns dazu, um doch etwas Warmes zu genießen, Kaffee und Chokolade, die bei der entsetzlichen Kälte eine wahre Er= quickung waren. Kamen wir auch einmal an eine alleinstehende Pußta=Wirthschaft, so gab es in derselben nichts als Schnaps und Eier und da auf der baumlosen Pußta Brennholz eine wahre Rarität war, so wurden die Eier, jedes einzelne in Stroh gewickelt, dann alle auf einen Haufen gelegt und dieser ange= zündet; bis das Stroh verbrannt und die Asche ausgeglimmt war, waren auch die Eier weich gesotten, — ein Rezept, welches ich als probat empfehlen kann. Aber selbst das Wasser, das wir zur Bereitung von Kaffee und Chokolade brauchten, war auf der Pußta ein Luxusartikel; — die seltenen Brunnen waren zu entfernt und die Leute zu faul, um Wasser zu holen, — sie hatten ja Schnaps und das genügte, — gekocht wurde nichts, höchstens ein Stück Speck bei Strohfeuer gebraten, und das Waschen von Geschirr oder Wäsche war eine ganz unbekannte Sache. Die Eingeborenen schmierten ein neugekauftes Hemd tüchtig mit Speck ein und trugen es dann so lange, bis es auf dem Leibe zerfiel. So blieb uns denn nichts übrig, als Schnee auf der Spiritusflamme zu schmelzen und damit unser Getränk zu bereiten.

So ging diese Reise sieben Tage lang über die unabsehbare Schneefläche fort. Die Kälte war selten weniger als 15 bis 20 Grad unter Null; — einige Nächte fiel der Thermometer sogar unter 25 Grad Reaumur. Hie und da begegneten uns die großen Trappen, schwerfällig über die Pußta hinstreichend, auch Wölfe kamen in Sicht, aber das Läuten der Pferdeglocken, das Rasseln und Klirren mit Ketten, das Schreien von uns Dreien hielt sie ferne; nur einmal fuhren wir an einem blutigen Flecken im Schnee vorüber, auf welchem ein Felleisen, eine Mütze, und ein Stock sowie ein Paar hohe Stiefel mit noch darinsteckenden blutigen Beinstummeln, neben Kleiderfetzen und abgenagten Knochen, lagen; — wahrscheinlich ein armer Handwerksbursche, der von den Wölfen, schlafend oder erfrierend, überrascht und gefressen wurde. Nachts machten wir unsere Betten im Wagen, legten uns in unseren Pelzen, gut zugedeckt, hinein und schliefen ruhig, bis es am Morgen weiter ging; — es war eine leibhafte Nord= pol=Expedition. Wären diese walachischen Bauern nicht so ehrliche und gutmüthige Leute, so hätte uns unser Fuhrmann ganz bequem Nachts todtschlagen und mit unserm Hab und Gut davon fahren können, — die Leichname hätten die Wölfe der Pußta gefressen und kein Hahn hätte mehr nach uns gekräht.

Endlich am siebenten Tage kamen wir in Arad an, der Schneefall hatte ohne Unterbrechung fortgedauert, so daß die Räder sich schon bis an die Achse im Schnee bewegten und das Vorwärtskommen immer schwieriger wurde. Der Kutscher mußte also seinen Wagen in Arad lassen, uns und das Gepäck auf einen Schlitten überladen und nach abermals zwei entsetzlichen Tagen kamen wir in Temesvar an. Wie wohl uns war, als wir endlich wieder in einem anständigen Gasthofe, in einem ge= heizten Zimmer, bei einem guten Souper und einer Flasche Magyarather Wein saßen, das läßt sich mit Worten nicht be= schreiben — so etwas muß durchgemacht und genossen sein.

Am andern Morgen ging ich zur Direktion des städtischen Theaters; es waren die Herren Hirschfeld und Herzog, recht wackere und gemüthliche Leute, die vor Erstaunen die Hände über den Kopf zusammenschlugen, daß wir in solchem Winter= wetter eine so weite Reise aufs Geradewohl unternommen hatten. Sie sagten mir ganz aufrichtig, ihr Personal sei voll= ständig und von einem Engagement könne daher keine Rede sein; ein vorübergehendes kurzes Gastspiel sei zwecklos; — denn ge=

fielen wir nicht, so hätte es keinen Sinn, und gefielen wir und gingen dann wieder weg, so würde das Publikum dies der Direktion sehr verargen; — eine Ablehnung, die ich nur vernünftig und gerechtfertigt finden konnte. Ich empfahl mich also und wollte gehen, als Hirschfeld mich zurückrief und mir sagte, es ließe sich vielleicht doch noch ein Ausweg finden; — wenn ich mich verpflichten wollte, daß wir den ganzen Winter in Temesvar bleiben und nach Bedarf des Repertoires zeitweise als Gäste auftreten wollten, so könne er uns zwar keine Gage, aber Kost und Quartier und am Schlusse der Saison eine ganze Einnahme geben. Ich berieth mich mit meiner Frau; die entsetzliche Reise jetzt zurückzumachen, schien uns unmöglich und so schlossen wir auf diese Bedingungen ab.

Was die Kost betrifft, die wir bei Direktor Hirschfeld hatten, so war sie vortrefflich; denn Frau Hirschfeld war eine vorzügliche Hausfrau und Köchin, und die Lebensmittel waren damals in dem gesegneten Banat so billig, daß man jetzt diese Preise gar nicht mehr begreifen kann. Schlimmer ging es mit der Wohnung; in der, durch Festungswerke eingeschlossenen Stadt, in der kein neues Haus, wegen Mangels an Bauplätzen, gebaut werden konnte, während die Bevölkerung jährlich stieg, herrschte die bitterste Wohnungsnoth. Trotz aller Bemühungen der Direktoren, trotz alles Suchens des Theaterdieners fand sich in der Festung kein disponibles Zimmer und draußen in der Fabriksvorstadt konnten wir nicht wohnen, da die Festungsthore Abends geschlossen wurden. So blieb denn den Direktoren kein anderer Ausweg übrig, als uns vorläufig in dem städtischen Redoutensaale einzuquartieren, bis sich ein Zimmer finden würde. In diesem Redoutensaale, der so groß und hoch wie eine Reitschule und nahezu unheizbar war, schlugen wir in einer Ecke unsere Betten auf, formirten aus Bänken und Sophas eine Barrière, welche unser Zimmer vorstellte, innerhalb welcher wir einen Waschtisch und unsere Koffer hatten und uns häuslich einrichteten. Es war ein rechtes Zigeunerlager und in mancher kalten Nacht hätte es wieder Noth gethan, daß wir in unseren Pelzen geschlafen hätten, aber während des Tages waren wir meist bei Hirschfeld's, und dann waren wir jung und guten Muthes und in diesem glücklichen Alter geht man über Vieles hinweg. Sechs volle Wochen haben wir in dem großen Redoutensaale kampirt, bis nach Neujahr der Fasching anfing, der Saal nun zu Bällen gebraucht wurde und Hirschfeld endlich ein nothdürftiges Zimmerchen in der Stadt fand, in welches wir übersiedelten.

An Collegen fand ich **Eduard Kreibig** (jetzt Direktor des Prager Theaters), der erste Liebhaber spielte, mit dem ich treue Freundschaft schloß, die sich nun schon durch fünfzig Jahre erhalten hat, ferner Fräulein **Minarzik**, seine spätere erste Frau, den Komiker **Nowak** mit seinen hübschen und talentvollen Töchtern, deren Eine durch eine Heirath mit einem reichen Cavalier sehr unglücklich wurde, indem nach seinem frühzeitigen und ohne Testament erfolgten Tode die hartherzige Familie des Verstorbenen die arme junge Witwe hülflos in's Elend stieß.

Ich hatte sogleich nach meiner Ankunft in der Zeitung angekündigt, daß meine Frau Tanzunterricht für Damen und Kinder, ich Unterricht in der französischen Sprache ertheile. Der Erfolg dieser Ankündigung war ein unerwartet günstiger; — in Temesvar war kein Tanzmeister zur Zeit, meine Frau erhielt mehr Lektionen, als sie versehen konnte, so daß sie manchen Tag zehn bis zwölf Lektionen gab und erst spät Abends durch die Equipage der letzten Herrschaft, bei der sie gewesen war, müde und erschöpft nach Hause gebracht wurde; — auch ich hatte ziemlich Lektionen erhalten und im Hause des kommandirenden Generals **von Schneller**, bei dem Festungskommandanten General **Mumb von Müllhein**, bei der Gräfin **Tökölyi** und in vielen anderen aristokratischen Familien waren wir gerne gesehen. Dabei gastirten wir ungefähr vierzig Male im Laufe des Winters, nahmen bei unserem Benefiz über sechshundert Gulden ein, und als wir Temesvar zu Ostern 1830 verließen, hatten wir nicht nur unser kleines Kapital noch vollständig beisammen, sondern dasselbe auch beträchtlich vermehrt.

Bei unserer Abreise am 25. März zeigte sich uns die Gutmüthigkeit und Freundlichkeit der guten Bewohner Temesvar's im vollen Lichte und als einen kleinen Beitrag zur Schilderung der damals zwischen Publikum und beliebten Schauspielern bestehenden, patriarchalischen Beziehungen kann ich hier erzählen, daß nicht nur die achtbarsten Männer von uns persönlich herzlichen Abschied nahmen, sondern daß uns auch eine solche Menge von Reisegeschenken an Zucker, Kaffee, Kuchen, Schinken, gebratenem Geflügel, Wein und anderen nützlichen und Proviant-Gegenständen in's Haus geschickt wurde, daß wir nicht nur auf der siebentägigen Heimreise für uns und zwei mitreisende Collegen vollauf

genug hatten, sondern noch eine ganze Kiste voll in unser neues
Hauswesen nach Ofen mitbrachten. Heutzutage kommt so Etwas
nicht mehr vor, aber ich bewahre dem freundlichen Temesvar für
die überaus gütige Aufnahme, die ich dort fand, das dankbarste
Andenken.

Die Heimreise erfolgte auf gleiche Art, wie die Hinreise,
nur daß unser walachischer Wagen diesmal bis an die Achse im
Wasser, statt wie früher im Schnee, fuhr. Die ungeheuren
Schneemassen des Winters waren plötzlich geschmolzen und die
ganze Pußta war durch die ausgetretenen Flüsse und Bäche über=
schwemmt, so daß wir in einem Meere fuhren und von Glück
sagen konnten, als wir ohne ernsten Unglücksfall am 31. März
in Ofen anlangten.

Der neue Direktor des Ofener Theaters war der beliebte
Komiker Philipp Zöllner, dessen talentvolle Töchter später
zu den beliebtesten Mitgliedern der wiener Bühnen zählten; schon
von Temesvar aus hatte er mich als Regisseur und Schauspieler,
meine Frau für Soubretten, Gesangspartien und Ballet engagirt.

Da ich Contract auf zwei Jahre und das bisherige
Zigeunerleben herzlich satt hatte, so miethete ich mir auf dem
Wege zum Festungsberge eine kleine Jahreswohnung und richtete
mich einfach, aber anständig ein. Zöllner's Direktion ließ sich
anfangs ganz gut an; denn es war eigentlich eine Familien=
direktion; er selbst in Pest und Ofen gleich beliebt, spielte alle
ersten komischen Rollen, sein Bruder Anton die übrigen, sein
Schwiegersohn Melchior die ersten Helden, dessen Frau die ersten
Liebhaberinnen, die anderen drei Töchter spielten ebenfalls jede
ein Fach und selbst die Kinderrollen waren mit lauter kleinen
Zöllner's besetzt. —

Ich habe bis jetzt den Ereignissen meines Lebensganges eine
vielleicht zu ausführliche Darstellung gewidmet, aber ich halte eben
die Entwicklungsgeschichte eines Menschen für das Wich=
tigste in seinem Leben und ich wenigstens habe solche Detail=
schilderungen der ersten Lebensverhältnisse mir ganz fernstehender
Personen stets mit dem größten Interesse gelesen. Allein um nicht
zu weitschweifig zu werden, kann ich mich von nun an, wo das
Jugendleben abgeschlossen hinter mir liegt, kürzer fassen und ich
werde daher nun nur die bedeutendsten Momente hervorheben.
Zu diesen gehörten während des Ofener Engagements zwei Vor=
fälle; — der erste Versuch eines jungen Mädchens, die später

eine der ersten und bedeutendsten Schauspielerinnen Deutschlands
wurde, und ein neues Stück von mir.

In den ersten Tagen des Mai kam ein junges, blühendes,
bildschönes Mädchen von ungefähr sechszehn Jahren zu mir und
bat mich, sie dem Direktor zu empfehlen, damit dieser sie auftreten
lasse. Ich ließ mir von ihr einige Stellen vortragen und sah
sogleich, daß in dem Mädchen ein schönes Talent noch unentwickelt
schlummere; ich ging zu Zöllner und dieser willigte ein, die
junge Dame einen ersten Versuch machen zu lassen. Das junge
schöne Mädchen nannte sich Dlle. Peroni und war aus Brünn;
ihre Eltern, unbemittelte Leute, hatten ihr dennoch eine gute Er=
ziehung gegeben und eine unüberwindliche Lust zur Bühne hatte
sie nun nach Ofen geführt, da die Eltern den Versuch in der
Vaterstadt nicht wagen wollten. Demoiselle Peroni hatte die
„Toni" einstudirt und das Körner'sche Stück wurde angesetzt.
Ich spielte den „Conjo Hoango". Bei der Probe fanden sich
Organ, Vortrag, Feuer der Debütantin ganz befriedigend, nur
Bewegung und Haltung waren, wie bei Anfängern gewöhnlich,
etwas unbeholfen, doch gab ich mir als Regisseur alle erdenkliche
Mühe, die Kleine zu schulen.

Der Abend der Aufführung kam heran; — es ging viel
besser, als ich erwartet hatte, die Kleine sprach, nachdem sie die
erste Schüchternheit überwunden hatte, die Körner'schen Verse mit
schönem Feuer und richtigem Vortrage, das Publikum erwärmte
sich sichtlich für das junge talentvolle Mädchen, und munterte es
auf und sie, hiedurch angeregt, spielte immer besser. So kamen
wir zur Schlußscene, in welcher der Negerhäuptling Conjo=Hoango
seine vormaligen Herren, die gefangenen Pflanzer, tödten will,
Toni hereinstürzt, den Neger erschießt und ihre Freunde befreit.
Ich stand mit gezücktem Säbel und donnerte mein Todesurtheil
über die Unglücklichen hinaus, — schon soll der vernichtende
Streich fallen, da fliegt die Thüre auf, Toni=Peroni stürzt herein
und drückt ab, — aber die Pistole geht nicht los, — sie drückt
noch einmal, während ich eine zweite fürchterliche Todesdrohung
extemporire, — aber die Pistole geht wieder nicht los; — denn
der dumme Requisiteur hatte dem armen Mädchen die Pistole
mit ungespanntem Hahn gegeben. Jetzt faßt sich aber die
Peroni schnell, stürzt auf mich zu und haut mich mit der Pistole
mit solcher Gewalt auf den Kopf, daß ich wirklich halb betäubt
niederstürzte, durch die Erschütterung des Schlages das alte Feuer=

steinschloß der Pistole nun doch losgeht, der Schuß über meinen Kopf hinkracht und die Haare meiner Negerperrücke zu glimmen anfangen. So wahr und natürlich hatte man in Ofen den Schlußeffekt der „Toni" noch nie aufführen gesehen. Das Publikum applaudirte wüthend und rief zuerst die Peroni und dann Alle heraus, die auch erschienen, bis auf mich, da ich in der Garderobe noch immer halb betäubt mit Eisumschlägen auf dem Kopfe lag. Noch vierzehn Tage lang hatte ich mit der Beule zu thun, doch Dlle. Peroni wurde engagirt, gefiel immer mehr, kam dann nach Wien, wo sich Raimund ihrer annahm, und ging von da nach Berlin, wo sie bald eine der beliebtesten Schauspielerinnen Deutschlands wurde, den Schriftsteller **Adolph Glaßbrenner** heirathete und als sie sich später, nach einer glänzenden dramatischen Laufbahn, von der Bühne zurückzog, noch viele junge Talente durch ihren Unterricht zu hervorragenden Künstlerinnen ausbildete und noch jetzt als hochgeachtete Frau im Kreise ihrer Familie und Freunde bildend fördert und schafft. Ich bin ihr zufällig im Leben nicht mehr begegnet, habe aber immer den lebhaftesten Antheil an ihrer schönen Laufbahn genommen.

Das zweite Ereigniß für mich war die Aufführung eines Stückes aus der ungarischen Geschichte, das ich eigens für das Ofner Theater geschrieben hatte und das den Titel: „**Die Mädchen von Siklos oder König Sigismund's Traum**" führte und zu dem Kapellmeister Franz Roser eine treffliche Musik schrieb. Dieses Nationalstück gefiel so außer**ordentlich, daß es mitten im heißen Sommer im Ofner Theater zehnmal** bei überfüllten Häusern gegeben wurde, — daß dann Direktor Grimm das Stück kaufte und es nun erst mit glänzender Ausstattung auf dem Pester Theater in Scene setzte, worauf es später in's Ungarische übersetzt als „Zsigmond Kiralyi Alma" auf dem ungarischen National=Theater aufgeführt und von da an ein beliebtes Repertoirstück aller ungarischen Bühnen wurde. Auch von diesem Stücke besitze ich keine Zeile mehr, doch dürften sich wohl noch Exemplare in älteren Theaterbibliotheken finden. —

Allein trotz dieses günstigen Erfolges wollte die Zöllner'sche Direktion nicht gedeihen, er war eben ein gutmüthiger und leicht= sinniger Mann und vor Allem kein Rechenmeister. So happerte es denn bald an allen Ecken und Enden, — Mitte August schon versagte das Chor=Personal bei der Aufführung von „Maurer und Schlosser" am Abende seine Dienstleistung, weil die armen Teufel seit drei Wochen keine Gage erhalten hatten. Die pekuniären Schwierigkeiten brachten nun auch in artistischer Hinsicht Verlegenheiten und Hindernisse, ich sah ein, daß ich unter solchen Umständen nichts Ersprießliches mehr leisten konnte und so legte ich am 26. August die Regie nieder, setzte mich mit dem Direktor gütlich auseinander und verließ am 1. September das Ofener Engagement, mein neu gegründetes Hauswesen wieder auflösend und veräußernd, wie es leider das Loos der ewigen Wandervögel, der Schauspieler, ist und bleibt.

Die erste Direktion.
(1830—1831.)

Am 8. September 1830 fuhren wir mit dem Dampfboot „Kaiser Franz der Erste" von Pest nach Wien. Die Fahrt dieses Schiffes war für Oesterreichs Culturentwicklung ein bedeutungsvolles Ereigniß, die erste Reise eines Dampfschiffes auf der Donau. Das Dampfschiff hatte am 4. zur ersten Probefahrt Wien verlassen und war auch glücklich am zweiten Tag in Pest angekommen. Am 8. September, wie gesagt, fuhr es von Pest, unter dem Zulaufe der staunenden Bevölkerung beider Städte, wieder nach Wien zurück und von da an begannen die regelmäßigen Dampfschiff-Fahrten auf der Donau. — Ausstattung und Einrichtung waren sehr primitiv, der Anstrich mit Oelfarbe noch nirgends trocken und man blieb auf den Bänken und an den Wänden kleben. Die jetzt lebende Generation wird wohl mitleidig lächeln, wenn ich ihr erzähle, daß wir damals mit dem Dampfschiffe von Pest nach Wien drei volle Tage fuhren und erst am 11. Abends in Wien anlangten. Ueberall an den Ufern waren die Bewohner versammelt, um das „Feuerschiff" zu sehen, — die Hochgescheidten nannten es „Pyroscaph". — Die Fahrt zwischen Wien und Pest stromauf- oder abwärts kostete damals 10 fl. C.-M. —

Von Wien gings nach kurzem Aufenthalte weiter nach Laibach, wohin wir vom Direktor Glöggl engagirt waren, welches Engagement ich mehreren anderen Anträgen vorzog, da Laibach auf dem Wege nach Triest, Venedig und dem Lande meiner Sehnsucht — Italien — lag.

Hier in Laibach erfuhr ich endlich, nach mehr als zwei Monaten, die mich überraschende Neuigkeit, daß in den letzten Julitagen in Paris eine Revolution stattgefunden habe und die Dynastie der Bourbons weggejagt worden sei. Ich erzähle dies hier als einen Beitrag zur Schilderung der damaligen Zustände in Oestreich und des Standes der Unschuld in politischen Dingen, in welchem damals das östreichische Volk lebte. Obwohl ich doch ein junger Mensch, nicht ohne Bildung, von lebhafter Auffassung und ziemlicher Wißbegierde, früher Jahre lang thätiger Journalist war, hatte ich in Ofen wie auf der Reise, kein Wort von der französischen Julirevolution gehört. So wenig Aufsehen machte dieses welterschütternde Ereigniß in Oestreich, wo es der großen Masse so gut wie unbekannt blieb, und nur wenige Gebildete seine Bedeutung zu würdigen wußten. Bäuerle's „Theaterzeitung" wußte von der Juli-Revolution kein Wort, erst am 26. August, nachdem am 18. der jetzt regierende Kaiser Franz Joseph geboren war, veröffentlichte Bäuerle über dieses Ereigniß ein „Schreiben eines Oestreichers in Wien an seinen Bruder in Paris", in welchem folgende versteckte Anspielung am Eingange des Briefes sich befand:

„Dein Brief hat mich recht erschreckt. Ach, theurer Bruder! was hast Du Betrübendes und Gräßliches mit ansehen müssen; wie wird sich Dein Herz nach der Vaterstadt gesehnt haben, in welcher man solche empörende Auftritte kaum dem Namen nach kennt! — Nun tröste Dich, ich bringe Dir für Deine Schreckensszenen Jubelszenen aus Wien.". . . „Unsere verehrte Erzherzogin Sophie, die Gemahlin unseres hochgeliebten Erzherzogs Franz Carl, ist am 18. August mit einem gesunden Söhnchen entbunden worden — unser angebeteter Kaiser hat einen kleinen Enkel auf dem Schoß." — U. s. w., u. s. w.

Einen Monat später brachte die „Theater-Zeitung" eine Beschreibung des Kinderfestes, welches der kleine Herzog von Bordeaux am 12. Juli seinen aristokratischen Spielgenossen im Schlosse von St. Cloud gegeben, und endlich am 11. November erschien in Bäuerle's Blatt eine Beschreibung des Schlosses von Vincennes, „in welchem", wie es dort hieß, „die

Minister Carl X. verwahrt werden". Das war Alles, was wir Schauspieler aus unserer einzigen Lektüre, der „Theater-Zeitung", über das große Ereigniß in Frankreich erfuhren. Aber auch die politischen Blätter, der „Beobachter" und die „Wiener Zeitung", zeigten sich ebenso zurückhaltend. Erst am 6. August brachten sie die ersten unbestimmten Nachrichten über einige Unruhen in Paris; am 7. wurde von kleinen „Straßengefechten" gesprochen, und erst am 9. August tauchte in östreichischen Zeitungen das verhängnißvolle Wort „Revolution" auf, doch wurde bemerkt, daß sich „die royalistische Streitmacht in Chartres zusammenziehe". So hatte es denn glücklich vierzehn Tage gebraucht, bis man es für gut fand, der Bevölkerung Oestreichs die in Frankreich stattgefundene Umwälzung mitzutheilen, und es dauerte noch viel länger, bis man sich endlich dazu entschloß, anzuzeigen, daß der General-Lieutenant Herzog von Orleans als „Ludwig Philipp der Erste" den Thron bestiegen habe. In solcher politischen Unschuld lebte man damals in Oestreich und die ganzen politischen Kenntnisse der guten Bürger beschränkten sich in der Bierhaus-Politik darauf, daß „der Franzos halt noch immer keine Ruh' gäbe, die wällischen Katzelmacher immerfort spektakulirten und nur die östreichische Armee Ordnung erhalten könne, daß es draußen im Reich auch nicht ganz sauber sei und daß nur in dem glücklichen Oestreich unser guter Kaiser Franz für Friede, Ruhe, Ordnung und das Glück seiner treuen Unterthanen sorge". Die östreichischen Zeitungen hatten übrigens damals mit dem eben aufgetauchten Caspar Hauser und der Giftmischerin Gesina Timm in Bremen vollauf zu thun, so daß ihnen kaum noch Platz für den üblichen Theaterklatsch blieb.

Ueber unser Engagement in Laibach brauche ich wohl nicht viel zu sagen: — es ging auf in dem gewöhnlichen Leben und Treiben einer Provinzbühne, heute spielte man eine große Rolle, morgen sang man im Chore mit, — endlich hatte man seine Benefizvorstellung, zu der man bei allen „Honoratioren" „einladen" ging, und zu Ostern war die ganze Geschichte wieder zu Ende und die Mitglieder zerstoben nach allen Windrichtungen.

Von meinen damaligen Collegen nenne ich nur die eben so schöne und talentvolle, als liederliche Madame Dunst, früher der Liebling des Wiener Publikums, Franz Thomé, später Direktor der Theater in Lemberg, Prag u. s. w., den Komiker Niklas, zuletzt Inspicient des Hof-Burgtheaters in Wien, die

Sängerin Halfinger, die später einen wohlhabenden Guts=
besitzer in Oberösterreich heirathete.

Hier in Laibach war es, wo ich einen höchst interessanten
und würdigen Mann kennen lernte, der mich auch in die politische
Welt einführte, in der ich bis dahin ganz unbewandert war und
der mir durch seine Mittheilungen und Aufschlüsse über die Zeit=
geschichte und Tagesereignisse die ersten Anfänge meiner späteren
publizistischen Laufbahn ebnete. Es war dies der Graf Carl
von Thurn=Valsassina, ein welterfahrener, vielseitig ge=
bildeter Mann im reiferen Alter, der ein angenehmes behagliches
Junggesellenleben führte, den Sommer auf seinem Gute in
Krain, den Winter im eigenen Hause in Laibach zubrachte
und ein großer Freund und Beschützer des Theaters war. Er
suchte mich bald auf, gewann mich lieb und ich mußte ihn nun
täglich um 4 Uhr Nachmittags besuchen und zwei Stunden mit
ihm verplaudern. Er besaß eine vortreffliche Bibliothek, in der
sich alle neuen und in Oesterreich verbotenen Werke befanden,
durch ihn lernte ich Heine's erste Reisebilder und Börne's
Schriften kennen, wir lasen zusammen die „Augsburger Allgemeine
Zeitung", interessirten uns außerordentlich für die Revolution in
Polen, Belgien und Italien, und ich kann dankbar sagen, daß
ich die Grundlage meiner politischen Bildung diesem würdigen
Manne verdanke. Wir blieben treu in Freundschaft verbunden,
die sich auch in einem zweiten Aufenthalte in Laibach im Jahre
1833, bethätigte und lange noch blieb ich mit ihm in freund=
schaftlicher Correspondenz, bis ich seinen Tod erfuhr; kurz vorher
hatte er mir noch geschrieben. Ich theile die folgende Stelle zur
Charakteristik des Schreibens mit, obwohl sie viel zu viel des
Schmeichelhaften für mich enthält:

„Immer werde ich mich fröhlich der Stunden erinnern, in
welchen mich Ihre heiteren Darstellungen ergötzten, aber mit noch
größerem Vergnügen bewahre ich in meinem Gemüthe die Stunden,
in welchen mich Ihr geistreicher und witziger Umgang erfreute.
Dies versichere ich meinem lieben Heinrich, den ich, sowohl als
Künstler, wie auch als gebildeten Mann, meiner Achtung werth
fand!" —

Am 8. Februar 1831 erfreute mich mein geliebtes Weib
durch die Geburt unseres ersten Knaben, Eduard Sigmund,
der leider sechs Monate später starb. Zu den damaligen Ver=
hältnissen einer Provinzbühne gehörte es, daß meine Frau bis

zum letzten Augenblick beschäftigt war, am 8. Februar entband und eilf Tage darauf schon die „Fenella" in der „Stummen von Portici" spielen mußte.

In Laibach schrieb ich auch noch den Text zu der romantischen Oper: „Die Feuerbraut" — eine Art von weiblichem Faust, — welche Kapellmeister Wilhelm Reuling, später am Hofoperntheater, componirte und die wir in Laibach mit großem Beifalle gaben; — ebenfalls verschollen! — vergessen! — verloren! — Am 26. März endete das Laibacher Engagement, wir hatten außer unserer anständigen Gage und zwei Benefiz-Vorstellungen auch noch durch Lektionen etwas verdient und so beschloß ich, unsere eigentliche Hochzeits- und Vergnügungsreise erst jetzt zu machen und zugleich meine Sehnsucht, Italien zu sehen, wenigstens annähernd zu befriedigen. Wir beide und der sich uns anschließende College Köppl fuhren also nach Triest und der Anblick, den das amphitheatralisch daliegende Triest und das zum erstenmal gesehene Meer, von der Höhe des Optschina aus erblickt, auf uns machte, ist mir noch heute unvergeßlich; diesen Anblick, so großartig, wie ich ihn in ganz Italien nicht wieder gefunden habe, genießt man jetzt nicht mehr, wenn man mit der Eisenbahn über Nabresina fährt; und doch verlohnt dieses überraschende Panorama, daß man den Weg von Prewald über den Optschina nach Triest in einem Wagen oder besser noch, zu Fuß, mache. Das rege Leben und Treiben in der, damals in höchster Blüthe stehenden Hafenstadt Triest gefiel und befriedigte uns außerordentlich, aber es zog uns gewaltsam nach dem alten sagenreichen Venedig.

Mit dem Lloyd-Dampfer fuhren wir über Nacht hinüber, erlebten einen heftigen Sturm und die Seekrankheit in so hohem Grade, daß wir bewußtlos dalagen, aber als am Morgen nach dieser schrecklichen Nacht der Dampfer in das ruhige Fahrwasser der Lagunen einlenkte, als nun Venedig in seiner ganzen Pracht und Herrlichkeit im Morgenlichte vor uns lag, da war Alles vergessen und wir jauchzten hoch auf vor Freude und Entzücken. An dem Gebäude der Hafen-Polizei wurden wir gelandet und durch einen langen schmalen Gang mußte ein Passagier nach dem andern in das Zimmer des Polizei-Kommissärs gelangen; denn es gab keinen andern Ausgang und zurück ließen die Polizeisoldaten Niemand. — Der Kommissär examinirte jeden Reisenden einzeln, prüfte seinen Paß, stellte eine Menge Fragen über Zweck und Absicht der Reise, Ausweis über die nöthigen Subsistenz-Mittel u. s. w.; — bei wem sich ein Anstand fand, der wurde sogleich unter Polizeibewachung in ein Nebenzimmer gebracht; die Unbeanstandeten aber durch eine andere Thüre in einen geschlossenen Hof entlassen, wo das Gepäck auf das Gründlichste untersucht wurde, — nicht nach Contrebande, denn Venedig war ja ein Freihafen, — sondern nach Briefen, Papieren und Büchern; denn es waren eben damals gerade wieder die neuen Aufstände in Italien ausgebrochen und kaum noch bewältigt. So dauerte die Ladungs-Ceremonie sämmtlicher Passagiere des Dampfschiffes f ü n f S t u n d e n, — wie es denn damals überhaupt in Oestrich sehr angenehm war, Vergnügungsreisen zu machen.

Endlich wurden auch wir mit unserm Gepäcke in's Freie entlassen und eilten nun dem Markusplatze zu; — der erste Eindruck von Venedig, wie er sich mir hier darbot, hat mich wahrhaft übermannt; — nicht Rom, nicht Neapel, nicht Paris, London und New-York haben auf mich in späteren Jahren diesen gewaltigen Eindruck hervorgebracht, wie es der Markusplatz mit der Kirche, dem Dogenpalaste, dem Campanile, der Piazetta, mit den zwei Säulen und den daran haftenden, historischen Erinnerungen thaten.

Die damals in Venedig mit emsiger Besichtigung und staunender Bewunderung der vielen artistischen und historischen Schätze der alten Dogenstadt zugebrachten zehn Tage werden mir, so lange ich lebe, unvergeßlich bleiben; — und so oft ich auch später nach Venedig kam, so war doch der Gesammt-Eindruck nie mehr ein so gewaltiger. — Eines Nachmittags fuhren wir in einer Gondel nach der Insel L i d o; jenseits derselben lag eine östreichische Fregatte vor Anker, die eben eingelaufen war, — das Verdeck wimmelte von östreichischen Soldaten und Mariniers; durch die offenen Kanonenluken sah man, daß das ganze Zwischendeck mit jüngeren und älteren Männern, meist mit Bärten, theils elegant in Civil, theils in Uniform gekleidet, angefüllt war. — Unser Gondolier murmelte: „Poveri! Poveri!" und schlug ein Kreuz. Ich fragte ihn, was das bedeute und er sagte mir, das seien lauter italienische Patrioten, die in Bologna und der Romagna für die Freiheit Italiens gefochten, sich dann nach Ancona zurückgezogen und nach Griechenland eingeschifft hatten, von dem östreichischen Kriegsschiffe aber verfolgt und bald erreicht und gefangen worden waren. Wir fuhren in respectvoller Entfernung um die Fregatte herum, einige der Gefangenen machten uns pantomimische Zeichen, endlich flatterte ein Zettel in's Wasser. Ich befahl dem Gondolier hinzurudern und den Zettel aufzufischen, aber die Schildwache am Backbord schlug das Gewehr an und rief uns zu, umzukehren, oder sie gebe Feuer. — Unser Gondolier wendete mit einem: „Poveri! Poveri!" das Fahrzeug und wir glitten fort, nach Venedig zurück.

Acht Tage lang lag die Fregatte noch im Hafen von Venedig, dann kam Befehl von Wien und alle Gefangenen wurden an ihre Regierungen, an Toscana, an den Tyrannen von Modena, an den Papst Gregor, an Parma und Neapel ausgeliefert — nur Ein Gefangener wurde zurückbehalten.

Es war dies der General Zucchi, österreichischer Feld=marschall=Lieutenant, der trotzdem seinen Degen seinem Vaterlande Italien zur Verfügung gestellt, seinen früheren Collegen, den österreichischen General Mengen bei Rimini geschlagen, Ancona tapfer vertheidigt und die Ehre der italienischen Waffen in diesem kurzen Feldzuge gerettet hatte. Er wurde als Deserteur vor ein Kriegsgericht gestellt, zum Tode durch den Strang verurtheilt, von Kaiser Franz aber zu zwanzig Jahren schwerem Kerker begnadigt. Erst sechs Jahre später, nach dem Regierungs=antritte Kaiser Ferdinands, wurde er frei.

Aber auch die schönsten Tage gingen zu Ende, und ebenso wurde auch unser mitgenommenes Geld allmälig alle und wir mußten an die Rückkehr denken. Aus Oekonomie=Rücksichten mietheten wir Plätze auf einem kleinen Kauffahrer, einem Traba=colo, mit nur einem Maste und zwei Segeln daran, der uns um ein Billiges, nebst Verpflegung, in 24 Stunden nach Triest zu bringen versprach. Das enge und schmutzige Schiff, das ganz voll mit Stockfischen geladen war, hieß „La Speranza" und der Capitän Giuseppe Fortuna, so sollten wir also mit „Glück" und „Hoffnung" fahren; allein wir hatten kein „Glück" und zuletzt gaben wir auch die „Hoffnung" auf, nach Triest zu kommen. Wir hatten uns eingeschifft und die „Speranza" segelte schwerfällig durch die Lagunen hinaus bis gegen Malamocco, — wir legten uns endlich nieder in der Hoffnung, beim Erwachen am andern Morgen in Sicht von Triest zu sein, aber am andern Morgen lagen wir auf derselben Stelle und da blieben wir noch zwei volle Tage, da der Wind conträr war; — endlich ging's doch weiter, und die Ueberfahrt über den Golf wurde auch wirklich

in 24 Stunden gemacht, aber als Triest schon vor uns lag, er=
hob sich eine so gewaltige Bora (Nordwind), daß das Einlaufen
in den Hafen unmöglich wurde, und wir abermals zwei Tage und
Nächte im Angesichte der Stadt Triest auf der Rhede auf= und
ablaviren mußten und nicht hineingelangen konnten; — dabei
bestand die versprochene Verpflegung in Stockfisch zum Frühstück,
Stockfisch zu Mittag und Stockfisch zum Abendessen, dazu der
Fischgestank im ganzen Schiffe; — die Seekrankheit stellte sich
auch zeitweise wieder ein und ich war wirklich froh, als die Bora
sich legte und wir, nach fünftägigem Aufenthalte an Bord, endlich
in Triest landen konnten; — damit war freilich alles Ungemach
vergessen; aber Stockfisch hab' ich seit jener Zeit nicht mehr an=
rühren können.

Wir eilten nach Laibach zurück, und da wir noch kein neues
Engagement hatten, so suchten wir in Laibach zu privatisiren
und uns mit Lektionen durchzuschlagen. Aber im Sommer ent=
völkerte sich Laibach rasch, — mit den Lektionen ging es nicht, —
wir bekamen wohl ein paar, aber wie der Volksspruch sagt: „Zu
wenig zum Leben, zu viel zum Sterben". — So brachen wir
denn auf nach Wien, dem Mekka aller engagementlosen Schau=
spieler, wo wir Ende Mai ankamen. Aber auch in Wien sah
es mit einem Engagement mißlich aus. Die Theater machten
schlechte Geschäfte, das Engagement bei Carl hatte ich mir ver=
schlossen, und so ging ich zuletzt zu Duport, dem Pächter des
Kärnthnerthor=Theaters, der zwar für mich keinen Platz hatte,
aber meine Frau zu sehen wünschte. Er ließ sie bei einer
Probe tanzen und engagirte sie sogleich als Coriphäe. — Das
war nun etwas, aber wenig, indessen wir verstanden es trefflich,
uns nach der Decke zu strecken, und so halfen wir uns mit der
kleinen Gage von monatlichen fünfzig Gulden Einlösungsschein
durch, so gut es ging, und hofften auf bessere Tage.

Mittlerweile hatte Eduard Neufeld die Schwester meiner
Frau, Amalia, geheirathet und schrieb mir nun von Lemberg,
wir sollten doch gemeinschaftlich eine kleine Direktion nehmen, wo
wir Beide mit unseren jungen begabten Frauen gewiß Erfolg
haben und jedenfalls mehr gewinnen würden, als in prekären
Engagements. Mir leuchtete der Vorschlag ein und da gerade
die Direktion des Theaters in St. Pölten, einer Kreisstadt
von 5000 Einwohnern zur Verpachtung ausgeschrieben worden
war, so reiste ich hin, bewarb mich und kehrte, nachdem ich die

geforderte Caution baar erlegt hatte, mit dem Pachtvertrag für mich und Neufeld in der Tasche, nach Wien zurück.

Eduard Neufeld hieß eigentlich **Johann Weißen‍horn** und war der Sohn achtbarer Wiener Bürger; — seine Schwester, Frau Nikola, besaß das Kaffeehaus in der Färbergasse, am Hof, welches damals das ausschließliche und daher einträgliche Privilegium hatte, der Marktleute wegen **die ganze Nacht offen halten zu dürfen**; — die Söhne der Frau Nikola, Gemeinderath Joseph Nikola, einer der tüchtigsten Vorkämpfer der Fortschritts-Partei, und sein Bruder Eduard, waren Neufeld's Neffen.

Mein neuer Schwager Neufeld war ein Schauspieler mit ziemlichem Talent, hübschen Mitteln, aber wenig gründlicher Bildung; — er war unter **Schreyvogel** im Hofburgtheater engagirt gewesen, hatte es aber wegen ungenügender Beschäftigung wieder verlassen und das Fach der ersten Helden bei den größeren Provinzbühnen bekleidet. Er war ein gutmüthiger, rechtlicher, dabei aber leidenschaftlicher und rechthaberischer Mensch, mit dem eigentlich Niemand gut auskommen konnte, als ich und seine junge Frau.

Er kam nun sogleich von Lemberg und wir trafen unsere Vorbereitungen, kauften Garderobe und alles Nöthige, engagirten Mitglieder u. s. w.

In dieser Zeit unseres Anfangs kam auch **Franz Wallner**, wie er später in seinen kleinen Memoiren erzählte, als Anfänger zu mir und suchte um Engagement nach, worauf ich ihm mit der Grandezza eines Erstlings-Direktors mein Bedenken aussprach, ob er auch Talent und künstlerische Ausbildung genug besitze, um bei einer Bühne, wie die **Sankt Pöltner unter unserer Leitung** werden sollte, seinen Platz würdig auszufüllen, worauf Neufeld einfiel und kurzweg erklärte, von einem Engagement eines Anfängers könne durchaus keine Rede sein. Er könne höchstens als unentgeltlicher „Volontär" mitmachen. — Der Abgewiesene kam dann zu einer sogenannten „Meerschweinchenbande" nach Krems, die aber in einigen Wochen schon jämmerlich abgewirthschaftet hatte. Als ich Wallner in Paris und dann später in Berlin als geheimen Commissionsrath und Eigenthümer und Direktor seines schönen Theaters wiedersah, haben wir oft und vielmals über diese unsere erste Begegnung herzlich gelacht.

Vor allem war es aber nun nöthig, meine Frau vom

Kärnthnerthortheater loszukriegen, und Duport war in dieser Hinsicht ein sehr zäher Patron. Indessen war sie glücklicherweise in gesegneten Umständen und als dies durch den Theaterarzt constatirt war, bewilligte Duport ihre Entlassung. Am 1. October sollten wir das Theater in St. Pölten eröffnen, aber gerade zwei Wochen vorher, am 14. September, brach in Wien zum erstenmal die asiatische Cholera aus, die am 14. September 41, am 15. schon 139, am 16. und 17. 238 und am 18. 230 Opfer forderte. Ein furchtbares Entsetzen hatte sich der ganzen Bevölkerung bemächtigt, die ergriffenen, sanitätspolizeilichen Maß= regeln der Absperrung, zwangsweisen Ueberführung in die Spitäler, nächtlichen Leichenbegängnisse u. s. w. steigerten Schrecken und Entsetzen auf den höchsten Grad, und erst als am 19. September alle Absperrungen aufgehoben, die Polizeimaßregeln widerrufen und die unbeschränkten gesellschaftlichen Verhältnisse wieder her= gestellt waren, kehrten Muth und Vertrauen in die Herzen der Bevölkerung zurück, die frühere Furcht und Scheu verschwanden, man suchte den Erkrankten Rettung und Hilfe zu bringen, statt sie zu fliehen und diese Sinneswandlung zeigte sich sogleich in wohlthätiger Wirkung.

Am 20. September, am Tage nach der Aufhebung aller Sperren fiel die Zahl der Erkrankten auf 96, am 21. auf 76, am 22. auf 60, und so ging die Abnahme fort. Sanct Pölten blieb von der Cholera verschont, aber während der ersten Zeit wurden wir und unsere Mitglieder, als von dem Cholera=Herde Wien kommend, von den besorgten Einwohnern ängstlich gemieden. Die tonangebende Dame in St. Pölten, von deren Protection auch das Wohl und Wehe der Theaterunternehmung abhing, war die kleine, etwas verwachsene, aber höchst geistreiche Baronin von Münk, Gattin eines Kreiscommissärs, Dichterin und Schrift= stellerin. Als ich in diesen Cholera=Tagen, von Wien gekommen, mich bei ihr vorstellen wollte, führte mich ihr Bedienter, nachdem er mich angemeldet, in ein leer stehendes Zimmer, brachte eine Schaufel mit Kohlen, Essig und allerhand Strauchwerk und räucherte mich und meine Kleider tüchtig durch. Nach dieser Quarantäne führte er mich in das Entree=Zimmer der Baronin, wo er mich Platz zu nehmen bat. Die Thür des angrenzenden Zimmers stand offen und in diesem war wieder eine Rauchpfanne, aus der dicke Wolken emporqualmten; endlich aus dem dritten Zimmer hörte ich die Stimme der Baronin, die mit einem in

Essig getränkten Tuche vor dem Munde, auf dem Sofa saß und mir zurief: „Bleiben Sie nur dort, lieber Direktor, und kommen Sie mir nicht zu nah! Wir können uns auch so unterhalten." — Dann examinirte sie mich über die Mitglieder, die Wahl des Repertoires u. s. f., aber Alles aus vorsichtiger Entfernung. Aber außer dieser kleinen Schwäche war Baronin Münk eine sehr liebenswürdige Dame, deren Protektion uns sehr nützlich war, die uns in mannigfacher Hinsicht auszeichnete und uns mit unseren jungen Frauen in ihre kleinen, aber gewählten Abend=gesellschaften einlud, in welcher außer uns noch der Husaren=Oberst Graf Schlick, der spätere tapfere Reiter=General und sein Oberstlieutenant, Prinz Alexander von Würtemberg, gerne gesehene Gäste waren. Bei Eröffnung des Theaters am 2. Oktober 1831 hatte sich in St. Pölten die Cholera=Furcht so ziemlich gelegt und der Besuch des Theaters war ein aus=nehmend guter. Ich und Neufeld waren routinirte Schauspieler, unsere jungen und talentvollen Frauen bekleideten jede ein erstes Fach und so bildeten schon wir Vier eine kleine gute Gesellschaft, an die sich die übrigen recht brauchbaren Mitglieder anschlossen, deren Mehrere mir viele Jahre lang in meiner Direktionsführung treu blieben.

Eine Kunstreise.

So bescheiden, so beschränkt auch die Verhältnisse dieser Erstlings=Direktion in Sankt Pölten waren, so erinnere ich mich doch noch immer mit Vergnügen an diese nun schon fünfzig Jahre hinter mir liegende Zeit künstlerischer Thätigkeit, und als ich vor einigen Jahren Sankt Pölten wieder sah und das kleine freundliche Theater besuchte, da heimelte es mich traulich an und eine Menge von Erinnerungen trat lebhaft vor meinen Geist. Es war in der That damals, so klein auch die Verhältnisse waren, ein künstlerisches Streben und Zusammenwirken in Allen, die sich um uns, die Direktoren, geschaart hatten, — wir selbst, ich und Neufeld, waren jung, hatten Vieles und Gutes gesehen, waren begeistert für unsern Beruf und noch voll von künstlerischen Illusionen. Unsere jungen talentvollen Frauen standen uns sym=

pathisch und helfend zur Seite, lernten und studirten täglich neue
Rollen und führten außer der eigenen Wirthschaft auch noch die
Aufsicht über die Anfertigung der Costüme, — die von uns
engagirte Gesellschaft bestand meist aus jungen talentvollen An=
fängern und wir ließen es an Bildung und Abrichtung der
jungen Leute, sowie an vielen und tüchtigen Proben durchaus
nicht fehlen.

Ein junger Wiener Bürgerssohn, Carl Hellmer, der
seiner Familie wegen den Theaternamen Hilmar angenommen
hatte, zeigte besonders großes Bühnentalent und hatte bereits auf
dem Dilettanten=Theater des Dr. Mühlfeld in Wien erfolgreiche
Versuche gemacht. Im Anfange ging es ihm so wie mir und
so vielen andern jungen Leuten beim Theater, er wollte durchaus
Liebhaber spielen, für die er außer einem schönen Aeußeren gar
keine Anlagen hatte; — bald jedoch gelang es mir, ihn in ein
älteres Fach hinüber zu führen, er wurde einer der trefflichsten
Charakterdarsteller und Intriguants und blieb mit einer einzigen
kurzen Unterbrechung zehn Jahre lang in meinem Engagement,
bis ihn in Triest eine tödtliche Krankheit im besten Mannesalter
hinwegraffte.

Erste sentimentale Liebhaberin war ein höchst talentvolles
junges Mädchen aus adeliger, aber gänzlich verarmter Familie,
die den Theaternamen Frank angenommen hatte. Sie war ein
hübsches Mädchen, nur durch einen Fehler am linken Auge ent=
stellt, so daß sie immer die rechte Seite der Bühne einnehmen
mußte, um so viel als möglich nur ihre tadellose rechte Gesichts=
seite en profil dem Publikum zu zeigen, ein Bestreben, das
natürlich manche Schwierigkeiten im scenischen Arrangement hervor=
rief. Dieses äußerliche Gebrechen mag ihr wohl auch nach und
nach die Bühnenthätigkeit verleidet haben; denn sie war, nachdem
sie uns verließ, noch an einigen größeren Bühnen engagirt, verließ
aber plötzlich das Theater gänzlich, ging in ein Kloster, wie es
hieß, in Folge getäuschter Liebe, — und starb noch jung als
Nonne.

Das einzige „bemooste Haupt" in der ganz aus jungen
Leuten bestehenden Gesellschaft war ein alter Schauspieler, Franz
Mick, ein origineller Kauz, aber mit wirklicher komischer Kraft
und Darstellungstalent begabt, wenn auch nur für derbe und
trivial komische Rollen. Der arme Mick hatte das Schicksal
gehabt, nie bei einer ordentlichen größeren Bühne ein Engagement

zu finden, sondern sich immer bei wandernden Truppen in kleinen
Städtchen herumgetrieben, ja oft hatte ihn die Noth gezwungen,
bei den allerordinärsten „Schmieren" oder „Meerschweinchen=
Banden", wie sie in der Theatersprache heißen, in Dörfern und
auf Jahrmärkten zu spielen und so war er zu einem Sonderling
geworden, der sich in ein geregeltes Leben gar nicht mehr recht
finden konnte. Ein Zufall hatte ihn zu uns geführt, wir hatten
ihn Probe spielen lassen, ihn engagirt und dieses Engagement
in St. Pölten war die schönste Zeit in seinem dramatischen
Leben; ja er gestand oft, die bei uns verlebten sechs Monate
seien für ihn wie ein „Hoftheater=Engagement" gewesen. Zum
ersten Male in seinem Leben seien ordentliche Proben gewesen
und auch die Gagen pünktlich gezahlt worden. Mick war schon
in seinem Aeußern eine komische Erscheinung, bei einem dunkeln
sonnengebräunten Gesichte trug er beständig einen gelblich weißen
Rock, weißen Filzhut, weiße Weste und auch im Winter weiße
Sommerhosen, weißbaumwollene Handschuhe und da er ein leiden=
schaftlicher Tabakschnupfer war, so kann man sich denken, wie
dieser weiße Anzug gewöhnlich aussah.

Franz Wallner, der vortreffliche Gesellschafter, hatte Mick,
mit dem er ebenfalls zusammengetroffen war, lebhaft in Erinnerung
behalten und wußte eine Menge köstlicher Anekdoten von ihm zu
erzählen. Unter diesen war auch eine, wie Mick einmal den
Jaromir in Grillparzers „Ahnfrau" gespielt hatte. Grillparzers
„Ahnfrau" war 1816 erschienen und hatte einen so außer=
ordentlichen Erfolg gehabt, war derart zum Lieblingsstücke des
Publikums und zum Cassastücke für die Direktionen geworden,
wie man es sich jetzt, in unserer theatralisch=blasirten Zeit, bei
einem einfachen Trauerspiele mit einem Halbdutzend Personen gar
nicht mehr denken kann. So hatte denn auch ein kleiner Theater=
direktor in einem ungarischen Städtchen sich die „Ahnfrau" zu
verschaffen gewußt, alle seine Hoffnungen für die Saison auf diese
Novität gesetzt, und schon Wochen lang vorher „einem hohen
Adel, k. k. Militär und verehrungswürdigen Publikum" ange=
kündigt, daß er das große Kunstwerk des vaterländischen Dichters
mit außerordentlichen Opfern erworben habe und es in würdiger
Weise zur Aufführung bringen werde. Mick war sein beliebtestes
Mitglied und daher theilte der Direktor — Fenzel hieß der
Mann — ihm die Rolle des Jaromir zu; — Mick, der kein
Wort Hochdeutsch sprechen konnte, sondern nur des reinsten Lerchen=

selber Dialektes mächtig war, protestirte und weigerte sich, den
Jaromir zu spielen, er wolle sich nicht auslachen lassen und gehe
lieber augenblicklich aus dem Engagement. Nachdem alle Ueber=
redung sich als wirkungslos zeigte, ging Direktor Feuzel zum
Stuhlrichter und beklagte sich über die Widerspänstigkeit seines
engagirten Mitgliedes; — der Stuhlrichter, der damals in Ungarn
so unbeschränkte Gewalt besaß, wie der Czar in Rußland, schickte
sogleich zwei seiner Panduren ab, mit dem Befehl, ihm Mick
vorzuführen, was denn auch sogleich geschah, und nun fand
folgende Amtshandlung statt, welche Wallner so drastisch zu
erzählen wußte und die als ein kleiner Beleg zu den damaligen
Zuständen in Ungarn hier wiedererzählt zu werden verdient:

Richter: Dein Meister hat Dir Jaromir zu spielen ge=
geben, warum willst Du nicht spielen Jaromir?

Mick: Entschuldigen Sie, Hochwohlgeborener Herr Stuhl=
richter, die Rolle liegt nicht in meinem Fach, ich bin Komiker und
Jaromir ist eine Heldenrolle.

Richter: Das ist Alles eins, wenn Dir Dein Meister
besiehlt, zu spielen Jaromir, so wirst Du spielen Jaromir.

Mick: Das werde ich nicht thun.

Richter: Du wirst spielen.

Mick: Nein, ich thue es nicht, eher —

Richter: Du thust nicht? Nicht? (Trotzige Verneinung
Mick's.) (Richter, sehr phlegmatisch rufend:) Istvan! — (klingelt,
der Heiduck erscheint) Laß Bank heraustragen und gieb dem
Delinquenten da zehn Stockprügel auf —

Mick (lebhaft einfallend): Ich werde spielen! —

Richter (ruhig): Hab' ich schon lange gewußt.

Mick: Ich werde spielen, weil ich muß, allein ich werde die
Rolle sehr schlecht spielen, denn als Komiker —

Richter: Du wirst sehr gut spielen, denn wenn Du wirst
schlecht spielen, so bekommst Du nach dem Theater statt zehn
fünfundzwanzig auf —

Mick (mit einem tiefen Seufzer): Ich werde sehr gut
spielen.

Richter: Bene! Jetzt kannst Du gehen . . . .

Mick spielte also den Jaromir, — wie er ihn spielte, kann
man sich nach dem Obengesagten leicht denken, — er wurde drei
Stunden lang fortwährend ausgelacht und ausgehöhnt, — das
verleidete ihm doch die theatralische Carrière und die angedrohten

Stockprügel des Stuhlrichters stießen dem Fasse den Boden aus.
Zwei Tage nach dem Jaromir verschwand Mick plötzlich und man
hörte mehrere Jahre lang von ihm nichts mehr. Er hatte das
Theater an den Nagel gehängt und zog als Silhouetten=Schneider
im Lande herum, kam auf diese Weise nach Deutschland und bis
nach Holland, und aus dieser Zeit stammte auch noch sein weißer
Anzug, den er sich als wandernder Portraiteur beigelegt hatte.

Das Silhouetten=Schneiden, eine jetzt ganz verschollene Kunst,
war damals noch sehr beliebt und rührte von dem französischen
Abbé Silhouette her, der diese wohlfeile Mode des Portrai=
tirens im Jahre 1757 erfand. Nur reiche Leute konnten sich
damals in Oel oder in Miniatur malen lassen, — die billige Kunst
der Photographie wurde erst in neuester Zeit erfunden — und
so begnügten sich minder Bemittelte mit einer Silhouette oder,
wie sie auf deutsch hieß, einem Schattenriß, der mit einem Stückchen
schwarzem Papier und einer Scheere leicht herzustellen und folglich
sehr wohlfeil war.

Mick besaß eine außerordentliche Fertigkeit in diesen Schatten=
bildern, von der er uns während seines Engagements oft Proben
gab und so schlug er sich ganz einträglich durch die Welt und
stand sich dabei besser als bei seinen Engagements bei den kleinen,
meist insolventen „Schmieren"; — aber die alte Theaterlust er=
wachte doch endlich wieder, nach einigen Jahren kehrte er nach
Oesterreich zurück und fand sein erstes Wieder=Engagement bei
uns in St. Pölten.

Während er verschollen war, hatte sich ein lustiger College
von ihm den Spaß gemacht, das Gerücht zu verbreiten, welches
seinen Weg auch in die Zeitungen fand, daß Mick mit einer
Räuberbande ergriffen und in Stein=am=Anger, wo das Stand=
recht publizirt war, aufgehängt worden sei. Mick hatte davon
nichts gewußt, wurde aber nun bei seiner Rückkehr überall von
Collegen und Publikum mit seiner angeblichen Hinrichtung ge=
hänselt; — die erste Frage eines Collegen war gewöhnlich: „Was?
Mick, lebst Du noch? Bist Du nicht aufgehängt worden?" Da
ließ der gute Mick, um diesem Gerede ein Ende zu machen,
folgende Erklärung in Bäuerle's Theaterzeitung einrücken:

„Nach langer Abwesenheit in Holland erfahre ich zu meiner
größten Ueberraschung, daß ich vor mehreren Jahren in Stein=
am=Anger aufgehängt worden sei. Dem Vernehmen nach soll ich
Räuber gewesen sein und beim Hängen furchtbare Gesichter ge=

schnitten haben. Zur Wahrung meiner künstlerischen Ehre halte ich es für meine Pflicht, hier öffentlich zu erklären, daß ich mich nie in so abhängiger Lage befunden habe, sondern lebe und beim Stadttheater in St. Pölten engagirt bin, wo ich am künftigen Mittwoch mein Benefice haben werde, zu welchem ich das verehrte Publikum ergebenst einlade, damit es sich von meiner Existenz persönlich überzeugen könne.

Franz Mick, Komiker."

Diese und ähnliche Erinnerungen tauchten in mir lebhaft auf, da ich jüngst in St. Pölten das kleine Theater in Begleitung des Hausmeisters in allen seinen Theilen durchwanderte; — der gute Mann mochte sich wundern, daß ich das unscheinbare Bühnengebäude so lange und so aufmerksam besichtigte, als sei es das Colosseum in Rom oder der Palast Borgia in Venedig und ihm dann ein Trinkgeld in die Hand drückte, wie er es wohl noch nie für diese Dienstleistung erhalten hatte. Der Mann wußte ja nicht in welcher Fülle von Erinnerungen ich dabei schwelgte, — in diesen beiden kleinen Zimmern, im Hintergebäude, hatten ich und meine Frau gewohnt, hier wurde mir mein Sohn August Sigmund am 13. Februar 1832 geboren, — der später in Amerika Faktor (Foreman) der Staatsdruckerei der Regierung in Washington war, dann als Hauptmann, Major und Oberstlieutenant in der Unionsarmee sämmtliche Feldzüge des Secessions=Krieges von 1861 bis 1865 mitgekämpft, dann Chef der Generalstabs=Druckerei des Khedive von Aegypten und Doktor der Medizin in Cairo war und gegenwärtig eine höhere Stelle in der U. S. Census Office (Volkszählungs=Bureau) in Washington bekleidet.

Unsere Direktion ging mit Anfang April zu Ende und trotz der Cholera=Furcht und obwohl St. Pölten nur eine Bevölkerung von 5000 Einwohnern hatte, bot diese erste Direktionsführung so günstige Resultate, daß wir sehr zufrieden sein konnten und der Magistrat in seiner Pachtausschreibung auch für das nächste Jahr ankündigen konnte: „Das stb. Theater in St. Pölten, in welchem die letzten Direktoren Börnstein und Neufeld höchst ergiebige Geschäfte erzielten, ist wieder zu verpachten. Bewerber wollen sich u. s. f. u. s. f."

In den letzten Tagen meines Aufenthaltes in St. Pölten traf die Todesnachricht Goethe's († 22. März 1832) in Oesterreich ein, — sie ging, kleine gebildete Kreise abgerechnet, fast spurlos vorüber, — Kotzebue's Tod hatte einen viel tieferen

Eindruck gemacht — ziemlich natürlich, denn wie Wenige wußten
damals von Goethe in Oesterreich? Sein „Faust" und „Egmont"
waren verboten — die anderen Stücke kannte man nicht, —
gelesen wurde wenig — nur eine kleine Anzahl von Auserwählten
betrauerten den großen Verlust, den die deutsche Literatur, ja die
Weltliteratur, erlitten hatte.

Am 15. April verließen wir St. Pölten, nachdem ich meinen
kleinen Jungen der Pflege einer verläßlichen Frau anvertraut
hatte und reisten nach kurzem Aufenthalte in Wien nach Laibach,
dessen Theater zur Bewerbung ausgeschrieben war. Um unser
Reisegeld zu verdienen, kamen wir auf den guten Einfall, in
Laibach mit unseren Frauen einige Probegastspiele zu geben,
während derselben uns um das Theater zu bewerben, und so „das
Angenehme mit dem Nützlichen zu verbinden". Wir und unsere
jungen Frauen bildeten eine „dramatische Quadrille", vollkommen
geeignet zur Aufführung kleiner Stücke und einzelner Scenen, wie
sie in den Jahren 1813 und 1814 Herr von Holbein, Mad.
Renner und Eßlair und seine Frau in vielen Städten Deutsch=
lands en quatre produzirt hatten. Der Erfolg war ein günstiger,
— die Erlaubniß, in dem ohnehin leerstehenden Theater einige
Male zu spielen, wurde bereitwilligst ertheilt, — wir Viere gaben
am 2. 5. und 8. Mai Raupach's „Bettler", Töpfers „Nehmt
ein Exempel", Kotzebue's „Häuslicher Zwist", Scribe's „Mann
meiner Frau"; dazu komische Scenen und Gesänge aus den be=
liebtesten Wiener Possen, die Frauen tanzten National-Pas de
Deux. Trotz der schönen Frühlingswitterung erzielten wir gute
Einnahmen und am Schlusse der drei Vorstellungen hatten wir
ein paar Hundert Gulden und den Pachtvertrag des Laibacher
Stände=Theater für die nächste Wintersaison in der Tasche.

Ermuntert durch diesen glücklichen Anfang, beschlossen wir,
unsere Kunstreise fortzusetzen; — wohin? — natürlich nach Italien,
dessen Reize ich bereits gekostet hatte und nicht müde wurde, da=
von zu erzählen. — Also nach Triest! — Aber dort fanden
wir alle Theater besetzt und der Impressario des Teatro Grande
konnte uns erst für den Juni einen Abend sichern. So fuhren
wir denn nach Venedig, machten auf dem Dampfschiffe abermals
eine stürmische Nacht, mit allen Schrecken der Seekrankheit durch,
— standen aber doch am anderen Morgen wohlbehalten und hoff=
nungsvoll auf dem Markusplatze und studirten die Cartelloni der
verschiedenen Theater. Es fand sich, daß von den vielen Theatern

Venedigs drei ganz leer standen, darunter das Teatro San Benedetto — nach der Fenice das größte und schönste Theater der alten Dogenstadt. — Dort wollten wir spielen, — wir waren jung, von unserem und unserer Frauen Talente fest überzeugt, — dazu waren wir sanguinischen Temperamentes und bauten gerne Luftschlösser, und zudem mußten wir auf Vermehrung unserer schon bedenklich abnehmenden Reisekasse und auf das Mittel denken, unsere Reise in Italien weiter auszudehnen. — Genug, wir gingen zu dem Eigenthümer des S. Benedetto-Theaters, dem Signore Gallo, und machten ihn mit unserem Wunsche bekannt, einige Vorstellungen auf seiner Bühne zu geben.

Der alte schlaue Venetianer hörte uns klug lächelnd zu und äußerte dann mit bedächtiger Miene, wie er höchst entzückt sei, „so ausgezeichnete Artisten" (von denen er übrigens in seinem ganzen Leben noch nichts gehört hatte) auf seinem Theater zu sehen, wie er mit dem Vorschlage ganz einverstanden sei und blos aus Kunstliebe, aus reinem Edelmuthe, sich lediglich den Ertrag der Logen und Sperrsitze vorbehalte, den „Signori Tedeschi" aber die ganze Einnahme der Entree=Billets überlasse, wovon selbe jedoch die spese serali, die Unkosten der Vorstellung an Beleuchtung, Bedienung, Musik, Zettel u. s. w. zu bestreiten hätten. Der Vertrag wurde so geschlossen, — wir hatten nichts zu thun, als unsere in Laibach gegebenen Vorstellungen zu wiederholen, und so wählten wir „Nehmt ein Exempel", — den „Bräutigam aus Holland", den vierten Akt der „Ahnfrau" und zwei komische Szenen mit Gesang aus „Julerl, die Putzmacherin" und „Fee aus Frankreich"; — und unterhielten uns einstweilen mit der wundervollen Lagunenstadt, uns dabei an dem ungeheuren Aufsehen ergötzend, das die Ankündigung von deutschen Theatervorstellungen in der Bevölkerung hervorrief.

Acht Tage lang kündigten unter den Arkaden der Procuratien von San Marco, sowie in den unzähligen Cafés und Bottega's große farbige Zettel den erstaunten Venetianern mit fingerlangen Buchstaben das Ereigniß an: „Teatro San Benedetto — Commedia Tedesca." — Das war eine noch nicht dagewesene, unerhörte Erscheinung. So lange Venedig, dem Meere abgetrotzt auf seinen Eichen= und Cederpfählen stand, war noch kein deutsches Wort auf den sechs Theatern Venetia's gesprochen worden, und nun diese Profanation der nationalen Bühne! — Nur die allerältesten Leute, die noch die „Caduta della Republica"

eigenhändig mitgemacht hatten, erinnerten sich dunkel eines ähn=
lichen Versuches, der aber schmählich mißglückt war.

Im Jahre 1797 war Venedig durch den Frieden von Campo
Formio an Oesterreich gekommen, das nach und nach Anstalten
machte, die neue Provinz zu germanisiren, aber an ein deutsches
Theater wurde noch nicht gedacht. Im Jahre 1805 endlich, als
die neue Coalition gegen Napoleon gebildet ward, wurden große
Massen österreichischer Truppen in Tirol, Friaul und Venedig
concentrirt und besonders das Hauptquartier Venedig wimmelte
von östreichischen Generalen, Offizieren und Soldaten. In der
Hoffnung, in diesem Feldlager Geld verdienen zu können, hatte sich
ein kleiner Theaterdirektor, Wilh. Frasel, mit seiner Truppe über
die Alpen gewagt, war nach Venedig gekommen, hatte das winzige
Teatro San Angelo gemiethet und für den 18. Oktober 1805 die
erste Vorstellung mit Kotzebue's „Johanna von Montfaucon"
angekündigt. Aber schon acht Tage vorher war der Feldzug ent=
schieden, der österreichische General Mack hatte am 17. Oktober
schon mit 20,000 Mann in Ulm capitulirt, Napoleon marschirte
auf Wien und war schon in Augsburg, Massena drang über
Verona und Vicenza gegen Venedig vor, welches die Oestreicher ver=
ließen, und der unglückliche Theaterdirektor mußte froh sein, sich
mit dem Verluste eines Theiles seines Gepäckes wieder über die
Alpen zu flüchten. Zwei Monate darauf wurde Venedig durch
den Frieden von Preßburg französisch und blieb es bis zu Napoleon's
Sturze, wo es wieder zu Oestreich kam, aber der Versuch mit
einem deutschen Theater war nie mehr wiederholt worden.

Und jetzt waren wir da; die „Commedia Tedesca", —
die „poveri comici tedeschi" bildeten eine Woche lang das all=
gemeine Stadtgespräch und die Logen gingen bei den Billethändlern
auf dem Markusplatze, die dort damit auf offenem Markte Handel
treiben, wie man anderswo Butter und Eier verkauft — auf
den unerhörten Preis von fünfundzwanzig Lire Austriache.
— Niemand konnte begreifen, welches sonderbare Geschick plötzlich
eine Schauspielergesellschaft aus dem „eisigen Deutschland" nach
Venedig hineingeschneit habe, und während sich die Offiziere der
östreichischen Garnison auf die deutsche Vorstellung freuten, be=
haupteten die Superklugen unter den Venetianern steif und fest,
die östreichische Regierung habe die Schauspieler kommen lassen,
um die Lombardei und Venetien immer mehr zu germanisiren,
worüber sie bedenklich mit den Köpfen wackelten.

Alles das machte uns wenig Kummer, — desto mehr aber die Anfertigung des Theater=Zettels; in ganz Venedig befand sich keine deutsche Buchdruckerei, fanden sich keine deutschen Lettern, wir mußten uns also entschließen, den in beiden Sprachen abgefaßten Zettel in einer stockitalienischen Druckerei anfertigen zu lassen. Zu welchen Verlegenheiten das führte, wie die Setzer die deutschen Worte nicht lesen konnten, wie im italienischen Schriftkasten die ä, ö, ü, die „K" und die „ß" fehlten, wie es „Cotzebue", „Toepfer" u. s. w. heißen mußte, braucht nicht erst ausdrücklich erzählt zu werden; genug nach siebzehn mühseligen Correkturen war die Mißgeburt von Theaterzettel fertig geworden und der Tag der Vorstellung kam heran.

Schon drei Tage vorher waren alle Logen und Sperrsitze vergriffen gewesen, das große Theater war gedrängt voll, — fast lauter Italiener, theils aus Neugierde, theils in der Hoffnung eines Scandals, und nur wenige Deutsche, die damals in Venedig überhaupt selten waren, hatten sich eingefunden, und uns schlug das Herz doch ängstlich rascher als wir durch die Oeffnung des Vorhangs hinaus blickten und die zahllosen, erwartungsvollen Physiognomien mit den blitzenden Augen und dunkeln Bärten vor uns sahen, die bald über unser Schicksal entscheiden sollten.

Die Ouverture endete, der Vorhang ging auf und ein Ah!!! des Spottes und der Erwartung begrüßte die Eröffnung der Scene, in welcher der „Onkel" (ich) und der „Neffe" (Neufeld) von verschiedenen Seiten auftretend begannen:

„Der Onkel: In Gala, Freund, so früh?
 Der Neffe: Ach denken Sie mein Leiden!
Heut früh präcis um acht muß ich vom Hause scheiden,
Mich ruft zur Dienstaudienz die Offiziantenpflicht
Zu Seiner Durchlaucht, — heut! wo es das Herz mir bricht". —

Mir unvergeßliche Worte! denn mit ihnen brach auch schon im Parterre ein wieherndes Gelächter los, das nun crescendo jede Rede begleitete, sich steigerte, als die „Frau" (Amalie Neufeld) am Nähtische abgebrochene Stellen aus Volksliedern singt, zum Gebrüll wurde, als sie aus einer langen Pfeife Tabak raucht (damals in Venedig eine, selbst bei Männern unerhörte Unsitte!), und das endlich accompagnirend johlte, als hinter der Scene getrommelt wurde. Unter stürmischem Jubel, schallendem Lachen und höhnenden Bravo's und Dacapo's fiel der Vorhang nach dem ersten Stücke. —

Dieses Resultat war für jeden Unbefangenen nur natürlich; — klingt schon dem Italiener die deutsche Sprache überhaupt ungewohnt und rauh und hart, so war ihm damals der leichte, fließende Conversationston, der durch die Alexandriner dieses Lust=
spiels ohnehin etwas monoton wird, ganz fremd; — denn damals wurde auf italienischen Bühnen nur furchtbar outrirt, während jetzt die Italiener im leichten Lustspielton den Franzosen gleich stehen. Dazu kamen in jener Zeit die meisten Venetianer nie aus den Lagunen ihrer Inselstadt heraus, sahen, wenn sie ein Mal auf die Terra firma geriethen, ein Pferd mit derselben Verwunderung an, wie wir etwa einen Elephanten, hörten nie eine andere Sprache als ihren liebgewordenen venetianischen Dialekt und so mußte eine deutsche Comödie auf sie dieselbe komische Wirkung machen, die auf uns ein Schauspiel in der Hottentottensprache üben dürfte. — Außerdem hatte die italienische Bühne noch ihre eigene Etikette; — Essen und Trinken auf der Bühne wurde mit Zischen auf=
genommen — und in den deutschen Stücken wird so viel ge=
gessen und getrunken, — ein Kuß zwischen Personen gleichen Geschlechts wurde mit Pfeifen, die Darstellung eines Betrunkenen mit Zischen begrüßt, und über Geistererscheinungen, selbst im Trauerspiel, wurde hell und laut gelacht.

So wurden alle ernsteren Theile der Vorstellung mit Spott und Lachen zu Grabe getragen, nur die Nationaltänze der beiden Frauen, ein ungarischer Csárdás und eine Styrienne wurden bei=
fällig aufgenommen und ebenso die Scene aus „Julerl", deren Gesangspiecen, ein Lied, ein Duett und Quodlibet, worin Favorit=
stellen aus italienischen Opern mit Wiener „Schnadahüpferln und Gstanzeln" abwechselten, wirklich stürmisch applaudirt und wieder=
holt wurden, so daß es mir und meiner Frau vergönnt war, die Ehre des Abends und der Commedia Tedesca zu retten. — Am Schlimmsten ging es bei dem Bruchstück aus der „Ahnfrau" zu. Verstimmt und empört hatten wir im Laufe des Abends die Vorstellung mehrmals abbrechen wollen, aber die in diesem Punkte sehr strenge Polizei gab das nicht zu. Unsere Gönner, die östreichischen Offiziere, konnten uns nicht helfen; denn erstens waren sie in der Minorität, — zweitens mußten sie das Theater in voller Uniform besuchen und drittens war ihnen eben darum strengstens eingeschärft, sich in keinen Conflikt mit dem italienischen Publikum einzulassen.

Endlich hatten wir auch das Ende der unglücklichen Vor=

stellung erlebt, — matt, müde und verstimmt, sahen wir uns betrübt an, und selbst die Erscheinung des Cassiers, der uns — nach Abzug der unverschämt hoch berechneten Unkosten — doch noch über 600 Lire, also zweihundert Gulden Conventionsmünze als unsern Reingewinn brachte, konnte uns nicht erheitern.

Am andern Morgen schon fuhren wir zu Lande, über Udine, nach Triest zurück, — vor längerem Aufenthalte in Venedig graute uns, — aber in der schlaflosen Nacht, die diesem verunglückten Debut gefolgt war, hatte ich mir selbst das Gelübde gethan, diese Niederlage, im Interesse deutscher Kunst, zu rächen, diese Scharte auszuwetzen.

Und es gelang mir, dieses im trotzigen Unmuthe abgelegte Gelübde zu lösen, als ich neun Jahre später in Venedig mit einer gewählten deutschen Gesellschaft im Teatro Apollo dreißig gut besuchte Vorstellungen gab, — drei Monate darauf eingeladen, wieder hinzukommen, nun den trefflichen Künstler Ludwig Löwe vom Wiener Hofburgtheater und seine Tochter als Gäste mitbrachte, und auch einen neuen Cyclus von Vorstellungen in demselben Teatro San Benedetto, dem Schauplatze unserer einstigen Niederlage, eröffnete. — Dieselben Venetianer waren nun um wenigstens dreißig Jahre in Bildung und Wissen vorgeschritten und begrüßten mit Jubel die deutschen Meisterwerke Goethe's, Schiller's, Müllner's, Halm's, Grillparzer's und Raupach's; — und Stücke wie „Kabale und Liebe" — „Griseldis" — „Isidor und Olga" — „Donna Diana" — „Faust" — „Correggio" — mußten zwei und drei Male wiederholt werden, während Ludwig Löwe mit einer Serenade und mit Gedichten, Blumen und Kränzen geehrt wurde. — Es war eine künstlerische „Revanche".

Endlich stabil.
(1832—1839.)

Die schöne Fahrt über die terra firma des alten Venetiens, durch Codroipo, Pordenone, Udine und die fruchtbaren Gegenden zwischen diesen Städten, hatte uns wieder erfreut; nur Neufeld konnte seinen verunglückten Jaromir nicht vergessen und suchte den Grund des Fiasco's in Allem, nur nicht da, wo er lag.

In Triest wartete unser ein besserer Trost; das große Theater war für uns für einen Abend reservirt und wir konnten unsere Vorstellung sogleich ankündigen. Triest war damals noch eine vorwiegend deutsche Stadt, die Italianissimi existirten dort noch nicht. Schon seit Karl VI., dem Vater Maria Theresia's, war Triest das Schoßkind der östreichischen Regierung gewesen, es wurde auf alle Arten begünstigt, deutsches Capital, deutsches Handelsgenie, deutsche Bildung hatten sich dort angesiedelt, — die schöne Hafenstadt blühte und gedieh, alljährlich wuchsen neue Straßen aus der Erde, und auf einem wüsten Platze, auf dem früher nur Salz getrocknet wurde, entstand die schöne Josephs=vorstadt. Deutsche Theaterdirektoren, wie Stöger u. A., hatten bereits Triest mit ihren Gesellschaften besucht und eine günstige Aufnahme gefunden. Auch uns wurde diese zu Theil; — das große Theater war in allen Räumen überfüllt und wir ernteten reichlichen Beifall und einen anständigen Cassenertrag.

Befriedigt und getröstet reisten wir nun nach Görz, der freundlichen zweiten Hauptstadt Istriens, in welcher ebenfalls seit Menschengedenken kein deutsches Theater gewesen war. Im Carne=val hatten die Görzer durch zwei Monate eine von der Stadt subventionirte, italienische Oper und ab und zu verirrte sich wohl auch einmal ein italienischer Capo comico mit seiner Truppe hin, machte aber gewöhnlich bald wieder, daß er fortkam. Wir fanden in dem Grafen Coronini, dem nachherigen Erzieher des Kaisers Franz Joseph, einen ebenso einflußreichen, als liebenswürdigen Beschützer und in dem vielseitig gebildeten Hauptmann Sachse von Rothenburg einen wohlmeinenden Freund und Rathgeber. Beide riethen uns, unsere Vorstellungen zwar anzukündigen, aber den Beginn noch eine Woche hinaus zu schieben. Während dieser Woche wurde der ganze Adel von Görz und Umgebung, der bereits, des Sommers wegen, auf seinen Gütern war, in die Stadt geladen, Garnison und Bevölkerung wurden animirt, und wir machten am 11., 14. und 17. Juni in dem schönen Görzer Theater an Geld und Beifall reiche Einnahmen. So hatten wir den halben Juni in Görz zugebracht und schieden wirklich mit schwerem Herzen von der freundlichen Stadt und ihren liebens=würdigen Bewohnern.

Wir privatisirten den Sommer in Wien, eröffneten im Winter das Theater in Laibach und spielten dort bis zum 24. März 1833 mit überaus günstigem Erfolge. In Laibach mußten wir nebst dem Schauspiel auch Oper haben und zwar eine gute, denn Triest und Venedig waren sehr nahe und viele Laibacher fuhren fleißig hin, um dort die italienische Oper zu hören. Es gelang uns, junge schöne Stimmen zu gewinnen, die, wenn sie auch noch theilweise Anfänger waren, sich bald einarbeiteten und später auf größeren Provinzbühnen Glück machten. Aber das Schicksal der Oper in Laibach hing immer an einem Faden; in Laibach waren damals nur wenige tüchtige Musiker und ein vollständiges Opernorchester konnte nur mit Hilfe der Regimentsmusik der Garnison zu Stande gebracht werden. Fiel es nun dem General-Commando in Gratz ein, plötzlich eine Dislokation der Truppen vorzunehmen und das Regiment marschirte weg, so waren wir ohne Orchester, wie dies unserm Vorgänger in der Direktion geschehen war, der drei Monate lang mit einer vollständigen Operngesellschaft in Laibach saß und keine Opern geben konnte. Uns ging es besser und wir kamen ohne Störung über den Winter hinweg, den ich in emsiger künstlerischer Wirksamkeit und im erfreulichen Umgange mit dem liebenswürdigen Grafen Thurn sehr angenehm verlebte.

Mittlerweile wurde die Direktion des landständischen Theaters in Linz, durch Pellet's Abgang nach Gratz, zu Ostern erledigt, wir bewarben uns darum und erhielten den Pacht auf sechs Jahre. So wurden wir denn endlich stabil, hatten ein Theater, welches das ganze Jahr, Sommer und Winter, spielte, und das unruhige Wanderleben hatte ein Ende gefunden. Ende März kamen wir in Linz an und eröffneten am 8. April die dortige Bühne, deren Direktor ich bis 1839 blieb. Aber obwohl uns das Theater „unentgeltlich" in Pacht gegeben war, so hatten wir uns doch nicht auf Rosen gebettet, da die damaligen Theaterverhältnisse dort höchst unerquicklicher Art waren.

Das Theater in Linz gehörte den Landständen als Eigenthum und die Landstände bestanden aus vier Klassen, dem Prälatenstande, zu welchem die Bischöfe und Aebte der reichen Stifte Kremsmünster, St. Florian, Göttweih u. m. a. gehörten, dem Herrenstande, d. h. dem hohen Adel der Grafen, Fürsten und Barone, dem Ritterstande des niedern Landadels und endlich dem vierten Stande, bestehend aus ein paar Abgeordneten der wenigen Städte, die übrigens so gut wie nichts zu sagen hatten. — Da nun diese Landstände, — deren Landtage das bitterste Spottbild einer Repräsentativ-Verfassung waren, indem sie sich alle Jahre einmal versammelten und **einen Tag** von 9 bis 12 Uhr V.-M. "landtagten", wobei ein Hochamt, die Auf- und Abfahrt, nebst Complimenten und Ceremonien zwei von den drei Stunden wegnahmen, und endlich in der dritten Stunde der Regierungspräsident die kaiserlichen Postulate wegen der Steuerbewilligung verlas, die Stände darauf, secundum ordinem, mit den Köpfen nickten, "ja" sagten und damit der Landtag zu Ende war; — da diese Landstände sonst also nicht in corpore "rathen und thaten" konnten und durften, so hatten sie ein landständisches Verordneten-Collegium eingesetzt, welches alle laufenden Geschäfte erledigte. — Zu diesen Geschäften gehörte denn natürlich auch das Theater, als Eigenthum der Stände, und das Verordneten-Collegium machte sich, in Ermanglung anderer Dinge, mit dem Theater gar viel zu schaffen. Der Klügste in dem ganzen Collegium, wenigstens in Theaterangelegenheiten, war damals der Prälat von St. Florian, der, so oft eine Theaterdebatte aufkam, sein Votum dahin abgab, "man solle doch den Theaterdirektor in Ruhe und seinen eigenen Weg gehen lassen, da er ja doch das nöthige Geld hergeben müsse". Aber das hohe Collegium wollte durchaus regieren, und da es sonst nicht viel zu regieren hatte, so regierte es das Theater.

So enthielt denn unser Pachtvertrag nur **einunddreißig Paragraphen** voller Clauseln und Cautelen, wovon der letzte, verhängnißvollste Paragraph folgendermaßen lautete:

"§ 31. Um aber jeder Unordnung im Theaterwesen in künstlerischer und technischer Hinsicht abzuhelfen, wird ein **Theater-Comite** aufgestellt werden, dessen Aufgabe es sein wird, durch thätige Theilnahme und Einfluß auf das gesammte Theaterwesen zwischen den Forderungen und billigen Wünschen des Theater-Publikums und den schuldigen Rücksichten und Leistungen der Theater-Unternehmung ein gedeihliches Wechselverhältniß herzustellen und zu unterhalten, und zu dem Ende auf die Ausstattung des Repertoirs, Wahl der Stücke, Aufnahme und Abdankung des Opern- und Schauspiel-Personals, Besetzung und Vertheilung der Rollenfächer, Anordnung und Ausstattung überhaupt, insbesondere auch rücksichtlich der Dekorationen, des Costümes, der Comparsen des Sängerchors, des Orchesters und dessen Leistungen, sowie jener des Kapellmeisters; endlich (nach § 10) der Beleuchtung der Bühne und des äußeren Schauplatzes Einfluß zu nehmen und in diesen Beziehungen der Willkür des Theater-Unternehmers gemessene und billige Grenzen zu setzen. Dem

Ausspruche und den Verfügungen dieses Comites hat sich der Theater-Unternehmer, unter Bevorlassung des Rekurses an das hohe Präsidium, ohne Weiteres zu fügen".

So war denn dem Direktor keine andere Befugniß geblieben, als das Geld zu beschaffen, um die Gagen zu bezahlen und die Ausgaben zu decken. Ueber alles Uebrige verfügte das hochadelige Theater-Comite, bestehend aus dem Grafen Engel von und zu Wagrein und dem Freiherrn von Eiselsberg; beide verstanden von Theaterangelegenheiten auch nicht das mindeste, wollten aber doch Alles dirigiren; und da der Freiherr in seinen Manieren ziemlich frei und herrisch und der Graf eben auch kein Engel der Milde und Sanftmuth war, so kamen wir bald in täglich steigende Conflikte. Dabei waren uns die Eintrittspreise contraktlich limitirt und zwar in einer Weise, daß dabei nicht zu bestehen war, da der Contrakt Schauspiel, Posse und Oper in bester Qualität verlangte, auch während des ungünstigen Sommers fortgespielt werden mußte und Linz nur eine Bevölkerung von 23,000 Einwohnern hatte. Als Curiosität will ich hier die Maximal-Eintrittspreise anführen:

Parterre kostet 24, ein Sperrsitz 36, die zweite Galerie 15, die dritte 7 Kreuzer C.-M.; eine Loge für sechs Personen kostete 2 fl. 24 Kr. C.-M. Im Abonnement aber waren die Preise noch billiger: für einen ganzen Monat kostete das Abonnement in's Parterre 2 fl. 48 Kr., für einen Sperrsitz 4 fl. 48 Kr. und eine Loge für sechs, mitunter auch mehr Personen, kostete für das ganze Jahr 192 fl. C.-M.

Der frühere sehr verständige Regierungspräsident, Graf Ugarte, war kurz nach unserem Direktionsantritt als Landesgouverneur nach Brünn versetzt worden, seine Stelle blieb eine Zeit lang unbesetzt und so konnte das Verordneten-Collegium ohne Controlle nach Belieben wirthschaften. Der einzige vernünftige Mensch in dieser Lage der Theaterverhältnisse war der Regierungsrath und Polizei-Direktor Adalbert Graff, derselbe, der als junger Bade-Commissär 1813 in Carlsbad unseren Paß visirt hatte.

Polizei-Direktor Graff war ein gebildeter und erfahrener Mann, aber hypochondrischen, mißtrauischen Charakters; mich gewann er lieb, ich mußte ihn fast jeden Morgen besuchen, um ein oder zwei Stunden in seiner Wohnung freundschaftlich zu

verplaudern, wobei er ziemlich freisinnige politische und religiöse
Ansichten entwickelte. Wie oft lag nicht der, am Morgen mit
der Post angekommene, ganze Stoß Exemplare der „Augs=
burger Allgemeinen Zeitung" (die nicht ausgegeben
werden durfte, ehe der Polizei=Direktor sie nicht durchgesehen und
die Bewilligung zur Herausgabe ertheilt hatte, —) zwei Stunden
lang auf dem Tisch, bis wir ausgeplaudert hatten, ich mich em=
pfahl und er nun an die Zeitungen ging; — man hatte es eben
damals in Oesterreich nicht sehr eilig mit politischen Nachrichten.
Dieser Mann war mir in den ersten Jahren ein wirklicher Freund
und Beschützer und half mir viele oben angedeutete Hindernisse
und Schwierigkeiten überwinden. Später wandte er sich plötzlich
von mir ab und wurde mein erbitterter Gegner, ohne daß ich
bis heute den Grund für diese Sinnesänderung weiß oder ihn
auch nur annähernd errathen könnte. Wahrscheinlich ist es, daß
Einflüsterungen und Zwischenträgereien meiner Feinde den guten,
aber argwöhnischen und hypochondrischen Mann gegen mich ver=
stimmt hatten. Später mochte er seinen Irrthum eingesehen
haben, denn als ich 1839 Linz verließ und mich bei ihm ver=
abschiedete, stellte er mir nicht nur ein glänzendes Zeugniß über
meine Direktionsführung aus, sondern er nahm auch von mir
einen herzlichen und gerührten Abschied. Ich sah ihm an, daß
er etwas auf dem Herzen habe, und es mir in dieser Scheide=
stunde mittheilen wollte, aber er kam nicht dazu, wir wurden
unterbrochen und ich habe nichts erfahren. Später schrieben mir
Freunde aus Linz, Graff spräche noch oft von mir und bereue,
daß er mir Unrecht gethan. Der alleinstehende, unverheirathete
Mann lebte noch einige Jahre freudlos dahin, ward immer
kränklicher und melancholischer und starb endlich menschenscheu und
trübsinnig.

Zwei Originale, die ich in Linz fand, und die von einer
Direktion auf die andere, als eisernes Inventar, übergingen, mögen
hier Erwähnung finden. Der Eine war der Dom= und Theater=
Kapellmeister Schiedermayer, ein gründlicher Musiker aus
Haydn's und Albrechtsberger's Schule, ein tüchtiger Orgelspieler,
Contrapunktist und Dirigent, dessen Landmessen in allen östreichischen
Kirchen die Hauptrolle spielten. Er war, soweit ihm dies sein
Kirchendienst im Dom erlaubte, fleißig und thätig im Theater,
wußte sein Orchester zusammenzuhalten, und Sänger wie: Wild,
Staudigl, Rosner u. s. w. waren immer erfreut, wenn sie als

Gäste kamen und den alten Schiedermayer am Dirigentenpulte fanden. Seine einzige, aber große Untugend war das „Tabakschnupfen"; er verbrauchte des Tags mindestens ein Viertelpfund „Schwarzgebeizten", wovon aber das Wenigste in seine Nase kam. Je aufgeregter er beim Einstudieren am Clavier wurde, je mehr Tabak stopfte er sich in die Nase, wobei die Hälfte rechts und links flog, so daß die neben ihm sitzenden Sängerinnen immerfort niesen mußten, und zuletzt jede auf dem Schoße ein paar Loth Tabak hatte. Eines Tages kommt Schiedermayer zu mir: „Herr Direktor, wir müssen ein neues Clavier haben!" — „Warum, lieber Kapellmeister?" frage ich. — „Weil das alte Clavier nichts mehr taugt, es giebt gar keinen Ton mehr," war seine Antwort. Ich gehe mit ihm in's Probezimmer und greife auf die Tasten, — kein Ton oder doch nur ein schwacher. Jetzt geht mir ein Licht auf. Ich lasse den Clavierstimmer holen, dieser zieht die Claviatur heraus, und unter den Tasten finden wir ungefähr ein Pfund Schnupftabak, den Schiedermayer nach und nach hinein gestreut, und der sich unter der Claviatur als so dicke Unterlage eingebettet hatte, daß man zuletzt keine Taste niederdrücken konnte.

Das zweite Original war der Theatersekretär Eusebius Hofer, ein alter pedantischer Herr, der wie ich glaube, schon seit der Erstürmung der Bastille in der Linzer Theaterkanzlei saß und seinen Dienst mit mechanischer Pünktlichkeit einen Tag wie den andern abhaspelte. Selbst wenn er unpäßlich war und ich ihn bat, sich doch zu schonen und einige Tage zu Haus zu bleiben, war er nicht dazu zu bewegen. — Ja er war höchst ungehalten, wenn er einmal einen Tag zu Hause bleiben mußte, und nicht in der Theaterkanzlei, sowie Abends an der Kasse sitzen konnte. Uebrigens war er ein treues, ehrliches Gemüth, eine wahre Stütze für jeden Direktor und die lebendige Chronik des Linzer Theaters seit den ältesten Zeiten.

Noch ein Original, wenn auch in untergeordneter Sphäre, war der Theaterdiener Mayer, ebenfalls bei diesem Theater erbangesessen, ein sich dumm stellendes, aber pfiffiges Subjekt mit einer thätigen, arbeitsamen Frau und unzähligen Kindern.

Die Conflikte mit dem Theater-Comite hatten schon am Schlusse des ersten Jahres eine solche Höhe erreicht, daß wir im August 1834 die Geschichte satt hatten und bei dem Verordneten-Collegium ansuchten, uns unserer ferneren Contraktsverbindlichkeiten mit Ostern 1835 zu entheben; was uns auch gnädigst bewilligt wurde.

Das Theater in Lemberg wurde zu Ostern frei; ich reiste hin, fand beim dortigen Landesgouverneur, Fürsten Lobkowitz, einem der gebildetsten Cavaliere, die freundlichste Aufnahme, erneuerte meine alten Bekanntschaften und erhielt die Zusage der Verleihung des Theaters, — kehrte nach Linz zurück, um mit Neufeld Alles zu besprechen und die Caution zu holen, mußte wieder nach Lemberg zum Contrakt=Abschlusse und machte so in dem Zeitraume eines Monates die 126 deutschen Meilen hin und zurück viermal, wobei ich einmal, da der seitdem eingeführte Eilwagen besetzt war und unbedingte Passagier=Aufnahme in Oestreich für eine Unmöglichkeit erklärt worden war, die ganze Tour von Brünn bis Lemberg auf dem zweirädrigen, offenen Postkarren machen mußte, mit welchem die Brieffelleisen damals befördert wurden. Als blinder Passagier mußte ich, Tag und Nacht, bei Sturm und Regen, vor jeder Poststation aussteigen, damit mich der Postmeister nicht sehe, durch den Ort zu Fuß gehen und erst jenseits desselben bei dem neuen Postillon wieder aufsteigen, an den ich schon von seinem Vorgänger empfohlen worden war. So kam ich kreuzlahm und halbgerädert, mit einem Aussehen wie ein Räuber, in Lemberg an, wo ich mich gleich in's Bett legen mußte, bis mein Koffer mit der Fahrpost nachkam und ich mich wieder unter Menschen sehen lassen konnte. Aber was kann man in der Jugend nicht alles aushalten! Und so kam ich denn auch, nach zurückgelegten fünfhundert deutschen Meilen und unglaublichen Laufereien und Visiten, mit dem Pachtvertrag des Lemberger Theaters frisch und wohlbehalten nach Linz zurück.

Allein Neufelds leidenschaftliches Temperament hatte sich in den letzten Jahren immer mehr verschlimmert, andererseits war ich männlicher und selbstständiger geworden, nach mehreren Streitigkeiten und lebhaften Auftritten zwischen uns kam es endlich zum offenen Bruche, und ich erklärte ihm, daß ich nicht mit ihm nach Lemberg gehen, sondern meine Existenz allein und selbstständig begründen würde. Gutmüthig, wie er im Grunde war, wollte er nun wieder einlenken und mich bereden, Alles zu vergeben und zu vergessen; aber ich blieb fest und unerschütterlich und zu Ostern 1835 schieden wir von einander auf immer; — theilten unseren mittlerweile reich gewordenen fundus instructus an Garderobe, Bibliothek, Waffen und Requisiten zu gleichen Theilen und er ging nach Lemberg — ich blieb in Linz.

Die Trennung unserer Frauen, die als Schwestern treu an einander hingen, war sehr schmerzlich, — Amalie Neufeld ging nicht gerne nach Lemberg, vielleicht in Vorahnung des traurigen Schicksals, das ihr dort bevorstand. — Jung, hübsch, liebenswürdig, eine vorzügliche Darstellerin naiver und munterer Rollen, auch als Sängerin in der Oper mit schöner Stimme und seelenvollem Vortrage begabt, ward sie schnell der erklärte Liebling des Lemberger Publikums. Wir freuten uns ihrer Erfolge, aber leider nicht lange, — eines Morgens brachte uns die Post einen schwarz gesiegelten Brief aus Lemberg, — er enthielt die Nachricht ihres Todes in dem blühenden Alter von 24 Jahren, — sie war ein Opfer des alten Lemberger Theaters geworden. Dieses Theater — jetzt durch das prächtige neue Theater, das Graf Skarbek auf seine Kosten bauen ließ, ersetzt — war ursprünglich die Klosterkirche eines unter Kaiser Joseph II. aufgehobenen Mönchsordens gewesen, — die Versenkungen reichten daher in die Klostergruft hinab und bei jeder dort zeitweise nothwendigen Reparatur oder Veränderung stieß man beim Graben auf zahlreiche Todtenköpfe, Gebeine und Sargtrümmer, — natürlich herrschte da unten eine eiskalte, modrige Luft, die jeden längeren Aufenthalt in dieser Unterwelt höchst unangenehm, ja gesundheitsgefährlich machte.

Amalie Neufeld hatte in einem neuen Zauberstücke eine höchst anstrengende Rolle mit zahlreichen Verkleidungen zu spielen, sie mußte singen, tanzen u. s. f., und nach einer außerordentlich anstrengenden Scene hatte sie durch die Versenkung zu verschwinden. So war sie denn hoch erhitzt, mit heftig schlagenden Pulsen, in Schweiß gebadet, als sie in die kalte Gruft hinabsank. Ihr Mädchen, das sie unten erwarten, ihr sogleich einen warmen Mantel umschlagen und sie wieder nach Oben geleiten sollte, hatte sich mit einem Statisten verplaudert und war nicht unten; — die arme Amalie, von der eisigen Luft bis auf's Mark durchschauert, tappte sich zähneklappernd durch das kaum matt beleuchtete Labyrinth dieser Unterwelt, fand endlich nach längerem Suchen den Aufgang, spielte ihre Rolle mit der größten Anstrengung zu Ende, — aber schon in der Nacht stellte sich eine heftige Brustentzündung ein, der sie, trotz der eifrigsten ärztlichen Hülfe, binnen wenigen Tagen erlag, ihren trostlosen Gatten und zwei kleine Kinder zurücklassend.

Eduard Neufeld führte dann noch mehrere Jahre Direktionen in Lemberg, Gratz, Linz u. a. m., verheirathete sich später mit der Sängerin Rosner und starb als Theaterdirektor in Linz.

Allein und selbstständig.
(1835.)

Am 2. März 1835, in dem letzten Monate vor unserer Trennung, starb Kaiser Franz; — wir verloren hierdurch nicht nur die höchst ergiebige Faschings-Dienstag-Redoute, sondern auch das Theater wurde, der Landestrauer wegen, **drei Wochen lang geschlossen, natürlich ohne Entschädigung für die Direktion**; — sie sollte vermuthlich die allgemeine Betrübniß ebenfalls recht empfindlich mitfühlen.

Mittlerweile hatten sich aber die Theaterverhältnisse in Linz zum Besseren gewendet. Fürst Rudolph Kinsky, ein noch junger, liebenswürdiger Cavalier, viel gereist und hochgebildet, wurde zum Regierungspräsidenten in Oberösterreich ernannt, und auf ihn setzte ich meine Hoffnung, daß die Zustände sich bessern würden. Nach der Trennung von Neufeld hatte ich mich allein um das Linzer Theater beworben und das hohe Verordneten-Collegium hatte, da es keinen bessern Bewerber fand, mir den Pachtvertrag vorläufig auf ein Jahr erneuert. Nachdem Fürst Kinsky angekommen war, nahm ich eine Audienz bei ihm und setzte ihm die Verhältnisse des Theaters in scharf gezeichneter, aber wahrer Darstellung auseinander. Er hörte mir sehr aufmerksam zu, stellte viele Fragen, notirte sich Manches und entließ mich mit dem Versprechen, die Sachlage gründlich zu prüfen und dann den Uebelständen nach Möglichkeit abzuhelfen. Der dreiunddreißigjährige, blühend schöne Mann, seine liebenswürdigen, weltgewandten Manieren, die Freundlichkeit und Herzlichkeit, die aus jedem seiner Worte hervorleuchtete, Alles das machte auf mich den wohlthuendsten Eindruck, besonders wenn ich ihn und sein Benehmen mit dem brüsken und ungehobelten Gebahren der Grafen und Freiherren vom Theater-Comite verglich.

Meine Hoffnung sollte in Erfüllung gehen und schon nach wenigen Wochen wurde das Theater-Comite aufgelöst, indem der Fürst, der zugleich Chef des ständischen Collegiums war, die Oberaufsicht über das Theater dem Präsidium vorbehielt. Alles athmete nun sogleich einen freieren, belebenderen Geist. Der Fürst und sein Präsidialsekretär Schweiger von Dürnstein waren die einzigen Behörden, mit denen ich jetzt zu verkehren hatte und Beide in ihren Ansichten künstlerisch liberal. Ich erhielt sogleich einen ferneren Pachtvertrag auf drei Jahre, aus dem viele sinnlose Clauseln wegfielen und auch sonst bezeigte sich Fürst Kinsky als ein wahrer Beschützer der Bühne. Der Pachtvertrag z. B. besagte, daß die große Doppelloge am Proscenium, gewöhnlich Hofloge genannt, dem jeweiligen Regierungspräsidenten von der Direktion unentgeltlich zur Verfügung gestellt werden müsse, und alle seine Vorgänger hatten sie auch so benützt. Fürst Kinsky wies eine solche Zumuthung zurück, und obwohl die Clausel, um keine Präjudiz für seinen Nachfolger zu schaffen, im Contrakte stehen blieb, so schickte der Fürst dennoch mir augenblicklich eine hohe Summe als seinen Jahresbeitrag für den Besuch des Theaters.

So hätte ich denn mit dem Geschäftsgang ganz zufrieden sein können, wenn das Erzübel der Censur, gegen welches auch der Fürst nichts ausrichten konnte, nicht jede freie Bewegung und jedes künstlerische Bestreben gehemmt hätte. Jedes Stück, und wenn es auch schon im Burgtheater in Wien gegeben und censurirt war, mußte dem Censur-Amte vorgelegt werden. Dieses schickte es mit Gutachten auf die Polizeidirektion, diese dirigirte es wieder an das Regierungs-Präsidium, von da kam es an die Polizei zurück und diese schickte es nun dem Censur-Amte zur endlichen Erledigung.

Der Censor war damals in Linz ein hochgebildeter und sehr freisinniger Mann, Namens C. E. Bauernschmied, der, eben wegen seiner Freisinnigkeit, zur Strafe, als Censor (!) nach Linz geschickt worden war, dem man nun dort scharf auf die Finger sah und so oft seine vernünftigen Ansichten den Sieg über den Zopf der alten Censurvorschriften davontrugen, mit tadelnden Rescripten, Verweisen und ähnlichen offiziellen Quälereien maßregelte. Ich habe den guten und liebenswürdigen Bauernschmied in dieser unnatürlichen Stellung oft und vielmals herzlich bedauert; — er selbst trug sein hartes Loos mit Geduld und

schweigender Ergebung, wie damals so viele edle Geister in Oest=
reich thaten. Aber die offiziellen Quälereien erreichten doch ihren
Zweck. Der freie, strebsame Geist des Mannes wurde gebrochen,
er wurde finster, menschenscheu, argwöhnisch, sein Leben war ver=
bittert und erst im Jahre 1848 löste Bauernschmied endlich die
Fesseln, die er so lange getragen, — er legte seine Stelle nieder
und ward einer der begabtesten und freisinnigsten Journalisten
Oestreichs, — als solcher wirkte er mit großem Erfolge und trug
redlich das Seinige bei zur Gestaltung des neuen Oestreichs.
Allein eine anhaltende Kränklichkeit, — eine gewisse Verstimmung
und Verbitterung, die ihm aus seinem gedrückten Beamtenleben
geblieben, und langjährige vergebliche Bemühungen, sich endlich
einmal eine behagliche und sorgenfreie Existenz sichern zu können,
trübten seine letzten Lebensjahre, — er starb Anfangs Mai 1875,
— 74 Jahre alt.

Leider sollten wir in Linz nicht lange das Glück genießen,
einen so liberalen Regierungspräsidenten zu besitzen, wie es Fürst
Kinsky war. An einem Sonntage des Monats Januar 1836
war ich zu ihm zur Audienz bestellt. Ich kam zur Mittagsstunde
und der Präsidial=Sekretär sagte mir, der Fürst sei noch mit dem
Bischofe von Linz beschäftigt, ich möchte nur ein wenig warten.
Lebhaftes, immer heftiger werdendes Gespräch schallte aus des
Fürsten Zimmer herüber, laute Worte, wie des Streites, klangen
an mein Ohr; Sekretär Schweiger, um meine Aufmerksamkeit
abzulenken, knüpfte ein lebhaftes Gespräch an; — ich sagte, ich
wolle lieber gehen und ein anderes Mal wiederkommen; aber
Schweiger meinte, der Fürst habe mich einmal bestellt und er
könne meine Entfernung nicht bei Sr. Durchlaucht entschuldigen.
So wartete ich noch eine halbe Stunde, endlich öffnete sich die
Thüre, der Bischof trat mit zorngeröthetem Antlitze und in hef=
tigster Aufregung heraus und entfernte sich, ohne den achtungsvollen
Gruß des Sekretärs zu erwiedern, — auch der Fürst war mit
allen äußeren Zeichen lebhafter Erregung unter die Thür getreten,
als er mich sah, bezwang er, mit weltmännischer Gewandtheit,
seine Bewegung und lud mich ein, einzutreten, um die Theater=
Angelegenheiten zu erledigen. Aber er war und blieb zerstreut,
hatte gegen seine Gewohnheit nur eine getheilte Aufmerksamkeit
für die Sache und entließ mich bald mit der Entschuldigung, er
fühle sich heute indisponirt, ich sollte am nächsten Sonntag wieder
kommen. — Am Montag wohnte der Fürst noch einer großen

Jagd bei, am Dienstag erkrankte er und trotz aller Bemühungen der Aerzte starb er am 27. Januar, tief betrauert, nicht nur von seiner liebenswürdigen Gattin und einem noch minderjährigen Sohne, sondern auch aufrichtig beweint von der ganzen Bevölkerung, die ihn in dem kurzen Zeitraum eines Jahres schon lieben und schätzen gelernt hatte. Wahrscheinlich war zu den Folgen eines heftigen Aergers eine starke Erkältung auf der Jagd getreten und hatte so seinen raschen Tod herbeigeführt. Die Aerzte wußten damals keine genügende Erklärung zu geben; — wenigstens ward eine solche nicht publicirt.

Die Gunst, die mir Fürst Kinsky erwiesen, die Art und Weise, wie er der Tyrannei des hochadeligen Theater=Comites ein Ende gemacht hatte, endlich die Gleichgültigkeit, um nicht zu sagen, Abneigung, die er gegen den kleinen, oberösterreichischen Adel zeigte, hatten nicht nur ihm, sondern auch mir die ganze Linzer Aristokratie zu Feinden gemacht. — Der alte österreichische Adel, gewöhnlich der „Rudolphinische" genannt, weil seine Diplome älter, als vom Jahre 1620 sind, zeichnete sich ebenso durch Reichthum und Wohlthätigkeit, Beförderung gemeinnütziger Unternehmungen und patriotischer Zwecke, wie durch Wissen und Weltbildung vortheilhaft von dem später creirten Ministerial= und Briefadel aus. Als Ferdinand II. auf Rath und mit Hülfe der Jesuiten die blutige Gegenreformation in Oesterreich durchführte, — nachdem am 28. Februar 1621 achtundvierzig Adelige, protestantischen Glaubens, hingerichtet, das Vermögen von 728 Herren vom Adel confiscirt worden und in Folge dessen 185 adelige Geschlechter, jedes zu 12, 20 ja 50 Personen nach Brandenburg, nach Holland, nach Dänemark — nach Polen ausgewandert waren, wohin ihnen viele protestantische Bürgerliche folgten, — da war es soweit gekommen, daß Oesterreich zwar wieder gewaltsam katholisch war, daß aber höchstens dreißig alte adelige katholische Familien in der ganzen österreichischen Monarchie sich erhalten hatten. Es mußte also ein neuer Adel geschaffen werden und Ferdinand II. creirte während seiner Regierung nicht weniger als **dreißig neue deutsche Reichsfürsten, siebzig neue deutsche Reichsgrafen und hundertfünfundzwanzig neue deutsche Reichsbarone**, der vielen Tausende von Rittern und Edeln gar nicht zu gedenken; selbst die Mörder Wallensteins und seiner Generäle, die Schotten Leslie und Buttler wurden gegraft. — Damals wurde auch fast der ganze Adel von

Oberösterreich, der durch die Bank protestantisch war, ausgerottet und an seine Stelle trat nun der neue Briefadel, bis auf einige wenige Ausnahmen, wie z. B. die Grafen **Weißenwolf**, welche aber auch aus früheren **Ungnad von Weißenwolf** erst 1648 gegraft wurden.

Dieser Adel, der durchschnittlich damals durchaus nicht reich war, ja von dem viele Mitglieder, Jahr aus Jahr ein, Kotzebue's, „Don Ranudo de Colibrados" aufführten, und dessen Bildung zur Grundlage das Motto der kleinen deutschen Höfe am Ende des vorigen Jahrhunderts angenommen hatte: „Nous ne lisons guère!" — dieser Adel war durch das Theater=Comite würdig repräsentirt gewesen. Mein Buchhändler klagte mir oft, daß sein ganzer Absatz in Kochbüchern und Gebetbüchern be= stehe; — andere Bücher, besonders wissenschaftliche würden nur selten und dann nur von gebildeten Bürgerlichen gekauft. Für das belletristische Bedürfniß des hohen Adels nach den Romanen von Lafontaine, Clauren und Delarosa genügte eine Leihbibliothek, deren schmierige und abgegriffene Bände aus den Händen der Nähmädchen in die zarten Händchen der gnädigsten Comteßen übergingen. Diese Aristokratie (die vielleicht jetzt ganz anders sein mag, denn es sind seitdem über vierzig Jahre verflossen) hatte ich mir durch meine demokratischen Allüren zum Todfeind gemacht. Meine Vorgänger in der Direktion hatten es freilich besser verstanden; hatten Abends unter dem Theatereingange die hohen Herrschaften mit gebührender Devotion empfangen, der Frau Excellenz Gräfin, oder der allergnädigsten Frau Baronin demüthigst die Hand geküßt, sich nach dem Befinden des hochver= ehrten Excellenzherrn, der hochgnädigen Comteßen Töchter und des allerliebsten Schooßhündchens „Joli" erkundigt; — aber ich konnte dies nicht zu Wege bringen, und wenn ich es auch im Interesse des Geschäftes versucht hätte, submiß und gehorsamst zu erscheinen und den Hut recht tief abzunehmen, so guckte doch immer das demokratische rothe Futter aus dem Hute hervor.

Sollte man es heut zu Tage für möglich halten, daß damals, vor nicht mehr als etwa vierzig Jahren in dem § 14 des „Theater=Pacht=Vertrages" Folgendes stehen konnte: „Ferner wird bedungen, daß bei Abonnirung aller Plätze die **ständischen Mitglieder vor allen andern Personen den Vor= zug haben sollen.**" — Da die ständischen Mitglieder mit ihren Familien aus vielen hundert Personen bestanden, so mußte ich), wenn ein Bürgerlicher eine Loge abonniren wollte, erst abwarten, ob nicht einer der vielen Grafen, Barone, Ritter, Edeln und Herren „von" dieselbe beanspruche, — und wirklich wurden auch mehrmals an mich Anforderungen gestellt, eine Loge oder einen Sperrsitz einem Bürgerlichen wegzunehmen, weil eben dieser oder jener Cavalier dieselben für sich convenable fand; ein Verlangen, dem ich trotz des § 14 niemals entsprach und mir daher neue Feinde erwarb.

Eine der wenigen vernünftigen Familien dieses kleinen Adels war die Familie Hack, die frei von Prätensionen, mit feiner Bildung schöne Umgangsformen verband. Die älteste Tochter, ein sehr liebenswürdiges Mädchen, hatte ein bedeutendes Gesangstalent und als ich sie einigemale in den Concerten des Musikvereins hatte singen hören, rieth ich den Eltern, die Tochter zur Sängerin ausbilden zu lassen, da sie bei dem großen Talente und der schönen Stimme gewiß eine glänzende Carrière machen würde. — Damals wiesen die Eltern meinen Vorschlag mit der landläufigen Bemerkung zurück: „Was würde die Welt dazu sagen?" — Später aber betrat die junge adelige Sängerin unter dem Bühnennamen Fräulein Marra doch die theatralische Laufbahn, sang mit dem glänzendsten Erfolge auf den ersten deutschen Bühnen, heirathete dann den begabten Schauspieler Vollmer in Frankfurt am Main und als sie sich von der Bühne zurückzog, wurde sie Gesangslehrerin und bildete mehrere der ersten Sängerinnen aus. Sie ist 1879 gestorben.

Hatte ich mir so die hohe Aristokratie zu Feinden gemacht, so fand ich dagegen die kräftigste und wärmste Unterstützung im Bürgerstande, dessen biedere Mitglieder sich auf alle Art bemühten, mein Unternehmen zu fördern; — namentlich gedenke ich mit dankbarem Gemüthe der ehrenwerthen Kaufleute Planck und Grubmüller, des Kreis-Physikus Dr. Weber, des Stadtarztes Dr. Meisinger und des Wundarztes Waitzhofer, die mir treugesinnte Beschützer waren, so wie meines theuren Freundes Joseph Schaller, gegenwärtig landschaftlichen Cassendirektors im Ruhestand, mit dem ich seit 49 Jahren im regen freundschaftlichen Verkehre, selbst aus weitester Ferne, geblieben bin.

Das fortwährende Ringen gegen die aristokratische Opposition und das Bemühen, die Zuneigung und Unterstützung des Bürgerstandes zu verdienen und mir zu erhalten, spannte alle meine Kräfte an. Ich war bei Carl in einer guten Direktionsschule

gewesen, hatte selbst ein ziemliches Organisationstalent und galt
zu jener Zeit für einen der besten Regisseure, weshalb ich auch
im Jahre 1838 Direktor des Leopoldstädter Theaters werden
sollte, wie ich später erzählen werde. Ich hielt also eine gute
Opern- und Schauspielergesellschaft, aus der Mitglieder an die
ersten Bühnen übergingen, wie z. B. der Tenorist **Adolf Schunk**
direkt von mir in's Hof-Opperntheater kam und dort der Liebling
des Publikums wurde, der Baritonist **Biberhofer** churfürstlich-
hessischer Hofopernsänger wurde u. a. m. Die bedeutendsten
Künstler der beiden Wiener Hoftheater sowie der großen Bühnen
Deutschlands gastirten während dieser Zeit in Linz, und dem
Carnevals-Leben verstand ich in den von mir gepachteten Redoutensälen durch, damals noch ganz neue Arrangements und Ueberraschungen eine solche Lebhaftigkeit und Beliebtheit zu verschaffen,
daß noch jetzt alte Linzer, denen ich im Leben begegne, mich
versichern, daß sie sich jener schönen Carnevals-Zeiten noch immer
mit Vergnügen erinnern und daß dieselben nachher niemals mehr
so belebt und glänzend gewesen seien.

Das Ende der Linzer Direktion.
(1839.)

Trotz der erbitterten Opposition, welche die hochgeborene
Aristokratie in Linz gegen den plebeischen Direktor entwickelte, trotz
der mancherlei Anfeindungen, Hemmnisse und Kämpfe, waren doch
die sechs Jahre meiner Direktionsführung in Linz zu den angenehmsten Zeiten meines Lebens zu rechnen; — es herrschte in
der Gesellschaft ein wahrhaft künstlerisches Streben und dabei
solch ein freundschaftlich-kollegialer Ton, daß Direktion und Mitglieder gleichsam Eine große Familie bildeten, — Niemand
beklagte sich, wenn unsere Proben oft um neun Uhr Morgens
begannen und bis drei, ja vier Uhr Nachmittags währten und
man doch wieder zwei Stunden später in der Garderobe sein
mußte, um sich für die um sieben Uhr beginnende Abendvorstellung
anzukleiden und vorzubereiten, ja es fand es sogar Niemand
beschwerlich, wenn bei der Scenirung neuer und schwieriger

Novitäten Nachtproben zur Hilfe genommen werden mußten und eine Stunde nach Schluß der Vorstellung wir Alle schon wieder auf der Bühne versammelt waren und die ganze Nacht hindurch mit Fleiß und Eifer das Stück mit Orchester, Dekorationen, ja oft im Kostüme probirten und erst mit Sonnenaufgang das Theater verließen, um am andern Morgen um neun Uhr wieder mit einer neuen Probe anzufangen. Bei solchen Nachtproben ließ ich dann gewöhnlich einen tüchtigen Imbiß im Garderobezimmer herrichten, dem wir in den Zwischenakten weidlich zusprachen und so die Probe zu einem fröhlichen Piknik umgestalteten, worunter jedoch der Ernst der Sache und der Eifer des Probirens nicht im Geringsten litten. Kamen dann die damals noch viel zahlreicheren kirchlichen Normal=Feiertage, an denen in ganz Oestreich alle Theatervorstellungen und Lustbarkeiten verboten waren, am Pfingstsonntage, Frohnleichnamstage u. s. f., dann zogen wir Alle, der Direktor und die ganze Gesellschaft hinaus in die schönen Berge Oberöstreichs, schlugen in einem romantischen Gebirgsthale oder unter den Trümmern einer alten Burgruine unser wallensteinisches Lager auf, zündeten mächtige Feuer an, bei denen gekocht und gebraten und endlich eine Mittagstafel auf dem grünen Rasen improvisirt wurde, um die sich Alles lagerte, und nun wurde geschmaust, getoastet, gesungen, getanzt und alle erdenklichen Schwänke getrieben, bis wir spät Abends unter der Beleuchtung von Kienfackeln und mit fröhlichen Gesängen heimwärts marschirten. Es waren schöne, heitere, angenehme Tage, an die ich immer noch mit wahrem Vergnügen zurückdenke, und es hätte damals wenig gefehlt, so wäre ich nochmals sechs Jahre und dann wieder sechs Jahre und so fort in Linz geblieben, wäre ein ehrbarer Stadtbürger und Philister geworden und mein Leben hätte nicht jene bewegte, vielseitige Richtung genommen, auf die ich jetzt dankbar zurückblicke. So kam denn auch etwas rascher, als ich es vermuthet hatte, das Ende meiner Linzer Direktion heran, — nicht ich gab sie auf, sondern ich wurde daraus verdrängt durch meine hochgeborenen aristokratischen Gönner und der Grund und die Ursache meines Abganges kamen aus dem Thierreiche, — es waren ein Affe und zwei Pferde.

In jener Zeit war in Oestreich plötzlich ein englischer Gymnastiker, Namens Klischnigg aufgetaucht, den irgend eine zu Grunde gegangene Akrobaten=Gesellschaft hilflos zurückgelassen hatte. Der gute Klischnigg suchte sich auf eigene Faust durch=

zuschlagen, präsentirte sich im Hof=Opernttheater, um im Ballete: Joko, der brasilianische Affe, aufzutreten, allein man entgegnete ihm, man habe schon einen Affen, den berühmten Joko=Darsteller Mr. Mazurier aus Paris und könne keinen zweiten Affen brauchen. Klischnigg, der kein Wort deutsch, sondern nur englisch und ein ganz klein wenig französisch sprechen konnte, wurde nun durch einen Agenten zu Direktor Carl gebracht. Allein Carl erklärte dem Agenten, er gebe keine Ballete und könne daher von Mr. Klischnigg keinen Gebrauch machen; — als der Agent diese abschlägige Antwort dem guten Klischnigg verdolmetschte, machte dieser ein wehmüthiges Gesicht und **kratzte sich mit dem linken Fuße hinter dem rechten Ohre**. Diese damals noch außergewöhnliche gymnastische tour de force überraschte und imponirte Carl, und er bestellte den Agenten und Klischnigg auf den nächsten Tag, er wolle sich die Sache noch einmal überlegen.

Direktor Carl ließ nun sogleich Nestroy holen und trug ihm auf, eine Posse zu schreiben, in welcher ein Affe die Haupt=rolle haben müsse; — Nestroy schrieb in einigen Tagen die Posse: „**Der Affe und der Bräutigam**", mit Klischnigg wurde ein Arrangement abgeschlossen und der Erfolg war ein ungeheurer, nie geahnter. Das Theater an der Wien war bei Klischnigg's Vorstellungen jeden Abend bis auf den letzten Platz ausverkauft, Nestroy mußte noch ein zweites Stück: **Der Affe und der Frosch** — schreiben, die beide unausgesetzt fortgegeben wurden und da Carl Nestroy höchstens hundert Gulden Honorar für ein neues Stück gab, auch Klischnigg ein nur sehr mäßiges Honorar bezog, so fiel das kolossale Erträgniß von mehr als hundert dieser Affenvorstellungen ausschließlich in Carl's Tasche. Aus dem Reingewinne dieser Klischnigg=Vorstellungen hat Direktor Carl eine ganze Gasse, die Carlgasse in Hietzing gebaut, andert=halb Dutzend stattlicher Häuser, die seinen Erben noch immer ein reiches Erträgniß abwerfen. Klischnigg aber hatte mit diesen Vorstellungen in Wien und deren riesigen Erfolgen sein Glück gemacht; von allen Seiten kamen ihm Gastspiel=Anträge zu und einige Jahre zog er in Deutschland und Oesterreich herum, auf allen Bühnen den Kassen reiche Einnahmen verschaffend und für sich selbst Geld und Beifall reichlich erntend.

Endlich aber kamen die Affen auf der Bühne auch wieder aus der Mode und als ich im Jahre 1870 während meiner Direktion des Josephstädter Theaters Klischnigg in Wien wieder

sah, war er ein alter Knabe geworden; er hatte zwar indessen
Deutsch gelernt, war aber dabei steif und gebrechlich geworden;
jüngere, noch viel elastischere Gymnastiker, die sogenannten
Kautschuckmänner, waren aufgetaucht und hatten seine früheren
Leistungen weit überboten. Hie und da gelang es ihm noch
einmal, auf irgend einer kleinen Bühne seine Affenkünste gegen
spärliche Entlohnung zu produziren, aber im Ganzen ging es
ihm doch ziemlich schlecht und seine einzige Hoffnung beruhte auf
seiner Tochter Medora, einem jungen, hübschen, talentvollen
Mädchen, welches sich dem tragischen Fache gewidmet hatte, aber
wegen ihres fremdartigen, englisch-deutschen Accents kein Engagement
bei größeren Bühnen finden konnte und daher auf kleinen
ungarischen Bühnen vegetirte. Seitdem ist die arme Medora,
kaum über zwanzig Jahre alt, gestorben und seitdem ist auch der
alte Klischnigg verschollen, — ich wenigstens habe nichts mehr
von ihm gehört. Sic transit gloria mundi.

Unter den vielen Gästen, die ich dem Linzer Publikum
vorführte, befand sich natürlich auch der en vogue gekommene
Affendarsteller Klischnigg und der Erfolg war derselbe wie in
Wien. Die berühmtesten Tragöden des Hof-Burgtheaters, die
gefeiertesten Sänger und Sängerinnen des Hof-Operntheaters, die
bedeutendsten Künstler Deutschlands, sie Alle hatten bei ihren
Gastvorstellungen in Linz keinen solchen Erfolg errungen, keine
solche Sensation und solche volle Häuser gemacht wie — der
Affe Klischnigg. Zu seinen Produktionen drängten sich die
Leute wie rasend, nicht nur aus Linz, sondern von zehn bis
zwanzig Meilen im Umkreise, sogar aus dem benachbarten Baiern
kamen auf der Donau Schiffe mit Neugierigen herabgeschwommen.
— Ich nahm mit Klischnigg's Affenproduktionen in wenigen
Wochen 20,000 Gulden ein und gerade dieser Goldregen sollte
mir verderblich werden. — Ein Pferdehändler, der mich schon
lange gequält hatte, ihm doch ein Steyrer-Wägelchen mit einem
Pferde zu meinen kleinen Geschäftsreisen abzukaufen, offerirte mir
nun in aufdringlichster Weise eine hübsche Equipage, die er von
einem herabgekommenen Cavalier um einen Spottpreis gekauft
hatte und die er nun mir um dasselbe Geld überlassen wollte,
wenn ich ihm als Bene ein halbjähriges Abonnement auf einen
Sperrsitz gratis dazu gäbe. Die Versuchung war zu groß, —
meiner jungen Frau eine Freude und Ueberraschung zu machen,
kaufte ich die Equipage, steckte meinen neu engagirten Kutscher

in eine zwar einfache, aber elegante Livrée — ich hatte ja
deren genug in meiner Theater-Garderobe, — und — — —
nun war der Teufel los.

Der Skandal war zu groß. — Der bürgerliche Theater=
direktor, der doch, wie die Leute meinten, „von der Unterstützung
des hohen Adels lebe", hatte sich das **einzige** Distinktions=
Zeichen angemaßt, das dem Adel noch geblieben war: **Equipage
und Livrée.** Eine förmliche Verschwörung organisirte sich,
um mich von Linz zu vertreiben, und da an Stelle des Fürsten
Kinsky, ein pedantischer Bureaukrat, ebenfalls vom Kleinadel,
Baron **Skrbensky**, getreten, Polizei=Direktor **Graff** indessen
aus einem Freunde mir ein Gegner geworden war, so wurde
die Liga, die meine Vertreibung beabsichtigte, immer mächtiger.
Indessen war mein Bruder Carl, der endlich seinen Abschied
erhalten hatte, zu mir gekommen, übernahm zuerst Cassa= und
Rechnungswesen, später, als er mit dem Theater vertrauter
geworden war, auch einen großen Theil der Geschäftsführung,
so daß ich, neben dem Linzer, auch noch die Theater in Ischl
und St. Pölten führen konnte, und blieb bis zu seinem im Jahre
1849 erfolgten Tode, mein treuer Freund und Gefährte und eine
kräftige Stütze bei allen meinen späteren Unternehmungen.

Die Aristokratie im Bunde mit der Bureaukratie ging nun
aggressiv gegen mich vor. Man warf mir alle möglichen Hinder=
nisse in den Weg, chicanirte und quälte mich in offizieller und
nicht offizieller Art und Weise, gab hochadelige Soiréen und
Bälle an den Abenden, an denen ich die erste Aufführung einer
neuen Oper oder das Auftreten eines bedeutenden Gastes
angekündigt hatte, und als das Alles nichts verfing und ich,
mit der kräftigen Unterstützung des Bürgerstandes, doch gute
Geschäfte machte, griff man zu energischeren Mitteln. Eines
Abends war ich in eine Parterre=Loge getreten, um einige Szenen
der Vorstellung mit anzusehen; — eine junge Sängerin, Mlle.
Christoph, die Braut des Orchester=Direktors **Zappe**, sang ein
Liedchen, das Publikum applaudirte, nur mehrere Offiziere im
Parterre zischten und Einer pfiff laut; — da die junge Sängerin
diese feindliche Demonstration durchaus nicht verdient hatte, so
sagte ich in meinem Unmuthe vor mich hin: „Das ist doch ein
flegelhaftes Benehmen!" Ein paar Cadetten, die an der Brüstung
der Loge lehnten, hatten das gehört und weiter erzählt und
daraufhin war nun eine Criminalklage gebaut worden: „**wegen**

Beleidigung der k. k. Armee." Ein langwieriger Prozeß mit zahllosen Verhören begann, und das Urtheil des Polizeigerichtes lautete auf: **vierzehn Tage schweren Kerkers verschärft durch zwei Fasttage**. Ich ergriff den Rekurs an die Landesregierung, und mein Rechtsfreund, der sehr geschickte Advokat Dr. Lindauer, wußte mit treffenden Argumenten zu beweisen, daß es sich nicht, wie die Polizei behauptete, um ein Verbrechen, sondern nur um ein Polizei-Vergehen handle, und das höchste Strafmaß für ein solches sei: **drei Tage Polizei-Arrest**.

Indessen waren auch die Zeugenaussagen, bis auf die eines einzigen Cadetten, hinfällig und widerrufen worden, kurz, in der Sitzung sämmtlicher Regierungsräthe, in der der Appellations-Fall vorkam, wurde das erste Urtheil umgestoßen und in dreitägigen Polizeiarrest umgewandelt.

An die östreichischen „Prigioni" war ich ja schon von Wien aus gewöhnt, ich fuhr also zum Polizeihause, ließ mir die Zelle No. 7 aufschließen, mein Bett und meine Bücher hinschaffen, Essen und Trinken wurden mir vom Hause gebracht, meine Frau, meine Regisseure und andere Freunde besuchten mich und so vergingen die drei Tage im Polizei-Arrest sehr leicht und angenehm. Da jedoch die Polizei bei meiner Freilassung eine kleine Demonstration befürchtete, so wurde mir schon am Morgen des dritten Tages angekündigt, ich sei frei und könne gehen. Ich aber erklärte, meine Zeit sei erst zu Mittag aus und ich wolle meine Strafe vollständig absitzen; — was ich denn auch that. Punkt zwölf Uhr fuhr meine Frau mit unserm Wagen vor, ich stieg, unter den Begrüßungen und Gratulationen meiner zahlreichen Freunde ein und fuhr durch die Stadt nach Hause, und als ich Abends die Bühne betrat, wurde ich mit stürmischem Jubel empfangen, zum großen Aerger der gelb und grün gewordenen aristokratischen Logenbesitzer.

Zu Anfang des Jahres 1838 erhielt ich einen Brief von F. X. Arming, worin dieser mir mittheilte, daß Baron Joseph v. Dietrich das Leopoldstädter Theater von Marinelli so gut wie gekauft habe und daß der Baron auf mich, als seinen künftigen Direktor, reflektire. Zu diesem Zwecke würden Baron Dietrich und sein Freund, Baron Carl Schloißnig, der besignirte Administrator des Theaters, nach Linz kommen, dort einige Vorstellungen sehen und, wenn zufriedengestellt, mit mir abschließen.

Die Herren kamen auch wirklich wenige Tage darauf in Linz an, sahen die Vorstellungen des „Verschwenders", — des „Kirchtages in Magdalena" und des „Straßenjungen von Paris" (die beiden letzteren von mir für die Linzer Bühne geschrieben), waren höchst zufrieden und der Vertrag wurde sogleich entworfen und abgeschlossen. Ich sollte die Direktion mit weitausgedehnten Machtbefugnissen in artistischer Hinsicht und unter der Administration des Baron Schloißnig in technischer Hinsicht, führen und zugleich, nebst meiner Frau, als Darsteller in ersten Fächern wirken. Als einen kleinen Beweis, wie bescheiden man damals noch in seinen Anforderungen war, will ich hier bemerken, daß ich und meine Frau für diese Leistungen eine jährliche Gage von 2400 Gulden C.=M., zwei ganze Benefiz=Vorstellungen, die freie Direktionswohnung im Theatergebäude und drei Prozent von der Brutto=Einnahme jedes Abends erhalten sollten. Damals nannte man das ein „brillantes Engagement", heutzutage sind die Forderungen bedeutend höher geschraubt.

Alles war in Ordnung, es wurden daher Engagements=Unterhandlungen mit verschiedenen Mitgliedern angeknüpft, der Tag meiner Uebersiedlung nach Wien war bereits festgesetzt, als Direktor Carl den, von seinen Gläubigern hart bedrängten, Eigenthümer des Leopoldstädter Theaters Marinelli, mit dem die beiden Barone noch immer um einige tausend Gulden feilschten, holen ließ und ihm nun im Verlaufe von zwei Stunden sein Theater abkaufte, den Kaufcontrakt, den der Advokat schon bereit hatte, unterzeichnen ließ und sogleich das Angeld auszahlte. So blieb den beiden Baronen das leere Nachsehen und mir ein werthloser Contract, denn dieser war nur mit dem Baron Dietrich als **Eigenthümer des Leopoldstädter Theaters** geschlossen und das war der Baron jetzt **nicht**. In seinem Unmuthe über diese höchst unangenehme Enttäuschung und das spöttische Gelächter der schadenfrohen Wiener, hatte der millionenreiche Baron Dietrich ganz darauf vergessen, mich für meine Mühe, Auslagen, Reisen nach Wien ꝛc. in irgend einer Art zu entschädigen; wenigstens habe ich bis auf den heutigen Tag von ihm nichts mehr gehört.

Das letzte Jahr meiner Direktionsführung nahte sich seinem Ende, das Theater mußte neu ausgeschrieben werden und nun wurde Alles aufgeboten, um mich zu vertreiben. Allein es wollte sich kein geeigneter Bewerber melden. Da schrieb Graf Weißenwolf an Pellet nach Graz, der dort schlechte Geschäfte machte:

„Säumen Sie nicht, unverzüglich Ihr Gesuch hier einzureichen, da Sie ja doch von Graz fortwollen. Ich werde es kräftigst unterstützen; der Regierungspräsident, wie der Polizei-Direktor sind Ihnen nicht minder günstig gestimmt und wir Alle hätten eine aufrichtige Freude, Sie wieder als Direktor hier zu sehen. Es ist keine Zeit zu verlieren; antworten Sie bald möglichst u. s. f. u. s. f." . . . .

Während Herr Graf Weißenwolf diesen Brief schrieb, benahm er sich gegen mich als Gönner und Protektor, versicherte mich seiner Zuneigung und seines Schutzes u. s. f.; ich hatte aber die ganze Sippschaft zu genau kennen gelernt und wußte, was ich von diesen freundlichen Versicherungen zu halten hatte. Später, als mich Pellet den obigen Brief lesen ließ und bitter bereute, wieder nach Linz gekommen zu sein (denn er hatte bei seiner zweiten Direktionsführung in Linz mehr als 14,000 Gulden verloren) freute ich mich, daß ich richtig gesehen hatte, und nicht in Linz geblieben war. Mit äußerster Anstrengung und der größten Oekonomie war ich in den sechs Jahren glücklich durchgekommen, nahm zwar beim Weggehen keine Schätze mit, aber doch einen reichen Fundus instructus an Garderobe, Bibliothek, Musik u. s. w.; — meinen vielen Nachfolgern ist es Allen schlechter gegangen. Zwei davon — Neufeld, der auch wieder hinkam, und Pellet sind an dem Kummer und den Sorgen des Linzer Theaters gestorben, viele Andere sind daran verdorben, kurz die Linzer Bühne, wie sie jetzt ist, ist kein Theater, sondern wie Heine sagt, ein „Unglück" — und wenn die betreffenden Behörden bei den Ansprüchen, die sie und das Publikum an den Direktor stellen, diesem nicht eine jährliche Subvention von mindestens 10,000 Gulden geben können oder wollen, so ist es besser, wenn sie die dramatische Bude zusperren und sie nur einige Monate im Jahr an einen spekulativen reisenden Direktor vermiethen. Ein Gleiches gilt von allen östreichischen Provinzbühnen mit alleiniger Ausnahme der Theater in Prag und Graz, die mehr oder minder anständig dotirt sind.

Am 20. März 1839 gab ich meine letzte Vorstellung in Linz, und um selbst diese Abschiedsvorstellung noch zu verbittern, gab die Gräfin Gileis an diesem Abende noch eine große Soirée, zu der sie die gesammte Aristokratie und alle höheren Beamten und Offiziere einlud. Trotzdem war das Theater überfüllt, das Publikum, meist aus dem Bürgerstande, überhäufte mich mit Aufmerksamkeiten zum Beweise seiner Zuneigung und mit dankbarer Rührung schied ich von den wackern Linzern, deren ich immer noch in freundlicher Erinnerung gedenke. Noch in derselben Nacht fuhr ich nach Agram, wo ich das Theater gepachtet hatte.

Eine Episode.
(1837.)

In die letzte Zeit meiner Linzer Direktion fällt noch eine kleine Episode, die ich hier einschalten will. Sie betrifft meine Berufung nach dem Badeorte Ischl während der Anwesenheit des östreichischen Kaiserhofes daselbst im Sommer 1837. Ich habe die kleinen Abenteuer und interessanten Begegnungen dieses artistischen Ausfluges in einem Aufsatze beschrieben, der in einer Reihe von „Bildern aus Oestreich" in der „Zeitung für die elegante Welt" im Jahre 1842 erschien. Da das darin Erzählte noch unter dem frischen Eindrucke des eben Erlebten niedergeschrieben wurde, so ziehe ich es vor, den Artikel hier einzuschalten, statt aus der verblichenen Erinnerung meine damaligen Erlebnisse nochmals zu erzählen. Hier ist er:

* * *

Es war am 15. Juli 1837, als eine mittlere wohlbeleibte Gestalt mit jovialem Gesichte und im schwarzen Anzuge, den Hut auf dem spärlich behaarten Kopfe bald hin=, bald herrückend, in großer Hast und Eile durch die Straßen des Badeortes Ischl lief und dabei vor jedem Hause stehen blieb, bald zum Fenster, bald zur Thür hineinrufend: „Herr Apotheker, vier Zimmer und einen Stall für den Herrn Leibarzt!" — „Frau Kikelbergerin, drei Zimmer und ein Vorzimmer für den Herrn Hof=Controleur von Latour! — Alles hübsch sauber und in Ordnung — ich verlaß mich!" „Frau Stanzenhoferin, vier Zimmer für den Herrn Hofzahlmeister von Scharf, die allerschönsten, — ist gar ein wichtiger Herr, — keine Dummheiten machen! — Ich kenn' Ihnen schon!" — Und dabei wischte sich der dicke, eilfertige Quartiermacher mit dem bunten Taschentuche den Schweiß von der Stirne und in sich hineinbrummend: „Mein Gott, die Hitz',

— Alles liegt auf mir, ja, ich sag's, wenn ich nicht wär, — nichts als Confusionen gäb's," — setzte er keuchend seinen Weg wieder fort, bis ihm ein Bauer mit grünen Zweigen entgegenkam: „Wo tragt's denn das Reisig hin?" — „„Zum Herrn Doktor!"" — „Esel! zur Triumphpforte! Marsch, dort hinunter!" — „Anton, sein die Pöller auf der Wiesen?" — „Lorenz, meine Uniform heraus suchen und ausklopfen, — die Köchin soll schauen, ob keine Knöpf' fehlen!" —

Dieser geplagte Mann war aber niemand anders als der Herr Salinen- und Badearzt Doktor Götz, das Faktotum und die Seele des kleinen Badeortes Ischl, der sich in einer kurzen Zeit durch seine herrliche Lage, seine interessanten Umgebungen, die Empfehlungen berühmter Aerzte der Residenz zu einem der ersten Bäder Oestreichs aufgeschwungen hatte und seinen Flor und Wohlstand in vieler Hinsicht eben den eifrigen Bemühungen unseres geplagten Doktors zu verdanken hatte. Doktor Götz war ein Original, und wenn er auch in ärztlicher Wissenschaft von manchen seiner Collegen übertroffen wurde, so war er doch als gefälliger, unermüdlicher Badearzt, unterrichteter Cicerone und unerschöpflicher maitre de plaisir unerreichbar. Schnell, sprudelnd und hastig in seinem Benehmen, war er, was man in Oestreich einen „Schuß" nennt, aber er verband mit seinen Sonderbarkeiten so viele gute Eigenschaften des Herzens, daß ihn Alle, Einheimische wie Badegäste, gleich gern hatten und schätzten.

Das außerordentliche Ereigniß aber, das unsern Badearzt und mit ihm ganz Ischl, in Bewegung und Alarm versetzte, war die auf den 19. Juli festgesetzte Ankunft des Kaisers mit der Kaiserin, dem Erzherzog Franz Carl mit seiner Gemalin, dem Erzherzoge Ludwig und dem ganzen Hofe. — In allen Häusern wurde gewaschen, gescheuert, geputzt, Vorhänge aufgesteckt, auf allen Bergen krochen Arbeiter, von unten wie emsige Ameisen anzusehen, mit den Vorbereitungen zur Bergbeleuchtung beschäftigt, herum, Transparente und Lampen wurden an den Häusern befestigt, die kleinen Schiffe der Traun mit Flaggen geziert, — und aus dem großen Salzhause tönte ein lustiger Trompetenmarsch der Musik des Jägerbataillons, die eigens aus Salzburg herbeigekommen war, — während die städtische Dilettantenmusik ihrerseits in einem andern Lokale einen großartigen Festmarsch mit obligater türkischer Trommel so wacker verarbeitete, daß alle Bergechos wach wurden.

Während ganz Ischl so in freudiger, tumultarischer Bewegung war, wollen wir uns nach Gmunden, an die Ufer des Traunsees begeben, dessen herrliche Spiegelfläche damals noch kein Dampfschiff, sondern nur elende, aus einigen Brettern zusammengefügte Kähne befuhren, wie sie die dortigen Schiffer von ihren Urahnherren überkommen hatten, und an denen sie, eifrige Anhänger des konservativen Prinzips, weder etwas ändern, noch verbessern wollten. — Es war Mittag, die Julisonne sandte ihre heißesten Strahlen herab, die von den kahlen Felsenwänden des kolossalen Traunsteins abprallend, mit doppelt drückender Gewalt sich auf den See und auf die Schindeldächer des Städtchens warfen. Am Ufer des See's, neben dem Salzhause, standen einige Reisende, die über den See nach Ebensee wollten, in eifriger Unterhaltung mit einem der Schiffer begriffen.

In diesem Augenblicke kam ich mit dem wackern Holzinger, dem biedern Wirthe „Zum goldenen Brunnen" in Gmunden an das Ufer herab. Ich war mit dem Eisenbahntrain von Linz angekommen und wollte nun in größter Eile dem Ziele meiner Reise, Ischl zu, meinen Weg fortsetzen. Holzinger hatte indeß am Ufer des Sees stehend, einen prüfenden Blick auf diesen, einen zweiten auf den Himmel geworfen und sagte kopfschüttelnd: „Ich möcht' Ihnen rathen, nicht zu fahren; warten's bis heut' Abend; — der Traunstein hat heut' früh seine Nebelkappe aufgehabt, die Sonne sticht und der See ist gar zu still; das bedeutet nichts Gutes." — „Ich muß hinüber!" — war meine Antwort; „zudem ist kein Wölkchen am Himmel, die Luft rein und in zwei Stunden sind wir drüben." — Er zuckte die Achseln und nahm mit gutmüthiger Herzlichkeit Abschied; — ich aber sprang in den zum Abstoßen bereiten Kahn, in dem bereits zwei junge rüstige Schiffer, vier Herren und eine Dame sich befanden, und in wenig Augenblicken trieb unser leichtes Schifflein auf der unabsehbaren Fläche des Sees dahin. Ein leichter Wind, der sich vom Lande aus erhob, schien uns zu begünstigen und die Schiffer spannten ihr Segel auf, mit den Rudern nur hie und da nachhelfend. Ein solches Segel bestand aber nur aus einem ungefähr acht Quadratschuh großen Stücke geflickter und theilweise zerrissener Leinwand, das mit einer Querstange oben, einer unten, an einem am Vordertheil des Schiffes aufgepflanzten Stocke befestigt war.

Ich hatte Zeit und Muße, meine Reisegesellschaft näher zu betrachten; — sie bestand aus einem Landpfarrer mit seiner Nichte,

aus zwei jungen Handlungs-Commis von Linz, die einen dreitägigen Urlaub zur Besichtigung einiger Schönheiten des Salz-
kammergutes benutzen wollten, und aus einem schwedischen Marine-
offiziere, dem Fregattencapitain Graf Fersen, der seiner Gesundheit
halber Ischls Bäder besuchen wollte. Mit Letzterem wurde ich
schnell bekannt, er hatte Europa durchwandert, war gebildet, be-
lesen, und seine an persönlichen Erfahrungen reiche Schilderung
seiner Reisen verwickelte uns bald in ein interessantes Gespräch,
als der eine Schiffer, ohne ein Wort zu sprechen, auf ein kleines,
graues, dichtzusammengeballtes Gewölke zeigte, das wie eine Kugel
am Horizonte über den Bergen von Traunkirchen hing; — während
der andere Schiffer, das Zeichen bemerkend, emsig zu rudern anfing und vor sich hinbrummte: „Unser Herrgott gebe, daß wir gut
hinüber kommen."

Wir lachten über diese Aengstlichkeit wegen eines kleinen
Wölkchens an dem sonst reinen, blauen Himmel, und der schwedische
Kapitain, der die Stürme des tobenden Nordmeeres bestanden hatte,
sagte: „Was kann Einem auf dieser Pfütze auch geschehen?" Er
hatte diese Worte noch nicht ausgesprochen, als die Wolkenkugel
sich schon mit riesenhafter Schnelligkeit vergrößert und über den
halben Horizont ausgedehnt hatte, während ein heftiger heulender
Windstoß sich über die Berge hinabstürzend und Tannen und
Fichten zersplitternd, den See bis zu seinem Grund aufwühlte
und unser Segel erfassend, den Vordertheil unseres Schiffchens
so tief ins Wasser tauchte, daß es halb voll Wasser wurde. Um
Gotteswillen das Segel herunter! schrie der Schiffer vom Hinter-
theile, aber ein zweiter Windstoß hatte bereits zu unserem Glücke
die Segelstange abgebrochen und das Segel schwamm auf den
schäumenden Wogen mit den Jacken und Hüten der Schiffer, die
diese der Hitze wegen abgelegt hatten.

Wie mit einem Schlage wurde es fast Nacht, ein entsetzliches
Heulen der Windsbraut übertönte unsere Worte, wir blickten zurück
und sahen den See thurmhoch, wie eine breite Eismauer auf uns
heranrollen. „Alles niederwerfen auf den Boden!" schrie der eine
Schiffer, das Commando mußte befolgt werden, damit der Wind
weniger Gegenstände des Widerstandes finde. Ich und Graf
Fersen knieten am Vordertheile, bemüht, mit unseren Reisekappen
das Wasser auszuschöpfen, das Welle auf Welle in unser auf-
und niederstürzendes Boot hineinwarf. Wir trieben mit Blitzesschnelle Traunkirchen zu — ein Blick zeigte uns ein Schauspiel,

das eben nicht geeignet war, unseren Muth zu erheben; — am Ufer lag die Gemeinde auf den Knieen, und der Priester, der mit ihr den Sonntags=Nachmittagsgottesdienst verlassen hatte, gab uns vom Ufer aus mit dem Hochwürdigsten den Segen. Es war ein großer, erhabener und dabei schauerlicher Moment; was ich in jenem Augenblick gedacht, empfunden, — ich vermag es nicht mehr klar zu beschreiben, — ich dachte an Frau und Kind, — dann trat jene Resignation ein, welche die einzige Zuflucht des Menschen in solcher Lage ist. Auf dem Schiffe herrschte eine lautlose Stille, die Schiffer hatten die Ruder weggelegt und schienen sich zum Schwimmen bereit zu machen. Das Frauenzimmer lag ohnmächtig im Boote; der Pfarrer betete, während der eine Handlungscommis von Zeit zu Zeit verzweifelnd schrie: „An's Land fahren!" — Jetzt erfaßte uns die volle Gewalt des Föhns, hob unser Schiff hoch empor, man sah und hörte nichts mehr in der Wind= und Wasserhose, in der wir eingewühlt waren — ein Stoß — wir waren an ein Ufer geworfen worden, — mit Blitzesschnelle sprangen die Schiffer heraus und zogen das Boot mit Stricken an sich, wir sprangen heraus. Es war das kleine Vorgebirge, wo man gegen Ebensee umbiegt und wo eine Votivsäule steht, wohin die Riesengewalt des Föhns uns zu unserm Heile geschleudert hatte. Da standen wir sieben Menschen auf einem Plätzchen von ungefähr sieben Quadratschuh, hinter uns eine unerklimmbare Felsenmauer, während von vorn der tobende See uns seine Wellen bis an die Brust hinaufwarf und sünd=fluthartiger Regen aus allen geöffneten Wolkenschleusen herabströmte. Es war eine erbärmliche Lage, aber paradiesisch für jeden von uns, im Vergleich mit dem Aufenthalte auf dem Schiffe vor wenigen Minuten.

Ich hatte vor dem Ausbruche des Sturmes zufällig auf die Uhr gesehen, — ich schaute wieder auf dieselbe, — fünfzehn Minuten hatte unser Todeskampf gedauert, fünfzehn Minuten, die uns schnell wie eine Sekunde vorübergegangen waren, und in denen uns der Sturm eine Strecke fortgetragen hatte, zu der man sonst anderthalb Stunden braucht. Wir mochten ungefähr eine Viertelstunde auf unserem unbequemen Rettungsplatze, uns einer an den andern klammernd gestanden haben, als ein donnerähn=liches Geröll in unserm Rücken losbrach. „Das sind die Berg=riesen, wir müssen fort!" — schrieen die Schiffer und in der That war unsere Position nicht mehr haltbar.

Ein heftiger Wolkenbruch schwillt in diesen Bergen die Bäche, die sonst von den Höhen sparsam herabrieseln, zu wilden Strömen an, die in den natürlichen Rinnen und Einschnitten des Berges, „Riesen" genannt, herabstürzen und Bäume, Gesträuch, Stein=massen und kleines Gerölle mit sich hinabwälzen. Das Rollen der Steine, das Krachen der jungen Bäume, die sie in ihrem lawinenartigen Laufe mitnahmen, das Rauschen der Wassergüsse wurde immer heftiger, rechts und links schlugen schon centner=schwere Steine in den See, daß er weißschäumend aufspritzte, wir mußten jeden Augenblick gewärtigen, daß sich eine solche Schleuße auch hinter uns einen Weg bahnen werde, — und dann waren wir verloren; — also in's Boot!

Der See war etwas ruhiger geworden, die erste Wuth des Sturmes hatte sich gelegt; — die Schiffer stiegen in's Wasser und hoben das Schifflein, das der See gehoben und beim Nieder=senken zwischen Felsenspitzen eingeklemmt hatte, in das Wasser; — zum Besinnen war keine Zeit, wir trugen das Frauenzimmer und den weinenden Handlungscommis mit Gewalt in das Boot und überließen uns von neuem unseren entschlossenen Schiffern und unserm guten Glücke. Kaum waren wir zwanzig Schritte weit in der See, als eine neue Riese losbrach und Felsenstücke und Baumstämme mit wüthender Gewalt auf den Platz schleuderte, den wir soeben verlassen hatten. Eine Minute später und wir wären zerschmettert worden; so aber kamen wir von den Wogen hin= und hergeschleudert, glücklich nach Ebensee, wo der Pfarrer und seine todtkranke Nichte zurückblieben, uns Andere aber der Postmeister mit einem guten Wagen nach Ischl beförderte. — Ehe wir einstiegen, sahen wir noch unsere Schiffer wieder in den noch immer unruhigen See hinausstechen, theils um, wie sie sagten, ihre Hüte und Jacken wieder zu fischen, theils um zu ihren Angehörigen zu kommen. — „Die werden weiter keine Angst haben!" sagte der Aeltere — „wenn wir heute nicht zurückkommen, so glauben sie, wir sind ertrunken".

Das Unwetter hatte ausgetobt, die Abendsonne beleuchtete die Berge, als wir um acht Uhr in Ischl ankamen.

———

Ich war damals Direktor des ständischen Theaters in Linz und führte in dieser hübschen und gemüthlichen Donaustadt jenes

beweglich geschäftige, und dabei doch trocken-einfache Leben, das
den Wirkungskreis eines österreichischen Provinz-Direktors aus-
macht und in einer täglich wiederkehrenden Reihe von Arbeiten,
Plagen, vielem Verdrusse und mäßigen Einnahmen bestehend, ein
fortwährendes Ringen, Kämpfen, Streben und Spekuliren, ohne
die Aussicht irgend eines befriedigenden Endzieles, nöthig macht!
Beschäftigt eben auf der Probe, C. M. von Webers nur zu
wenig gekannte „Silvana" in die Scene zu setzen, war ich plötzlich zu dem Gouverneurs-Stellvertreter, Hofrath Krtczka von
Jaden gerufen und von diesem, um weitere Befehle zu erhalten,
augenblicklich nach Ischl, geschickt worden und dies war die zwar
kurze, aber doch eilige Reise, auf der mich der geneigte Leser am
Traunstein antraf.

Das große und geräumige Postwirthshaus in Ischl hatte
mich Ermüdeten aufgenommen und nachdem ich aus meinem durch
und durch nassen Reisesack einige, wenigstens nur halbnasse Kleidungs-
stücke hervorgesucht und die am Leibe befindlichen ganz durchnäßten
damit vertauscht hatte, ging ich in das Tafelzimmer hinunter, wo
ich mehrere Honoratioren des Städtchens und auch meinen Reise-
gefährten, Grafen Fersen schon fand. Das Gespräch drehte sich,
wie natürlich, meistens um den heute erlebten Sturm, der auch
hier fürchterlich gehaust hatte, und der alte Mautheinnehmer behauptete, seit zwölf Jahren keinen ähnlichen erlebt zu haben. —
„Ich habe", sagte der meergewiegte schwedische Capitän, „mir die
Möglichkeit eines solchen heftigen Sturmes auf diesem doch verhältnißmäßig nur kleinen See nie denken können; — ich bin be-
kehrt und eines Besseren belehrt. Ich habe in den Weihnachts-
tagen von 1832 sieben und dreißig Stunden im heftigsten Sturme
auf der Ostsee zugebracht, — mein Schiff hatte zwei Masten verloren, aber ich entsinne mich nicht, daß jene lange Zeit des
Kampfes mit den stürmenden Elementen auf mich einen so tiefen
erschütternden Eindruck hervorgebracht hätte, als diese Viertelstunde
auf dem Traunsee." — „Sie haben von Glück zu sagen", bemerkte der Postmeister, „daß die Gewalt des Windes sie auf jenen
Punkt warf, wo ein kleines Plätzchen zum Landen war, an der
ganzen Seite des Traunsteins, und fast an jedem Punkte der
untern Hälfte des Sees, ist das Anlanden unmöglich und der Kahn
wäre an den steilen Felswänden von der Brandung zerschellt
worden. Wir haben nur zu viele Beispiele!" Unser Gespräch
wurde durch ankommende Badegäste mit der Nachricht unterbrochen,

derselbe Sturm habe auf dem Wolfgangsee einen Nachen mit acht
Personen umgeworfen und Alle seien ertrunken.

Tief erschüttert priesen wir die schützende Vorsehung, die uns
aus der drohenden Gefahr gerettet hatte, und während der ver=
zagte und erblaßte Handlungscommis sich hoch und heilig ver=
schwor, nie in seinem Leben mehr zu Wasser, sei es auf einem
See, Flusse oder dem Meere zu reisen, suchten wir unsere Zimmer
und die so nöthige Ruhe.

Am andern Morgen machte ich meine Besuche und erfuhr
vom Polizeidirektor Graff die Ursache meines Hierseins. Er und
der Landesgouverneur, Baron Skrbenski, mit den Vorbereitungen
zum Empfange des Hofes beschäftigt, hatten auch das Theater
besucht und die für den Badeort concessionirte Gesellschaft eines
Herrn Seidler aus den böhmischen Wäldern zu schlecht befunden,
um dem Hofe bei schlechtem Wetter eine auch nur annehmbare
Zuflucht im Theater bieten zu können; — ich sollte nun diese
Lücke ausfüllen und, Schauspiel und Lokalposse dort zurücklassend,
mit der Oper von Linz auf einen Monat herüberkommen. Es
war keine Zeit mehr zu verlieren, wir zählten den 16.; — am
19. kam der Hof und am 20. mußte schon die erste Vorstellung
sein; — ich wurde daher an das allgemeine Faktotum, den
Doktor Götz, wegen der Details gewiesen und traf diesen endlich
beim Mittagsessen. „Aha, Sie sein der Herr Theaterdirektor
von Linz, — freut mich — war neulich bei Ihnen in Linz im
Theater, hab' herzlich gelacht, hören Sie, der Baptist ist ein
Teufelskerl, und Ihre Frau ist gar a liebes Trutscherl, und so
g'spaßig, — Du Frau! — a Flaschen St. Peray für den Herrn
Direktor, — a Stückel Kapauner, nicht wahr? das werden's doch
nicht verschmäh'n," — und so ging's in der herzlichen und gut=
müthigen Suada des Doktors fort, ohne mich nur zu Worte
kommen zu lassen.

Endlich kam auch der Zweck meiner Reise an die Reihe;
— ich erkundigte mich nach den näheren Theaterverhältnissen.
„Alles in der schönsten Ordnung!" sprudelte mein Doktor, —
ich übergebe Ihnen das ganze Theater, wie es liegt und steht,
Sie kriegen an Dekorationen einen Wald, eine Stadt, zwei Zimmer,
einen Garten, einen Saal und einen Kerker, — der ist für die
Bösewichter zum Einsperren, bringen's nur gute Subjekte und
spielen's recht schön, dann werden's schon brav Geld einnehmen;
— das heißt, von uns Ischlern kriegen's nit viel, das sag ich

Ihnen schon im Voraus, die halten nichts auf solche Dummheiten, aber die Fremden und dann der allerhöchste Hof; — nun genug; Sie werden zufrieden sein." Da ich wußte, daß der Besuch des Hofes die Wohnungen nicht nur selten gemacht, sondern auch den Preis derselben bedeutend vertheuert hatte, so bat ich ihn, mir die nöthigen Logis für die Gesellschaft zu besorgen. „Schon recht, nur mich machen lassen! — Wann kommen Sie mit Ihren Leuten an?" — „Am 19. Abends!" — „Gut is, am 19. Mittags sein alle Quartiere in der Ordnung, — nur auf mich verlassen; bringen's alle Leute da zu mir her, und von da schicken wir sie in die Wohnungen."

Nachdem ich ihm nun eine genaue Liste der nöthigen Wohnungen gegeben, das Theater besichtigt und manche nöthigen Vorkehrungen getroffen hatte, nahm ich von meinem wackern Doktor herzlichen Abschied und kam wohlbehalten und ohne Unfall auf dem See nach Linz zurück, wo meine Botschaft von der Gesellschaft mit Enthusiasmus aufgenommen, über Hals und Kopf eingepackt und Alles so in den Stand gesetzt wurde, um die beabsichtigte Reihe von Opernvorstellungen vor einem so hohen Publikum ohne Hinderniß und mit der möglichsten Vollkommenheit geben zu können.

Am 19. Juli reisten wir auf der Pferdebahn von Linz ab, kamen zu Mittag nach Gmunden und von da über den See nach Ebensee, von dem schönsten Sommerwetter begünstigt. Die große Fähre, auf der sich die Gesellschaft befand, bot einen heiteren und malerischen Anblick; Dekorationen, Versetzstücke, Garderobekisten, Koffer und Mantelsäcke erhoben sich in verschiedenen Pyramiden, um und auf denen die Mitglieder der Gesellschaft, der Hitze wegen, in den barokesten Sommerkostümen, lagerten und mit lustigen Chören von Kreutzer und Weber das Echo der Bergwände hervorriefen. Ich war mit einem leichten Steyrerwagen bis Traunkirchen gefahren und hatte mich erst von dort überschiffen lassen, wodurch ich einen Vorsprung von einer Stunde vor der Gesellschaft gewonnen, den ich dazu bestimmt hatte, um in Ebensee die nöthigen Fuhrwerke zu requiriren und die Gesellschaft ohne Aufenthalt sogleich nach Ischl zu befördern.

Allein wer schildert meinen Schreck, als mir der Stallknecht in Ebensee, — denn der Postmeister, seine Familie und alle Honoratioren der Stadt waren nach Ischl, — mit der ruhigsten Trockenheit von der Welt berichtete, in ganz Ebensee wäre heute

kein Pferd aufzutreiben, sie hätten alle Pferde dem Postmeister
von St. Gilgen für die kaiserlichen Relais leihen müssen, vor
Mitternacht käme keines zurück, und vor morgen früh könne dann
nicht eingespannt werden; — und morgen sollte, — mußte die
erste Vorstellung sein; — der Besuch des Kaisers im Theater
war bereits festgesetzt und angesagt worden. Wir schickten überall
herum, um wenigstens Ackerpferde zu bekommen, Alles umsonst,
— ein einziger Ochsenwagen, gewöhnlich zum Steineführen benutzt, wurde aufgetrieben. Unter diesen Debatten und Bemühungen
landete die Gesellschaft und die ohnehin schon heillose Confusion
wurde durch zwanzig bis dreißig fragende, lachende, klagende und
fluchende Stimmen, durch das Ausladen der Bagage u. s. w.
noch vermehrt.

Nachdem ich die Unmöglichkeit, Pferde zu bekommen, klar
eingesehen hatte, blieb nichts Anderes übrig, als aus der Noth
eine Tugend zu machen und einen Entschluß zu fassen; — ich
ließ daher acht Damen der Gesellschaft und ein Kind auf meinen
Steyrerwagen setzen, der eigentlich nur vier Personen fassen konnte,
band meine eigenen Koffer außen zwischen den Rädern rechts und
links an, setzte mich selbst auf den Bock, und nachdem ich die
Bagage auf den Ochsenwagen hatte laden lassen und den Zurückbleibenden Geduld empfohlen hatte, bis ich ihnen von Ischl aus
Wagen schicken könnte, kutschirte ich getrost gegen Ischl zu.

Unser Wagen, der mit den zehn Personen oben und den
vier bis sechs Koffern rechts und links einer leibhaften Arche
Noahs ähnlich sah, schwankte in demselben Augenblicke von der
Linzer Seite nach Ischl hinein, als von der Salzburger der Kaiser,
die Kaiserin und der ganze Hofstaat unter den Tönen der Musik,
dem Geläute der Glocken, dem Krachen der Pöller und dem Jubel
der Bevölkerung ihren Einzug in den freundlichen Badeort hielten.
Alles wogte, jubelte, drängte und zwängte sich durcheinander, und
wir konnten in diesem allgemeinen Tumulte weder Wagen für
unsere Nachzügler bekommen, noch unsern Hoffnungsstern, den
Doktor Götz, ausfindig machen. Wir fuhren also mit unserm
wunderlich anzusehenden Fuhrwerke, zur eben nicht besonderen
Belustigung der sich drängenden Menge, auf gut Glück hin und
her, ohne auch nur die mindeste Unterkunft zu finden. Es ward
bereits dunkel, die Illumination des Städtchens begann, während
auf allen Bergen ungeheure Scheiterhaufen auflohderten und ein
wahrhaft großartiges Schauspiel darboten, und wir waren noch

immer hilf=, rath= und obdachlos; — als ich plötzlich durch einen
Zufall den Bedienten des Doktor Götz erblickte, wie der Geier
auf die Taube, auf ihn losstürzte und ihn mit Fragen über unsere
Wohnungen bestürmte.

„Sie meinen die Quartiere für die Komödianten", —
stammelte er ganz erschrocken über meine Heftigkeit; „ich werde
den Herrn Doktor aufsuchen und fragen; — eines ist da gleich
über dem Wasser, das habe ich erst gestern bestellt." Wir ließen
uns das nicht zweimal gesagt sein und fuhren auf das bezeichnete
Haus zu; eine dicke, freundliche Frau empfing uns schon an der
Thüre: „Ach! Sie sein die Herrschaft für die der Herr Doktor
Götz das Quartier bestellt hat," sagte sie auf meine Anfrage, —
„er hat mir keinen Namen gesagt, — nun spazierens nur herein!"

Froh, endlich ein Obdach gefunden zu haben, setzten wir
uns sogleich in den Besitz der Wohnung, die ich vorläufig für
mich bestimmte, und meine Frau begab sich mit dem Kinde zur
Ruhe. Sie mochte kaum eine halbe Stunde geschlafen haben, als
der Bediente des Doktor Götz athemlos hereinstürzte und uns um
Gottes willen bat, die Wohnung schnell zu verlassen, er habe sich
geirrt, dieses Quartier sei für den **Prinzen von Mecklen=
burg** bestellt, sein Herr schlage ihn todt, wenn er das erfahre;
wir möchten nur mit ihm kommen, die Quartiere seien schon alle
in der Ordnung. — Fluchend und schimpfend rissen wir uns aus
der so kurz genossenen Ruhe und Bequemlichkeit wieder auf, und
unter einem heftigen Platzregen, der in einem Nu die ganze
Illumination ausgelöscht hatte, machten wir uns auf den Weg
zum Doktor, wo bald darnach auch die übrige Gesellschaft in dem
entsetzlichsten Zustande eintraf. Sie hatten sich zu Fuß auf den
Weg gemacht, waren vom Regen unterwegs überrascht worden
und die ihnen spät entgegengeschickten Wagen hatten sie erst eine
Viertelstunde vor der Stadt getroffen. Alles schrie, durchnäßt,
in ganz mit Lehm beklebten Schuhen, verdorbenen Kleidern,
fröstelnd und zähneklappernd, um Quartiere, und Doktor Götz
ließ sich noch immer nicht sehen. Endlich trat er in den Hof;
— Alles stürzte wie die Verzweifelten auf ihn zu: „Ist Alles in
der Ordnung! — für heute hab' ich drei Quartiere, die andern
kriege ich morgen; — aber das macht nichts," — setzte er hinzu,
als ein allgemeiner Schrei des Unwillens den zweiunddreißig
Personen entfuhr, „Sie werden darum heute doch Alle prächtig
untergebracht."

Was war zu thun? — Wir loosten um die drei Quartiere, und die Uebrigen machten sich, von dem Bedienten geleitet, auf den Weg in das Interims=Nachtlager. Ein großes Gebäude trat ihnen, nachdem sie beim matten Schein einer Laterne einen kurzen holprigen Weg durchstolpert hatten, entgegen, seine Thüren öffneten sich auf das Läuten des Bedienten und nach einigen kurzen Er=klärungen mit dem Pförtner wurden sämmtliche, ungefähr fünf=undzwanzig Personen, in verschiedene Zimmer durch matte Oel=lampen erleuchtet und mit reinlichen Betten versehen, einquartiert. Das Haus war öde und still, und da sie die einzigen Bewohner zu sein schienen, keine Bedienung sich sehen ließ, und auch auf die Fußreise im Regen das Bedürfniß körperlicher Ruhe sich immer klarer kundgab, so lag bald Alles in den Betten, in den Armen des tiefsten Schlummers.

Doch diese Ruhe sollte nicht lange dauern; denn die Schläfer des großen Saales wurden plötzlich durch das Hereinstürzen eines ihrer Kameraden aufgeweckt, der mit allen Zeichen des Entsetzens, außer sich vor Angst schrie: „Jesus, Maria, Joseph! wo sind wir!" — Es war der Baritonist Egner, der nicht schlafen konnte und seine Kameraden im andern Zimmer besuchen wollte. Tappend, erzählte er, wäre er auf den Gängen herumgewandelt, endlich hätte er eine angelehnte Thür gefunden, aus der ihm ein matter Lichtschein entgegenschimmerte, sie aufgestoßen und wäre bei dem Anblicke, der sich ihm im Innern darbot, bald ohnmächtig zusammengefallen, denn bei dem Scheine einer an der Decke auf=gehängten Oellampe sah er vor sich auf einer kleinen Erhöhung — zwei Leichen. — Alles wachte auf, man versammelte sich um den Erschrockenen, man machte Conjekturen und Erklärungen und die Unruhe der Parteien war bereits bedeutend gestiegen, als der Tag anbrach und die halb lachende, halb böse Gesellschaft be=lehrte, welchen Ausweg der nie verlegene Doktor Götz ergriffen hatte, um sie einzuquartieren; — sie befanden sich nämlich Alle, sammt und sonders, — im Spitale!!!

Aber auch diese Ruhestätte wurde ihnen vom Schicksale nicht lange gegönnt, denn um acht Uhr kam der Hofrath Doktor Wirer, schimpfte über die Einquartierung des Doktor Götz und jagte ohne Gnade und Barmherzigkeit Alles hinaus, da Seine Majestät der Kaiser um zwölf Uhr Mittags das Spital besichtigen werde; — zum Glück waren indessen Quartiere gefunden worden, Alles ward, theils besser, theils schlechter, untergebracht, und nun begann

für uns ein so interessanter Zeitraum von vier Wochen in dieser
paradiesischen Gegend, daß ich, sowie Jeder von uns noch nach
Jahren mit freundlicher Erinnerung daran zurückdenkt.

Die erste Vorstellung war Bellini's „Norma". Das kleine
aber freundliche Theater strotzte von Uniformen, Ordenssternen,
Epauletten, glänzenden Toiletten, und der Kaiser, die Kaiserin,
der Erzherzog Franz Karl und seine Gemahlin, sowie der Erzherzog Ludwig wurden mit lautem Jubel empfangen. Der Kaiser,
den ich einige Wochen früher in Linz im Theater empfangen hatte,
erkannte mich gleich wieder, als ich ihn in seine Loge führte:
„Ach! da ist ja unser Theaterdirektor von Linz wieder!" — sagte
er zu seiner Gemahlin gewendet, und das Wort an mich richtend,
fragte er mich über meine Stellung, die Linzer Theaterverhältnisse
u. s. w. „Nun ich hoffe, wir werden uns noch öfter sehen",
schloß er mit gutmüthig östreichischem Accente.

Die Oper ging gut und am andern Morgen wurde ich zum
Staatsminister Grafen Kolowrat gerufen. Er theilte mir die
Zufriedenheit des Kaisers und der kaiserlichen Familie mit, be-
sprach sich über das künftige Repertoire und trug mir auf, mich
bei etwaigen Hindernissen, Verlegenheiten u. s. f. nur direkt an
ihn zu wenden. Somit schien mein improvisirtes Unternehmen
auf dem besten Wege des Gelingens zu sein, als die guten Aussichten sich mit einem Male trübten; — zwei Tage nach der ersten
Vorstellung nämlich war die Kaiserin von den Masern befallen
worden und natürlich konnte nun Niemand vom Hofe das Theater
besuchen. Die Krankheit der Kaiserin wirkte auch nachtheilig auf
das übrige Badeleben, alle Feste wurden verschoben, Bälle und
Gesellschaften abgesagt, und nur einzelne Landpartien und Excursionen zeigten, daß es noch Badegäste in dem plötzlich stillen
Ischl gebe.

Endlich besserte sich der Zustand der Kranken, es wurden
keine Bulletins mehr ausgegeben, sie konnte bald das Bett verlassen, und am 15. August, dem Tage von Mariä Himmelfahrt,
sollte sie zum ersten Mal das Zimmer verlassen und ausfahren.
— Als dieser leibärztliche Beschluß gefaßt war, wurde ich am
zehnten August in größter Eile zum Minister Grafen Kolowrat
gerufen; — er trug mir auf, für den 15. das Programm eines
Genesungsfestes für I. M. die Kaiserin zu entwerfen, mich so
viel als möglich an den ländlichen Charakter des Bade-Auf-
enthaltes zu halten und das Arrangement des Ganzen zu über-

nehmen. — „Was brauchen Sie Alles?" fragte er mich zuletzt,
nachdem er mir seine Ansichten auseinander gesetzt hatte; —
meine Antwort: „Geld und Menschen, Ew. Excellenz!"
machte den ruhigen Staatsmann lächeln, — ich hatte die zwei
Dinge genannt, die man zu allem Wichtigen ouf dieser Erde
braucht, die zwei Elemente, aus denen alle Begebenheiten der
großen Jämmerlichkeit, genannt Weltgeschichte, zusammengesetzt sind.
„Wenn es weiter nichts ist", sagte er ironisch lächelnd, „die sollen
Sie haben." — Ich erhielt die nöthigen Geldvorschüsse, eine
Anweisung an das Salinenamt um Arbeiter zu erhalten, eine
Anweisung an die Post zu den nöthigen Staffetten und machte
mich, nachdem mein Programm die Genehmigung des Ministers
erhalten hatte, rasch an's Werk.

Das Theaterorchester, die städtische Dilettantenmusik und
die Militärmusik des Jäger=Bataillons wurden in ein einziges
großes Orchester von ungefähr hundertundfünfzig Personen unter
der Leitung meines Kapellmeisters Eder vereinigt, — ein fast
ebenso starker Chor, aus dem Theaterpersonale, Militärsängern
und Dilettanten gebildet, Feuerwerke, bengalische Feuer, Trans=
parente u. s. w. von Linz verschrieben, und unter einem immer=
währenden Tumulte von Proben, Vorbereitungen, zurückkehrenden
und abzuschickenden Staffetten und Boten, Arrangements, Ordres
und Contreordres vergingen die wenigen Tage, und der Morgen
des 15. August brach klar und schön zur allgemeinen Freude der
Bevölkerung an.

Ehe ich mich an die kurze Beschreibung der Festlichkeiten
dieses für Ischl lange denkwürdigen Tages mache, muß ich hier
noch eines Mannes erwähnen, der mir rathend und helfend
zur Seite stand, und dessen Andenken ich hier einige Zeilen
der freundlichen Erinnerung widmen muß. Es war dies Graf
Ferdinand Palfy, Magnat von Ungarn, Kommandeur und
Ritter vieler hoher Orden, Mitglied mehrerer gelehrter Gesell=
schaften, den ich hier in anderen, beschränkteren Verhältnissen
wiederfand, als ich ihn einst gesehen.

Graf Ferdinand Palfy, aus einer der ersten und angesehensten
ungarischen Familien entsprossen, hatte eine ausgezeichnete Erziehung
erhalten, und sein leicht beweglicher Geist, sein poetisches Gemüth
und eine ihm angeborene Künstlernatur machten ihn zum Mäcen
und Beschützer aller künstlerischen Bestrebungen. Allein dieser
beschränkte Wirkungskreis genügte seinem Feuereifer nicht; mündig

geworden und im Besitze eines bedeutenden Vermögens trat er als Direktor an die Spitze des k. k. Hofburgtheaters, bald darauf, um selbstständiger wirken zu können, kaufte er das Theater an der Wien, wo sich unter seiner genialen Leitung jene künstlerische Thätigkeit entwickelte, die den erstaunten Wienern Genüsse bot, wie sie sie nie gesehen hatten und auch schwerlich je wiedersehen werden.

Allein wie es gewöhnlich zu geschehen pflegt, wenn bei pekuniären Unternehmungen nur die großartigen Ideen des kunstbegeisterten Leiters und nicht die gemeinen Rücksichten der Cassa in's Auge gefaßt werden, so ging's auch hier dem Grafen; — er opferte seinen Ideen und Bestrebungen Alles, falsche Freunde mißbrauchten ihn, heuchlerische Creaturen beuteten seine Gutmüthigkeit aus und nach einer Reihe von Jahren hatte Graf Palfy sein ganzes väterliches Vermögen bei dem Theater an der Wien verloren. Noch einmal rettete ihn eine große Erbschaft, die er machte, aber auch diese ging desselben Weges und der edle, kunstsinnige Graf, dessen viele guten Seiten vielleicht nur etwas Verschwendungssucht und epikuräischer Lebensgenuß verdunkelten, sah sich plötzlich verarmt, in Concurs erklärt und sein Theater geschlossen.

Er rettete aus jenem Sturme nichts als seinen heiteren Humor, seine feine Bildung und eine erprobte Lebensphilosophie, die ihn zum gesuchten Gesellschafter Aller und, im Besitze einer kleinen geretteten Rente, es ihm möglich machte, nach wie vor die Seele seiner Gesellschaften zu sein.

Man riß sich um ihn, und so fand ich ihn denn elf Jahre nach dem Ende seiner dornenvollen Theaterdirektion in Gesellschaft des reichen ungarischen Grafen Nako in Ischl. — Die Stunden, die ich in seiner Gesellschaft zubrachte, und die für mich ebenso belehrend als erheiternd waren, werden mir stets unvergeßlich bleiben. Graf Palfy war trotz der vielen Lebensstürme, die über seinem Haupte dahingegangen waren, noch immer eine interessante Persönlichkeit; eine stets gesuchte, fast etwas kokette äußere Haltung, ein schön gelockter grauer Kopf, den er nie mit dem Hut bedeckte, sondern diesen immer in der Hand trug, ein feingeschnittenes schönes Gesicht und ein leichter, gewählter Umgangston zeigten immer noch den vollkommenen Cavalier, der einst über Millionen zu disponiren hatte. Ich sah ihn später noch einmal in Wien einige Monate vor seinem Ende, seine Vermögens- wie seine Gesundheitsumstände hatten sich bedeutend verschlechtert. Aber wie er im Aeußern noch immer den Anstand, das Decorum seines Ranges mit mancher Aufopferung aufrecht hielt, so waren auch sein Humor, seine heitere Laune, seine Lebensphilosophie unverwüstlich und man saß gerne stundenlang an seinem Bette, den heiteren Ergießungen seiner Laune zuhörend. „Wir werden uns wohl nicht mehr wiedersehen, mein junger Freund!" — sagte er mir, als ich zum letzten Mal von ihm Abschied nahm; „ich fühle, daß meine Rolle hier bald ausgespielt ist; — wenn Sie hören, daß mein letzter Akt gekommen ist, so denken Sie, der Theaterdirektor, manchmal an einen alten Theaterdirektor, der sich dieser Laufbahn noch immer mit größtem Vergnügen erinnert und Ihnen mehr Glück auf der Ihrigen wünscht."

Seine Prophezeiung ging bald in Erfüllung, er starb wie er gelebt hatte, heiter, unbesorgt, zufrieden. Kaum daß ein Journal seinen Tod flüchtig gemeldet hätte und doch hatte Graf Ferdinand Palfy Viele bereichert, Tausende beschenkt, unzählige Künstler unterstützt und gebildet, sein ganzes großes Vermögen künstlerischen Bestrebungen geopfert, aber er starb arm und die Welt urtheilt nach dem Erfolge. Von allen jenen Stimmen, die ihm in den Tagen des Glanzes geschmeichelt hatten, ward auch nicht eine laut, um ihm nur einen Nekrolog zu widmen, und eben deshalb halte ich es, der ich ihn erst in seinen trüben Tagen kennen lernte, für meine Pflicht, hier einige Worte der Erinnerung an den Hinübergegangenen, Vielverkannten auszusprechen. Ruhe seiner Asche! Freundliche Erinnerung seinem Andenken! —

Ich will hier die Leser nicht mit einer langen ausführlichen Beschreibung der Feierlichkeiten des Genesungsfestes ermüden, ich bemerke nur kurz, daß eine militärische Morgenmusik den festlichen Tag eröffnete, in der Pfarrkirche ein solemnes Hochamt gehalten und eine Messe von Cherubini ausgeführt wurde, daß die Kaiserin zu Mittag bei der Ausfahrt unter dem herzlichen Jubel der Bevölkerung empfangen und begrüßt wurde, daß sie beim Zuhausekommen eine Deputation von allerliebsten kleinen Mädchen in ihren Appartements fand, die ihr einen Kranz von Alpenblumen und ein Gedicht: „Der Kinder Gruß an ihre Kaiserin!" überreichten — und gehe, die fröhlichen Volksfeste des Nachmittags überspringend, zu der Feier des Abends selbst über.

Das bestellte Feuerwerk, dessen Ausbleiben mir eine schlaf=
lose Nacht verursacht hatte, war erst am Morgen des Festtages
selbst in Ischl angekommen, und ich brachte daher den ganzen
Tag mit Aufrichtung desselben beschäftigt, auf der Höhe des
Sirius=Kogel, in einer brennenden Sonnenhitze von 27 Grad
und ohne einen Tropfen Wasser zu, wobei sich kein Unfall als
der ereignete, daß ein ganzes Packet Raketen durch unvorsichtiges
Tabakrauchen sich entzündete und mit höllischem Gezische und Gekrach
durch den ganzen Wald in tausend Richtungen davon fuhr, während
die erschrockenen Arbeiter, lauter Salzbauern, sich bekreuzten und
laut schreiend, ängstlich über den Berg hinab davonliefen.

Die Vorstellung von „Gustav" oder: „Der Maskenball"
war in dem festlich erleuchteten Theater zu Ende, die Dämmerung
brach herein, und nachdem ich noch die nöthigen Anordnungen
getroffen hatte, machte ich mich schnell auf den Weg, um den
Berg, wo das Feuerwerk aufgestellt war, noch zu rechter Zeit
zu erreichen.

Vor den Fenstern der Kaiserin, am Ufer der Traun, hatte
sich indeß das ganze Personal der Nachtmusik versammelt, gegen
dreihundert Personen, und die Ouverture von Auber's „Schwur"
begann. Ihr folgten andere Ouverturen, die brillantesten Finale
des Opernrepertoires, von dem verstärkten Sänger= und Orchester=
Personale ausgeführt, während die mannigfachsten Feuerwerks=
Produktionen auf dem den Fenstern gegenüber liegenden Berge mit
den Musikpiecen abwechselten. Die Wirkung großer Gesangsmassen
im Freien ist immer großartig und erhaben, und das erste Finale
von Mozart's: „Don Juan" in der stillen schönen Nacht, von
dem zahlreichen Personale ausgeführt, übertraf Alles, was ich in
dieser Art noch gehört hatte.

Als aber am Schlusse der der Kaiserin gewidmeten Cantate
auf allen Bergen große Feuer auflohderten, die krachenden Böller
ein tausendfaches donnerähnliches Echo aus den Bergen hervor=
riefen, zu gleicher Zeit Hunderte von farbigen Raketen und
Leuchtkugeln wie ein großes feuriges Bouquet die Lüfte durchkreuzten,
während das eine Ufer des Flusses sich mit rothen, das andere
mit weißen bengalischen Flammen bedeckte, als dazu in der nun
entstandenen Tageshelle das Jauchzen der unabsehbaren Volks=
menge, die rauschenden Klänge der jubelnden Trompeten und
Pauken sich mischten, da bot sich dem Zuschauer ein ebenso groß=
artiges als erhabenes Schauspiel dar. Die Majestäten erschienen

dankend auf dem Balkon und wurden nochmals mit herzlichen Lebehochs begrüßt.

Einige Tage darauf ließ mich der Leib=Kammerdiener des Erzherzogs Franz Karl, Herr Fleischhacker, zu sich bitten; — ich kam in meinem gewöhnlichen Arbeitsrocke; in demjenigen Negligée, das die Hitze des Sommers und das Ungenirte eines Badeortes mit sich bringen. „Seine kaiserliche Hoheit der Herr Erzherzog wollen Sie kennen lernen," — sagte er, als ich eintrat; ich wollte schnell nach Hause, um mich umzukleiden. „Lassen Sie das!" — bemerkte Herr Fleischhacker, „wir sind hier auf dem Lande und da nimmt man es nicht so genau." — Er meldete mich und bald stand ich vor dem Erzherzoge, dessen freundliches, gutmüthiges Antlitz und zuvorkommendes leutseliges Benehmen Jeden, der ihn sprach, sogleich für den edeln und wohlwollenden Prinzen einnahmen. Er sprach über das Fest, sagte mir viele Artigkeiten, und daß es der Kaiserin viele Freude gemacht habe, und das Gespräch drehte sich nach und nach auf die Theaterver=hältnisse in Oesterreich überhaupt und das Hofburgtheater, über das sich der Prinz mit ebensovieler Sachkenntniß als richtigem treffenden Urtheile aussprach.

„Ich ziehe die Lustspiele vor" — sagte er unter Anderm, „sie lassen sich besser geben, Trauerspiele lese ich lieber, als ich sie aufführen sehe, denn selbst die vollendetste Darstellung läßt der schöpferischen Einbildungskraft noch immer etwas zu wünschen übrig, — und dann die Censur" — als ich eine rasche, bejahende Bewegung des Kopfes machte, — „nicht wahr, das ist ein Stein des Anstoßes, über den Ihr Herren von der Feder immer klagt."

Weiter sprechend nannte er die Censur ein nothwendiges Uebel, die bei dem gegenwärtigen Zustande der Dinge durchaus aufrecht erhalten werden müsse, und wies, als ich mir eine ent=gegengesetzte Bemerkung erlaubte, auf die Zeit Joseph II. hin, wo die Preßfreiheit wenig Gutes, viel Böses gestiftet hatte und nur zu schnell zur Preßfrechheit geworden war. „Die Zeit dieses Fortschrittes wird auch für Oesterreich kommen," schloß er, „wie sie für uns in Allem Andern gekommen ist, aber man will einen vernünftigen, gemäßigten Fortschritt, der allein gute Folgen hat." — Er versicherte mich seines Wohlwollens, versprach mir seinen Schutz, wenn ich einst ein Wiener Theater übernehmen wollte und nach einer Stunde verließ ich mit dem freundlichsten Ein=drucke den liebenswürdigen kaiserlichen Prinzen.

Seinen ältesten Sohn, den Thronerben Oestreichs (den jetzt regierenden Kaiser Franz Joseph), hatte ich ebenfalls Gelegenheit, bei dessen Erzieher, dem Grafen Coronini, öfters zu sehen; er war damals ein starker, gesunder, wohlgewachsener Knabe mit frischem, klugem Antlitze, dessen Erziehung, sowohl in körperlicher als geistiger Hinsicht, von seinen erlauchten Eltern auf das Beste geleitet wurde und für die Zukunft Alles hoffen ließ. Die Erzherzogin Sophie, die Gemahlin des Erzherzogs Franz Karl, eine kluge, geistreiche und gebildete Prinzessin, wurde in Ischl fast vergöttert und ich will zum Schlusse dieses Aufsatzes hier nur noch eine kleine Anekdote mittheilen, von der ich Augenzeuge war.

Die Erzherzogin Sophie ging an einem Sonntagsmorgen im schlichten Anzuge auf der Promenade am Traunufer mit ihren Kindern spazieren und betrachtete diese hoffnungsvollen Sprossen ihrer glücklichen Ehe mit freundlich lachenden Mutteraugen, als ein Bauer im Sonntagsstaate, ein kleines Kind tragend, die Straße heraufkam; er blieb alle Augenblicke stehen, kratzte sich hinter den Ohren, sah sich nach allen Richtungen um, als ob er Jemanden erwarte; — das Kind, das ungefähr acht Tage alt sein mochte, fühlte sich in der drückenden Sonnenhitze nicht ganz behaglich und fing mit einem Mal jämmerlich zu schreien an, was die Verlegenheit unseres Landmannes noch bedeutend vermehrte. Er setzte sich, um es zu beschwichtigen, auf eine Steinbank, und in wenigen Augenblicken stand die liebenswürdige Erzherzogin die er nicht kannte, vor ihm. „Wie könnt ihr aber auch das arme Kind so in der Sonnenhitze herumtragen?" fragte sie, sich zu dem Kleinen niederbückend, der durch ihre freundlichen Bemühungen augenblicklich still wurde. „Ja ös Stadtleut' redt's halt, wies ös verstehts," sagte der Bauer, „ich thäts wohl nicht, wenn ich nicht müßt. Wir wohnen im Gebirge droben, ich und mein Weib, beim Salzberg und gehören daher in die Pfarr. Heute hätten wir das Kleine da taufen lassen sollen, und wie ich mit der Wehmutter daherkomm, ist der Herr Salzschreiber, der ihr Göd hätt' sein sollen, fort, er hat nach Gmunden gemußt. Jetzt weiß ich nit, was ich thun soll, die Hebamme ist fort und sucht einen anderen Göden, aber sie bleibt so lange aus und derweilen kann der arme Wurm hin werden!" „Nun, wenn es weiter nichts ist," sagte die Erzherzogin, „so kann geholfen werden, ich und mein Mann werden Euch zu Gevatter stehen." — „Oho," sagte der Bauer, „foppt's mich

nicht!" — „Wahrhaftig nicht, gehen wir!" — „Nun, so dank
ich eng recht schön," sagte der erfreute Bauer, „und unser Herrgott
wird's an Euern Kindern vergelten!" — Gerührt rief die Erz=
herzogin ihren Gemahl, der am Fenster stand, und bald begleiteten
die Beiden den stolz daherschreitenden Bauer in die Pfarrkirche.

Wer aber schildert das Erstaunen des Pfarrers, als er die
erlauchten Taufpathen erkannte, den freudigen Schreck des armen
Salzbauers, als die Erzherzogin das kleine Mädchen über die
Taufe hielt, und seine noch freudigere Ueberraschung, als er nach
der feierlichen Handlung reich beschenkt, nach Hause entlassen wurde,
wo er jubelnd und halbverrückt vor Freude ankam und die erste
Stunde nichts als in abgebrochenen Sätzen die Worte hervorstoßen
konnte: „Weib! — die Gnad! — die Ehre — unsere durch=
lauchtigste Erzherzogin! — und unser guter Erzherzog! — Sophie
heißt die Kleine! — O mein Gott die Ehr! — und das viele
Geld! — da schau her — ich hab weiter nicht geschaut — und
so gut warens mit mir — da schau, Frau, da hat's die gnädige
Frau Erzherzogin hergeküßt — Gott erhalt's und segen's und
die ganze kaiserliche Familie!" — Und die Thränen liefen dem
rauhen Natursohne aus den Augen. „Gott wird es an unseren
Kindern vergelten! hat der Mann gesagt!" sagte die Erzherzogin
zu ihrem Gemahl, als sie die Kirche verließen, und dieses Wort
ist wahr geworden, als der kleine Erzherzog=Thronfolger bald
darauf gefährlich krank darnieder lag, als seine Mutter weinend
und betend an seinem Bette kniete, da stiegen viele Gebete zum
Himmel für seine Rettung — aber hoch oben im Gebirge, in
der armen Hütte am Salzberg, knieten der Bauer, sein Weib
und sein Kind und beteten für das Kind ihrer Wohlthäter, der
Prinz überstand die drohende Krise, ward gesund und seine
Mutter schloß den Genesenen jauchzend in ihre Arme, der Vater
hob ihn jubelnd an sein Herz, denn das einfache Wort des
schlichten, geraden Bauers aus dem Salzkammergute war wahr
geworden:

„Gott wird es an Euren Kindern vergelten!"

Nach dem Süden.
(1839—1840.)

Das Resultat des sechsjährigen Direktionskampfes, den ich in Linz gegen die Aristokratie und Bureaukratie und ihr Willkür-Regiment geführt hatte, war, daß ich, der als lammsfrommer, loyaler, ja patriotischer österreichischer Unterthan nach Linz gekommen war, es nun mit radikal demokratischer Gesinnung verließ, wozu auch die Schriften des „jungen Deutschlands", mit denen ich eingehende Bekanntschaft gemacht hatte, nicht geringen Antheil gehabt haben mögen. Aber doch war es hauptsächlich das Erlebte und Gesehene, was mich diese Zustände hassen und verabscheuen ließ. In dieser Stimmung entstand der Vorsatz, mich sobald als möglich aus diesem drückenden Joche loszuzumachen und nach Deutschland zu übersiedeln. Vorderhand war das nicht möglich, da, trotz meiner Bemühungen damals keine entsprechende Theaterdirektion in Deutschland zu erlangen war. Aber das stand bei mir fest, von hochadeligen Landständen, von der Einmischung von Regierung und Polizei wollte ich meine Führung einer Kunstanstalt nicht mehr abhängig machen. Obwohl ich in Linz kein Pachtgeld bezahlt hatte, zog ich es doch vor, das Theater in Agram, welches eine Privatanstalt war, zu pachten und lieber eine jährliche Pachtsumme von 3000 fl. C.-M. zu bezahlen um nur unabhängig zu werden. Auch lag Agram nahe der Grenze Italien's und nach Italien zog mich noch die alte Sehnsucht meiner Jugend.

Das Theater in Agram gehörte einem bemittelten alten Bürger, Namens Stankovich. Er hatte, in einer der damals stattfindenden Lotterien von herrschaftlichen Gütern, den Haupttreffer gewonnen und statt die Herrschaft zu nehmen, sich die Ablösungssumme von 300,000 Gulden auszahlen lassen. Als guter kroatischer Patriot und anhänglicher Bürger Agram's, baute er nun auf einem, von der Stadt dazu geschenkten, Platze ein großes, schönes Theater mit Redoutensälen und Zubehör und verpachtete dieses an Unternehmer. Agram hatte zwar nur eine Bevölkerung von 15,000 Einwohnern, aber um die Stadt herum wohnte ein reicher und theaterlustiger Adel auf seinen Gütern und die Stadtbevölkerung selbst war wohlhabend und vergnügungslustig. Der kroatische Adel, der meist im Lande lebte, stach von der Linzer kleinen Aristokratie in jeder Hinsicht vortheilhaft ab; — alle die Herrschaften, mit denen ich bekannt wurde, waren liebenswürdige zuvorkommende Leute, die das Theater kräftig unterstützten und deren Gastfreundschaft keine Grenzen kannte. War einmal beim ersten Besuche die Ceremonie des „Bog zivio!" — überstanden, so war man der Freund vom Hause, konnte, so oft man wollte, bei Tag und Nacht kommen und bleiben, so lange man Lust hatte; — ja es war sogar sehr schwierig wieder fortzukommen; denn andere Cavaliere, die während dem zum Besuche kamen, nahmen den Gast für sich in Beschlag und führten ihn mit Güte und sanfter Gewalt wieder auf ihre Schlösser, wo er abermals ein paar Wochen bleiben mußte. Ich selbst war einmal gezwungen, als mir Pferde und Wagen zur Rückkehr nach Agram, unter allerlei Vorwänden, verweigert wurden, zu Fuß durchzugehen, im nächsten Dorfe einen Bauerwagen aufzutreiben und mit diesem nach Agram zu fahren. Jetzt nach vierzig Jahren, mögen sich diese patriar=chalischen Sitten wohl auch schon geändert haben.

Die Ceremonie des „Bog zivio" aber bestand darin, daß die Hausfrau dem neuen Gaste einen gläsernen Stiefel oder auch nur einen Pokal, der über einen Liter Wein faßte, bis an den Rand voll kredenzte und der Gast nun diesen Trunk auf das Wohl der Dame und ihrer Familie in einem Zuge bis auf die Nagelprobe leeren mußte. Es war dies eine Erinnerung an die alte galante Sitte, wo die Herren sich von den schönen Damen ihre hohen ungarischen Stiefel erbaten, diese mit Wein füllten und auf das Wohl der Holden leerten; — nur war der Stiefel jetzt von Crystallglas, oder er wurde auch durch einen Becher ersetzt.

Trotzdem ich mein Unternehmen zu Beginn des Frühlings eröffnete und der Sommer herankam, machte ich doch ausgezeichnet gute Geschäfte; das Publikum gewann uns lieb, alle ersten Häuser waren uns bald geöffnet und wir konnten zuletzt den vielen und vielfachen Einladungen gar nicht mehr genügen. Vorzüglich war es der alte, aber immer noch jugendlich lebendige Graf Carl von Festetics nebst seiner liebenswürdigen Gesellschaftsdame, Fräulein Antoinette Smith, einer hochgebildeten Engländerin, auf dessen schöner Herrschaft, sowie auf den Gütern der Frau v. Briglewich, des Grafen Josipovich, der Gräfin Auersperg auf Mokrycz u. A. wir die heitersten und vergnügtesten Tage, besonders zur Zeit der Weinlese, verlebten.

Hier in Agram war es, wo ich im Sommer 1840 einen Brief (wenn ich mich recht erinnere aus Zara in Dalmatien) erhielt, unterzeichnet: Joseph v. Jellacic, Major im 48. Infanterie-Regiment. — Der Schreiber theilte mir, nach einigen Eingangs-Complimenten über meinen Ruf als Schriftsteller und Direktor mit, daß er mittelst Fahrpost an mich zwei Trauerspiele und eine Anzahl Gedichte abgesandt habe, welche er mich bitte zu lesen, ihm mein Urtheil mitzutheilen und womöglich die Stücke zur Aufführung zu bringen, da er — der selbst Kroat sei — sie zuerst auf der vaterländischen Bühne aufgeführt zu sehen wünsche. Meine Entscheidung, fügte er hinzu, würde für ihn vom größten Interesse sein, da er, nun schon über zwanzig Jahre dienend, des thatenlosen Friedenslebens müde, in den Ruhestand treten und, wenn sein Beruf dazu anerkannt würde, sich der Literatur widmen wolle. Ich las die Stücke und Gedichte, fand darin allerdings poetische Begabung und manchen schönen Gedanken, aber die Stücke zeigten große Unbekanntschaft mit den Bühnenverhältnissen, und in ihrer Diktion wie in den Gedichten sah man es klar, daß die deutsche Sprache nicht die Muttersprache des Verfassers sei. Ich faßte dieses Urtheil zwar schonend, aber doch bestimmt, in ein motivirtes Gutachten zusammen, schilderte ihm die Unannehmlichkeiten und Schwierigkeiten, die den Schriftsteller damals in Oestreich erwarteten, und rieth ihm freundschaftlich, lieber in seiner ehrenvollen Laufbahn zu bleiben. Dieser Brief sammt den Stücken und Gedichten ging an den Verfasser ab, und ich habe nie wieder etwas von ihm gehört.

Viel später erst kam mir sein Name wieder in's Gedächtniß, als acht Jahre darauf, im Jahre 1848, der, inzwischen zum Oberst avancirte Joseph von Jellacic, von dem österreichischen Hofe als slavischer Trumpf gegen die magyarischen Sondergelüste ausgespielt, — als Jellacic, im Verlaufe von wenigen Tagen, zum General-Major, — zum Feldmarschall-Lieutenant, — zum Banus von Croatien ernannt, — Commandant der Süd-Armee gegen die aufständischen Ungarn und eines der thätigsten Werkzeuge der Reaktion wurde. Oft habe ich mir später gedacht, ob, — wenn ich damals die Stücke aufgeführt und den Verfasser zu ferneren Produktionen ermuntert hätte, — er nicht auf eine ganz andere Laufbahn gerathen wäre, und wie wahr Raupach's Worte seien, „daß der Mensch, wenn er zufällig seine Schlafmütze verkehrt aufsetzt, dadurch vielleicht den ganzen Gang

der Weltgeschichte verändert." — Wie ich später hörte, sind die
verschmähten Gedichte doch in den fünfziger Jahren im Druck er=
schienen; Jellacic selbst aber, mit den höchsten Ehren und Aus=
zeichnungen bekleidet, starb 1859, kurz vor Magenta und Sol=
ferino, in unheilbarem Wahnsinn.

Mein Familienkreis hatte sich seit Laibach bedeutend erweitert;
gleich im ersten Jahre der Linzer Direktion hatte ich meinen Sohn
aus St. Pölten kommen lassen; — als wir Linz verließen, hatte
meine Frau ein junges Mädchen, die Tochter eines wackern Militärs,
als Pflegetochter und Gesellschafterin mitgenommen und auch mein
Bruder war jetzt bei uns. Außerdem aber hatte ich schon in
Linz den Gebrauch eingeführt, daß alle unverheiratheten Mitglieder
der Gesellschaft, falls sie es wünschten, — gegen eine sehr billige
Entschädigung bei mir den Mittagstisch erhalten konnten, — eine
Einrichtung, die sich trefflich bewährte, stets ein collegiales Ein=
verständniß zwischen Direktion und Mitgliedern erhielt und die
Lösung mancher schwierigen Aufgabe, sowie die Fernhaltung von
Rollenneid und Coulissen=Intriguen u. dgl. m. viel leichter machte.
So verlebten wir in Agram sehr angenehme und fröhliche Tage,
die Behörden waren äußerst zuvorkommend und liberal und die
Censur bestand darin, daß der Stadt=Hauptmann mich bei einem
neuen Stücke, **auf mein Ehrenwort**, befragte, ob etwas
Anstößiges darinnen sei, was ich meist mit gutem Gewissen ver=
neinen konnte.

Auch der Carneval 1840 ließ sich in Hinsicht der stark be=
suchten Bälle und Redouten sehr gut an und für die Fastenzeit
hatte ich bereits das „Teatro Grande" in Triest für eine Reihe
von Vorstellungen gemiethet. Ich ging also mit der Gesellschaft
Anfangs März nach Triest und gab dort vom 9. März bis
11. April 30 Vorstellungen, die trotz des in Triest üblichen
niedrigen Entrées im Schauspiele, ein Reinerträgniß von 7000 fl.
lieferten.

Dieser außerordentliche Erfolg und die Wünsche und Auf=
forderungen des deutschen Publikums ließen mich den raschen
Schritt thun, das zweite Theater in Triest, Teatro Filodramatico,
auf zwei Jahre zu pachten, um dort ein **stabiles deutsches
Theater** zu gründen; — ein Unternehmen, welches jedenfalls
gewagt war, da die Deutschen in Triest doch nur ein Drittel der
Bevölkerung bildeten, wenn sie auch an Bildung und Reichthum
höher standen, als die anderen zwei Drittel. Das Theater sollte,

nachdem ich es theilweise umbauen und ganz neu dekoriren ließ, erst zum September eröffnet werden, und so schickte ich die Gesellschaft mit meinem Bruder nach Agram zurück, um einstweilen dort die Vorstellungen wieder aufzunehmen. Ich selbst konnte leider nicht mit, denn unsere Pflegetochter Josephine war am Typhus schwer erkrankt und ich und meine Frau mußten bei ihr bleiben, um sie zu pflegen.

Mein einziger Trost in dieser verzweifelten Lage, wo ich ein schwer erkranktes, theures Wesen, in einem Gasthofe, ohne andere Pflege, als die unsere, am Rande des Todes sah, — ja, meine einzige Hoffnung war unser Doktor, eines der merkwürdigsten Originale, der mir unvergeßlich bleibt und der es Tausenden geblieben ist, die ihm Leben und Gesundheit verdanken. Ich lernte diesen Mann schon kennen, als ich mit Neufeld in Triest war; — ich litt damals an einem Halsleiden, das mir trübe Tage, schlaflose Nächte und mich selbst zum Hypochonder machte — ich selbst hielt es für eine beginnende Kehlkopfschwindsucht, der in Laibach consultirte Arzt widersprach dieser Diagnose nicht und schärfte mir die größte Behutsamkeit und Vorsicht ein. Bei der rasch wechselnden Witterung in Triest und bei der rauhen Bora hatte sich das Uebel bedeutend verschlimmert und ein Freund, dem ich mein Elend klagte, wies mich an den Doktor Antonio Gobbi. „Ach lassen Sie mich mit den Doktoren in Ruhe!" — rief ich aus — „sie kuriren nun schon drei Jahre an mir herum, ohne mir zu helfen und ich habe alles Vertrauen zu ihnen verloren." — „Gehen Sie darum doch nur zu Gobbi," meinte der Freund; „das ist kein Arzt wie die andern; hilft der Ihnen nicht, so hilft Ihnen niemand". Auch von anderer Seite wurde mir Vieles von dem Manne erzählt, meine Neugierde stieg und am nächsten Tage, 4 Uhr Nachmittags, stand ich vor Gobbi's Wohnung.

Ein Diener öffnete, führte mich in ein hübsches Gemälde-Zimmer, — der Doktor sei noch beim Essen, werde aber bald kommen, — sagte der Diener und ließ mich allein. Ich blickte um mich, Comfort und Eleganz verbunden mit einer etwas sonderbaren Anordnung und Unordnung des Meublements blickten mir überall entgegen. Endlich hörte ich Pantoffeln scharren, eine Thür öffnete sich und Gobbi stand vor mir, — eine kleine, gedrängte Gestalt mit schwarzen lebhaften Augen, einer Adlernase, schwarzer, buschiger Perrücke, auf der eine kleine Schlafmütze von weißer

Leinwand balancirte; bekleidet war er mit einer weißen Kochjacke, ditto Unterhosen und Pantoffeln. — Er sah mich durchdringend an, dann packte er mich mit kräftiger Hand, schleuderte mich auf das Sopha und sagte: „Setze Dich!" — Gobbi sagte nämlich zu Jedermann „Du" und Niemand nahm dies dem Ehrenmann übel. — „Was fehlt Dir?" —

Ich erzählte ihm meine Krankengeschichte, zeigte die Recepte, er sah sie durch, sprang vom Sopha ungefähr drei Fuß in die Höhe und schrie: „Welcher Esel hat Dir das verschrieben! — Höre mein Freund! wirf Du alle Recepte, Medicinen und Doktoren zum Fenster hinaus — denn die haben Dich krank gemacht." — Er verordnete mir nur eine ganz einfache Behandlung, bei der Bewegung, frische Luft und Waschen von Hals und Brust mit kaltem Wasser die Hauptrolle spielten, unterhielt sich mit mir noch eine Stunde lang über Kunst, Theater, Musik, Malerei, die er mit Enthusiasmus liebte, schlug mich im Eifer des Gespräches immerfort auf die Schenkel, daß ich noch acht Tage lang blaue Flecken hatte, lud mich ein, bald wieder zu kommen und nachdem er mir die Hand so kräftig gedrückt hatte, daß meine Finger fest aneinander gequetscht blieben, stieß er mich mit grotesken Complimenten zur Thür hinaus, indem er mir auf der Treppe noch die ergötzlichsten Späße in deutscher, französischer und italienischer Sprache, die er im Dialoge immer mischte, nachrief.

Ich folgte seinem Rath und genaß von Halsleiden und Hypochondrie. Oft hatte ich noch Gelegenheit, ihn später zu sehen und zu sprechen und immermehr lernte ich ihn als Arzt wie als Menschen schätzen und verehren. — Sehr reich, übte er die ärztliche Praxis nur noch aus Liebhaberei und darum konnten mancher Millionär, manche hochgeborene Gräfin, welche an Migräne oder Vapeurs litten, vergebens nach ihm schicken, während er unermüdet in das Dachstübchen eines armen Künstlers hinaufkletterte, der in schwerem Nervenfieber lag; in solchen Fällen kam er zwei= bis dreimal des Tages, schickte bei der Nacht seinen Assistenten und war noch andere Hilfe nöthig, so sandte er Geld, Bettzeug, Wäsche und nahm von den Minderbemittelten und Armen nie ein Honorar an. — Man mußte aber auch sehen, wie geehrt und geliebt der Mann in Triest war. Wenn sein Wagen durch die Straßen rollte, dann grüßte Alles, — rechts und links, — überall wurden die Fenster aufgerissen und die dankbaren Mütter mit ihren Kindern winkten freudig ihm zu, — mit der größten Verehrung sprach die ganze Stadt von dem seltenen Manne, denn er war der Freund und Wohlthäter Aller.

Auch uns wurde er ein rettender Engel. Die Krankheit unserer armen Josephine dauerte über sechs Wochen und hatte oft Schrecken erregende Momente, aber Doktor Gobbi hielt unsern Muth aufrecht. „Pazienza!" pflegte er immer zu sagen, „ein Nervenfieber kommt langsam und geht auch wieder langsam." Er behandelte die Kranke mit absoluter Diät und Gummiwasser, ließ die Fenster fleißig öffnen und die Wäsche erneuern und gab sie so dem Leben wieder. Unser Dank schloß sich dem herzlichen Dankgefühl von vielen Tausenden mit Innigkeit an.

Die Krisis in Triest.
(1840.)

So war es denn beinahe Ende Mai geworden, bis wir mit unserer Rekonvalescentin wieder nach Agram zurückkehren konnten. Briefe meines Bruders hatten mich davon in Kenntniß gesetzt, daß das Theatergeschäft auch während meiner Abwesenheit sich im besten Gange befinde, aber er hatte mir auch zugleich mitgetheilt, daß ein täglich steigendes Mißvergnügen über meine lange Abwesenheit herrsche, daß er täglich mit Fragen, ja mit Vorwürfen bestürmt werde, wie und warum ich und meine Frau, zwei viel beschäftigte und beliebte Mitglieder, so lange der Bühne fernbleiben könnten, und er beschwor mich in jedem seiner Briefe, sobald als möglich zurückzukehren, wenn ich das Publikum nicht auf's Aeußerste erbittern wolle. So kehrte ich denn auch, so bald als es die Verhältnisse, das Befinden unserer Rekonvalescentin und der Ausspruch des Doktor Gobbi erlaubten, nach Agram zurück, fand aber dort bei meinem Eintreffen, daß die Unzufriedenheit des Publikums, das Mißvergnügen über unsere lange Abwesenheit bereits den höchsten Grad erreicht hatten, ja, daß ernstlich davon die Rede sei, mein Wiederauftreten mit einer unliebsamen Demonstration, mit einem Theaterskandal in bester Form, zu begrüßen.

Das Agramer Theaterpublikum war ein sehr lebhaftes, leicht erregbares, stürmisch in seinen Beifallsbezeugungen, aber noch viel stürmischer in seinen Aeußerungen, wenn es gereizt, oder unzufrieden war, oder sich durch etwas beleidigt und verletzt glaubte. Freunde kamen und theilten mir mit besorgter Miene mit, die Juraten (junge Rechtsbeflissene) hätten eine förmliche Verschwörung organisirt, beschlossen, mich beim ersten Auftreten auszupfeifen, zu insultiren und mich zu einer förmlichen Abbitte für die Vernachlässigung des Publikums zu zwingen. Es galt also, den drohenden Sturm zu beschwören und Mittel und Wege zu ersinnen, wie der gefährlichen Aufregung die Spitze abzubrechen sei. Zum Glücke für mich war die Bevölkerung Agram's schon damals in zwei Parteien gespalten, welche sich in politischer Beziehung feindlich gegenüberstanden. Es gab eine ungarische Partei und eine illyrische oder kroatische National-Partei. An der Spitze der ungarischen Partei, die nur ungarisch sprechen, Kroatien ganz magyarisiren und in Ungarn aufgehen lassen wollte, stand der Graf Josipovics, während die illyrische oder kroatische Partei schon damals einen Zweig des Panslavismus vertrat, nur kroatisch sprach und für die drei vereinigten Königreiche Kroatien, Slavonien und Dalmatien historisch begründete Rechte und eine nur vom Slavismus bedingte Autonomie forderte.

An der Spitze dieser illyrischen Partei stand der Doktor Ludwig Gay, ein ebenso ehrgeiziger als gelehrter Mann, ein gründlicher Kenner der slavischen Sprachen und Geschichtsforscher, der für seine kroatischen Landsleute eine eigene Nationalität, eine nationale Selbstständigkeit und eine nationale Sprache beanspruchte. Zu diesem Zwecke hatte er mit großer Mühe die alte, gänzlich vernachlässigte und zum Volksidiom gewordene kroatische Sprache mit ungeheurer Mühe grammatikalisch organisirt und wieder aufgebaut, sie von den vielen, im Laufe der Zeit darin eingedrungenen türkischen, ungarischen, deutschen und anderen Fremdwörtern gereinigt und sie die illyrische Sprache genannt, welche seine Freunde und Jünger nun überall im Lande lehrten. Der größere Theil der kroatischen Edelleute war in nationaler Hinsicht auf Gay's Seite und die kroatische Partei war jedenfalls die numerisch stärkere, wenn auch die ungarische Partei dafür den ganzen Einfluß des großen, tonangebenden Ungarns für sich hatte. Das Schlimmste aber war für die alten kroatischen Edelleute, daß sie die neue illyrische Nationalsprache erst lernen und wieder zu Fibel und Grammatik greifen mußten. Die meisten zogen es daher vor, wie es damals in Ungarn überhaupt üblich war,

lateinisch zu sprechen, welches sozusagen die neutrale
Sprache bildete.

Als Binde- und Verständigungsmittel zwischen der wesentlich
deutschen österreichischen Regierung und den stock-ungarischen
Comitaten, wie auch als Ueberbleibsel des Mittelalters, wo die
lateinische Sprache die eigentliche Amtssprache war, war denn
auch in ganz Ungarn, bis in die Mitte unseres jetzigen Jahrhunderts, die lateinische Sprache die offizielle und Amtssprache,
in welcher alle kaiserlichen Rescripte erlassen, die Verhandlungen
des Reichstags, der Comitate, der Gerichte geführt, die gesetzlichen
Dokumente abgefaßt, ja selbst die Vorlesungen an den höheren
Lehranstalten gehalten wurden. Daraus hatte sich denn das Bedürfniß der Kenntniß der lateinischen Sprache entwickelt, man
hatte sich ihrer auch nach und nach als Umgangssprache bedient,
sie war ein Verständigungsmittel zwischen den vielen Volks- und
Sprachstämmen geworden, die Ungarn bewohnen und noch vor
fünfzig Jahren konnte man durch ganz Ungarn reisen und sich
überall verständlich machen, wenn man nur lateinisch sprach;
denn selbst in dem entlegensten Dorfe fand man, wenn auch
Niemanden sonst, doch wenigstens den Pfarrer, mit dem man in
der lateinischen Sprache conversiren konnte. Seit 1848 erst und
seit der neuesten Entwicklung des Magyarischen National- und
Staatsgedankens ist die ungarische Sprache an die Stelle der
lateinischen getreten, ist Amts-, Gerichts- und Unterrichtssprache
geworden und hat die lateinische ganz verdrängt. Damals, in
der Zeit, von der ich erzähle, war die lateinische Sprache in
Croatien zugleich auch die neutrale Sprache, welcher sich alle
Jene bedienten, die nicht ungarisch sprechen wollten oder konnten
und die ebenso wenig in ihrer wiedererstandenen neu-alten illyrischen Sprache zu Hause waren. Auch Jene sprachen lateinisch,
die sich keiner der beiden Parteien anschließen wollten oder durften.
Allerdings war das Lateinisch, das so gesprochen wurde, kein
klassisches, sondern das echte Mönchs- oder Küchenlatein des
Mittelalters; aber es klang doch immer imposant, wenn z. B.
der Stadtpfarrer dem Stadt-Richter auf offenem Markte begegnete und ihn pathetisch anredete: „Quomodo valet dominatio
vestra?" — und der andere erwiederte: „Valde bene, optime,
amice!" und hinzufügte: „Et valetudo dominationis vostrae,
quomodo stat hodie?" — worauf ein: „Tolerabile; — valere
gaudeo" folgte, noch einige Redensarten gewechselt wurden und

die Herren dann mit dem ciceronischen: „Vale ac fave, amice!"
von einander schieden.

Nach dieser der Erinnerung an eine längst entschwundene
Vergangenheit gewidmeten Abschweifung kehre ich zu meiner Er=
zählung zurück. Auch ich kannte damals schon die alte Devise
der Metternich'schen Regierung in Oestreich: das „divide et im-
pera", — konnte ich das Publikum in zwei Theile spalten und
einen Theil für mich gewinnen, so hatte ich leichtes Spiel; mit
der ungarischen Partei hatte ich gar keine Anknüpfungspunkte,
die kroatische stand mir jedenfalls näher. Daraufhin baute ich
meinen Operationsplan. Ich sollte also beim Auftreten aus=
gepfiffen werden, — ich beschloß daher, gar nicht aufzutreten,
sondern — aufzusitzen, und wählte zum ersten Wiedererscheinen
das französische Lustspiel: „Nach Sonnenuntergang", —
ein treffliches Stück aus der guten französischen Theaterzeit, in
der die Offenbachiaden und die Ehebruchs=Dramen noch nicht die
ganze französische Bühne überwuchert und alles Andere erstickt
hatten. In diesem Stücke hat ein junger Baron und Lebemann
ziemlich viel Schulden gemacht, seine Gläubiger haben endlich
einen Haftbefehl gegen ihn erlangt und die Gerichtsdiener ver=
folgen ihn, um ihn in das Schuldengefängniß von Clichy zu
bringen. Nun bestimmt aber das französische Handelsgesetzbuch,
daß wegen Schulden Niemand in seiner eigenen oder einer fremden
Wohnung und außerhalb derselben, also auf der Straße nur in
den Stunden von Sonnenaufgang bis Sonnenunter=
gang verhaftet werden könne.

Der Baron bleibt also während des Tages hübsch in seiner
Wohnung und fliegt erst nach Sonnenuntergang als Nachtfalter
aus, um Theater, Concerte, Soireen, Bälle zu besuchen, sich
weidlich zu amüsiren, aber immer mit der Vorsicht, noch vor
Sonnenaufgang in seiner Wohnung zu sein, damit ihm die Ge=
richtsdiener nichts anhaben können. So ist er denn auch eines
Abends von einem Freunde in die Soiree eines reichen Banquiers
mitgenommen worden, hat getanzt und gespielt, gegessen und
getrunken, sich vortrefflich und ebenso Andere amüsirt, hat der
hübschen Tochter des Hauses den Hof gemacht und ist endlich in
einem entlegenen Spielzimmer von Müdigkeit übermannt in einem
Armstuhle eingeschlafen und als er endlich erwacht, ist es bereits
Tag und ein Blick durch's Fenster zeigt ihm, daß die Gerichts=
diener mit dem Haftbefehl, die ihn in's Haus treten, aber dasselbe

nicht verlassen sahen, bereits auf der Straße auf ihn lauern. In dieser verzweifelten Lage sieht der Baron kein anderes Rettungsmittel als das, sich im Hause des Banquiers unter irgend welchen Vorwänden so lange zu halten, bis die Sonne wieder untergegangen und er wieder geschützt ist. Dies gelingt ihm denn auch trotz der abenteuerlichsten Verwicklungen in heiterster Weise, er hält sich im Hause des Banquiers, und als es Abend wird und Lichter gebracht werden, kann er der draußen vergeblich wartenden Gerichtsdiener lachen, er hat sich nicht nur die Freundschaft des Hausherrn, sondern auch Herz und Hand von dessen schöner Tochter errungen und kann künftig auch wieder unbehindert bei Tag ausgehen.

Beim Beginne dieses Stückes sitzt der Baron im tiefsten Schlafe versunken in einem Lehnstuhle neben einem Spieltische, dessen Wachskerzen herabgebrannt sind, und eben deshalb hatte ich gerade dieses Stück gewählt; — jedes Auftreten hat immer etwas Provozirendes, besonders wenn sich das Publikum in gereizter Stimmung befindet; wenn aber ein Mensch ruhig dasitzt, in friedlichen Schlummer versunken, so ist es schon viel schwieriger, mit ihm Krakehl anzufangen. Der Vorhang ging auf, ich saß da, in tadellosem Ballkostüme, tief in Schlummer versunken — eine Grabesstille im ganzen Hause, kein Laut zu hören, Jeder scheute sich, den Anfang zu machen. Endlich, nach einer Pause, beginne ich allmälig die langsamen Bewegungen eines Menschen, der nach und nach aus einem tiefen Schlummer erwacht, dehne und strecke die Glieder, richte den Kopf in die Höhe und mit einem Schreckensschrei springe ich auf, wie nun erst zur Besinnung der Lage gekommen; und jetzt, ehe noch die Stille des Auditoriums unterbrochen werden kann, beginne ich rasch die ersten Worte meiner Rolle: „Verschlafen — verspätet — es ist heller Tag — was fang' ich nun an — u. s. w." — aber **nicht deutsch**, sondern in **kroatischer** Mundart und die Ueberraschung, das Erstaunen, auch vermuthlich das Wohlgefallen an der traulichen Muttersprache fesseln das Publikum und verhindern jeden Ausbruch des Unwillens. Der polnischen Sprache vollkommen mächtig, hatte ich mir die kroatische Schwestersprache bald mundgerecht machen und eine kleine Rede entwerfen können, in welcher ich es bitter beklagte, mich **verspätet** zu haben, wie mir dies schon neulich in Triest passirt sei, wo ich auch ganz ohne mein Verschulden so lange zurückgehalten worden war, und wie mir nun

nichts anderes übrig bleibe, als mich bei meinen über mein Aus=
bleiben besorgten Freunden auf's Herzlichste zu entschuldigen und
sie zu bitten, mir auch ferner ihre Gunst und ihre Freundschaft
nicht zu entziehen. Die kurze kroatische Rede war denn auch von
einschlagender Wirkung; Beifall, Jubelrufe, donnernder Applaus
erfolgten am Schlusse derselben, vergebens zischte die ungarische
Partei, die kroatische Partei, die zum ersten Male ihre liebe
Muttersprache auf der Bühne gehört hatte, donnerte mit ihren
Beifallsstürmen alle Opposition nieder und das Schicksal des
Abends war zu meinen Gunsten entschieden. Ich spielte nun
natürlich meine Rolle deutsch weiter und ihre Durchführung, zu
der ich nun in sehr gehobener Stimmung war, bildete eine fort=
laufende Kette von Ovationen; — als dann im zweiten Stücke
meine Frau als Tambour Rataplan in dem bekannten Vaudeville
auftrat, wurde sie mit stürmischem Beifallsjubel empfangen und
vollendete den glücklichen Erfolg des so gefürchteten Abends. —

Von diesem Tage an war ich der Günstling und Schützling
der kroatischen Partei, die mich auf's kräftigste unterstützte; aber
wie es in dem alten Liede heißt: Ein jeder Stand hat seine
Freuden — ein jeder Stand hat seine Last, — so ging es
auch mir; die kroatische Freundschaft legte mir nach und nach
eine Menge lästiger Verpflichtungen auf. Die nationalen Enthu=
siasten drängten sich an mich heran, mit allen möglichen und
unmöglichen Plänen und Projekten, chimärischen Wünschen und
Hoffnungen, die aber alle in dem einen Punkte gipfelten, ich solle
ihnen eine kroatische National=Bühne schaffen. Wollte
ich meine neuen und einflußreichen Freunde nicht in Feinde und
Gegner verkehren, so mußte ich auf diese Bestrebungen eingehen;
ich schrieb also mehrere Artikel über den Werth und Nutzen einer
National=Bühne überhaupt und einer kroatischen insbesondere, die
Doktor Ludwig Gay in's Illyrische übersetzte und in seiner Zeit=
schrift veröffentlichte, während ich gleichzeitig nach kroatischen Dilet=
tanten auslugte, mit denen ich hoffte, hie und da eine Vorstellung
in kroatisch=illyrischer Sprache zu Stande zu bringen. Da wurde
mir mitgetheilt, daß sich irgendwo in Serbien, ich glaube es
war in Nisch oder in Belgrad, eine illyrische Schauspielergesellschaft
herumtreibe, die aber in jenen barbarischen Gegenden nur wenig
oder gar kein Publikum für das Drama, daher auch keine Existenz=
mittel auftreiben könne und gern bereit sein würde, die Wanderung
nach dem civilisirten und theaterlustigen Agram anzutreten. Patrio=

tische Gönner, die die Kosten der Uebersiedelung auf sich nahmen, fanden sich schnell und ich ließ die illyrische Gesellschaft kommen.

Sie traf endlich ein, — eine Bande mit einem Aussehen wie Carl Moor's Studenten, als er sie in den böhmischen Wäldern zu einem Räuberbataillon organisirte; — es waren durchwegs hübsche junge Männer in den barocksten slavischen Nationalcostümen, meistens verdorbene Studenten der Theologie oder Jurisprudenz, die diese Art des Verhungerns jeder andern vorgezogen hatten. Die Männer waren also so ziemlich vertreten, waren sie auch keine Künstler, so waren sie doch besser als Dilettanten, denn sie hatten wenigstens Routine; aber mit den Damen happerte es gewaltig; — es waren nur zwei Künstlerinnen mitgekommen, die in Aussehen, Sprache und Haltung an ehemalige Kellnerinnen eines Dorfwirths= hauses erinnerten und die sich denn auch schon bei der ersten Probe als kaum für Nebenrollen verwendbar erwiesen. Der kroatischen Nationalbühne drohte also große Gefahr. Denn wie sollte man die wenigen Stücke — meist national=patriotische Dramen aus der kroatischen Geschichte — aus denen damals das kroatische Repertoire bestand, aufführen, ohne eine erste Heldin und Lieb= haberin, die ja doch die allerbescheidenste Anforderung war. In dieser Noth erbot sich ein Mitglied meiner Gesellschaft mir und der kroatischen Nationalbühne aus der Noth zu helfen. — Frau Wagi, die talentvolle Tochter des bereits erwähnten Schauspielers Necke in Lemberg, als erste Liebhaberin bei mir engagirt, erbot sich die Rollen in kroatischer Sprache zu lernen und darzustellen, zu welch' schwierigem Unternehmen sie außer ihrem außerordentlich guten Gedächtnisse auch noch die Befähigung besaß, daß sie, in Lemberg erzogen, polnisch sprach. Frau Wagi löste ihre Aufgabe in wahrhaft bewunderungswürdiger Weise, lernte 12—15 Bogen starke Rollen in der ihr ganz fremden kroatischen Sprache mit eisernem Fleiße auswendig und ließ sich nur jeden Satz einmal übersetzen und erklären, um die richtige Betonung zu treffen. So gingen denn die national=kroatischen Vorstellungen, durch Frau Wagi's Aufopferung möglich gemacht, gehoben und unterstützt durch Dekorationen und Garderobe, Chor=Personal und Orchester meiner Bühnenführung, mit Glanz in die Scene, das national= gesinnte Publikum schwamm in Entzücken, die ungarische Partei wüthete, die kroatischen Schauspieler wurden mit patriotischem Bei= falle, Frau Wagi, in Anerkennung ihres Opfermuthes mit reichen Geschenken und werthvollen Ehrengaben überhäuft, und so verlief nun der Sommer mit wechselnden deutschen und kroatischen Vorstellungen*).

Während dieses Sommers wurde nun eine neue Schauspieler=gesellschaft für Triest zusammengestellt, während die bereits be=stehende Opern= und Schauspielgesellschaft mit meinem Bruder in Agram zurückblieb, und am 1. September 1840 eröffnete ich das Teatro filodramatrico in Triest. — Aber schon in wenigen Wochen änderte sich die ganze Sachlage in einer höchst ungünstigen Weise für die Hafenstadt Triest. — Der Vice=König von Aegypten, Mehemed Ali, hatte sich gegen seinen Oberherrn, den Sultan, aufgelehnt, diesem den Krieg erklärt, hatte Syrien erobert, die türkischen Truppen geschlagen und die ganze türkische Flotte war bereits zu ihm übergegangen. Heimlich wurde Mehemed Ali von Frankreich aufgemuntert, wo damals Thiers das große Wort führte; — Rußland sah schadenfroh zu, wie die Türkei in inneren Kämpfen verblutete, aber England und Oestreich, die damals die Erhaltung der Türkei noch als ihre Lebensaufgabe betrachteten, schritten jetzt ein und stellten sich als Exekutions=Mannschaft dem bedrängten Sultan zur Verfügung. Eine englisch=östreichisch=türkische Flotte erschien an den Küsten Syriens, bombardirte und nahm Akka und Saida, zwang Mehemed Ali zur Unterwerfung, und Mitte Januar 1841 waren die Türkei und ihr Sultan gerettet, — aber der Handel am Mittelmeer und somit auch die Hafen=stadt Triest für's Erste ruinirt. In wenigen Monaten schon zeigten sich die Folgen.

Triest hatte, als es so rasch emporblühte, seine Einwohner=zahl seit zehn Jahren verdoppelt, seit zwanzig Jahren verdreifacht. Diese Uebervölkerung machte sich in einer bedrängenden Wohnungs=noth und in einer künstlich gesteigerten Theuerung der nothwendigsten Lebensbedürfnisse fühlbar. Es war in den letzten Jahren nicht

---

*) Gegenwärtig gibt es in Agram schon seit Jahren kein deutsches Theater mehr; — seitdem die österreichische Regierung dem von Maria Theresia, den Kaisern Joseph, Leopold und Franz konsequent durchgeführten Germanisirungs= und Centralisirungs=Principe ihrer so verschiedenen Provinzen entsagt hat und das Laissez aller et laissez faire der Provinzial-Autonomie und des Nationalitätenwahns an dessen Stelle getreten ist, gibt es in Pest nur magyarisches, in Lemberg nur polnisches, in Agram nur croatisches Theater, auf welch' letzterem in Ermanglung eigener Literatur nun französische Ehebruchsdramen, Pariser Operetten, deutsche Lustspiele und Wiener Possen in croatischer Sprache auf=geführt werden.

nur außerordentlich viel gebaut, sondern auch eine halsbrecherische
Spekulation in Grundeigenthum getrieben worden. Da viele
dieser Spekulanten reich wurden, so wollte nun Jedermann Grund=
eigenthum besitzen und darauf bauen, selbst wenn er nicht die
dazu nöthigen Mittel besaß. Durch diese Bauwuth wurde das
im Umlauf befindliche Baargeld dem Waarenhandel ent=
zogen, welcher doch die Grundbedingung des Gedeihens der
Stadt war, und das Geld wurde in öde Gründe und große
Steinhäuser gesteckt; — nun trat die orientalische Verwickelung
ein, der Handel mit dem Orient stockte, die Bestellungen blieben
aus und, was noch schlimmer war, die Baarzahlungen für früher
gelieferte Waaren liefen nicht ein. Thiers drohte mit einem Kriege,
ein europäischer Conflikt schien unvermeidlich, die Schiffsrheder
wurden ängstlich, die Assekuranz=Prämien stiegen enorm und in
ängstlicher Erwartung des Kommenden waren Handel und Wandel
vollständig gelähmt. — Die gefüllten Waarenlager konnten nicht
in Geld umgesetzt, die Häuser und Baugründe nicht verkauft
werden, während die noch darauf haftenden Schuldposten un=
nachsichtig bezahlt werden mußten und Engländer und Amerikaner
auf Bezahlung der für gelieferte Waaren fälligen Wechsel drangen.
Dazu kamen noch einige Wiener Falliments, und nun trat im
Frühjahr 1841 in Triest die furchtbarste Geldnoth und Handels=
krisis ein, die in sechs Monaten fünfundsiebzig Bankerotte
zur Folge hatte, die den Diskonto der solidesten Wechsel, mit
den Giros der besten Firmen, auf 15 bis 20 Prozent steigen ließ,
und während welcher über dreitausend Menschen, meistens wohl=
habende Capitalisten, mit ihrem Vermögen Triest verließen und
nun jeglicher Credit im strengsten Sinne des Wortes ver=
schwunden war. Der Preis des Grundeigenthums fiel plötzlich
um fünfzig Prozent und am 24. August 1841 (der gewöhnlichen
Triester Auszichzeit) blieben zwölfhundert größere und kleinere
Wohnungen unbezogen und leer stehen, während die künstliche
Theuerung der Lebensmittel fortdauerte. — Der neue Gouverneur,
Graf Philipp Stadion, später, nach dem Oktober 1848, der
allmächtige Minister Oesterreichs, bot Alles auf, um diese furcht=
bare Krisis zu beschwören, aber vergebens, — denn wo einmal
das gegenseitige Vertrauen verschwunden ist, da läßt es sich durch
Regierungsmaßregeln nicht wieder herstellen und noch heute fühlt
Triest die Nachwehen jener Krisis.

Mich traf sie mit meinem neugegründeten Unternehmen am

allerschwersten. Ich hatte viel Geld in das Theater gesteckt, der Winter war erträglich gewesen, aber nun kam der ungünstige Sommer und mit ihm die Handelskrisis; — die Einnahmen wurden von Tag zu Tag schwächer, — ich machte mit der Gesellschaft einen Ausflug nach Venedig, wo es doch noch etwas besser stand, — kehrte nach dreißig Vorstellungen von dort wieder nach Triest zurück, — fand die Lage noch schlechter und die Einnahmen noch schwächer, — ging noch einmal mit dem Hofschauspieler Ludwig Löwe nach Venedig, wie ich bereits früher erwähnte, und kam nach diesem Gastspiele — reich an Ehren, aber nicht an Geld — nach Triest zurück, wo die Zustände abermals viel schlechter geworden waren. — Kurze Zeit darauf ließ mich Graf Stadion rufen und fragte mich: wie das Geschäft ginge. — Ich antwortete ihm offenherzig: „sehr schlecht" — schilderte ihm die Lage und er entgegnete: „Folgen Sie meinem Rath und machen Sie ein kurzes Ende. Ihr Unternehmen war schon in günstigen Zeiten ein sehr gewagtes, jetzt ist es zu einem unmöglichen geworden. Wenn Sie jetzt aufhören, so erleiden Sie allerdings einen Verlust, — wenn Sie aber fortfahren, so verbluten Sie sich ganz. Es ist noch in Jahr und Tag keine Aussicht auf eine Besserung dieser unglücklichen Zustände. Wenn Sie meinem Rath Gehör schenken wollen, so ertheile ich Ihnen die behördliche Bewilligung zum Aufhören Ihrer Vorstellungen, und ich werde auch Sorge tragen, daß Ihr Pachtvertrag des Theaters gütlich aufgelöst wird. Arrangiren Sie sich mit Ihren Mitgliedern und suchen Sie sich ein günstigeres Terrain auf!" — Damit entließ er mich.

Ich konnte dem klugen und zeitgemäßen Rathe des würdigen Mannes nur beipflichten, versammelte meine Mitglieder, setzte ihnen die Lage, die sie ohnehin kannten, und die Unmöglichkeit weiter zu spielen, klar auseinander und stellte ihnen frei, wenn sie es vorzögen, auf eigene Rechnung weiterzuspielen, wozu ich ihnen Garderobe und Bibliothek zur Verfügung stellen wollte, oder aber, noch drei Benefiz-Vorstellungen für die Gesellschaft zu geben, deren ganzer Ertrag den Mitgliedern gehören sollte, und das Unternehmen dann aufzulösen. Eine große Mehrheit erklärte sich für den letzteren Vorschlag, da der Herbst vor der Thür und andere Engagements in sicherer Aussicht waren, Viele auch schon anderweitig Engagements abgeschlossen hatten. Ich kündigte somit den Schluß der Vorstellungen an; die drei Vorstellungen für die Gesellschaft wurden durch die Verwendung des Grafen Stadion und die aufrichtige Theilnahme des Publikums gut besucht und lieferten den Mitgliedern reichliches Reisegeld.

So endete meine Direktionsführung in Oestreich und ich hatte alle Lust an dieser unsicheren, allen Wechselfällen ausgesetzten Laufbahn gründlich verloren. Meinem früheren Vorsatze getreu, beschloß ich nach Deutschland zu gehen und zu sehen, ob, wenn ich wieder zur Journalistik zurückkehrte, mir nicht günstigere Sterne leuchten würden. Ich packte meinen fundus instructus in Kisten und schiffte diese nach Venedig hinüber, da dort die Magazine billiger waren, zahlte noch viele Jahre Lagergeld dafür, bis bei dem Bombardement Venedig's im Jahre 1848 das Magazin und mit diesem mein ganzer fundus instructus verbrannte und ich so auch dieser Sorge ledig wurde.

Franz Thomé, mein Regisseur und zugleich ein treuer Freund, schloß sich mir zu dieser Reise nach Deutschland an; — außerdem bestand meine Reisegesellschaft aus meiner Frau, ihrer jüngsten Stiefschwester Pauline, unserer Pflegetochter Josephine und — da meine Frau mir im October 1840 noch einen Sohn, Carl, geboren hatte, auch meinen beiden Jungen, von denen der ältere acht Jahre alt war. Wir beschlossen, uns mit kleinen Vorstellungen durch Italien und Tyrol nach Deutschland „durchzuspielen", wie der theatralische Kunstausdruck heißt.

Mein Bruder, der noch eine Weile in Agram das Theater fortgeführt hatte, heirathete dort die beliebte Sängerin Katharina Ruth, Tochter eines Rechnungsrathes in Wien, löste dann ebenfalls das Agramer Geschäft auf und trat mit seiner Frau eine Kunstreise nach Italien und der Schweiz an; — wir sollten uns übrigens bald wieder zusammen finden.

In allen meinen Erwartungen und Hoffnungen getäuscht, ohne eine bestimmte Aussicht für die Zukunft, nur meinem Glücksterne und meinem Muthe vertrauend, trat ich mit nur einigen hundert Gulden in der Tasche und schwer beladen mit der Sorge für so viele mir theure Personen, Anfangs September die Reise in's Ungewisse an. In Venedig war nichts mehr zu machen, wir hatten das dortige deutsche Publikum schon durch die zwei früheren großen Gastspiele bedeutend in Anspruch genommen; — so hielten wir denn in der Lagunenstadt nur eine kurze Rast, um eine kleine Garderobe und Bibliothek für unsere Kunstreise zusammenzustellen, unser Repertoire vorzubereiten, und nun brachen wir getrost nach der alten Universitätsstadt Padua auf.

Durch Italien nach Deutschland.
(1840—1841.)

Ich würde der Pflicht der Dankbarkeit nicht genügen, wenn ich, von Triest Abschied nehmend, nicht eines der edelsten Menschen, der treuesten Freunde erwähnte, der mir während der ganzen Zeit meines dortigen Aufenthaltes mit Rath und That zur Seite stand; — es war dies der Montanist Lindner, ein vielseitig gebildeter, wahrhaft tüchtiger Mann. Er war es, der die großartige Idee faßte, einen Fluß nach Triest zu leiten, um dadurch die Möglichkeit herzustellen, nicht nur dem Mangel an süßem Wasser, der besonders zur Sommerszeit in Triest fühlbar war, abzuhelfen, sondern auch dadurch Wasserkräfte zu gewinnen, um Fabriken, Mühlen u. a. m. gründen zu können, wodurch der Wohlstand dieses Handelsplatzes, der sich bisher nur auf Ein= und Ausfuhr nicht selbst erzeugter Producte beschränkte, bedeutend gehoben und eine eigene nutzbringende Thätigkeit und Produktion am Platze selbst entwickelt worden wäre. — Es gelang ihm, ganz nahe bei Triest, den unterirdischen Lauf des Flusses Reka, der sich viele Meilen vor Triest unter der Erde verliert, durch getriebene Schachte und mühselige und gefahrvolle, unterirdische Wanderungen auf= zufinden — er entwarf den ganzen Plan der Ausführung mit verhältnißmäßig geringen Kosten durch eine Aktiengesellschaft, — er opferte diesen Bemühungen den größten Theil seines Vermögens und seine ganze Gesundheit, und — starb im Herbste 1842, ohne für sich und seine Familie die Früchte seiner Bemühungen ernten zu können. Wahrscheinlich denkt in Triest jetzt kein Mensch mehr des wackern Mannes und seiner nützlichen Thätigkeit, darum möge es dem Freunde gegönnt sein ihm hier ein Denkmal dank= barer Erinnerung zu setzen.

Nach einer höchst angenehmen Kanalfahrt auf der schönen Brenta mit ihren reizenden Ufer=Staffagen kamen wir in dem alten Padua an und kehrten in dem uns empfohlenen, einzigen deutschen Gasthofe „Zur Birne" des Monsieur Durand ein. Monsieur Durand war ein Franzose, hatte lange in der italienischen, dann als Dragoner=Wachtmeister in der östreichischen Armee gedient, sich dann als Wirth in Padua niedergelassen, war der verrückteste und gutmüthigste unter allen Wirthen der Erde, was gewiß viel sagen will, und sprach und fluchte immer in drei Sprachen untereinander, aber in keiner richtig. — Eine Unterhandlung mit dem Eigenthümer des schönen und großen Theaters brachte uns schnell zum Ziele, wir erhielten die Bühne zugesagt, der Signor Proprietario wünschte uns alles mögliche Glück, meinte aber, die Hauptsache sei, daß wir uns der Gunst und Unterstützung der Herren Studenten versicherten. — In der sehr herabgekommenen Universitätsstadt Padua, ohne Handel und Fabriken, waren damals die zahlreichen Studenten aus aller Herren Ländern die Herren und Gebieter des gesellschaftlichen Lebens; — was man außer ihnen noch von der Bevölkerung in den ausgestorbenen Straßen sah, bestand aus Geistlichen, Soldaten und alten Weibern, unter die sich hie und da einige Reisende mischten. — Die Studenten waren somit ton- und maßgebend, sie herrschten im Theater, im Café Pedrocchi, auf der Piazza dei Signori wie auf der Piazza delle Erbe, kurz überall, — die Offiziere der östreichischen Garnison wichen ihnen vorsichtig aus und selbst die sonst so ängstliche Polizei ließ die tumultuarische Jugend gewähren, so lange sich diese von politischen Umtrieben fern hielt. Auch in Padua war, seitdem die alte Stadt stand, kein deutsches Theater gewesen, und unser Anschlagzettel rief ebensoviel Staunen und Entsetzen hervor, als 1832 in Venedig. — Mit der Vorstellung ging es uns ebenfalls nicht besser, obschon wir, durch die Erfahrung gewitzigt, uns meist auf Gesangs- und Tanzpiecen beschränkt hatten. Als wir Abends auf die Bühne kamen, fanden wir zu beiden Seiten derselben hinter den Coulissen fünfzig bis sechzig Stühle in Reihen aufgestellt. Wir fragten nach der Ursache dieses Arrangements und erhielten zur Antwort, das sei ein Privilegium der Herren Studenten, die es vorzögen, der Vorstellung auf der Bühne, statt im Parterre, beizuwohnen. Und richtig füllte sich auch zu Anfang der Vorstellung die Bühne mit einer großen Menge von Studenten, die mit dem größten Phlegma ihre Plätze hinter den Coulissen einnahmen. Es waren durchaus gutmüthige, junge Leute, mit zwar etwas lebhaften und aufdringlichen Manieren, aber im Ganzen benahmen sie sich anständig, plauderten mit uns und unseren Damen als wären wir alte Bekannte, und als einmal im Parterre gezischt wurde, stürzten sie alle hinunter, um Ordnung zu machen, und es entstand eine große Keilerei im Parterre, worauf sie, nachdem sie die Zischer hinausgeworfen hatten, triumphirend auf die Bühne zurückkehrten.

Die Einnahme war eine ziemlich gute gewesen und der

Proprietario lud uns ein, noch mehrere Vorstellungen zu geben, aber wir stellten als erste Bedingung, daß die Studenten von der Bühne ferngehalten würden, worauf er mit ächt italienischer Emphase betheuerte: er könne eher das Adriatische Meer mit einem Kochlöffel ausschöpfen, als das zu Stande bringen. — Worauf sich die Unterhandlung zerschlug.

Wir blieben noch einige Tage in Padua, um die interessanten Sehenswürdigkeiten dieser Stadt zu besichtigen und jetzt lernte ist erst, wie ein Direktor in Padua sein Publikum zu behandeln habe. Am nächsten Morgen waren überall Zettel angeschlagen, auf denen mit großen Buchstaben stand:

„Luigi Duse zeigt seinen geliebten Paduanern an, daß er mit einer auserlesenen Gesellschaft in dieser Stadt des Livius und Petrarca angekommen ist und daß morgen seine Vorstellungen beginnen. Das Uebrige ist bekannt." —

Luigi Duse war einer der beliebtesten Capi Comici, ein ganz besonderer Patron, ein ächter Volksschauspieler voll Naivetät und Natürlichkeit, und mit seinem Publikum auf einem so familiären Fuße, daß Unterredungen zwischen ihm und dem Parterre etwas ganz Gewöhnliches waren — ich sah ihn einige Male und seine Darstellung des „Ludro" war eine wirklich ganz vorzügliche Leistung. — Aber der Theaterbesuch war schlecht, die Studenten hatten gerade kein Geld, die Geschäfte stockten wegen der Krisis in Triest auch hier und Duse sah eine erschreckende Ebbe in seiner Kasse. — Da kündigte eines Tages der Theaterzettel eine ganz neue Farsa „ohne Titel" an, gedichtet von Luigi Duse und gespielt von Luigi Duse ganz allein. — Das Theater war übervoll. — Das erste Stück von Duse und seiner ganz guten Gesellschaft mit Fleiß und Präzision gespielt, war aus und nun begann die Farsa.

Luigi Duse trat auf, ganz schwarz, in tiefer Trauer, einen langen schwarzen Flor auf dem Hute, und schnitt ein trübseliges Gesicht wie ein Leichenbitter; — so trat er langsam an das Proscenium, seufzte einige Male tief auf, unter dem schallenden Gelächter des Publikums und begann nun in melancholischem Tone also:

„Signori! was ist das? Ich sehe viele, die hier nicht gegenwärtig sind. (Gelächter und: Hört! Hört!) Glaubt ihr wirklich, ich spiele hier nur zu meinem Vergnügen Komödie! — O nein, geliebte Paduaner! und insbesondere geliebte Studenten! — Ohne

eure Lire ist der Duse ein armer Teufel, eine Laterne ohne Licht!
— Heh! Warum kommt Ihr nicht? Gefallen Euch meine Stücke
nicht? — Habe ich nicht gute Schauspieler?? — Und bin ich
nicht der Luigi Duse?? (Akklamation und „bravo Duse!")
Also warum kommt Ihr nicht? — wenn das so fortgeht, so
könnt Ihr mich — per Bacco! — bald von hier forttreiben....
(zahlreiche Rufe: „wir werden schon kommen, sicuro!") Ja, das
sagt Ihr immer, Duse ist ein guter Narr, der immer auf Euch
wartet. — Ich will Euch jetzt eine Confidenza machen, — ich
bin jetzt in einer großen Verlegenheit. — Mein erster Liebhaber
braucht einen neuen schwarzen Anzug, denn er hat sich in den
Scribe'schen Lustspielen die Beinkleider durchgekniet. Meine erste
Liebhaberin hat keine weißen Atlasschuhe und meine unschuldige
Naive braucht einen Taufpathen. Da muß zu Allem der Duse
herhalten, aber wo soll er das Geld hernehmen, wenn Ihr immer
in den Kaffeehäusern und Wirthshäusern herumliegt und nicht in's
Theater kommt? Also kommt doch, in Henkersnamen! morgen in's
Theater, aber Alle! — Nun also was ist's?"

Nun stieg, unter allgemeinem berathenden Gemurmel des
Parterres, ein bemoostes Haupt auf die Bank und entgegnete:

„Morgen ist es unmöglich, lieber Duse! Uebermorgen ist
eine Prüfung und da müssen wir uns morgen vorbereiten; aber
übermorgen kommen wir Alle." —

„Gewiß?" fragte Duse, „Ihr habt mich schon oft angeführt."
— „Auf Ehre, übermorgen!" replizirte der Gegner und ein allgemeines: „Ja wir kommen, Duse!" erschütterte das ohnehin
schon etwas baufällige Theater.

Verschmitzt lächelnd betrachtete nun Duse das Publikum, trat
vor und den Zeigefinger auf den Mund legend, sagte er ganz
vertraulich: „Gut, aber ein schlechter Kerl, der ausbleibt"
— und der Vorhang fiel unter jubelnden „Bravos!" und am
festgesetzten Tage war das Haus zum Brechen voll und Duse
unerschöpflich an Spätzen und drolligen Einfällen.

So waren damals in Italien die Sitten des Volkstheaters;
— auch sie sind verschwunden, und als ich bei meinem neuesten
Besuche Italiens, dreißig Jahre später, mich da nach ähnlichen
Duse's umsah, waren sie verschwunden und selbst im populären
Teatro Carlino in Neapel nicht mehr zu finden.

Von Padua gingen wir, über Vicenza, nach Verona, wo
das östreichische Hauptquartier, mit einer Unzahl von Offizieren,

und Militärbeamten, war, von denen wir mit offenen Armen empfangen wurden; ja man wollte uns gar nicht mehr fortlassen. Wir gaben eine ganze Reihe gut besuchter Vorstellungen, unter anderem auch mit Hilfe einiger Dilettanten, Nestroy's: „Talisman", der wohl damals in Verona zum ersten und letzten Mal auf die Bühne kam. — Die östreichischen Offiziere suchten uns den Aufenthalt so angenehm als möglich zu machen und wir verlebten dort, in der Schweizer Pension des Signor Epple, eines biederen Tirolers, vierzehn höchst angenehme Tage.

Von da ging's über den schönen Gardasee nach Riva und nun die Bergstraße aufwärts, über die jetzt die Brennerbahn läuft, durch Trient und Roveredo nach Botzen. Hier wurden wir aufgehalten. Als ich nämlich unsern Paß hier visiren lassen wollte, hieß es, wir dürften nicht weiter. Erstaunt fragte ich nach der Ursache, da eröffnete mir der Beamte, sie erwarteten in einigen Tagen ihren neuen Kreishauptmann, hätten schon von unseren Vorstellungen in Verona gehört und uns erwartet und er sei beauftragt, uns einzuladen, in Botzen zu bleiben und eine Empfangs- und Galavorstellung zu Ehren des neuen Kreishauptmanns zu arrangiren. Einer so schmeichelhaften Aufforderung mußte natürlich entsprochen werden; aber der Kreishauptmann wurde erst in acht oder zehn Tagen erwartet und so benutzten wir denn die Zwischenzeit zu einem Ausfluge nach Meran, wo wir zur großen Freude der sich langweilenden Curgäste eine Vorstellung gaben. Nachdem nun auch in Botzen das Programm der Gala-Festvorstellung festgestellt war, zu welcher ein Kreiskommissär einen hübschen Prolog in Versen gedichtet hatte, blieben uns noch immer fünf bis sechs müßige Tage, da vor Ankunft des Kreishauptmannes nicht gespielt werden sollte.

So wollten wir denn noch einmal die frohe Jugendromantik in vollen Zügen genießen, ehe der Ernst des Lebens an uns herantrat. Wir ließen die Kinder in der Obhut unserer sorgsamen Hauswirthin und machten nun eine Tour über die Berge nach dem wunderschönen Val di Nono, diesem reizenden Gebirgsthale, welches die Italiener mit Recht „un pezzo del cielo, caduto sulla terra" nennen. Die Damen hatten ebenfalls Männerkostüme, Blousen und Mützen, und so zogen wir wohlgemuth von Botzen auf unsere abenteuerliche Wanderung, — stiegen kreuz und quer im Gebirge herum, kletterten auf jede der zahlreichen Bergruinen alter Schlösser, besuchten die herrlich gelegene Burg Wolkenstein, deren Nibelungen-Fresken damals noch ziemlich erhalten waren, sahen, in Kaltern, die exstatische Jungfrau Mörl, — die größte und plumpste fromme Betrügerin, die je existirt hat, durchstreiften das herrliche Bal di Nono, wo Sprache, Lebensweise und Alles stockitalienisch war, nach allen Richtungen, besichtigten die schwarzen Felder bei Cles, wahrscheinlich ein alter römischer Begräbnißplatz, und kamen endlich, nach komischen Eselritten und allerliebsten Abenteuern, wobei unsere als Männer gekleideten Damen jedem hübschen Mädchen feurig die Cur machten und von diesen als „Belli Ragazzi" auf das freundschaftlichste empfangen wurden, — nach fünf Tagen wieder in Botzen an, wo uns die Nachricht ward, daß der Kreishauptmann am nächsten Morgen komme und dann Abends die Gala=Vorstellung stattfinde. Wir ruhten von den Strapazen unserer Tour nur nothdürftig aus und gingen nun an unsere Arbeit.

Das schöne Botzner Theater, ganz aus weißem Marmor im Innern, war glänzend beleuchtet, das Publikum in großer Gala, der Kreis=Hauptmann wurde mit Trompeten und Pauken empfangen — meine Frau sprach den Prolog und wir gaben zwei Lustspiele; — wir spielten dann, auf allgemeines Verlangen, noch an zwei Abenden, und verließen endlich hochbefriedigt die schöne Hauptstadt von Süd=Tirol. — Ueber Innsbruck eilten wir nun der deutschen Grenze zu, überschritten diese und waren bald in München. Mit dem ambulanten Theaterspielen war es nun zu Ende, Thomé trennte sich von uns, um ein Engagement für den Winter zu suchen, und ich blieb vorläufig in München.

Hier in München kam ich zum ersten und einzigen Mal in meinem Leben in persönliche Berührung mit dem Fürsten Metternich, dem damals allmächtigen österreichischen Haus=, Hof= und Staats= kanzler, — wenn man ein ganz zufälliges und flüchtiges Zusammen= treffen so nennen kann. — In München waren beim Hoftheater weder Engagement noch Gastspiel zu hoffen, Alles war besetzt, die Direktion erklärte mir dies sehr freundlich, stellte mir aber für die Zeit meines Aufenthaltes den freien Eintritt ins Hoftheater für mich und die Meinigen zur Verfügung. So hatte ich denn eines Abends meine Frau ins Theater geleitet, — man gab ein altes, mir zum Ueberdrusse bekanntes Stück und ich verließ nach dem ersten Akte das schwüle und dunstige Auditorium und zog es vor, unter dem hohen Portale des Theatergebäudes zu stehen, hinabzublicken auf den schönen Max=Josephs=Platz und das Königs= Denkmal und so die frische und reine Abendluft zu genießen.

Da kam plötzlich ein schlank gewachsener Mann von vornehmer Haltung im zugeknöpften langen Ueberrocke die Stufen zum Portale herauf, trat in die Vorhalle und auf den ersten Blick erkannte ich, daß es der Fürst **Metternich** war, dessen ausdrucksvolle Physiognomie sich mir in Wien tief eingeprägt hatte. Die Vorhalle war ganz leer, die Kassen waren bereits geschlossen, das Publikum im Auditorium, und außer mir war Niemand da. Der Fürst warf einen Blick in die leere Vorhalle und wendete sich dann zu mir mit der Frage: „Können Sie mir nicht sagen, ob der König im Theater ist?" — „Zu dienen, Durchlaucht!" — entgegnete ich, „Seine Majestät befindet sich in der Hofloge!" — Er sah mich mit seinem durchbringenden Blicke, gleichsam überrascht, daß ich ihn kannte, einen Augenblick an und fuhr dann fort: „Wollen Sie wohl so gefällig sein und mir den Weg zur Hofloge weisen?" — „Mit Vergnügen, Durchlaucht," war meine kurze Antwort, — und wir schritten die Treppe zum ersten Range hinan; — ich wußte zwar den Weg zur Hofloge nicht genau, aber ich verließ mich auf mein Orientirungstalent und hoffte sie schon zu finden. Im Hinaufsteigen fragte der Fürst: „Sind Sie ein Münchner?" — „Nein, Durchlaucht," — entgegnete ich, — „ich bin ein Oesterreicher." — „Nun dann trifft es sich ja ganz schön," — meinte er, „daß ich gleich einen Landsmann getroffen habe." — Indessen waren wir in den Logengang gekommen und schritten der Hofloge zu, — vor dieser stand eine Art von Thürsteher oder Hoflakai, der, als er uns gerade auf die Loge zugehen sah, schnell vorsprang, sich mit dem Rücken gegen die Thür stellte, als wolle er den unberufenen Eindringlingen den Eintritt verwehren, — aber ein vernichtender Blick des Fürsten und ein hinter dessen Rücken von mir gegebener warnender Wink genügten, um den Mann wieder in seine lakaienhafte Unterwürfigkeit zurückzuschrecken, er machte eine tiefe Verbeugung bis zur Erde und öffnete submiß die Thüre zur Hof=Loge. Fürst Metternich warf mir noch ein freundliches Kopfnicken mit einem: „Danke auch schön, Herr Landsmann!" zurück und verschwand in der Hofloge. Ich erklärte nun dem bestürzten Lakaien, welchem gewichtigen Manne er beinahe den Eintritt in die Loge verweigert hätte, — der Mann war ganz zerknirscht und erschöpfte sich in Dankesbezeugungen dafür, daß ich ihn vor diesem faux pas bewahrt hatte, der ihm wahrscheinlich seine Stelle gekostet hätte. Ich aber eilte in's Parterre und sah, wie König Ludwig von

seinem Platze an der Brüstung der Hofloge aufgestanden war und
sich mit dem Fürsten in den Hintergrund zurückgezogen hatte, wo
beide im eifrigen Gespräche begriffen waren. Was den Fürsten-
Staatskanzler bewogen haben mochte, nach München zu kommen
und den König noch spät Abends im Theater selbst aufzusuchen,
habe ich nie erfahren, wohl deshalb nicht, weil ich mich damals
noch sehr wenig um politische Dinge kümmerte. Es mag wohl
auch vielleicht kein besonders wichtiger Grund gewesen sein, der
den Fürsten Metternich nach München und zum Könige geführt
hatte; denn damals, in dem langen Winterschlafe, den das deutsche
Volk hielt, wurden höchst unbedeutende Dinge als wichtige Staats-
angelegenheiten behandelt, und am Frankfurter Bundestage, sowie
in den Cabinetten der sechsunddreißig deutschen Regierungen wurde
viel leeres Stroh gedroschen. Aber doch darf nicht vergessen werden,
daß gerade damals die Deutschen sich zu regen und zu recken anfingen, als wollten sie endlich aus dem langen Schlafe erwachen,
und daß der deutsche Einheitsgedanke, wenn auch mit unklaren
Zielen und unausführbaren Programmen auftretend, dennoch immer
mehr an Ausdehnung gewonnen und nach und nach greifbare Formen
angenommen hatte. Die Erhebung des Vice-Königs von Aegypten
gegen den Sultan, Frankreichs Begünstigung dieser Auflehnung, die
abenteuerliche Politik des Herrn Thiers, der selbst mit einem Kriege
drohte, hatten in Deutschland eine gewisse Gährung und Aufregung
hervorgerufen. Niklas Becker hatte sein plattes Rheinlied gedichtet
und diese philisterhafte Reimerei wurde überall mit Enthusiasmus
gesungen und regte das nationale Gefühl in nicht geringerem Maße
auf, als dies 1870 mit der „Wacht am Rheine" der Fall war.
Aber zugleich verhehlten sich gute Patrioten nicht, wie schlimm es mit
der Wehrfähigkeit Deutschlands stehe und wie das durch die deutsche
Bundesverfassung viel getheilte und zersplitterte Deutschland dem
Anpralle eines Einheitsstaates wie Frankreich durchaus nicht gewachsen sei. Immer mehr regte sich im deutschen Volke der Drang
nach nationaler Einigung, setzte an einzelnen Punkten planlos an,
begnügte sich mit sehr bescheidenen Forderungen, aber dennoch stand
die eine Thatsache fest, daß das Nationalbewußtsein erwacht sei
und daß eine überwiegende Mehrheit im deutschen Volke mit
einem Rückblicke auf die glorreiche Vergangenheit fühlte, was die
deutsche Nation, wenn geeinigt, sein könnte. — Aus diesem Bewußtsein ging damals eine neue Bewegung hervor, die nach und
nach ganz Deutschland erfaßte, 1848 zum Ausbruche kam und

ihr Ziel verfehlte und erst 1866 und 1870 dieses Ziel, die Er‌ringung der deutschen Einheit, erreichte. Damals in 1841 war diese Bewegung noch planlos, aber sie war da, sie warf bereits ihre Blasen auf die Oberfläche, die von der tiefen Gährung im Volke zeugten und zwar nicht nur auf politischem, sondern auch auf kirchlich-religiösem Gebiete. Der „**Verein der Lichtfreunde**" im Gegensatze zu den **Finsterlingen** der evangelischen Kirchen‌zeitung bildete sich in der protestantischen Kirche und unter **Uhlich** und **Wislicenus** entstanden **Freie Gemeinden**, unabhängig vom orthodoxen Konsistorium, während sich eine ähnliche Bewegung in der katholischen Kirche vorbereitete, die bald darauf als Ronge's Deutsch-Katholicismus auftrat und dem Rationalismus zusteuerte. Während dem war der deutsche Zollverein erweitert und befestigt worden. Die Turnerei hatte neues Leben gewonnen, die Turner-, die Sängerfeste mehrten sich von Jahr zu Jahr, die Wander‌versammlungen wurden immer zahlreicher; — dabei gab sich eine allgemeine Unzufriedenheit mit den bestehenden Zuständen Deutsch‌lands kund, die, wenn auch durch die Censur der Tagespresse beschränkt, sich doch am Wirthshaus-Tische um so unverhohlener aussprach. Besonders war es die leidige deutsche Klein-Staaterei, gegen die sich die Satyre des Publikums richtete; man lachte darüber, wie O. Jäger erzählt, daß der Fürst von Reuß, um die Sicherheit seines Staates zu stärken, seine Polizeimannschaft um vier Mann vermehrt habe; man erzählte sich lachend, wie der alte Fürst von Hohenzollern-Sigmaringen jeden Morgen um acht Uhr auf dem flachen Dache seines hohen Residenzschlosses erschien und sich, durch sein Fernrohr nach allen Himmelsgegenden hinausblickend, von dem Zustande seines Ländchens unterrichtete, zugleich aber auch eine scharfe Controlle über die 2000 Einwohner seiner Haupt- und Residenzstadt hielt, und wenn er bemerkte, daß ein paar Hühner oder eine vagabundirende Kuh sich auf den Feldern oder sonst verbotenen Wegen herumtrieben, er alle seine Lakaien ausschickte, um dem Frevel zu steuern und die Urheber des Frevels zur Verantwortung zu ziehen; — diese Heiterkeit aber verwandelte sich in grimmiges Lachen und bitteren Hohn, wenn man erfuhr, daß die herzoglich nassauische Regierung einen Hafendamm im Rhein hatte aufrichten lassen und die großherzoglich hessische Regierung darauf nächtlicher‌weise mit Steinen beladene Schiffe hinüberfahren und die Steine in den Rhein werfen ließ, wodurch der nassauische Hafen unbrauchbar wurde, und wie es des Einschreitens des ganzen Bundestags und

des Einflusses der östreichischen und preußischen Regierung bedurfte,
um die Hessen-Darmstädter Regierung dazu zu bewegen, daß sie
ihre Steine wieder aus dem Rheine herausholen ließ. Kurz, die
Unzufriedenheit stieg immer mehr und zeigte sich besonders in der
immer mehr zunehmenden Auswanderung der Deutschen nach Amerika,
deren Zahl von Jahr zu Jahr stieg. Wiederholt kam es auch
zu tumultuarischen Scenen, zu offenem Widerstande gegen die Behörden und Regierungen, — das deutsche Volk hatte offenbar
angefangen, die Geduld zu verlieren, der Einheitsgedanke gewann
immer mehr neue Anhänger und ein so kluger Kopf wie Metternich es war, konnte unmöglich diese Zeichen der Zeit übersehen.
Vielleicht galt seine damalige Rundreise durch Deutschland der
Berathung über die Maßregeln zur Unterdrückung dieser Bewegung,
vielleicht ging er auch nur einfach nach dem Johannesberg, um
wieder einmal fern von den Wirren der Wiener Staatskanzlei
behaglich auszuruhen. Mich kümmerten damals, wie gesagt, die
politischen Dinge noch sehr wenig, ich dachte vielmehr daran, wo
ich ein Engagement oder eine Unterkunft finden würde, und da
dies in München unmöglich war, so beschloß ich schweren Herzens,
weiter zu ziehen.

―――――

Durch Deutschland nach Paris.
(1841—1842.)

So griff ich denn wieder zum Wanderstabe und zog aus
dem aussichtslosen München nach Augsburg. Hier fand ich den
Direktor Beurer, — seine Frau war als Fräulein Klinge-
mann, — Tochter des bekannten braunschweigischen Dramaturgen,
bei mir in Linz engagirt gewesen, und so fanden wir die freundlichste Aufnahme, aber zu einem Gastspiele oder gar zu einem
Engagement war keine Aussicht vorhanden, — die Saison hatte eben
begonnen und alle Fächer waren besetzt. Logen und Sitze wurden
uns freigebig zur Verfügung gestellt, auch an geselligen Einladungen
fehlte es nicht, aber vom freien Eintritt und von Kaffeegesellschaften
kann der Schauspieler nicht leben, er muß vor Allem in einen
schützenden Hafen einlaufen, ein stabiles Engagement finden. So

blieben wir denn einige Tage in dem alterthümlich schönen Augs=
burg, besichtigten die vielen Sehenswürdigkeiten der ehemaligen
Reichsstadt und oft und vielmals ging ich an dem Bureau der „Augs=
burger Allgemeinen Zeitung" vorüber, die damals auf der Höhe
ihrer journalistischen Macht und ihres politischen Einflusses stand,
ohne auch nur einmal daran zu denken, einzutreten, mich vorzustellen
und den Versuch zu machen, eine publizistische Verbindung mit
diesem damals ersten Blatte Deutschlands anzuknüpfen. Ich hatte
eben damals noch zu viel Theater im Kopfe, war aus einer
jahrelangen, mit Liebe und Lust betretenen, Bahn halb und halb
herausgerissen, dachte immer daran, wieder in diese hineinzuge=
langen und besaß noch zu wenig Selbstvertrauen und Glauben
an mich selbst, um auch nur an die Möglichkeit einer journalistischen
Carrière zu denken. Als ich einige Jahre später in intime Be=
ziehungen zur „Augsburger Allgem. Ztg." trat, als ihr ständiger
Pariser Correspondent, habe ich es oft bedauert, nicht die persönliche
Bekanntschaft der Herren von der Redaktion und besonders des
geistreichen Dr. Kolb, gemacht zu haben.

So ging es denn von Augsburg über Ulm nach dem
schönen Stuttgart, wo es uns noch besser gefiel als in München
und wo wir zehn höchst angenehme Tage verlebten. Der dortige
Hofschauspieler und Regisseur Moritz, einer der begabtesten Darsteller
der deutschen Bühne im Fache der Liebhaber und Bonvivants, der oft
bei mir gastirt hatte, empfing uns mit großer Liebenswürdigkeit
und machte uns die Honneurs von Stuttgart mit aufopfernder
Freundschaft, stets bemüht, uns den Aufenthalt so unterhaltend
und angenehm zu machen als möglich. — Er führte mich auch
bei Fräulein Amalie Stubenrauch ein, der ersten Heldin und
Liebhaberin des Hoftheaters und der einflußreichen intimen Freundin
des damals sechzigjährigen Königs Wilhelm, der obwohl schon
zum dritten Mal vermählt, noch das Bedürfniß nach einer weib=
lichen Freundin und Vertrauten fühlte. Fräulein Stubenrauch
war eine Art von stiller Mitregentin in allen Theaterangelegen=
heiten jedenfalls und auch nicht ohne Einfluß in den Koulissen
des würtembergischen Hofes. Doch wurde ihr zum Lobe nach=
gesagt, daß sie sich in politische Angelegenheiten im Inneren des
Landes wie nach auswärts nicht einmische. Der alte König lebte
noch dreiundzwanzig Jahre, wurde also 83 Jahre alt und im
Jahre 1863 sah ich ihn noch frisch und rüstig auf seinem feurigen
arabischen Rappen über den Schloßplatz courbettiren; — die

Stubenrauch, obwohl indessen eine sehr alte Dame geworden, erhielt sich in der Nähe des Königs mit ihrem vollen Einflusse bis zu seinem Tode, wohl der beste Beweis dafür, daß ihre geistige Begabung keine geringe war; denn als der alte König Wilhelm starb, näherte sie sich bereits dem sechzigsten Lebensjahre. Sein Nachfolger, König Karl, der alle Lieblinge seines Vaters bei seinem Regierungsantritte in höchster Ungnade entließ, wie Hackländer, die Stubenrauch u. A., verbannte letztere zwar aus der Residenz, konnte ihr jedoch weiter nichts anhaben, — von da an lebte die Dame in stiller Zurückgezogenheit auf dem Lande, in einem kleinen geistreichen Kreise von Freunden und starb erst im Jahre 1878, siebzig Jahre alt. Auch der arme Moritz, der damals auf dem Höhepunkt seiner glänzenden Laufbahn stand, endete in trauriger Weise; — in der Blüthe seiner Mannesjahre befiel ihn ein Rückenmarksleiden, er wurde an Händen und Füßen gelähmt und so lebte er noch viele Jahre mit ungetrübten geistigen Fähigkeiten und dem vollen schmerzlichen Bewußtsein seiner traurigen Existenz, während er weder Hände noch Füße bewegen konnte, den Tag im Rollstuhle zubrachte, um Abends in's Bett getragen und überhaupt gewaschen, an= und ausgezogen und gefüttert zu werden wie ein hilfloses Kind, bis ihn endlich in Berlin der Tod von seinen langen Leiden erlöste.

Aber so viele Mühe sich auch Moritz für mich gegeben hatte und obwohl die wohlwollende Protektion der Stubenrauch sich verwendete, so konnte ich doch auch in Stuttgart kein Engagement finden und der Hauptgrund lag wohl darin, daß wir unserer Vier waren und vier offene Stellen bei einem Theater finden sich nicht so leicht. Der Muth fing mir an zu sinken, die Aussichten verschlechterten sich von Tag zu Tag und ich erinnere mich noch heute lebhaft an die schwermüthige und gedrückte Stimmung, mit der ich damals in Stuttgart meine letzte östreichische Hundertgulden=Banknote wechselte, den letzten Rest unseres kleinen Kapitals und Reisegeldes.

Was sollten wir Vier anfangen, wenn auch diese letzten hundert Gulden ausgegeben sein würden und wir noch kein Engagement gefunden hätten, — das war der trübe Gedanke, der mich Tag und Nacht quälte, wenn ich auch vor den Meinigen immer noch den Kopf hoch trug und mich heiter und muthig stellte. Und da alle trüben Gedanken und alle melancholische Kopfhängerei doch nichts helfen konnten, so hieß es weitere Ver=

suche machen und wiederum um eine Stadt weiterziehen. Wir
brachen also nach Mannheim auf; — die freundliche, amerikanisch=
regelmäßig gebaute Stadt am Rheine mit ihren reizenden Um=
gebungen und dem leichtlebigen heiteren Völkchen, das sie be=
wohnte, gefiel uns ganz außerordentlich, und sowohl deßhalb, als
auch darum, weil es mit unserem Gelde auf die Neige ging,
beschloß ich, Alles aufzubieten, um, wenigstens vor der Hand, in
Mannheim bleiben zu können; — aber zu der Einsicht war
ich bereits gelangt, daß die Theaterverhältnisse sich immer schlechter
herausstellten, je weiter wir gegen Westen vordrangen, und daß
ein Engagement für vier Personen zu finden, zu den schwierigsten
Aufgaben, wenn nicht zu den Unmöglichkeiten gehöre; — so reifte
allmählich in mir der Entschluß, es lieber mit der Journalistik
zu versuchen, und während ich mich dem leitenden Mannheimer
Theater=Comite vorstellte, versäumte ich es doch nicht, mich auch
im Bureau der „Mannheimer Abendzeitung" zu präsentiren und
meine Feder und publizistische Thätigkeit dem Redakteur Doktor
Brühl zur Verfügung zu stellen. — „Können Sie einen guten
Leitartikel schreiben?" — fragte mich Doktor Brühl im Laufe
des Gespräches; ohne Bedenken antwortete ich mit einem „Ja!",
obwohl ich eigentlich keinen rechten Begriff von diesem Opus hatte.
Damals, zu Anfang der Vierziger Jahre, waren in Deutschland
Leute, die einen Leitartikel schreiben konnten, noch sehr selten und
nur ganz große Zeitungen konnten sich hie und da ausnahms=
weise diesen Luxus erlauben, und ich kam noch dazu aus Oestreich,
wo die Leitartikel damals noch ganz unerhört, ja verpönt waren,
wenn sie nicht von Gentz, Pilat oder den andern Handlangern
der Metternich'schen Staatskanzlei, verfaßt und als das, was man
heutzutage „eine officiöse Mittheilung" heißt, der „k. k. Wiener
Zeitung" oder dem „Oestreichischen Beobachter" zur Veröffent=
lichung zugeschickt worden waren. Aber mit dem kecken Muthe,
den man im Alter von sechsunddreißig Jahren besitzt, hatte ich
„ja" gesagt und so ging ich an's Werk und schrieb mehrere Leit=
artikel über Tagesfragen, die sogleich gedruckt in der „Mann=
heimer Abendzeitung" erschienen und die Zustimmung der Redaktion
und den Beifall des Publikums fanden. Mir fiel mit diesem
ersten Erfolge ein Stein vom Herzen, — ich war also ein
Publizist, ein Leitartikel=Schreiber, ohne es gewußt zu haben.
Im Bureau der Abendzeitung lernte ich den Buchhändler Hein=
rich Hoff kennen, der ebenfalls Gefallen an mir zu finden

schien und mir bald den Antrag machte, die Redaktion seiner
„Gasthof=Zeitung" zu übernehmen, die durch E. M. Oet=
tinger's Abgang erledigt war. — Da meiner Frau gleich=
zeitig am Mannheimer Hoftheater Gastrollen im Soubrettenfache
bewilligt worden waren, so nahm ich den Antrag um so bereit=
williger an, als meine Reisekasse bereits in erschreckender Weise
zusammengeschmolzen war und mit 1. November trat ich die Re=
daktion der „Gasthof=Zeitung" an. Zugleich schrieb ich
gelegentliche Leitartikel für die „Abendzeitung", schickte größere
Arbeiten an Doktor Kühne's „Zeitung für die elegante
Welt", an A. Lewald's „Europa" und andere Blätter,
die alle aufgenommen und anständig honorirt wurden, — meine
Frau erhielt ein hübsches Gastspiel=Honorar und so füllte sich
nach und nach meine Reisekasse wieder in tröstlicher Weise. Aber
noch war mir kein bleibender Ruhesitz beschieden, — mitten in
meiner täglich steigenden literarischen Thätigkeit kam eines schönen
Morgens ein Brief von Freund Thomé, der den Rhein hinab=
geschwommen war, um die dortigen Theaterverhältnisse kennen zu
lernen, mit der Nachricht, er sei in Mainz gut engagirt, habe
am 3. December seine Benefiz=Vorstellung und er lud mich nun
ein, mit meinen Damen nach Mainz zu kommen, um an seinem
Benefiz=Abende als Gäste mitzuwirken. Ich besann mich nicht
lange, der alte Theaterteufel regte sich wieder mächtig, — die
Lust zur Bühne erwachte wieder und ohne Bedenken schrieb ich
ihm zu. Die unpolitische „Gasthof=Zeitung", die nur drei=
mal in der Woche erschien, konnte ich von Mainz aus eben so
gut, wie in Mannheim redigiren, wenn ich der Druckerei nur
immer hinreichend Manuskripte schickte; meine anderen literarischen
Arbeiten konnte ich von Mainz aus ebenfalls fortsetzen und so
fuhren wir denn schleunigst auf einem Rheindampfer unserem
Freunde Thomé zu Hilfe. Für den Benefiz=Abend setzte ich
Nestroy's dort noch neuen „Talisman" in Scene, wir Vier
traten in den Hauptrollen auf, Thomé erzielte eine brillante Ein=
nahme und wir als „Wiener Gäste" reichlichen Beifall. Doktor
Franz Wiest, selbst ein Wiener, der in Mainz die Zeitung
„Das Rheinland" redigirte, hob uns östreichische Darsteller und
das Wiener Volksstück in die Wolken, die östreichischen Officiere
der Bundesgarnison begrüßten die heimathlichen Worte und Lieder
mit enthusiastischem Jubel, das Mainzer Publikum, das bis jetzt
mit den fadenscheinigen Berliner Possen abgespeist worden war,

amüsirte sich vortrefflich bei dieser Produktion des kernigen öst=
reichischen Volkshumors und das Endresultat war, daß der
Direktor des Mainzer Stadt=Theaters, Schumann, uns alle
Vier unter sehr günstigen Bedingungen engagirte.

So war ich nun endlich wieder geborgen, wenigstens vor=
läufig doch für den hereinbrechenden Winter, und ich führte nun
eine thätige Doppelexistenz als Regisseur und Darsteller viel be=
schäftigt, während ich meine Arbeiten für die Zeitungen mit denen
ich in Mannheim Verbindungen angeknüpft hatte, emsig fortführte.
Ich führte auch noch eine Weile von Mainz aus die Redaktion
der „Gasthof=Zeitung", als aber Hoff mich fortwährend um die
Rückkehr drängte und endlich selbst in Mainz zu diesem Zwecke
bei mir erschien, setzte ich mich mit ihm freundschaftlich auseinander
und legte in den ersten Monaten des Jahres 1842 die Redaktion
der „Gasthof=Zeitung" wieder in seine Hände zurück. Der gute
brave Hoff! — er war ein Ehrenmann im vollsten Sinne des
Wortes, aber viel zu viel thätiger Politiker, und über der Tages=
Politik vernachlässigte er sein früher so blühendes Geschäft. Als
intimer Freund und Gesinnungsgenosse Hecker's wurde er 1848
in die allgemeine Bewegung verwickelt, schwer compromittirt und
nach dem Siege der Reaktion mußte er nach Amerika flüchten,
wo er bittere Enttäuschungen erlebte und, wie ich erst viel später
erfuhr, in sehr bedrängten Umständen starb.

So verbrachte ich den Winter in außergewöhnlicher Thätig=
keit, setzte als Regisseur die meisten Stücke in die Scene, spielte
als Darsteller fast an jedem Abend, redigirte die „Gasthof=Zeitung",
arbeitete für ein halbes Dutzend anderer Zeitschriften, übersetzte
daneben für die große Musik=Verlagshandlung von Schott's
Söhnen die neuesten französischen Opern, wie „Des Teufels
Antheil", — „Der Herzog von Olonne" u. a., und
als nach Neujahr der Mainzer Karneval begann, dieses eigen=
thümliche Kind des Humors und Frohsinns der am schönen Rheine
lebenden Bevölkerung, wurde ich eines der thätigsten Mitglieder
und einer der Leiter der „Narrhalla", des Mainzer Narren=
Parlaments, das seine regelmäßigen Sitzungen hielt. Ich und Doktor
Wiest repräsentirten den Wiener, Ludwig Kalisch den Berliner
und ein genialer Rauchfangkehrermeister, Namens Weiser, den
Mainzer Lokalwitz, anderer ziemlich zahlreicher Kräfte gar nicht zu
gedenken. In diesen Narrhalla=Versammlungen hielt ich eine Reihe
von humoristisch=satyrischen Vorträgen, wie sie damals seit Saphir

im Schwunge waren, und diese fanden in ihrer echt wienerischen
Lustigkeit so großen Anklang, daß sie mich bald zum populärsten
Manne in Mainz und Umgebung machten, so daß mir noch in
späteren Jahren Narrenkappe und Ehrendiplom der Narrhalla
nach Paris zugeschickt wurden und ich dagegen meinen Vortrag
einsandte. Es war ein heiteres, von Laune und Humor belebtes
höchst interessantes Schauspiel, welches die ganze Mainzer Bevölkerung durch sechs Wochen dem rheinischen Karneval zu Ehren
in gelungenster Weise aufführte. In den Narrhalla-Versamm-
lungen, denen regelmäßig 6—800 Narren mit schellenbehangenen
Narrenkappen auf den Köpfen und mit allen Emblemen der
Narrheit geschmückt und außerdem ein reicher Kranz von Frauen
und alle Spitzen der Civil- und Militärbehörden als Zuschauer
beiwohnten, während auf einer Estrade feierlichst ein Präsidium
unter einem Narrenpräsidenten, zahlreichen Vice-Präsidenten und
Sekretären thronte, wechselten launige Vorträge mit heiteren Gesängen und gelungenen Produktionen einer Musik-Capelle. Wurde
ein Redner hier und da in seinem Vortrage langweilig, oder gelang es ihm nicht, das Publikum genügend zu amüsiren, so ließ
ihn das Präsidium, welches diskretionäre Gewalt hatte, mit einem
gelinden Durchfall verschwinden. In der Redner-Tribüne, von
wo aus die Vorträge gehalten wurden, befand sich nämlich eine
Versenkung, — wurde nun ein Redner breitspurig oder gar langweilig, so drückte der Präsident nur auf eine Feder, die Versenkung ging hinab und langsam verschwand mit ihr der unglückliche Redner, der seinen Fähigkeiten zu viel zugemuthet hatte,
unter dem stürmischen Beifallsjubel der Versammlung; — wer
seiner Sache sicher, seines Humors mächtig war, der hatte die
Versenkung nicht zu fürchten; aber so mancher Unberufene ist bei
einem solchen verunglückten Versuche, wie der Berliner es nennt,
„rinjefallen". — In einer dieser Versammlungen lernte ich auch
den großherzoglich hessischen Landes-Präsidenten von Lichten-
berg, einen hochgebildeten Mann von feinen Umgangsformen,
kennen, wurde von ihm höchst wohlwollend aufgenommen und
häufig zu Tische geladen und zähle die Stunden, die ich in seinem
gastlichen Hause und in seiner geistreichen Unterhaltung verbrachte,
zu meinen schönsten Erinnerungen. Es war ein eigenthümlicher
Contrast zwischen Oesterreich, wo die Schauspieler damals noch
als Paria's behandelt, auf der untersten Sprosse der gesellschaftlichen Leiter standen, und hier in Mainz, wo der gebildete Dar-

steller sich an der Tafel des Landes-Präsidenten in Gesellschaft österreichischer und preußischer Generale als geachteter und geehrter Gast fand.

Der Mainzer Karneval erreichte endlich seinen Höhepunkt in den drei letzten Faschingstagen, in welchen er mit einem Theater paré bei freiem Eintritte, das zu Mittag stattfand und zu welchem trotz des hellen Tageslichtes alle Straßenlaternen angezündet wurden, ferner mit einem stundenlangen satyrischen Fest- und Maskenzuge, einer großen Redoute und endlich einem kolossalen Häringssalat-Schmause am Aschermittwoche schloß. Auf mich hatte diese rheinische Heiterkeit einen außerordentlichen und tiefen Eindruck gemacht und mir einen ganz neuen Einblick in das dem Volke innewohnende humoristische Talent gewährt. Wenigstens war ich in meinem ganzen Leben nicht in so heiterer Aufregung und so zu geistiger Thätigkeit gestimmt, als in diesen Mainzer Karnevals-Tagen.

Die „schönen Tage von Aranjuez" waren vorüber und nun trat der „Ernst des Lebens" wieder in seine Rechte, nämlich die Sorge für die nächste Zukunft; denn das Osterfest und mit ihm das Ende unseres Engagements rückten nun langsam heran. — Da eröffnete mir Direktor Schumann eines Tages, er beabsichtige, mit einer großartig zusammengestellten deutschen Operngesellschaft, bestehend aus den ersten Künstlern, nach Paris zu gehen und fragte mich, ob ich gesonnen sei, als Regisseur und französischer Sekretär mitzugehen.

Paris war schon lange das mir unerreichbar scheinende Ziel meiner höchsten Wünsche gewesen und so wurden wir schnell einig; meine Frau für zweite Partien, die beiden Mädchen gingen für Chor und kleine Rollen mit und ich setzte es bei Schumann durch, daß vom Schauspiel auch noch Freund Thomé für Sprechrollen, wie „Samiel" im „Freischütz", „Sultan Selim" in der „Entführung" u. s. w. und als mein Adlatus mitgenommen wurde. — Nachdem ich noch in Mainz ebenso wie meine Frau eine gute Benefiz-Einnahme gemacht, wurde ich Anfangs April mit einem Röllchen Napoleons und meinen Instruktionen voraus nach Straßburg geschickt, um dort alle Vorbereitungen für die Beförderung der Gesellschaft nach Paris zu treffen. — Schumann war bereits zweimal mit einer deutschen Gesellschaft in London gewesen, leider ohne Erfolg; er war ein leichtsinniger, waghalsiger Mensch, wußte nur Pläne zu machen,

mittels seiner trefflichen Suada die Leute zu überreden und von
Anderen die Mittel zu seinen Unternehmungen aufzutreiben. So
hatte er erst bei dem Londoner Unternehmen einen wohlhabenden
Mainzer Schneidermeister, Namens Lebrecht, so hineingeritten,
daß dieser nicht nur sein ganzes Vermögen verlor, sondern, um
nicht in das Schuldengefängniß gesperrt zu werden, heimlich bei
Nacht und Nebel flüchten mußte. Der Sänger Staudigl
nahm dann das herrenlose Unternehmen in London in die Hand
und unter seiner umsichtigen Leitung wurde es denn doch so weit
zu Ende geführt, daß die engagirten Mitglieder wieder unbelästigt
nach Deutschland zurückkehren konnten.

Ich hatte von der Schumann'schen Direktionsführung
in Mainz schon so viel gesehen, daß ich kein sonderliches Ver=
trauen in sein Pariser Unternehmen setzte, aber der Ausgang
war mir gleichgiltig; denn ich wollte Paris sehen und für
den schlimmsten Fall hatte ich immer einen kleinen Nothpfennig,
der zur Rückkehr ausreichte.

Ich fuhr also allein voraus nach Straßburg, während in
Mainz die Saison zu Ende gespielt wurde; — damals gab es
noch keine Straßburg=Pariser=Eisenbahn, — ich mußte mich also
wegen der Beförderung an die Messagerien wenden, deren zwei
bestanden, die M. Lafitte und die M. Royale. Es gelang
mir, mit der Messagerie Lafitte einen ganz vortheilhaften Akkord
für fünf complete Wagen, die im Coupé, Interieur, Rotonde und
Banquette sechzehn Personen faßten, abzuschließen, und als am
bestimmten Tage Schumann, mit seinem Personale von achtzig
Personen, auf dem damaligen kleinen Adlerdampfer in Straßburg
ankam, standen die fünf Messagerien schon angespannt da, das
Gepäck wurde verladen und fort gings, mit frischen Pferden auf
jeder Station, durch die Champagne, nach Paris.

Es war eine anstrengende und ermüdende Fahrt; — Tag
und Nacht ohne Unterbrechung, bis wir am dritten Tage in Paris
ankamen; aber als nun die Riesenstadt vor uns lag, die Höhen
des Montmartre, die Kuppel des Pantheons und das unendliche
Häusermeer vor uns auftauchten, da waren alle Mühen und
Plagen vergessen, und mit freudigem Jubel und froher Hoffnung
begrüßten wir das schöne Paris. Noch etwas Quälerei auf der
Douane, einige Verdrießlichkeiten wegen zurückgebliebenen Gepäckes,
allerhand komische Scenen durch die Unbekanntschaft mit dem
Französischen bei den meisten Mitgliedern, — und — unsere Wagen

rollten endlich in die Rue des filles St. Thomas, wo in dem Hôtel de Lyon sowie in dem Hôtel Ventadour, die beide dem Mr. Merrimée gehörten, schon unsere Zimmer bestellt waren. Wir sollten, nach unseren Contrakten, außer der Gage, wie in Mainz, noch „anständige Diäten", und im Hotel nebst freier Wohnung Frühstück und Mittagtisch erhalten. — „Herz, mein Herz, was willst du mehr?" sangen Alle vergnügt und an der reichbesetzen Table d'hôte, zu der wir uns jetzt niedersetzten, herrschte ein Geist der Zufriedenheit, der Heiterkeit und der fröhlichen Zuversicht, wie man ihn wohl selten bei einer solchen Anzahl Menschen fern von der Heimath und ohne Sicherheit für die Zukunft finden dürfte.

Ich erhielt für mich und die Meinigen im zweiten Stock des Hotels ein elegant möblirtes Appartement, bestehend aus Antichambre, Salle à manger, Salon et deux chambres à coucher, mit dem ich sehr zufrieden war, und nachdem die Koffer ausgepackt waren, Toilette gemacht und ein „neuer Mensch angezogen war", zogen Alle, einzeln und gruppenweise, hinaus auf die Straßen, um — Paris zu sehen.

Die deutsche Oper in Paris.
(1842.)

Schumanns Pariser Unternehmen war von Anfang an eine Fehlgeburt. — Ohne Geldmittel, ohne genügende Vorbereitung, blos auf windige Projektenmacherei und sanguinische Hoffnungen begründet, mußte es ein trauriges Ende nehmen. Er hatte das vornehmste Theater von Paris, die Salle Ventadour, — das sogenannte Theater Royal Italien, — gemiethet und in seinem Programm Wunderdinge versprochen. Als erste Sängerinnen kündigte er an: die Damen Jenny Lutzer, die Fischer=Achten, Gentiluomo und Schumann, als zweite die Damen Walker und Seeburg; erste Tenoristen: Haizinger, Breiting, Schmezer und Wolf; zweiter Tenorist Hinterberger; Bassisten: Dettmer, Emerich und Herrmann; Baritons: Pöck und Oberhofer; — hierzu Kapellmeister Schrameck,

Chor-Direktor Baerwolf und siebzig Choristen, ferner das Orchester der italienischen Oper; — das Repertoire sollte aus den Opern von Mozart, Beethoven, Weber, Gluck, Lortzing und Spohr bestehen. Hätte Schumann wirklich eine solche Oper nach Paris gebracht, so wäre der Erfolg ein glänzender gewesen und Schumann als reicher Mann fortgegangen. Die Franzosen kamen dem deutschen Unternehmen mit der größten Liebenswürdigkeit entgegen; — sämmtliche Journale thaten ihr Möglichstes, um das Publikum zu animiren; alle Logen und Sperrsitze waren für die ersten sechs Vorstellungen im Voraus vergriffen, und ich muß aufrichtig gestehen, daß auch nicht die geringste Spur einer Opposition aus nationaler Eitelkeit bemerkt werden konnte, obwohl kaum zwei Jahre vorher die deutschen Zeitungen es für unpatriotisch erklärt hatten, daß man einer reisenden französischen Schauspielergesellschaft erlaubte, Vorstellungen in Deutschland zu geben. Ich habe dann noch sieben Jahre in Paris verlebt und kann bestätigen, daß die Stimmung der Franzosen für Deutschland damals eine sehr freundschaftliche, voll Achtung für deutsche Musik, deutsche Philosophie und deutsches Wissen war. Diese freundliche Gesinnung sprach sich denn auch gleich nach der Februar-Revolution in Lamartine's politischem Programme aus, welches lautete: Brüderliches Bündniß mit Deutschland, — Wiederherstellung Polens, — Befreiung Italiens! —

Was geschah nun in Wirklichkeit zur Ausführung des Schumann'schen Programmes? — Von sämmtlichen angekündigten Gesangsgrößen trafen in Paris nur die zweite Sängerin, Mdm. Walker von Hamburg, der zweite Tenorist Hinterberger und der Baritonist Pöck ein — außer ihnen war noch Schumann's Frau, eine recht gute Opern-Soubrette, da. Mit diesen mehr als schwachen Kräften wurde am 23. April Weber's „Freischütz" gegeben. Der erste Chor: „Viktoria, der Meister soll leben!" — wurde stürmisch applaudirt und mußte wiederholt werden; als aber dann der erbärmliche Tenorist und der schon stark ausgesungene Pöck, dem obendrein der „Caspar" nicht in der Stimme lag, den ersten Akt abspielten, da war das Publikum wie mit kaltem Wasser übergossen, und nur der Chor, der wirklich vorzüglich war und aus siebzig frischen deutschen Stimmen bestand, errang lebhaften Beifall. In den folgenden Akten fanden die Damen Walker und Schumann verdiente Anerkennung, aber eine besondere Anziehungskraft hatten sie für das durch die Leistungen einer Malibran, Grisi, Persiani, Garcia u. A. verwöhnte Publikum des italienischen Opernhauses nicht. Madame Walker, eine wohlbeleibte Frau von wenig einnehmendem Aeußern, sang recht gut, Frau Schumann mit etwas dünner Stimme, dazu noch sehr befangen, leistete Verdienstliches, aber die Pariser hatten schon viel Besseres gehört. Dazu kam noch, daß Schumann's Garderobe armselig, daß das italienische Opernhaus nicht auf Maschinerien eingerichtet war, ich also, da kein Geld ausgegeben werden sollte, die „Schrecken der Wolfsschlucht" nur nothdürftig zusammenstoppeln mußte, — kurz die Oper ging beifallslos zu Ende, nur den Chören ließen die Franzosen volle Gerechtigkeit widerfahren.

Von den angekündigten Sängern kam noch immer Niemand, obwohl Schumann mich fortwährend mit Briefen in der Hand versicherte, sie seien schon unterwegs — so wurde denn noch einige Male der „Freischütz" vor halbleerem Hause wiederholt — selbst die abonnirten Logen blieben aus; die nun folgende „Jessonda" von Spohr konnte, noch obendrein mittelmäßig aufgeführt, den Franzosen schon gar nicht gefallen, und so ging das Unternehmen mit schnellen Schritten bergab. Am 1. Mai erhielten wir unsere Gagen nur theilweise, mit der Vertröstung auf bessere Einnahmen, die jetzt kommen müßten und da wir wenigstens Wohnung und Kost gesichert hatten, so machte die Gesellschaft gute Miene zum bösen Spiel. Aber auch der Gastwirth, Mr. Merrimée, fing an, wegen der Bezahlung der schon ziemlich hohen Hotelrechnung ängstlich zu werden; auf sein Drängen erhielt er nur unbedeutende à Conto-Zahlungen, und so war es ganz natürlich, daß er auch seine Ausgaben einschränkte und unser Mittagstisch an Qualität und Quantität bedeutend abnahm. Noch einmal schien das Unternehmen sich heben zu wollen; wir gaben Kreutzer's „Nachtlager in Granada", in welchem bekanntlich die Chöre eine vorherrschende Rolle spielen; — ein Tenorist, Hr. Wolf, war angekommen und sang die Partie des „Gomez" recht nett, Frau Schumann war als „Gabriele" vorzüglich und die Partie des Jägers war in Wien für Pöck geschrieben worden und sagte ihm daher besonders gut zu. Die Aufnahme von Kreutzer's „Nachtlager" war demnach eine höchst günstige und die schöne Oper wurde einige Male bei vollen Häusern wiederholt. Wir erhielten nach und nach unsere Gagen-Rückstände vom Ersten, aber wie es am nächsten 16. damit aussehen würde, das wußte Niemand. —

Schumann's finanzielle Lage wurde nun erst recht bedenklich;
die Leute, die ihm in Mainz das Geld zu dem Unternehmen
auf Wucherzinsen vorgeschossen hatten, waren mit nach Paris ge=
kommen und nahmen jeden Abend den größten Theil der Kassen=
Einnahmen für sich in Beschlag. Es waren dies — ein Pfarrer
Namens Christ, und ein jüdischer Geldmäkler, Hallgarten,
— die bösen Geister Schumann's und die Gegenstände des
bittersten Hasses der ganzen Gesellschaft. Es wurde nun für den
9. Mai Beethoven's „Fidelio" angesetzt und Sonntag den
8., Abends 7 Uhr, sollte die Generalprobe stattfinden, da am
Sonntag nicht gespielt wurde, weil das aristokratische Opern=
publikum den Besuch des Theaters an Sonntagen für vulgär hielt.
Wir hatten den Sonntag also bis zum Abende frei und beschlossen,
um Versailles zu sehen, wo die Wasserkünste springen sollten,
mit der Eisenbahn hinzufahren. Die meisten von uns waren
noch auf keiner Eisenbahn gefahren und so bildete sich eine große
Gesellschaft von ungefähr vierzig Mitgliedern, die die Tour mit=
machen wollten. Als wir zu Mittag auf den Bahnhof kamen
(Rive Gauche), fanden wir dort eine Menschenmasse von mehreren
tausend Personen, die alle nach Versailles wollten; man schlug,
stieß und drängte sich, aber es war fast unmöglich, zu den Billet=
Kassen zu gelangen. Wir beschlossen daher, den nächsten Zug
abzuwarten, aber für die paar hundert Personen, die mit dem
abgegangenen Zuge fortgefahren waren, kamen Tausende von frischen
Ankömmlingen, und das Gedränge an den Kassen wurde lebens=
gefährlich. Auch mit dem nächsten Zuge wurde es unmöglich,
mitzufahren, und als es inzwischen drei Uhr geworden war,
begriff ich, daß, wenn wir auch mit dem nächsten Zuge zu Billeten
und Plätzen gelangen sollten, wir doch in der beschränkten Zeit
von Versailles so gut wie nichts sehen könnten, — wollten
wir anders zur rechten Zeit zur General=Probe zurück sein. — Ich
schlug daher den Anderen vor, unseren Ausflug auf einen späteren
Tag zu verschieben, und als sich Widerspruch erhob, erklärte ich,
sie könnten fahren; ich aber mit meiner Familie bliebe in Paris.
— Da ich nun der Einzige unter ihnen war, der fließend Fran=
zösisch sprach und sie sich doch nicht allein hinaustrauten, so unter=
blieb die Partie und wir kehrten um; — nur ein kecker Chorist
hatte sich, mit Verlust eines Rockschoßes, an die Kasse durch=
gedrängt, ein Billet erobert und fuhr mit. Diese Umkehr war
unser Glück; — als die General=Probe um 10 Uhr ihrem Ende

zuging, kam der Chorist, mit ganz zerrissenen Kleidern, beschmutzt
und verstört, auf die Bühne und theilte uns das Entsetzliche mit.
Um ½ 6 Uhr Nachmittags hatte der Train Versailles verlassen, es
war also der Zug, mit dem wir, um rechtzeitig zur Probe zu
kommen, hätten zurückfahren müssen. — Der Zug bestand aus
einer ungeheuren Menge von Waggons, so daß zwei Lokomotiven
vorgelegt werden mußten. Der Zug hatte eben die Station Belle-
vue verlassen und war über die Brücke gefahren, als die Achse
der ersten Lokomotive brach. Die zweite Lokomotive stürzte sich
auf die erste, sprengte ihren Kessel, zertrümmerte den Ofen und
schüttete das ganze Feuer auf die Bahn, die mit glühenden Kohlen
bedeckt war. Die Waggons rannten auf die Lokomotive, stürzten
auf und über einander, und standen, da sie noch obendrein frisch
lackirt waren, in wenigen Augenblicken in lichten Flammen.

Die Thüren der Coupés waren — wie damals üblich —
fest verschlossen, wer nicht durch den furchtbaren Zusammenstoß verwundet oder besinnungslos geworden war, und noch bei den
Fenstern hinausklettern konnte, war gerettet. Unter diesen Wenigen
war auch unser Chorist; — die Uebrigen verbrannten rettungslos
bei lebendigem Leibe. Die fünf ersten Waggons, jeder mit vierzig
Menschen vollgepfropft, verbrannten ganz, in ihnen zweihundert
Menschen; — aber die Flammen und der dichte Rauch wütheten
auch in den nachfolgenden auf einander gehäuften Waggons. —
Hunderte verbrannten und erstickten auch in diesen und ebenso groß
war auch die Anzahl der Verwundeten und Zerschmetterten. Man
schlug die Anzahl der Opfer auf mehr als achthundert Personen an.

Wären wir auf dem Zuge gewesen, so hätte unser deutsches
Opern-Unternehmen ein rasches Ende gefunden, so schleppte es sich
noch kurze Zeit hin. Paris war am nächsten Morgen ein großes
Trauerhaus; die angesehensten Familien hatten bei der Katastrophe
Angehörige verloren, viele Andere wurden vermißt, von denen
man nicht wußte, ob sie nicht auch in Versailles gewesen
wären, — halb Paris eilte auf die Unglücksstätte, um in der
Asche und den Trümmern nach Ueberbleibseln, Ringen, Hemd-
knöpfchen u. dgl. zu suchen und dadurch Aufklärung über das
Schicksal der noch Vermißten zu erhalten, und die Stadt war in
Schrecken, Entsetzen und tiefe Trauer gehüllt; wo sollte da die
Theaterlust herkommen? Dazu wurde die Witterung immer schö-
ner und wärmer, der Aufenthalt in den heißen Theatern unleid-

licher; wir gaben noch „Fidelio", ohne Erfolg, auch noch eine Vorstellung für die abgebrannten Hamburger, obwohl wir schon selbst so gut wie abgebrannt waren: dann schritten an einem schönen Morgen Schumann's Gläubiger mit ihren protestirten Wechseln ein, das Theater wurde gesperrt, Garderobe und Bibliothek mit Beschlag belegt und Direktor Schumann in den Schuldenarrest nach Clichy gebracht. Das war ein entsetzlicher Schlag für uns Alle, aber es sollte noch viel schlimmer kommen. Der Gastwirth, Mr. Merrimée, der uns schon in den letzten Tagen nur noch mit einer niederträchtigen Kost, bestehend aus dem bekannten französischen Purée, einem Brei von Bohnen= oder Erbsenmehl mit Fleischabfällen, gefüttert hatte, kündigte uns an, daß wir binnen 24 Stunden sein Hotel zu räumen hätten, und daß er unsere Koffer und Effekten, als Deckung für seine Forderung, mit Beschlag belege.

Da standen nun achtzig hilflose Menschen in der Fremde, unbekannt mit der Sprache, ohne einen Heller Geld in der Tasche, und ihres Bischens Hab' und Gut beraubt. Auf die ersten Mitglieder war nicht zu rechnen; denn der Capellmeister, die Sänger und Sängerinnen waren sogleich nach dem Zusammenbruche abgereist. Ich berief die armen Choristen und sonstiges Personale in einen in der Nähe befindlichen Kaffeehaus=Saal, um die traurige Lage und die Mittel zur Abhilfe zu besprechen; — eine stürmische Debatte begann und, wie gewöhnlich bei solchen Gelegenheiten, wurde von den aufgeregten Leuten viel Thörichtes und Unnöthiges gesprochen. Die Leute waren in einer verzweifelten Stimmung, nur einmal brach eine stürmische Heiterkeit los, als ein dicker Chorist in seiner Rede sagte: „Direktor Schumann hat uns contraktlich zugesichert, daß wir „anständige Diäten" erhalten sollen, statt dem sind wir unanständig diät gehalten worden, und jetzt sollen wir ganz verhungern".

Ich ließ sie ihrem Unmuthe Luft machen, dann aber setzte ich ihnen die Sachlage auseinander und erklärte ihnen, daß nicht Raisonniren und Schimpfen, sondern vernünftiges und energisches Handeln allein Rettung bringen könne. Wenn sie mir ihr Zutrauen schenken wollten, so wollte ich mich bemühen, sie aus dieser verzweifelten Lage so gut als möglich zu retten, nur müßten sie mir ein paar Mitglieder zur Seite geben, da ich allein die große Arbeit nicht bewältigen könne. Der Vorschlag wurde mit Akklamation angenommen, und ein Comite, bestehend aus mir, Franz

Thomé und dem Chorführer Frühling, als bevollmächtigte Vertreter der Gesellschaft gewählt.

Die erste Aufgabe war, den armen Leuten Unterkunft zu verschaffen und ihre Koffer aus den Klauen des Gastwirthes zu retten. Adalbert von Bornstedt, ein junger Deutscher, der schon seit vielen Jahren in Paris lebte, mit den meisten Journalen liirt und in den besten deutschen Familien bekannt war, war mir in dieser Nothlage ein helfender Freund; er ging mit mir zum Advokaten Cremieux; — dieser fuhr mit uns sogleich auf's Handelsgericht und erwirkte, im summarischen Wege, eine „ordonnance de non lieu", wodurch die Beschlagnahme unserer Koffer, als widerrechtlich, aufgehoben wurde. Ein Gerichtsbote ging sogleich mit Thomé in's Hotel und Mr. Merrimée mußte sämmtliches Gepäck der Mitglieder herausgeben.

Das Rettungswerk.
(1842.)

So war denn das ärgste Unheil von der armen verlassenen Schaar der in Paris doppelt hülflosen armen Deutschen abgewendet; sie hatten ihre Habseligkeiten zurückerhalten und ein schützendes Obdach über ihren Häuptern; — jetzt galt es aber vor Allem, für ihre fernere Erhaltung zu sorgen, die Armen, die nicht einen Franc in der Tasche hatten, vor dem Verhungern zu schützen, und vor Allem war der Hauptzweck, der mir vorschwebte, der, die guten Leute, die so vertrauensselig nach Paris gelockt worden waren, wieder in anständiger Weise in ihre Heimath zurück zu befördern. Während nun die beiden anderen Comite-Mitglieder unsere Leute nach und nach in kleinen billigen Hotel garnis unterbrachten, ging ich mit Bornstedt zu den angesehensten Deutschen, stellte ihnen die schreckliche Lage so vieler Menschen vor und bat sie, durch ihre Unterstützungen das Elend zu lindern. Es waren harte und peinliche Opfer, die mir diese Bettelgänge auferlegten, — aber sie hatten auch wieder ihr Gutes, denn ich wurde dadurch mit den einflußreichsten Notabilitäten bekannt.

Baron James Rothschild, sowie der Bankier Schickler

gaben jeder dreihundert, Baron M e k l e n b u r g zweihundert, T h u r n e y s e n und L u t t e r o t h jeder hundert Francs, andere Deutsche gaben kleinere Beiträge, und so kam ich am Abend des ersten Tages mit 1 6 0 0 F r a n c s nach Hause. Allerdings wenig für a c h t z i g Menschen, aber wir konnten doch für den ersten Abend gleich den Leuten, die den ganzen Tag gehungert hatten, Essen verschaffen und waren auch für die nächsten zwei Tage gedeckt. Am nächsten Morgen miethete ich die „Salle Vivienne" für Concerte, die ich zu veranstalten beabsichtigte, und dann ging ich mit B o r n s t e d t zu H e i n r i c h H e i n e.

Wir schickten unsere Karten hinein und nach einer Weile kam der geniale Dichter heraus in die Küche, entschuldigte, daß er uns hier empfangen müsse, da Madame Mathilde noch im tiefsten Negligé und der Salon noch nicht aufgeräumt sei; dann setzte er sich auf den Küchentisch und bat uns, auf zwei Holzstühlen Platz zu nehmen. — Obwohl es schon neun Uhr war, war H e i n e ebenfalls noch im tiefsten Negligé, ein großes Foulard um den Kopf gebunden, eine weiße Nachtjacke, eben solche Unterhosen, deren ungeknüpfte Bänder an den Knöcheln, wie Merkursflügel, flatterten und schlarrende Pantoffeln bildeten seinen Anzug. Welch' ein Abstand von dem idealen Bilde, welches ich mir in der Phantasie von meinem Lieblingsdichter gemacht hatte. Aber das freundliche und geistvolle Gesicht, das schöne Auge, sein liebenswürdiges Wesen versöhnten mich bald mit seinem unpoetischen Negligé. „Ja, meine Herren," sagte er, nachdem wir ihm die Sachlage vorgetragen, „ich helfe meinen undankbaren Landsleuten gerne, so viel ich kann, aber Geld habe ich keines, ich bin selbst ein literarischer Proletarier, Journal=Correspondent, „Feuilletonistischer Lump", wie sie uns in Deutschland nennen. Aber ich habe einige Freunde in Paris und bei diesen will ich mich verwenden." — Er gab mir eine Anzahl von Adressen deutscher Familien, lud mich ein, ihn bald wieder zu besuchen, was ich auch that, und ich blieb mit ihm bis zu seiner schweren Erkrankung in den freundschaftlichsten Beziehungen. —

Was A l f r e d M e i ß n e r kürzlich in seinen „Jugenderinnerungen" über die Ehe Heines schrieb, kann ich vollständig bestätigen. Meißner hat eher zu wenig als zu viel gesagt. Heine fühlte sich in seinen häuslichen Verhältnissen sehr unglücklich und schwer drückte ihn sein ganzes Leben hindurch sein übereilter Schritt, eine Pariser Grisette zu seiner Frau gemacht zu haben.

Die Grisette kann für Wochen, Monate, vielleicht auch Jahre, eine
ganz angenehme und amusante Freundin sein, aber zur Hausfrau eines Deutschen wird sie niemals taugen. Ich komme
übrigens im Laufe dieser Aufzeichnungen wieder auf Heine zurück.

Mit Cremieux' Hülfe thaten wir nun auch Schritte, um die
rückständigen Gagen einzutreiben, und auf Grund von Dokumenten,
die Schumann, um loszukommen, aus Clichy lieferte, erklärte das
Handelsgericht die Herren Hallgarten, Christ und noch einen
dritten Geldmenschen, Namens Hagen, als stille Gesellschafter
Schumann's, für dessen Schulden solidarisch verantwortlich, —
allein die Herren hatten in Paris kein Besitzthum und ihre werthen
Personen retteten sie durch schleunige Flucht.

Der zweite Tag meiner Bettelgänge brachte ungefähr 700
Francs ein und am nächsten Tage fand unsere erste öffentliche
Produktion statt. Das „Grand Concert des chanteurs allemands" in der „Salle Vivienne" bestand nur aus Vokal=Musik, —
die herrlichen Quartette von Kreutzer, Eisenhofer, Gall
wechselten mit Chören aus deutschen Opern, letztere mit Clavierbegleitung durch den Chordirektor Bärwolf. — Die Vokalmusik
war in Frankreich damals noch wenig gepflegt und sehr selten gehört, und so konnten wir dem Publikum neue und originelle Genüsse bieten, um so mehr als wir über die schönsten und frischesten
Stimmen, mit guter Schulung, verfügten. Bornstedt, Heine
u. A. eiferten Deutsche und Franzosen zum Besuche an, die Journale unterstützten uns auf's Freundschaftlichste, der Ruf der wirklich trefflichen Gesangsleistungen verbreitete sich immer mehr in
Paris und so machten wir in unseren allabendlichen Concerten
ganz anständige Geschäfte. Aber die bessere Gesellschaft kam nicht
in die Salle Vivienne, und um uns in Privatzirkeln hören zu
lassen, war eine Horde von achtzig Menschen denn doch zu
viel. — Nach ungefähr zwanzig Concerten waren wir so weit,
daß wir vierzig von den Mitgliedern mit bis Mainz bezahlten
Plätzen und einem anständigen Reisegeld nach Hause schicken konnten.
Zu den Zurückbleibenden wählte Chordirektor Bärwolf die schönsten
Stimmen, sechszehn Damen und vierundzwanzig Herren aus und
nun hatten wir ein vortreffliches Ensemble. Ich hatte mich bereits brieflich an den König Louis Philipp gewendet und ihn gebeten, den deutschen Sängern die Auszeichnung zu gönnen, in
einem Hofconcerte vor ihm singen zu können.

Es kam aber längere Zeit keine Antwort, so daß ich die

Hoffnung schon aufgegeben hatte, und ich bemühte mich nun um
anderweitige Einladungen, uns in Privatzirkeln hören lassen zu
dürfen. Am 25. Juni saß ich Morgens um 9 Uhr in meiner
sehr bescheidenen Wohnung in einem Hôtel garni, Rue d'Argen=
teuil Nr. 21 (gerade dem Hause gegenüber, wo der große Corneille
die letzten Jahre seines Lebens zubrachte und wo er starb), als
ein einfach gekleideter ältlicher Herr, ein rothes Bändchen im
Knopfloche, bei mir eintrat und nach „Monsieur Borstaing" fragte.
Ich legitimirte mich als solcher und fragte, mit wem ich die Ehre
hätte, zu sprechen. „Je suis Auber, Directeur de la Musique
du Roi", war seine bescheidene, aber vollkommen genügende Ant=
wort. — Als Musikdirektor des Königs eröffnete er mir, daß
Seine Majestät die deutschen Sänger morgen Abend in Neuilly
zu hören wünsche und lud mich ein, ihn um 11 Uhr zu be=
suchen, um das Nähere zu verabreden. — Er gab mir seine
Adresse, Rue St. Georges Nr. 24 und zur bestimmten Stunde
betrat ich das Haus, aus dem „Stumme von Portici", —
„Gustave", — „Fra Diavolo" und so viele andere Ton=
werke hervorgegangen waren, um die Runde durch ganz Europa
zu machen. — Er empfing mich in seinem eleganten und geschmack=
vollen Arbeitszimmer, welches in künstlerischer Ausschmückung ganz
das Gepräge seines genialen Bewohners trug. — Mozart's
Bild hing über seinem Schreibtische und in den Glasschränken
seiner großen Musikbibliothek fehlte keine der klassischen Partituren
unserer großen deutschen Tonmeister. — Ich fand Mr. Plantade,
Sekretär der königl. Musik, bei ihm, ein treffliches Dejeuner
wurde servirt, wir setzten uns und, ich wenigstens, that den treff=
lichen Gerichten und den feinen Weinen alle Ehre an.

    Eine Stunde verflog im Gespräche über die Musikzustände
Frankreich's und Deutschland's wie eine kurze Minute. „Ich
liebe Deutschland," sagte Auber unter Anderem, „es ist das
Land der Harmonie, der Melodie, dort ist die Musik nicht Mode,
sondern Bedürfniß und ich danke mein bischen Ruf ebenso sehr
Deutschland als Frankreich." —

    Wir entwarfen dann das Programm des Hof=Concertes,
dem Auber noch den Chor aus Gluck's „Iphigenie in Aulis":
„que d'attraits, que de majesté!" — hinzufügte. „Der König
liebt die Gluck'sche Musik und Sie werden ihm mit diesem
Chore eine freudige Ueberraschung bereiten" — sagte er. — Der
Chor wurde nun rasch einstudirt, die nöthigen Vorbereitungen ge=

troffen, und Sonntag den 26. Juni, um sechs Uhr Nachmittags, holte uns Herr Plantade mit zehn königlichen Equipagen nach Neuilly ab. Als die zehn Hofwagen, mit den Kutschern und Bedienten, in den bekannten rothen Livreen, vor unserem kleinen Hôtel garni in einer langen Reihe hielten, entstand ein förmlicher Auflauf in der ganzen Gegend und die Bevölkerung der angrenzenden Straßen drängte sich hinzu. Mr. Plantade nahm mich noch bei Seite und fragte mich im Vertrauen, ob ich auch für alle meine Leute bürgen könne, und ob sich kein Fremder unter uns eingeschlichen hätte.

Es war damals die Zeit der Attentate und man war daher sehr behutsam in der Wahl der Personen, die in die Nähe des Königs gelangen sollten. — Ich gab ihm die beruhigende Versicherung, daß Alles in bester Ordnung sei, aber innerlich war ich in großer Verlegenheit; denn ich hatte zwei guten Bekannten erlaubt, sich als Sänger unter uns zu mischen und so die königliche Familie in der Nähe zu sehen; — es waren dies ein junger deutscher Kaufmann, Anton Doll, den ich später bei Hecker in Amerika wiederfand und Dr. Felix Bamberger; — allein, da ich überzeugt war, daß die beiden Herren nicht attentaten würden, so beruhigte ich mich; wir stiegen ein und fuhren nach Neuilly, wo wir um 7 Uhr eintrafen und sogleich in die für uns bereiteten Appartements geführt wurden. — Nachdem etwas Toilette gemacht war, zeigte uns Mr. Plantade das Schloß, auch die Schlafzimmer des Königs und der Prinzen, wir fanden in allen einfache, eiserne Bettstätten mit einer Matratze auf einem Strohsack; denn Louis Philippe erzog seine Kinder echt spartanisch wie er auch selbst sehr einfache Lebensgewohnheiten hatte.

Um acht Uhr kam Auber und führte uns in den Salon der Königin, wo Familiencirkel war, und das Concert begann. — Der König, die Königin, Mad. Adelaide, die Herzoginnen von Orleans und Nemours, Prinzessin Clementine, der Herzog von Broglie, der österreichische Botschafter Graf Appony, der amerikanische Gesandte, General Caß, seine Collegen von Griechenland und Neapel, Graf Montalivet, die Generale Athalin und Schneider, Graf Perthuis und andere Notabilitäten bildeten das Publikum; — ein prachtvoller Flügel von Erard diente zum Accompagnement.

Wir fingen mit Kreutzer's Quartett: „Das ist der Tag des Herrn!" als Vokal-Chor arrangirt, an und der Eindruck dieser

schönen Nummer schien sehr befriedigend zu sein; — gleich nach
diesem Chore trat der König zu uns, — eine freundliche, ein-
nehmende Physiognomie mit klaren, verständigen Augen, — seine
Haltung war kräftig, sein ganzes Wesen lebhaft. „Meine Herren!"
sagte er in reinem Deutsch, nur mit etwas schweizerischem An-
klange, „es freut mich recht sehr, Sie bei mir zu sehen, ich liebe
Deutschland und die deutsche Musik, auch die Königin freut sich
sehr auf den angenehmen Abend, den Sie uns bereiten werden."
— Bald kamen auch, in der nächsten Pause, die Königin und
die Prinzessinnen Orleans und Nemours zu uns, zwei
liebenswürdige, freundliche Erscheinungen, — sie wendeten sich
an mich, der ihnen zunächst stand und das Gespräch berührte den
Zustand der Musik und der schönen Künste in Deutschland und
Frankreich und die gegenseitigen Berührungspunkte der geistigen
Thätigkeit beider Länder. Besonders die Herzogin von Orleans
zeigte sich als sehr unterrichtet und vielseitig gebildet, sie sprach
ebenso leicht als erschöpfend über jeden Gegenstand und entwickelte selbst Detailkenntnisse, die einem Fachmann Ehre gemacht
haben würden.

Wir schlossen die erste Abtheilung mit dem großen Finale
des ersten Aktes von Kreutzer's „Nachtlager" und nun trat eine
längere Pause ein, während der von den königlichen Dienern der
Gesellschaft, so wie uns, Erfrischungen gereicht wurden. Ich be-
nutzte diese Zeit, um im angrenzenden Bibliothekzimmer drei
Impromptu-Sonette an den König, die Königin und die Herzogin von Orleans mit Bleistift niederzuschreiben, die Graf Perthuis dann den Betreffenden überreichte. Die zweite Abtheilung
begann mit Kreutzer's „Kapelle", welcher Nummer der Chor
aus Gluck's „Iphigenie" folgte. Der König saß im traulichen
Gespräch mit Graf Apponyi in einer Fensternische — als aber die
ersten Takte der Gluck'schen Melodie erklangen, da verklärte sich
sein Antlitz, seine Züge strahlten vor Freude und er kam mit
dem Grafen zu mir. „Sie haben mir mit diesem Chor eine
große Freude gemacht" — sagte der greise König — „er erweckt mir liebe Erinnerungen aus meiner Jugend, ich danke Ihnen
recht sehr für die schöne Ueberraschung." — Wir sangen noch die
Jäger-Chöre aus dem „Freischütz" und „Euryanthe", ein Wiener
Quodlibet von Kapellmeister Fr. Müller, dessen Zusammenstellung
große Heiterkeit hervorrief und schlossen mit dem ersten Finale
aus „Euryanthe". Alle Nummern wurden mit dem lebhaftesten

20*

Beifall aufgenommen, und nach Beendigung erkundigten sich die Königin und die Herzogin von Orleans nach der Dame, die den Part der Gabriele und der Euryanthe in den beiden Finales gesungen hatte. Auber stellte ihnen meine Frau als solche vor und die Damen sagten ihr viel Schönes und Rühmliches, wie denn überhaupt sämmtliche Glieder der königlichen Familie während des Concerts vier bis fünf Mal zu uns gekommen waren, um jedem Einzelnen einige freundliche Worte zu sagen. Am Schlusse dankten König und Königin uns wiederholt auf das Herzlichste für das ihnen bereitete Vergnügen.

Mittlerweile hatte Graf Perthuis meine Impromptus übergeben, und nun kamen die Königin und die Herzogin von Orleans nochmals zu mir, um mir ihren Dank für die Aufmerksamkeit auszusprechen; — der König aber kam selbst mit dem Gedichte und las es laut mit der Versicherung, er werde es zum Andenken an diesen vergnügten Abend „et la charmante surprise poetique", die ihm bereitet, bewahren.

Ich erwähne diese Einzelheiten nicht aus Eitelkeit, sondern um zu zeigen, welch' ein einfach bürgerlicher Ton an Louis Philipps Hofe herrschte, — man fühlte sich augenblicklich vertraut und zu Hause; — da vermittelte kein steifer Hofmarschall zwischen den hohen Herrschaften und den Sängern, — es herrschte ein direkter freundlicher Verkehr en famille vor, und es hieß nicht, wie bei so manchen minderen Größen: „der Mohr hat seine Schuldigkeit gethan, der Mohr kann gehen". — Im Gegentheile, als wir uns von der königlichen Familie beurlaubt hatten, begleitete uns Graf Perthuis in unsere Appartements, wo wir ein ausgesuchtes Souper mit den feinsten Weinen und Desserts servirt fanden, dem, nach so großen Anstrengungen, tüchtig zuzusprechen, uns der Graf einlud. — Jetzt bekam ich eine Anwandlung von Angst, — ich wußte, wie ausgehungert meine Choristen waren und fürchtete besonders die schweren Weine und die darauf folgende Lustigkeit. Aber die wackeren Leute benahmen sich sehr anständig und bescheiden, wie sie mir denn überhaupt während der ganzen Zeit, wo sie unter meiner Führung standen, wenig oder keinen Verdruß bereitet haben. Ich ließ ihnen eine halbe Stunde zu den Tafelfreuden — dann fuhren auf meinen Wunsch die Wagen vor und erst nach Mitternacht trafen wir wieder in Paris ein.

Die Lösung der Aufgabe.
(1842.)

Am nächsten Morgen nach dem Hofconcerte hielt schon um zehn Uhr Vormittags ein berittener Munizipal-Gardist vor unserem kleinen Hôtel garni in der Rue d'Argenteuil, stiefelte die dunkele Treppe hinauf und überreichte mir ein großes versiegeltes Schreiben. Es enthielt eine Einladung vom Grafen Montalivet, Intendanten der königl. Civilliste, „sobald es meine Zeit erlaube", bei ihm vorzusprechen; ich ging sogleich hin, fand die freundlichste Aufnahme bei dem sehr liebenswürdigen und gebildeten Manne und empfing von ihm im Auftrage und mit dem nochmaligen Danke des Königs tausend Francs für das Concert und noch fünfhundert Francs, als Beitrag des Königs zu der Benefizvorstellung für das Chorpersonal, die am 24. Mai noch im italienischen Opernhause von mir arrangirt worden war. Sehr erfreut über diese Bereicherung unserer Gesellschaftscasse, eilte ich nach Hause, wo mich andere angenehme Ueberraschungen erwarteten. Ich fand dort ein Billet von der Gräfin Perthuis, worin sie mich ersuchte, sie sobald als möglich in ihrer Wohnung, 12 Rue d'Astorg, zu besuchen, da sie mir manches mitzutheilen habe; ferner war da ein Briefchen von Franz Liszt, ebenfalls mit der Einladung, ihn in den nächsten Tagen, 19 Rue Pigale, zu besuchen.

Gräfin Perthuis, die Gemahlin des ersten Adjutanten des Königs, eine geborene Deutsche und sehr geistreiche Frau, entschuldigte sich mit französischer Artigkeit, daß sie mich zu sich bemüht habe, aber sie glaube mir einige Andeutungen geben zu können, die von Nutzen für den Zweck meiner wohlthätigen Mission sein dürften. Wir würden, meinte sie, nachdem wir beim Könige gesungen, zuversichtlich Einladungen von den ersten aristokratischen Häusern zur Mitwirkung bei Gartenfesten, Privatconcerten, Matinées u. s. w. erhalten, und sie gab mir nun Fingerzeige, wie ich mich in solchen Fällen zu verhalten, welche Häuser ich besonders zu bevorzugen habe und noch Vieles an Details und Aufschlüssen über Lokalverhältnisse, die für den, auf dem Boden des höheren Pariser Gesellschaftslebens ganz Fremden von größtem Nutzen waren. Ich dankte ihr für ihre Freundlichkeit und bat sie, mir in zweifelhaften Fällen bei ihr Rath holen zu dürfen, was sie mir auch zusagte und — was bei großen Damen nicht so häufig ist —, auch mit der größten Liebenswürdigkeit erfüllte.

Die Gräfin hatte Recht gehabt; von allen Seiten kamen in den nächsten Tagen Einladungen, namentlich von dem Baron Montmorency, von der Gräfin Rasumofska, der russischen Fürstin Bagration, Gräfin Apponyi, dem reichen Amerikaner Thorn, u. A., um uns bei ihnen hören zu lassen, und ich hatte vollauf zu thun, mit den vielen Visiten, Besprechungen, Feststellung der Tage und des Programms und den vorbereitenden Arrangements. Die öffentlichen Concerte in der Salle Vivienne hatten wir längst eingestellt, da diese zu unserer jetzigen Stellung nicht mehr paßten.

Die vorbereitenden Visiten und Conferenzen waren weder eine leichte noch angenehme Aufgabe und die ganze Last derselben lag auf meinen Schultern, da ich der Einzige war, der fertig französisch sprechen konnte. Die Besuche, die zu diesem Zwecke gemacht werden mußten, legten mir, nach französischer Gesellschaftssitte, die Pflicht auf, stets à quatre epingles, im schwarzen Gala-Anzug, mit weißer Halsbinde und ebensolchen Handschuhen nebst chapeau-claque, mich bei den hohen Herrschaften zu präsentiren und so kam ich aus dem schwarzen Fracke fast gar nicht mehr heraus; da die adeligen Hotels, in die ich geladen wurde, fast alle in dem aristokratischen Faubourg St. Germain lagen, so waren mir allerdings aus der Gesellschaftskasse die Auslagen für ein Cabriolet de remise bewilligt, denn ich konnte doch nicht im Ballanzuge bis in den entfernten Theil von Paris, jenseits der Seine laufen; aber dem ungeachtet hatten diese Visiten viel Lästiges und Langweiliges und setzten meine Geduld oft auf eine harte Probe. So erinnere ich mich, daß mich eine hochgeborene Gräfin zwei volle Stunden lang antechambriren ließ, es wäre gerade Gesellschaft da, erklärte mir der Kammerdiener, bis sie mich endlich vorzulassen geruhte. Dann mußten eine Menge von Fragen beantwortet, Aufschlüsse und Erklärungen mußten gegeben, unzählige Male Erzähltes mußte wieder erzählt werden und wenn alle diese Präliminarien erledigt und alle Fragen beantwortet waren, kam man erst zur Hauptsache, zur Feststellung des Tages der Production und zur Besprechung der Einzelheiten und des ganzen Arrangements, worauf ich in Gnaden entlassen wurde. Alle diese Vorbesprechungen hätten kürzer und bündiger mit einem Sekretär oder Haushofmeister erledigt werden können und es kam mir immer vor, als ob die hohen Damen, die sich zu diesen persönlichen Conferenzen herabließen, keinen anderen Zweck hatten, als den, ein paar ihrer vielen müßigen Stunden mit Geplauder todtzuschlagen.

Eine heitere Erinnerung unter diesen vielen Berührungen mit der Noblesse des Faubourg St. Germain bleibt mir immer noch mein Besuch bei der russischen Fürstin Bagration aus dem königlichen Hause der Bagratiden in Georgien abstammend, ein Fürstenstamm, der schon unter Katharina II. seiner Souveränität entsagt hatte, in russische Dienste getreten war und aus dem der bedeutendste russische General hervorgegangen war, Fürst Bagration, der 1812 bei Borodino fiel. Die Fürstin, die zu den tonangebenden Sternen der Pariser höheren Gesellschaft gehörte, hatte mir ein moschusduftendes Billet auf rosa Velin-Papier geschickt, worin sie den Wunsch aussprach, ich möchte mich zur Besprechung einer Produktion der deutschen Sänger um die Mittagsstunde in ihrem Palais einfinden. Ich warf mich also wieder in mein Gala-Costüm und fuhr in einem Cabriolet hinüber. Die Palais im Faubourg St. Germain haben, nach alt-französischer Sitte, keine Fronte an der Straße, an der sich nur eine hohe Mauer, gewöhnlich ohne Fenster, befindet, jenseits welcher nur Stallungen und die Wohnungen der Dienerschaft angebracht sind, — hinter dieser nur durch eine große Einfahrt unterbrochenen Mauer liegt dann ein weitläufiger Hof und in dessen Hintergrunde das eigentliche Palais mit dem Auffahrtsportale, dessen Hauptgemächer die Aussicht auf den dahinter liegenden Park bieten. Mein Cabriolet-Kutscher fuhr also wohlgemuth in die Einfahrt hinein und wollte sein Gefährt zum Portale lenken, aber schon nach wenigen Schritten stürzte der Portier, eine hohe, vierschrötige Hünengestalt, aus seiner Loge hervor, fiel dem sich bäumenden Pferde in die Zügel und bedeutete dem Kutscher mehr mit russischer Grobheit als mit französischer Artigkeit, er solle augenblicklich wieder auf die Straße hinausfahren, in den Hof und vor das Portal dürften nur Equipagen auffahren, aber keine Lohn-fuhrwerke, und am allerwenigsten ein Einspänner. Der Kutscher, ein echtes Pariser Kind, ließ sich diese Zurückweisung nicht gefallen, nannte das Verlangen des Portiers „une infame bêtise", — er sei schon in ganz andere Palais hineingefahren, ich erklärte vergebens, ich sei von der Frau Fürstin bestellt, der Portier ließ das Pferd nicht los und wollte es immer zur Einfahrt hinaus-drängen, während der Kutscher es vorwärts trieb, — ein paar reich galonirte Bediente und zwei Stallknechte in ihren Jacken, die der ungewohnte Lärm in dem sonst stillen Hofe herbeigelockt hatte, standen da und glotzten uns lachend an; — endlich kam der Kammerdiener aus dem Palais herbeigeeilt und als ich ihm den Zweck meines Besuches mitgetheilt hatte, verwies er den Portier in seine Loge, lud mich ein, auszusteigen und erklärte mir äußerst artig, es sei allerdings üblich und Gebrauch, daß Lohnfuhrwerke nicht in den Hof einführen, sondern draußen auf der Straße hielten, bat mich aber, den unangenehmen Auftritt zu entschuldigen und ihm zur Frau Fürstin zu folgen, die mich bereits erwarte. Er führte mich nun in einen kleinen Salon, bat mich, hier einen Augenblick zu verweilen und ging, um meine Ankunft der Fürstin zu melden. Nach einer kleinen Weile erschien er wieder und führte mich durch eine lange Reihe prachtvoller Gemächer in einen großen Saal, der sein Licht von oben durch eine Glaskuppel erhielt und dessen Wände, sowie sämmtliche Möbel, mit schwerem, gelben Atlas und reichen Goldverzierungen tapezirt waren. In der Mitte dieses Saales stand auf einem ungeheuren persischen Teppiche ein großes Himmelbett, ebenfalls ganz in gelber Seide, dessen Vorhänge nach allen Seiten zurückgeschlagen waren, und in diesem Bette lag die Frau Fürstin, den Kopf und die Büste in höchster Toilette, die Finger mit funkelnden Diamantringen, die Arme mit schweren, juwelenbesetzten Goldbraceletten so dicht bedeckt, daß man von der Haut nichts sehen konnte. Um das Bett herum standen im Halbkreise eine Anzahl weichgepolsterter Fauteuils. In einem solchen mußte ich Platz nehmen und die Fürstin, eine schon sehr ältliche und sehr hagere Dame, der man, trotz der sehr dick aufgetragenen Schminke und den gemalten Augenbrauen, noch immer Reste ehemaliger großer Schönheit ansah, geruhte mir nun die üblichen Fragen, an deren Beantwortung ich schon gewohnt war, vorzulegen und ihre in Aussicht genommenen Arrangements mitzutheilen. Während dieser Verhandlung meldete der Kammerdiener fortwährend neue Besuche von Fürstinnen und Gräfinnen, von Herzogen und Vicomtes an, die denn auch sofort in großer Toilette eintraten, die Fürstin begrüßten, in den Fauteuils des Halbkreises Platz nahmen und sogleich eine lebhafte Conversation über die Neuigkeiten des Tages begannen, an der die Fürstin lebhaften Antheil nahm, zwischen durch mir hie und da ihre Anordnungen mittheilend. Auf diese Art dauerte es natürlich sehr lange, bis sämmtliche Arrangements vollständig festgestellt waren und ich muß

gestehen, daß ich unendlich erfreut war, als ich endlich in Huld
und Gnaden entlassen ward und mich zurückziehen durfte. Ich
erfuhr später, daß dies die gewohnte Lebensweise der Fürstin sei,
daß sie regelmäßig den ganzen Tag im Bette zubringe und erst
Abends aufstehe und Toilette mache, um dann Theater, Gesell=
schaften und Soireen zu besuchen. Ich war herzlich froh, als ich
endlich aus der Moschus= und Patschouli=Atmosphäre der fürstlichen
Gemächer wieder hinaustrat, in den Hof, in welchem jetzt zwei
Reihen von Equipagen aufgefahren waren, welche alle diese Be=
suche gebracht hatten. Mein Cabriolet war nicht darunter, ich fand
es erst wieder auf der Straße, wohin es der Portier glücklich
hinausbugsirt hatte; — mein Kutscher konnte sich aber noch immer
nicht zufrieden geben und mit der Peitsche nach der Loge hinüber=
deutend brummte er immer fort: „Faut il, qu'un homme soit
bête!" Uebrigens verlief die Produktion bei der Fürstin Bagration
in befriedigendster Weise, der Herr Portier kam uns nicht mehr
zu Gesichte, wir wurden auf das Zuvorkommendste empfangen und
behandelt und wirklich fürstlich honorirt.

In den vornehmen Häusern, in die wir geladen wurden,
bestand unsre Mitwirkung theils in Abend=Concerten, theils darin,
daß wir in dem glänzend beleuchteten Garten des Palais, in
einer Waldgruppe versteckt, in der schönen, warmen Sommernacht
unsere Vocalchöre erklingen ließen und die promenirenden Gäste
den schönen deutschen Melodien der unsichtbaren Sänger lauschten.
Besonders das Fest beim Amerikaner Thorn war eines der
glänzendsten, die ich je gesehen; außer dem Tanzorchester im großen
Saale, waren an einem Ende des brillant illuminirten Parkes
eine vollständige Regimentsmusik, am anderen Ende die deutschen
Sänger aufgestellt und während der Tanz=Pausen wechselten für
die ins Freie eilenden Gäste, die Vorträge der Militärmusik und
die deutschen Vocalchöre ab. Daß wir überall auf das Freund=
schaftlichste empfangen und behandelt und höchst anständig honorirt
wurden, brauche ich bei der Artigkeit und dem feinen Takte, welche
die höhere französische Gesellschaft auszeichnen, wohl nicht erst zu
erwähnen.

Es war das nun ein ganz angenehmes Leben, reich an Ab=
wechselung und Aufregung, und besonders für mich höchst interessant,
da sich täglich neue Einblicke in die Kreise, das Leben und Treiben
der höheren Pariser Gesellschaft mir eröffneten, — aber der Lösung
der vorgesteckten Aufgabe, dem zu erreichenden Ziele, sämmtliche

Mitglieder unserer Gesellschaft in anständiger Weise wieder in ihre Heimath befördern zu können, näherten wir uns doch nur sehr langsam. Es gab auch Abende in der Woche, wo wir keine Einladung, keine Produktion und somit kein Verdienst hatten, während die Ausgaben immer dieselben blieben; die Wohnungen für alle Mitglieder, ihre Verköstigung, mußten immer bestritten werden, außerdem brauchten die guten Leute auch noch einige Francs für ihre kleinen Bedürfnisse und holten sich a contos und Vorschüsse, und so folgte in unserer Gesellschaftskasse auf die Fluth immer wieder die Ebbe, und wir konnten zu keinem genügenden Reserve-Kapital gelangen. Da kam uns Hilfe in der Noth durch einen Mann, ebenso groß als Künstler wie edel als Mensch, der in uneigennützigster Weise für uns eintrat und dem ich stets die Gefühle höchster Achtung und Dankbarkeit bewahren werde.

Am 19. Juni war durch alle Pariser Journale die Nachricht: **Liszt ist wieder in Paris!** wie Lauffeuer gegangen. Die Tageblätter ließen für einige Augenblicke ihre politische Polemik ruhen und beschäftigten sich nur mit Liszt's Ankunft, die als ein **Ereigniß** behandelt wurde. Liszt stand damals auf der Höhe seines Virtuosenruhms, jung, schön, interessant, genial, mit den einnehmendsten Manieren, dabei ein vollendeter Clavierspieler mit einem Feuer, einer Fertigkeit, einer Begeisterung, wie sie kein Nebenbuhler hatte, war er der Liebling der Kunst und Musikwelt, und sein ganzes Wesen hatte etwas so Magnetisch-Fascinirendes („Odisches", würde Reichenbach sagen), daß Alle, besonders die Damen, in fanatischer Begeisterung für ihn erglühten. Er hatte soeben eine Kunst- und Triumphreise von der Newa bis an die Seine gemacht und war nun nach langer Abwesenheit, reich mit Lorbeeren beladen, nach Paris zurückgekehrt. Nach einigen Tagen ging ich zu ihm. Ich fand ihn bei der Toilette, er begrüßte mich als östreichischen Landsmann auf's Herzlichste, war so liebenswürdig, wie nur er es sein konnte, und bald plauderten wir so vertraut, als wären wir schon seit vielen Jahren alte Bekannte. Ich mußte ihm die Schicksale der deutschen Oper und die letzten musikalischen Ereignisse in Paris mittheilen, indem wir alle Augenblicke durch die Meldungen des Dieners unterbrochen wurden, daß der Graf Soundso, der Marquis Tel-et-Tel, und andere Barone, Vicomtes und sonstige aristokratische Größen gekommen, um dem berühmten Künstler ihre Huldigungen darzubringen; ich wollte mich natürlich zurückziehen, aber seine stereotype Antwort an den Diener war: „Ersuche die Herren, sich in den Salon zu begeben, in einem Viertelstündchen werde ich zu ihrer Disposition sein." Es war wie ein Courtag bei einem allmächtigen Minister oder Monarchen; — die jetzige kühle und blasirte Generation kann sich keinen Begriff mehr von dem Enthusiasmus machen, den Liszt damals überall erregte; ich selbst sah, wie die ersten Damen der haute volée bei einem Concerte sich seiner auf das Piano gelegten Handschuhe, einer Rose, die er im Knopfloch getragen, eines Stückchens Papier, auf das er eine Notiz geschrieben hatte, bemächtigten und das Geraubte als theueres Souvenir im Busen verwahrten.

Seine Toilette war zu Ende, er setzte sich nun zu mir auf's Sofa und wir kamen auf den Zweck seiner Einladung, ihn zu besuchen. Heine hatte mich und die Angelegenheit der deutschen Sänger ihm auf das Wärmste empfohlen und er theilte mir nun seinen Entschluß mit, seinerseits auch das Möglichste für uns zu thun. Er hatte beschlossen, für uns eine matinée musicale zu veranstalten, auch bereits die Dames Patronesses: Lady d'Orsay und die Baroninnen Thorn-Jannecey, Varaigne und Pierres; der Amerikaner Thorn hatte seine glänzenden Salons dazu angeboten und bei diesem Zusammenwirken von Liszt's Kunsttalent mit dem Eifer edler Frauen war der Erfolg gesichert. Wir kamen nun zur Entwerfung des Programms und hier lernte ich einen Charakterzug des Virtuosen kennen, der ihm volle Ehre machte. Einige französische Journale, die noch immer an den Zerwürfnissen des Jahres 1840, an Becker's und Alfred Musset's Rheinliedern zehrten, hatten, während Liszt's Abwesenheit von Paris, ihm seine national-deutsche Richtung und vor Allem die Kundgebung derselben in seinen Liedern zum Vorwurfe gemacht. Als Antwort auf diese Angriffe setzte Liszt nun auf das Programm des Concertes Herwegh's deutsches „Rheinweinlied" mit dem Refrain: „Der Rhein soll deutsch verbleiben", — das er componirt hatte; und als er mich bedenklich sah, sagte er lachend: „Je leur montrerai les dents!" — Unser Programm enthielt drei „Klavierpiecen" von Liszt, — die Reminiscenzen aus „Don Juan", die Schubert'schen Lieder „Ave Maria" und „Erlkönig" und eine Phantasie über „Robert der Teufel"; — unsere Sänger sangen Weber's „Schwertlied" und „Lützow's wilde Jagd" und die beiden von Liszt componirten Chöre: Herwegh's „Rheinweinlied" und Goethe's „Es lebte eine Ratte im Kellernest".

Wir studirten und probirten die Chöre in Erard's Salon und Liszt kam fleißig zu den Proben, ließ sich sämmtliche Sänger vorstellen und begrüßte sie, nicht wie ein Gönner und Wohlthäter, sondern der biedere deutsche Händedruck behielt sein altes heimisches Recht. — Die Chöre waren bald einstudirt und der Tag der Matinée kam heran. — Der Preis eines Billets war auf zwanzig Francs angesetzt und das Erlangen eines Billets durch die Dames Patronesses wurde als eine Gunst betrachtet, zu der sich die Elite der Pariser Gesellschaft drängte.

Einige Tage später fand um die Mittagsstunde die Matinée in den glänzenden Salons des Mr. Thorn statt. Eine unabsehbare Wagenreihe füllte die Rue de Varenne, alle Notabilitäten, das diplomatische Corps, besonders aber ein Flor der reizendsten und elegantesten Damen füllten den Concertsaal und selten vielleicht wurde, selbst in Paris, eine so gewählte und in jeder Hinsicht interessante Gesellschaft gesehen. Ueber den großartigen Erfolg des Concertes brauchte ich wohl Nichts zu sagen. Liszt erregte, wie immer, die lebhafteste Begeisterung, mußte nach jeder Piece noch eine zweite als Zugabe spielen, wobei er besonders mit ungarischen Csardas und Friszkas Furore machte, und das französische Publikum applaudirte, unbekümmert um die Journal-Hetzereien, Weber's „Schwertlied" und „Wilde Jagd" und Herwegh's „Rheinweinlied" mit dem größten Enthusiasmus. Der Ertrag des Concertes war, da keinerlei Unkosten zu zahlen waren, Siebentausend zweihundert Francs.

Jetzt waren alle Besorgnisse verschwunden und wir konnten unsere Aufgabe als vollkommen gelöst betrachten. Wir hätten wohl noch singen können, denn es kamen noch immer Einladungen, aber wir wollten mit diesem glänzenden Erfolge schließen und zudem ging es zum Juli, und die Hitze wurde unerträglich. Auch verlor sich die feine Pariser Gesellschaft aus der heißen Stadt auf ihre Güter und in die Bäder. Ich besorgte also Plätze für die Heimreise für das ganze Personal, stellte die Gesammtrechnung mit den beiden anderen Mitgliedern des Comites, sorgte dafür, daß alle Rechnungen für Logis, Kost u. d. pünktlich bezahlt wurden, jedes Mitglied erhielt am Tage der Abreise seinen Antheil an dem Reinerträgnisse in einem anständigen Sümmchen und voll Freude und mit heißen Dankesworten fuhren sie Alle nach Deutschland ab.

Ich verlebte noch einen angenehmen Tag mit Freund Thomé

und nach einem Abschiedssoupé, bei dem wir in heiterster Stimmung über unsere Leiden und Freuden der letzten zwei Monate herzlich lachten und scherzten, und zum erstenmal wieder das Bewußtsein vollständigster Ruhe und Unabhängigkeit fühlten, reiste auch Thomé ab und ich blieb mit meiner Familie allein in Paris. Thomé, ein fleißiger thätiger Mensch, machte später eine höchst anständige Carrière, war lange Jahre Direktor der Theater in Lemberg, Prag, Linz, baute in Prag das große Neustädter Theater, welches sein Eigenthum blieb, und hinterließ, als er 1873 starb, seiner einzigen, noch minderjährigen Tochter ein hübsches Vermögen. Wir sind durch das ganze Leben treue Freunde geblieben und ich habe ihn noch wenige Monate vor seinem Tode besucht und schöne Tage voll froher Jugenderinnerungen mit ihm verlebt.

Eine neue Heimath.
(1842—1847.)

Ich hatte beschlossen, in Paris zu bleiben, — das großartig bewegte Leben der Weltstadt gefiel mir zu sehr, ich hatte zu angenehme und werthvolle Bekanntschaften gemacht, als daß ich mich so leicht von beiden hätte trennen können. Ich hoffte mit Fleiß und Thätigkeit mir in dem großen Paris schon eine Existenz zu verschaffen. Aber dennoch war dieser Entschluß ein gewagter; denn es war doch keine Kleinigkeit, eine Familie, aus vier Erwachsenen und zwei Kindern bestehend, in Paris ehrenvoll durchzubringen. Einen kleinen Rückhalt hatte ich jedoch gefunden. Der Direktor der italienischen Oper, Mr. Jamin, und sein stiller Gesellschafter, Mr. Vatel, hatten an meinen Regie-Kenntnissen und an den schönen Stimmen meiner Frau und der beiden Mädchen während der deutschen Vorstellungen Gefallen gefunden, und sie fragten mich nun, ob ich als Regisseur für die Mise-en-scene und die Damen für kleine Partien und Chor, für die nächste Wintersaison, ein Engagement annehmen wollten. Allerdings boten die Herren für alle vier Personen nur die geringe Gage von dreihundert Francs per Monat, und bis die italienische Saison und mit ihr das Engagement anfing, verfloß auch noch ein Vierteljahr, aber der Wunsch, in Paris zu bleiben, überwog alle Bedenken, ich unterzeichnete den Contrakt und — hatte daran wohl gethan. Ich zählte nun meine Cassa und fand mich, nachdem Alles bis zum Tag bezahlt war, im Besitze eines Baarvermögens von 1200 Frs., — wenig genug für sechs Menschen, aber es mußte reichen. Ich machte nun sechs Päckchen, jedes zu 200 Francs und gab fünf davon meiner Frau, mit dem gemessensten Auftrage, mir unter keinen Umständen, und was ich auch sagen möge, mehr als ein solches Päckchen in jedem Monate auszufolgen. Wir mußten uns eben nach der Decke strecken und mußten mit den 200 Francs per Monat auskommen. So waren wir denn für die nächsten sechs Monate gedeckt, im Oktober fing das Engagement in der italienischen Oper an und im Verlaufe dieser Zeit würde sich schon mehr finden, so hoffte ich — und es hat sich auch wirklich gefunden.

Während der aufgeregten und sorgenvollen Zeit, in welcher das Geschick der Reste der deutschen Oper meine ganze Thätigkeit in Anspruch nahm, hatte ich aller literarischen Thätigkeit so ziemlich entsagen müssen; kaum fand ich soviel Zeit, um hie und da eine belletristische Correspondenz über Theater und Musik an die „**Wiener Theaterzeitung**" zu senden, um die mich mein alter Freund und Vice-Vater **Adolph Bäuerle**, dringend ersucht hatte. Auch die erste Zeit, nachdem das Rettungswerk beendet war, nahm mich die Einrichtung meines kleinen Hauswesens in der neuen Heimath bedeutend in Anspruch und ich fing gerade an, meine früheren Verbindungen mit **belletristischen Blättern in Deutschland** wieder anzuknüpfen, als ein Ereigniß eintrat, welches Frankreich tief erschütterte, ganz Europa in Aufregung versetzte und mich unter seinem Eindrucke und in seinen Folgen plötzlich in die **politische Journalistik** warf, der ich bisher ziemlich fremd geblieben war. Wenige Wochen, nachdem wir bei der königlichen Familie in Neuilly gesungen hatten, traf den König und die Seinigen der härteste Schlag, der auf sie fallen konnte. Der Unglückstag schwebt noch heute vor mir in lebhafter Erinnerung, sein gewaltiger Eindruck hat sich meinem Gedächtnisse unauslöschlich eingeprägt. Es war am 13. Juli 1842, ein schöner, warmer Sommertag, als ich Nachmittags in den Champs Elyées spazieren ging, um mich an dem mir noch neuen und höchst interessanten Leben und Treiben in diesem reizenden Belustigungsorte, dem Pariser Prater, zu ergötzen und zugleich den Fortschritt der Vorbereitungen zu sehen, die für die große Festesfeier der Juli-Tage bereits begonnen hatten. Anfangs fiel es mir nicht auf, daß immer zahlreichere Munizipal-Gardisten und Ordonnanzen mit umgehängten Depeschentaschen durch den Triumphbogen im schärfsten Galopp hineinkamen und ihre Richtung gegen die innere Stadt, zu den verschiedenen Ministerien, nahmen. Als aber eine Gruppe von Generalstabs-Offizieren herangeritten kam, ein Theil derselben sich überall in den Champs Elysées zerstreute, jeden der dort zahlreich herumflanirenden dienstfreien Soldaten anredete, ihm eine halblaute Weisung ertheilte, worauf jedesmal der Angesprochene salutirend Rechtsumkehrt machte und sich eiligst im Doppelschritt entfernte, fiel mir die Sache doch auf und ich dachte zuerst an eine Emeute, ein Attentat oder eine sonstige Ruhestörung. Ich fragte daher einen davoneilenden Soldaten, was denn los sei, aber seine Antwort: „Je n'en sais rien. On nous a consigné dans notre caserne!" mit der er salutirend davon eilte, gab mir wenig Aufschluß, machte mich aber noch aufmerksamer und gespannter. Jetzt sah ich denn auch, daß zahlreiche Stadt-Sergeanten und Polizeibeamte in Civil überall in den Champs Elysées herumeilten und in den verschiedenen Etablissements und Belustigungsplätzen kurze Weisungen ertheilten, in deren Folge ein Kaffeehaus nach dem andern, dann alle Boutiquen ihre Thore schlossen, die verschiedenen Musikbanden ihre bis dahin schmetternden Töne verstummen ließen, die Zimmerleute und Arbeiter bei den Dekorations-Vorbereitungen ihr Werk einstellten, zusammenpackten und nach Hause gingen und wie die sonst so belebten und lärmenden Champs Elysées immer stiller und menschenleerer wurden.

Auf's Höchste gespannt, faßte ich ein Herz und fragte einen Sergeant de ville: „Pardonnez Monsieur, qu'est-il donc arrivé d'extraordinaire?" — Mürrisch und unwillig wandte sich der Wächter der öffentlichen Sicherheit gegen den zudringlichen Frager um, aber der erste Blick mochte ihm wohl die Ueberzeugung verschafft haben, daß ich ein **Fremder** sei, seine Miene glättete sich wieder und mit französischer Artigkeit antwortete er: „Helas! monsieur, — un grand malheur! Un fatal accident est arrivé à Monseigneur le Duc d'Orleans. Vous le saurez bientôt". — Und höflich salutirend wendete er sich ab und setzte seinen Weg fort, als wolle er damit andeuten, seine consigne erlaube ihm nicht, mehr zu sagen. Ich sah nun, wie überall die

Leute die Köpfe zusammensteckten, höchst aufgeregte Besprechungen hielten und dann schleunigst heimeilten; — „böse Nachrichten haben Windesflügel" — sagt ein alter Spruch und er bewährte sich auch hier. Unglücksgerüchte zuckten schon überall durch die Lüfte und verbreiteten sich mit Blitzesschnelle, die widersprechendsten Erzählungen waren im Umlaufe; — auf den Herzog von Orleans sei geschossen worden, — ein Komplott gegen die königliche Familie sei ausgeführt worden, — der König und alle Prinzen seien todt u. d. m. Alles eilte den Boulevards zu, an deren Kiosks die Abendblätter bald ausgegeben werden würden. Auch ich zog mit dem Menschenstrome, der um die Zeitungskiosks sich staute und ungeduldig auf die ersten offiziellen Nachrichten wartete, während die in der Menge circulirenden Gerüchte die abenteuerlichste Höhe erreichten. Endlich wurden die ersten Abendblätter ausgegeben, man drängte und schlug sich um dieselben, wer ein Blatt erobert hatte und mit heiler Haut, wenn auch höchst derangirter Toilette, sich aus dem unmenschlichen Gedränge herausgerettet hatte, fand für sein erobertes Blatt Abnehmer, die gerne fünf bis zehn Francs dafür bezahlten; — vor den Cafés stiegen einzelne Leute auf Stühle und lasen mit laut schallender Stimme, auf stürmisches Begehren der Menge, die traurigen Nachrichten vor. Eine allgemeine Bestürzung, eine tiefe Traurigkeit bemächtigte sich der ganzen aufgeregten Volksmenge, die in dichtem Gedränge die weiten Boulevards bedeckte; dann eilten die Meisten nach Hause, um die Schreckenskunde heim zu bringen, die sich nun mit Blitzschnelle bis in die entferntesten Vorstädte verbreitete, — als die Gaslaternen angezündet wurden, waren die sonst so belebten Boulevards schon öde und menschenleer und auf der ganzen Bevölkerung von Paris lastete das schwere Bleigewicht tiefster Traurigkeit, grenzenloser Bestürzung und Besorgniß. Der Stadtsergeant hatte mit seinem: „Vous le saurez bientôt!" Recht gehabt, die Abendblätter hatten die traurige Kunde bereits in vollster Ausführlichkeit gebracht und ihr Eindruck war ein betäubender. Der Kronprinz, der Herzog von Orleans, ein ebenso wohlwollender und ehrenhafter, als allgemein populärer Mann, wollte von Paris nach Neuilly fahren, — auf der Straße de la Revolte wurden die Pferde scheu und gingen durch; — der Prinz wollte aus dem Wagen springen, wurde mit furchtbarer Gewalt auf einen Steinhaufen geschleudert, der in gewaltigem Anprall ihm das Haupt zerschmetterte; er wurde in ein benachbartes Haus getragen, lebte noch, vollkommen bewußtlos, vier Stunden und starb

im Kreise seiner herbeigeeilten verzweifelten Familie. Ohne diese
schreckliche Katastrophe hätte sich wahrscheinlich die Geschichte Frank=
reichs und mit ihr die Europas ganz anders gewendet, denn der
Prinz (ein gerader Charakter und allgemein beliebter Mann) hätte
wahrscheinlich die Aufgabe durchführen können, die dem Vater durch
sein Alter, seine Friedensliebe „um jeden Preis" und seine stark
conservativen Gesinnungen sehr erschwert wurde.

Die Aufregung in Frankreich war eine ungeheure; es handelte
sich darum, den schwierigen Punkt der Thronfolge zu regeln, und
da der Verstorbene nur zwei kleine Knaben hinterlassen hatte, deren
ältester, der Graf von Paris, der rechtmäßige Thronerbe war,
so mußte eine Regentschaft eingesetzt werden. Der König
wollte den aristokratisch=steifen und unpopulären Herzog von Ne=
mours als Regenten, die liberale Partei betrachtete die Herzogin
von Orléans, die Mutter des Thronerben, als die berechtigte
Regentin. Die Aufregung über diese streitige Frage stieg von Tag
zu Tag und theilte sich ganz Europa mit. Diese günstige, politische
Constellation hatte mich angeregt, an verschiedene deutsche Zeitungen
Correspondenz=Artikel über die Pariser=Ereignisse zu schicken, und
da ich durch Bornstedt, der in der preußischen Gesandtschaft, bei
Baron Arnim, und in der bayerischen, bei Herrn von Wend=
land aus= und einging, sowie durch andere Bekannte, vorzüglich
gut informirt war, so mußten meine Probe=Correspondenzen einen
sehr guten Eindruck gemacht haben; denn von den meisten Blättern,
wie: „Hamburger Correspondent", „Frankfurter Ober=Postamts=
Zeitung" u. a. m. kam umgehend die Einladung, mit meinen Be=
richten regelmäßig fortzufahren und meine Honorarbedingnisse
bekannt zu geben. So war ich binnen kurzer Zeit regelmäßiger
Correspondent der bedeutendsten Blätter Deutschlands mit einem
gesicherten Jahreseinkommen von mehreren Tausend Francs. Damit
war nun freilich die Sorge für die nächste Zukunft gehoben, aber
mein ruheloses Temperament strebte nach Höherem, — vorzüg=
lich ging mein Ehrgeiz dahin, regelmäßiger Pariser Correspondent
der „Augsburger Allgemeinen Zeitung" zu werden, die
damals und bis zum Jahre 1848 die bedeutendste Rolle in der
Publizistik spielte. Als ich Bornstedt mein Vorhaben mittheilte, sagte
mir dieser: „Lieber Freund! Hören Sie auf meinen Rath; so
liberal und vorurtheilsfrei der Redakteur der „Augs. Allg. Ztg.",
Dr. Gustav Kolb, ist, so sind doch die Eigenthümer des Blattes,
Baron Cotta und Baron Reischach, höchst ehrenwerthe und

anständige Männer, aber in gewissen aristokratischen Vorurtheilen
befangen. Schreiben Sie ihnen als ehemaliger Schauspieler und
Theaterdirektor, so können Sie sicher sein, daß Ihr Antrag entweder
abgelehnt, oder hie und da einmal ein kurzer Brief von Ihnen
gegen ein unbedeutendes Honorar aufgenommen wird. Jeder
Schriftsteller hat das Recht, sich einen Pseudonym, einen nom de
plume beizulegen, um so viel mehr der politische Correspondent, der
incognito bleiben soll. Wenn Sie meinem Rathe folgen wollen, so
schreiben Sie unter einer adeligen Chiffre auf Velinpapier, siegeln
Ihre Briefe mit einem adeligen Wappen und geben Ihren Be=
richten den gewissen aristokratischen Parfum, der immer imponirt.
Glauben Sie mir, ich kenne die Menschen und besonders die Zei=
tungswelt!" — Lachend ging ich auf den Vorschlag ein, schickte
meine erste Correspondenz mit der Unterschrift „Le Chevalier de
Steinsberg" an Kolb und wartete nun den Erfolg ab. Meine
Correspondenz erschien umgehend, ich schrieb zwei, drei Mal in
der Woche, später täglich, — fast Alles wurde gedruckt. Die Re=
daktion hatte mir als Zeichen das griechische phi gegeben, nach
ungefähr zwei Monaten schrieb ich an Kolb, gab ihm meine
Adresse in Paris an und bat um Mittheilung, ob eine dauernde
Verbindung mit mir der „Augsb. Allg. Ztg." erwünscht sei. Die
Antwort kam von der Cotta'schen Verlagsbuchhandlung in
Stuttgart in zusagender und höchst schmeichelhafter Weise, worin
mir zugleich für jeden aufgenommenen Brief das höchste übliche
Honorar von zwanzig Francs, bei größeren Arbeiten die Be=
rechnung mit 200 Francs per Druckbogen zugesichert ward.

Zugleich schrieb mir Kolb, einer seiner intimen Freunde,
Baron Wilhelm von Eichthal, der in New York die
„Deutsche Schnellpost" herausgebe, habe sich an ihn ge=
wendet und ihn gebeten, ihm ebenfalls für sein Blatt Berichte
von dem Correspondenten „phi" der „Augsb. Allg. Ztg." zu
verschaffen. Wenn es mir daher genehm sei, diese Correspondenz
zu übernehmen, so möchte ich mich mit Eichthal direkt in
Verbindung setzen, sogleich beginnen und alles Weitere mit ihm
verabreden.

Die englischen Dampfschiffe nach New York gingen damals
noch sehr spärlich, kaum alle vierzehn Tage, dagegen ging von
Havre alle Wochen regelmäßig ein Segel=Packetboot ab, welches
oft überraschend kurze Ueberfahrten machte. Ich konnte also nur
Wochen=Berichte liefern, aber zum erstenmal konnte ich, frei von

Censur und jeder anderen Rücksicht, meiner Feder freien Lauf lassen und ich traf den, damals für Amerika passenden Ton zufällig so richtig, daß meine Pariser Wochen-Berichte drüben, wie mir Eichthal schrieb, geradezu Sensation machten, in allen deutschen Blättern abgedruckt, ja mehrere Briefe sogar in Separat-Abdrücken verbreitet würden.

Seit jener Zeit bin ich in beständiger, ununterbrochener Verbindung mit der **amerikanischen Journalistik** geblieben, arbeite noch heute regelmäßig für dieselbe und kann mich wohl mit Recht als den **Senior** der deutsch=amerikanischen Journalisten betrachten, der nun schon sein **neunundbreißigstes Dienstjahr** angetreten hat.

So endete das Jahr 1842 für mich in sehr glücklicher Weise, ich war noch nicht ein ganzes Jahr in Paris und hatte ein gesichertes Jahreseinkommen von **Siebentausend Francs**, eine anständig möblirte Wohnung auf dem Boulevard des Italiens, wenn auch au quatrième, im vierten Stocke, No. 1 Rue de Helder, und außerdem zahlreiche und höchst interessante Bekanntschaften, auf die ich im Laufe dieser Blätter noch zurückkomme.

Die Vorstellungen in der italienischen Oper hatten im Oktober begonnen, aber meine Amtspflichten als Regisseur machten mir kein Kopfweh; — in jeder Saison wurde höchstens **eine** neue Oper gegeben, die alten waren längst in die Scene gesetzt und was konnte ein Regisseur solchen vollendeten Künstlern sagen, wie die **Grisi, Persiani, Garcia**, wie es **Lablache, Tamburini, Mario, Ronconi**, in jeder Hinsicht waren. Jahr aus, Jahr ein, hatten diese Künstler ihre Rollen so gesungen und gespielt, wie sie es gewohnt waren, nach der italienischen Schablone, die immer und überall dieselbe war, — viele dieser Partien hatten sie selbst geschaffen und ihre Auffassung war stereotyp, war von allen anderen Darstellern nachgeahmt worden; — wie sollte man ihnen nun zumuthen, an dieser ihrer künstlerischen Routine bedeutende Aenderungen vorzunehmen, die ihnen noch obendrein Mühe verursacht hätten. Kam ich einmal wirklich mit einem schüchternen Verbesserungsvorschlage für die Mise-en-scene, der die Wirkung bedeutend erhöhen mußte, so hörte man mich allerdings bereitwilligst an, discutirte auch die Ansicht, erkannte an, daß das eine wirkliche Verbesserung sein würde, aber schließlich hieß es doch immer: „Sarebbe molto bene, — ma farà qualche difficultà — sarà dunque meglio, di lasciar' tutto,

21*

come era." — Was frei übersetzt, auf gut Deutsch hieß: „Ja es wäre recht schön, aber es würde uns Mühe machen, lassen wir lieber Alles beim Alten." Nach einigen fruchtlosen Versuchen dieser Art sah ich ein, daß mein Streberthum in dieser Richtung nie und nie Erfolg haben würde. Ich ließ daher alle Fünf gerade sein, gab fernere Versuche auf und so blieb mir denn keine andere Regiepflicht, als die Aufsicht über Scenerie, Requisiten, Chorpersonal und Comparsen und ich konnte es mir daher sehr bequem machen; aber dafür hatte ich jeden Abend den vom Pariser Publikum theuer bezahlten Genuß, die schönsten italienischen Opern, mit vollendeter Meisterschaft ausgeführt, gratis zu hören und dabei die Bekanntschaft der trefflichen Künstler und der Componisten Donizetti, Tadolini, Persiani u. a. m. zu pflegen, mit den geistreichsten französischen Journalisten zu verkehren, kurz meine Existenz von damals war eine künstlerisch so schöne, so angenehme und heitere, und so sorgenlose, daß ich noch heute mit dem lebhaftesten Vergnügen an jene glücklich verlebten Jahre zurückdenke.

Als wir am Sylvester-Abende nach deutscher Sitte den Eintritt des „Neuen Jahres" feierten und dabei plaudernd zurückblickten in die Vergangenheit, da erschienen uns die Zeiten in Linz, Agram und Triest wie längst verblichene, böse Träume und wir fühlten uns erwacht zu neuem, heiterem Lebensgenusse.

Die große Uebersetzungsfabrik.
(1843—1844.)

In diesen angenehmen Verhältnissen verlebte ich nun sieben schöne Jahre in Paris, aber es waren auch Jahre der rastlosen Anstrengung, der unermüdlichsten geistigen Arbeit. Wenn ich jetzt zurückblicke auf die Masse von Journal-Artikeln, Theaterstücken, Correspondenzen, Redaktions- und sonstigen Arbeiten, die ich in diesen sieben Jahren zu Stande brachte, so kann ich noch immer nicht begreifen, wo ich die materielle Zeit, die Kraft und Ausdauer dazu hernahm, — wie ich das Alles bewältigte und doch dabei das anmuthige, bewegte Pariser Leben mit vollen Zügen

genießen konnte. — Aber in dem glücklichen und kräftigen Mannes=
alter von 32 bis 45 Jahren kann man gar Vieles leisten, wenn
man nur den frischen Muth, den starken Willen und einige geistige
Begabung hat. Ich habe dann später, in Amerika, im viel
reiferen Alter, noch viel mehr arbeiten, viel mehr leisten müssen,
so daß mir die Pariser Jahre wie eine Zeit der Erholungsferien
vorkamen.

Zu den für mich interessantesten und wichtigsten Bekannt=
schaften, die ich in jener Zeit machte, gehörte vor Allem Meyer=
beer; durch Heine und Liszt mit ihm bekannt gemacht, schien
er bald eine große Neigung für mich zu fassen, ich mußte ihn
wöchentlich regelmäßig ein paar mal besuchen und in seinem
Absteige=Quartier „Hôtel des quatre Empereurs, rue de la Paix",
plauderte ich oft stundenlang mit ihm allein, oder es war auch
Heine da, oder es kamen Panofka, Kreutzer, Chopin,
Caraffa, Adam und andere Kunstnotabilitäten und es bildete
sich ein höchst interessanter Kreis um den hochgeehrten Maestro.
Er hatte damals, nach dem außerordentlichen Erfolge der „Huge=
notten", schon seit einigen Jahren keine neue Oper zur Aufführung
hergeben wollen; — die Gesangskräfte an der großen Oper ge=
nügten ihm eben nicht; — der „Prophet" und „Dinorah"
waren fertig, an der „Afrikanerin" arbeitete er, aber kein
Mensch hatte noch eine Note von diesen Partituren gehört und
unerbittlich hielt er sie unter Schloß und Riegel verborgen. Ueber
seine eigenen Arbeiten sprach er nicht viel, desto mehr über Musik
im Allgemeinen; — im Uebrigen war er ein äußerst liebens=
würdiger Gesellschafter, ein aufrichtiger Freund, stets bereit, ge=
fällig zu sein, wo er nur konnte; — seine Feinde warfen ihm
Eitelkeit vor, es war aber mehr Stolz und Selbstbewußtsein als
Eitelkeit, und der Mann hatte gerechten Grund, stolz zu sein.
Mir selbst gab er viele Beweise aufrichtiger Freundschaft; erst als
ich nach Amerika ging, lösten sich unsere Beziehungen, aber ich
sah ihn doch noch einmal, wenige Monate vor seinem Tode, im
Bade Schwalbach, und unser Wiedersehen war ein freudiges
und herzliches.

Schon gegen das Ende des Jahres 1842 hatte ich ange=
fangen, die besten Novitäten der französischen Bühne deutsch zu
bearbeiten und selbe durch das Theater=Geschäftsbureau der Herren
Sturm und Koppe in Leipzig an die deutschen Bühnen zu
versenden. Nachdem ich, fünfzehn Jahre lang, als Schauspieler,

Regisseur und Direktor thätig gewesen war, die deutschen
Theaterverhältnisse genau kannte und an Ort und Stelle meine
Wahl unter den Novitäten von zwanzig Pariser Bühnen treffen,
die Mise-en-scene, die in Paris stets vortrefflich ist, sehen und
studiren konnte, so war ich wohl dazu befähigt, französische Stücke
in's Deutsche zu übertragen. Nicht nur, daß ich die Stücke frei
und mit Rücksicht auf die gesellschaftlichen Verhältnisse Deutschlands
bearbeitete, sondern ich schickte auch jedem Stück eine Erläuterung
über Besetzung, Scenirung, Costüme u. A. voraus, gab bei jeder
Scene die Stellung der handelnden Personen an, und wo es
Noth that, lieferte ich auf Wunsch die Pariser Costüme=Figurinen
und Dekorationsskizzen. So war es denn natürlich, daß meine
Bearbeitungen, die ich oft acht bis zehn Tage nach der ersten
Pariser Vorstellung versenden konnte, allen anderen zuvorkamen
und von den Theater=Direktionen freudig bewillkommt wurden.
Ich habe in dem Zeitraume dieser sieben Jahre ungefähr **funf=
zig** französische Stücke bearbeitet, also kommen ungefähr sieben
Stücke auf ein Jahr, was gewiß keine unbescheidene Conkurrenz
war. Aber ich hatte damit in ein Wespennest gestochen und ein
entsetzlicher Lärm ging bald los. — Einige ausschließlich privi-
legirte, bisherige Uebersetzer, die es sich gar zu bequem gemacht
hatten und nun aus ihrer Ruhe aufgescheucht waren, ferner die
deutschen Bühnendichter, die ebenso plötzlich eine gefährliche Conkurrenz auftauchen sahen, und endlich eine Meute kleiner Journalisten, die immer „brüllend umher gingen und suchten, wen sie
zerreißen könnten", — erhoben einstimmig ein furchtbares Zeter-
geschrei gegen mich. — Der jetzigen Generation wird diese Bewegung ganz unbegreiflich erscheinen, es ist daher nöthig, mit
wenigen Worten auf jene Zeit zurückzukommen.

In den Vierziger Jahren war es, wo, nach der entsetzlichen
Stagnation der zwanziger und dem Flackerfeuer der dreißiger
Jahre, ein ernsterer Geist nationalen Einheitsstrebens das deutsche
Volk zu durchdringen anfing; — das ziemlich unbedeutende Becker'-
sche Rheinlied hatte den äußeren Anstoß gegeben. Die Gründung
des Zollvereins wurde als ein **nationales Ereigniß** begrüßt, der Ausbau des Kölner Doms symbolisch in diesem Sinne
gedeutet, die Geschichtsforschung hatte die Romantik bei Seite
geworfen und Niebuhr, Schlosser, Rotteck, Gervi-
nus u. a. hatten dem deutschen Volke gezeigt, was es war, was
es sein könnte und sollte, ja selbst ein österreichischer Erzherzog

hatte bei dem Festmahle in Köln den Trinkspruch ausgebracht: „So lange Preußen und Oesterreich, so lange das ganze übrige Deutschland, so weit die deutsche Zunge klingt, einig sind, so lange werden wir unerschütterlich dastehen, wie die Felsen unserer Berge." — Ein Spruch, der in veränderter Fassung in das Volk drang. Dazu rollte jetzt, statt der alten Postkutsche, der Dampfwagen über die sich immer weiter ausdehnenden Eisenbahnen und durch den Zollverein hoben sich Handel und Gewerbe zu blühender Höhe. Vergebens dauerte die alte, polizeiliche Bevormundung fort, sie konnte die Bewegung nicht mehr aufhalten. Die Unzufriedenheit mit den politischen Verhältnissen stieg, und mit ihr von Jahr zu Jahr die Zahl der deutschen Auswanderer nach Amerika, deren schon fünf Millionen hinübergezogen waren. Diese Bewegung, die im Jahre 1848 noch einmal einen gewaltigen, aber verfehlten, weil planlosen Anlauf nahm, brauchte **dreißig volle Jahre**, um zu dem Tage von **Seban**, dem des Frankfurter Friedens und der Wiederherstellung eines großen, einigen und mächtigen Deutschlands zu gelangen.

Während diese große Bewegung sich in den vierziger Jahren in harmlos scheinenden Anfängen entwickelte, der die bedeutenderen Zeitungen auch bereits gebührende Rechnung trugen, — herrschte in der belletristischen Journalistik Deutschlands der alte Klatsch und die alte Kameraderie in ungestörter Gemüthlichkeit fort, bis der Sturm des Jahres 1848 fast alle diese Blättchen wegfegte und an ihre Stelle nun journalistische Unternehmungen, wie die „**Gartenlaube**", „**Daheim**", „**Ueber Land und Meer**" — „**Im neuen Reich**" — „**Novellen-Zeitung**", — „**Gegenwart**" und Andere traten, die sich zu der ehemaligen „Dresdener Abendzeitung", dem „Telegraphen" und ähnlichem Journal-Klatsch verhielten, wie ein prächtiger Palast zu einer polnischen Bauernhütte.

Aus der nie als wirkliche „Verbindung" existirenden Vereinigung des „**Jungen Deutschland**", die trotzdem von dem Bundestage und den Regierungen mit Feuer und Schwert und der großen Excommunication verfolgt wurde, war nach und nach eine „**Mutual-Admiration-Society**", eine gegenseitige Lobes-Versicherungs-Anstalt hervorgegangen, eine Coterie, die in maurerischer Weise zusammenhielt, die Freunde ihrer Freunde lobte, die Feinde ihrer Freunde unbarmherzig herunterriß. — Ein oder zwei von diesen Blättchen brauchten nur das Schlagwort zu geben und die Anderen schrieen mit. So erschien denn in Gutzkows „Telegraph für Deutschland", einem der besseren Blätter, der erste Alarmruf unter der Schrecken erregenden Ueberschrift: „Eine neue Gefahr für das deutsche Original=Drama", und darin hieß es: „Von Paris aus droht uns jetzt eine große Gefahr — der ehemalige Schauspieler Börnstein hat eine dramatische Uebersetzungsfabrik im größten Style errichtet, die sich die Aufgabe stellt, alle neuen, für die deutschen Bühnen irgend nur passenden französischen Stücke schnell zu übersetzen und in gedruckten Manuscripten an unsere hoch= und wohllöblichen Bühnenvorstände zu übersenden." — Und nun ging der Spektakel durch die ganze kleine Presse und dieselben Leute, die sich so bitter über Wolfgang Menzel's „Denunciationen" beklagt hatten, verlegten jetzt sich selbst auf's Denunciren. In Lewalds „Europa" hieß es:

„Der mit phi bezeichnete Pariser Correspondent der „A. A. Ztg." und der mit □ bezeichnete Correspondent des „Hamburger Correspondenten", ist eine und dieselbe Person, Herr Börnstein in Paris, der nur jene Stücke in seinen Correspondenzen lobt, die er für die deutsche Bühne übersetzt, und so arbeitet er sich selbst in die Hand". Gutzkow warnte im „Telegraphen" gegen diese, das Interesse des Theaters (!), des Publikums (!) und vor Allem der Dichter beeinträchtigende Industrie. „Wo wäre wohl ein deutsches Stück", bemerkte Gutzkow, „dem politische Zeitungen einen solchen Vorschub geleistet hätten, wie jetzt die oben genannten Zeitungen den Uebersetzungen des Herrn Börnstein? Warum streicht denn die „A. A. Ztg." nicht so Etwas, und wenn nur zwei Menschen in Deutschland um solche Schwäche wissen, so kann die gute Allgemeine nicht mehr frei und stolz den Blick erheben." — Und in diesem Tone ging es nun durch die meisten dieser Blättchen und das Uebersetzen französischer Stücke wurde für ein todeswürdiges antinationales Verbrechen erklärt.

Jetzt, wo ich die ganze Sache ruhig und objectiv betrachte, kann ich Männern, wie Gutzkow und Laube, die, selbst dramatische Dichter, bereits gute Stücke für die Bühne geliefert hatten, und nun meine Stücke das Repertoire beherrschen sahen, durchaus nicht mehr übel nehmen, daß sie pro domo sprachen und ihre Interessen vertheidigten. Nur hätten sie bedenken sollen, daß ich nicht allein es war, der übersetzte, daß, was ich nicht bearbeitete,

Andere doch bearbeiten würden, daß die Sache überhaupt nichts Neues in der deutschen Literatur war, daß ein starkes Drittel von Kotzebue's Stücken aus Bearbeitungen französischer, englischer und dänischer Theaterstücke bestand, daß Schröder fast alle seine Lustspiele englischen Originalen entnahm, daß Jünger nach Marivaux arbeitete, unzähliger Anderer gar nicht zu gedenken. Aber wenn Gutzkow und Laube berechtigt waren, gegen mich aufzutreten, was hatten die Anderen, der unproduktive Lewald voran (dessen „Geheimnisse des Theaters" das abgeschmackteste Buch ist, das je existirte), was hatten alle diese kleinen Journalisten, die noch nie ein Stück geschrieben hatten und auch nicht fähig waren, eines zu schreiben, was hatten sie alle mit zu heulen: „Crucifige!" — Um nur einen schwachen Begriff von der Erbitterung und Verfolgung zu geben, mit denen ich damals zu kämpfen hatte, möge hier ein Brief Heinrich Laube's folgen, und Laube war der gemäßigtste und anständigste meiner Gegner.

Ich hatte ihm geschrieben, wie er dazu komme, mich, als Mitarbeiter seiner „Zeitung für die elegante Welt", wegen des Uebersetzens französischer Stücke anzugreifen und zu denunziren. Hierauf antwortete er mir:

„Ich habe Ihren Brief erhalten, werther Herr! und habe Folgendes darauf zu erwidern. Zuerst ist der Artikel, welcher Sie verletzte, nicht von mir oder einem Mitarbeiter der „Eleganten", sondern den „Grenzboten" entnommen. — Alsdann wüßte ich auch nicht, was Zeitungs-Correspondenten so gar sicherstellen sollte vor dem Ereignisse: genannt zu werden. Hüten wir uns vor Mißbrauch des Wortes „Denunciation". Das Correspondiren ist nicht so gefährlich und nicht so heilig, und da es, vielfach ohne Noth, ja durchgängig die Anonymität für sich in Anspruch nimmt, als Sporn für Gewissenhaftigkeit, ganz heilsam, die Kappe zu lüften. Mit der Entrüstung darüber kann es Ihnen also nicht Ernst sein. Die Chiffre in der Zeitung wird verändert und damit ist die Geschichte auf eine Zeit lang wieder abgemacht. Viel schwerer ist die Rechtsfrage in Betreff Ihres regelmäßigen Uebersetzens und deshalb habe ich noch nicht ein Wort darüber gesagt, obwohl ich deutlich genug einsehe, daß Sie den deutschen Dramatikern, ja unserer Bühne, außerordentlich schaden. Es ist Ihnen eine Sache pekuniären Vortheils und neben diesem auf eine patriotische Resignation hinzuweisen, wäre thöricht. Deshalb weiß ich Ihnen eigentlich nichts zu sagen. Ich schicke voraus, daß

ich ganz und gar kein Franzosenfresser bin, aber doch ein einge=
fleischter Deutscher; — daß ich die Ueberlegenheit der Franzosen
in der Technik und Ausführung des leichten Schauspieles durchaus
— wenn auch nicht ohne Aerger — anerkenne, daß ich es sogar
für ersprießlich halte, mitunter eines ihrer bestgemachten Stücke für
unsere Bühne zu bearbeiten, damit unser Theater Auffrischung
finde und wir Belehrung in künstlerischer Fertigkeit haben. Aber
das Uebersetzen in Masse, das Ueberfluthen mit Stücken, die aus
einem ganz anderen Nationalkreise erwachsen, verdirbt unsere Bühne
und unser Publikum und beeinträchtigt den Fortschritt unserer
Dramatiker empfindlich. Sie nehmen den Platz weg in Betreff
der letzteren, und die Möglichkeit für diese durch die Praxis, durch
dieses wirksamste Lehrmittel, sich auszubilden. — Daß dies entrüstet,
namentlich einer bloßen Uebersetzungsthätigkeit, also der wohlfeilsten
Thätigkeit gegenüber, entrüstet, das kann Sie unmöglich ver=
wundern und Sie können versichert sein, daß Sie erst den An=
fang des Widerstandes empfunden haben. Es bildet sich
mehr und mehr Solidarität unter den Dramatikern und diese
wird Ihnen schonungslos entgegentreten. Ich gebe Ihnen
ganz zu, daß dies nur Ihre, an sich ganz erlaubte Thätigkeit
betrifft; — aber ist einmal der Krieg nothwendig, so
unterscheidet man am Gegner nicht mehr spitzfindig.
Aus diesem Gesichtspunkte bin ich ebenfalls Ihr rücksichtsloser
Gegner, von dem Sie sich heftigen Angriffs zu versehen haben.
Darf ich an Ihre patriotische Theilnahme appelliren, so bitte ich
Sie, ein Geschäft einzuschränken, was als Geschäft en gros Ihnen
das Leben sehr erschweren und binnen Kurzem auch wenig ein=
bringen wird. Ein besonders gutes Stück zu bearbeiten, wird
Ihnen nur von unbesonnenen Fanatikern verdacht werden. Es
ist eine Association der deutschen Dramatiker im Werke: diese
hat die ganze deutsche Presse und hundert andere
Einflüsse für sich und wird Ihnen, als Erbfeind, wahr=
scheinlich auch praktisch hinderlich sein. Wissen Sie irgend
einen Mittelweg, der Sie, außerhalb des Engros=Geschäftes,
dieser Association anschließen könnte, so will ich gern dazu förder=
lich sein. Der Gewinn, welcher Ihnen dann aus jährlich zwei
oder drei Stücken erwachsen kann, wird so groß sein, als der
Gewinn, den Ihnen, unter den gegenwärtigen Verhältnissen, zehn
verschleuderte Stücke bringen. Bei Eintritt der jetzigen Theater=
saison haben Ihre Uebersetzungen den größten Zorn hervor=

gebracht; — es war große Ebbe, und die Direktionen waren
genöthigt, junge Talente in's Feuer zu führen; — da kam
Ihre Uebersetzungswoge und warf Alles in's alte Geleis. —
Dies, werther Herr, ist das innere Verhältniß der Sachlage,
und danach mögen Sie unsere Polemik beurtheilen. Ihrer Billig=
keit mich empfehlend, Ihr ergebener L a u b e."

Ganz anders schrieben die Theaterdirektoren; — sie forderten
mich dringend auf, mit meinen Bearbeitungen fortzufahren, meldeten
mir die größten Erfolge, die meisten der von mir gewählten
Stücke gefielen außerordentlich, einige davon haben sich bis auf
den heutigen Tag im Repertoire erhalten, wie z. B. „D i e
F r ä u l e i n v o n S t. C y r", — „M a r i e A n n e, e i n e
M u t t e r a u s d e m V o l k e", „R e i c h a n L i e b e" u. A. So
kümmerte ich mich denn um den ganzen Lärm nicht mehr; — die
„Uebersetzungsfabrik", das „Engros=Geschäft" zing seinen Gang;
ich bearbeitete alle Jahre sieben bis acht Stücke, bis die Februar=
Revolution kam und dem Theater=Interesse für längere Zeit ein
Ende machte. Ich hätte den Herren, die mit der Bezeichnung
„U e b e r s e t z u n g s f a b r i k" so freigebig waren, die Antwort geben
können, die der Verfasser eines Pasquills gab, das unter Kaiser
Joseph II. in Wien so großes Aufsehen machte, daß der Kaiser
durch öffentliche Kundmachung Demjenigen, der den oder die Autoren
mit Bestimmtheit nennen könne, T a u s e n d D u k a t e n anbot.
Am nächsten Morgen fand man überall unter der kaiserlichen
Verordnung Zettel angeschlagen, auf denen zu lesen war:

   „Wir sind unser Vier,
   Ich, Feder, Tinte und Papier,
   Keiner wird den Andern verrathen,
   Wir — husten auf Deine 1000 Dukaten."

Gerade so stand es mit meiner Uebersetzungsfabrik, die aus
Feder, Tinte, Papier und meiner Fähigkeit, leicht und schnell zu
arbeiten, bestand. — Später, als ich schon längst in Amerika
war und andere Dinge zu thun hatte, als französische Stücke zu
übersetzen, mußte ich noch oft lächeln, wenn ich sah, wie die Ueber=
fluthung der deutschen Bühne mit französischen Stücken, auch ohne
mich, fortdauerte und wie selbst L a u b e als Direktor des Hof=
burgtheaters in Wien, nicht nur französische Stücke häufig gab,
sondern selbst deren viele übersetzte. L a u b e war also auch unter
die U e b e r s e t z e r a u s d e m F r a n z ö s i s c h e n gegangen; — als ich
das drüben las, fiel mir unwillkürlich das alte: „Ja Bauer, das

ist was ganz anders!" ein und — ich lächelte im Stillen. — Auch später noch, als Direktor des Wiener Stadttheaters huldigte Laube noch immer dem Cultus der französischen Bühne und sein Repertoire bestand zu zwei Dritteln aus Bearbeitungen französischer Komödien — darunter die stark lasziven und meist saloppen Produktionen der Herren Hennequin und Consorten.

Es ging mit diesem Geschrei gegen Uebersetzungen aus dem Französischen, wie mit allen Uebertreibungen; — so wenig Sprach=reiniger je alle Fremdwörter aus einer Sprache ausmerzen werden (denn was bliebe da z. B. von der englischen Sprache übrig?), so wenig wird man den Theaterstücken anderer Nationen die deutsche Bühne ganz oder theilweise verschließen können. Gute deutsche Stücke werden auf den einigen achtzig deutschen Bühnen immer zur Aufführung gelangen und ein empfängliches Publikum finden, aber es schadet gar nicht, wenn die Bühne einen kos=mopolitischen Charakter behält; — selbst in der jetzigen Zeit, wo die französischen Ehebruchskomödien und die Offenbachiaden alle deutschen Bühnen überschwemmen, haben deutsche Dramatiker wie Laube, Wilbrandt, Lindau, Rosen und so viele Andere festen Fuß auf den Brettern gefaßt und sich weder über Erfolge noch über Erträgnisse zu beklagen.

Eine deutsche Zeitung in Paris.
(1844.)

Natürlich war es nun, daß die Eigenthümer der "Augsb. Allg. Ztg." über diese combinirten Zeitungsangriffe in Alarm geriethen. Dr. Kolb hatte mein Incognito schon längst durch=schaut, denn ich schrieb für Eichthal in New York unter meinem Namen und Kolb stand mit Eichthal in ununterbrochenem brieflichen Verkehr. Die Cotta'sche Verlags=Buchhandlung schickte mir also Abschriften der polemischen Journalartikel und bat freundlichst um Aufklärung. Ich theilte ihnen den wahren Sach=verhalt und meine Beweggründe dazu mit und die Herren benahmen sich ebenso vernünftig, als anständig, sowohl Baron Cotta, wie Dr. Kolb ersuchten mich, mit meinen Correspondenzen nur

fortzufahren, ohne mich um das Journalgeschrei zu kümmern.
Ich pausirte dennoch eine kurze Zeit, um den ärgsten Sturm
vorübergehen zu lassen, theils auch, weil ich in jener Zeit zu viel
zu thun hatte, aber ich nahm die Verbindung bald wieder auf
und blieb, mit nur kurzen Unterbrechungen, Mitarbeiter der
„Augsb. Allg. Ztg.", bis ich Europa verließ.

Eine bedeutende Folge hatte dieser ganze Zwischenfall doch,
denn ich kam dadurch zu der Ansicht, daß ich, dieser Coalition
gegenüber, nicht wehrlos dastehen dürfe, sondern daß ich mich
wehren müsse, und da ich meine Correspondenzen in den deutschen
Zeitungen von jeder solchen Polemik freizuhalten hatte, so entschloß
ich mich, eine deutsche Zeitung in Paris zu gründen,
sobald ich nur irgend die Mittel dazu auftreiben könne.

Sonst brachte das Jahr 1843 mir noch die Bekanntschaft
Max Maretzek's, eines jungen Brünners und tüchtigen
Musikers, der mir einen Empfehlungsbrief von Bäuerle brachte,
viele Jahre mit mir eng liirt war, bis er nach London, dann
nach Amerika ging und dort der gefeiertste und erfolgreichste
italienische Operndirektor wurde, dessen energische Thätigkeit mit
wechselndem Erfolge noch immer fortdauert. Ferner kam der
Direktor des Bremer Theaters, Herr Engelken, ein sehr
gebildeter Mann, mit Empfehlungen von Dräxler-Manfred
und Kalisch, dem ich in Paris aufs Beste an die Hand ging,
und den Schluß des Jahres machte ein tragisches Ereigniß in
der italienischen Oper, auf deren Direktoren ein eigener Fluch zu
lasten schien. Fast alle Direktoren dieses Theaters haben ein
böses Ende genommen; — Agnado, der auf einer Kunstreise
nach Spanien plötzlich starb, Severini, der beim Brande
dieses Theaters vom vierten Stockwerke herunterstürzte, Mar-
liani, der aus bis jetzt noch unbekannten Gründen plötzlich
spurlos aus Paris verschwand und von dem man nie wieder
etwas gehört hat, — und nun Jamin, der nur der technische
Direktor war, auf dessen Namen aber das Privilegium lautete.
Der eigentliche Eigenthümer und Geldmann war der Advokat
Vatel; Jamin bezog ein jährliches festes Einkommen von
15,000 Francs; das Kassengeschäft leitete ein junger Mann,
Eugen Galyot.

Diese neue Direktion trat mit Ostern 1842 in Wirksamkeit.
Im ersten Jahre wurden sehr gute Geschäfte gemacht, als aber
zu Ostern 1843 die Bilanz gezogen wurde, stellte sich nur ein

reiner Gewinn von 10,000 Francs heraus. Der mit den Ver=
hältnissen des Theaters sehr vertraute Vatel stutzte und ahnte,
daß Betrug im Spiele sei und bot nun Alles auf, um diesem
auf die Spur zu kommen. Er ließ durch dritte Personen Billets
zu Logen und Sitzen holen, stellte andere Personen auf, die
unbemerkt die Eintretenden controllirten, und hatte zu diesem
Zwecke schon über drei tausend Francs ausgegeben, ohne auf
die geringste Spur der Unterschleife kommen zu können. Da
brachte Anfangs Dezember ein Zufall Aufklärung, und er konnte
sich endlich Beweise der Schuld verschaffen, indem auf dem
Rapporte dieses Abends ein Defizit von 370 Francs an ver=
kauften und nicht verrechneten Billets constatirt werden konnte.
Vatel theilte seine Entdeckung dem Controleur der Armenabgabe
mit (da in Frankreich 10 Proz. der Brutto=Einnahme an die
Armen abgegeben werden müssen); der Cassier Galyot wurde
gerufen, er leugnete, man hielt ihm die Beweise seiner Schuld
vor, nun stürzte er ohne Rechtfertigung zur Thür hinaus, wurde
aber draußen von den Wachen ergriffen und verhaftet. Nach den
ersten Verhören vor dem Untersuchungsrichter verlangte der Cassier
eine Besprechung mit Vatel, und als dieser sich zu ihm ins
Gefängniß begab, gestand er ihm, daß er seit Ostern 1842
über 30,000 Francs unterschlagen, daß er dies aber auf Befehl
des Direktors Jamin gethan und mit diesem getheilt habe.
Tief ergriffen von dieser Erklärung, begab sich Vatel mit seinem
Freunde, dem Schriftsteller Dormay, zu Jamin und legte
ihm die von Galyot erhaltenen Beweise seiner Mitschuld vor;
— vernichtet sank Jamin in den Stuhl. Vatel forderte
ihn auf, seine Entlassung zu geben, das Privilegium an ihn
zu cediren und sich sofort aus Frankreich zu entfernen, da er sein
Unglück nicht wolle. Jamin schrieb, ohne ein Wort zu sprechen,
seine Entlassung und die Cession des Privilegiums nieder, und
die Beiden verließen ihn. Er blieb noch eine Stunde im Bureau,
empfing Geschäftsleute, mit denen er plauderte, als ob nichts
vorgefallen wäre, ging dann nach Hause, schickte seinen sechs=
jährigen Sohn zu einem Freunde und unterhielt sich ganz ruhig
mit einem Bekannten, Hrn. Delille, der ihn erst um 10 Uhr
Abends verließ. Am anderen Morgen fand man Jamin und
seine Frau durch Kohlendampf erstickt, Arm in Arm, todt im
Bett. Auf dem Tische lagen drei Briefe an Vatel, Dormay
und Delille; der letzte Brief schloß mit den Worten: „Zwei

Uhr Morgens, — die Kohlen fangen an zu wirken, — ich kann nicht mehr schreiben, — in einigen Minuten werde ich todt sein."

Vatel hatte mich am Abend auf der Bühne ersucht, gleich am anderen Morgen nachzusehen, ob Herr Jamin abgereist sei; so war ich einer der ersten Zeugen dieses erschütternden Ereignisses, unter dessen tief traurigem Eindrucke für uns Alle vom italienischen Theater das Jahr 1843 abschloß.

Ich war bis jetzt ganz allein auf mich angewiesen gewesen, hatte für sieben bis acht Zeitungen zu correspondiren, eine Anzahl von Theaterstücken zu übersetzen, auch in der italienischen Oper Manches zu thun, und so war ich denn vollauf beschäftigt. Und dennoch sah ich, daß Paris ein noch weites Feld darbiete für einen strebsamen und unternehmenden Menschen, und daß gerade die deutsche Specialität diejenige sei, für die bisher noch am wenigsten geschehen war. Es gab in Paris eine englische Zeitung, englische Hotels, englische Auskunftsbureaus, eine englische autographirte Correspondenz für die Zeitungen, englische Speise- und Kaffeehäuser; — für die Deutschen, die doch viel zahlreicher nach Paris kamen, ja deren sechzig Tausend dort stabil lebten, gab es kein einziges derartiges Institut. Diesen Uebelstand hatte ich schon lange eingesehen, und ihm abzuhelfen, war das höchste Ziel meines Ehrgeizes und der Gegenstand meines steten Sinnens und Trachtens. In der verhältnißmäßig kurzen Zeit meines Wirkens in der französischen Hauptstadt ist es mir denn auch gelungen, so manches deutsche Institut in's Leben zu rufen, und wäre nicht die Februar-Revolution dazwischen gekommen, welche die Pariser Welt aus ihrem normalen Gange und mich nach Amerika trieb, so hätte ich mich wohl in Paris zu jener bedeutenden Stellung emporgearbeitet, welche die Gebrüder Galignani fast ein halbes Jahrhundert lang, in Bezug auf England, in Paris einnahmen; wahrscheinlich wäre ich dann auch für immer dort geblieben und als „Vieux bourgeois et rentier" gestorben, — was im Grunde zwar für die Menschheit ganz gleichgiltig, aber für mich selbst doch minder interessant gewesen wäre, als die Laufbahn war, die ich noch durchzumachen hatte.

Auf meine Einladung kam mein Bruder gegen Ende 1843 nach Paris und nun hatte ich endlich einen praktischen und intelligenten Menschen zur Seite, auf den ich mich in Hinsicht

auf Organisation sowohl, als auch auf Ausführung des Be=
schlossenen vollkommen verlassen konnte. So gründete ich denn
das „Bureau central de commission et de publi-
cité pour l'Allemagne", — ein „Central=Bureau
für Commission und Publizität, commerziellen
und geselligen Verkehr zwischen Frankreich und
Deutschland", 32 Rue des Moulins. Durch Circulare an
alle bedeutenden Notabilitäten in Deutschland, von denen ich
wußte, daß sie sich für Paris interessirten, versandte ich Einladungen zum Beitritte; — stellte ihnen gegen ein festes jährliches
Honorar mein Bureau, in der Art als ihren Geschäftsträger,
zur Verfügung, daß sie von mir wöchentlich zweimal autographirte
Briefe über alle neuen Ereignisse in Paris, neue Erfindungen,
eben erst erschienene Bücher und Pamphlete und alles aus Paris
Wünschenswerthe erhielten, ich alle ihre Commissionen, Einkäufe,
Aufträge gratis besorgte und, wenn sie selbst nach Paris kamen,
ihnen als Cicerone diente. Dieser Antrag fand unerwartet großen
Anklang und ich zählte zu meinen Clienten regierende Höfe, hoch=
gestellte Diplomaten, fürstliche, gräfliche und sonstige adelige
Familien in Deutschland, etwa vierzig an der Zahl, unter ihnen
den Landgrafen von Fürstenberg, den Prinzen von Hohen=
zollern, den Grafen Rossi, sardinischen Gesandten in Berlin
und Gemahl der Sängerin Henriette Sonntag, und viele Andere,
deren Namen mir entfallen sind.

Die Berichte, die ich ihnen schickte, waren ungefähr in dem
Ton gehalten, wie die Bulletins, die seiner Zeit Baron Grimm
für eine Anzahl deutscher Fürsten aus Paris schrieb, berührten
aber zugleich auch das industrielle und kommerzielle Feld. Zahl=
reiche Bestellungen auf Luxusartikel, Kunstgegenstände, neue
Bücher ꝛc. liefen fortwährend ein, und dieser Umstand sowie die
große französische Industrie=Ausstellung im Jahre 1844, über
die ich ein Buch veröffentlichte, brachten mich in lebhaften und
intimen Verkehr mit der Pariser Geschäfts= und Fabrikswelt.
Viele meiner Klienten kamen im Laufe der Zeit selbst nach Paris,
und ich konnte ihnen in Erledigung ihrer Geschäfte, sowie bei
der Besichtigung der Pariser Sehenswürdigkeiten nützlich und
fördernd an die Hand gehen. So wurde mir u. A. auch das
Vergnügen zu Theil, den Herzog Max von Baiern, den
Vater der jetzigen Kaiserin von Oestreich, der nur von zwei
Adjutanten begleitet, nach Paris kam, kennen zu lernen und ihm

bei Besichtigung der Weltstadt manchen kleinen Dienst erweisen
zu können. Herzog Max war ein äußerst liebenswürdiger, ein=
facher Charakter, ohne Spur von hocharistokratischem Stolze,
ebenso unterrichtet wie wißbegierig, — und mit ihm eine Kunst=
Gallerie oder eine andere Sehenswürdigkeit zu besichtigen, war
ein wirklicher Genuß, — so interessant waren seine Bemerkungen,
so groß die Empfänglichkeit, mit der er die Eindrücke in sich
aufnahm, und ebenso human und leutselig sein Benehmen gegen
Hoch und Nieder. Noch immer bewahre ich als ein werthvolles
Andenken das treffliche, nie in den Buchhandel gekommene, große
Bilderwerk über seine Reise im Orient, auf welcher er die
bedeutendsten Künstler mitgenommen hatte, — welches seltene
Werk er mir beim Abschiede, als er Paris wieder verließ, nebst
seinem herzlichen Danke zur Erinnerung an ihn überreichen ließ.
— So hatte ich vollauf zu thun, — aber der Gedanke eine
deutsche Zeitung in Paris zu gründen, hatte mich schon
lange beschäftigt; ich hatte oft mit Meyerbeer darüber gesprochen
und ihn aufgefordert, im Interesse der deutschen Musik und Kunst
sich daran zu betheiligen; aber er suchte die Idee mir immer
auszureden und meinte, die Deutschen, die stabil in Paris wohnten,
läsen französische Blätter, von den blos durchreisenden Deutschen
könnten deutsche Journale keine Unterstützung erhalten, auch seien
schon mehrere derartige Versuche gemacht worden und alle jämmerlich
mißglückt.

Ich aber ließ nicht ab von dem Gedanken, verrannte mich
förmlich darin, und suchte Mittel aufzutreiben, um ihn zu ver=
wirklichen. — Da verließ Meyerbeer wieder einmal Paris,
um sich nach Berlin zu begeben, wo er zum königl. General=
Musik=Direktor ernannt worden war. Bei dem Abschiedsbesuche,
den ich ihm machte, sagte er mir beim Scheiden: „Lieber Freund,
ich bin zu Neujahr nicht hier und kann Ihnen daher meine
Glückwünsche nicht abstatten; nehmen Sie also hier meine
Gratulationskarte und behalten Sie Ihren aufrichtigen Freund
in liebevoller Erinnerung." — Ich nahm das kleine Couvert,
das er mir gab und steckte es ein; — wie groß aber war mein
Erstaunen, als ich, zu Hause angekommen, das Briefchen öffnete
und darin eine Anweisung an M. Gouin, Meyerbeer's
alten Freund, fand, mir **drei tausend Francs** auszuzahlen,
nebst einigen Zeilen, worin er sagte, er glaube mir keine größere
Freude bereiten zu können, als indem er mir die ersten Mittel

liefere, meine Lieblingsidee einer deutschen Zeitung verwirklichen zu können; — wollte ich aber seinem wohlgemeinten Rathe folgen, so solle ich das Geld lieber für mich verwenden und es nicht in einem Zeitungsunternehmen nutzlos opfern.

Mit einer ähnlichen Ueberraschung hatte er, wie ich später erfuhr, auch Heinrich Heine bedacht, der ihm ebenfalls manchen Freundschaftsdienst erwiesen hatte. So waren denn alle Hindernisse und Schwierigkeiten mit einem Schlage beseitigt und am 1. Jänner 1844 erschien die erste Nummer des deutschen Blattes „Vorwärts", das ein ganzes Jahr dauerte und fortbestanden hätte, wäre es nicht zuletzt von der französischen Regierung, auf die Reklamation fremder Höfe, unterdrückt worden.

Das „Vorwärts" war im Anfang ein constitutionelles Oppositionsblatt, ein Journal des gemäßigten Fortschrittes, mehr Unterhaltungsblatt, als politischer Tendenz huldigend und wurde in den ersten sechs Monaten, außer einigen Mittheilungen aus Deutschland, von mir, Bornstedt und Maretzek ganz allein geschrieben; — es kostete jährlich 24 Francs und erschien zweimal in der Woche. Es begann in Paris mit einem Kreise von fünfhundert Abonnenten, der sich aber jeden Monat mehrte, andere fünfhundert Exemplare gingen in die Departements, in die Schweiz, nach Belgien, nach Amerika und auch auf Schleichwegen, durch Mr. Alexandre in Straßburg, in die deutschen Rheinprovinzen; — in Deutschland und Oesterreich war das Blatt, trotz seines gemäßigten Tones, augenblicklich verboten worden, ja es durfte in deutschen Zeitungen nicht einmal genannt, viel weniger daraus citirt werden. Es war bei allem dem eine eigene Schickung, daß dieses Blatt, welches später ultra-radikal und der eigentliche Vorläufer der Achtundvierziger-Bewegung wurde und besonders der preußischen Regierung unbequem ward, mit dem Gelde des königlich preußischen General-Musikdirektors Meyerbeer, der Persona gratissima am Hofe Friedrich Wilhelms war, gegründet werden mußte. Habent sua fata libelli. —

Die Gründung des deutschen Unterstützungs-Vereins.
(1844.)

Nachdem „Vorwärts" einmal im Gange war, gab ich meine Anstellung in der italienischen Oper auf, theils, weil ich die Stellung als Redakteur und Herausgeber einer Zeitung unvereinbar hielt mit einer Verbindung mit einem Theater, das ja in dieser Zeitung ebenso wie die anderen Kunstinstitute besprochen und beurtheilt werden sollte, theils weil mir wirklich die materielle Zeit zu mangeln anfing, um allen diesen vielfachen Verpflichtungen gewissenhaft genügen zu können. Ich löste also auf freundschaftlichem Wege meine Verbindung mit der italienischen Oper und zog zu Ostern mit dem Schluß der Saison auch meine Angehörigen aus dem Engagement zurück. Und wirklich mangelte es mir bereits an Zeit; denn abgesehen davon, daß ich neben der Redaktion auch die Correktur, den Briefwechsel des Blattes, ja aus Oekonomie-Rücksichten sogar selbst die Expedition besorgte, wurde die einzige deutsche Zeitung in Paris auch zugleich der Centralpunkt, das allgemeine Auskunfts= und Nachweise=Bureau für alle Deutschen in Paris, die mit Verlegenheiten, Schwierigkeiten, Mangel an Subsistenzmitteln oder anderen Unannehmlichkeiten zu kämpfen hatten; — sie Alle kamen in das Bureau des „Vorwärts" und suchten Rath, Hülfe und, Unterstützung, — ich mußte Sprechstunden einführen, während deren mein Bureau niemals leer von Besuchern wurde, die Alle Dieses oder Jenes von meiner Zeitung wünschten. Ja, es kam zuletzt so weit, daß mir bei Tag keine Zeit mehr für meine eigenen Arbeiten übrig blieb und ich zu den Redaktions=Arbeiten und zum Schreiben meiner Correspondenzen für deutsche Zeitungen die Nacht zur Hülfe nehmen mußte. Jetzt lernte ich erst vollständig kennen, welche Verlegenheiten, ja welche Noth, welcher Mangel, welche Entbehrungen unter einem großen Theile der Pariser Deutschen herrschten, wie viele junge Deutsche, durch den Ruf und Glanz der Weltstadt Paris verlockt, auf's Geradewohl und mit unzureichenden Mitteln hinkamen, dann in allen ihren Hoffnungen getäuscht, keine Stelle, keine Beschäftigung, keinen Erwerb fanden, nach und nach ihr bischen Mitgebrachtes aufzehrten, ihre Kleider und Wäsche verkauften und endlich in Noth und Elend jämmerlich

untergingen. Die französischen Behörden und Wohlthätigkeits=
anstalten thaten natürlich Nichts für diese Fremden, höchstens
ließ sich die Polizei herbei, wenn sie beim Betteln oder obdachlos
betreten wurden, sie per Schub in ihre Heimath zu befördern,
was, wenn auch nicht angenehm, noch immer eine Wohlthat für
die meisten dieser Verlassenen und Verlorenen war. Ich half
nach Kräften, soweit es meine geringen Mittel erlaubten, ver=
schaffte Einigen Beschäftigung, Anderen Unterstützung und hatte
wenigstens für Alle einen guten Rath; aber ich sah bald ein,
daß der Einzelne wenig oder gar nichts helfen könne und daß
nur durch ein vereintes Wirken Vieler etwas Wirksames gethan
werden könne. Schon früher hatte mich der Gedanke, in Paris
einen Hilfs= und Unterstützungs=Verein für noth=
leidende Deutsche zu begründen, lebhaft beschäftigt. Jetzt,
wo ich meine eigene Zeitung hatte, also ein Organ, in welchem
ich zu den 60,000 Deutschen, die in Paris lebten, sprechen und
ihnen die Sache an's Herz legen konnte, beschloß ich diesen
Gedanken zu verwirklichen und zu der Gründung des Vereins zu
schreiten. Da ich selbst noch ein Fremder in Paris, ein Anfänger
in jeglicher Hinsicht, selbst in der Begründung der eigenen Existenz
in der Welthauptstadt war, gehörte viel Jugendmuth, viel kühnes
Selbstvertrauen dazu, um diesen Vorsatz praktisch durchzuführen.
Und in der That, mein Versuch gelang über Erwarten, ich hatte
das Glück, den Deutschen Hilfs= und Unterstützungs=
Verein in Paris in's Leben zu rufen und fest begründen zu
können und derselbe besteht noch immer, zählt nun bereits sieben=
unddreißig Jahre seiner Wirksamkeit und hat in dieser
Zeit viel Gutes gestiftet, vieler Noth und Bedrängniß abgeholfen,
viel Elend gemildert.

Vor einigen Jahren, ich glaube es war 1869, also noch vor
dem deutsch=französischen Kriege, fand ich in den Zeitungen einen
Bericht über die Feier des 25jährigen Bestehens dieses Vereines, in
welchem merkwürdigerweise der eigentlichen Gründer dieses Hilfs=
vereins gar nicht gedacht oder erwähnt, sondern die Gründung
als das Werk der deutschen Diplomatie in Paris bezeichnet
wurde; — so geschwind vergißt man heut' zu Tage, und so leicht
werden Thatsachen und geschichtliche Hergänge aus Bequemlichkeit,
Flüchtigkeit oder auch mit Absicht ignorirt. Nicht aus Eitelkeit oder
Selbstüberhebung muß ich daher nochmals auf die Gründung dieses
Vereines zurückkommen, sondern um einfache Thatsachen festzustellen

und Jedem sein Recht widerfahren zu lassen; — vielleicht ist es möglich, daß bei der Feier des 50jährigen Bestehens dieses Vereins in 1894 die Leiter dieses Institutes der eigentlichen Gründer desselben mit einigen ehrenden Worten gedenken, was übrigens uns Betreffenden dann wohl schon ziemlich gleichgültig sein wird, da wir bis dahin wohl längst zu existiren werden aufgehört haben, — mais mieux vaut tard que jamais! — sagt der Franzose und so gebe ich hier den Hergang nach den Dokumenten, wie sie noch in meinem Besitze sind.

Nachdem ich das Projekt eines deutschen Hilfsvereines mit deutschen Freunden und Bekannten vielfach besprochen hatte, erschien in No. 10 des „Vorwärts", am 3. Februar 1844 der folgende

„Aufruf
zur Bildung eines Hülfs- und Unterstützungs-Vereins für nothleidende Deutsche in Paris.

> Wer nie sein Brot mit Thränen aß,
> Wer nie die kummervollen Nächte
> Auf seinem Bette weinend saß,
> Der kennt euch nicht, ihr himmlischen Mächte!
> (Göthe.)

Im Namen nothleidender Landsleute, im Namen der Menschenfreundlichkeit, im Namen des Nationalsinnes wenden wir uns mit diesem Aufrufe an die Deutschen in Paris, in Frankreich, im Aus- und Inland. Es handelt sich um die Begründung eines **Unterstützungsvereins für hülfsbedürftige Deutsche in Paris**.

Es bedarf wohl der vielen Worte nicht, um anzuregen für ein langgefühltes Bedürfniß, um hinzuweisen auf die Nothwendigkeit eines solchen Vereins. Von den verschiedensten Seiten ist der Mangel an einem solchen Vereine längst gefühlt, oftmals besprochen, auch mannigfach in deutschen Blättern beklagt worden.

In dem großen, bald eine Million Einwohner zählenden Paris besteht ein **englischer Hülfsverein**, in London ein **französischer**, in Moskau ein **französischer**, in anderen Städten haben verschiedene Nationen ebenfalls Hülfsgesellschaften für ihre leidenden Landsleute gebildet, nur in **Paris, wo man jetzt gegen 70 bis 80,000 Einwohner deutschen Stammes zählt**, die wechselnde Zahl der deutschen Reisenden und Besucher nicht mit eingerechnet; — nur in der französischen Hauptstadt besteht kein Hülfsverein für nothleidende Deutsche. — Diesem

Uebelstande muß abgeholfen werden, dies gebieten National=
sinn, Nächstenliebe, Verstand und Menschenpflicht
zugleich.

Wie oft rettet die geringste Hülfe, zur rechten Zeit geboten!
Wie selten sind jedoch Rathgeber, Wohlthäter und Retter da! Wo
findet der Verlassene, der fremd in der großen Stadt Umherirrende
Rath und Hülfe? — Wer richtet ihn auf, wer schützt ihn vor
dem Falle, vor gänzlichem Untergange, dem moralischen und dem
physischen? —

Wer die Leidensschule mit eigenen Augen gesehen, wer selbst
gerungen und gekämpft, gelitten und oft verzweifelt hat, sich der
Feuerprobe des Erlebten in all' den kleinen Dolch= und Nadelstichen
der Vergangenheit lebhaft erinnert, der wird gewiß kräftig beisteuern
zu dem brüderlichen Aufrufe, mitwirken zur Einsendung von Bei=
trägen, auffordernd jeder in seinem Kreise, jeder nach seinen Kräften.
Dank und Heil allen Denen, die so mitwirken werden! Es handelt
sich hier darum, einen Verein zu gründen, der **gänzlich fremd
den Spaltungen der politischen, religiösen und
socialen Auffassungen, sich nur an den Wahlspruch
hält: Hülfe den Leidenden!** An alle Reichen und Glück=
lichen unter unseren Landsleuten ergehe hiermit der dringendste,
herzliche Aufruf, ihre Hülfe zu bieten, an alle Wohlhabenden, die
den Mangel nicht kennen, richten wir unsere Stimme: jeder steuere
bei. An die reisenden Deutschen, an die Besucher der französischen
Hauptstadt, an die Jugend, an die großmüthigen und in Fülle der
edelsten Gefühle sich Bewegenden ergehe der Ruf: Gebt für die
Hülfsbedürftigen, welche nicht nur die Freuden der Welt, ja das
Nothwendigste entbehren.

Auch an die redlich mit ihrer Hände Arbeit schaffenden deutschen
Landsleute und Brüder ergeht die Bitte um Beisteuer. Die **ge=
ringste Gabe ist eine ehrenvolle**; wer wenig besitzt und giebt,
ist oft verdienter als die Reichen, welche einen Brosamen von ihrer
reichen Tafel fallen lassen.

Vorzüglich aber ist unser innigstes, bittendes Wort an die
deutschen Frauen gerichtet, an die edlen Seelen, die auch in
dem großen Paris die heilige Stätte des treuen Gemüthes, des
emsigen Wirkens der Menschenfreundlichkeit, des häuslichen Wohl=
thuns treu bewahrt. Das Wort, die Fürsprache, der Beistand der
deutschen in Paris lebenden Frauen wird uns eine mächtige Stütze
sein. Wir werden an alle Pforten klopfen, weder Mühe noch

Hindernisse scheuen — denn es handelt sich um eine heilige Sache, es handelt sich darum, ein Institut zu gründen, das, wenn auch klein im Beginnen, allmälig wachsen, befruchtend wirken und allen Denen, die dazu mitgeholfen, noch in späterer Zeit das lohnende Bewußtsein gewähren wird, ein Werk der Menschenliebe, der Bruderpflicht, der reinsten Mildthätigkeit mitbegründet zu haben.

Und somit rüstig und muthig an's Werk!

A. von Bornstedt,
Baron von Köhler,
Heinrich Börnstein."

Paris am 1. Februar 1844.

Der Aufruf fand allgemeinen Anklang, von allen Seiten strömten Beitritts-Erklärungen und Beiträge herbei, bis zum 20. März waren bereits 3247 Francs gezeichnet, darunter eine ziemliche Anzahl Jahres-Beiträge, welche die Zeichner alljährlich zu zahlen sich verpflichteten. Die Gesandten von Baiern, Sachsen, Hannover, Weimar waren als Mitglieder beigetreten, ebenso der österreichische Botschafter Graf Apponyi, welcher mir unter dem 12. Februar schrieb: „Sie haben sich vor einigen Tagen an meine Frau gewendet, um dieselbe zur Theilnahme an einer Gesellschaft aufzufordern, deren Zweck ist, den dürftigen Deutschen in Paris zu Hilfe zu kommen. Erlauben Sie diese Einladung auch als an mich gerichtet anzusehen und Ihnen zu erwiedern, daß ich diesen Gegenstand ehrend und würdigend, derselben recht gerne entsprechen und zu dem wohlthätigen Zwecke mitwirken werde." Schon am 25. März konnte die erste General-Versammlung des Vereines in den Salons des Herrn Hatzenbuler abgehalten werden. An Stelle des Baron Köhler, der indeß Paris wieder verlassen hatte, war ein wohlhabender Elsaßer, Herr Humbert, getreten, und es wurde unter seinem Vorsitze in dieser Versammlung beschlossen, ein Comite von sieben Mitgliedern zu wählen, welches den Entwurf der Statuten und die Einrichtung des Geschäftsganges auszuarbeiten und einer zweiten, am 25. April einzuberufenden Generalversammlung vorzulegen habe, worauf dann die definitive Constituirung des Vereines erfolgen sollte. In dieses Organisations-Comite wurden die drei Gründer des Vereins, Humbert, Bornstedt und Börnstein, einstimmig wieder gewählt und ihnen die Herren Graf Hohenthal, Buchhändler Avenarius, Professor Kühn und Dr. Cohn beigesellt. Das Comite arbeitete die Statuten aus und am 25. April wurden dieselben in der General-Versammlung angenommen, der Verein constituirte sich für immer, die ersten Präsidenten desselben waren der sächsisch-weimarsche Geschäftsträger von Weyland und der bairische Legationsrath von Wendland und das ihnen beigegebene Executiv-Comite bestand aus den Herren Avenarius, Bornstedt, Börnstein, Cohn, Gasperini, Graf Hohenthal, Humbert, Immerwahr, Kühn, Maretzek, Steinetz, Wertheim und Zang. Das Vermögen und die Wirksamkeit des Vereins stiegen nun rasch und derselbe erfreut sich nun, wie schon gesagt, einer 37jährigen, segensreichen Thätigkeit.

Dagegen erwies sich ein anderes Projekt, welches ich im Interesse der Deutschen in Paris hegte, als unausführbar; — es war dies die Errichtung eines deutschen Lesekabinets in der Art, wie Galignani's englisches Lesekabinet in Paris schon seit vielen Jahren bestand und blühte und der allgemeine Sammelplatz und Vereinigungspunkt für alle Engländer, welche Paris besuchen, geworden war. Das Haupthinderniß, das sich diesem Projecte entgegenstellte, bestand darin, daß die Deutschen in Paris höchst zerstreut, meist an den äußersten Stadtgrenzen wohnten, ein großer Theil von ihnen im entfernten Faubourg St. Antoine bis hinaus zur Barrière du trône und daß es daher sehr schwer war, ein deutsches Lesekabinet so zu situiren, daß es den in Paris lebenden Deutschen leicht zugänglich und nicht zu entfernt, und doch auch für die, Paris besuchenden, Fremden, central gelegen war. Leichter ging es mit der Gründung einer deutschen Leihbibliothek in Paris, die ich auch unternahm und durchführte. In ein Lesekabinet muß man selbst gehen, um die Zeitungen zu lesen, aber die Bücher in einer Leihbibliothek umzuwechseln, kann durch dienstbare Geister besorgt werden, und daher ist die Lage der Lokalität nicht so sehr von Wichtigkeit. Ich traf daher, zur Ausführung dieser Idee schon jetzt meine Vorbereitungen, und konnte die Bibliothek Anfangs 1846 bereits eröffnen. Diese erste deutsche Leihbibliothek in Paris bestand aus ungefähr 10,000 Bänden, die ich nach sorgsamer Auswahl mir in Leipzig hatte zusammenstellen lassen; — die Hälfte davon waren Romane und Unterhaltungslekture, die andere Hälfte bestand aus unseren deutschen Klassikern und aus populärwissenschaftlichen Werken, Reisebeschreibungen u. d. m. Das Unternehmen in der Rue Jean Jacques Rousseau No. 8 eröffnet, gegenüber dem Hauptpostamte, also am centralsten Punkte der Weltstadt, fand eine sehr günstige Aufnahme, und zahlreiche Abonnenten, und ein gewähltes Publikum, darunter sogar mehrere Franzosen, benützte fleißig die Leihbibliothek, die wirklich einem lang gefühlten Bedürfnisse der Deutschen in Paris entsprach. Ich führte diese Leihbibliothek mit steigendem Glücke bis zur Februar-Revolution fort, dann hatten die Leute andere Dinge im Kopf, als Romane zu lesen; denn sie erlebten ja alle Tage die spannendsten und ergreifendsten Sensations-Novellen, und als ich 1849 Paris verließ und sich in damaliger, aufgeregter Zeit kein Käufer für die Bücher gefunden hatte, nahm ich sie, wie so viele andere überflüssige Dinge, nach Amerika mit und verkaufte Einzelnes davon dort an deutsche Freunde in St. Louis, und endlich den Rest, namentlich die Romane, an die Buchhändler Rohland und Detharding in St. Louis, von wo sie später nach Belleville wanderten und endlich zerstreut wurden, sodaß mir noch nach späten Jahren einzelne meiner Bücher wieder in die Hände kamen.

So hatte ich denn in der kurzen Zeit meines Pariser Aufenthalts so manche deutsche Unternehmung gegründet und ohne den großen Umschwung und Umsturz aller bestehenden Verhältnisse, der durch die Februar-Revolution und deren Folgen eintrat, hätte ich wahrscheinlich alle diese Anfänge gedeihlich entwickeln und zu gewinnbringenden Unternehmen emporheben und eine bedeutende Stellung für das deutsche Element in Paris einnehmen können.

Zu meinen Erlebnissen jener Zeit als Herausgeber und Redakteur des „Vorwärts", gehört auch noch der Unglücksfall, daß ich unvermutheter Weise und ohne mein Zuthun in den Adelsstand erhoben wurde. Dieses Unglück geschah folgender Weise: Es lebte damals in Paris der Fürst Alexander von Gonzaga, welcher behauptete, er sei der eigentliche, rechtmäßige Beherrscher des Markgrafenthums von Mantua, in welchem seine Vorfahren bis 1708 regiert hätten und welches Oesterreich damals widerrechtlich usurpirt habe. Dagegen behauptete die österreichische Regierung, der letzte Herzog von Mantua aus dem Hause Gonzaga, Carl IV., sei von Kaiser Joseph I. in die Reichsacht erklärt worden und ohne direkte Erben gestorben. Gegen diese Angabe der österreichischen Regierung hatte der Herzog Alexander von Gonzaga, als rechtmäßiger Erbe, am 12. Oktober 1841 eine feierliche Protestation erlassen, selbe am 26. April 1843 erneuert und an einen Monarchen-Congreß appellirt. Der

Kampf des österreichischen Kabinetes gegen diese Prätensionen wurde vorzüglich in der „Augs. Allg. Ztg." geführt, da man in den österreichischen Zeitungen von der Sache kein Aufsehen machen wollte. Besonders ward in offiziösen Artikeln hervorgehoben, daß der Herzog gar kein Gonzaga, sondern ein Graf Murzynowski sei. Als Correspondent der „Augsb. Allg. Ztg." wurde ich mit dem nicht uninteressanten Manne, der in Paris ein Haus machte, persönlich bekannt; er legte mir alle seine Papiere, Stammbäume und Genealogien, ebenso wie die Beweisschrift seiner Rechte vom Grafen Pourett de Gands, einem berühmten Juristen verfaßt, vor. Er hatte unter Napoleon in der französischen Armee gedient, war 1816 in russische Dienste getreten und 1837 in die des Don Carlos in Spanien. Auf seinen Wunsch schrieb ich einige Artikel über seine Ansprüche für die „Augs. Allg. Ztg", worin auch erklärt wurde, daß er den Namen Murzynowski darum in Deutschland angenommen habe, weil er sich dort vor der Verfolgung Oestreichs nicht sicher hielt und daher nur den Namen seiner Mutter, einer Gräfin Murzynowski führte.

Von östreichischer Seite wurde nun in offiziösen Artikeln der „A. A. Ztg." dargethan, daß das Alles wahr sein könne, daß aber die Kaiserin Maria Theresia bereits die Ansprüche Gonzaga's auf Mantua, sowie deren Erbgüter, die Herzogthümer Guastalla, Solferino, Sabionetta und Castiglione gegen eine jährliche Apanage von zehntausend Gulden an einen Nebenverwandten, Ludwig von Gonzaga, abgelöst habe. Diesem Einwurfe begegnete Herzog Alexander damit, daß sein Vater damals minderjährig und in Spanien gewesen wäre, und als rechtmäßiger Erbe nie seine Einwilligung zu diesem Handel gegeben habe. So zog sich der Zeitungsstreit in unabsehbare Länge, der Protest gegen die angebliche Usurpation wurde von Zeit zu Zeit erneuert, bis die Ereignisse des Jahres 1859 alle kleinen italienischen Fürsten depossedirten und das geeinigte Italien sich auch um die vermeintlichen Ansprüche des Herzogs von Mantua nicht mehr kümmerte. Aber mir geschah Recht; — warum hatte ich mich auch in diese dynastischen Streithändel gemengt! Eines schönen Morgens erschien bei mir der Sekretär des Herzogs und brachte mir, mit einem offiziellen Dankschreiben seiner Durchlaucht, auch ein längliches Etui, welches, wie das herzogliche Schreiben bemerkte, ich als Anerkennung „meiner ausgezeichneten

publizistischen Verdienste" freundlich annehmen möge.
Als der Sekretär fort war, öffnete ich das Etui, in welchem ich,
der länglichen Form wegen, ein Porträt des Herzogs vermuthete,
und fand darin — — ein Adelsdiplom auf Pergament,
mit großer Siegelkapsel, wodurch ich und meine Nachkommen
von dem souveränen Herzog Alexander von Mantua in den
Adelsstand erhoben wurden mit Verleihung eines Wappens, welches,
außer dem üblichen heraldischen Schmucke, im Mittelschilde auf
blauem Felde eine weiße Taube mit einer Schreibfeder im Schnabel
führte. Von diesem Tage an habe ich für den Herzog keine
Zeile mehr geschrieben; — meine Frau wollte schon oft das
Pergament zum Zubinden von Gurkengläsern (Pickles) verwenden;
— aber ich habe es noch immer gerettet und bewahre es als
eine literarisch=historische Merkwürdigkeit.

Des „Vorwärts" Glück und Ende.
(1844.)

In der ersten Hälfte des Jahres 1844 erschien in Paris
plötzlich der erste Band der „deutsch=französischen Jahr=
bücher" von Arnold Ruge und Karl Marx und erregte
bedeutendes Aufsehen. Diese „deutsch=französischen Jahrbücher"
sollten eine censurfreie Fortsetzung der von den deutschen Re=
gierungen unterdrückten, zuletzt in Sachsen erscheinenden „deut=
schen Jahrbücher" sein. Arnold Ruge, ein hochgebildeter,
geistreicher Mann von durch und durch philosophischer Bildung
und Gründlichkeit, hatte schon als Student, wegen seiner Theil=
nahme an den Burschenschaften, eine sechsjährige Festungshaft zu
erdulden gehabt, trat dann in Halle als Privat=Dozent der
Aesthetik in akademische Thätigkeit, war jedoch in den Augen der
Behörden eine mißliebige Persönlichkeit geworden und konnte es
zu keiner Professur bringen. Er gründete nun 1837 mit seinem
Freunde Echtermeyer die „Hallischen Jahrbücher", eine streng
wissenschaftliche Zeitschrift auf dem Standpunkte der Hegel'schen
Philosophie. Da aber die „Jahrbücher" die strenge Logik der
Wissenschaft auch auf die politischen Tagesereignisse anwendeten und

die bestehenden Verhältnisse einer scharfen Kritik unterzogen, wurde die Zeitschrift von der preußischen Regierung bedrängt, ein Verbot derselben war in nahe Aussicht gestellt und Ruge übersiedelte nach Sachsen, wo er nun die Fortsetzung als „Deutsche Jahrbücher" erscheinen ließ. Allein bei der großen Entschiedenheit, mit der nun Ruge gegen die preußische Regierung auftrat und bei der Solidarität, welche die deutschen Regierungen damals in dieser Hinsicht und in Folge der Karlsbader Beschlüsse verband, wurden die „deutschen Jahrbücher" 1843 in Sachsen, und dann in ganz Deutschland verboten und Ruge ging nach Paris, verband sich dort mit Karl Marx und beide schritten nun zur Herausgabe der „deutsch=französischen Jahrbücher", welche, von den Fesseln der deutschen Censur befreit, eine freimüthige Kritik der politischen und gesellschaftlichen Verhältnisse Deutschlands bringen sollten. Ruge selbst war bei diesem Unternehmen von den besten und reinsten Absichten geleitet und erklärte dies in der Einleitung mit folgenden Worten: „Es handelt sich bei dieser Veröffentlichung für uns Deutsche darum, ein Beispiel **wahrer Preßfreiheit** vor Augen zu haben, eine Anschauung zu gewinnen von der Freiheit, die sich selbst beherrscht und sich selbst Gesetze auferlegt, von einer Freiheit, die vor nichts zurückbebt, als davor, sich selber und den ewigen Gesetzen der Vernunft untreu zu werden, von einer Freiheit, die selbstgewiß und unerbittert dem Knirschen des gefesselten Sklaven entsagt, die Welt nicht verwüsten und ihr in's Gesicht schlagen, sondern sie gewinnen, sie hinreißen, sie über sich selbst erheben will, von einer Freiheit, die in der **Schönheit** ihr **Gesetz** und in der **Wahrheit** ihr **Maß und Ziel** findet." — Das war gewiß ein schönes und anerkennenswerthes Programm und Ruge hielt sich auch innerhalb der Grenzen desselben. Ebenso gediegen waren die Aufsätze von Karl Marx „Zur Kritik der Hegel'schen Rechtsphilosophie", „Ueber die Lage Englands", „Die Judenfrage" u. s. w. — aber minder maßvoll waren die anderen Mitarbeiter der „Jahrbücher" und wie ein rother Faden zog sich durch das Ganze die Tendenz, Alles, was bisher in Philosophie, Geschichte, Literatur und Dichtkunst geleistet worden, für einen überwundenen Standpunkt, die alte Welt für vernichtet und allem Bestehenden den Krieg zu erklären. Außerdem aber lief auch viel Triviales mit, Klatschereien der chronique scandaleuse, Bierhausgeschwätz aus Baden über Herrn von Haber und die

Großherzogin und Aehnliches, und selbst **Heinrich Heine** hatte „**Lobgesänge auf den König von Bayern**" geliefert, wahrscheinlich geschrieben in einer Stunde, wo ihm die Muse nicht hold war, — in denen in Versen erzählt wurde, daß König Ludwig von Bayern kein Adonis sei, schlecht höre, stottere und stammle, und es hieß darin:

„Herr Ludwig ist ein muthiger Held
Wie Otto, das Kind, sein Söhnchen.
Der kriegte den Durchfall zu Athen
Und hat dort besudelt sein Thrönchen."

Ich erwähne dies nur, weil heutzutage von dieser literarischen Merkwürdigkeit wahrscheinlich kein einziges Exemplar aufzutreiben sein dürfte, und Vieles darin doch der Erhaltung würdig gewesen wäre; — im Ganzen aber überschossen die „deutsch=französischen Jahrbücher" ihr Ziel, waren für das damals noch sehr bescheidene deutsche Publikum zu maßlos und der beste Beweis, daß sie nicht den gehofften Eindruck machten, war der, daß keine Fortsetzung, kein fernerer Band derselben mehr erschien. Ich hatte im „Vorwärts" über die „Jahrbücher" eine das Gute darin anerkennende, das Taktlose mißbilligende Kritik geschrieben, vom Standpunkte jener idealen Preßfreiheit, welche „in der Schönheit ihr Gesetz, in der Wahrheit ihr Maß finden solle". —

Bald darauf erhielt ich durch die Post eine Kritik meiner Kritik von einem „aus Deutschland zurückgekehrten Franzosen"; ich druckte sie und es entspann sich eine fernere Polemik zwischen mir und dem Einsender, der sich endlich, im Verlaufe derselben, mir persönlich zu erkennen gab und sich als der Schriftsteller **Carl Ludwig Bernays**, einer der Mitarbeiter der „deutsch=französischen Jahrbücher" entpuppte. Wir gefielen einander bei näherer Bekanntschaft, traten in immer intimeren Verkehr und schlossen endlich einen Freundschaftsbund, der treu und fest fünfunddreißig Jahre, bis zu Bernays' Tode zusammenhielt; — unsere Geschicke waren lange Zeit eng verknüpft und wir lebten und strebten, rangen und kämpften für dieselben Ziele, viele Jahre lang, Hand in Hand, Schulter an Schulter; — ja auch noch später, als uns weite Entfernungen trennten, blieb unser brieflicher und geistiger Verkehr ununterbrochen derselbe und der letzte Brief, den Bernays noch im Leben schrieb, war an mich gerichtet, der letzte Gruß, den er seiner Familie auftrug, galt mir, dem alten Freunde. Ich habe von dem um zehn Jahre jüngeren Freunde sehr viel gelernt und danke ihm den philosophischen und religiösen Standpunkt vollster Geistesfreiheit und die selbstständige, durch keine Traditionen und Dogmen beschränkte Denkensart, die mir seit vielen Jahren eine feste und verläßliche Stütze im Leben waren, und mich nun im Greisenalter das kommende Ende mit Ruhe und Heiterkeit abwarten lassen.

Durch B e r n a y s lernte ich nun den ebenso liebenswürdigen als hochgebildeten Doktor A r n o l d R u g e kennen und später auch die anderen Mitarbeiter der „Deutsch-französischen Jahrbücher", — ein neuer sich immer mehr erweiternder Ideenkreis erschloß sich mir, aus dem Saulus wurde ein Paulus und mit lebhafter Empfänglichkeit von Natur ausgestattet, war ich bald für die Grundsätze und Lehren des „H u m a n i s m u s" gewonnen. Man nannte eben damals „Humanismus", was man heutzutage als „S o z i a l i s m u s" bezeichnet; nur war der Humanismus damals nur auf Schrift und Wort, auf wissenschaftliche Forschung und Untersuchung beschränkt, während jetzt der „S o z i a l i s m u s" bereits in's praktische Leben eingreift und selbst die Tagespolitik beherrscht. Das Programm des Humanismus lautete: „Die Menschen auf der Erde sollen nicht durch künstliche oder natürliche Grenzen, durch verschiedene Sprachen, durch religiöse Vorurtheile, noch durch Unterschiede irgend einer Art von einander getrennt und gegen einander gebraucht werden, es soll keine N a t i o n a l i t ä t, keine Staaten, keine Trennungen mehr geben, sondern nur ein Verband der gesammten Menschheit, begründet auf die großen ewig wahren Grundsätze der F r e i h e i t, der G l e i c h h e i t und der B r ü d e r l i c h k e i t, und die Aufgabe dieser Vereinigung soll die sein, alle durch die historische und culturelle Entwickelung Europa's in Jahrtausenden erzeugten Unterschiede zwischen Herrschenden und Beherrschten, zwischen Kapital und Arbeit, zwischen Besitzenden und Nichtbesitzenden, zwischen Reichen und Armen, zwischen Abergläubischen und Freidenkern, in eine A l l e befriedigende Harmonie aufzulösen und so endlich die große freie Gesammtpolitik der vereinigten Menschheit und das Reich des ewigen Friedens zu begründen." Jung und lebhaft, wie ich damals war, begeisterte ich mich rasch für dieses Zukunftsprogramm, stellte den „Humanisten", die kein eigenes Organ hatten, mein „V o r w ä r t s" zur Verfügung und bald war ein Kreis von Redaktionskräften im „Vorwärts" thätig, wie ihn wohl ein Blatt nicht so leicht aufzuweisen hatte, besonders nicht ein Blatt in Deutschland, wo damals vor dem belebenden Anstoße von 1848 die Preßzustände die allerkümmerlichsten waren. Außer Bernays und mir, die wir die Redakteure waren, schrieben für das Blatt noch Arnold Ruge, Karl Marx, Heinrich Heine, Georg Herwegh, Bakunin, Georg Weerth, G. Weber, Fr. Engels, Dr. Ewerbeck und J. Bürgers; — und man kann sich leicht denken, daß diese Männer nicht nur sehr geistreich, sondern auch höchst radikal schrieben. Das „Vorwärts" gewann, indem es das einzige ganz censurfreie und radikale aller in Europa in deutscher Sprache erscheinenden Zeitungen wurde, einen neuen Reiz und eine vermehrte Abonnentenzahl. Ich erinnere mich noch mit Vergnügen an die mehreremals wöchentlich stattfindenden Redaktionsversammlungen, bei welchen alle diese Männer in meinem Redaktionslokale zusammenkamen, zu welchem ich, wie zu meinem Geschäftsbureau, das erste Stockwerk des Eckhauses Rue des Moulins et Rue neuve des Petits Champs, gemiethet hatte. Ich hatte mehrere unbenutzte Zimmer und in dem größten wohnte provisorisch der Russe Bakunin, d. h. er hatte in dem großen Zimmer ein Feldbett, einen Koffer und einen zinnernen Becher, — daraus bestand sein ganzes Ameublement. — Denn er war der bedürfnißloseste aller Menschen. In diesem Zimmer kamen nun zu den Redaktions-Sitzungen zwölf bis vierzehn Menschen zusammen, die theils auf Bett und Koffer sitzend, theils stehend oder herumgehend, alle furchtbar rauchten, dabei mit der größten Aufregung und Leidenschaftlichkeit debattirten. Die Fenster konnte man nicht aufmachen, weil sich sonst bald ein Volksauflauf auf der Straße gebildet hätte, um die Ursache dieses heftigen Schreiens zu erfahren, — und so war denn das Zimmer bald in solche dicke Rauchwolken gehüllt, daß ein Neueintretender keinen der Anwesenden erkannte und wir uns zuletzt gegenseitig selbst nicht mehr sehen konnten.

Die Heftigkeit dieser Debatten entstand hauptsächlich dadurch, daß bei diesem Zusammenwirken so vieler und so bedeutender geistiger Kräfte nothwendigerweise auch Meinungsverschiedenheiten, differirende Anschauungen zu Tage treten mußten, und so war es auch hier der Fall; — immer schärfer und schroffer machte sich die sozialistische und communistische Richtung, gegenüber der rein humanistischen, geltend, Ruge konnte sich mit den Sozialisten und Communisten nicht verständigen, Marx kritisirte Ruge's Arbeiten in schonungsloser Weise, Ruge und die Gemäßigteren zogen sich immer mehr zurück und der schroffe Radikalismus gewann die Oberhand. Aber ehe dieser Zwiespalt noch zum offenen Ausbruche kam, machte bereits eine brutale Gewalt durch rücksichtsloses Eingreifen dem ganzen Unternehmen ein Ende. Frankreich befand sich damals in einer eigenthümlichen Lage, — das liberal thuende Ministerium Thiers war schon längst beseitigt, Guizot stand an der Spitze der Regierung und war ebenso nachgiebig gegen das Ausland, als er brutal und despotisch im Innern regierte; — er war es, welcher der französischen Opposition mit der echt französischen Phrase den Fehde-Handschuh hinwarf: „Häuft Eure Beleidigungen, so hoch Ihr wollt, die Höhe meiner Verachtung werden sie nie erreichen!" — An Guizot wendeten sich nun die deutschen Diplomaten mit ihren Beschwerden gegen die destruktiven Tendenzen des „Vorwärts", und der Premier-Minister forderte seine Collegen des Innern und der Justiz auf, gegen das verruchte, radikale Blatt einzuschreiten. Das Erste war nun ein Preßprozeß, aber da der Staatsanwalt voraussah, die Artikel, die ja nur ausländische Regierungen betrafen, würden von den französischen Geschworenen einstimmig freigesprochen werden, so wurde vor dem Zuchtpolizei-Gerichte die Klage anhängig gemacht, daß der „Vorwärts" sich mit Politik beschäftige, ohne die gesetzliche Caution für politische Blätter erlegt zu haben. Hier gab es keine Geschworenen, sondern drei gelehrte Richter, die trotz der beredten Vertheidigung unseres Advokaten, Mr. Cremieux, und trotzdem er die französischen Richter beschwor, „de ne pas travailler pour le roi de Prusse", — den Redakteur C. L. Bernays zu zwei Monaten Gefängniß, 300 Francs Geldstrafe und in die Kosten, — die ebenfalls dreihundert Francs betrugen, — verurtheilten. — Die Appellation an den königlichen Gerichtshof blieb natürlich erfolglos und vermehrte nur die Kosten.

Das Jahr ging zu Ende und wir beschlossen nun, von Neujahr 1845 an, das „Vorwärts" als „Monats-Revue" erscheinen zu lassen, da monatliche Blätter, auch wenn sie sich mit Politik befaßten, keine Caution zu erlegen brauchten. Bernays, der zufällig gerade in diesem Monate als Redakteur gezeichnet hatte (die ganze übrige Zeit früher und später hatte ich gezeichnet), war dadurch zum Handkusse gekommen und trat zu Weihnachten seine Gefängnißstrafe in St. Pelagie an, wo er noch sechs andere Journalisten als Leidensgefährten antraf. Während wir indessen die nöthige Summe zur Bestreitung der Geldstrafe und Kosten unter uns auftrieben, wurde das erste Monats=Heft des „Vorwärts" für den Januar, nun natürlich in noch heftigerem und gereizterem Tone geschrieben. Es war bereits gesetzt und in der Correktur, als eines Morgens ein Herr in meine Wohnung trat, sich, mit der dreifarbigen Schärpe, als Polizei=Commissär des Quartiers legitimirte und mir nun ein Dekret des Polizei=Präfekten vorlas, wonach der **„Sieur Henri Börnstein binnen 24 Stunden Paris und binnen drei Tagen das französische Gebiet zu räumen habe, widrigenfalls derselbe mit Zwangsgewalt, d. h. mittels Gendarmen, über die Grenze gebracht werden würde."**

Der Justizminister hatte also nichts ausrichten können und so hatte der Minister des Innern, auf Grund eines alten Gesetzes vom Jahre 1795, mittels einer Polizei=Maßregel, das „Vorwärts" vernichten sollen. — Der Commissär entschuldigte sich, daß er „très-fachè" sei, der Ueberbringer einer so unangenehmen Nachricht zu sein, aber seine Mission sei: „par ordre superieur" erfolgt, vertraulich könne er mir rathen, mich an den Minister Duchatel, vorläufig um Aufschub, vielleicht um Aufhebung der ganzen Maßregel, zu wenden.

Nachdem er mich verlassen hatte, eilte ich zu meinen Mitarbeitern, aber sie kamen mir schon auf halbem Wege entgegen. — **Alle hatten dasselbe Ausweisungs=Dekret erhalten;** daher allgemeine Bestürzung; — selbst **Bernays** war die Ordre im Gefängnisse geworden, nur mit der Abänderung, daß dieselbe, erst nach überstandener Haftstrafe, in Kraft trete.

Ich eilte sogleich in die Deputirtenkammer, ließ **Cremieux** und **Ledru=Rollin** herausrufen und theilte ihnen die Geschichte mit; — beide waren im höchsten Grade entrüstet und beschlossen, diese Angelegenheit zur Sache der Linken zu machen und das Ministerium Guizot wegen dieser abermaligen Servilität gegen fremde Regierungen zu interpelliren. Vorläufig riethen sie mir, wir sollten die Ausweisungsordre gar nicht beachten, sondern es auf Zwangsmaßregeln ankommen lassen. — Der Lärm verbreitete sich sogleich auf allen Bänken der Linken, der Gewaltakt gegen ein Dutzend wehrlose deutsche Schriftsteller fand selbst in den Reihen der ministeriellen Majorität Mißbilligung und der Minister des Innern wurde von seinen politischen Freunden zu Rede gestellt. — Am nächsten Morgen machten die Oppositions=Journale einen heillosen Lärm und da die Lage des Ministeriums gerade sehr kritisch war, indem die Regierung von Thiers in der Deputirten-Kammer, vom Grafen Molé in der Pairs-Kammer bei der Adreß-Debatte heftig angegriffen worden war und nur mit der kleinen Majorität von **acht Stimmen** gesiegt hatte, so war das Resultat, daß wir ruhig in Paris blieben, — daß ich nach acht Tagen zum Minister **Duchatel** gerufen und ein Compromiß geschlossen wurde, wonach die Ausweisung zurückgenommen, dagegen wir **ersucht** (!) wurden, die Publikation des „**Vorwärts**" aus Rücksicht für die Regierung einzustellen. Es wiederholte sich die Geschichte von den zwei Töpfen von **Eisen** und von **Thon** und da wir die Schwächeren waren, so mußten wir nachgeben und das „**Vorwärts**" **hörte auf zu erscheinen**.

So war denn, trotzdem die Ausweisungs-Dekrete zurückgenommen waren, der Redaktionskreis des „Vorwärts" zersprengt und die Mitarbeiter zerstreuten sich nach allen Richtungen; — ich, **Bernays**, **Heine**, **Herwegh** und noch einige Wenige blieben in Paris, **Bürgers** ging an den **Rhein**, **Bakunin**, damals noch nicht so schwer compromittirt, begab sich nach **Dresden**, **Karl Marx** nach **London**, und **Ruge** ging zuerst in die Schweiz und später ebenfalls nach England und gründete sich ein neues Heim in dem gastlichen **Brighton**, welches er, mit Ausnahme einer Besuchsreise in dem neuerstandenen deutschen Reiche nach 1871, nicht wieder verlassen hat; — dort, geehrt und geachtet von Allen, lebte **Ruge** ein freundliches und sorgenloses Dasein, ist den Anschauungen und Ueberzeugungen seines Mannesalters unentwegt treu geblieben und trotz seiner achtundsiebzig Jahre literarisch wie journalistisch bis zu seinem Tode unermüdlich thätig gewesen. **Karl Marx** aber, der gewaltige Denker, der bewährte Verfasser des epochemachenden Werkes: „**Das Kapital**", kehrte in dem Sturmjahre 1848 noch einmal nach Deutschland zurück und redigirte die „**Neue rheinische Zeitung**" in **Köln**, aber ein Jahr darauf kehrte er schon nach London zurück, gründete 1867 dort die Internationale und wurde und ist dadurch das gefürchtete Schreckbild aller europäischen Regierungen geblieben.

Erlebnisse und Bekanntschaften.
(1842—1847.)

So war denn das „Vorwärts" in der Blüthe seiner Jahre eines gewaltsamen Todes verstorben, und es war wirklich schade um das Blatt. So sehr es auch von den damals äußerst mißtrauischen und ängstlichen deutschen Regierungen verfolgt worden war, so hatte es doch eine schöne Zukunft vor sich. Man kann sich heut zu Tage kaum mehr einen Begriff davon machen, mit welchen kleinlichen und peinlichen Maßregelungen, ministeriellen und polizeilichen Verfolgungen das Blatt damals gemaßregelt wurde. Auf die bloße Ankündigung hin, ehe noch eine Nummer des Blattes erschienen war, wurde es schon verboten. Selbstverständlich durfte es durch die deutsche Post nicht versendet werden, aber auch sonst wurden ihm alle möglichen Hindernisse in den Weg gelegt. Ein Rescript der königl. sächsischen Regierung an die Behörden in L e i p z i g schärfte dem deutschen Buchhandel ein, sich mit dem Vertriebe des Blattes nicht zu befassen, und das Leipziger „Buchhändler-Börsenblatt" brachte ein Ausschreiben des Leipziger Stadtrathes an die dortigen Buchhändler, wodurch „da ein hohes Ministerium des Innern nicht gemeint sei, diesem Blatte die Eingangserlaubniß zu bewilligen", alle Buchhandlungen vor dem Auflegen und der Versendung des Blattes gewarnt und bei schweren Strafen aufgefordert wurden, alle ihnen zu Händen kommenden Exemplare sogleich an die Behörde abzuliefern. So ging es durch ganz Deutschland und selbst die f r e i e Stadt L ü b e c k erließ eine Acht- und Bannbulle gegen das verruchte „Vorwärts". Trotz aller dieser polizeilichen Hetz- und Treibjagden nach diesem Blatt hatte es dem ungeachtet in Deutschland bereits einen großen Leserkreis gewonnen, der sich die verbotene Frucht auf allen möglichen und unmöglichen Wegen zu verschaffen wußte. Auch mit dem Blatte selbst war allmälig eine Wandlung zum besseren vorgegangen, die Härten und Schärfen, die jugendlichen Aufwallungen und exaltirten Uebergriffe der Mitarbeiter hatten nach und nach einer humanen und philosophischen Anschauung Platz gemacht und das „Vorwärts" wäre bei längerem Bestehen allem Anscheine nach eines der bedeutendsten deutschen Blätter geworden und hätte in der Bewegung von 1848 gewiß einen leitenden Einfluß ausgeübt. Sein Programm, wie es im ersten Hefte der projektirten Monatsschrift aufgestellt war, lautete dahin, daß „die bisherigen Zustände, in denen das entäußerte, sich selbst entfremdete Wesen der Menschheit, in Religion, Staat und bürgerlicher Gesellschaft zum Ausdrucke gebracht worden sei, dem freien Organismus des selbstbewußten Menschenthums Platz machen sollten". Das Blatt besaß auch noch die Eigenthümlichkeit, daß die einzelnen Mitarbeiter ganz unter ihrer eigenen Autorität schrieben, — keiner trat solidarisch für den Anderen ein oder war verantwortlich für das Ganze, — keine Partei, aber auch keine Clique, — wer sich als Verfasser eines Artikels nannte, stand eben nur für diesen seinen Artikel ein.

Ich besitze noch ein vollständiges Exemplar dieses merkwürdigen Blattes, das wohl jetzt, nach siebenunddreißig Jahren, schon eine große Seltenheit, wenn nicht ein Unicum, sein dürfte, — aus dessen Inhalt künftige Geschichtschreiber und Kulturhistoriker die aufregenden Fragen, die damals Europa bewegten und die zu der Umwälzung vom Jahre 1848 führten, am besten kennen lernen können; — ich bewahre es sorgfältig als eine literarische Curiosität, als eine Erinnerung an jene traurige Zeit, wo der deutsche Schriftsteller, um ungehindert Deutsch schreiben zu können, aus Deutschland fort und nach Paris, London oder nach Amerika gehen mußte, und wo die deutschen Bürger, um unbehindert von Knechtung und Polizeimaßregelung ein menschenwürdiges Dasein zu führen, zu Hunderttausenden nach der freien amerikanischen Sternen-Republik auswanderten. Aber auch sonst dürfte das „Vorwärts" für Literaturhistoriker viel Interessantes und manche Curiosa enthalten. Die schönsten Gedichte Heinrich Heine's, wie namentlich sein „Tambourlied", — „Doktrine", — „Die deutschen Weber" und viele andere wurden für das „Vorwärts" geschrieben und darin zum ersten Mal veröffentlicht; Arnold Ruge schrieb darin seine köstliche „Vertheidigung der preußischen Politik", die Karl Marx dann mit unbarmherziger Schärfe zergliederte und analysirte, und viele andere werthvolle Artikel, die sonst spurlos verloren gegangen wären, sind in diesem Jahrgang aufbewahrt.

An die Stelle des „Vorwärts" trat nun in meiner Thätigkeit die Gründung und Führung einer autographirten Pariser Zeitungs-Correspondenz, welche jenen deutschen Zeitungen, die keine regelmäßigen Correspondenten in Paris hatten, eine tägliche Uebersicht und Zusammenstellung der politischen und Tages-Ereignisse lieferte. Bis dahin existirte nur eine einzige autographirte Zeitungs-Correspondenz, die noch heute bestehende „Correspondence Havas" in französischer Sprache; mein Unternehmen war die erste autographirte Correspondenz in deutscher Sprache, fand deshalb auch überall in Deutschland lebhaften Anklang und zählte in kurzer Zeit schon die meisten deutschen Blätter zu seinen regelmäßigen Abnehmern. Heutzutage giebt es unzählige dieser Correspondenzen, jede politische Partei, die Ministerien, wie die verschiedenen Oppositionen haben ihre autographirten Correspondenzen und die Veröffentlichung derselben übt einen großen Einfluß auf die Tagespolitik einerseits, und durch die Vervielfältigung in den Zeitungen auf die öffentliche Meinung andererseits. So z. B. steht die jetzt erscheinende vorzüglich redigirte „Deutsche Pariser Correspondenz" unter dem direkten Einflusse des deutschen Botschafters, Fürst Hohenlohe, und ihre Aussprüche werden als Bezeichnung des jeweiligen Barometerstandes in den Beziehungen zwischen Frankreich und Deutschland betrachtet.

Ich hatte mich damals keiner so hohen Protektion zu erfreuen, wir waren auf uns selbst und unsere beschränkten Mittel angewiesen, aber eben deshalb um so unabhängiger; — schon um acht Uhr saß ich im großen Lesekabinet des Palais Royal und machte Auszüge aus den Pariser Morgenblättern, während Bernays die Tagesereignisse zusammenstellte; dann ging er auf die Journalistentribune der Deputirten-Kammer und ich in die Pairskammer, um die Verhandlungen bis zum Postschluß aufzuzeichnen, — um halb Drei mußten wir in's Bureau eilen um noch die letzten Neuigkeiten nachzutragen; denn um vier Uhr Nachmittags war damals in Paris Postschluß, und nur durch Meyerbeer's Vermittlung hatte ich von dem Postdirektor Monsieur Gouin die große Begünstigung erhalten, meine Correspondenz noch um halb fünf, aber dann direkt in seinem Cabinet aufgeben zu können. Es war eine wahre Hetzjagd im strengsten Sinne des Wortes, und jede Minute Zeit war kostbar, — denn wenn die ganze Correspondenz beisammen und geschrieben war, so mußte sie doch erst gedruckt werden, was übrigens, da damals gerade die Zinkographie erfunden worden war, und mein Bruder die technischen Arbeiten mit großer Geschicklichkeit besorgte, viel schneller ging, als früher mit der Vervielfältigung durch lithographische Steine, — dann kam noch die Expedition unter Kreuzband und das Hinübereilen in das Bureau des Postdirektors, kurz von acht Uhr Morgens an hatten wir keinen Augenblick der Ruhe, es war ein beständiges Treiben und Jagen und erst nach halb fünf Nachmittags wurden wir wieder Menschen und — Pariser.

Eine natürliche Folge meiner bisherigen vielseitigen Wirksamkeit waren zahlreiche Bekanntschaften in allen Kreisen der Pariser Bevölkerung, — so lernte ich Alexander Dumas (Vater) kennen, als ich sein noch heute auf dem Repertoire befindliches Lustspiel „Die Fräulein von Saint Cyr" für die deutsche Bühne bearbeitete, wozu er mir — eine bei einem französischen Bühnenschriftsteller außerordentliche Begünstigung — das Manuscript noch vor der ersten Aufführung zur Verfügung stellte, — ich mußte ihn auf seinem Landsitze besuchen und fand dort nicht nur die geistreichste und liebenswürdigste Gesellschaft, sondern nahm auch Theil an jenen berühmten Diners, die Dumas, der nicht nur ein großer Gourmand, sondern auch ein ausgezeichneter Kochkünstler war, seinen Gästen nicht nur vorsetzte, sondern auch selbst, als Chef de Cuisine, kochte und dann erst die Tafelfreuden mit seiner geistreichen und witzigen Conversation erhöhte. Ich lernte den Akademiker Herrn Ancelot kennen und seine liebenswürdige Gemahlin, beide erfolgreiche dramatische Schriftsteller, deren Stücke ich deutsch bearbeitete, ebenso den Pair von Frankreich und Mitglied der Akademie Viennet, dessen effektvolles Drama „Michel Bremond" ich deutsch bearbeitete und das im Berliner Hoftheater durch die treffliche Leistung von Moriz Rott in der Hauptrolle, einen außerordentlichen Erfolg hatte. Zur Bezeichnung des Unterschiedes zwischen damals und jetzt will ich hier nur erwähnen, daß mir Herr Viennet, als ich ihm die Urtheile der Blätter über sein Stück sandte, einen äußerst liebenswürdigen Brief schrieb, worin er mich einlud, ihn zu besuchen um mir persönlich seinen besten Dank auszusprechen für die Mühe, die ich mir mit seinem Stücke gegeben, um es dem deutschen Publikum zugänglich zu machen. Und ich fand auch bei persönlicher Bekanntschaft des Mannes, daß er sich wahrhaftig mir zum Danke verpflichtet fühlte. Das war ein Pair von Frankreich und ein Mitglied der Akademie der „Vierzig Unsterblichen", und dabei hatte er von der deutschen Bearbeitung auch nicht den mindesten pekuniären Nutzen, denn damals bestanden noch keine internationalen Verträge zum Schutze des literarischen Eigenthums, und jedes französische Stück konnte übersetzt oder bearbeitet werden, ohne dem Verfasser des Originals auch nur einen Centime an Honorar oder Tantièmen einzubringen. Heutzutage hat sich die Sachlage bedeutend geändert, und die französischen Bühnenschriftsteller beuten Deutschland in fast unverschämter Weise aus, betrachten es als eine hohe Gnade und Herablassung, wenn sie eine deutsche Bearbeitung erlauben, und stellen dafür die ungeheuerlichsten Honorar-Forderungen. So mußte im vorigen Jahre erst wieder Direktor Laube vom Wiener Stadttheater dem Monsieur Sardou für sein neues Drama „Daniel Rochart" sechstausend Francs Einreichungs-Honorar zahlen, ferner zehn Prozent von der Brutto-Einnahme jeder Aufführung als Tantième zusichern und nebenbei sich verpflichten, das Stück selbst deutsch zu bearbeiten, das Eigenthumsrecht dieser deutschen Bearbeitung aber Herrn Sardou als Eigenthum zu überlassen, damit dieser es an die anderen deutschen Bühnen zu seinem Nutzen verkaufen könne. Dabei mußte Laube noch die Katze im Sack kaufen. Denn er bekam das Stück nicht früher zum Lesen, sondern mußte den Handel blindlings abschließen — „c'est à prendre ou à laisser" — hatte Hrn. Sardou's Agent geschrieben; dann ist aber „Daniel Rochat" in Paris total ausgepfiffen worden, und Laube konnte zusehen, wie er wieder zu seinem Gelde komme. Welch' ein himmelweiter Abstand zwischen dem herzlichen Danke des Hrn. Viennet und dem egoistischen Verfahren des Herrn Sardou!

In gleicher Weise lernte ich auch die meisten Pariser Bühnenschriftsteller kennen, unter anderen auch Felix Pyat, dessen „Diogenes" und „Lumpensammler von Paris" ich bearbeitete, und ich hätte mir damals nicht träumen lassen, daß der joviale und lebenslustige Dramatiker dereinst in der Pariser Commune von 1871 eine so hervorragende Rolle spielen würde. Durch das „Vorwärts" war ich auch in nähere Beziehungen zu den hervorragendsten Männern der äußersten Linken getreten und ich bewahre noch jetzt in meiner kleinen Autographensammlung interessante Briefe von Jules Favre, Ledru-Rollin, Louis Blanc, L'herbette, und vielen Anderen, deren Namen noch heute oft genannt werden. Auch an originellen und mitunter höchst heiteren Begegnungen fehlte es nicht. — So erinnere ich mich an einen Friedrich Wilhelm Germain Mäurer, der das „Vorwärts"

immer mit einer großen Anzahl von Gedichten versorgt hatte, von
denen jedoch nur die wenigsten gedruckt werden konnten und der
die Marotte hatte, **neue Erfindungen zu machen**; besonders
wollte er, was später der modernen Chemie so vorzüglich gelang,
aus werthlosen Abfällen nützliche Dinge produziren, auch Maschinen
wollte er construiren, welche solche Arbeiten, die nicht menschen-
würdig seien, wie z. B. die Reinigung der Latrinen, statt der
Menschen verrichten sollten; — Aufgaben, die später alle theilweise gelöst wurden. So wollte Mäurer auch ein Surrogat
für das Tuch zu Kleidungsstücken erfinden, machte aus Säge-
spänen, Kuhhaaren und thierischem Leim eine Masse, die er dünn
auswalzen ließ und aus welchem Tuchsurrogat er sich von einem
deutschen Flickschneider einen Paletot verfertigen ließ. Mit nicht
geringem Stolze ging er in diesem Paletot herum und zeigte ihn
aller Welt, bis ihn zuletzt in den Elyseischen Feldern ein heftiger
Platzregen überraschte, die Masse auseinander ging, zuerst die
Knöpfe, dann die Aermel von dem Rocke abfielen und zuletzt der
ganze Rock auseinander floß und Mäurer in Hemdärmeln und
bis auf die Haut naß, seine Wohnung erreichte.

Am 1. April 1844 hatte ich die Maurerische Weihe empfangen
und war in der Loge Des rigides Ecossais aufgenommen worden.
Ich war schon längst Freimaurer gewesen, ohne formell eingeweiht
zu sein. Lessing's: „Ernst und Falk", das Lesen anderer maurischer
Schriften, Unterredungen mit meinem Vater, der ein alter Maurer
war, hatten mich frühzeitig zur maurerischen Erkenntniß geführt.
Ich machte daher einen raschen Weg und war bereits nach neun
Monaten im Besitze aller Grade und zugleich „Frère Venerable"
(Meister vom Stuhle) der Loge, die mich als Lehrling aufnahm.
Die Loge gehörte dem schottischen Ritus an und stand unter dem
Suprême Conseil de France, bestehend aus dem Herzoge von
**Decazes, Philippe Dupin, Viennet, Baron James
Rothschild** u. A., alle vom 33sten Grade! Ich arbeitete
zwei Jahre mit großem Fleiße und Eifer, aber ich gestehe aufrichtig, daß ich in der Maurerei, wie sie damals in Frankreich
betrieben wurde, keine Befriedigung fand. Ich schob die Schuld
auf den schottischen Ritus und ging zum Grand Orient über,
aber ich fand dort dieselbe Geschichte vor. Das höchste maurerische Prinzip, das Bewußtsein: „**Des Menschen wahre Größe
und höchste Würde sei — ein Mensch zu sein im vollen Sinne
des Wortes**", — stand auch hier auf dem Programm, aber ge-

handelt wurde nicht darnach. Auch hier standen Herzoge, Mar=
schälle, Grafen und Millionäre an der Spitze des Grand Orient,
aber die „brüderliche Vereinigung" bestand darin, daß man sich zwei=
mal im Jahre bei den Solstitial=Festen, in großer Festloge, sah,
daß schwülstige Reden gehalten wurden und dann ein Bankett folgte,
— daß aber im Uebrigen die hochgeborenen Brüder sich um die
Niedergeborenen gar nicht kümmerten und die Logen arbeiten konnten,
wie sie wollten, und treiben ebenfalls, was sie wollten. Die
Maurerei sollte eine Religion des Menschenthums sein, aber es
ging ihr wie eben allen Religionen; über den Formen und
Dogmen ging das Wesen verloren, oder schwächte sich bis zur
Unkenntlichkeit ab. — Daher erklären sich auch die Abwege, auf
die die Maurerei so oft mit Alchymie, Rosenkreuzerei, Jesuitismus
u. a. gerieth. Ich habe, seitdem ich Frankreich verließ, keine Loge
mehr besucht, selbst nicht in Amerika, wo es mir zu meinem Fort=
kommen doch höchst nützlich gewesen wäre; — aber die Maurer,
die ihrer Geschäfte oder ihrer gesellschaftlichen Beziehungen wegen
Brüder sind, sind eben deshalb keine „Maurer". In meinem
Innern bin ich bis auf den heutigen Tag Maurer geblieben, wie
Lessing es war, ohne jemals in einer Loge aufgenommen worden
zu sein. Die deutsche Maurerei soll, wie ich von Eingeweihten
hörte, in würdigerer Weise betrieben werden; ich kenne sie nicht
und kann mir daher kein Urtheil anmaßen. Was ich in Frank=
reich sah, benahm mir die Lust, weiter zu forschen.

Mit Empfehlungen von Freiligrath, dem begabten
Dichter und liebenswürdigen Menschen, kam Franz Wallner
zu mir nach Paris. Wir hatten uns nicht mehr gesehen seit
jener Zeit, wo ich meine erste Theaterdirektion in St. Pölten
begann und er als zwanzigjähriger junger Mensch seinen, das
Theater hassenden Eltern, entlaufen, bei uns engagirt werden
wollte, von Neufeld aber abgewiesen wurde und in Krems
bei einer sogenannten „Schmiere" sein erstes theatralisches Debut
machte. Er hatte seitdem ebenfalls seinen Weg gemacht, bereits
eine glänzende Künstlerlaufbahn betreten und war nun nach Paris
gekommen, welches für Darsteller immer die hohe Schule war,
und wohl auch noch lange bleiben wird, um die französische Bühne
kennen zu lernen und zu studiren. Franz Wallner (sein eigent=
licher Name war Franz Leidesdorf) hatte sich unter den
schwierigsten Verhältnissen aus seinen Anfängen bei kleinen, wan=
dernden Gesellschaften emporgearbeitet und war in Agram,

Laibach, Preßburg, zuerst im Liebhaber- und Heldenfache, mit Erfolg aufgetreten. Erst später hatte er, wie dies so manchem begabten Schauspieler geschieht, sein eigentliches Talent und seinen wirklichen Beruf entdeckt und war zu komischen Rollen übergegangen, für die er unstreitig mehr eigenthümliche Anlagen hatte, als zu Helden und Liebhabern. So lernte ihn Nestroy auf einer seiner Gastspielreisen kennen und verschaffte ihm eine Anstellung im Theater an der Wien. Aber erst als Pokorny 1837 das Theater in der Josephstadt eröffnete und Wallner in den Lieblingsrollen Ferdinand Raimunds auftreten ließ, wurde er der Liebling des Wiener Publikums, welches eine außerordentliche naturtreue Aehnlichkeit mit des unvergeßlichen Raimunds Leistungen in Wallners Darstellung fand. Er wurde bald der zweite Raimund genannt und ward der erklärte Liebling des Publikums und hierdurch ermuthigt, unternahm er eine Gastspielreise in Deutschland und war der erste östreichische Komiker, der in Berlin, Hamburg, Leipzig, Frankfurt, Stuttgart, München u. s. f. mit außerordentlichem Erfolge auftrat und die Wiener Volksstücke selbst in dem kühlen Norddeutschland einbürgerte. Diese Gastspieltour hatte er gerade beendigt und war nun nach Paris gekommen. Wir gefielen uns gegenseitig, wurden Freunde, ich war sein Führer in Paris, begleitete ihn auf seinen unermüdlichen Wanderungen durch die Pariser Theaterwelt und seine übrigen freien Stunden brachte er im Kreise meiner Familie zu. Wallner machte eine brillante Carrière. Nach Deutschland zurückgekehrt, führte er nacheinander die Bühnen in Freiburg, Baden-Baden, Posen, übernahm dann 1854 das Königstädtische Theater in Berlin, baute sich später ein elegantes Sommer-Theater und als dieses durch die trefflichen Leistungen Wallner's und seiner Frau, Helmerding's, Reusche's, Neumann's, der liebenswürdigen Soubrette Schramm und des übrigen trefflichen Künstlerkreises die glänzendsten Geschäfte und Wallner selbst zum wohlhabenden Manne machte, erbaute er das großartige Wallner-Theater in Berlin, welches er von 1864 bis 1868 selbst leitete, und dann, als er sich zurückzog, an Lebrun verpachtete. War er schon als Schauspieler und Direktor viel herumgereist, so befiel ihn jetzt, wo er nichts mehr zu thun hatte, erst recht eine unbezwingliche Wanderlust. Heute in Konstantinopel, morgen in Kopenhagen, dann wieder in Aegypten und bald darauf in Petersburg, Italien wiederholt in allen Richtungen durchkreuzend, in der Schweiz und in Tirol wie zu Hause führte er ein beständiges Wanderleben, theils um sich zu zerstreuen und zu beschäftigen, theils um Hülfe oder doch Linderung für ein chronisches Leiden zu suchen, das seine zweite Lebenshälfte verbitterte. So ging er denn auch im Herbste 1875 nach Nizza, um den Winter in dem dortigen milden Klima erträglicher zu verbringen, aber seine Krankheit trat plötzlich in großer Heftigkeit auf und er starb in Nizza am 19. Januar 1876, fünfundsechzig Jahre alt, als geheimer Commissionsrath, Ritter mehrerer Orden, und hinterließ seiner Frau und seinen Kindern ein großes Vermögen. Wir haben viel und lebhaft miteinander verkehrt und besuchten uns oft gegenseitig, freuten uns der schönen Erinnerung an die Vergangenheit und an unsere wechselvolle Lebens-Laufbahn und er hat mir seit Paris bis zu seinem Tode immer die freundschaftlichsten Gesinnungen bewahrt, denen er in seinen Büchern oft einen wärmeren und begeisterteren Ausdruck gab, als meine kleinen Freundschaftsdienste verdient hatten.

Schon im Anfange meiner Pariser Laufbahn hatte ich im italienischen Opernhause die Bekanntschaft eines höchst interessanten Mannes gemacht, des Marquis Ferdinand Arborio Di'Brême, eines sardinischen Cavaliers und intimen Freundes des Sängers Mario, der von Haus aus ebenfalls ein Graf von Candia, war. Marquis von Brême war ein gründlich wissenschaftlich gebildeter Mann, besonders ein bedeutender Entomologe; er war seiner freisinnigen Ansichten halber beim sardinischen Hofe in Ungnade gefallen und lebte schon seit Jahren, freiwillig aus Turin exilirt, in behaglicher Zurückgezogenheit, nur der Kunst und Wissenschaft, in Paris. Später unter Carlo Alberto wurde er zurückberufen, weigerte sich jedoch, irgend eine öffentliche Stellung anzunehmen, — erst unter dem Könige Viktor Emanuel, der ihm persönlich befreundet war, wurde er an den italienischen Hof berufen, zum Präfekten des Palastes und Ceremonienmeister des Königs ernannt und war von da an bis an sein Ende der Vertraute und Rathgeber des Königs Viktor Emanuel. Ich habe von diesem hochgebildeten, in allen Fächern des Wissens wohl unterrichteten Manne sehr Viel gelernt, und von ihm stets die größte Freundschaft und das herzlichste Wohlwollen erfahren. Er kam oft zu uns, um zwanglos einige Stunden zu verplaudern; er war Wittwer, seine Frau eine geborene Prinzessin von Cisterna

und seine liebenswürdige siebzehnjährige Tochter waren einige Jahre
vorher, beide am Scharlach erkrankt und binnen wenigen Tagen,
fast gleichzeitig, gestorben. Er fühlte sich vereinsamt und hatte
doch wieder auch wenig Neigung und Geschmack für die etwas
steife Geselligkeit der höheren Kreise. Bei uns fühlte er sich
ungenirt und so verbrachte er gerne seine Stunden in unserem
Familienkreise. Die Schwester meiner Frau, Pauline, wurde
von ihm besonders ausgezeichnet, bald entspann sich daraus ein
gegenseitiges Liebesverhältniß und endlich heirathete der Marquis
Pauline, bevor ich noch nach Amerika ging. Als der zweite
Sohn des Königs Viktor Emanuel, Amadeus, Herzog von
Aosta, heirathsfähig wurde und sich, wie schon früher bei seinem
Bruder, dem Thronfolger Humbert, keine passende Partie an
den europäischen Höfen fand, wurde eine Italienerin zu seiner
künftigen Frau gewählt, die Prinzessin Maria dal' Pozzo della
Cisterna, eine Nichte der ersten Gemahlin des Marquis von
Bréme, welch' letzterer dadurch zum Onkel der Herzogin von Aosta
und zum Verwandten der Königsfamilie, und dieser Stellung
entsprechend, von Viktor Emanuel zum Herzog von Gatti-
nara erhoben wurde. Ich sah den neu ernannten Herzog zum
letzten Male im Jahre 1869 in Neapel, wohin er als Palast-
Präfekt gekommen war, um alle Vorbereitungen für den Besuch
des Königs und des Thronfolgers in Neapel zu treffen; ein Jahr
darauf starb er und unsere Pauline, die es sich wohl nie hatte
träumen lassen, eine Herzogin zu werden, lebt gegenwärtig in
den glücklichsten Verhältnissen in Paris. Ich aber bin, allerdings
ohne mein Verschulden, in eine wenn auch entfernte Verwandtschaft
zu dem italienischen Königshause gekommen, wie ich, ebenfalls
ohne mein Zuthun, vom Herzoge von Gonzaga in den Adelstand erhoben worden war; — glücklicherweise habe ich von diesen
aristokratischen Standeserhebungen nie irgend welchen Gebrauch
gemacht.

Auch Freund Bernays hatte geheirathet, viel früher schon,
unsere Pflegetochter Josephine, eine junge Oestreicherin aus
achtbarer Familie, die Tochter eines tapferen Offiziers, deren
Bruder als Major im Regiment Palombini im italienischen
Feldzuge gefallen war. Die Ehe wurde eine sehr glückliche, durch
nichts getrübte, und der erste Kummer, den Bernays seiner
Frau bereitete, war der, als er 1879 starb, betrauert von Frau,
Kindern und Enkeln, die sein Andenken hoch in Ehren halten.

Das Wiener Kinder-Ballet.
(1845.)

Der italienischen Oper hatte ich, meiner vielen Geschäfte wegen, schon längst entsagen müssen, aber es stand geschrieben, daß ich vom Theater dennoch nicht loskommen sollte. Eines Morgens saß ich in meinem Bureau, beschäftigt, Correspondenzen zu schreiben, als plötzlich eine dicke, starke Frau zu der Thür hereinstürzt und mich anruft: „Grüß Ihnen Gott! Börnstein, da bin ich!" — Ich sehe sie erstaunt an und sie fügt hinzu: „Kennen's mich denn nicht mehr? Ich bin ja die Weiß von Lemberg." Jetzt erst ging mir ein Licht auf. Frau Josephine Weiß, die ich siebzehn Jahre vorher, als schlankes, ätherisches Wesen und erste Tänzerin gekannt hatte, stand in vervierfachter Corpulenz vor mir. Sie war von Lemberg nach Wien gekommen, hatte dort als Ballet=meisterin Glück gemacht, nach und nach ein vortreffliches Kinder=ballet organisirt und mit demselben im „Zauberschleier" und in anderen Stücken die größten Erfolge errungen. Dadurch er=muthigt, hatte sie in den vierziger Jahren mit ihrem Kinderballet eine Kunstreise, erst durch Oestreich, dann durch ganz Deutschland gemacht, mit den graziösen Tänzen und Gruppirungen der wirklich talentvollen und schönen Kinder überall Sensation gemacht; die Zeitungen sprachen von nichts Anderem als dem „Wiener Kinderballet" und so war sie immer kühner geworden und von Hamburg nach Paris gereist. Auf meine Frage: Was sie nach Paris bringe, antwortete sie: „Ich bin da mit Sack und Pack, mit allen meinen Kindern und will sie hier tanzen lassen!" — „Haben Sie schon mit irgend einem Pariser Direktor contractlich abgeschlossen?" fragte ich. — „Gott bewahre!" war ihre Antwort, „deswegen komme ich zu Ihnen; das sollen Sie mir ausmachen!" — Die gute und leichtsinnige Frau war wirklich mit ihrer ganzen Gesellschaft, die aus fünfundvierzig Mäd=chen von sechs bis zwölf Jahren und fünf Müttern bestand, aufs Geradewohl nach Paris gekommen und fiel mir nun wie eine Bombe in's Zimmer. Sie erzählte mir nun, daß sie mit den „Messageries Lafitte" soeben angekommen sei und vor Allem eine Unterkunft brauche, da ihre ganze Gesellschaft noch im Bureau des Messageries sitze, indem einige Gasthöfe, bei denen der Lohn=

diener bereits war, unter keiner Bedingung so viele Kinder auf=
nehmen wollten. Ich begriff die Verlegenheit der Situation augenblicklich. Es war nicht daran zu denken, daß irgend ein Hôtel
oder ein Hôtel garni in Paris sich dazu verstehen würde, fünfundvierzig Kinder, darunter sechs= und siebenjährige, aufzunehmen,
deren Herumjagen, Lärmen und Toben alle anderen Gäste ver=
scheuchen mußte, anderer Inconvenienzen gar nicht zu gedenken.
— Auch eine möblirte Wohnung mit so vielen Betten war nicht
aufzutreiben, und wäre sie es auch gewesen, so würden dieselben
Uebelstände, welche die Hôtels abschreckten, sich auch hier geltend
gemacht haben. Da galt es, einen raschen Entschluß zu fassen;
denn die Kinder saßen nun schon vier Stunden auf dem Bureau
und mußten doch, ehe es Nacht wurde, untergebracht sein. Ich
sagte der unglücklichen Frau Ballet=Direktorin, die schon in heller
Verzweiflung war, ich wisse nur **einen** Ausweg, nämlich den,
ihr mein ganzes Bureau abzutreten, welches aus vier großen
Zimmern und einer Küche bestand, dasselbe mit Betten und Allem absolut
Nothwendigen, als Massenquartier einzurichten; — ob sie
mir dazu unbeschränkte Vollmacht geben wolle. — Mit tausend
Freuden willigte die geängstigte Frau ein und ich rieth ihr, sich
einstweilen mit den Kindern in das nächste Kaffeehaus zu begeben,
dort ausgiebig zu frühstücken und in ungefähr drei Stunden mit
ihrer ganzen Gesellschaft und ihrem Gepäcke sich in mein Bureau
fahren zu lassen, wo Alles zu ihrem Empfange bereit sein werde.
Mit freudigen Dankesworten verließ sie mich und ich ging schnell
an's Werk.

In Paris kann man Alles zu Stande bringen, wenn man die
Mittel und Wege und die richtigen Quellen weiß; — das Wort
„impossible" existirt nicht in dem Wörterbuche der französischen
Gewerbs= und Geschäftsleute; — ich wollte mich damals anheischig
gemacht haben, ein vierstöckiges Haus in wenigen Tagen ganz neu
zu möbliren und zu dekoriren; um wie viel leichter war es nicht,
ein Massenquartier für Kinder herzustellen. Von den Zimmern
meines Bureau's waren seit dem Eingehen meines „**Vorwärts**"
nur noch zwei benützt und ich transportirte sogleich die ganze
Geschäftseinrichtung in ein Nachbarhaus, wo ich ein paar Zimmer
miethete, kaufte nun eine Anzahl von Feldbetten, Seegras=Matratzen,
Federpolstern, Bettüchern und Decken, schaffte Wasch= und andere
Geräthschaften, Geschirr und Eßbestecke, einige große Tische und
die nöthigen Stühle an, besorgte endlich zwei von den großen

tragbaren Pariser Kochmaschinen, auf denen man mit Holzkohlen
für ein paar Sous, vier Speisen bereiten konnte, und die nach
dem Prinzip der jetzigen Petroleum=Kochöfen construirt waren.
Binnen drei Stunden war Alles geliefert und aufgestellt, die
kleinen Gewerbsleute der Nachbarschaft hatten Alles, was zum
Mittagessen nöthig war, wie es in Paris üblich ist, in's Haus
gebracht, der „Boucher" das Fleisch, der „Fruitier" das Grün=
zeug und Gemüse, der „Boulanger" Brot und Semmeln, der
„Laitier" die Milch, der „Epicier" die Kolonialwaaren u. s. f.,
und als um zwei Uhr Nachmittags Frau Weiß mit ihrer ganzen
Prozession angefahren kam, war Alles in schönster Ordnung und
die fünf Mütter konnten sogleich an die Bereitung des Mittag=
essens gehen, wobei sie die ihnen ganz neuen Kochmaschinen höchst
bedenklich anschauten. Indeß war bis fünf Uhr Nachmittags, der
eigentlichen Pariser Essenszeit, das Diner fertig, die Kinder hatten
von ihren Plätzen Besitz genommen, unter Scherzen und Lachen
lebte sich Alles in die neue Ordnung der Dinge hinein und ich
verließ sie nicht eher, als bis ich mich vollständig überzeugt hatte,
daß zu ihrem Comfort nichts mehr fehle. Frau Weiß selbst hatte
mein sehr elegant möblirtes Empfangskabinet zur Disposition, in
welchem ich ein Pariser Bett hatte aufstellen lassen, und die Uebrigen
waren ebenfalls alle gut untergebracht. Am meisten Kummer und
Sorge machten mir die „fünf Mütter", Frauen aus der
untersten Wiener Volksklasse, von höchst beschränkter Weltan=
schauung, den primitivsten Manieren und dem echtesten Lerchen=
felder Sprachdialekt. Von der ganzen Bande konnte kein Mensch
ein Wörtchen französisch und somit fühlten sich Alle, besonders die
„fünf Mütter", die mit Niemand sprechen konnten und noch dazu
Heimweh nach Wien hatten, im Anfange ziemlich unglücklich.
Die fünf Frauen waren als Vertreterinnen und im Namen der
anderen Mütter der tanzenden Kinder mitgereist, wofür sie von
Frau Weiß ein anständiges Honorar bekamen, dagegen aber das
An= und Auskleiden der Kinder, das Reinigen der Zimmer und
Betten und die Bereitung der verschiedenen Mahlzeiten zu besorgen
hatten. Ich fand kein besseres Mittel, die fünf Mütter zu be=
ruhigen, als indem ich sie den ganzen Tag kochen ließ; denn wenn
sie aßen, so klagten sie wenigstens nicht. Ich erhielt sie also
fortwährend in der abwechselnden Beschäftigung des Kochens
und Essens.

Jetzt hieß es aber vor Allem, an das erfolgreiche Auftreten

der Kinder zu denken und dafür die nöthigen Schritte zu thun. Konnte ich sie in der großen französischen Oper, in der Academie Royale de Musique anbringen, so war ihr Glück gemacht; — auf jedem der anderen secundären Bühnen konnte der Erfolg nur ein halber sein. Ich lancirte also einige der Berliner und Hamburger lobpreisenden Artikel in französische Journale und wiederholte dies durch drei Tage, während deren die ungeduldige Frau Weiß, wegen meiner vermeintlichen Unthätigkeit, nahezu in Verzweiflung gerieth. Am vierten Tage ging ich zu Leon Pillet, dem Direktor der großen Oper, und fragte ihn, ob er von dem berühmten Wiener Kinderballete gehört habe, und ob er geneigt sei, falls dasselbe nach Paris käme, es auf seiner Bühne auftreten zu lassen. Natürlich hatte er schon alle Journalartikel durch diese drei Tage gelesen und war demzufolge höchst bereit, sie gastiren zu lassen; ich sollte ihnen sogleich schreiben, sie sollten nur kommen und sich zuerst an ihn wenden. Hätte ich ihm gleich gesagt, das Ballet sei schon in Paris, so hätte er wahrscheinlich sich auf das hohe Roß gesetzt und uns seine Bedingungen diktirt. So aber sagte ich ihm, wenn ich schreiben solle, so müßte ich auch gleich Bedingungen angeben, denn auf's Geradewohl könnten so viele Menschen nicht nach Paris reisen. Wir wurden nach kurzer Verhandlung über die, für beide Theile gleich vortheihaften Bedingungen einig, nur stellte Pillet die Bedingung, daß die Kinder eine private Probe-Vorstellung geben müßten, der nur er, sein Balletmeister und die ersten Kunstrichter von Paris beiwohnen würden; — falle diese Probe zur Zufriedenheit aus, so trete der Contract in Gültigkeit, im entgegengesetzten Falle aber könne Pillet zurücktreten. Da ich meiner Sache sicher war und sowohl die Leistungen der Kinder als den Geschmack des Pariser Publikums kannte, so ging ich auf diese Bedingung ein, und als Alles, Schwarz auf Weiß, in Ordnung war, theilte ich ihm mit, das Ballet sei schon in Paris und die Probe könne morgen schon stattfinden. Pillet war hocherfreut über diese Nachricht, denn er befand sich gerade in argen Repertoire-Verlegenheiten; der Tenorist Duprez war krank und für den nächsten Abend war bereits „Relache" angekündigt, d. h. das Theater sollte diesen Abend geschlossen bleiben. Desto leichter konnte also die Probevorstellung stattfinden und zur festgesetzten Zeit fand sich denn auch ein höchst ausgewähltes Publikum in dem vollständig beleuchteten Opernhause ein, auf den Sperrsitzen sah man Pillet mit seinem

Direktions-Generalstabe und seinen Balletmeistern, sämmtliche erste
Größen des Ballets, darunter die anmuthige Carlotta Grisi
mit ihrem Partner, dem gewandten Tänzer Petitpas, und um
diese herum sämmtliche bedeutende Journalisten, darunter Jules
Janin, Theophile Gautier, Fiorentino, Leon Goz=
lan und viele andere Heroen des Feuilletons. Habeneck dirigirte
das vollständige Orchester und der Vorhang ging auf. Die Kinder
tanzten den lieblichen „Blumenwalzer" aus dem „Zauber=
schleier" und dieser erste Tanz brachte bereits die Entscheidung.
Pillet kam augenblicklich, so wie der Vorhang gefallen war, wäh=
rend noch alle anderen stürmisch applaudirten und die Kinder hervor=
riefen, zu mir und sagte: „Unser Contrakt gilt vollstän=
dig, es ist Alles in Ordnung!" und setzte mit einem Händedruck
hinzu: „Ich danke Ihnen, daß Sie zuerst zu mir gekommen sind, Sie
haben nicht ein Wort zu viel gesagt, das ist wirklich etwas Aus=
gezeichnetes und wird ganz Paris in Bewegung bringen!" — die
zwei anderen Tänze gefielen ebenso außerordentlich, die Kinder
wurden von dem Elite-Publikum unzählige Male hervorgerufen und
mit Bonbons, Näschereien und Erfrischungen überhäuft. Der
Abend des ersten Auftretens wurde sogleich festgesetzt, und freude=
strahlend und triumphirend fuhr Frau Weiß mit mir nach Hause,
wohin die Theaterkutschen die Kinder bereits gebracht hatten.

Das Kinderballet tanzte nun in der großen Oper an einigen
dreißig Abenden bei übervollen Häusern, die Journale bliesen
mit vollen Backen in die Lobestrompeten und ganz Paris sprach
von nichts Anderem, als von dem Wiener Kinderballet.
Wie damals bei den deutschen Sängern, so erhielt ich auch nun
zahlreiche Einladungen, die Kinder in den höchsten aristokratischen
Häusern tanzen zu lassen, welchen aber nicht allen genügt werden
konnte, da die hierzu nöthige Zeit mangelte. Jedoch wurden
einige hervorragende Einladungen, besonders die, vor dem Könige
und dem französischen Hofe in den Tuilerien zu tanzen, ange=
nommen, und Frau Weiß trug, als sie Paris verließ, nach
Bestreitung aller ihrer nicht unbedeutenden Auslagen und nach=
dem sie mich höchst anständig honorirt hatte, einen baaren Rein=
gewinn von 160,000 Francs mit sich fort. Aber nun
trat eine diplomatische Schwierigkeit ein. So wie die preußische
Regierung wegen der mißliebigen Schriftsteller reklamirt hatte, so
reklamirte nun die östreichische Regierung wegen des Kinderballets.
— Die Geistlichkeit und die fromme Partei am Wiener Hofe

hatten in den maßgebenden Kreisen Bedenken hervorgerufen, daß man östreichische Landeskinder, im zartesten Alter, ohne Schulbesuch und Religionsunterricht, schon ein Jahr lang in der Fremde umherreisen lasse, hatten die Frage der Moralität und die Aussicht auf die mögliche Verderbniß der Kinder in den Vordergrund gestellt und auf deren Zurückberufung angetragen. Dazu kam noch, daß Frau Weiß nur einen Regierungspaß für Oesterreich und nach München erhalten hatte und mit diesem auf eigene Faust weiter gereist war, — während die Zeitungen schon davon sprachen, sie würde nun auch mit dem Ballete nach England und nach Amerika gehen. Jetzt wurden auch die Eltern der Kinder ängstlich und wendeten sich an die Regierung, zwei Väter wurden als Delegirte der übrigen nach Paris geschickt, um die Kinder zurückzubringen, und zu gleicher Zeit kam eine Note des Fürsten Metternich an den österreichischen Gesandten, Grafen Apponyi, die Kinder sogleich nach Wien zurückzudirigiren. Aber das war leichter befohlen, als ausgeführt. Frau Weiß setzte diesem Verlangen, auf Grund ihrer bündigen Contracte mit den Eltern, eine entschiedene Weigerung entgegen und die französische Regierung konnte doch die unschuldigen Kinder, die noch dazu die Lieblinge des Pariser Publikums waren, nicht, wie mißliebige Jornalisten, aus Frankreich ausweisen. So lange sie daher in Frankreich blieben, waren sie also sicher und Frau Weiß beschloß nun, den zahlreichen Einladungen aus Marseille, Lyon, Havre und andern Provinzstädten Folge zu geben und eine „Rundreise" durch die französischen Departements zu machen.

Um diese Zeit kam Mr. Lumley, Direktor des „Theaters der Königin" in London, zu mir nach Paris und sagte, er müsse die Kinder um jeden Preis haben, um sie auf seinem Theater auftreten zu lassen. Die Londoner feine Theaterwelt verlange von ihm, daß er ihr diesen Genuß bereite und er müsse sie haben. Ich setzte ihm die Sachlage auseinander und bemerkte ihm, daß die österreichische Gesandtschaft und die französische Polizei die Einschiffung nach England nicht zulassen würden, er aber meinte, das sei seine Sache, — sobald erst nur Frau Weiß mit ihm abgeschlossen habe. — Dieser Abschluß fand denn auch in einigen Tagen statt und Herr Lumley kehrte, nachdem er meinen Freund Maretzek als seinen Sekretär engagirt hatte, nach London zurück. Frau Weiß, die erklärt hatte, nach Beendigung ihrer Kunstreise in Frankreich nach Wien zurückkehren

zu wollen, wußte auch die verschiedenen Väter und Mütter durch
Geschenke zu beschwichtigen und während so die Wachsamkeit der
Gesandtschaft und der Polizei eingeschläfert und Waffenstillstand
war, ging sie auf Gastspiele, zuerst nach Rouen, dann nach
Havre. —

In Havre wurde Frau Weiß von einem englischen Dampf-
schiffs-Capitän, dessen Schiff im Hafen lag, eingeladen, eines
Abends nach der Vorstellung mit ihrer ganzen Gesellschaft bei ihm
auf dem Schiffe ein Souper einzunehmen. Dies geschah denn
auch wirklich; — in der festlich geschmückten Cajüte wurde ein
glänzendes Souper servirt, der Champagner floß in Strömen,
die Väter und Mütter sprachen ihm weidlich zu, Toaste wurden
ausgebracht, Reden gehalten, Maretzek und mein Bruder ani-
mirten die ganze Gesellschaft und während dessen fingen die Räder
des Dampfers sich langsam zu drehen an und das Schiff ging
still und geräuschlos aus dem Hafen. Als aber in der hohen
See die Bewegung der Wellen sich fühlbar machte, gerieth Alles
in Alarm, es entstand ein furchtbarer Tumult, die Väter und
Mütter schrieen und fluchten; aber der Champagner und die Seekrankheit machten sich geltend und bald lagen Alle bewußtlos und
schlafend auf den Sophas und Bänken.

Als am andern Morgen der Dampfer in dem ruhigen Fahrwasser der Themse war und Alles erwachte, sahen die Erstaunten
sich in England; einige Stunden darauf führte Maretzek seinem
Direktor das ganze Kinderballet im Theater der Königin vor und
ich erhielt eine Stunde darauf ein Telegramm aus London mit
den Worten: „All right! We are all safe in England!"

Auch in England machte Frau Weiß die glänzendsten Geschäfte, ging von dort nach Amerika, wo sie ebenfalls wieder
ungeheure Sensation erregte und sehr bedeutende Summen einnahm, und kehrte erst nach dem Sturze Metternich's und des
alten Systems nach Oestreich zurück, wo sie bald darauf starb.
Wo aber das große Vermögen, das sie sich erworben, nach ihrem
Tode hingekommen ist, das ist mir heute noch ein Räthsel, —
denn ihr Mann, der Komiker Weiß, starb im Wiener Ver-
sorgungshaus als Pfründner und der einzige Sohn schlägt sich
noch jetzt als Tänzer und Balletmeister kümmerlich durch die Welt.

24*

Idyllisches Landleben.
(1846—1847.)

Die nun folgenden Jahre 1846 und 1847 gehören zu meinen freundlichsten und angenehmsten Erinnerungen, — zum ersten Male war es mir vergönnt, nach einem bis dahin rastlos thätigen Leben auch Stunden heiterer Ruhe und Erholung zu genießen; — allerdings mußte ich noch immer angestrengt arbeiten, aber ich sah dafür auch die Früchte meiner Arbeit heranreifen und ich durfte mich ihrer bereits erfreuen und sie in theilweiser Ruhe genießen. Des lärmenden Stadtlebens müde und von Jugend auf schon das Landleben als den höchsten zu erzielenden Genuß und die freundlichste Lebensweise betrachtend, war schon lange mein Sehnen und Streben dahin gerichtet, aus Paris heraus zu kommen und irgendwo in der schönen Umgebung der Hauptstadt meinen Wohnsitz aufschlagen zu können. Nach langem Suchen bot sich endlich eine günstige Gelegenheit; ein hübsches Landhaus mit großem Garten ward zum Verkaufe ausgeboten, in Sarcelles, einem freundlichen Dorfe, zwei Stunden nördlich von Paris, hinter St. Denis, an der Heerstraße, die von Paris über Ecouen nach Lille führt. Nach mehrmaligen Besichtigungen trat ich in Verhandlungen mit dem Eigenthümer, Herrn Boucher d'Argis, dessen Vater als Munizipalrath von Paris, weil er zur königlichen Partei gehörte, unter der Schreckensherrschaft von 1792 guillotinirt worden war. Mr. Boucher, der als Kind die Revolution erlebt hatte, und manche seiner Knabenerinnerungen aus jener bewegten Zeit interessant zu erzählen wußte, war ein alter Herr und sehnte sich, seiner Kränklichkeit halber, nach Paris, wo er mehr ärztliche Hilfe und bessere Bequemlichkeit zu finden hoffte, als auf dem Dorfe; — so wurden wir denn bald einig, er stellte billige Bedingungen, der Kauf wurde abgeschlossen, und an einem schönen Morgen im Frühling 1846 übersiedelten wir, ich und Bernays mit unseren Familien, von Paris nach Sarcelles, wo wir nun ein höchst angenehmes und erfreuliches, an heiteren, ja komischen Episoden reiches Landleben führten. Wenn uns auch als Neulingen im Landleben allerhand kleine Unannehmlichkeiten und theuer bezahlte Erfahrungen nicht erspart blieben, so waren diese Jahre doch die schönsten meines Lebens und die Erinnerung an unsere Abenteuer in Sarcelles als „Gentlemen Farmers" und „Amateurs" in ländlicher Oekonomie waren noch nach vielen Jahren in Amerika für uns der Stoff heiterer Gespräche, in denen wir alles Erlebte im Geiste an uns vorüberziehen ließen und das überwiegend Angenehme noch einmal genießend, über unsere kleinen Schwierigkeiten und Unglücksfälle herzlich lachten.

Man muß Jahre lang in dem Staube und Dunste von Paris auf dem glühenden Asphaltpflaster im Sommer, in dem Kothmeere des Winters gelebt, man muß in dem aufreibenden Wirbel des geschäftlichen Lebens und Strebens und Treibens durch lange, lange Zeit keine ruhige Stunde, keinen vergnügten Augenblick genossen haben, um das behagliche und angenehme Landleben, wie es in der Umgegend von Paris existirt, mit voller Empfänglichkeit zu genießen. Ich spreche natürlich nicht von den Mode-Villegiaturen, die sich von den elyseeischen Feldern bis Neuilly ausdehnen, nicht von Passy, Auteuil und Montmorency, auch nicht von den beliebten Ausflugsorten der Pariser, wie St. Cloud und Versailles, sondern von jenen einfachen Dörfern, die um Paris herum liegen und gewöhnlich der Aufenthaltsort ehemaliger Kaufleute, Notare, pensionirter Beamten und wohlhabender Bürger sind. Hier herrschen weder Luxus noch Ostentation, der gesellige Verkehr ist ein vertraulicher, die Lebensweise verhältnißmäßig billig und Jeder kann sich sein Leben so unabhängig und so angenehm einrichten, wie er Lust hat. Zu diesen glücklichen Ortschaften gehört auch Sarcelles; es lag nicht an der Eisenbahn, besaß keine Fabriken, daher auch kein Proletariat, die Bevölkerung waren ackerbauende, einfache, bescheidene Leute, mit der Mäßigkeit und Genügsamkeit, die den französischen Landbewohner so vortheilhaft auszeichnet, und von einer Arbeitsamkeit, von der man in wenigen Gegenden Deutschlands einen Begriff hat; — von einem Viertel Morgen Landes lebte meist eine zahlreiche Familie und gewann dem Boden gewöhnlich drei, oft auch vier und fünf verschiedene Ernten ab, wobei der Gemüsebau, um Paris zu versorgen, natürlich das vortheilhafteste Erträgniß bot. Und wie lebte eine solche Familie? Alles, was nur irgend einen Marktwerth hatte, jedes Ei, jeder Tropfen Milch, jedes Kräutchen, wurde nach Paris getragen. Jeden Morgen genoß die Familie eine Suppe, die aus heißem Salzwasser bestand, das über geröstetes Brod gegossen wurde; zu Mittag gab es wieder eine Soupe aux choux, wobei wieder heißes Wasser, in dem Kohlköpfe gekocht worden waren und Brot geweicht wurde, das Hauptingredienz bildete; und Abends gab es eine Schüssel Salat, ohne Oel, und hie und da etwas aufgeschnittene Wurst vom Charcutier; aber das schöne Weißbrot und hie und da auch ein Gläschen billiger Landwein, der ganze Liter zu einem Franc, durften nicht fehlen. Nur Sonntags und an großen Festtagen wurde Fleisch gegessen und ich habe die Genügsamkeit bewundert, in der diese Kleinbauern um Paris lebten, dabei vom Morgen bis zum Abend hart arbeiteten und doch immer fröhlich und guter Dinge waren und scherzten, lachten und sangen.

Mein Landhaus, das ich um 22,000 Francs gekauft hatte, war ein Mittelding zwischen Villa und Meierhof, noch unter Ludwig XV. gebaut worden, mehr solid als elegant, aber geräumig, bequem und wohnlich, und an das einstockhohe Wohngebäude, in welchem sich sogar ein Billardsalon mit einem riesigen alten Billard befand, schloß sich ein Flügel von Wirthschaftsgebäuden, Stallung, Milchkammer, große Keller u. s. w. an. Aber das Prachtstück der Besitzung war der Garten, der, anderthalb Hektaren groß (eine Hektare = 2½ amerikanische Acres), ganz mit Mauern eingefaßt war, an denen sich die herrlichsten Spaliere von Gutedel-Trauben, Pfirsichen, Aprikosen und den anderen edelsten Obstgattungen hinzogen; — so war auch der ganze Garten in jener reichen und üppigen Manier angelegt, wodurch sich die alten französischen Gärten auszeichnen, — ein Gewächshaus, Lusthäuser, Lauben und Ruheplätze waren in dem mit Blumen, Gesträuchen und den besten Obstbäumen reichlich ausgestatteten Garten vorhanden und die Gemüse-Abtheilung war gut gehalten, hatte selbst ausgezeichnete Spargel- und Artischoken-Beete, und der Ertrag an edlem Obste und feinen Gemüsen war ein so reichlicher, daß wir nicht nur unseren Freunden in Paris ganze Körbe voll davon schicken konnten, sondern auch den Ueberschuß, den wir nicht verzehren konnten, an minder begünstigte Nachbarn verschenkten.

In diesem reizenden Aufenthalte verlebten wir mit unseren Familien angenehme Zeiten; — freilich mußten wir jeden Morgen um acht Uhr hinein nach Paris in unser Bureau, und den ganzen Tag tüchtig arbeiten, um alle unsere Geschäfte zu erledigen, aber wenn wir dann Nachmittags, Bernays aus der Deputirtenkammer, ich aus der Pairskammer, mit unseren Aufzeichnungen zurückkamen, wenn die Correspondenzen fertig gemacht, die letzten

Briefe auf die Post gegeben waren (der Postschluß war damals in Paris 4 Uhr Nachmittags), — dann flogen wir hinaus aus Paris, nach unserm geliebten Sarcelles zu unseren Familien und doppelt erquickte uns nach der harten Arbeit die ländliche Ruhe und das friedliche Stillleben.

Lebhaften und sanguinischen Temperaments, wie ich und Bernays waren und von unseren Frauen eher ermuthigt als zurückgehalten, betrieben wir unser Landleben mit Liebhaberei, ja als eine Art von ländlichem Sport, der uns viel Lehrgeld kostete. Vor allem wurden Hausthiere angeschafft, eine schöne Kuh wurde gekauft, deren Pflege und Wartung, besonders aber das Melken, uns große Schwierigkeiten bereitete, bis uns eine bäuerliche Nachbarin dieses Geschäft gegen eine kleine Vergütung besorgte, drei Ziegen und ein Bock wurden angeschafft, der Kaninchenhof mit den schönsten langhaarigen Lapins bevölkert, — auf dem großen Hofe wimmelte es alsbald von den schönsten und theuersten Shanghai-, Bramaputra- und Cochinchina-Hühnern, die wir in den Pariser Thierhandlungen bis zu 25 Francs das Stück kauften, während die herrlichsten Tauben von den seltensten Arten in den Taubenschlag eingesetzt wurden. Zu unserem mitgebrachten Hündchen wurde ein mächtiger Fang- und Haushund gesellt und schöne Angora-Katzen, einen Affen und Papageien hatten wir schon von Paris mitgenommen. Um endlich die Arche Noah's vollständig zu machen, kauften wir auch junge Schweine, um sie aufzuziehen und zu mästen; denn Raum war ja für Alle genügend vorhanden und wir wollten alle unsere Lebensbedürfnisse, mit Ausnahme der Colonial-Waaren, selbst erzeugen. So wurde denn Brot gebacken, Butter geschlagen, ja wir versuchten uns selbst in der Fabrikation der Pariser Tafel-Delikatesse, des Fromage de Brie, des unübertrefflichen französischen Rahmkäses; Hühner wurden ausgebrütet, bald wurden auch Gänse und Enten angeschafft, und wir lebten nach und nach in einer vollkommenen Menagerie. Ich und Bernays verstanden nicht das Geringste von der Landwirthschaft, aber wir wußten unsere Unwissenheit dadurch zu ergänzen, daß wir eine Unmasse von Büchern über Landwirthschaft, Gartenbau, Viehzucht u. drgl. kauften, sie fleißig studirten und nach den darin enthaltenen „unfehlbaren Recepten" im Schweiße unseres Angesichtes hantirten. Natürlich war diese Art, die Landwirthschaft zu erlernen und zu betreiben, eine sehr kostspielige und wir mußten theures Lehrgeld bezahlen. Jedes gelegte Ei kam uns dreimal so hoch, als wenn wir es gekauft hätten, unsere Milch und unsere Butter, allerdings köstlich und rein, mußten wir mit Silber aufwiegen, im Anfang starben uns auch viele theure Thiere weg, bis wir nach und nach ihre richtige Pflege lernten, und wenn uns auch freundliche Nachbarn mit gutem Rathe und wohlmeinenden Anweisungen unterstützten, so glaubten wir doch mehr an unsere Bücher und bezahlten unsere „rationelle Landwirthschaft" mit theurem Gelde. Das größte Uebel aber war der Mangel an genügenden Arbeitskräften, — wir Beide waren den ganzen Tag in Paris, unsere Frauen arbeiteten zwar fleißig und unermüdet, emsig beschäftigt mit Kochen und Backen und der Pflege und Fütterung der Thiere, wobei sie auch noch von der Sorge für die Kinder und der Reinhaltung des großen Hauses stark in Anspruch genommen waren. Mit Hilfe durch Bedienung sah es aber schlimm aus. Das Dienstmädchen, das wir aus Paris mitgenommen hatten, konnte es in dem stillen Dorfe nicht aushalten und ging schon nach den ersten vierzehn Tagen in die Stadt zurück, trotz aller Gänge in die Dienstvermittlungs-Bureaux war kein Ersatz aufzutreiben, da die Pariser Dienstmädchen, an das städtische Leben und Treiben gewohnt, nicht auf's Land gehen wollten. Versuche mit der dienenden Klasse, die im Dorfe selbst zu finden war, fielen ungünstig aus; — denn eine solche Dorfmagd war unwissend, ungeschickt und dumm und verstand höchstens zu graben, zu jäten und die Kuh zu melken, von allen häuslichen Verrichtungen, vom Reinhalten der Zimmer, oder gar vom Kochen hatte sie keine Idee, und es kam bei diesen Versuchen so weit, daß wir eigentlich die Dienstmagd bedienen mußten. So halfen wir uns denn nothdürftig, indem eine arme Nachbarsfrau täglich einige Stunden kam um die groben Arbeiten zu verrichten, und die Gartenarbeiten durch Tagelöhner besorgt wurden, was Alles natürlich viel Geld kostete. Kurz wir führten deshalb ein sehr theures Landleben und fingen schon an, uns mit dem Gedanken vertraut zu machen, das Landleben aufgeben und wieder in die Stadt zurückkehren zu müssen, als uns ein Zufall unerwartet Hülfe brachte.

Eines Tages, als wir aus Paris zurückkehrten, fanden wir vor unserem Hausthore einen jungen, kräftigen Burschen von einigen zwanzig Jahren, bleich und elend, zusammen kauert auf der Erde sitzend, nur nothdürftig mit einem Hemde und einer Leinwandhose bekleidet, der sich, als er uns eintreten sah, erhob und be- und wehmüthig uns in einer uns unverständlichen Sprache

bittend anredete. Wir verstanden ihn nicht, allein aus seiner sehr
nachdrücklichen Pantomime entnahmen wir, daß er Hunger habe,
— er war ein wahres Bild des Jammers und Elends, — und
so ließen wir gerührt uns bewegen, ihn hereinzunehmen, und
regalirten ihn in der Küche mit den Resten unseres Mittagmahls,
die er mit Heißhunger verschlang, als ob er schon einige Tage
nichts genossen hätte. Aber eine Verständigung mit dem Burschen
blieb unmöglich, er verstand unsere, und wir seine Sprache nicht;
— ein uns besuchender Nachbar erklärte, der Bursche sei ein
Wallone, wie sie um diese Zeit häufig aus Belgien nach
Frankreich kämen, um durch Feldarbeiten etwas zu verdienen, —
im Dorf aber sei ein Wallone, ein Arbeiter, den wolle er uns
schicken, um den Dolmetscher zu machen. Der Mann kam denn
auch, aber schon seit vielen Jahren in Frankreich lebend, hatte
er, der Uebung entbehrend, seine wallonische Sprache schon ziem=
lich vergessen und erst nach einiger Zeit und mit großer Mühe
gelang es, die Verständigung zwischen den beiden zu Stande zu
bringen. Was wir erfuhren, war Folgendes: Der Bursche war
ein Wallone, hieß Léon, seinen Zunamen habe ich vergessen,
oder er wußte ihn selbst nicht mehr, seine Eltern hatte er nicht
gekannt, — wahrscheinlich ein Findelkind — war von seiner
Dorfgemeinde nothdürftig aufgefüttert und als er größer gewor=
den, zum Viehhüten, zu Feldarbeiten, und später zum Steine=
klopfen und Ausbessern der Landstraßen verwendet worden, und
sei endlich, zum ersten Male in seinem Leben, mit anderen Land=
leuten nach Frankreich gezogen, um bei den Feldarbeiten zu helfen.
Diese Wallonen kommen nämlich zur Erntezeit, wo es gewöhnlich
an Arbeitskräften mangelt, truppweise nach dem nördlichen Frank=
reich, oft bis in die Umgebung von Paris, und da sie sehr ge=
nügsam sind, den weiten Weg zu Fuße machen, Nachts auf den
Feldern, auf den Heuschobern schlafen, bei den Bauern, die sie
verwenden, freie Station haben, so kehren sie vor Anbruch des
Winters, mit ihrem ganzen ersparten Arbeitslohne in der Tasche,
wieder in ihre ärmliche, weil übervölkerte Heimath zurück. Auch
der Trupp, bei dem Léon gewesen, war auf dem Heimwege be=
griffen und durch Paris gezogen, hier in einer der Straßen war
Léon von seinen Gefährten getrennt worden, war lange, sie
suchend, herumgeirrt und endlich, der Sprache unkundig, in eines
jener zweideutigen Massenquartiere gerathen, wo arme Obdachlose
gegen Bezahlung von zwei Sous die Nacht zubringen können.

Allerdings müssen sie dies stehend thun, indem der Raum kostbar und die dazu verwendeten Kellerlokale gewöhnlich überfüllt sind. Aber die Pariser kleine Industrie hat hierfür Sorge getragen, und so sind in diesen Lokalen Stricke von einer Wand zur anderen gespannt, an denen die Aufgenommenen reihenweise stehen und einen Arm und den Kopf auf den Strick gestützt, stehend schlafen, immer noch ein klein wenig besser als von der Polizei bei der Nacht als unterstandslos aufgegriffen und in's Gefängniß gebracht zu werden. In diesem Massenquartier war dem armen Léon auch noch zum Ueberflusse seine geringe Baarschaft aus der Tasche gestohlen worden, und als am anderen Morgen, wie üblich, bei Sonnenaufgang das Lokal von den Gästen geräumt werden mußte, fand sich der arme Bursche allein und hilflos auf der Straße, ohne einen Heller Geld, unfähig sich mit irgend Jemand zu verständigen, in einer verzweifelten Lage. Planlos irrte er noch einige Zeit in den Straßen herum, instinktmäßig den Weg nördlich nach seiner Heimath suchend; die Hoffnung, seine Gefährten zu finden, hatte er bereits aufgegeben. Ich kann noch heute den Argwohn nicht los werden, daß seine armselige Gemeinde, um ihn nicht länger ernähren zu müssen, seinen Begleitern die Weisung gegeben habe, ihn in Paris zurückzulassen, was denn auch mit Erfolg ausgeführt wurde. So war er denn endlich aus Paris hinausgekommen und nördlich weiter gewandert, der Landstraße folgend, über Saint Denis, Pierrefitte nach Sarcelles, wo er matt und hungrig vor unserem Hausthor zusammengesunken war. Er bat nun durch den Dolmetscher, wir möchten ihn als Knecht bei uns behalten, er wolle auch fleißig arbeiten und mit dem, was wir ihm geben würden, gerne zufrieden sein. Nach kurzer Berathung beschlossen wir eine Probe mit ihm zu machen, ließen ihm dies mittheilen, worauf er hocherfreut, mit Thränen in den Augen, auf die Kniee fiel und uns die Füße küssen wollte, was wir nur mit Mühe verhindern konnten. Ich habe nie Ursache gehabt, diesen Entschluß zu bereuen, denn Léon wurde ein fleißiges und treues Mitglied unseres Hauswesens, ich habe ihn später mit nach Amerika genommen und er ist volle zehn Jahre in meinem Dienste geblieben. Für mich hatte der Fall auch noch ein psychologisches Interesse, da er mich in mancher Hinsicht an den Fall Caspar Hauser's erinnerte. Wie Jener war Léon ohne jegliche Erziehung aufgewachsen, sein Ideenkreis war ein höchst beschränkter, das rein

Animalische war vorherrschend. Er stand ungefähr auf derselben
Culturstufe wie unsere Urahnen, die Höhlenmenschen der Stein=
zeit, — und doch waren Anlage und Geschick in ihm vorhanden.
Im Anfang mußten wir uns natürlich nur pantomimisch mit ihm
verständigen, aber nach und nach fing er an, einzelne deutsche
Worte aufzuschnappen, auch französische Worte von unseren Be=
suchern, und sie zu wiederholen; auch brachte er Gegenstände und
deutete darauf, um zu hören, wie sie heißen, was er sich dann
merkte, und so bildete er sich nach und nach eine Sprache, einen
deutsch=französischen Jargon, in welchem wir uns gegenseitig ver=
ständlich machten, — es war so eine Art Negersprache. Im
Laufe der Zeit bildete sich sein Sprachtalent und mit diesem
unsere gegenseitige Verständigung immer mehr aus, aber es blieb
merkwürdig, daß er die persönlichen Fürwörter Ich, Du, Er, Sie
und so weiter nie gebrauchen lernte, sondern von sich immer nur
als Léon sprach, die Hauptwörter nur im Nominativ, die Zeit=
wörter nur im Infinitiv anwendete und so z. B. des Morgens
mit der Schaufel auf der Schulter uns anzeigte: „Léon —
Garten — arbeiten — gehen", was besagte, daß er sich zur
Gartenarbeit begebe. Auch die gewöhnlichsten Geräthschaften des
häuslichen Lebens waren ihm unbekannt, insofern sie über das
Niveau des rohesten Bedürfnisses hinaufreichten; — mit Messer
und Löffel wußte er z. B. umzugehen, aber es dauerte ziemlich
lange, bis er mit der Gabel essen lernte, wahrscheinlich hatte er
sich bisher nur immer der Finger bedient. Am liebsten schlief
er auf dem Heuboden und es brauchte geraume Zeit, um ihn
daran zu gewöhnen, in einem ordentlichen Bette zu schlafen, —
kurz man mußte ihn Anfangs wie ein großes Kind behandeln, —
er war eben ein Halbwilder, eine Art Caspar Hauser. Wir
statteten ihn mit unseren abgelegten Kleidern, Stiefeln und alter
Wäsche aus, hielten darauf, daß er sich an Reinlichkeit und
Ordnung gewöhne und seine Kulturfähigkeit entwickelte sich rasch.
Er war gutmüthig, willig und unermüdlich thätig, und wurde
uns ein treuer Gehilfe in unserer ländlichen Wirthschaft, der alle
Feldarbeiten ziemlich verstand und was er noch nicht wußte, über=
raschend schnell lernte. Dabei hatte er die Kinder gern und trug
sie auf seinen Armen herum und spielte mit ihnen, wenn seine
Arbeit beendigt war, — kurz wir gewannen ihn lieb und mit
den Jahren befestigte sich seine Anhänglichkeit an uns gleichzeitig
mit seiner Nützlichkeit im Hause. Ich nahm ihn, wie gesagt, mit

nach Amerika, und er blieb dort noch acht Jahre in meinem Hause, lernte leicht Englisch, wenn auch nicht correkt, sprechen, und war und blieb uns ein treuer Diener. Aber endlich wirkten auch das freie Amerika und die Einflüsterungen Anderer auf ihn, er wurde etwas übermüthig und nahm jene kleinen Untugenden an, die bei alten Dienern, die sich für unentbehrlich halten, gewöhnlich vorkommen. Dazu kam noch, daß ihn ein Fabrikant von Nudeln und Teigwaaren in St. Louis, der eine tüchtige Arbeitskraft in ihm sah, für sich zu gewinnen suchte und ihm Anerbietungen machte, höheren Lohn versprach und so kündigte mir eines Morgens — ich glaube es war 1856 — mein Léon den Dienst auf, und meinte, er wolle sich „verbessern". Ich ließ ihn natürlich gehen, denn ich brauchte in meinem städtischen Leben keinen männlichen Diener, und so verließ er mich. Allein bei seinem neuen Herrn gefiel es ihm bald nicht mehr, die alte Anhänglichkeit erwachte und so ließ er mich durch einen Vermittler fragen, ob ich ihn nicht wieder zu mir nehmen wollte. Allein ich hatte mir von jeher den festen Grundsatz aufgestellt und als Theaterdirektor wie in allen anderen Stellungen fest durchgeführt, daß ich Jemand, der mich ohne Veranlassung von meiner Seite, verlassen hatte, nie mehr annahm und so hielt ich es auch mit Léon, ich lehnte sein Zurückkommen zu mir entschieden ab. Später ging er nach Louisville, damit habe ich ihn aus den Augen verloren, nie mehr etwas von ihm gehört, bewahre ihm aber immer noch ein freundliches Andenken.

So war denn unser ländlicher Haushalt durch den Zuwachs der neuen Arbeitskraft wieder im glatten Gange, und auch in meinem ältesten, nun schon vierzehnjährigen Sohne, der schon in Haus und Garten in seinen nicht dem Unterrichte gewidmeten Stunden thätig mitarbeitete, fand ich Hülfe. So verlebten wir in dem lieblichen Sarcelles mit unseren Familien angenehme Zeiten; — freilich mußten wir jeden Morgen das schöne Landleben schon früh verlassen, aber wir genossen doch den Morgen von sechs Uhr an und den Abend im traulichen Familienkreise, der durch Besuche aus der Nachbarschaft, wie aus Paris manche angenehme Abwechslung erhielt. Unser nächster Nachbar, mit dem wir bald bekannt wurden, war ebenfalls ein Deutscher, ein ehrwürdiges Ueberbleibsel aus der guten alten Zeit der politischen Unschuld in Deutschland. Es war dies der Baron von Bilderbeck, ehemals in der diplomatischen Laufbahn beschäftigt und als

Romanschriftsteller, besonders durch seine „Urne im einsamen
Thale", — der Nebenbuhler Lafontaine's und wie dieser
ein Lieblings=Schriftsteller der Königin Louise von Preußen. In
älteren Leihbibliotheken findet man noch die Bilderbeck'schen
Romane und ihre einstige Beliebtheit zeigt sich noch wie die der
Lafontaine'schen, in den fettigen Blättern, den abgegriffenen
Enden und den Thränenspuren, vergossen von sentimentalen Lese=
rinnen. Baron Bilderbeck war ein Achtziger, aber noch ziemlich
rüstig und wunderbar erhalten; seine jüngere Gemahlin eine
liebenswürdige Dame von vielseitiger Bildung. Er hatte als
Gesandtschafts=Attaché in Paris die große französische Revolution
von 1789 in nächster Nähe mit erlebt, war später, unter dem
Kaiser Napoleon, wieder längere Zeit in Paris gewesen, hatte
den Wiener Congreß mitgemacht und lebte nun schon seit einigen
zwanzig Jahren, theils von seinen Renten, theils von einer
Pension, ein stilles und behagliches Landleben. Ein Mann, der
so viel erlebt und gesehen, wußte natürlich auch Viel zu erzählen
und er that dies gerne und wußte seine Schilderungen vergangener
Zeiten in lebhafter und anschaulicher Weise mitzutheilen. Wir
haben während unseres ganzen Aufenthalts in Sarcelles mit ihm
freundschaftliche und nachbarliche Verhältnisse gepflegt, und erst
im Sturm und Drange der Bewegung von 1848 verloren wir
den alten würdigen Herrn aus den Augen. — Gödecke in
seinem „Grundriß" giebt als Sterbejahr Bilderbeck's 1833
an, — das kann wohl nur ein Druckfehler sein und soll wahr=
scheinlich 1853 heißen, da ich von 1846—48 mit B. verkehrte
und noch einen Brief von ihm vom März 1848 besitze. Als
wir damals von Sarcelles wieder nach Paris zogen, übermachte
meine Frau der Frau Baron B. unsere kleine Menagerie, be=
stehend aus Shanghai=Hühnern, schönen Rassetauben, Angora=
Lapins u. dgl. m. Baron B. schrieb uns nach Paris: „Meine
„Frau dankt Ihnen herzlichst für das schöne überraschende Ge=
„schenk; sie wollte es mündlich thun, aber ihre Kräfte erlauben
„ihr nicht, sich aus dem Hause zu wagen. Wir Beide haben
„leider dieses so merkwürdige Jahr sehr traurig angefangen.
„Es würde mich freuen zu erfahren, daß Sie uns zu Ihrem
„Besten verlassen haben. Meinen Gruß, wenn ich das Ver=
„gnügen nicht haben sollte, Sie zu sehen.
             Ihr ganz ergebener Diener
                  Frhr. v. Bilderbeck."

Wir hatten nicht viele, dafür aber erfreuliche Besuche aus Paris, **Herwegh** und seine geistreiche Frau waren oft und gerne gesehene Gäste bei uns; mein Bruder, der beim Geschäft in der Stadt geblieben war, kam mit seiner Frau an freien Tagen heraus; Marquis von Bréme und Pauline besuchten uns ebenfalls häufig und so gestaltete sich unser Familienleben ebenso erfreulich, wie angenehm.

Heinrich Heine.
(1842—1848.)

Gerade in dieser Zeit, wo ich doch so zufrieden und glücklich lebte, weder Sorgen noch Wünsche hatte, erwachte in mir der erste Gedanke einer Auswanderung nach **Amerika**. Es war, als ob ich das Vorgefühl gehabt hätte, daß eine große Katastrophe im Anzuge sei, obwohl ich auch nicht die leiseste Ahnung hatte, daß wir an der Schwelle der großen Umwälzung des Jahres 1848 standen, die auch mir in allen meinen Verhältnissen verderblich werden sollte. Vielleicht kam ich auf den Gedanken, nach Amerika zu gehen, auch dadurch, daß ich fortwährend in inniger Beziehung zu diesem Lande stand, für amerikanische Journale correspondirte und mit jedem Packetboot einen Haufen amerikanischer Zeitungen erhielt, die ich fleißig studirte und daher mit den amerikanischen Verhältnissen immer vertrauter wurde. Der Herausgeber der „Deutschen Schnellpost" in New York, **Wilhelm von Eichthal**, war nach dem vierten Jahre unserer Verbindung plötzlich gestorben und da sein Tod auf das Ende des Jahres fiel, wo ich gewöhnlich mein Honorar von ihm erhielt, so blieb dieses aus. Die Zeitung ging in die Hände von **Heinzen** und **Dowiat** über und bald darauf ganz ein. — Die sehr reiche Familie des Verstorbenen in München theilte mir **Eichthal's** Tod mit, forderte mich auch auf, ihr meine Rechnung einzuschicken, **hat mir aber nie einen Heller davon bezahlt.** — Nach **Eichthal's** Tod schrieb mir Horace Greeley, von der „New York Tribune", ich sollte jetzt ihm meine Correspondenzen zuwenden und offerirte mir zehn Dollars für jeden Brief. Das war allerdings eine sehr anständige Offerte, aber ich konnte damals noch nicht so gut englisch, um leicht und fließend eine Correspondenz in dieser Sprache führen zu können und ich theilte dies der „Tribune" mit, erhielt aber zur Antwort, ich solle nur **deutsch** schreiben, die Berichte würden von den Mitarbeitern **Charles A. Dana** und **Bayard Taylor**, die beider Sprachen mächtig seien, übersetzt werden. Und so geschah es auch und ich blieb der regelmäßige Pariser Correspondent der „New York Tribune", bis ich Europa verließ; — ich muß hier gestehen, daß meine Berichte durch die Uebersetzungen **Dana's** und **Taylor's** nur erheblich gewannen, was sonst bei Uebersetzungen nicht der Fall zu sein pflegt; — beide waren mit den europäischen, wie mit den amerikanischen Verhältnissen genau vertraut, und ebenso mit dem Geiste beider Sprachen. So war es denn natürlich, daß die Correspondenzen in eleganter englischer Form nur noch gehoben wurden und ich las die englische Uebertragung jedesmal mit großer Befriedigung und lernte dabei erst recht wie man für das amerikanische Publikum schreiben müsse. In jener Zeit hatten die europäischen Correspondenzen noch eine größere Bedeutung für die Zeitungen wie für die Leser; — damals gab es noch keinen unterseeischen Kabeltelegraphen und Correspondenzen aus Paris und London hatten daher einen großen Werth, weil das amerikanische Publikum durch sie die europäischen Nachrichten zuerst erfuhr. Jetzt, wo jedes Ereigniß einige Stunden darauf schon durch den Telegraphen in ganz Amerika bekannt ist und die Correspondenzen erst zehn bis vierzehn Tage später hinterdrein kommen, ist das anders geworden und Correspondenzen für amerikanische Blätter müssen jetzt ganz andere Themas behandeln als blos die politischen **Neuigkeiten**, die, bis sie im Correspondenzwege nach Amerika kommen, schon wieder alt geworden sind. Jetzt handelt es sich darum, ein Gesammtbild der Lage Europas zu geben, den Causalnexus der Ereignisse klar zu legen und die anekdotischen Pointen, von denen der trockene Telegraphenberichterstatter nichts weiß, gehörig hervorzuheben.

So nahte nun das verhängnißvolle Sturmjahr heran und als wir am Sylvester-Abend 1847 beisammen saßen, viel von Amerika sprachen, wo gerade die Präsidentenwahl stattfinden sollte, — als es nun Mitternacht schlug und wir zum: „**Prosit Neujahr**" die Punschgläser anstießen, da sagte ich halb im Scherz, halb unwillkürlich inspirirt: „Ein glückliches neues Jahr!

vielleicht feiern wir das nächste neue Jahr schon in Amerika!"
Und die Prophezeiung ist nahezu eingetroffen. Im Dezember
1848 hatten wir unsere Familien bereits eingeschifft, um sie
nach Amerika vorauszusenden, während ich noch zur Abwicklung
der Geschäfte allein in Paris blieb, und Bernays sowie unsere
Frauen und Kinder feierten bereits den Sylvester=Abend von
1848 auf amerikanischem Boden, am Bord des amerikanischen
Schiffes „Sea Lion", wie ich es ein Jahr vorher als unwill=
kürlicher Prophet vorhergesagt.

Es war bereits eine bewegte Zeit über Europa herein=
gebrochen. Das Mißjahr 1846, die Finanzkrise von 1847, das
Umsichgreifen des Sozialismus und Communismus, dessen beredte
Apostel Cabet, Louis Blanc, Proudhon und andere die
Massen auf das furchtbarste erregt hatten, die Corruption der
herrschenden Klassen, von der die Prozesse der ehemaligen Minister
Teste und Cubiéres, des Herzogs von Praslin u. A.
schreiendes Zeugniß gaben, der Sonderbundskrieg in der Schweiz
mit den Umtrieben der Jesuiten, die ihn hervorgerufen, die Er=
wählung Pius IX. zum Papste und die liberalen und refor=
matorischen Schritte, die er anfangs that, vor Allem aber die
böse Stimmung in Frankreich gegen das Julikönigthum und die
allmächtige Bourgeoisie hatten in ganz Europa eine furchtbare
Aufregung und Bewegung der Geister hervorgerufen und klar
sehende Männer sagten schon damals die kommende Umwälzung
voraus, wenn sie dieselbe auch noch bis zum Tode Louis Philipp's
hinausschoben. Zu diesen Propheten gehörte auch Heinrich
Heine, der mir mehr als einmal sagte: „Die Revolution ist
unausbleiblich und nur noch eine Frage der Zeit". — Der arme
Heine! Er hatte in der Börsenkrise von 1847 den größten
Theil seines Vermögens verloren. — Baron Rothschild, der
dem Dichter sehr geneigt war, hatte ihm bei der Emission der
Nordbahn=Aktien zehn Stück davon geschenkt, mit der Bedingung,
sie nicht eher zu verkaufen, bis sie so und so hoch im Course
ständen; — deshalb behielt Rothschild auch Heine's Aktien
im Depot und als sie auf dem stipulirten Course angelangt
waren, verkaufte er sie für ihn und Heine hatte, außer dem
Aktien=Kapital, noch einen baaren Gewinn von 20,000 Francs.
Das reizte den sanguinischen Dichter, er spielte auf der Börse
weiter und fand einen besonderen Reiz darin, wie denn jedes
Hazardspiel leicht zur Leidenschaft werden kann. — Da kam die

Börsenkrisis von 1847, Heine war, gegen Rothschild's Rath, stark engagirt und so verlor er viel Geld; aber seine gute Laune, seinen liebenswürdigen Humor verlor er dennoch nicht darüber. — Ich sehe ihn noch, wie er mir am Abende jenes Unglückstages in der Passage de l'Opera begegnete und auf meine Frage, ob er auch etwas verloren habe, antwortete er: „Etwas? Sehr viel! Aber mir geschieht ganz recht und der Rabbi Ben Schloime in Prag hat ganz recht gehabt." — „Wie so?" — fragte ich ganz erstaunt. — „Sehen Sie", sagte Heine, — „das ist eine alte Geschichte, die mir schon in meiner Knabenzeit erzählt worden ist und die mir heute wieder einfiel. Der Rabbi geht in Prag über die Moldaubrücke, da stürzt ihm eine alte Jüdin entgegen und schreit: „Gott über die Welt! Gott über die Welt! Rabbileben helft! — Das Unglück!" — „Was für ein Unglück?" fragte der Rabbi. — „Mein Sohn, der Itzig, hat sich gebrochen ein Bein!" — „Wie so hat er sich gebrochen ein Bein?" — frägt der Rabbi. — „Weil er ist gestiegen auf eine Leiter und hat wollen" — „Was?" unterbricht sie der Rabbi, „auf eine Leiter ist der Itzig gestiegen? Recht ist ihm geschehen, was hat ein Jud' zu steigen auf eine Leiter?" — „Sehen Sie", schloß Heine seine Erzählung, „gerade so geht es auch mir. Was hat ein Dichter auf der Börse zu thun?"

Der arme Heine! — Er war damals schon kränklich, war den Sommer im Bade gewesen, ohne Linderung zu finden und die bösen Krankheitstage mehrten sich in immer steigender Weise. Zum letzten Male sah ich ihn in den ersten Tagen des Mai 1848; ich fand ihn im Garten des Palais Royal wo er die warme Frühlingssonne suchend, auf- und abging. Er war schon sehr gebrochen, klagte mir sein Leiden, machte aber dabei die witzigsten und satyrischesten Bemerkungen über seine Aerzte; — auch über seine finanziellen Verhältnisse klagte er bitter, daß sie sich bedeutend verschlechtert hätten. Er hatte durch die Revolution die Jahrespension von 4800 Francs, die er auf dringende Verwendung seiner Pariser Freunde gleich vielen anderen hervorragenden politischen Flüchtlingen von der Regierung Louis Philippe's erhalten hatte, nun verloren, auch sein Onkel, der reiche Salomon Heine in Hamburg hatte ihm jede pekuniäre Unterstützung entzogen, weil Heine sich geweigert hatte, alles, was er künftig drucken lassen würde, erst dem Onkel vorzulegen und dessen

Zustimmung einzuholen. So war er denn einzig und allein auf die Honorare von seinen Verlegern Hoffmann & Campe in Hamburg und auf die „Augsburger Allg. Ztg." angewiesen, und wenn Beide auch sich sehr coulant gegen Heine benahmen, so wurden sie doch selbst durch die Wirrsale des Jahres 1848 schwer beeinträchtigt und mußten ihre Ausgaben knapper halten als früher. Gerade in diesem Augenblicke fühlte Heine die große Verkürzung seiner Einkünfte doppelt; denn sein prekärer Gesundheitszustand machte größere Ausgaben für ärztliche Behandlung, Badereisen, Pflege u. s. w. nöthig und statt dessen mußte er sich bedeutend einschränken und vielen ihm lieb gewordenen Bequemlichkeiten und Lebensgewohnheiten entsagen.

So erzählte er mir denn auch, daß er seine schöne freundliche Wohnung aufgegeben und ein kleines beschränktes Apartement im dritten Stocke in der Rue d'Amsterdam gemiethet habe, wo er jetzt viel bescheidener wohne, — er gab mir seine Adresse und lud mich ein, ihn fleißig zu besuchen, da er nicht viel ausgehen könne. Wir kamen dann auf die politische Lage zu sprechen, die er für sehr bedenklich hielt; — die Republik gab er verloren, war überhaupt Pessimist und prophezeite eine Revolution, die auch in den Junitagen eintrat. —

Ich sah ihn nicht wieder, — die beständige Aufregung, in der man nach der Februar-Revolution in Paris lebte, die sich immer stürmischer wiederholenden Bewegungen und Straßen-Unruhen, die sich überstürzenden Ereignisse nahmen mich als Correspondenten so vieler Blätter so vollständig in Anspruch, daß an freundschaftliche Besuche, an geselligen Verkehr nicht zu denken war, — man verliert sich in Paris so schnell aus den Augen — ich hörte zwar hie und da, daß Heine kränklich sei, wollte ihn auch immer besuchen, kam aber nie dazu, später kamen die Vorbereitungen zur Auswanderung nach Amerika, die mich ganz in Anspruch nahmen und so habe ich Heine nicht wiedergesehen. — Wenige Tage nach unserem Spaziergang im Palais Royal mußte er sich auf's Krankenbett legen, wurde wieder etwas besser, dann kamen Rückfälle und er wurde endlich für beständig an sein Bett, und wenn es sehr gut ging, an seinen Krankenstuhl gefesselt und so litt er nun noch acht lange Jahre in seiner „Matratzengruft", geistig voll Leben, doch körperlich schon halb todt, die unerträglichsten Schmerzen und Qualen, bis ihn endlich im Jahre 1856 ein sanfter Tod erlöste.

Der arme Heine! Er hat kein glückliches Leben geführt, — wer ihn, den heiteren Spötter, den immer lachenden Demokrit, den genialen Humoristen aus seinen Büchern kennt, der kann nicht ermessen, wie gedrückt und unglücklich Heine als Mensch war. Seine übergroße Empfindlichkeit verbitterte ihm das Leben. Dabei war er nichts weniger als glücklich in seinem häuslichen Leben und seine zahlreichen Feinde und Gegner, die die schärfsten, ja oft die schmutzigsten Waffen gegen ihn gebrauchten, trugen das Ihrige dazu bei, ihm das Dasein zu erschweren.

Heine war als dreißigjähriger Mann nach Paris gekommen, — damals gleich nach der Julirevolution waren alle Bande der früheren moralischen und gesetzlichen Ordnung stark gelockert; man entschädigte sich für die Frömmelei und äußerliche Sittenstrenge unter der Restauration durch ein um so ungebunderes, aller bisherigen Schranken spottendes Leben. Das Evangelium der Saint-Simonisten, die „Emanzipation des Fleisches" und die „freie Liebe", fand zahlreiche Anhänger, auch unter solchen, die sonst keine Saint-Simonisten waren. Es gehörte zur Mode, sich nicht für immer zu binden, sondern in wilder Ehe zu leben und nach Wahl und Geschmack zu wechseln. Heine's stark sinnliche Natur widerstand diesen Pariser Einflüssen nicht; das Beispiel zahlreicher junger Gesinnungsgenossen wirkte verführerisch auf ihn; — so lernte er Mademoiselle Mathilde, eine blutjunge Grisette, kennen, ihr naives, kindliches ja oft kindisches Benehmen, ihre Unerfahrenheit und Natürlichkeit gefiel ihm und es entspann sich aus dieser Bekanntschaft bald eines jener unzähligen intimen Verhältnisse, wie sie in Paris nicht nur damals, sondern auch jetzt noch, besonders im quartier latin, gang und gäbe sind, — eine jener Verbindungen, denen zum wirklichen Ehebunde nichts fehlt als die Förmlichkeit auf der Mairie oder die Einsegnung in der Kirche. Madm. Mathilde galt von da an als Madame Heine und das Verhältniß wäre auch wohl immer so geblieben, hätte nicht das Duell, zu dem Heine von Herrn Strauß wegen des Buches über Ludwig Börne gefordert worden war, die Katastrophe herbeigeführt. Heine konnte die Forderung nicht ablehnen, wollte er nicht für einen Feigling gelten, aber es widerstrebte doch seiner weichen Natur, sich vor die Mündung einer Pistole zu stellen und sich durch die Kugel des Gegners tödten oder noch schlimmer verstümmeln zu lassen. In diesen schweren Tagen, die zwischen der Forderung und dem Duelle vergingen, war Heine in der größten Aufregung; der Ernst des Lebens, die Tragik des Geschickes waren plötzlich an den bisher leicht=lebigen Mann herangetreten und hatten ihm manche Dinge in einem anderen Lichte erscheinen lassen als früher. Zum Trübsinn geneigt, in jener bald gehobenen, bald verzagten Stimmung, die allen Sanguinikern eigen ist, war er überzeugt, daß der Ausgang des Duelles für ihn der Tod sein werde und so wollte er seine Angelegenheiten in Ordnung bringen, für alle Fälle sein Haus bestellen und dem Mädchen, das ihm seine Jugend geopfert und mit ihm so viele Jahre gelebt hatte, wenigstens so viel er konnte, die Zukunft sichern, indem er sie zur rechtmäßigen Erbin seines Bischens Hab und Gutes, seiner Schriftsteller=Honorare für neue Auflagen seiner Werke u. s. w. machte. In seinem aufgeregten Zustande faßte er einen raschen, ja übereilten Entschluß, ging mit Mathilde auf die Mairie und ließ sich mit ihr bürgerlich trauen.

So war denn der satyrische Rath, den ihm Léon Gozlan in das Album Mathildens geschrieben hatte, zur erfüllten Prophe=zeiung geworden. Alfred Meißner hat neulich in höchst an=muthiger Weise erzählt, wie Heine seiner Mathilde zu ihrem Geburtstage ein prachtvolles Album schenkte, ein kleines, reizendes Gedicht auf die erste Seite schrieb und alle seine pariser literarischen Freunde, lauter Berühmtheiten, zu einem Dejeuner einlud, um sie bei dieser Gelegenheit die übrigen Seiten des Albums mit ihren vielgesuchten Autographen füllen zu lassen. Bei dieser Ge=legenheit hatte Léon Gozlan Folgendes hineingeschrieben:

„Das einzige Mittel, eine alte Geliebte (maîtresse) los zu werden, ist das, sie zu seiner Frau zu machen." —

Heine fühlte sich durch diese Zeilen Gozlan's so ge=troffen, daß er sein Widmungsgedicht herausriß und das Album einem Autographen sammelnden Freunde in Deutschland schenkte. Und nun war Gozlan's Rath doch von ihm befolgt worden.

Wie Meißner so bezeichnend auseinandersetzt, warum Heine's Ehe eine unglückliche war, brauche ich wohl hier nicht zu wiederholen. Ich kann hier nur hinzufügen, daß Madame Mathilde ohne jegliche Bildung, ja fast ohne Erziehung war, nichts besaß als den gewöhnlichen bon sens der Pariser Grisetten, einen Mann wie Heine weder zu begreifen, noch zu würdigen wußte und auch nicht das geringste Verständniß für sein Wesen und seine Bedeutung hatte: — sie wußte von Heine's Freunden, daß er ein „célèbre poëte allemand" sei, was sie sich aber

darunter dachte, bleibt dahingestellt. Dabei hatte sie nur Sinn
für den gewöhnlichen Klatsch der Grisetten und Commères, für
Essen und Trinken und Putz, liebte es, gedankenlos auf den
Boulevards zu flaniren und stundenlang die Auslagen der Putz=
und Modewaarenlager zu betrachten oder in den elysee'schen
Feldern sich an den Produktionen der cafés chantants zu ergötzen
und Spazierfahrten in's Bois de Boulogne zu machen. Endlich
war sie über die erste Jugend hinaus und ziemlich wohlbeleibt
geworden, fand es aber für gut, trotzdem noch immer den naiven
Gurli=Ton, das kindische Wesen beizubehalten, sie affektirte das
Baby, aber es war ein altes und dickes baby; wenn sie recht
zärtlich gegen den kränklichen Heine sein wollte, so nannte sie
ihn „mon pauvre chien!" Kurz, — es kann nicht verhehlt
werden, Heine schämte sich seiner Frau, sah daher auch nur
seine intimsten Bekannten, die Frau Mathilde und ihre Eigenheiten
schon kannten, bei sich und gerieth in die größte Verlegenheit,
wenn Besucher aus Deutschland mit Empfehlungsbriefen an ihn
ankamen und ihn direkt in seiner Wohnung aufsuchten. Er ließ
sich dann immer als krank oder ausgegangen verleugnen und um
die Adresse des Angekommenen ersuchen, dann schrieb er ihm am
anderen Tage und gab ihm ein Rendezvous in einem Café des
Palais Royal oder im Tuileriengarten und war wie gewöhnlich
der liebenswürdigste Gesellschafter; aber in sein häusliches Leben
weihte er Fremde nicht gerne ein. Ich habe vorhin von Heine's
übergroßer Empfindlichkeit gesprochen, — wer ihn nicht kannte,
wird unmöglich glauben, daß er, der unerbittliche Satyriker, der
geistreiche Spötter über Alle und Alles, daß Heine, der Nie=
manden schonte, selbst so empfindlich für Angriffe, selbst für die
kleinen journalistischen Nadelstiche war. Mißgünstige Beurtheilungen
seiner Werke, Tadel und Beurtheilung seines schriftstellerischen
Wirkens ertrug er mit ziemlichem Gleichmuthe; aber Bemerkungen
über seine Persönlichkeit, über seine Privatverhältnisse, besonders
über sein häusliches Leben, verletzten ihn auf das Tiefste und
Nachhaltigste; — wie oft bat er mich nicht, diese oder jene
Angabe in einem Pariser Briefe irgend einer deutschen Zeitung,
ihn persönlich betreffend, zu berichtigen, ja meist stylisirte er
diese Berichtigungen selbst, und ich besitze noch einige von diesen
Aufsätzen von seiner Hand. Einmal sah ich ihn in einer wirklich
außerordentlichen Aufregung und zwar wegen einer unbedeutenden
Kleinigkeit; — es war nämlich ein kleines Gedicht veröffentlicht

worden; unterzeichnet Heinrich Heine, — ich glaube, in einem
kleinen deutschen Blatte, das eine Zeit lang in Brüssel erschien,
— und Heine war wüthend darüber, daß man ihm die Vater=
schaft unterschiebe, und bat und beschwor mich, in meinen Corre=
spondenzen die Autorschaft des Gedichts in seinem Namen auf
das Bestimmteste zu desavouiren. Das Gedichtchen war übrigens
eine gegen Heine selbst gerichtete Persiflage, und da ich nicht
glaube, daß es sonst viel bekannt wurde, so möge es hier
folgen. Es lautete:

Selbst=Ironie.

Den Gärtner ernährt sein Spaten,
Den Bettler sein lahmes Bein,
Den Wechsler seine Dukaten,
Mich meine Liebespein.

D'rum bin ich Dir verbunden
Für Dein treuloses Herz,
Viel Geld hab' ich gefunden
In meinem Liebesschmerz.

Ich schrieb bei nächtlicher Lampe
Den Jammer, der mich traf,
Er ist bei Hoffmann & Campe
Erschienen in Klein=Oktav.

Du hast mich, Geliebte, verlassen,
Du lohntest die Liebe mit Hohn,
Und nun kann ich drucken lassen
Die zwanzigste Auflage schon.

Das Gedicht cirkulirte unter den Deutschen in Paris, wurde
viel belacht und nach drei Tagen — vergessen. Heine aber
konnte es nicht so schnell verwinden und forschte noch Monate
lang nach dem Verfasser, — wie ich glaube, aber ohne Erfolg.

Wie heftig Heine von seinen Gegnern und Feinden ver=
folgt und verlästert wurde, weiß man heute wohl gar nicht mehr.
Alle jene Feinde, die ihn verläumdeten, alle jene Kläffer, die
ihn anbellten, sind längst vergessen und verschollen, während
Heine als leuchtender Stern immer heller am Dichterhimmel strahlt
und noch später Nachwelt der liebste Liederdichter bleiben wird.
Um eine Probe der Art und Weise zu geben, in der Heine
verfolgt wurde, mögen hier die Gedichte folgen, mit denen er nach
dem Erscheinen der „deutsch=französischen Jahrbücher" mit den
Heine'schen Lobgedichten auf König Ludwig von Bayern be=
grüßt wurde. Es war dies ein

Lobgesang auf Herrn Heinrich Heine.
(Im Tone der französisch-deutschen Jahrbücher.)

Herr Heinrich Heine, der Dichter,
   Der ist wohl lange schon todt.
Er starb am politischen Fieber,
   Erstickt' im politischen Koth.

Herr Heine, der Liberale,
   Ward einstens ganz conservativ,
Es ging mit dem jungen Deutschland
   Grad' damals entsetzlich schief.

Dann saß er auf den Ruinen
   Der Luftschlösser, die er gebaut,
Und unter faustdicken Thränen
   Wehklagt und jammert er laut.

„Warum ist mir der Börne gestorben,
   „Er war mir doch wirklich so noth;
„Mit ihm bin auch ich jetzt verloren,
   „Mit ihm bin auch ich jetzt todt.

„Man nannt' uns die Zwillingssterne
   „Im jungen, deutschländischen Heer,
„Da stirbt mir zum Unglück der Börne
   „Jetzt nennt man mich gar nicht mehr.

„So hat er die Kron' mir entrissen,
   „Die willig Jung-Deutschland mir gab,
„Ich hab ihm drum zürnend geschmissen
   „Ein Büchlein als Gruftstein auf's Grab."

So jammert Herr Heine, der Dichter,
   Doch fasset er wiederum Muth,
Nimmt seinen poetischen Trichter,
   Auf's Neue drein blasen er thut.

Das Versmaß ist ihm geblieben,
   Es blieb ihm so mancher Reim,
Er spuckt nun nach allen Seiten
   Aus seinen poetischen Schleim.

II.

Es ist ein Büchlein erschienen,
   „Jahrbücher" ward's titulirt,
Es werden die deutschen Tyrannen
   Gewaltig dadrin maltraitirt.

Die Helden der deutschen Freiheit
   Eröffnen anjetzt den Strauß,
Sie ziehen grimmig die Schwerter
   Und geben die Jahrbücher h'raus.

Sie haben die Schwerter gezogen —
 Die Fürsten sahen's mit Schreck, —
Sie steckten sie bald in die Scheide,
 Und werfen dafür jetzt mit D..ck.

Wie Jungen, die Schläge bekommen,
 Hört man sie zetern und schrei'n:
Das ist so ganz communistisch,
 So wirklich hundegemein.

III.

Da darf auch Herr Heine nicht fehlen
 Und sein politisches Lied,
Er ist der Vordersten Einer
 Und lobsingt im ersten Glied.

Wie Reuß=Schleiz=Greiz'sche Knüppelwege
 Holpern die Verse — o weh,
Es fehlt ihnen ja nur noch Etwas,
 Das kleine Ding, — die Idee.

So machte an Ludwig von Baiern
 Er sein sublimes Gedicht;
Nicht auf seine schlechte Regierung,
 Nein auf sein schlechtes Gesicht!

Du liebe Madonna von München
 Gesteh es nur immer uns ein,
Wir können unmöglich Alle
 So schön wie Herr Heine sein.

Herr Heinrich Heine, der Dichter,
 Der ist wohl lange nicht mehr,
Herrn Heine's poetischer Trichter
 Der tutet noch immer umher.

Es ist eine alte Geschichte,
 Herr Heine hat keine Ruh,
Und wirft jetzo Gedichte,
 Wie Junge das Kängeruh.

Es ist eine wahre Geschichte,
 Die in's Unglaubliche strebt,
Es hat der alte Heine
 Den Börne und sich überlebt.

Als dem großen Preußenkönige nach einer gewonnenen Schlacht die gefangenen östreichischen Kroaten, Panduren und Sereschaner vorgeführt wurden, soll der „alte Fritz" im höchsten Unmuthe aus=gerufen haben: „Und mit solchem Pack muß ich mich herumschlagen!" — Heinrich Heine hätte bei unzähligen Gelegenheiten mit noch größerem Rechte diesen Ausruf wiederholen können.

Die Februar-Revolution.
(1848.)

Zu Beginn des Jahres 1848 hatte die Aufregung in Frankreich den höchsten Grad erreicht; das Verlangen der Nation nach einer Wahlreform, nach einer Ausdehnung des Wahlrechtes, war zum leidenschaftlichen Begehren geworden. In den Provinzen wurden bereits die Reformbankette organisirt, bei denen man, bezeichnend genug, den sonst üblichen ersten Toast auf den König wegließ. Guizot antwortete auf diese Angriffe, indem er dem Könige in der Thronrede beleidigende und herausfordernde Ausfälle gegen die Opposition in den Mund legte. Die Adreß-Debatte wurde in der heftigsten und leidenschaftlichsten Weise geführt, und am 12. Februar 1848 wurde die Antworts-Adresse, welche die Thronrede im Sinn Guizot's beantwortete, bloß von der ministeriellen Majorität angenommen. Die gesammte Opposition hatte vor der Abstimmung den Sitzungssaal verlassen. — Nun drangen die Aufregung und Bewegung auch in das Volk und als für den 22. Februar ein Reform-Bankett in Paris und zwar in den Elyseeischen Feldern angekündigt wurde und die Regierung dieses Bankett verbot, da kam es zum Ausbruche. Aus kleinen Ansammlungen Neugieriger wurden Aufläufe Mißvergnügter. Am 22. und 23. Februar wurden ein paar Barrikaden erbaut, hie und da kam es auch zu Zusammenstößen, aber Alles ging noch auf den Straßen spazieren und sah sich den Spektakel vom Weiten an. Die kleinen Zusammenstöße und Plänkeleien hatten aber doch den Grimm des Volkes geweckt, die Häupter der geheimen Gesellschaften erschienen nun auf der Straße und fingen an, ihre Anhänger zu sammeln und den Aufstand zu organisiren; — der alte König aber hatte seine frühere Energie, ja fast den Kopf verloren, seine Söhne, die thatkräftigen Prinzen von Joinville und Aumale, waren abwesend in Algier und so gab Ludwig Philipp schon am 23. Febr. das erste Zeichen der Schwäche, ließ Guizot fallen und machte den Grafen Molé zu seinem Minister und als Alles beigelegt schien und die Bevölkerung im Freudenjubel durch die Straßen zog, erfolgte jenes „unglückselige Mißverständniß" vor dem Hotel des Ministeriums des Auswärtigen, wo das zu

Guizot's persönlicher Vertheidigung aufgestellte Militär, auf einen, wie man glaubt, von Lagrange abgefeuerten, Pistolenschuß eine Salve in die promenirende Volksmenge gab und eine Anzahl unschuldiger Personen todt oder verwundet niederstreckte. Jetzt hatten die Häupter der Aktionspartei leichtes Spiel, die Sturmglocken wurden in allen Vorstädten geläutet, überall ertönte das Rachegeschrei, die blutigen Leichen der Getödteten wurden, von Fackelträgern beleuchtet, auf offenen Wagen durch ganz Paris herumgeführt, — Barrikaden erhoben sich in allen Straßen während der Nacht, die Laden der Waffenhändler wurden erbrochen und geplündert, die Nationalgarde war erbittert, das Militär unlustig und verstimmt, und so war am Morgen des 24. Paris im vollständigsten Revolutionszustande.

Und doch wäre es noch immer möglich gewesen, der Bewegung Herr zu werden und wieder einen gesetzlichen Zustand der Dinge herbeizuführen, wenn man nur die richtigen Mittel zur rechten Zeit ergriffen hätte; ja wäre nur ein Zehntel der Energie entwickelt worden, die General Cavaignac in den Juni=Tagen anwendete, so wäre der Ausgang ein ganz anderer geworden und die Dynastie Orleans hätte sich, allerdings mit dem Zugeständnisse fortschrittlicher Reformen, auf dem Throne erhalten. Louis Philippe, dem vermuthlich aus seiner Jugend die Schreckensszenen der ersten Revolution vorschwebten, wankte und schwankte hin und her und hatte zuletzt Fassung und Geistesgegenwart gänzlich verloren. Noch einmal raffte er sich auf und ernannte den Marschall Bugeaud zum Oberkommandanten aller Truppen in Paris, aber eine Stunde später befahl er ihm wieder, die Feindseligkeiten einzustellen, und als nun gar der journalistische Gaukler, Emil von Girardin, in die Tuilerien drang und mit der ihm eigenen Unverschämtheit dem Könige erklärte, er müsse augenblicklich abdanken, sonst würde er und seine ganze Familie vom Volke ermordet werden, — da schrieb der alte eingeschüchterte König seine Abdankung zu Gunsten seines Enkels und ging als Privatmann aus den Tuilerien, indem er mit seiner Familie in zwei Fiakern, unter dem Schutze eines ihn begleitenden Cavallerie=Regimentes, nach St. Cloud fuhr und bald von dort nach England flüchtete. Noch wagte die muthige Herzogin von Orleans einen letzten Versuch, indem sie sich mit ihren beiden Söhnen in die Deputirtenkammer begab, aber zu gleicher Zeit drangen die bewaffneten Volkshaufen in die

Kammer, sprengten die Versammlung auseinander und die tumul=
tuarische Menge zog nach dem Stadthause, um eine provisorische
Regierung einzusetzen, während die Zurückgebliebenen sich damit
belustigten, das über dem Präsidentenstuhle hängende Bild des
Königs mit Flintenschüssen zu durchlöchern. „So hatte," —
sagt ein freisinniger Geschichtschreiber, — „eine Reihe der
unbegreiflichsten, schmählichsten Fehler auf allen Seiten dieses Er=
gebniß eines stürmischen Tages herbeigeführt — ein Ergebniß,
das noch am Morgen dieses Tages kaum Jemand geahnt, Wenige
befürchtet, noch Wenigere gewünscht hatten."

Mit Louis Philippe's Sturz begann für Frankreich der An=
fang vom Ende, der allmälige Verfall, dessen wechselnden Verlauf
wir Alle erleben; — für andere Länder Europa's aber, besonders
für Deutschland und Italien fing eine neue Ordnung der
Dinge an, deren Ziele und Zwecke nun klar vor uns liegen.

Meine persönlichen Erlebnisse in diesen denkwürdigen Tagen
erzähle ich im nächsten Abschnitte. Ich begriff den großen Ernst,
die Bedeutung dieses Ereignisses vollständig; — die alte Zeit war
abgeschlossen, ein neues Leben sollte aus den Ruinen des zu Grunde
Gegangenen erblühen. Aber durch wie viel Prüfungen und Leiden
der Wüste des Kaiserreiches mußten noch die Völker wandern, bis
sie nur das gelobte Land sehen konnten, erreicht haben sie
es noch heute nicht.

* * *

Paris war am 22. und 23. Februar ziemlich ruhig gewesen,
— man hatte sich bei der Porte St. Denis und bei der
Porte St. Martin etwas geschlagen, — einzelne Barrikaden
waren in den entlegneren Stadtvierteln errichtet und von den
Truppen genommen worden, — aber es war kein rechter Ernst in
dem Ganzen, weder von Seite der Insurgenten, noch der bewaffneten
Macht. — Am 23. Nachmittags, als alle Welt auf den Boulevards
und in den Straßen spazieren ging, um sich die Emeute aus sicherer
Ferne anzusehen, erschien plötzlich die Bekanntmachung: „Das
Ministerium Guizot sei entlassen, Graf Molé bilde ein neues
liberales Ministerium." Damit war die Emeute zu Ende, Truppen
und National=Garde fraternisirten mit dem Volke, — Alles um=
armte sich, die Barrikaden wurden weggeräumt und ganz Paris
ging auf den Boulevards spazieren und freute sich des wohlfeil er=
rungenen Sieges. Mitten in dem Jubel und Freudengeschrei verließ

ich Paris, um zu meiner Familie nach Sarcelles zurückzukehren. — Aber über Nacht änderte sich die Szene, — am Boulevard des Capucines war auf das Volk geschossen, zehn bis zwölf Personen waren getödtet worden, der Volkssturm begann — aus der Emeute wurde eine Revolution.

Als wir am andern Morgen von Sarcelles nach Paris in unser Geschäft zurückkehrten (ich, mein Bruder und C. L. Bernays), fanden wir schon an der Barrière St. Denis einen Dekorationswechsel. Die Douaniers und Polizeisergeanten waren von den Wachthäusern verjagt und versprengt worden, — Oktroi und Controlle hatten aufgehört und die lange Straße des Faubourg St. Denis hinab erhoben sich von 50 zu 50 Schritten mächtige Barrikaden aus dem aufgerissenen Steinpflaster, — umgestürzte Omnibusse, herbeigeschleppte Kisten und Fässer, Wollsäcke machten jede Circulation, außer für Fußgänger, unmöglich.

Gleich an der ersten Barrikade wurden wir von unheimlichen Gestalten aufgehalten, bewaffnete, pulver- und staubgeschwärzte Männer vertraten uns den Weg. „On ne passe pas comme ça!" — hieß es. „Travaillez aux barricades!" — Wir machten gute Miene zum bösen Spiel, hoben jeder drei bis vier losgerissene Pflastersteine auf und legten sie auf die Barrikade, — dann durften wir weiter passiren. Dieselbe Formalität wiederholte sich bei der nächsten und bei den folgenden 20—30 Barrikaden. So gelangten wir endlich auf den Boulevard, hier standen in langen Linien, vom Tuileriengarten bis zum Boulevard du Temple, die Truppen, das Gewehr beim Fuß, mit verdrossenen Mienen, die Front gegen die Vorstädte gekehrt. Die Soldaten ließen uns, sowie Andere, durch das Bataillons-Intervalle ungehindert passiren und so kamen wir in die innere Stadt. Hier waren noch keine Barrikaden, aber ebensoviel Aufregung, wie in den Faubourgs. Alles rannte wild und verstört durcheinander — kopf- und rathlos schien man auf beiden Seiten.

Mein Bureau war in der Rue Jean Jacques Rousseau, gegenüber dem Haupt-Postamte, wir erreichten es ungefährdet. Aber schon bewegten sich selbsternannte Commissionen von Blousenmännern von Haus zu Haus, um die Waffen einzufordern, „pour armer le peuple". Was nicht freiwillig gegeben wurde, wurde gewaltsam genommen und wehe dem, der etwa Umstände machte. — Schöne Waffen gehörten damals zur Dekoration eines eleganten Zimmers und in jedem Salon sah man an den Wänden einen

Yatagan, ein Paar elegante Pistolen, ein Fusil Robert, ein paar
Rapiere mit Fechthandschuhen u. dgl., neben Gemälden, Lithographien und Gypsbüsten. — Auch wir hatten solche Mobiliar-Gegen-
stände, und um sie nicht weggenommen zu sehen — auf Nimmer-
wiedersehen — zogen wir es vor, uns selbst damit zu bewaffnen.
Wir schnallten uns also Jeder einen Hirschfänger oder Säbel an,
steckten eine Pistole in den Gürtel, nahmen ein Jagdgewehr auf
die Schulter und so stiegen wir auf die Straße hinab, wo wir
Freunde und Nachbarn, Bekannte und Unbekannte ebenso und wohl
aus gleicher Ursache bewaffnet, fanden. Die Boutiquen waren
geschlossen, nur die unerschrockenen Marchands de vin hielten offen
und der rothe Wein floß in Strömen. Sonst war die Menge
sehr harmlos, — der Tag war ein warmer, schöner Frühlingstag,
Alles flanirte, plauderte, erzählte sich die Tagesneuigkeiten, —
nur daß dies unter Waffen geschah. Hie und da ritt ein Muni-
cipal-Gardist mit Depeschen durch die Menge, man that ihm nichts
zu Leide, nur die Gamins liefen ihm nach und schrien höhnend:
„Ohé! le Municipal!" — Die abenteuerlichsten Gerüchte liefen
hin und her, — man schlägt sich da, man schlägt sich dort, —
hieß es immer, aber Niemand zeigte Lust hinzugehen.

So ward es 11 Uhr Vormittags, — die Menge und die
Aufregung wuchsen, aber es geschah nichts Feindliches. Das Volk
hatte noch keine Führer und in dem Hauptquartier der Regierung
in den Tuilerien herrschten Angst und Unentschlossenheit. Da kam
Flocon aus der uns schräg gegenüberliegenden Redaktion der
„Reforme" auf die Straße — er sah mich. — „Sie haben eine
Druckerei in Ihrem Hause", rief er, „lassen Sie sogleich das drucken
und anschlagen." — Ehe ich noch antworten konnte, war er schon
wieder verschwunden. Ich las den Zettel, er lautete:

„Aux Armes, Parisiens!

On egorge nos frères! — Combattons pour nos droits
et pour la liberté?" — Ein Kreis von bewaffneten Blousenmännern hatte sich schnell um mich gebildet — „Aux Armes!"
schrie Alles und mehr gehoben als geschoben, ward ich in die
Druckerei Roux gedrängt, wo die Setzer feiernd an den Setz-
kästen standen und plauderten. „Imprimez moi cela!" herrschte
ich den Faktor an, — er wollte Umstände machen — ein Dutzend
Blousenmänner schlugen ihre Flinten auf ihn an. „Messieurs"
— sagte der zitternde Faktor — „je céde à la force — mais sous

protêt". — Die Proklamation war in wenigen Minuten gesetzt
und der Druck begann, — so wie ein paar Exemplare fertig waren,
ergriffen sie einige von den Umstehenden und liefen hinaus, um
die Plakate an den Straßenecken anzuschlagen. Niemand hinderte
sie, — Sergeants de Ville, Munizipalgardisten, Polizisten waren
spurlos verduftet. Jeder that was er wollte. — Alles bewegte sich
hin und her und an schlechten Witzen fehlte es nicht. Jetzt brach
eine Kolonne von Bewaffneten, die rothe Fahne voran, in die Straße
J. J. Rousseau herein und marschirte unter dem Gesange der
Marseillaise gegen die Tuilerien zu.

Bald knatterten die ersten Flintenschüsse, der Wachtposten am
Chateau d'eau war angegriffen worden und man schoß von beiden
Seiten ziemlich eifrig. Alles strömte nun hin, die Meisten aus
Neugierde, — aber auch immer neue Schaaren wirklich kampf=
lustiger kamen aus den Faubourgs an. Nach und nach umlagerten
viele Tausende das Gitter der Tuilerien und den großen Platz,
wo jetzt die Verlängerung des Louvre steht. Im Tuilerien=Hofe
standen Truppen — schon fielen von außen die ersten Schüsse,
da verbreitete sich mit Blitzesschnelle die Nachricht: „Der König
hat abdicirt und ist abgereist". Zugleich kehrten die
Truppen im Hofe der Tuilerien die Gewehre, mit dem Kolben nach
oben, um und marschirten durch das Schloß und den Garten ab.
Jetzt war kein Halten mehr, die Gitter des Hofes wurden über=
klettert oder niedergebrochen und wie eine brandende See ergoß sich
die Volksmenge in das Innere des Schlosses. Ich hatte genug ge=
sehen und wollte auf meinen Posten in der Journalisten=Tribüne
der Deputirtenkammer eilen, aber es war keine Möglichkeit, dorthin
durchzudringen. Bald hörte ich, daß der letzte Versuch der Herzogin
von Orléans, ihrem Sohne die Thronfolge, sich die Regentschaft
zu sichern, mißglückt, daß die Kammer aufgelöst sei, und daß sich
die Führer der Bewegung nach dem Stadthause begeben hatten,
um ein provisorische Regierung einzusetzen.

Ich kann nicht sagen, daß diese schnell auf einander folgenden,
wichtigen Ereignisse mich besonders aufgeregt hätten, — dazu sah
ich viel zu wenig Ernst in der Bewegung, — aber in solchen Tagen
liegt eine eigene Strömung in der Luft, man wird fortgerissen,
man thut mit, oft sogar gegen eine bessere Ueberzeugung. Ich
gehörte zur fortschrittlichen Opposition, schrieb und wirkte in diesem
Sinne, haßte den ebenso pedantischen als brutalen Doktrinär Guizot
und seine Akolyten, — aber darum begriff ich doch nicht die Noth=

wendigkeit dieser Revolution, die, ohne Programm, durch Zufälle
und Fehler herbeigeführt, in's Blaue hinein Tabula rasa machte,
ohne etwas Besseres an die Stelle setzen zu können. Die Folge
hat es gezeigt, — als ich 1862 wieder in Paris war, sprachen
die Pariser mit dankbarer Erinnerung von den „schönen, guten
Zeiten" unter dem „bon roi Louis Philippe", — wären seine
Enkel und Söhne nicht Kronprätendenten, seine Leiche wäre schon
längst nach Frankreich im Triumphzuge zurückgebracht und mit
größerer und aufrichtigerer Theilnahme vom Volke empfangen
worden, als die Leiche Napoleons I., da sie von St. Helena zurück=
kehrte. — Der geistige Rausch einer Revolution ist eben ansteckend
und ergreift selbst den Vernünftigsten, der noch warmes Blut in
den Adern hat; nur jene indifferenten Philosophen, denen nach
dem Volksausdrucke „Alles Wurst" ist, bleiben in solchen Zeiten
ruhig und sehen gleichgültig zu. Einem solchen begegnete ich selbst
an diesem aufregenden Tage.

Unter den vielen interessanten Menschen, die ich während
meines langjährigen Aufenthaltes in Paris kennen lernte, befand
sich auch ein höchst origineller Pfälzer, der mit der gründlichsten
Bildung und den geistreichsten Ansichten über Menschen und
Dinge doch wieder gewisse Schrullen verband, die den näheren
Umgang mit ihm für Alle, die ihn nicht besser kannten, sehr er=
schwerten.

Unter den vielen absonderlichen Behauptungen und Lebens=
regeln, die er aufstellte, war aber besonders eine, die er so oft
wiederholte, als der ältere Cato sein historisch berühmtes „Caeterum
censeo" u. s. w. und womit er gewöhnlich den leidenschaftlich er=
regten Debatten unseres Freundeskreises über politische, religiöse
und soziale Fragen ein Ende zu machen suchte. Sein Haupt=
prinzip war: „Der Mensch ist der Glücklichste und zugleich der
größte Philosoph, der bei Allem, was ihm selbst oder was über=
haupt auf dieser dummen Welt geschieht, — mit inniger Ueber=
zeugung sagen kann: „Das ist mir Wurscht!" — Ich er=
innere mich noch lebhaft, wie ich am 24. Februar 1848 in seine
Mansarde im vierten Stock hinaufstürzte und die Thür aufreißend,
athemlos von der Erregung und dem Treppensteigen, schrie: „Was?
Du sitzest hier und weißt gar nicht, was draußen geschieht? Das
Volk hat die Deputirtenkammer auseinandergejagt und die Tui=
lerien erstürmt! Louis Philippe ist entflohen und morgen haben
wir die Republik! —"

Er aber saß im Schlafrock und Filzpantoffeln behaglich im Lehnstuhl neben dem helllodernden Kaminfeuer und rauchte seine Cigarre, — er sah mich an, blies eine Rauchwolke in Ringlein in die Luft und antwortete: Das ist mir Wurscht! Seitdem nannten wir ihn den „Wurschtphilosophen" und bezeichneten den Indifferentismus als allgemeine „Wurschtigkeit".

Die Tragikomödie war zu Ende, Louis Philippe war entflohen, Frankreich ohne Regierung, — ich hatte in Paris nichts mehr zu suchen und eilte meine schutzlose Familie in Sarcelles zu beruhigen. Durch die fast öde Vorstadt von St. Denis, über die verlassenen Barrikaden kletternd, kam ich zum Bahnhofe, — ich gedachte mit einem der Nachmittagszüge nach St. Denis und von dort zu Fuß nach Hause zu gelangen. Auf dem ganzen Wege fielen Schüsse, aus Muthwillen oder Unvorsichtigkeit, denn von einem Kampfe war nirgends die Rede.

Der Bahnhof stand offen — aber kein Mensch war da — alle Kassen geschlossen, alle Bureaux gesperrt, — ich suchte den Portier, um zu fragen, wann der nächste Zug gehen würde, — Paff! fiel ein Schuß hinter mir und die Kugel schlug einige Schritte rechts in einen Waggon. Mich zur Zielscheibe machen zu lassen, hatte ich keine Lust; ich schlüpfte also zwischen die langen Reihen der müssig dastehenden Waggons und gelangte unter ihrem Schutze zur äußersten Umfassungsmauer des Bahnhofes, — die Leiter eines Laternenanzünders, der wahrscheinlich zu den Barrikaden gezogen war, half mir hinüber und ich war auf freiem Felde — außerhalb Paris. Wie ich über die frisch gepflügten Aecker, über Hecken und Zäune und Hindernisse aller Art gekommen bin, wie ich endlich St. Denis erreichte, weiß ich freilich heute noch nicht.

In St. Denis war Alles so ruhig, als wenn es gar kein revolutionäres Paris gebe und ich folgte nun der Landstraße. Als ich die Höhe hinter Pierrefitte erstiegen hatte, war der kurze Februartag zu Ende und es dunkelte bereits. Ich blickte zurück — da lag im Qualm und Nachtnebel Paris von einem Kranze von Feuer umgeben, — es waren die Zoll- und Wachthäuser aller Barrièren, die das Volk in Brand gesteckt hatte; — ein Schauspiel, unter der aufregenden Stimmung jenes Tages gesehen, das ich nie vergessen werde. Mehr als zwanzig Jahre später, in 1871, betrachtete von derselben Höhe ein Theil des deutschen Generalstabes das in Petroleum-Bränden auflodernde Paris und sah dem Kampfe der Versailler Armee mit den Truppen der

Commune zu. Und — nichts gelernt und nichts vergessen — die Franzosen sind heute ebenso rath- und kopflos, wie sie es am 25. Februar 1848 waren.

Als ich am nächsten Morgen nach Paris zurückkehrte, fand ich die Proklamation der Republik schon an allen Ecken angeschlagen, und die provisorische Regierung der Herren Lamartine & Comp. fing ihre Thätigkeit an.

Die französische Demokratie, die im Jahre 1848 so plötzlich an's Ruder kam, blamirte sich ebenso, wie die Demokratien anderer Länder in dieser Année des dupes und erwies sich nicht nur regierungsunfähig, sondern geradezu ungeschickt und albern. So erkaufte sich ein Louis Napoleon sehr wohlfeil den Ruhm, der Klügste, das heißt der am wenigsten Dumme zu sein, und unter dem Jubel des ernüchterten Europa's der Retter der gesellschaftlichen Ordnung zu werden. Wie gesagt, die Leute, die in den Besitz der Gewalt gelangten, erwiesen sich als unfähig — die Republik abortirte — die Revolution verlief sich in den Sand, und dennoch haben die Februartage vom Jahre 1848 im Laufe der Zeit ihre Früchte getragen. Die Reaktion triumphirte damals nur zu bald über die kopflose und zerfahrene Revolution, und doch — was ist von den Siegen und Triumphen der Reaktion übrig geblieben? — Nichts.

Heute nach 33 Jahren ist Frankreich wieder eine Republik, die Bonapartes sind nowhere, Italien ist frei von fremdem Einflusse und Ein Land, die weltliche Macht des Papstes ist für immer zerstört, und ein großes einheitliches Deutschland ist erstanden.

Die deutsche Kaiserkrone, die der phantastisch-romantische Friedrich Wilhelm IV. nicht anzunehmen wagte, als sie ihm von Frankfurt aus geboten ward, hat sich Wilhelm I. im Feldlager von Versailles fest auf's Haupt gesetzt, und Gare à qui la touche! — Selbst das alte Oestreich der Metterniche und Sedlnitzky ist ein konstitutioneller Staat geworden und die Ungarn haben im Frieden errungen, wofür sie 1849 vergeblich kämpften.

In Sarcelles aber herrschten noch immer, während man sich in Paris schlug, idyllische Ruhe und ländlicher Friede, und obwohl vor den Thoren von Paris gelegen und nur zwei Lieues von der lärmenden Hauptstadt entfernt, wußte man dort am 26. Februar Mittags noch nicht, daß in Paris in der Nacht vom 24. auf den 25. die Republik proklamirt worden sei, — und als ich die Nachricht hinausbrachte, wollte mir Niemand glauben und Maitre Guy, der Notaire und erste Honoratiore des Oertchens, sagte mir: „La Republique? Mais Monsieur! c'est impossible." — Es war aber doch sehr possible geworden und die „Republique" wurde über Nacht fertig gemacht; — freilich war die Arbeit auch darnach und so hat die „Republique" nicht lange gehalten.

Die Pariser deutsche Legion.
(1848.)

Das waren schöne Zustände, die wir am Morgen des 25. Februar in Paris fanden; als „gut monarchische" Staatsbürger waren wir gestern schlafen gegangen, und als wir heute aufwachten, waren wir Republikaner, ohne zu wissen, wie wir dazu gekommen. — Schon an der Barrière St. Denis, an den ausgebrannten Mauern des Octroi-Hauses war die Proklamation angeschlagen. Die „Republique française une et indivisible", — mit dem Wahlspruche von 1792: „Liberté, Egalité, Fraternité", war den erstaunten Parisern über Nacht von der selbst eingesetzten provisorischen Regierung oktroyirt worden.

Im Faubourg St. Denis, das wir passirten, ging es lustig zu; bewaffnete Volkskämpfer in Blousen saßen, scherzend und plaudernd, auf den halb abgetragenen Barrikaden, — erzählten den gaffenden Babauds ihre Heldenthaten in den „drei großen Tagen", halfen mit echt französischer Galanterie passirenden Frauenzimmern über die Steinhaufen der Barrikaden klettern und vertilgten dabei unendliche Mengen rothen Weines, d. h. des nichtsnutzigsten Krätzers, den patriotische Weinwirthe den tapferen Barrikaden-Kämpfern gespendet hatten, um ihren guten Wein im Keller vor Requisitionen zu schützen. Auf den Boulevards sah es schon minder heiter aus, — da lagen die schönen Bäume umgehauen auf dem aufgerissenen Pflaster, alle Laden und Cafés waren noch gesperrt, wenige Leute auf den Straßen und nur hie und da zog eine Schaar bewaffneter Blousenmänner daher, die „Vive la Republique!" schrieen und das beliebte „Mourir pour la patrie" sangen. — In der innern Stadt aber sah es wirklich traurig aus, — auch hier waren noch alle Verkaufsläden geschlossen und vor den nur halb geöffneten Hausthoren standen auf der Straße die Bürger mit bestürzten Mienen und die Alleraufgeregtesten schlugen die Hände über den Kopf zusammen und stöhnten: „A-t-on jamais vu des choses comme ca?" — Unter den „choses" aber verstanden sie die Gründung der Republik, denn für die guten Bourgeois und Epiciers, die man durch achtzehn Jahre mit dem „rothen Gespenst" geschreckt hatte, war das Wort „Republik" gleichbedeutend mit „Revolutions-Tribunalen" — „permanenter Guillotine" — „Gefängniß-Massacres" — „Noyaden" — „Fusilladen" und all' den Gräueln, die in der ersten Revolution theils wirklich verübt, theils von reaktionären Geschichtsfälschern später hinzugedichtet worden waren. Ich eilte nach den Tuilerien, — hier hatten sich einige hundert Blousiers einquartiert, zwar nicht das Mindeste entwendet, aber dafür an Spiegeln, Bildern, Statuen, Möbeln u. dgl. zerschlagen und zertrümmert was nur irgend zerstörbar war. — Es war ein trostloser Anblick und das „Vive la Republique", das durch die Säle tönte, klang wie Spott und Hohn.

Auf dem Stadthause sah es nicht besser aus, — hier herrschte die furchtbarste Verwirrung; als die in der Deputirtenkammer improvisirte provisorische Regierung nach dem Stadthause gekommen war, fand sie dort eine andere provisorische Regierung, die sich bereits installirt hatte und welche von den radikalen Journalen „National" und „Reforme" ernannt worden war. Man parlamentirte und endlich verschmolzen sich beide provisorisch in eine, die trotzdem, daß sie ganz Frankreich zu regieren hatte, im ganzen Stadthaus nicht ein Zimmer zu ihren Berathungen finden konnte, so vollgepfropft war das große Hôtel de ville mit bewaffneten Volkskämpfern und Neugierigen; endlich machte doch ein Munizipal-Beamter ein verstecktes Zimmer ausfindig, wohin sich die Herren zurückziehen konnten und die Regierung begann ihr Werk.

Das Erste war — wie in Frankreich üblich — die Abfassung von Proklamationen, „an das Volk", „an die Armee", „an die National-Garde" u. s. w. Dann ging man an die Vertheilung der Ministerien und Aemter, dazwischen kamen alle Augenblicke bewaffnete Deputationen und verlangten Dieses und Jenes, meist Unsinniges, und der redegewandte und populäre Lamartine hatte vollauf zu thun, um allen diesen ungestümen Bittstellern in wohlgesetzter Rede tröstliche Antworten zu geben. Lamartine, der **Spokesman** der Regierung, war darin unermüdlich und ebenso unerschöpflich in glücklichen Auswegen und Ablenkungen; ich glaube, wenn eine Deputation den Mond vom Himmel verlangt hätte, so hätte Lamartine es verstanden, sie mit einer tröstlichen und dem Nationalstolze schmeichelnden Antwort heimzuschicken.

Aber die Lage der provisorischen Regierung war, trotz des Blitzableiters **Lamartine**, keine angenehme, — **Armand Marrast** vom „National" hatte, obwohl einer der Leiter der Bewegung, Recht gehabt, als er sich für ruhigere Zeiten aufsparte und es vorzog, vorläufig nur den unsichtbaren Souffleur dieser Regierung abzugeben; — viele von den Regierenden fühlten sich höchst unbehaglich und der ebenso gelehrte, als würdige **Arago** sah immer aus, als ob er sagen wollte: „Je voudrais bien m'en aller" — was der Wiener mit „Aussi möcht' i(ch)!" übersetzt; — nur sein aufrichtiger Patriotismus und das republikanische Pflichtgefühl hielten ihn auf seinem Posten fest. Erst am 27. Februar gelang es einer Anzahl National=Garden, Polytechnikern, Studenten und guten Bürgern, eine Art von Schutzwache zu organisiren, — das Stadthaus wurde von Eindringlingen gesäubert und nun erst konnte, ohne große Störungen, regiert werden. — Das geschah denn auch, — alle Tage erschienen ein halbes Dutzend Dekrete, — Zweckmäßiges, oft auch Abgeschmacktes anordnend, — so wurde der Adel abgeschafft, der ohnehin in Frankreich schon lange nicht mehr das geringste Vorrecht besaß; die Wappen an den Equipagen wurden verboten, — die Steuern um 45 Prozent erhöht und das „**Recht auf Arbeit**", als Staatsprinzip, proklamirt, — welches Prinzip wenige Monate darauf zu den blutigen Juni=Schlachten in den Straßen von Paris führte. Endlich wurde eine constituirende National=Versammlung einberufen, um die Verfassung der Republik festzustellen, aber zugleich die alberne Anordnung erlassen, daß die Mitglieder der National=Versammlung das Costume des Convents von 1792 — (das sogenannte Robespierre=Costume) zu tragen hätten, — was, wenn es zur Ausführung gekommen wäre, einen höchst komischen Eindruck gemacht haben würde.

So war denn die Republik fertig und es fehlte nur noch eine Kleinigkeit, — die **Republikaner**; — unter den 33 Millionen Franzosen gab es nicht 33,000 wahre und aufrichtige Republikaner. Dabei sah man nichts als Reisewagen, die gepackt

wurden und dann zu den Barrièren hinausrollten, — der Chemin
de fer du Nord konnte nicht genug Züge nach Brüssel abgehen
lassen, — die Hotels standen leer, alle Fremden hatten Paris
verlassen, die adeligen Familien sich auf ihre Güter zurückgezogen,
— dadurch stockten Handel und Wandel, — die Geschäfte gingen
täglich schlechter, — die Fabriken schlossen, und immer größer
wurde die Zahl der brotlosen Arbeiter, deren im Mai schon
120,000 in den „National-Werkstätten" der Regierung, gegen
zwei Francs Tagelohn, nichts — oder doch nichts Ersprießliches
thaten. — Die Ersten unter den Entlassenen waren gleich Anfangs
März die Ausländer, namentlich die zahlreichen deutschen
Schneider, Schuster, Tischler u. A. — Die armen Leute hungerten,
— aber sie suchten einen Ersatz in der Tagespolitik, in den Clubs,
die jetzt überall wie Pilze aus der Erde schossen. — Es gab
auch einige deutsche Clubs, von denen die „Société des Demo-
crates Allemands" der bedeutendste war; — ich hatte die an-
greifende Ehre, bis zu den Juni-Tagen, wo alle Clubs aufgehoben wurden, Präsident dieses Clubs zu sein und das war keine
leichte Aufgabe. Die Pariser Deutschen, besonders die Arbeiter,
waren die Exaltirtesten unter den Exaltirten und für unsere Clubs
galt das bekannte Club-Statut des „Kladderadatsch", daß, um
die Ordnung der Debatte zu wahren, „nie mehr als sieben
Redner auf ein Mal sprechen sollten". Präsident zu sein,
war daher keine allzubequeme Position. Wir hielten unsere Sitzungen in einer nicht mehr zum Gottesdienste benutzten Kapelle,
in der Nähe der Rue de Rivoli, die uns von den Behörden zu
zu diesem Zwecke bereitwilligst eingeräumt wurde; — der Präsi-
dentensitz war auf den Stufen des Altars, — die Redner sprachen
von der Kanzel und die Sakristei wurde als Comite-Zimmer
benutzt.

Bornstedt war wieder von Brüssel nach Paris gekommen
und er, der „Gemäßigte", der sich vom „Vorwärts" zurückgezogen hatte, weil es ihm zu revolutionär wurde, war jetzt ultra-
radikal geworden und der Röthesten einer. Er war es, der im
deutschen demokratischen Club den Antrag stellte, eine deutsche
demokratische Legion zu bilden, um „unseren bedrängten
deutschen Brüdern in Deutschland zu Hilfe zu eilen und sie vom
Tyrannenjoche zu befreien". — Der Antrag wurde mit stürmischem
Jubel angenommen und sogleich an's Werk gegangen. — Georg
Herwegh, damals der populärste Mann, wurde zum Chef des

Unternehmens erwählt, — ihm zur Seite standen Schimmel=
pfenning und Löwenfels, — ferner schlossen sich dieser
militärischen Organisation an: Corwin=Wierzbicki, — A. von
Bornstedt, — Rango von Westerburg und mein Bruder
Carl, — sämmtlich gediente Militärs; — als Volontairs be=
theiligten sich zwei Franzosen, Aug. Delaporte und Alfred
Horteur; — Regimentsarzt wurde Dr. Rode.

Es wurde fleißig exerzirt und als die Nachricht von der
Wiener März=Revolution nach Paris kam, stieg die Begeisterung
der Leute auf eine solche Höhe, daß sie nicht mehr zu halten
waren. —

Die französische Regierung sah die Bewegung gerne, denn
sie hoffte auf diese Art die vielen brotlosen, deutschen Arbeiter
loszubringen, da sie mit ihren französischen Arbeitern schon genug
zu thun hatte, — Bornstedt hatte sich an die Regierung um
Geld und Waffen gewendet, und diese delegirte eines ihrer Mit=
glieder, Mr. Flocon, als Committée, um die nöthigen Ver=
anstaltungen „zur Unterstützung mitteloser, deutscher
Arbeiter, die in ihr Vaterland zurückkehren wollten",
zu treffen, — von Waffen war keine Rede; aber Bornstedt
hatte doch 600 Gewehre aufzutreiben gewußt, und wie ich erst
viel später erfuhr, hatte Flocon die Gewehre „auf seine eigene
Verantwortlichkeit" herbeigeschafft. Sie waren aber auch darnach
— alte ausgemusterte Commiß=Flinten, viel gefährlicher für den,
der sie abfeuerte, als für die, auf welche damit geschossen werden
sollte. — Aber unsere Leute betrachteten diese Schießprügel als
eine kostbare Errungenschaft und die Austheilung fand unter be=
geistertem Jubel statt.

Eine große Reitschule in der Chaussée d'Antin ward ge=
miethet, die zahlreich herbeiströmenden Deutschen wurden in Com=
pagnien und diese in vier Bataillone organisirt und nun tüchtig
fortexercirt. Indessen beriethen die Führer Plan und Mittel der
Expedition. Herwegh war dafür, bei Mannheim über den
Rhein zu gehen, nach Heidelberg zu marschiren, in den Oden=
wald vorzudringen, durch badische Zuzügler dort die Revolutions=
armee zu vermehren und Baden zu revolutioniren. Ich fand
das unpraktisch und schlug vor, die Legion sollte über Forbach
nach Frankfurt marschiren und sich dort dem Vorparlamente
als Schutzwache zur Verfügung stellen, — worauf sich das Weitere
schon von selbst finden würde. Allein ich wurde überstimmt und

der bewaffnete Einfall in Baden beschlossen, um dort Hecker, Struwe, Sigel und Mögling die Hand zu reichen und mit ihnen gemeinschaftlich zu operiren.

Flocon wünschte die militärischen Führer der Expedition zu sprechen und Herwegh ging mit Corwin und Löwenfels zu ihm. Herwegh aber war bei all seiner republikanischen Begeisterung und seinem Feuereifer nicht der Mann, um ein solches Unternehmen zu organisiren, viel weniger aber um einem praktischen Franzosen, wie Flocon, zu imponiren. Ihm fehlten die militärische Bestimmtheit, das Organisations-Talent, das feste Selbstvertrauen — er war eben ein Dichter, der in den Wolken wandelte, aber nicht auf der Erde. Corwin erzählte später aus dieser Zusammenkunft einen Zug, welcher Herwegh treffend charakterisirt.

Nachdem die Unterhaltung ziemlich lange gedauert hatte, und alle Fragen erschöpft waren, fragte Flocon, indem er aus einem Portefeuille ein dickes Packet Bankbillets, jedes zu 1000 Francs heraus nahm und darin spielend blätterte: „Ich habe eben Geld vom Ministerium bekommen; wie viel brauchen Sie für die ersten dringendsten Ausgaben zur Ausrüstung der Legion?" — dabei wog er die Banknoten in der Hand, als wolle er damit andeuten: die Summe, die ich hier habe, ist vorläufig für diesen Zweck bestimmt. Herwegh drehte sich verlegen auf seinem Stuhle hin und her, — Flocon sah ihn fragend an und wartete ruhig auf eine Antwort. Endlich, nach einer langen Pause, stotterte Herwegh mühsam hervor: „Zwei tausend Francs!" — Flocon machte ein verdutztes Gesicht, — seine Miene schien zu sagen: „Imbecile!" Er gab ihm 3000 Francs, aber von diesem Augenblicke an hatte Flocon alles Vertrauen in die Führerschaft Herweghs verloren, — die Sache wurde von ihm nur noch nachlässig betrieben, — Verzögerungen, Ausflüchte, Hindernisse hemmten den Ausmarsch und dieser fand erst im April statt, als die deutschen Regierungen sich schon vom ersten Schrecken erholt und Truppen auf allen Punkten zusammengezogen hatten.

Herwegh war eine treffliche Fahne, aber auch sonst nichts; — seine Gedichte hatten die Massen begeistert, mitgerissen, wie dies kaum Körner in dem Enthusiasmus der Befreiungskriege gekonnt hatte, — aber er war kein Führer. Dagegen war seine Frau, die geistreiche Emma Herwegh, der bedeutendste, männliche Geist in der ganzen Unternehmung, voll Feuer, Muth und Entschlossenheit.

Gleich im Anfange, als die Legion gebildet wurde, hatte sich Herwegh in einer Adresse an die Franzosen gewendet, die er mir als „dem verläßlichsten unter unsern unverläßlichen Landsleuten", wie er in seinem Briefe schrieb, — mit dem Auftrage schickte, selbe gedruckt, überall zu verbreiten. Ich übersetzte sie in's Französische und ließ sie in beiden Sprachen in Paris anschlagen. Als eine Probe der Sprache jener Zeit möge sie hier folgen:

„An das französische Volk!

„Der Sieg der Demokratie für ganz Europa ist entschieden. Gruß und Dank vor Allem Dir, französisches Volk!"

„In drei großen Tagen hast Du mit der alten Zeit gebrochen und das Banner der neuen aufgepflanzt für alle Völker der Erde!"

„Du hast endlich den Funken der Freiheit zur Flamme angefacht, die Licht und Wärme bis in die letzte Hütte verbreiten soll."

„Die Stimme des Volkes hat zu den Völkern gesprochen und die Völker sehen der Zukunft freudig entgegen." —

„Die Furcht ist nicht in ihnen, die Furcht ist anderswo."

„Vereint auf einem Schlachtfeld treffen sie zusammen, zu kämpfen den letzten unerbittlichen Kampf für die unveräußerlichen Rechte jedes Menschen."

„Die Ideen der neuen französischen Republik sind die Ideen aller Nationen und das französische Volk hat das unsterbliche Verdienst, ihnen durch seine glorreiche Revolution abermals die Weihe der That ertheilt zu haben."

„Ja überall in Europa erwachen die demokratischen Ideen, überall stehen Millionen Kämpfer bereit, dafür zu leben und zu sterben." —

„Während die Allmacht des Volkes Wunder wirkt, kommt die Ohnmacht sogenannter absoluter Mächte immer deutlicher zum Vorschein."

„Unerschrocken und glücklich hat die Schweiz ihrer coalisirten Schwäche Trotz geboten, unerschrocken und glücklich schreitet Italien vorwärts."

„Deutschland ist bereits in seinen tiefsten Tiefen erregt und wird und kann in dem begonnenen Kampfe nicht zurückbleiben, — dem es längst durch den Gang seiner geistigen Entwicklung mit vorgearbeitet hat."

„Die Freiheit bricht sich Bahn und die Thrannei selbst ist verdammt, ihr durch blinden Widerstand Bahn brechen zu helfen und ihr Verbündeter zu werden."

„Französisches Volk, wir gehen Hand in Hand mit Dir!"

„Wie groß und schwierig auch immer unsere Aufgabe ist, wir fühlen die Kraft mit der Arbeit wachsen!" —

„Erhalte nur Du Deine Freiheit, das Einzige, was der Erhaltung werth ist."

„Erhalte allen Deinen Kindern, was sie Alle erkämpften und die einzige Hülfe, welche wir von Dir begehren, ist, daß Du standhaft bleibst und uns zujauchzest, wenn wir von den Zinnen des für die Freiheit von deutschen Händen eroberten Deutschlands Dir zurufen:

„Es lebe die Freiheit, die Gleichheit, die Bruderliebe! Es lebe die Demokratie! — Es lebe die europäische Republik!" — —

Die Proklamation, welche die deutsche Legion auf ihrem Marsche mitnehmen und überall in Deutschland verbreiten sollte, zu verfassen, wurde mir übertragen und nach einigen kleinen stylistischen Aenderungen, die Herwegh und Bernays vornahmen, wurde sie gedruckt; auch sie möge hier einen Platz finden, als ein Beitrag zur Geschichte jener Zeit:

„Die Pariser deutsche demokratische Legion.

An unsere deutschen Mitkämpfer aus Frankreich und der Schweiz und an das deutsche Volk!

Die Pariser deutsche demokratische Legion ist an den Ufern des Rheins angekommen; sie hat hier deutsche Freiheitslegionen aus anderen Städten Frankreichs und der Schweiz gefunden, alle gekommen, um für die Freiheit des deutschen Volkes zu fechten.

Ehe wir vereint zur ersten entscheidenden That schreiten, sei ein offenes Wort an unsere Freunde und Mitkämpfer und an das ganze deutsche Volk gesprochen.

Wir sind keine Freischaaren!

Wir sind deutsche Demokraten, wollen Alles für das Volk, Alles durch das Volk! Wir wollen die deutsche Republik mit dem Völker verbindenden Wahlspruche: Freiheit, Gleichheit, Bruderliebe!

Wir sind keine Freischaaren!

Wir sind ein wohlgerüstetes Hülfscorps im Dienste des deutschen Volkes, bereit für Deutschlands Freiheit und Größe zu fechten, bis auf den letzten Mann, gegen innere und äußere Feinde.

Kampfgerüstet stehen wir am Rheine, und doch treibt uns nicht blinde ungestüme Kampfeslust — wir wünschen, daß unsere Mission eine friedliche sein könne, daß der Sieg ohne Blut, die Freiheit ohne Menschenopfer errungen werden möge.

Frei von persönlichem Ehrgeiz werden wir uns freuen, wenn das deutsche Volk ohne uns seine vollständige Freiheit erringt, und diese unwiderruflich begründet, aber dreimal glücklich werden wir sein, wenn es uns vergönnt ist, an der Seite unserer Brüder in Deutschland für die Freiheit zu fechten und deren Sieg mitzubegründen.

Deutsche Brüder in der Heimath! Eure Brüder aus der Fremde, aus der Verbannung nahen, empfanget sie als Freunde! Wir gedachten niemals als Feinde auf deutschen Boden zu treten, niemals Euch die Freiheit aufzudringen, niemals Euren freien Willen zu beschränken, noch Euer Eigenthum anzutasten.

Wir sind Eure Freunde und Bundes-Genossen. Wir kämpfen nur Eure Kämpfe, wollen nur Euren Sieg, mag dieser nun auf friedlichem Wege oder mit dem Schwerte erfochten werden.

Die Armeen der Fürsten umgeben Euch von allen Seiten; schätzt Euch glücklich, daß auch eine Armee der Freiheit in Eurer Nähe steht. Sobald Ihr sie ruft, wird sie über den Rhein in Eure Mitte eilen und Eure Reihen verstärken; sie wird mit Ordnung und Manneszucht, mit Begeisterung und Freiheitsliebe den letzten entscheidenden Kampf für die Geschicke Deutschlands fechten helfen.

Wir erklären Euch aber auch zugleich, daß wir ungerufen nicht kommen, daß es ferne von uns liegt, gewaltsam in Deutschland einzudringen, und daß, falls Ihr unglücklicherweise Deutschland für die vollständigste Staatsform der Freiheit, die Republik, noch nicht reif wähnt, wir weit entfernt sind, Euch uns und unsere Ueberzeugung aufzudringen oder Euch zu zwingen, freie Republikaner zu werden, wenn Ihr Unterthanen bleiben wollt. Darum aber bleiben wir Republikaner mit Leib und Seele und werden einzeln, Jeder in seinem Kreise, die großen Grundsätze und Lehren der Revolution von 1848 mit Wort und That verbreiten. In diesem Falle aber befürchtet nur die propagandistische Gewalt unserer Grundsätze, aber nicht unserer Waffen.

Wir werden dann dem neu erwachenden **Polen** zu Hilfe eilen, gegen Rußland kämpfen oder für **Schleswig-Holsteins** deutsche Rechte in den Kampf ziehen; — als Freiheits-Armee des deutschen Volkes werden wir an der Weichsel oder an der Ostsee stets nur für Deutschlands Größe, Freiheit und Sicherheit fechten.

Dies ist unser Glaubensbekenntniß, dies unser offener, fester Wille; Niemand wird uns davon abbringen, — und eher würden wir unsere Waffen zerbrechen und in die Verbannung zurückkehren, ehe wir uns bewegen lassen würden, sie gegen unsere deutschen Brüder zu richten und die Schrecken der Zerstörung über unser geliebtes Vaterland zu bringen.

Alles für das deutsche Volk! mit dem deutschen Volk! — gegen dessen Feinde und Unterdrücker.

Gruß und Bruderschaft!

Im Namen der deutschen demokratischen Legion in Paris.

Das Comite."

Georg **Herwegh**, Präsident;

F. **Rauch**, Sekretär.

Straßburg, den 15. April 1848.

Mit dieser Proklamation, die eigentlich das Programm bilden sollte, zu dessen Befolgung sich **Herwegh** durch seine Unterschrift verpflichtet hatte, marschirte die Legion in zwei Colonnen von **Paris** ab; — aber was vermögen Programme gegen die Leidenschaftlichkeit aufgeregter Menschen in Revolutionszeiten!

Unter der Republik.

(1848.)

Ich selbst blieb in Paris, um mit einigen anderen Mitgliedern des Comite's die Geschäfte des Vereins zu führen und zu gleicher Zeit mit der französischen Regierung in Verbindung zu bleiben.

Freund **Bernays** hatte indessen eine andere Bestimmung erhalten, die ihn zwang, Paris zu verlassen. Der neue französische Gesandte in Wien, Monsieur **Delacour**, war auf seinem Posten eingetroffen, hatte aber, da er und sein ganzes Personal

kein Wort deutsch konnten, große Schwierigkeiten; er schrieb an
Lamartine, er möge ihm doch einen Attaché schicken, der der
deutschen und französischen Sprache mächtig sei. Der Minister
offerirte diese Stelle Bernays; nach kurzem Bedenken nahm
dieser sie an und ging als französischer Gesandtschafts-Attaché mit
Frau und Kindern nach Wien, wo er höchst abenteuerliche Schick=
sale erlebte.

Ich hatte mich indeß mit Flocon in Verbindung gesetzt
und gleich bei unserer ersten Zusammenkunft theilte mir dieser
mit, ich sollte Herwegh und meinen Freunden gleich schreiben,
sie möchten ruhig auf französischem Boden bleiben, da in Deutsch=
land alle Vorkehrungen getroffen seien, um sie blutig zurückzu=
weisen, daß große Truppenmassen an der Grenze zusammengezogen
würden, und es demnach ebenso unklug als gefährlich sei, irgend
einen Versuch mit bewaffneter Hand zu machen.

Ich schrieb sogleich an Herwegh nach Straßburg, theilte
ihm die Warnung mit und beschwor ihn, ja befahl ihm, als Präsi=
dent der deutschen demokratischen Gesellschaft, ruhig zu bleiben und
nichts zu übereilen.

Aber diesen Leuten war nicht mehr zu rathen, noch zu helfen;
seine Antwort lautete:

„Ich habe nur zu sagen, daß das Comite in Paris mit
unserer nun rein militärisch gewordenen Expedition nichts mehr zu
thun haben kann. Soll die demokratische Gesellschaft fortbestehen,
so ist sie von Euch ganz neu zu organisiren und, für den Augen=
blick wenigstens, ganz unabhängig von uns. Pulver und Blei
und Waffen, das ist Alles, was wir brauchen, und Geld soviel
als möglich obendrein. Alles Comittiren, Dirigiren, Discutiren
hat jetzt keinen Sinn. Ich grüße übrigens herzlich u. s. w. Ihr
sollt bald von uns hören."

Dazu schrieb Frau Emma Herwegh:

„Unsere Leute sind kaum zu halten, wollen à tout prix los=
schlagen, gleichviel nach welcher Seite, zu welchem Zweck und gegen
wen. Sind keine Leute da, so giebt's noch immer Windmühlen
und Bäume, — nur schlagen! nur schlagen!" —

Zugleich fügte sie in einem postscriptum bei, daß Her=
wegh wünsche, im Falle er in Deutschland gefangen genommen
würde, wir diese Nachricht nicht eher publiziren sollten, bis wir
uns auch von der Authenticität überzeugt hätten. — Die
muthige Frau ging über den Rhein nach Mannheim, theils

um Nachrichten einzuziehen, theils um die Legion mit Hecker, Becker, Weißhaar, Sigel und anderen Freischaaren-Führern in Verbindung zu setzen.

Sie kam nach Mannheim, ging nach Freiburg, war auch bei Hecker, aber Hecker wollte von der Pariser Legion nichts hören. Endlich wurde in einer dunklen Nacht über den Rhein gesetzt und die Legion zog in Baden weiter; — es waren ungefähr 800 Mann, davon 400 mit Gewehren, 200 mit Sensen und die anderen mit alten Säbeln, Hirschfängern u. s. w. bewaffnet. So marschirte man mehrere Tage in Baden herum, Herwegh und seine Frau, die ebenfalls in Männerkleidern war, immer an der Spitze der Colonne; in einigen Dörfern wurden sie gut empfangen und bewirthet, in anderen schlossen die Bauern Thüren und Fensterladen und versteckten sich.

Die wahnsinnigsten Gerüchte waren in Umlauf gesetzt; — zehntausend Franzosen sollten über den Rhein gesetzt sein und thäten nichts als rauben, morden und brennen. — Indessen hatte die Legion schon eine Reihe von Unglücksbotschaften erhalten; — Hecker war bei Kandern, Struve bei Freiburg geschlagen worden, Becker hatte sich mit seinen Leuten in die Schweiz flüchten müssen, kurz es war Alles verloren. Es wurde also beschlossen über die Brücke von Rheinfelden sich ebenfalls in der Schweiz in Sicherheit zu bringen. So war die Revolution in Baden bereits zu Ende, noch ehe sie recht angefangen hatte; — hätten alle diese verschiedenen Corps nach einem gemeinschaftlichen Plane zusammen gehandelt, so hätten sie wahrscheinlich Erfolge erringen können, wie dies die spätere Revolution in Baden gezeigt hat; — so aber handelte Jeder für sich, arbeitete auf eigene Faust und das Resultat war, daß eine Colonne nach der anderen geschlagen und versprengt wurde.

Die verschiedenen Freischaaren und Legionen zählten zusammen 7000 Mann; täglich kam neuer Zuzug und nach dem ersten bedeutenden Erfolge wäre das ganze Land aufgestanden und die geringe Truppenmacht überwältigt worden. So schlug sich jeder einzelne Freischaarenführer tapfer, mußte aber, vereinzelt, der Uebermacht weichen. Bei Dossenbach traf die Legion auf ihrem Rückzug nach der Schweiz auf die württembergischen Truppen; die Legion stürzte sich beim Anblick der Soldaten, ohne ein Commando abzuwarten, ohne Ordnung und Disziplin, mit wildem Hurrah-Geschrei auf die Avantgarde, welche aus einer Compagnie unter

Hauptmann Lipp bestand, — das Gefecht entbrannte, aber jetzt kam General Miller mit Infanterie, Cavallerie und zwei Geschützen heran und die Legion wurde, trotz tapferer Gegenwehr überwältigt und versprengt; Schimmelpfenning und 30 Mann blieben todt auf dem Gefechtsplatze; — Bornstedt und einige zwanzig Mann wurden im Walde gefangen genommen, Andere, die in den Rhein sprangen, um hinüber zu schwimmen, ertranken oder wurden vom Ufer aus zusammengeschossen. Die Uebrigen entkamen glücklich in die Schweiz, mit ihnen auch Herwegh und seine wackere Frau, die sich während des Gefechtes sehr muthig benommen hatte. Man hat Herwegh damals oft zum Vorwurf gemacht, daß er geflohen sei; Lügen und faule Witze wurden fabrizirt, man erzählte, daß Herwegh, unter dem Spritzleder eines Wagens versteckt, den seine Frau kutschirte, entkommen sei. Alles das war Lüge. —

Als Herwegh sah, daß das Gefecht verloren und die Legion in wilder Flucht war, verließ er, einer der Letzten, das Gefechtsfeld und eilte nach rückwärts, wo der Bauernwagen mit dem Gepäck der Legion stand; auf diesem offenen Leiterwagen, auf dem auch noch einige Verwundete lagen, entkamen Herwegh und seine Frau nach Rheinfelden.

Was hätte er sonst thun sollen? — Er war den Kugeln nicht ausgewichen; aber da ihn keine traf, hätte er sich gefangen nehmen lassen sollen, um zu zehnjährigem Zellengefängniß verurtheilt zu werden wie der arme Bornstedt?

Bornstedt, ohnehin eine nervöse aufgeregte Natur, wurde schon nach wenigen Monaten in seiner Zelle wahnsinnig; — man achtete nicht darauf, weil man es für Verstellung erklärte; — erst als der Wahnsinn zur Tobsucht wurde, brachte man ihn in das Gefängnißspital, wo er unter den furchtbarsten Leiden starb. So wenigstens wurde mir mitgetheilt; — nach einer anderen Quelle wurde Bornstedt während des zweiten badischen Aufstandes in 1849 befreit, — war aber schon wahnsinnig, mußte in die Heilanstalt nach Illenau gebracht werden, wo er, nach der Unterdrückung des Aufstandes, wieder als Gefangener bewacht, in Tobsucht starb. Auch Corwin, der diesmal entkam, wurde ein Jahr darauf in Rastatt gefangen genommen und saß im Zellengefängnisse zu Bruchsal sechs lange Jahre, bis er endlich zur Auswanderung nach Amerika begnadigt wurde.

Eine andere Frage aber ist die: ob Herwegh an der Spitze

eines solchen Unternehmens an seinem Platze war? — Er hatte nicht die mindeste militärische Befähigung, und schlimmer als das, er war ein Feind jeder soldatischen Ordnung und Disziplin, so oft man ihm auch vorstellte, daß Zucht und Disziplin in der Legion gehandhabt, daß streng auf Subordination gehalten, daß die Mannschaft überhaupt militärisch gedrillt werden müsse, lautete seine beständige Antwort: „Ich will keine Gamaschen-Knechte, sondern freie Männer!"

Die Zeitungen meldeten seiner Zeit seinen Tod und so sei es mir nur vergönnt, hier noch einige Worte über ihn zu sagen. Herwegh war ein hochbegabter und im Umgange liebenswürdiger Mensch, aber er hatte seine Bestimmung verfehlt, sein ganzes Leben war eine fortlaufende Kette von Widersprüchen. Er war ein geborener Aristokrat, sein vornehmes Aeußere, seine fein geformten Hände, sein exclusives Wesen, seine noblen Neigungen und Gelüste, Alles an ihm war aristokratisch, und dabei war er ein starrer, ultraradikaler Demokrat.

Im theologischen Stift in Tübingen als Seminarist in der strengsten lutherischen Orthodoxie erzogen und gebildet, wurde er Atheist und Gegner jeder positiven Religion. Nachdem er dem theologischen Zwangs-Institute glücklich entkommen war, wurde er als conscriptionspflichtig in das würtembergische Heer genommen, wo er, der freie, unabhängige Dichtergeist, sich der Subordination und Disciplin fügen sollte; — bald wurde er hier in einen Streit mit einem Offizier verwickelt, der für ihn kriegsrechtliche Folgen haben konnte; — er desertirte in die Schweiz. In Thurgau, wie in Zürich entwickelte sich sein eminentes Dichtertalent und seine „Gedichte eines Lebendigen" erlebten rasch nach einander sieben Auflagen. Im Triumphzuge reiste der gefeierte Dichter, nachdem der König von Würtemberg jede militärgerichtliche Verfolgung wegen Desertion gegen ihn niedergeschlagen hatte, durch ganz Deutschland, und als er in Berlin war, ließ ihn König Friedrich Wilhelm IV. zu sich zur Audienz laden. Damals fielen die königlichen Worte: „Lassen Sie uns ehrliche Gegner sein, Herwegh!" Und trotzdem schrieb der Dichter wenige Wochen nach dieser Audienz, da ihm die Herausgabe einer Zeitschrift verweigert worden war, an den König jenen im Inhalte leidenschaftlichen, in der Form flegelhaften Brief, der in der „Leipziger Allgemeinen Zeitung" veröffentlicht, die Ausweisung Herwegh's aus Preußen und eine peinliche Censur- und Polizei-

Schinderei gegen die gesammte deutsche Presse zur Folge hatte.
— Von Gendarmen begleitet, verließ er Deutschland und ging nach
Zürich. Hier, wo eine durchaus reaktionäre Regierung war,
wollte er eine radikale Zeitung herausgeben, was natürlich zum
Vorwande für seine Ausweisung auch von hier diente! — Erst
der Canton Basel=Land verlieh ihm das schweizerische Bürgerrecht,
er konnte seine Braut, Emma Siegmund, Tochter eines Ber=
liner Banquiers, heiraten und nahm nun seinen Aufenthalt
in Paris, wo er in sehr angenehmen Verhältnissen lebte.

Und wieder verwickelte er sich in die Widersprüche seines
Lebens; — ohne die geringste militärische Begabung, ohne Sinn
für Ordnung und Organisation, stellte er sich an die Spitze
eines militärischen Unternehmens, das hauptsächlich dadurch ver=
unglückte. Mit dieser Niederlage und dem Spotte, den seine
Feinde über ihn ergossen, war auch seine Kraft gebrochen, — von
da an war er ein todter Mann; — was er noch an einzelnen
Sachen produzirte, war meist gegen Deutschland, wie es
unter Preußens Führung sich gestaltet, gerichtet. Der großen
Erhebung Deutschlands im Jahre 1870 trat er mit grimmiger
Gehässigkeit entgegen, er fraternisirte lieber mit den Anhängern
des abgesetzten Welfen=Königs, mit dem Kurfürsten von Hessen,
und mit französischen Chauvins, als mit seinen deutschen Brü=
dern; — bis zu seinem Tode war er Mitarbeiter der schlimmsten,
antideutschen Welfen= und Zuavenblätter. Wie Wilhelm IV.
einst die deutsche Kaiserkrone nicht aus den Händen der „Revo=
lution" nehmen wollte, so sträubte sich Herwegh gegen die
Thatsache eines einigen, starken und mächtigen Deutschlands durch
einen „Hohenzollern". Ein unglücklicher Mensch, ein ver=
fehltes Leben!

Sein Name wird in der Literatur=Geschichte, seine Gedichte
werden in Anthologien fortleben, — aber im Herzen und Gedächt=
nisse des Volkes nicht! Doch es ist Zeit, wieder zu meinen
Schicksalen zurückzukehren.

Die Folgen der Februar=Revolution hatten auf alle meine
Unternehmungen eine verderbliche Wirkung geübt. — Das „Cen=
tral=Bureau für Commission und Publizität" hatte
alle seine Clienten verloren. Wer kümmerte sich mehr um Nach=
richten aus Paris über Moden, Theater, Erfindungen u. s. w.,
wer hatte Lust Einkäufe in Paris zu machen, oder gar selbst nach
Paris zu reisen? — Das Uebersetzen französischer Stücke brachte

nichts mehr; denn in Paris gaben die Theater nur politische
Tendenz=Comödien und in Deutschland lagen sämmtliche Theater
in den letzten Zügen; — man brauchte keine Bühne mehr, jeden
Tag wurden neue Komödien auf den Straßen und in den Ver=
sammlungssälen aufgeführt. Selbst die Correspondenzen für Zei=
tungen gingen schlechter als sonst. Eine Masse von Zeitungen
entstand in Deutschland, größtentheils Eintagsfliegen, die alten
Zeitungen hatten die größte Mühe, sich gegen diese Eindringlinge
zu behaupten und schränkten sich möglichst ein, — kurz so wie
Alles stockte, so stockten auch meine Geschäfte und ich sah das müh=
same Werk langjähriger Arbeit unter meinen Händen in Staub
und Asche fallen. Doch hielt ich fest Stand, arbeitete mit meinem
indessen zurückgekommenen Bruder unermüdet fort und hoffte auf
die Rückkehr besserer Zeiten, nachdem sich die neuen Zustände erst
befestigt haben würden.

Das aber war mir schon in den ersten Tagen nach der
Revolution klar geworden, daß ich unmöglich, unter den veränderten
Verhältnissen, auf dem Lande bleiben konnte; — mit dem stillen,
friedlichen Landleben war es nun zu Ende.

Die Ereignisse drängten und häuften sich; jeden Augenblick
gab es etwas Neues, Unerwartetes; da hieß es beständig auf
seinem Posten sein. — So waren wir denn gleich Anfangs März
in die Stadt gezogen und hatten unser Landhaus zum Verkauf
ausgeboten. — Aber kein Mensch wollte in dieser Zeit der Ver=
wirrung und Unsicherheit etwas kaufen, das Geld war rar und
das Agio auf Gold stieg von Tag zu Tag; — so blieb denn
das Landhaus leer stehen, und wurde endlich um ein Spottgeld
verschleudert.

In Paris hatte sich indessen die Lage der Dinge nicht ver=
bessert, sondern verschlimmert. Verwirrung und Planlosigkeit herrsch=
ten überall; den ganzen Tag zogen Deputationen mit Fahnen
zum Stadthause, um der Regierung ihre Huldigungen darzubringen,
dazwischen wurden Freiheitsbäume gepflanzt und von den Geist=
lichen der nächsten Pfarrkirche, die in großem Ornate daherkamen,
eingesegnet. Abends zogen lange Prozessionen von Pariser
Gamins durch die Straßen und sangen: „Des lampions! des
lampions!", worauf alle Fenster illuminirt werden mußten, widri=
genfalls sie mit Steinen eingeworfen wurden; — dazwischen gab
es drohende Demonstrationen von Mißvergnügten, — unzufriedene
National=Garden, denen die Regierung die theuren Bärenmützen

wegdekretirt hatte, von erboßten Arbeitern, die durchaus alle Monate die Millionen ausbezahlt bekommen wollten, welche bis dahin König Louis Philippe, als Civilliste, bezogen hatte; kurz, es war die heilloseste Wirthschaft, die man sich denken kann; das Vertrauen war gänzlich geschwunden und von einem Wiederaufbau der Geschäfte konnte unter solchen Umständen keine Rede sein.

Dazu erschienen täglich neue Journale, das Stück um einen Sou, andre wurden gratis vertheilt, denn es herrschte absolute Preßfreiheit, Stempelfreiheit, Cautionsfreiheit und jeder Schuhflicker konnte ebenso gut ein Blatt herausgeben, wie alle die politischen Abenteuerer, die jetzt von allen Seiten nach Paris strömten. Dabei waren diese Blätter ohne Geist, ohne Verstand, ohne Takt, größtentheils roh, gemein und abgedroschen; — sie waren das echte Spiegelbild der sinn- und zwecklosen Bewegung, die jetzt abgespielt wurde.

Ich habe damals eine vollständige Sammlung aller dieser Blätter und Blättchen angelegt, alle Pamphlete, Broschüren, Maueranschläge dieses Jahres dazugefügt und bemerke hier für künftige Kulturhistoriker und Quellenforscher, daß ich diese, in ihrer Art einzige Sammlung, in einer Anzahl von Bänden zusammengebunden, der Bibliothek der „Mercantile Library Association" in St. Louis in Amerika zum Geschenk gemacht habe, wo sich dieselbe noch befindet.

Der größte Uebelstand war unstreitig der, daß es Niemanden mit der Republik wirklich Ernst war. Niemand glaubte an die Republik, ja die Mehrzahl betrachtete sie als eine Krankheit des Staates, als ein vorübergehendes Uebel, das man geduldig abwarten müsse; — von der Regierung wurden die Aeußerlichkeiten der ersten Republik nachgeäfft, von einem wahrhaft republikanischen Geiste war keine Spur. Dieser Mangel an jeglichem Ernst hatte nur Eine gute Seite, nämlich die, daß die ganze Bewegung bis jetzt nicht nur unblutig, sondern friedlich und — soweit es die finanzielle Lage erlaubte — sogar mit Heiterkeit und Humor durchgeführt wurde.

Was die guten Spießbürger befürchtet hatten, geschah Alles nicht; — es wurde kein Revolutions=Tribunal eingesetzt, keine Guillotine aufgestellt, kein Flintenschuß abgefeuert, und die ganzen Waffen, mit denen die Parteien gegen einander kämpften, bestanden in Journal=Artikeln und in guten und schlechten Witzen. Aber auch das sollte bald anders werden.

Am 4. Mai konnte die constituirende Nationalversammlung zusammentreten, — die Wahlen durch das allgemeine Stimmrecht hatten eine conservative Majorität ergeben — und damit wurde die Entscheidung herbeigeführt.

Die Mai-Tage.
(1848.)

Die National-Versammlung war gewählt, und auch am 4. Mai zusammengetreten, aber die Verwirrung und Anarchie war damit nicht beseitigt. Die Versammlung bestand aus neunhundert Deputirten, da die provisorische Regierung auf je vierzigtausend Seelen einen Abgeordneten dekretirt hatte. Es ist schon schwer, gesetzgebende Versammlungen von einigen hundert Abgeordneten unterzubringen und ihre Verhandlungen zu regeln und zu leiten, und hier waren nahezu Tausend, aus allen Klassen der Gesellschaft durch das allgemeine Wahlrecht zusammengewürfelt. Da war der Pater Lacordaire in seiner weiß und schwarzen Ordenskutte, da waren noch andere Mönche in ihrer Klostertracht nebst einigen Abbés, alte Generale aus der Kaiserzeit, Invaliden der großen Armee, einige Bauern, und, was uns Journalisten am meisten interessirte, sieben rabenschwarze Neger aus den Colonien, von denen einer ein höchst intelligenter und redegewandter Mann war. In dem vorgeschriebenen Robespierre-Costume waren nur ein halbes Dutzend exaltirte Montagnards erschienen, und wurden ausgelacht; wie denn überhaupt alle geistlosen Nachäffereien der Sitten und Unsitten der ersten Republik von dem gesunden Sinne des Volkes abgelehnt wurden; und so z. B. die Titulatur: „Citoyen!" statt Monsieur, — oder das Tragen von Cocarden, Emblemen u. dgl.; — alle diese Affektationen waren schon in den ersten März-Tagen spurlos beseitigt.

Für diese kleine Armee von Deputirten war natürlich in den Versammlungslokalen der ehemaligen Deputirten- und Pairskammer kein Platz, es mußte also im Hofe der Deputirtenkammer ein provisorischer Versammlungssaal aus Holz aufgebaut werden, in welchem die Sitze der Deputirten in Hufeisenform, amphitheatralisch arrangirt waren; wir Journalisten hatten eine ziemlich lange, aber sehr seichte Tribüne, in der unsere Pulte in zwei Reihen standen, allein wo jede Circulation und Bewegung nahezu unmöglich war. Die Eröffnung der Nationalversammlung wurde damit eingeweiht, daß die Republik der „Freiheit, Gleichheit und Brüderlichkeit" als bleibende Staatsform „für alle Zeiten" ausgesprochen wurde; dann erhob sich die ganze Versammlung, begab sich hinaus unter das Peristyl und proklamirte hier nochmals dem auf dem Concorde=Platze versammelten Volke die Republik. Die provisorische Regierung legte in den nächsten Tagen ihre Diktatur nieder und zugleich Rechenschaft über ihre bisherige Verwaltung ab. Sie konnte nur negative Resultate melden, es war kein Krieg erklärt worden, man hatte keine Anleihe gemacht, es war Niemand hingerichtet, ja nicht einmal verhaftet oder verfolgt worden, kurz, diese schweren zwei Monate waren mit vollständiger Achtung der Person und des Eigenthums vorübergegangen. Die Nationalversammlung kam vor Allem zur Ueberzeugung, daß eine Regierung von nahezu einem Dutzend Personen, mit ebenso vielen Einbläsern und Dreinredern denn doch des Guten zu viel sei und es wurde nun eine Executiv=Commission von Fünfen, bestehend aus Lamartine, Arago, Garnier=Pagés, Marie und Ledru=Rollin eingesetzt, welche wieder ihre Minister ernannte und deren bedeutendster Schritt in dieser Hinsicht die Ernennung des Generals Cavaignac zum Kriegsminister war. Es sollte jetzt wieder in Wirklichkeit „regiert" werden, vor Allem Ordnung in das bisherige Chaos kommen, damit die Geschäfte, Handel und Wandel wieder in Gang kämen. Neben der Nationalversammlung tagte aber im Saale der Pairskammer unter Louis Blanc's Vorsitz ein Arbeiter=Parlament, welches sich wie eine zweite Nationalversammlung benahm und in welchem meist wahnwitziges Blech geschwätzt wurde. Die besitzende Klasse hielt es mit der Nationalversammlung und deren conservativer Majorität, die Arbeiter, Sozialisten und Communisten sahen hoffnungsvoll auf das Arbeiter=Parlament; — der Zusammenstoß konnte nicht ausbleiben.

Zu den größten Fehlern der ersten provisorischen Regierung gehörte die Proklamation des „Rechtes auf Arbeit", aus welchem die Errichtung von National=Werkstätten hervorging, zu denen sich Alles drängte, was nicht arbeiten wollte. Die National=Werkstätten bestanden darin, daß man allen Leuten, die sich als arbeitslos meldeten, 2 Francs täglich zahlte, welche sie durch Arbeit für das öffentliche Wohl verdienen sollten; die Zahl dieser so betheiligten Leute stieg von Tag zu Tag, bis zuletzt auf Einmal **hundertzwanzigtausend**; aber man hatte eben keine Arbeit für sie. — Hätte man diese Leute einen Canal graben, eine Eisenbahn terrassiren, Heerstraßen bauen lassen, so wäre doch etwas Nützliches geschehen und das Geld nicht umsonst hinausgeworfen worden; — auch wäre nach dem alten Sprüchworte, daß „Müssiggang aller Laster Anfang", durch eine wirkliche, nützliche Beschäftigung viel späteres Unheil vermieden worden. Aber der Regierung, ihrem Arbeitsminister und seinen **Ingenieuren** fiel nichts Nützliches ein, und so wurde denn, um die Leute nicht ganz faullenzen zu lassen, auf dem Marsfelde und in der Ebene von **Monceaux** auf einer Seite ein tiefer Laufgraben ausgeschaufelt und die ausgegrabene Erde auf der andern Seite zu einem hohen Walle aufgethürmt. Waren der Wall hoch und der Graben tief genug, so wurde die Erde vom Walle wieder in den Graben geworfen, und wenn dieser ausgefüllt war, nun auf der andern Seite ein Graben gezogen und ihm gegenüber, auf dem zugeschütteten Graben, ein neuer Wall errichtet. So ging es abwechselnd fort und das nannte man die „**National-Werkstätten**". Das Schlimmste aber war, daß man, um einige Ordnung zu erhalten, den Leuten eine gewisse **militärische** Organisation geben mußte; — sie wurden in **Compagnien** eingetheilt, welche ihre **Führer** und **Unterführer** selbst wählten, und diese hatten über die Arbeit zu wachen oder auch **nicht zu wachen**, vor Allem aber auf die richtige Bezahlung ihrer Leute zu sehen, worin sie äußerst pünktlich waren. Schon am 1. April hatten sie eine Demonstration gemacht, und am 15. Mai wiederholte sich diese im ernsten Maßstabe.

An diesem Tage sollte in der Nationalversammlung ein Antrag von **Wolowsky**: „**Frankreich sollte den bedrängten Polen zu Hülfe marschiren**", diskutirt werden. Wir Journalisten saßen auf unserer Tribüne und notirten die ziemlich unbedeutenden Reden; — auf einmal kamen Eilboten gestürzt und die Versammlung wurde unruhig. — Die Meldungen lauteten, daß sich 100,000 Arbeiter, von den revolutionären Clubs geführt, auf dem Bastilleplatz versammelt hätten und im Begriffe ständen, nach der National-Versammlung zu marschiren. Bald hörten wir das dumpfe Brausen der herannahenden

Volksmassen und den gleichmäßigen Tritt ihrer Colonnen. Der
General, der mit einem Regimente auf dem Concorde=Platze stand,
verlor den Kopf und ließ die Colonnen ungehindert über die
Brücke passiren; das Bataillon Mobilgarde, welches im Hofe
stand, wurde von der herandrängenden Volksmenge einfach bei
Seite geschoben und wie ein angeschwollener Strom, der seine
Dämme und Schleußen durchbricht, überfluthete die ungeheure
Menschenmenge alle Räume des Versammlungssaales, während
noch Tausende in den Höfen und Gängen, und vor dem Gebäude
gedrängt standen. Auch unsere Journalisten=Tribüne wurde von
Besuchern überschwemmt, die auf unsere Pulte und Bänke stiegen;
— auf meinem Rücken und den Schultern knieten und lehnten
zwei bärtige Blousenmänner, deren Einer eine rothe Fahne trug.
Ich parlamentirte mit den Beiden und suchte ihnen begreiflich zu
machen, daß ich es in dieser Stellung nicht aushalten, noch we=
niger aber die „gerechten Wünsche des Volkes", die unten ver=
öffentlicht werden sollten, niederschreiben könnte.

Einer von den beiden antwortete mir ebenso höflich, wie
kaltblütig: „Excusez, Monsieur! mais nous n'avons pas d'autre
place!" Davon, daß sie überhaupt da nichts zu suchen hatten,
schienen sie keinen Begriff zu haben. Unten im Saale aber
dauerte die revolutionäre Orgie mit immer steigender Heftigkeit
fort. Der Abgeordnete Barbés verlangte ein Dekret, wodurch
den Reichen die Zwangssteuer von Tausend Millionen für
gemeinnützige Zwecke auferlegt werde, was natürlich von den ein=
gedrungenen Volksmassen mit Akklamation votirt wurde. Nun
kam ein gewisser Huber, sprang auf den Präsidententisch,
erklärte, im Namen des souveränen Volkes, die National=Ver=
sammlung für aufgelöst und forderte das Volk auf, eine pro=
visorische Regierung zu ernennen; kurz es war die voll=
ständigste Parodie alles Dessen, was am 24. Februar gegen die
Monarchie geschehen war. Ich konnte es nicht länger aushalten;
halb zerquetscht und gerädert, in Schweiß gebadet, erklärte ich
meinen beiden Hintersassen, da die National=Versammlung auf=
gelöst sei, so hätte ich da nichts mehr zu suchen, und wollte
ihnen bereitwilligst meinen Platz einräumen. Während sie sich
höflichst entschuldigten, daß sie mir ein wenig beschwerlich ge=
wesen, eilte ich rasch hinab und kam durch einen mir bekannten
Ausgang im Souterrain in's Freie. Hier fand ich schon ganz
Paris in Bewegung. Truppen und Nationalgarden sammelten

sich auf den Boulevards und während nun die eingedrungenen
Volksmassen die National-Versammlung verließen und nach dem
Stadthause marschirten, um dort die neue Regierung zu installiren,
welche aus Barbés, Blanqui, Albert, Blanc, Proud-
hon und Cabet bestand, war die Truppenmacht bereits auf
fünfzehntausend Mann gestiegen. Nun setzten sich der entschlossene
Lamartine, und, nicht mit großer Freudigkeit, aber doch aus
Pflichtgefühl Ledru-Rollin zu Pferde und zogen an der
Spitze der bewaffneten Macht ebenfalls zum Stadthause. Es
fand dort kein Kampf statt, ein Theil der Insurgenten hatte sich
bereits verlaufen, die Uebrigen verloren sich, als sie die Truppen
unter Trommelschlag anrücken sahen; Ledru-Rollin hatte gleich
beim Abmarsche seinen Hut verloren und ritt barhaupt. Er und
Lamartine hatten keine andere Auszeichnung als die drei-
farbige Schärpe.

Ich hatte meinen Bericht über die Invasion schnell zum
Autographiren für die Correspondenz gegeben und zog nun mit
Tausenden anderen Bürgern, an der Spitze der Colonne, zum
Stadthause. Ohne Widerstand drang hier Alles, Bürger und
Soldaten, hinein, und die neue Regierung wurde überrascht, als
dieselbe gerade eine Kriegserklärung an Preußen, Oesterreich und Rußland erlassen hatte, wenn diese nicht binnen
drei Tage Polen freigeben würden. Ohne Gegenwehr ließ sich
die Regierung gefangen nehmen und ehe es noch dunkel wurde,
saßen schon Alle gefangen in den Zellen des Justizpalastes, nur
Proudhon und Louis Blanc, die nicht auf dem Stadthause waren und deren Plätze durch ein paar Stellvertreter ausgefüllt worden waren, blieben frei; Abends war ganz Paris freiwillig illuminirt.

Zum ersten Male tauchte in diesen Tagen Louis Napoleon auf, der in vier Wahlbezirken zum Abgeordneten gewählt
worden war. Allein die regierende Exekutiv-Commission ließ ihm
begreiflich machen, daß seine Anwesenheit in Paris nicht gewünscht werde, General Cavaignac erklärte dem alten Bona-
partisten, General Ordinaire, daß, wenn der Abenteurer von
Boulogne und Straßburg das Geringste gegen die Republik
unternehmen würde, er entschlossen sei, ihn auf seine eigene Verantwortlichkeit füsiliren zu lassen, und Louis Napoleon, dessen
beide Vetter, Peter und Jerome, schon als Abgeordnete in
der Deputirtenkammer saßen, blieb ruhig in London, obwohl

seine Wahl von der Versammlung für giltig erklärt worden war.
Wahrscheinlich sah er schon damals voraus, daß der Conflict
zwischen der National-Versammlung und den Arbeitern der National-Werkstätten unausbleiblich sei und wollte sich dabei weder
nach der einen, noch nach der andern Seite compromittiren.

Dieser Zusammenstoß erfolgte denn auch früher, als man
erwartet hatte; — die National-Werkstätten kosteten alle vier Tage
eine Million, also im Monate mit den Nebenausgaben für Werk-
zeug u. s. w. **zehn Millionen**; die National-Versammlung
beschloß, diesem Unfuge ein Ende zu machen, und als am 20.
Juni der Arbeitsminister abermals einen Credit von mehreren
Millionen verlangte, um sie in den National-Werkstätten nutzlos
zu vergeuden, wurde beantragt, die tauglichen Arbeiter in die Armee
aufzunehmen und die National-Werkstätten aufzulösen. Das war
das gewünschte Schlagwort für die, durch die Verhaftung von
Barbés, Blanqui und Anderen ohnehin erbitterten, commu-
nistischen Führer. Sie beriefen die Compagnie-Chefs der National-
Werkstätten am Abende des 22. ein und trugen ihnen auf, am
nächsten Morgen mit ihren Leuten, bewaffnet auf den Sammel-
plätzen zu erscheinen, um „**das Recht auf Arbeit**" und die
Interessen der Arbeiter zu vertheidigen.

Und in allem diesem Durcheinander, in dieser sich täglich
steigernden heillosen Verwirrung, bei dem immer mehr sinkenden
Credite der Regierung, ja selbst der National-Bank, deren Noten
nur mit Mißtrauen und nur gegen hohes Agio angenommen
wurden, bei der gänzlichen Geschäftslosigkeit und Stockung und
den sich täglich wiederholenden drohenden Demonstrationen der
Tausende von brotlos gewordenen Arbeitern hieß es doch den
Kopf oben halten, unermüdet, doppelt und dreifach so viel arbeiten,
als früher in den ruhigen Zeiten und sich für das Schlimmste
vorbereiten. Dabei hatte ich die ganze geistige Arbeit **allein** zu
besorgen; denn Freund **Bernays** war noch immer in Wien
und mein Bruder hatte mit den technischen Arbeiten vollauf zu
thun. Es war eine höchst peinliche, traurige und schwierige Zeit,
die ich damals durchlebte, und der einzige schwache Trost war
nur der, daß es allen anderen Leuten auch nicht besser ging.
Dazu kam noch die ängstliche Sorge um die Sicherheit der Familie;
denn die beständigen Emeuten und Demonstrationen, die sich oft
unter unseren Fenstern, am Quai und auf dem Wege nach dem
Stadthause abspielten, ließen uns zu keiner Ruhe kommen. Wären

diese Zustände nur allein auf Frankreich beschränkt gewesen, so hätte man sich noch bescheiden können, aber in ganz Deutschland, in Oestreich, allüberall herrschten dieselben aufgeregten Zustände, hie und da viel schlimmere; — dadurch wurden die Zeitungen, für die man arbeitete, finanziell geschädigt und die Zahlungen für die Correspondenzen gingen nur langsam und schwierig ein. Das Gold-Agio stieg von Tag zu Tag, damit stiegen auch die Preise der Lebensmittel und Bedürfnisse, und das Wenige, das man noch verdiente, langte nicht mehr aus. So wurde denn bei dieser trostlosen Lage in ganz Europa der Gedanke der Auswanderung nach Amerika immer mächtiger in mir und ich schrieb Bernays darüber nach Wien. Auch er glaubte nicht an ein baldiges Besserwerden und war mit mir einverstanden, eine neue Heimath über dem Meere zu suchen. So vergingen peinliche Wochen der Ungewißheit und Besorgniß, immer trüber wurden die Aussichten, immer gefahrdrohender die Zukunft, aber leider — sollte es noch viel schlimmer kommen.

Die Junischlacht.
(1848.)

Schon seit einigen Tagen war es in Paris außerordentlich schwül geworden, nicht nur in der physischen, sondern auch in der politischen und sozialen Atmosphäre; — im deutschen demokratischen Club waren die Debatten leidenschaftlicher und erbitterter als je, ich konnte nur mit der größten Anstrengung Ordnung erhalten und wenigstens die allerunsinnigsten Anträge beseitigen.

Die deutschen Arbeiter — und diese waren die Majorität im Club — erklärten mir geradezu, in wenigen Tagen würden sie Herren von Paris und ganz Frankreich sein, und dann würde ein ganz anderes Leben beginnen; endlich wäre die Zeit da, wo die Klasse, die bis jetzt nur gearbeitet und gelitten hätte, in den vollen Besitz ihrer Menschenrechte gelangen würde, und was dergleichen Redensarten mehr waren. Endlich wurde der Antrag gestellt, sich mit den Waffen in der Hand den französischen Kameraden anzuschließen und für das „Recht auf Arbeit" zu kämpfen;

— ich erklärte den Antrag für unzulässig und als er dennoch zur Abstimmung gebracht werden sollte, legte ich meinen Vorsitz nieder und verließ unter Pfeifen, Zischen und Höhnen den Saal. Am nächsten Morgen, den 23., sammelten sich die bewaffneten Arbeiter auf ihren Plätzen und marschirten. Gegen zehn Uhr Vormittags fing man an, Barrikaden am Anfange der Vorstädte St. Denis und St. Martin zu bauen. Auch beim Stadthause wurden, wie ich aus meinen Fenstern sehen konnte, jetzt die ersten Barrikaden errichtet. Ich wohnte Quai de l'Ecole Nr. 16 au 3éme, sah also hinab auf beide Quais der Seine und auf die Brücken, die hier zum linken Ufer führten, wo die Insurgenten ihre Hauptmacht concentrirt hatten. Die Regierung ließ die Leute bis zur Mittagsstunde ruhig Barrikaden bauen, Waffenläden plündern, die Communikationen der Omnibus und Fiaker unterbrechen, — erst um ein Uhr Mittag erfolgte, auf Cavaignac's Befehl der allgemeine Angriff. Cavaignac hatte ungefähr fünfzig Tausend Mann an Truppen, Nationalgarden, Mobilen und Polizeigardisten, die Gesammtzahl der Insurgenten bestand aus mindestens 100,000 Mann, aber schlecht bewaffnet und noch schlechter disciplinirt; dagegen zeigten einzelne Bataillone der National- wie der Mobilgarde aus den ärmeren Vorstädten große Neigung, zu den Aufständischen überzugehen, was auch während des Kampfes theilweise geschah.

Die Nationalversammlung aber hatte den entscheidendsten Schritt gethan, sie hatte den Kriegsminister Cavaignac mit dem Oberbefehle der ganzen bewaffneten Macht bekleidet und zugleich, was Karl X. und Louis Philippe nicht zu thun gewagt hatten, Paris und das umliegende Departement in Belagerungszustand erklärt, außerdem die ganze Executiv-Gewalt ebenfalls an General Cavaignac als Dictator übertragen. Cavaignac ließ sogleich durch den Telegraphen alle disponibeln Truppen und National-Garden aus den angrenzenden Departements nach Paris berufen, diese trafen denn auch von Stunde zu Stunde zahlreich ein und die Truppenmacht der Regierung stieg bald auf 80,000 Mann. Es war aber auch nöthig, denn der viertägige Kampf der nun folgte, war einer der blutigsten, die die Geschichte kennt. Es sei genug hier zu erwähnen, daß auf Seite der Regierungstruppen sieben Generäle fielen und fünf verwundet wurden; auf beiden Seiten wurde kein Pardon gegeben, sondern die Gefangenen unbarmherzig massakrirt; man berechnete die Zahl der auf beiden Seiten Gefallenen auf 8000, die der Verwundeten auf 15,000.

Die Lage der Bevölkerung von Paris war in diesen vier Tagen eine entsetzliche; — die Hausthore mußten streng geschlossen bleiben, ja selbst die Fenster durften nicht geöffnet werden und wenn sich selbst hinter den zugemachten Fenstern der Kopf eines Menschen zeigte, so schossen die Provinz-Nationalgarden sogleich hinauf, aus lauter Angst, daß Jemand von oben auf sie herab schießen wolle; überhaupt waren diese Provinz-Nationalgarden in einer bitterbösen Stimmung gegen Paris, welches seit Jahrhunderten alles Geld und alle Kräfte des ganzen Landes absorbirt und dafür nur Unruhen, Emeuten und Revolutionen gemacht und Geschäfte und Gewerbe ruinirt hatte; am liebsten hätten diese Provinzler Paris ganz geplündert und dann angezündet und der Erde gleich gemacht.

Man kann sich leicht denken, welch' ein Dunstkreis in der Juni-Hitze sich in den Wohnungen entwickelte, deren Fenster nicht geöffnet werden durften; auch nach rückwärts war keine Lüftung möglich, denn die Pariser Zinshäuser haben entweder gar keine, oder doch nur kleine, brunnenähnliche, stinkende Höfe. Dazu konnten die Wasserträger kein frisches Wasser bringen, die Milchverkäufer keine Milch, worunter besonders die kleinen Kinder litten, die Märkte waren leer, die Fleischhallen geschlossen, — denn Niemand durfte sich auf den Straßen zeigen. — Es war ein entsetzlicher Zustand und da die Barrièren geschlossen waren, und keine Posten ankamen oder abgingen, so konnte man weder Paris verlassen, noch seinen Angehörigen auswärts Nachrichten zukommen lassen.

Ich war gleich am ersten Tage, als der Kampf begann, auf meinen Posten in der National-Versammlung geeilt, die sich so eben in Permanenz erklärt hatte; — General Cavaignac, der hier sein Hauptquartier hatte, ertheilte uns Journalisten sogleich Passir-Scheine, damit wir ungenirt in den Straßen cirkuliren konnten. Diese Scheine lauteten:

„Questure de l'Assemblée Nationale — Paris, le 23. Juin." — Laissez circuler librement le citoyen Boernstein dans Paris pendant la durée de l'etat de Siège.
Le Chef du Pouvoir Executif." —

Aber trotz dieses Passirscheines und trotz der auf den Hut

gesteckten blauen Journalisten=Karte war es noch immer gefährlich, die Straßen zu passiren, besonders in der Nähe der verschiedenen Kampfplätze; — alle paar hundert Schritt traf man auf ein Militär=Detachement, welches zur Verhinderung der Errichtung von Barrikaden, oder zur Freihaltung von Communikationen für die Truppen aufgestellt war; — waren es Linientruppen, so ging die Sache leicht, der Offizier sah den Passirschein an und sagte freundlich: Passez Monsieur! — waren es aber National=Garden, und besonders solche aus der Provinz, dann hatte die Sache ihre bedenkliche Seite; — der Passirschein und die Journalistenkarte wurden besichtigt, dann aber wurde die Schreibmappe, oder was man sonst trug, auf das genaueste durchsucht, ob man darin keine Briefe oder Depeschen für die Insurgenten befördere; vor Allem aber hieß es: „Montrez vos mains!" Jeder mußte seine Hände herzeigen und wehe dem, der schwarze Hände hatte; — die waren natürlich von Pulver schwarz. Folglich war derselbe auf der Barrikade gewesen, und folglich wurde er an eine Mauer gestellt, ein Dutzend Gewehre krachten und eine blutige Leiche lag am Boden. Reinlichkeit war eben damals die erste Bürgerpflicht; denn die National=Garden waren furchtbar erbittert durch die Gräuelthaten, die die Aufständischen an von ihnen gefangenen Nationalgarden durch Ausbrennen der Augen, Aufhängen bei den Füßen u. dgl. verübt hatten oder verübt haben sollten; denn Bestimmtes ist darüber nie festgestellt worden. Allerdings wurde General Brea, als er mit den Insurgenten parlamentirte und sich in ihre Mitte begab, nebst seinem Adjutanten feiger Weise ermordet, allerdings wurde der Erzbischof von Paris, als er auf eine Barrikade stieg, um Frieden und Versöhnung zu predigen, niedergeschossen, allerdings gab man auf beiden Seiten keinen Pardon, und auf die in Kellern eingesperrten Insurgenten, die sich den Truppen ergeben hatten, wurde von den Nationalgarden so lange durch die Luken hineingeschossen, bis im Keller Alles still und stumm und — todt war, und der Kampf hatte einen solchen Charakter der Grausamkeit angenommen, daß man unwillkürlich bei der Erinnerung daran — an Bismarck denkt, der die Franzosen trotz ihrer äußerlichen Politur mit den indianischen Rothhäuten verglich.

Die Nationalversammlung war in Permanenz, die Sitzungen dauerten also auch während der Nacht fort; unten im Saale schlummerten, während der von Stunde zu Stunde vorgenommenen

Suspensionen der Sitzung, die Abgeordneten auf ihren Sitzen, und wir Journalisten, todtmüde, schliefen oben in unserer Tribüne. — Von Zeit zu Zeit kam Cavaignac oder einer seiner Adjutanten und brachte Meldungen über den Fortgang des Kampfes, über diese oder jene gewonnene Position, dann wurde die Versammlung in Thätigkeit gerufen und nach angehörtem Berichte das Nöthige verfügt oder der Dank der Versammlung votirt; dann wurde die Sitzung wieder suspendirt und Abgeordnete und Journalisten verfielen wieder in ihren Halbschlummer.

Am 25. Abends waren alle Positionen der Aufständischen genommen, bis auf die große Arbeitervorstadt St. Antoine, der Cavaignac bis zehn Uhr Morgens am nächsten Tage Frist zur unbedingten Unterwerfung gewährt hatte. Aber hier waren es die deutschen Arbeiter, besonders die deutschen Tischler, die in dieser Vorstadt nach Tausenden zählten, welche von einer Capitulation auf Gnade oder Ungnade nichts wissen wollten und, gegen die französischen Mitkämpfer, mit deutscher Zähigkeit auf Fortsetzung des Kampfes bestanden. — Dieser begann denn auch am 26. um zehn Uhr Vormittags und war der härteste Gefechtstag; — jedes Haus mußte einzeln genommen werden, um jede Straße gab es ein blutiges Ringen; vierzig Kanonen spieen fortwährend Verderben, und als endlich die halbe Vorstadt in Besitz der Truppen war und die französischen Führer der Arbeiter kapitulirten — selbst da verweigerten die Deutschen es sich zu ergeben, und zogen in dichten Haufen zu der Barrière du Trône hinaus, um sich im flachen Lande zu zerstreuen. Ich war mit zwei Abgeordneten, die von der Versammlung auf den Kampfplatz geschickt waren, auf den Bastille-Platz gelangt. Ich sah die deutschen Arbeiter über die Felder fortziehen, General Lamoricière, dem gemeldet wurde, daß sich Insurgenten in's freie Feld flüchteten, ließ sie nicht verfolgen, theils weil er keine Cavallerie bei der Hand hatte, theils vielleicht auch, weil er es für klüger hielt, dem geschlagenen Feinde eine goldene Brücke zu bauen.

Trotzdem mußten sich hier noch 15,000 Arbeiter, meist Franzosen, ergeben, sie waren die Einzigen, die verschont worden waren und wurden, um sie den Rachegelüsten der Nationalgarden zu entziehen, sobald als möglich deportirt. Und so war denn der schreckliche socialistische Juni-Aufstand und mit ihm die utopische Richtung dieser ewigen Weltangelegenheit besiegt, wenn auch damit die sociale Frage nicht gelöst und aus der Welt geschafft worden ist. Und schon im Jahre 1871, bei der Besiegung der Pariser Commune, wiederholten sich diese blutigen und schrecklichen Kämpfe zwischen dem Proletariat und den Besitzenden — ein Theil von Paris ging in Flammen auf, Tausende auf beiden Seiten fielen im Kampfe, Zehntausende wurden nach Neu-Caledonien deportirt, unsägliches Elend bezeichnete diese letzte Erhebung und mit Bedauern und Entsetzen mußte der Menschenfreund sich von diesem schrecklichen Schauspiele abwenden und halb verzweifelnd den Franzosen zurufen: „Nichts gelernt, nichts vergessen!" Und diese Kämpfe des fanatisirten Proletariats werden wiederkehren und immer entsetzlicher werden, und immer kürzer werden die Zwischenräume zwischen diesen Vernichtungskämpfen werden. Zwischen der Junischlacht von 1848 und dem Verzweiflungskampfe der Pariser Commune von 1871 liegt ein Zwischenraum von 23 Jahren. Jetzt sind erst neun Jahre vergangen seit den Schrecken der Commune und dem Petroleumbrande von Paris, und schon mehren sich die Zeichen, daß das radikale und socialistische Element in Frankreich wieder das Uebergewicht erlangt; — schon die nächsten Wahlen von 1881 werden der äußersten Linken vielleicht die Majorität in der Volksvertretung geben, dann kommt die Kugel rasch ins Rollen, der Senat wird abgeschafft, der Präsident der Republik nicht mehr vom Parlamente, sondern vom Volke durch das allgemeine Stimmrecht gewählt werden, an die Stelle der bisherigen conservativen Republik wird die radikale, die rothe Republik treten und so wird es unaufhaltsam mit rasender Schnelligkeit weiter gehen, bis der Fanatismus des Proletariats und die Verzweiflung des Besitzenden in den blutigen Zusammenstoß gerathen, der noch viel schrecklicher enden wird, als die bisherigen Kämpfe zwischen Besitzenden und Nichtbesitzenden. Ich wünsche diese Tage nicht mehr zu erleben, lieber noch wäre es mir, wenn eine glücklichere Wendung der Dinge mich als falschen Propheten Lügen strafen würde; — aber ich habe wenig Glauben an die nächste Zukunft; schon ist selbst Gambetta ein fast überwundener Standpunkt und die Opportunisten sind in ganz Frankreich bereits in den Verruf gerathen; — möglich, daß noch einmal die Besitzenden siegen, daß eine socialistische Erhebung noch einmal mit ungeheurem Blutvergießen unterdrückt wird, aber diese Kämpfe werden immer und immer wiederkehren, bis endlich eine neue Weltordnung an die Stelle der gegenwärtigen Ordnung der Dinge getreten sein wird.

Damals, als die Junischlacht zu Ende war, dachte an eine Möglichkeit der Wiederkehr dieser Kämpfe wohl Niemand; man war froh, daß die Schreckenstage vorüber, daß Ruhe und Ordnung wieder hergestellt waren und Niemand beschäftigte sich mit der Zukunft, wie man denn überhaupt damals höchst leichtsinnig vom Tag auf den Tag lebte. Auch die Regierung schien sich keinen Besorgnissen mehr hinzugeben. Der furchtbare Aderlaß, mit dem sie die Pariser Bevölkerung zu heilen versucht hatte, schien ihr genügend und so wurden sogleich am Abende des vierten Tages die bedrückendsten Maßregeln des Belagerungszustandes wieder aufgehoben, es durften endlich Hausthore und Fenster wieder geöffnet werden, und die Bevölkerung durfte von Sonnenaufgang bis Sonnenuntergang sich wieder frei in den Straßen bewegen. Auch ich eilte nach Hause und fand meine Familie, die ich am ersten Tage schon mit Provisionen reichlich versorgt hatte, wohl und munter, obwohl gerade unter unseren Fenstern eine Batterie von vier Kanonen fortwährend über den Fluß hinüber gefeuert und das Militär die von den Insurgenten besetzten und verschanzten Brückenköpfe uns gegenüber zweimal mit Sturm genommen hatte.

Im großen Ganzen und gegen das Schicksal Anderer gehalten waren wir, ich und die Meinigen, noch mit einem blauen Auge davongekommen, obwohl wir dicht an einem der Kampfplätze wohnten. Anderen erging es ja viel schlimmer, — so war ich noch am 23. Morgens bei meinem Schneider gewesen, Mr. Margara, um mir einen neuen Anzug anmessen zu lassen; — er nahm mir, bereits in die Nationalgarde-Uniform gekleidet, noch rasch das Maß, ergriff seine Waffen; denn es wurde bereits Appell geschlagen für die National-Garde und mit einem „Adieu monsieur! nous nous reverrons demain pour choisir l'etoffe!" — eilte er auf den Sammelplatz seiner Compagnie. Natürlich wurde aus dem „demain" nichts, und als ich ihn nach acht Tagen aufsuchte, erfuhr ich von seiner trostlosen Familie, daß sie seit jenem Morgen meines Besuches nichts mehr von ihm gehört hatten; er war verschwunden, verschollen, gefallen mit tausend Anderen, beim Angriff auf eine Barrikade und wie die anderen Tausende unerkannt in die großen Gruben geworfen worden, in die man die Opfer jener Tage versenkte. Sein blühendes Geschäft, des Leiters beraubt, ging schnell zu Grunde, und die arme Wittwe mit ihren Kindern blieb in der hilflosesten Lage zurück. Solche Fälle hatten sich in tausenden von Familien ereignet, ebenso viele Bürger-Nationalgarden als Soldaten waren gefallen, denn Cavaignac ließ die Angriffs-Colonnen auf allen Punkten aus regulären Truppen und Nationalgarden zusammensetzen, um den Insurgenten anschaulich zu machen, daß nicht nur die Armee auf Commando, sondern auch das Bürgerthum aus eigenem Antriebe, gegen sie kämpfe.

Wie gesagt, wir kamen glücklich durch, nur mein Bruder, der sich einmal, mit meiner Legitimationskarte versehen, auf die Straße gewagt hatte, um sich den großen Tröster in solcher Lage, Tabak zu holen und den die Neugierde in die Nähe des pont de l'Ecole trieb, um sich die vielen Gefallenen auf der Brücke anzusehen, bekam von einer aus einer Barrikade am jenseitigen Ufer plötzlich abgefeuerten Decharge eine Kugel durch den Rockschoß und gewann gerade noch Zeit, sich in unser Haus zu flüchten, — nicht um einen Augenblick zu früh, — denn mit größter Heftigkeit begann nun wieder das Feuer auf beiden Seiten. Ich selbst hatte, trotzdem ich in diesen vier Tagen viel auf der Straße war, nur eine einzige Unannehmlichkeit erfahren; — ich war schon so daran gewöhnt, bei jedem Wachtposten und jedem Piquet auf meinem Wege in die Nationalversammlung angehalten zu werden, daß ich meine Journalistenkarte auf den Hut gesteckt und Cavaignac's „Laissez passer!" immer sichtbar in der Hand hatte. Dem ungeachtet geschah es mir eines Tages, daß ich auf meinem Wege über die Quais zum Concorde-Platze am Pont du Louvre angehalten und trotz meiner Legitimation von dem gestrengen Sergeanten einer Provinz-Nationalgarde-Compagnie festgehalten wurde, was damals immer eine bedenkliche Geschichte war. Der Herr Sergeant erklärte mir, er wisse nicht, ob mein „Laissez passer" auch richtig sei, — wahrscheinlich konnte der gute Mann gar nicht lesen, — er müsse mich daher in Haft behalten, bis sein kommandirender Offizier zurückgekehrt sei, der würde dann entscheiden; — ich wurde also von zwei Mann mit geschultertem Gewehr eskortirt, in die Wachtstube geführt und „au violon" gesetzt, wo ich Zeit hatte, meinen keineswegs erfreulichen Betrachtungen nachzuhängen.

War der Offizier auch ein solcher Esel wie sein Sergeant, so war mein Schicksal besiegelt; denn die Leute des Wachtpostens waren National-Garden eines Dorfes und ich glaube nicht, daß Einer von ihnen lesen oder schreiben konnte, ein Gebrechen, das in Frankreich auf dem Lande sehr häufig vorkommt. War der

Offizier vom selben Schlage wie seine Leute, so riskirte ich, kurzweg an das Parapet des Quais geführt und ohne viele Umstände füsilirt zu werden; denn man machte in jenen Tagen wenig Umstände mit den Leuten, die man als „suspects" be= trachtete. Zum Glück für mich erwies sich der bald darauf vom Rapport zurückkehrende Kapitän als ein gebildeter Gutsbesitzer aus der Nähe des Dorfes, der meine Legitimation sogleich als gültig anerkannte und mich, mit vielen Entschuldigungen der wort= reichen französischen „politesse" meinen Weg fortsetzen ließ.

Auch ein amerikanischer Freund war in diesen Tagen nach Paris und gerade zum Handkusse gekommen. Es war Charles A. Dana von der „New York Tribune", der nach Paris ge= kommen war, um sich das republikanische Frankreich in der Nähe anzusehen. Spät am Abende des 22. war Dana über England und Brüssel in Paris eingetroffen und wollte mich, den Corre= spondenten der „N. Y. Tribune", gleich am nächsten Tage auf= suchen, um mit mir Paris zu durchstreifen und den Elephanten zu sehen! Aber er hatte die Rechnung ohne den Wirth gemacht. Müde von der Reise, war er länger als gewöhnlich im Bette geblieben, und als er endlich Toilette gemacht und gefrühstückt hatte, und nun ausgehen wollte, war es Mittag geworden, der Kampf hatte bereits auf allen Punkten begonnen, der Belagerungs= zustand war proklamirt, alle Thore des Hotels waren geschlossen und der Wirth erklärte ihm, er könne ihn nicht auf die Straße lassen, denn es sei Niemand mehr seines Lebens sicher. So mußte denn Mr. Dana vier lange Tage und Nächte im un= freiwilligen Hausarreste zubringen, ohne alle Nachrichten von außen, ohne irgend ein Journal — denn in diesen vier Tagen erschien keine einzige Zeitung — und auch ohne Briefe, — denn es gingen nicht nur keine Posten ab, sondern es wurden auch die Briefe der wenigen noch ankommenden Posten während dieser vier Tage nicht ausgegeben. Als er endlich am 27. zu mir gelangte, erklärte er, diese vier Tage seien die schrecklichsten seines Lebens gewesen, nicht aus Besorgniß wegen seiner Person, sondern der quälenden Ungewißheit, der tödtlichen Langeweile wegen; — leicht begreiflich; denn ein Amerikaner, und noch dazu ein ameri= kanischer Zeitungsmensch vier Tage lang ohne jegliche Nachricht von außen, ohne Zeitungen, ohne Briefe, — das war allerdings ein hartes Schicksal.

Allerdings bemühte ich mich dann, ihm seinen Pariser Auf=

enthalt so angenehm als möglich zu machen und außer seinem
interessanten Umgange und der reichen Belehrung, die mir von
ihm über amerikanische Verhältnisse zu Theil ward, war er mir
auch sonst eine erfreuliche Erscheinung nach diesen trüben Tagen;
denn er brachte mir von Mr. Greeley meine Honorar-Ab-
rechnung in blanken vollwichtigen Eagles, eine damals in Paris
höchst seltene und daher doppelt erfreuliche Erscheinung; denn
Gold und Silber waren in den Junitagen ganz aus dem Verkehr
verschwunden und nur mit einem ruinös hohen Agio aufzutreiben.
Ich bewahrte die Rolle Goldstücke auch sorgfältig als einen Nothpfennig und habe sie auch unangetastet nach Amerika gebracht.

Ein schlimmes Schicksal ereilte einen meiner Pariser Freunde
in diesen Schreckenstagen; es war dies der deutsche Bildhauer
Julius Sohn, ein Pfälzer, wenn ich nicht irre, zwar kein großer
Künstler, aber ein geschickter Modelleur, der zuerst die Härtung
der Gypsplastiken und ein schöneres, weicheres Aussehen der
Gypsfiguren in Paris eingeführt und damit viel Glück gemacht
hatte. Er hatte alle Meisterwerke des Louvres und der Statuen-
Gallerie von Versailles, namentlich aber kleine Büsten bedeutender Männer sehr hübsch modellirt und sie dann in seiner
„plastischen Masse", wie er es nannte, zu billigen Preisen
hergestellt. Die „plastische Masse" bestand nun in der jetzt
Gemeingut gewordenen Manipulation, die Figuren und Büsten
wie früher aus Gyps zu gießen und sie dann in heiße Stearin-
Masse zu tauchen. Der Stearin drang nun in die Poren des
Gypses, benahm ihm seine bisherige Sprödigkeit, machte ihn
zugleich viel weniger zerbrechlich und viel dauerhafter und gab
den Figuren ein hübsches fleischfarbenes Ansehen; — die Erfindung war damals neu, aber sie war das Ei des Columbus
und der Erfinder Sohn machte damit Glück. Der König Louis
Philippe selbst hatte Sohn's Atelier besucht und zahlreiche
Bestellungen zur Ausschmückung seiner Schlösser gemacht; er sollte
sogar einen Hoftitel bekommen und „Fournisseur de la Cour"
werden; kurz, die glänzendste Zukunft stand ihm in Aussicht.
Da kam die Februar-Revolution und warf Sohn's sämmtliche
Hoffnungen über den Haufen. Aber schlimmer noch erging es ihm
in den Juni-Tagen. Eine versprengte und verfolgte Insurgenten-
bande hatte sich in seine Magazine und Ateliers geworfen und
vertheidigte sich dort gegen die nachstürmenden Truppen; nach
einem erbitterten Kampfe von mehreren Stunden und nachdem die

Insurgenten bis auf den letzten Mann gefallen oder verwundet
waren, wurde das Haus endlich erstürmt und man kann sich
denken, wie es nach einem solchen Verzweiflungskampfe in des
armen Sohns Ateliers aussah. Alle seine plastischen Bild=
werke, alle Statuen, Büsten, Medaillons u. s. w. waren in
kleine Stücke zerschossen oder zerschlagen; ja sogar die reichhaltige
Sammlung seiner Gußformen (Moules) war zertrümmert und
vernichtet worden; sie hatten zur Errichtung einer Barrikade ge=
dient, um das Militär am Vordrängen von Raum zu Raum zu
verhindern. Kurz der arme Sohn war mit Frau und Kindern
ein Bettler, — von Seite der republikanischen Regierung durfte
er auf keine Unterstützung hoffen, denn er war ein enragirter
Royalist geblieben; — von allen Mitteln entblößt, konnte er
sein Geschäft nicht wieder aufrichten, und als ich im Jahre 1862
Paris wieder besuchte und überall nach meinem Freunde Sohn
forschte, erfuhr ich endlich, daß er nach vielen fruchtlosen Ver=
suchen, sich und seiner Familie einen Erwerb zu gründen, schließlich
unter Louis Napoleon als einer der Colonisten nach Algier ge=
gangen war, die damals von der kaiserlichen Regierung massen=
weise nach Afrika befördert und dort nothdürftig angesiedelt wurden,
ohne daß man sich später viel um ihr Schicksal bekümmert hätte.
Wer das französische Colonisationswesen und die wenige Eignung
der Franzosen dafür kennt, der wird begreifen, welch' ein hartes
und trauriges Geschick den Lebensabend meines armen Freundes
und seiner Familie verbittert hat.

So ist es, wie gesagt, vielen Anderen noch viel schlimmer
ergangen und von diesen entsetzlichen Geschicken vieler Hunderter
hat man wenig oder gar nichts erfahren.

Unter Cavaignac's Regierung.

(1848.)

Paris sah nach dem viertägigen Kampfe wie ein wüstes
Schlachtfeld aus; — überall aufgerissenes Pflaster, zerstörte Barri=
kaden, zerschossene, von den Kanonenkugeln durchlöcherte Häuser,
rauchende Ruinen — auf allen Plätzen, wie auf den Boulevards
bivouakirten Truppen, deren Wachtfeuer die Nacht erhellten, überall

streifende Patrouillen, und dazwischen fuhren die großen voitures de demenagement, die Möbelwagen, herum, um die Todten zu sammeln und fortzuführen. Auf der Brücke unter meinen Fenstern lagen die Leichen so hoch auf einander, daß sie bis an die Parapets der Brücke reichten und man über sie wegklettern mußte; — sie alle, Soldaten, Insurgenten, National- und Mobilgarden, wurden auf die Wagen geladen, 30 bis 40 auf einen Wagen, und dann fuhr man sie hinaus zu den großen Gruben, wo die Gegner friedlich neben einander gebettet, mit ungelöschtem Kalk überschüttet und dann mit Erde zugedeckt wurden; — es war eben schon Ende Juni und sehr heiß. Während der Nächte vom 23. bis 26. hatten Hunderte von requirirten Möbelwagen dieses traurige Geschäft besorgt, — allein sie blieben noch durch acht folgende Nächte in Thätigkeit, bis in den Kellern, Kanälen, im Bau begriffenen Häusern und anderen Verstecken die letzten Leichen gefunden und fortgeführt waren.

Der Aufstand war überwunden und mit ihm auch der Glaube an die **Unüberwindlichkeit der Barrikaden** zerstört, der sich seit den leichten Erfolgen der Juli- und Februar-Revolution im französischen Volke festgesetzt hatte. — Bis dahin waren die Pariser der festen Ueberzeugung gewesen, sie dürften nur Barrikaden bauen, um die Regierung zur Kapitulation zu zwingen. — Waren Kanonen die ultima ratio regum gewesen, so waren Barrikaden die ultima ratio populi. — Als **Herwegh** zuerst mit **Ledru-Rollin** wegen der Sendung der deutschen Legion conferirte, konnte der praktische Franzose nicht begreifen, was 800 Mann in dem großen Deutschland ausrichten sollten; — **Herwegh** entgegnete, die 800 Mann sollten, wenn drüben Bewegungen ausbrechen würden (wir waren in den ersten Märztagen) — als **Führer** dienen. Da rief **Ledru-Rollin** aus: „Tiens, je vous comprends maintenant; — vous voulez envoyer en Allemagne un corps de professeurs des barricades." —

Am 28. Juni legte **Cavaignac** seine Diktatur nieder und die National-Versammlung votirte ihm den **Dank des Vaterlandes**; — aber zugleich wollte die conservative Majorität von einer vielköpfigen Exekutiv-Commission nichts mehr wissen und ernannte abermals **Cavaignac** zum Chef der Executiv-Gewalt. — **Cavaignac**, der zu den Freunden des „National" gehörte, wählte nun seine Minister aus den Redakteuren und Anhängern dieses

Journals, — **Bastide** erhielt das Portefeuille des Auswärtigen, **Hetzel** wurde sein Unter-Staatssekretär, **Armand Marrast** Präsident der National-Versammlung — alle drei Redakteure des „National"; — aber auch alle anderen wichtigen Stellen wurden mit Männern dieser Farbe besetzt, — die Partei der militärisch-politischen Republikaner, wie sie in der ersten Republik **Carnot** und die jungen Generale **Bonaparte, Hoche** und **Marceau** repräsentirt hatten, — die sogenannten „**Blauen**" kamen an's Ruder; die Männer der „**Reforme**", die Partei der sozialistisch-communistischen Republikaner, — die „**Rothen**", waren vollständig geschlagen. —

Cavaignac und seine Freunde entwickelten große Energie, — es wurde endlich wieder wirklich **regiert**; — die National-Werkstätten waren und blieben aufgehoben, — sämmtliche Clubs wurden gesperrt, was eine wahre Wohlthat war, — eine Untersuchung gegen die Urheber und Anstifter des Juni-Aufstandes wurde eingeleitet, — einige Legionen der National-Garde wurden wegen ihrer zweifelhaften Haltung im letzten Kampfe aufgelöst, — eine Anzahl Mobilgarden aus gleicher Ursache in die Armee von **Algier** gesteckt, — die Presse wurde unter Aufsicht gestellt und die Cautionspflicht für politische Journale wieder eingeführt; — vor Allem aber wurde der **Belagerungszustand** auf **unbestimmte Zeit** verlängert. — Paris und ganz Frankreich jubelten diesen Maßregeln Beifall zu; — **Louis Napoleon** schöpfte daraus die Lehre, daß man auf dem Wege der Reaktion noch viel — viel weiter gehen und doch immer der Zustimmung und des Beifalls der Besitzenden sicher sein könne.

Er trat nun auch wieder in den Vordergrund, — bei einer der Nachwahlen war er neuerdings zum Abgeordneten gewählt worden, und er trat nun wirklich in die Versammlung.

Unterdessen hatte die Voruntersuchung gegen die Urheber des Juni-Aufstandes ihren Abschluß gefunden, und **Odillon Barrot**, als Vorsitzer einer erzreaktionären Untersuchungs-Commission, legte den Bericht in drei starken Bänden der Nationalversammlung vor; — diese constituirte sich nun als eine Art von höchstem Gerichtshofe und hielt außer den täglichen auch noch Nachtsitzungen.

Der Bericht klagte außer den wirklichen Führern des Aufstandes auch noch eine Anzahl Journalisten, Abgeordnete, Funktionäre u. A., als der Mitschuld verdächtig an, wie **Louis Blanc**, den Polizeipräfekten **Caussidière** und viele Andere; — gegen

Andere, wie Ledru-Rollin waren Insinuationen eingestreut und selbst Männer wie Lamartine, Arago, kamen nicht ganz ohne hämische Anspielungen auf ihre „Unfähigkeit" davon.

Ich wohnte natürlich diesen Nachtsitzungen bei und hatte, als die Verhandlung ihrem Schlusse nahte, für die entscheidende Nacht auch meiner Frau ein Billet auf die Zuschauertribüne verschafft. Die Beinzichtigten, soweit sie Abgeordnete waren, vertheidigten sich in langen Reden — der dicke Caussidière in derber Manier à la Pére Duchésne, — Louis Blanc in wohlgesetzter Rede, — ihnen folgten Andere und zuletzt sollte über die Anträge der Commission abgestimmt werden. Als Louis Blanc seine Rede beendet hatte, war es ein Uhr nach Mitternacht, — ich holte meine Frau und wir gingen nach Hause. — Im Hofe huschte eine dunkle Gestalt an den Mauern hin dem Ausgangsthore zu, — der Strahl einer Laterne fiel auf das Gesicht, — es war Louis Blanc. „Bonne nuit, Monsieur Blanc!" rief ich ihm arglos zu, — denkend, er gehe auch nach Hause; er schrak heftig zusammen, wendete den Kopf, als er aber eine Dame an meinem Arme sah, begriff er, daß da keine Gefahr drohe, murmelte ein „bonne nuit!" und verschwand in dem Dunkel der Quais. — Als am Morgen die Schlußabstimmung erfolgte, durch welche gegen Louis Blanc, Caussidière, Sobrier, Barbés, Blanqui, Raspail und eine Menge Andere der Anklagezustand und die sofortige Verhaftung beschlossen wurden, waren Louis Blanc und Caussidière auf einem englischen Dampfer bereits auf dem Wege nach England; — die Uebrigen waren ohnehin längst im Gefängnisse und ihr Prozeß wurde mit rücksichtsloser Strenge geführt.

Bastide, der neue Minister des Auswärtigen, ein offener, gerader Charakter und aufrichtiger Republikaner, aber wie fast alle Franzosen, selbst die meisten Journalisten, — nur in der französischen Politik zu Hause, während ihm die Verhältnisse des gesammten Auslandes, besonders aber Deutschlands, eine terra ignota waren, war mir wohlgewogen. Er beklagte sich täglich über die französischen Vertreter, die Lamartine nach Deutschland geschickt hatte, und deren Berichte sehr viel zu wünschen übrig ließen — nur die klaren und lebendigen Schilderungen, die ihm Bernays aus Wien schickte, — meinte er — machten eine rühmliche Ausnahme. Auf seinen Wunsch schrieb ich ihm tägliche Bulletins über die Lage der Dinge in Deutschland, wie ich selbe aus den deutschen Zeitungen und aus Briefen von Freunden zusammenstellen konnte. Er sprach mir wiederholt mündlich und schriftlich seinen Dank dafür aus. Auch Armand M a r r a st blieb gegen seine früheren Collegen, die Journalisten, gleich freundlich gesinnt und er hielt darauf, daß sie bei den glänzenden Soireen, die er, zur Hebung der Industrie und der Geschäfte allwöchentlich in dem prachtvollen Palais de la Presidence de l'Assemblée nationale gab, recht zahlreich erschienen; — sogar ein eigenes Rauchkabinet hatte er uns einrichten lassen, wohin er sich oft aus der glänzenden Gesellschaft wegschlich und im Kreise seiner Freunde von der Presse plaudernd seine Cigarre rauchte. — Armand M a r r a st war ein hochbegabter Mensch, — als Journalist führte er eine scharfe Feder und unter Louis Philippe's Regierung war er der Schrecken der Conservativen, — denn noch schärfer und beißender als seine Journal-Artikel, waren seine mündlichen, von Witz und Satyre strotzenden Ausfälle, voll souveräner Verachtung gegen Guizot und dessen servile Majorität. Ich erinnere mich noch lebhaft, wie er am 22. Februar in die Journalisten-Tribüne der Pairskammer kam; — unten hatte ein Pair die Aufläufe des Tages geschildert und dagegen gedonnert; — ein anderer alter Conservativer hatte die Vertagung beantragt und dazu gequäckt: „Meine Herren! das irregeleitete Volk könnte auch hier eindringen und wir wären unwürdigen Mißhandlungen ausgesetzt!" — Armand M a r r a st, der vorne an der Brüstung der Loge, beide Hände in den Hosentaschen, stand, sagte verächtlich, aber so laut, daß man es unten hören konnte: „On ne vous daignera pas même d'un coup de pied!" Der Kanzler P a s q u i e r und viele Pairs blickten hinauf, aber sie hüteten sich, mit Marrast an einem solchen Tage anzubinden.

Die Vertagung wurde ausgesprochen und die Pairskammer kam nie wieder zusammen. Es geschah, wie Marrast gesagt hatte, — die Pairskammer verschwand in der Februar-Revolution, ohne daß sich Jemand um sie gekümmert, geschweige sich noch die Mühe gegeben hätte, sie auseinander zu jagen. — M a r r a st war nach Armand C a r r e l's Tode der Führer der Republikaner; — als Präsident der Nationalversammlung wußte er die Neunhundert mit starker Hand in Ordnung zu halten, — was seinem Vorgänger, dem gelehrten Geschichtsschreiber Buchecz nie gelungen war. Als im Sommer 1849 die constituirende Versammlung einer neuen Legislative den Platz räumte, trat Marrast in's Privat=

leben und hielt sich, vollständig enttäuscht, fern von aller Politik; er erlebte noch den Napoleon'schen Staatsstreich, mit dem alle seine republikanischen Hoffnungen begraben wurden und starb im Jahre 1852, erst einundfünfzig Jahre alt.

Am 26. September erschien Louis Napoleon zum ersten Mal in der Nationalversammlung und legte den Eid als Abgeordneter ab. — Wir Journalisten waren sehr gespannt auf die Erscheinung des Mannes, von dem bereits so viel gesprochen wurde.

Wir waren enttäuscht; — eine kleine unansehnliche Gestalt mit linkischen Manieren, sichtbar verlegen, — den Eid sprach er stockend mit stark teutonischem Accent nach.

Ich glaube, in der ganzen Versammlung waren nur Wenige, die den verlegenen, unbeholfenen jungen Mann nicht mitleidig belächelten und sich im Vergleich zu ihm nicht für große Genies hielten — so kläglich war der Eindruck, den dieses sein erstes Auftreten machte. — Als ich im Jahre 1867 den Kaiser auf der Höhe seiner Macht in Paris wiedersah, konnte ich gar nicht glauben, daß das derselbe Mann sei, und unwillkürlich beschlich mich der Gedanke, ob nicht Louis Napoleon damals gerade so wie einst Papst Sixtus V. den physischen Krüppel gespielt hatte, um die Cardinäle zu täuschen, — den geistigen Cretin simulirt habe, um die Politiker der Nationalversammlung hinter's Licht zu führen. Auch in der Folge und während der langen Debatten über die Verfassung der Republik verhielt er sich stille und hüllte sich in bedeutsames Schweigen.

In dieser Debatte handelte es sich um höchst wichtige Fragen, aber die allerwichtigste war: **wie der Präsident gewählt werden sollte,** — ob durch die Versammlung, oder mittels **des allgemeinen Stimmrechts,** direkt durch das Volk. Indem die Majorität sich für die direkte Volkswahl erklärte, legte sie das Fundament zu dem zweiten Kaiserreich. — Vom Volke selbst erwählt, konnte der künftige Präsident bei der ersten passenden Gelegenheit der ihm etwa opponirenden Versammlung sagen: „Ich bin der Erwählte der ganzen Nation, — ihr seid nur Bruchtheile dieser Nation, — also fort mit euch!" — wie es Louis Napoleon denn auch am 2. Dezember 1851 wirklich that. — Die Verfassung war endlich angenommen und am 4. November wurde sie auf dem zu einem Theater umgeschaffenen, pomphaft dekorirten Concorde-Platz durch Marrast feierlich verlesen, worauf ein Defiliren der Truppen und Nationalgarden folgte, das so lange dauerte, daß wir halb erfroren. Auf Sonntag den 10. Dezember war für ganz Frankreich die direkte Volkswahl des künftigen Präsidenten der Republik angesetzt.

Freund Bernays war nach den Oktober-Tagen, die ihn in gefährliche Abenteuer verwickelten, aus Wien nach Paris zurückgekehrt, und wir beriethen über unsere Schritte für die Zukunft. In der Regierung verhehlten sich es weder Cavaignac, noch seine Freunde, daß, wenn nicht unvorhergesehene Ereignisse einträten, Louis Napoleon gewählt werden würde; — auch wir Beide theilten diese Ueberzeugung und beschlossen in diesem Falle nach Amerika zu gehen. Für diese Auswanderung trafen wir unsere Vorbereitungen; — noch am Vorabende der Wahl ernannte Bastide Bernays zum Consul in Jacmel auf Hayti, es war die einzige Vakanz, die er zu besetzen hatte.

Das Landhaus in Sarcelles hatte ich trotz aller Mühe nicht verkaufen können, ich hatte ungefähr 10,000 Frcs. darauf bezahlt und sollte den Rest in Jahresraten à 3000 Frcs. nebst den Interessen vom Kapital abzahlen. Dazu war bei dem jetzigen schlechten Stande der Geschäfte keine Aussicht vorhanden, — zu einer Zwangsversteigerung durfte ich es nicht kommen lassen; denn bei diesen Zeitläuften wären keine 5000 Frcs. dafür erzielt worden, und so mußte ich zuletzt froh sein, daß der frühere Besitzer, Mr. Boucher d'Argis, die Besitzung simplement zurücknahm und meine Anzahlung ihm als Entschädigung verfiel. — Ich that nun Schritte, um auch einen Käufer für mein Correspondenz-Bureau zu finden; — nach langem und vergeblichem Suchen fand sich endlich ein Herr Demmler, ehemaliger württembergischer Hauptmann, der jedoch dafür ein so geringes Angebot machte, daß damit kaum die materielle Einrichtung bezahlt war. Ich bedang mir schließlich Bedenkzeit bis zum 12. Dezember aus; — bis dahin mußte ja ohnehin Alles entschieden sein.

Die Entscheidung erfolgte am 10. Dezember; — aber schon vierzehn Tage vor der Wahl war Alles entschieden; — die provisorische Regierung hatte zu viele und zu grobe Mißgriffe gemacht, die öffentliche Meinung zu sehr gegen sich aufgebracht, als daß Cavaignacs kurzes Interregnum im Stande gewesen wäre, die begangenen Fehler wieder gutzumachen, die feindlich gesinnten Gemüther wieder zu versöhnen. Namentlich waren es die 45 Prozent Steuerzuschlag, welche die Bauern, und die Uebergriffe der von Ledru-Rollin in die Departements gesendeten Civil-Commissäre, meist Abenteurer ohne Sitte, Bildung und Verständniß, welche die städtischen Bevölkerungen gereizt und aufgebracht hatten. — Sie alle waren für Louis Napoleon, dem seine bisherige Zurückhaltung und Vorsicht, vor Allem aber der Namen und der historische Glanz seines großen Oheims zugutekamen. Für Cavaignac waren nur die „Blauen", die honetten Republikaner, und deren Zahl war klein; — die „Rothen", welche Cavaignac wegen der Unterdrückung des Juni-Aufstandes tödtlich haßten, hatten Ledru-Rollin aufgestellt und die „Röthesten" den phantastischen und fanatischen Raspail.

An einem wunderschönen Dezembertage bei hellem Sonnenschein, fand die Wahl statt; — sonntäglich geputzt, wogte die Bevölkerung in gehobener Stimmung durch die Straßen, — Generale, Offiziere und Soldaten der Kaiser-Armee in ihren historischen Uniformen waren auf allen Wahlplätzen und agitirten lebhaft und mit Glück für den Napoleonischen Prinzen, — von der Höhe der Vendôme-Säule mit dem ehernen Standbilde des Kaisers flogen fortwährend bonapartistische Gedichte, Proklamationen, Wahlzettel auf die Volksmenge herab und in allen Cabarets floß gratis Wein in Strömen, um auf die Gesundheit des Prinz-Regenten zu trinken.

Bastide und Hetzel hatten mir und Bernays offen die Wahrheit gesagt und uns nicht verhehlt, wie schlecht Cavaignacs Aussichten ständen; auch sie trafen schon ihre Anstalten baldigst das Minister-Hotel zu verlassen; so hatten wir denn unsere Vorbereitungen ebenfalls beschleunigt und auf dem amerikanischen Schiffe „Sea Lion", das in Havre lag und noch im Dezember nach New-Orleans absegeln sollte, die ganze Kajüte gemiethet, 300 Frcs. Angeld gegeben, die, wenn wir nicht mitfuhren, verfielen. — Wir wollten das Resultat der Wahl abwarten; denn immer noch hegten wir eine schwache Hoffnung, — doch wurde Alles gepackt und jede Vorbereitung getroffen, um binnen 24 Stunden Paris verlassen zu können. — Das Resultat war niederschmetternd für die „honetten" Republikaner, von 7,300,000 Stimmen die abgegeben wurden, erhielten bekanntlich:

Louis Napoleon	5,430,000 Stimmen,
General Cavaignac	1,448,000 "
Ledru-Rollin	370,000 "
Raspail	37,000 "
und als (Marque d'estime) Lamartine	17,000 "

Am 10. hatte die Wahl stattgefunden, — schon am nächsten Tag den 11., reiste Bernays mit den Frauen, den kleineren Kindern und einem Theile unseres Gepäckes nach Havre ab, — ich und mein Bruder blieben nebst meinem Sohne Siegmund in Paris, um alle unsere Geschäfte zu ordnen.

Allein zurückgeblieben.
(1848—1849.)

Am 16. Dezember schon ging der „Sea Lion" in See und von dem Augenblicke an hörte und erfuhr ich von meiner Familie nichts, bis ich Anfangs April 1849 selbst in New-Orleans angekommen, die ersten Briefe von ihr auf dem französischen Consulate vorfand.

In Paris hatte ich übrigens noch vollauf zu thun, die Rückstände von einer Menge von Zeitungen und Theatern für Honorar mußten eingetrieben, das an Hauptmann Demmler verkaufte Correspondenz-Bureau noch eine Weile mit ihm zusammen geleitet werden, um ihn in die Geschäfte einzuführen, eine Menge anderer Vorbereitungen waren zu treffen, und so blieb glücklicherweise wenig Zeit zu Langeweile und trüben Betrachtungen. — Schon im August hatten wir, ich und Bernays, vom Justizminister Cremieux unsere Dekrete erhalten, welche uns das französische Bürgerrecht verliehen, — auf Grund einer noch von der provisorischen Regierung aufgestellten Liste, nach welcher einer Anzahl Ausländern „wegen ihrer Verdienste um die Republik" „en recompense nationale" — das französische Bürgerrecht verliehen wurde; — dies erleichterte uns wesentlich die Erlangung der Reisepässe und sicherte uns gute Aufnahme bei dem französischen Consul in New-Orleans.

Unsere Reisegesellschaft hatte sich indessen vermehrt; — zuerst hatte ich einen Adoptiv-Sohn gewonnen, einen Schul- und Spielkameraden meines ältesten Sohnes, und beide Jungen baten mich so inbrünstig, sie nicht zu trennen und Gustav mitzunehmen, daß ich einwilligen mußte, — und dann ermuthigte mich auch der Gedanke, daß in Amerika die Kinder keine Last, sondern ein Segen

sind. Je mehr fleißige Hände eine Familie zählt, je weniger sie
auf fremde Lohnarbeit angewiesen ist, desto besser und sicherer ist
ihr Fortkommen verbürgt. — Die Eltern meines neuen Adoptiv=
Sohnes, Gustav Prand, die mir ihren Sohn übergaben, waren
sehr wackere und redliche Leute, — der Vater war einst ein sehr
wohlhabender Getreidehändler und als solcher hatte er die Liefe=
rungen für die Stallungen Napoleons I. gehabt. 1814 bei dem
Sturze des Kaiserreichs zahlte man ihm seine Rechnungen nicht,
dann kamen die Jahre des Mißwachses und der Theuerung, 1816
bis 1817; — Prand erlitt große Verluste, mußte sein Geschäft
verkaufen und ward Conducteur bei den Messageries; allein dieser
schwere Dienst zog ihm einen Blutsturz zu, — er mußte die Stel=
lung aufgeben, kam immer mehr herunter und war damals Haus=
besorger in einem der Nachbarhäuser. Gustav war der Jüngste von
den vier Söhnen und einer Tochter, die das alte Ehepaar besaßen,
davon war der älteste Sohn als Soldat in Algier gefallen und den
jüngsten nahm ich nun an.

Ich hatte gleich, als ich ihn das erste Mal sah, eine be=
sondere Zuneigung zu dem Jungen gefaßt, — er erinnerte mich
an einen verstorbenen Schul= und Jugendfreund, den ich sehr lieb
gehabt, — es giebt schon solche sympathische Physiognomien, —
und so schloß ich ihn in mein Herz, — auch als einen Ersatz für
meinen Erstgeborenen, den ich nach wenigen Monaten wieder ver=
loren. — Ich habe es nie zu bereuen gehabt, Gustav ist mir immer
ein liebender und dankbarer Sohn, seinen Geschwistern ein treuer
Bruder geblieben; er ist ein durchaus ehrlicher und ehrenwerther
Charakter und jetzt, als Post=Beamter in St. Louis, von Vor=
gesetzten wie Collegen geliebt und geachtet.

Am 20. Dezember wohnte ich noch der Installation des neuen
Präsidenten Louis Napoleon bei; — in einer feierlichen
Sitzung der Nationalversammlung legte General Cavaignac
die Regierungsgewalt nieder, und der neu erwählte Präsident
Louis Napoleon ward eingeführt. Er benahm sich diesmal
schon zuversichtlicher und gewandter, — aber der teutonische
Accent herrschte noch immer vor. Der Vorsitzer der National=
versammlung, Armand Marrast, hielt eine kurze Anrede an
den Napoleoniden, in welcher er ihn, — allerdings contre coeur
— beglückwünschte und auf die ersten Regierungspflichten hinwies;
— Louis Napoleon hörte ihn kaum an und ließ seine Blicke im
Saale herumschweifen; — dann als die Rede dem Ende nahte,

sah der Prinz den Redner mit jenem eigenthümlichen Blinzeln an, welches der Pariser mit 'As-tu fini?' übersetzt, und als Marrast schloß, warf ihm der neue Präsident noch einen drohenden Blick zu, aus dem man herauslesen konnte: 'Je te ferai sauter, mon ami'. — Dann sprach ihm Marrast den Eidschwur vor und Louis Napoleon sprach feierlich nach: „Im Angesichte Gottes und des französischen Volkes schwöre ich der Einen und untheilbaren demokratischen Republik treu zu bleiben und alle Pflich=
ten, welche mir durch die Verfassung auferlegt sind, zu er=
füllen." — Nicht ganz drei Jahre darauf brach er in frechster Weise diesen feierlichen Eid, — allerdings ein niederträchtiges Verbrechen! aber nicht Jene hatten ein Recht, es ihm vorzuwer=
fen, die es mit ihrem Eide gegen Louis Philippe ebenso ge=
macht, oder — wie z. B. die beiden Dupins —, schon ein Dutzend Treueide geschworen und — gebrochen hatten.

Das Ende des Unglücksjahres 1848 brachte mir den trüb=
sten und traurigsten Sylvester=Abend, den ich verlebt; — da saß ich einsam und alleine, — die Jungen hatte ich in das Theater geschickt, — und schrieb an die Meinigen nach New=Orleans, die jetzt vielleicht auf dem atlantischen Ocean mit den um diese Jahreszeit gewöhnlichen Solstitial=Stürmen kämpften; — es war ein trübseliger, melancholischer Sylvester=Abend, den ich nie ver=
gessen werde. — Ein junger Maler Alexander Boulet, dessen Frau schon vorausgegangen war und als Marchande de Modes in New=Orleans arbeitete, schloß sich uns zur Reise an und ich konnte ihm in mancher Hinsicht gefällig sein. Mein Bruder, dessen Frau ebenso mit Bernays schon unterwegs war, hatte noch einen alten Schweizer Gunziker als „help" auf=
genommen, — einen großen Jäger, Agronomen, Viehzüchter und — Maulmacher. — Höchst langsam gingen die Rückstände ein, noch schwieriger war es aber, den guten Hauptmann Demmler in die Mysterien des Correspondenzbureaus hineinzuarbeiten, — doch fand sich für ihn, in der Person des ehemaligen Legionärs Löwenfels ein Famulus mit offenem Kopfe, der die Aufgabe besser begriff. So verging Woche auf Woche in ziemlicher Ungeduld und wir konnten noch immer nicht fort. Am 25. Januar schrieb ich den letzten Brief an meine Theuren in New=Orleans, — meine Frau hat ihn aufbewahrt, — möge er auch hier einen Platz finden, da er am besten die Gefühle schildert, die mich in jener entscheidenden Zeit bewegten. Der Brief lautete:

Paris, 25. Jänner 1849.

Meine liebe gute Marie und ihr Alle, meine Lieben und Theuren!

Dies ist der letzte Brief, den Ihr von mir erhaltet. Wenn nicht besondere Ereignisse eintreten, schiffen wir uns am 30. d. auf dem amerikanischen Schiffe „Espindola", Kapitän Barstow, in Havre nach New=Orleans ein. Wie unsere Ueberfahrt sein wird, ob besser ob schlechter als die Eure, ob Ihr noch alle lebt, ob wir uns wiedersehen werden? — wer weiß dies Alles? — Ich bin recht traurig und herabgestimmt, — diese verwünschte Cholera in New=Orleans macht mich sehr besorgt; — allein was läßt sich da thun? — Es scheint, als ob unser Unternehmen mit allen möglichen Hindernissen und Beschwerden kämpfen sollte, um uns dann das mühsam Errungene desto werther zu machen.

Unsere Liquidation geht langsam und nicht so günstig, als sie sich Anfangs anließ, — mehrere Journale sind abgefallen, andere zahlen nicht, — kurz ich werde kaum 5000 Francs mitbringen, dagegen aber viele rüstige Arme, Muth und allseitig guten Willen. Wenn wir nur Alle wieder beisammen sind und dann tüchtig zusammen wirken, so soll es schon vorwärts gehen.

Am 18. Januar Morgens 8 Uhr habe ich einen wachenden Halbtraum, eine Art Vision gehabt, — Marie rief dicht bei meinen Ohren meinen Namen, — ich habe mir das ausgelegt, als seid Ihr in diesem Augenblicke in New=Orleans eingelaufen, — oder war es eine böse Vorbedeutung? — Schreckliche Ungewißheit*).

Bruder Carl nimmt den alten Gunziker mit, — er wird unser Jagd=Departement leiten, — und der Nachfolger Lederstrumpfs sein, von dem er eine Menge Charakter=Eigenheiten hat. Aber werden wir auch so weit kommen? — Wenn ein Unglück geschehn ist, wenn wir die Frauen verloren haben, dann gute Nacht Welt und Ansiedlung, — dann gehen wir nach Californien oder in's Oregon=Gebiet, und werden selbst Lederstrümpfe — das haben wir schon beschlossen. Auch Boulet ist sehr besorgt wegen seiner Frau, die ohnehin kränklich ist. Den ganzen Tag sprechen wir von euch und berechnen die Chancen, ob wir euch noch wiedersehen werden. — Ach, noch zwei Monate Ungewißheit!!! —

Wir sind alle wohl und gesund und schon ganz reisefertig,

---

*) Durch widrige Winde aufgehalten, kam der „Sea Lion" erst am 30. Januar in New=Orleans an.

— wir können den Augenblick der Abreise nicht erwarten, — wie lange wird erst die Zeit der Ueberfahrt werden. Hier sieht es trüb und traurig aus, — man erwartet alle Tage eine neue Straßenschlacht, die ärger als die Junitage werden dürfte. Geschäftslosigkeit, Elend, Unzufriedenheit überall, — wir können dem Himmel danken, wenn wir Europa noch mit einem blauen Auge entkommen. —

Ich habe gestern mit Pulszky und Tausenau gespeist, — sie sind glücklich entkommen. — Auch Haug, Mahler und andere Wiener Flüchtlinge sind hier. — Aufrichtig gesagt, Pulszky gefällt mir nicht sehr, — wenigstens entspricht er dem Enthusiasmus, mit dem Bernays von ihm sprach, nicht — er scheint mir eine sehr große Meinung von sich, eine sehr geringe von allen anderen zu haben. —

Unser Möbelverkauf hat natürlich unter den schlechten Zeiten sehr gelitten — aus Allem zusammen sind kaum 700 Francs gelöst worden. — Meine Einkäufe betragen 1800 Francs. Ich bringe mit 3 Gewehre, 3 Männersättel und 1 Frauensattel, eine Tischlerwerkstätte mit vollständigem Werkzeuge, Sattler-Werkzeug, eine vollständige Handapotheke mit chirurgischem Bestecke, Kleider und Schuhe auf fünf Jahre, Stricke, Eisenwerk, Sabots, Chaussons und eine Menge anderer nützlicher, ja unentbehrlicher Sachen, — keinen Luxusgegenstand, nichts von Ueberfluß! —

Unsere Bagage beträgt 24 Kisten und Koffer, ihr habt mit den Schiffen „Sea Lion" und „Lorena" 22 gehabt, — Summe 46 Collis, — eine kleine Stadt. — Ich bin nur neugierig, wo das Alles untergebracht werden soll. Aber zugute kommen wird uns Alles, das ist gewiß, und im Laufe der Ansiedlung uns viel Geldausgaben ersparen.

Ach, ich glaube noch immer nicht an unsere Ansiedlung, — ich fürchte noch immer, daß wir uns nicht Alle wieder finden, — ich bin fast schon gefaßt darauf! Was sollen mir dann alle die Sachen? Vergebens spreche ich mir selbst Muth ein, — vergebens suchen wir uns, einer den Andern, durch ernsten und scherzhaften Trost aufzurichten, innerlich fürchtet ein Jeder für seine Lieben und giebt alle Hoffnung auf. Der Augenblick der Entscheidung, das Einlaufen in New-Orleans, wo wir die erste Nachricht erhalten, wird fürchterlich sein. Wenn Madame Boulet nur gleich mit den Briefen an Bord kömmt! Wenn der französische Consul durch einen Brief von Bernays bewogen werden könnte, sich für uns bei der Douane zu verwenden, daß sie uns nicht alle Kisten aufreißt, so wäre das ein großes Glück, — viele davon ließen sich gar nicht wieder zubringen.

Seht nur auf Eure Gesundheit, — gebt Eines auf das Andere Acht, vernachlässigt nichts! Nur keine Krankheiten im Anfange, — ach welches Heer von Sorgen und Befürchtungen liegt auf mir, — es macht mich fast verrückt.

Und nun lebt Alle, — Alle wohl. Hofft darauf, uns bald zu sehen; — sollte es anders beschlossen sein und der „Espindola" nicht den Hafen erreichen, nun so lebt wohl und seid gesegnet.

Im Leben und Tod der Eure,

H. Börnstein.

Lebt Alle wohl. Auf Wiedersehen!

Endlich schlug die Stunde der Erlösung, wir konnten am 1. Februar nach Erledigung aller unserer Geschäfte Paris verlassen, am 4. Februar lichtete der amerikanische Dreimaster „Espindola" die Anker und wir segelten mit ihm, muthig und entschlossen, der neuen Heimat — Amerika — zu.

So waren die **Lehrjahre** zu Ende und die **Wanderjahre** begannen; — ob ich es noch zu den **Meisterjahren** bringen würde, schien sehr fraglich. Mit europäischen Ideen und Plänen ging ich hinüber nach Amerika, wie aus dem vorhergehenden Briefe erscheint, beladen mit einer Menge von unnöthigen Dingen und der Kopf voll vor schwer oder gar nicht auszuführenden Plänen. So war es denn natürlich, daß ich drüben, in Mitte der **Wanderjahre**, noch beträchtliche Lehrjahre durchmachen, Vieles **vergessen** und noch viel mehr **lernen** mußte. Aber ich war ja in dem kräftigsten Mannesalter, voll von Thatkraft und gutem Willen, gerne bereit zu lernen und so hoffte ich jedenfalls auf ein fröhliches Gelingen, und auf ein wenn auch schwieriges, so doch gewisses Fortkommen in der neuen Heimath. Wie meine Erwartungen und Hoffnungen sich erfüllten, wird die Folge dieser Mittheilungen am Besten darthun; — nach einem harten und schweren Anfange fand ich es doch viel besser, als ich es je zu hoffen gewagt hatte. Vieles begünstigte mich und wider Erwarten erfüllten sich meine kühnsten Hoffnungen in verhältnißmäßig kurzer Zeit, wenn auch nicht auf dem Wege und nicht in dem Berufe, die ich geplant und beabsichtigt hatte.

Leipzig, Walter Wigand's Buchdruckerei.